역사를 비틀어버린
세기의 스캔들

역사를 비틀어버린
세기의 스캔들

1판 1쇄 발행 | 2011년 7월 10일
1판 2쇄 발행 | 2011년 9월 30일

지은이 | 운노 히로시
옮긴이 | 송태욱
발행인 | 문정신
발행처 | 북스넛
등   록 | 제1-3095호
주   소 | 서울시 마포구 성산동 112-7 예건빌딩 3층
전   화 | 02-325-2505
팩   스 | 02-325-2506

ISBN 978-89-91186-69-9 03900

역사를 비틀어버린 세기의 스캔들

운노 히로시 지음 | 송태욱 옮김

북스넛
Booksnut

모든 인간은 넘어진다

사전에서 '스캔들'을 찾아보면 치욕, 추문, 의혹, 독직(瀆職), 세상의 소동, 물의, 분노의 씨앗, 악평이라고 나와 있다. 그로써 대체적인 느낌은 파악할 수 있다.

한마디로 스캔들이란 넘어지는 것이다. 뭔가에 발이 걸려 벌러덩 넘어진다. 마치 바나나 껍질에 미끄러져 넘어지는 식이다.

넘어지면 그 광경을 본 사람은 재미있어하며 웃는다. 그 웃음은 순수한 재미와 바보 같다는 경멸의 의미를 함께 담고 있다.

여기서 우선 생각할 수 있는 것은, 스캔들이 '웃음'과 관계된 것 같다는 점이다. 그래서 스캔들은 희극이다. 물론 당사자나 주변 사람들에게는 비극일지 모르지만, 그것을 보는 사람에게는 희극이다. 우리는 스캔들을 희극으로 즐긴다.

어쨌든 스캔들은 뭔가에 발이 걸려 넘어지는 것이고 리듬을 잃고 떨어지는 것이다. 거기에는 넘어지는 사람과 넘어지게 만드는 것(구덩이, 돌, 바나나 껍질 등)이 있다. 그러나 그것만으로는 스캔들이 되지 않는다. 스캔들의 성립에는 제3의 요소가 필요하다. 그것은 관객, 즉 스캔들을 보고 있는 사람이다. 아무도 보고 있지 않은 데서 혼자 넘어져봐야 스캔들이 되지 않는다.

스캔들은 일종의 퍼포먼스이고 극장 같은 것이다. 스캔들은 연기하는 사람, 스캔들을 불러일으키는 플레이(플롯, 상대역, 장치까지), 그리고 관객이 필요하다.

스캔들은 사건이지만, 뭔가에 걸려 넘어진 것이므로 성공이 아니라 실패다. 우리가 서커스 같은 스펙터클을 보러 가는 것은 훌륭한 기예의 성공을 보러 가는 것이지 실패를 보러 가는 것은 아니다. 하지만 스캔들이라는 스펙터클에서 우리는 실패를 보고 기뻐한다. 왜 다른 사람이 넘어지는 게 재미있을까? 그리고 왜 그것을 누군가에게 퍼뜨리고 싶은가? 아무래도 인간은 성공을 보고 감동하고 싶을 때와 실패를 보고 웃고 싶을 때가 있는 것 같다.

넘어지는 것은 당사자에게 창피한 일이다. 숨기고 싶은 일이다. 그러나 인간에게는 다른 사람의 창피함을 엿보고 싶은 욕망이 있다. 스캔들은 '엿보기' 욕망과 깊이 관련되어 있다.

'엿보기'에서는 엿보이는 사람과 엿보는 사람이 확실히 구분된다. 엿보는 사람은 구멍으로 엿보며 자신의 모습은 어둠속에 감추고 있어 안전하다. '엿보기'는 자신의 알몸을 보여주지 않으면서 상대의 알몸을 들여다보는 것이다.

스캔들에서도 보는 사람은 스캔들 밖에 있어야 하고 안전해야 한다. 미국 대통령의 스캔들을 텔레비전으로 보는 사람은 텔레비전 밖의 거실에서 편안하고 안전하게 그의 스캔들에 대해 웃었다.

현대사회에서 '엿보기'는 거대한 욕망의 장치인 인터넷을 낳았다. 다른 사람의 치부를 엿보는 것은 인간의 심층을 엿보고 수수께끼를 풀고 싶다는 욕망의 표현인지도 모른다.

인간은 넘어지는 존재다. 그래서 스캔들은 가장 인간적인 것인지도 모른다. 다른 사람이 넘어지면 우습다. "이런, 너도 넘어지는 거야, 역시 인간이었구나. 너도 나와 같은 인간이네. 나만 넘어지는 줄 알았는데." 그렇게 스캔들은 인간의 스트레스를 해소시킨다. 그런 면에서 볼 때 스캔들은 역사의 위대한 치유인지도 모른다.

스캔들이라는 극장은 세 요소로 꾸며진다. 먼저 출연자, 즉 넘어지는 주인공이 있다. 다음은 사건이다. 사건에는 플롯에서부터 무대, 무대 장치 등이 포함된다. 그리고 스캔들을 보고 가십으로 만들고, 그 소문을 퍼뜨리는 관객이 있다.

먼저 어떤 주인공이 좋을까? 사다리를 올라가 떨어지는 것을 스캔들이라고 한다면, 가능한 한 높이 오른 사람일수록 좋을 것이다. 낙차가 클수록 심하게 떨어질 것이므로 효과적이다. 아래 단에서는 떨어

저도 스캔들이 되지 않는다. 높은 지위에 오른 사람, 신분이 높은 사람일수록 스캔들의 주인공에 어울린다. 신분이 가장 높은 사람이라면 왕이므로, 스캔들의 가장 근사한 주인공은 왕이고 그 다음이 왕비나 왕자, 상류 귀족, 부호 등이다. 그밖에 유명인사도 주인공이 된다. 오늘날에는 정치인, 영화계 스타, 스포츠 선수 등이 주인공으로 등장한다.

고대 그리스인은 신에게도 스캔들이 있다고 생각했던 듯하다. 스캔들에는 성역이 없어서 위쪽에 있는 사람은 모두 주인공으로 끌려나온다. 이를 거꾸로 보면 스캔들의 주인공은 소문의 여신에게 사랑받는 유명인이다. 스캔들의 주인공을 보면 각각의 시대가 누구를 유명인으로 삼고 있는지 알 수 있다. 시대에 따라 넘어지길 바라는 사람도 달라진다. 신분이 높은 사람, 으스대는 사람이 넘어지기를 바란다. 즉 스캔들의 주인공은 사람들의 원망(願望)의 거울이다. 그 거울은 그렇게 되고 싶다는 희망과 그렇게 될 수 없다는 원한을 모두 비추고 있다. 위로 오르고 싶은 인간의 원초적 마음과 높은 데 있는 사람을 끌어내리고 싶은 마음이 등을 맞대고 있는 것이다.

두 번째는 사건이다. 그것은 함정, 발에 걸리는 돌, 바나나 껍질 같은 것이다. 하나의 사건은 스캔들로서 공격당하고 웃음을 산다. 그것은 '풍자satire'라고도 말할 수 있다. '풍자'는 악덕이나 어리석음을 바보 취급하거나 조롱하는 말이다.

고대 로마의 겨울 축제 사투르날리아Sāturnālia는 사투르누스의 죽음과 재생의 축제로, 봄에 농산물이 소생하는 것을 기원했다. 이 축제는 그리스도교 크리스마스의 기원이 되었다. 사투르날리아 때는 신분과 지위를 막론하고 마음 놓고 술잔치를 즐겼고 야단법석을 떨었으며 가장(假裝)을 했다. 즉 이때는 욕설이나 풍자가 허용되었는데, 사투르날리아 축제 때의 이 가차 없는 '풍자'가 영어 satire(새타이어)로 계승되었다.

'풍자'는 어떤 주제로 향할까? 악덕이나 어리석은 짓 등 뭐든지 거론할 수 있지만, 가장 좋은 주제는 따로 있다. 호자트Matthew John Caldwell Hodgart는 풍자의 주제로 먼저 '정치'를 든다. 두 번째는 '여성'이다. 스캔들이라는 시각에서 보면 '정치'보다는 '여성'이 먼저일지도 모른다. 왜냐하면 '정치'는 동시대가 아니라면 재미를 느낄 수 없지만 '여성'과 관련된 사건은 후세에도 흥미를 끌기 때문이다. 세 번째의 중요한 주제는 '돈'인 것 같다. '돈'에 의해 춤추게 되는 인간 부침의 드라마는 '정치'와 '여성'이 주는 재미에 결코 뒤지지 않는다. 독직(瀆職)이나 대규모 뇌물 사건은 항상 스캔들의 역사를 채색하고 있다.

스캔들의 종류를 더듬어 가면, 그것이 인간성의 다양한 측면임을 알 수 있다. 인간은 문화를 축적하여 인간다워진다. '정치'에서 '미술'에 이르기까지 문화를 쌓고 그 높은 탑에 올라가는 것인데, 너무 높이 올라가면 눈앞이 아찔하여 떨어지고 만다. 탑의 꼭대기에 선 사람은 그 탑이 더 높아질 것이고 절대적이라고 주장해왔다. 그 사람이 떨어지면 올려다보고 있던 사람들은 깜짝 놀라지만 한편으로는 안심한다. 최고 권력자, 왕자, 큰 부자, 천재, 현인이라 불리는 사람도 역시 인간이며 실수를 하고 모두와 다르지 않다고 생각하며 안심하는 것이다.

그런데 satire의 어원은 새티스파이(Satisfy, 만족시키다, 잔뜩 먹이다)와 새드(sad, 슬픈)와도 관계가 있다. 만족과 슬픔은 어떻게 연결될까, 정반대가 아닐까? 너무 만족하는 것, 포식, 과식은 더 이상 먹고 싶지 않다, 질렸다는 우울한 기분과 연결되는 듯하다. 인간은 이미 만족하면 갑자기 모든 게 싫어지는 모양이다. 환락 후에 비애감이 찾아오는 것처럼 말이다.

그리스 신화 속의 시시포스는 제우스의 벌을 받아 지옥에서 바위를 산 위로 밀어올리고 있다. 정상에 이르면 돌은 굴러 떨어지고 그것을 다시 정상으로 밀어올리지 않으면 안 된다. 스캔들은 신이 인간에 준 벌일까? 한없이 공허한 퍼포먼스지만 누군가 애써 올려놓은 돌이 눈 깜짝할 사이에 떨어지는 것을 보며 스캔들의 세 번째 요소인 관객은 묘한 상쾌함을 느낀다.

스캔들의 역사는 인간의 어리석음의 역사다. 인간이란 얼마나 어리석고 비천한 존재인가.

역사의 흐름을 좇아가보면 스캔들이 격발하는 시대와 조용한 시대가 있었다. 20세기의 마지막 20년간은 스캔들의 시대였다. 그걸 증명이라도 하듯 최근 '스캔들'에 관한 책도 눈에 띄게 많아졌다.

애리 애더트Ari Adut의 《스캔들에 대하여On Scandal》(2008)에 따르면, 스캔들은 도덕적인 혼란이다. 즉 도덕적 기준이 흔들리고 있을 때 스캔들은 더 자주 발발했다. 세상이 미끄러지기 쉬워진 것이다.

20세기는 민주주의가 발달하고 개인이 확립되며 프라이버시가 보호받게 될 터였다. 그런데 프라이버시는 공공성과 상대적이다. 프라이버시의 보호에 의해 개인적 자유가 너무 커지면 반대로 공공성은 상실되고 만다.

그럴 때면 어김없이 도덕성을 가늠하기 어려운 스캔들의 파도가 밀려온다. 욕설이나 소문의 오물이 흩뿌려지고, 아름다운 것, 순수한 것, 옳은 것이 질질 끌려 내려간다. 위인이나 현인의 우상이 파괴되고, 도덕과 양식은 슬슬 자취를 감추기 시작한다. 20세기 말 스캔들의 홍수 후에 세계는 민주주의, 자유주의, 진보주의의 위기와 붕괴에 직면했다. 역사가 이상과는 다소 멀어져가며 비틀린 것이다.

그 대신 대중영합주의(populalism), 중우주의, 비속한 스캔들 저널리즘이 횡행했다. 하지만 그러한 스캔들을 통해 프라이버시에 고립되어 있는 인간을 끌어내어 어리석음이나 비속함을 가진 인간, 그리고 이상이나 우상이 아닌 살아 있는 인간과 마주하는 일은 역사적으로나 사회적으로 큰 의미가 있다.

영웅은 스캔들을 견뎌낸다. 넘어져도 다시 일어나 꿋꿋하게 살아가는 것이다. 그리고 스캔들 후에 사람들은 그에게 더 깊은 관심을 갖는다.

어떤 사람에게나 어리석음이나 비천함은 있다. 하지만 고귀함도 있다. 인간은 생각만큼 현명하지도 청순하지도 않지만, 완전히 어리석지도 극악하지도 않다. 그렇게 애매하고 어중간하기 때문에 인간은 한없이 흥미롭다. 그 흥미로움이 인간의 역사를 만들어간다.

20세기 후반, 인간은 사회와 문화의 거대한 틀에 삼켜졌다. 20세기 말의 스캔들 현상은 그 틀을 해체하고 뒤흔든다. 이 책은, 훌륭하지도 절망적이지도 않고 현명하지도 어리석지도 않은 인간에 대해 지금부터 생각하고 걸어가려는 참이다. 또 누군가가 넘어지겠지만 어떻게 넘어지는지 기대된다. 어차피 넘어질 거라면 화려하게 넘어지는 모습을 보고 싶은 것이 우리의 바람이다. 그리고 우리는 그런 사람이 다시 일어나는 모습도 보고 싶어 한다. 그것이야말로 인간이 아니겠는가.

The Age

제1부

고대 그리스

신들을 비웃으며

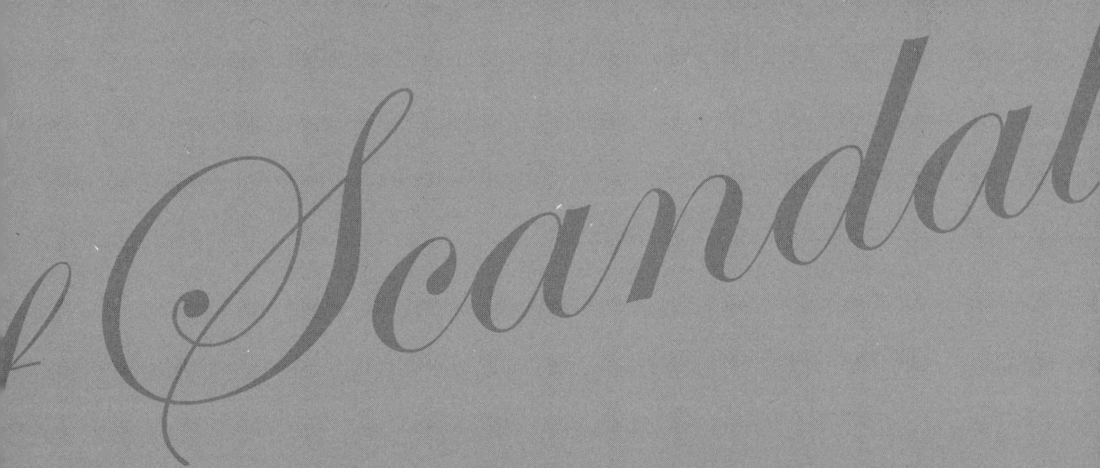

기게스와 마법의 반지

스캔들의 역사를 어디에서 시작하면 좋을까? 먼저 '역사의 아버지'라 불리는 헤로도토스의 《역사》를 펼쳐보자. 첫머리에는 이런 말이 나온다.

이 책은 할리카르나소스Halicarnassus 출신의 헤로도토스가 인간 세계의 사건이 시간의 흐름과 함께 잊히고 그리스 사람이나 이방인이 이룩한 위대하고 경탄할 만한 갖가지 사적(事跡)—특히 양자가 어떤 이유에서 전쟁을 하기에 이르렀는가 하는 그 사정—도 머지않아 세상 사람들이 알지 못하게 되지 않을까 하는 염려에서 스스로 연구하고 조사한 바를 기록한 것이다.[1]

헤로도토스는 기원전 5세기의 그리스 사람이다. 《역사》는 그리스와 이방인, 유럽과 아시아가 어떻게 전쟁에 이르렀는가를 말한 책이다.

---

[1] ヘロドトス, 松平譯, 《歷史》, 岩波文庫, 1971(헤로도토스, 천병희 옮김, 《역사》, 숲, 2009—옮긴이)

페르시아 쪽 주장에 따르면, 전쟁의 발단은 페니키아 사람이었다. 페니키아 사람이 교역을 위해 그리스의 아르고스를 방문했다가 왕의 딸 이오를 납치하여 이집트로 도망쳤다고 한다. 그러자 그리스인은 페니키아의 티로스로 침입하여 왕의 딸 에우로페를 납치해갔다. 그리고 콜키스 지방(흑해 동안)인 아이아로 원정을 떠나 공주 메디아를 빼앗았다. 그 결과 동방과 그리스의 대립이 심해졌다.

그리스 신화에서 이오와 에우로페는 둘 다 제우스가 유혹한 적이 있는 이들이다. 암소로 변신한 이오는 헤라 여신의 질투를 피해 이집트로 도망친다. 황소로 변신한 제우스는 에우로페를 등에 태워 크레타로 데려간다.

어쨌든 여자의 약탈에 의해 그리스인과 이방인이 대립하고 전쟁을 하기에 이른 것이다.

그리고 트로이의 프리아모스 왕의 아들 알렉산드로스(파리스)가 스파르타의 왕 메넬라오스의 왕비 헬레네를 약취한 일로 트로이전쟁이 시작되었고, 그리스군은 트로이로 원정을 떠나 그들을 멸망시켜버렸다. 호메로스의 《일리아스》에서 말하는 트로이전쟁은 기원전 13세기 무렵이라고 한다. 그리고 그리스에서는 지중해의 동쪽 끝 소아시아 연안에 식민도시를 건설하고 있던 기원전 800년부터 700년에 걸쳐 그리스인의 대대적인 식민 운동이 있었다. 호메로스의 서사시는 그 시대에 지어졌다.

그 시대의 소아시아는 리디아 왕국의 지배를 받고 있었다. 리디아는 소아시아 연안의 이오니아 지방에 번창한 그리스 문화를 흡수했다. 헤로도토스의 출신지인 할리카르나소스도 이오니아 지방에 있다.

리디아의 왕 칸다울레스는 헤라클레스의 후예(헤라클레이다이)였다. 제우스의 아들로 비극적인 영웅인 헤라클레스의 자손은 끊어졌다고 하지만, 칸다울레스는 국민적 영웅으로서 인기가 있었고 헤라클레스의 후예가 귀환한 것이라는 전설도 남아 있다.

여기까지는 헤로도토스의 《역사》의 서론이고 드디어 역사가 개막된다. 이것이 리디아 왕가를 둘러싼 스캔들인데, 역사적으로 기록된 최초의 '스캔들'이라고 할 수 있다.

그런데 칸다울레스 왕은 아름다운 아내를 갖고 있었다. 특히 그는 그녀의 나체가 비너스처럼 아름답다고 생각했으나 아무한테도 보여줄 수 없다는 게 유감이었다. 결국 총애하는 신하 기게스를 침실에 숨어 있게 하여 왕비의 나체를 엿보도록 했다. 그것을 눈치 챈 왕비는 두 남자에게 알몸을 보여준 부끄러움을 해소하기 위해 기게스에게 왕을 죽이든지 아니면 스스로 죽든지 하나를 선택하라고 압박했다.

기게스는 왕을 죽이고 왕비와 왕국을 손에 넣었다. 리디아 국민은 반대했지만 델포이의 신탁이 기게스를 정식 왕으로 인정했으므로 그는 왕이 될 수 있었다. 그리고 델포이 신전에 막대한 재산과 보물을 바쳤다. 그러나 신탁은 그의 5대째 자손이 헤라클레스 가의 보복을 받는다고도 했다.

5대째 왕 크로이소스는 소아시아의 그리스 식민 도시를 공격하여 지배하에 두었으나 가장 사랑하는 아들을 사고로 잃고 말았다. 게다가 리디아는 갑자기 강력해진 페르시아 제국에 정복되고 말았다. 그리고 그리스는 페르시아와 전쟁을 벌이게 되었다.

이처럼 헤로도토스의 《역사》는 기게스가 왕위와 왕비를 빼앗기에 이른 스캔들 같은 사건으로 시작되고 있다. 그런데 이 이야기가 플라톤의 《국가》에서는 약간 다르게 전해지고 있다. 《국가》에 따르면, 기게스는 리디아의 왕을 섬기는 양치기였다. 그는 지진으로 생긴 동굴 안에서 거대한 청동 말을 발견했는데, 안은 텅 비어 있었고 알몸의 남자가 쓰러져 있었다. 기게스는 그 남자가 끼고 있던 반지를 빼서 지상으로 돌아왔다. 얼마 지나지 않아 그 반지는 낀 사람을 보이지 않게 하는 마법의 반지라는 사실을 알게 되었다. 반지를 낀 채 왕궁으로 숨어든 기게스는 왕비와 내통하여 왕을 죽이고 왕권을 탈취했다는 것이다.

독일의 극작가 프리드리히 헤벨Christian Friedrich Hebbel, 1813~1863은 그 이야기를 기초로 1854년 《기게스와 그의 반지Gyges und sein Ring》를 썼다. 여기서 기게스는 그리스인이라고 되어 있다.

마법의 반지가 나온 부분에서 보면, 플라톤이 전하는 이야기가 더 오래된 것인지도 모른다. 아무튼 기게스의 이야기는 스캔들의 기본적인 구조를 보여주고 있다. 귀인의 비밀(왕비의 나체)을 엿본다. 반지에 의해 자신의 모습이 보이지 않기 때문에 엿보는 행위는 안전한 위치를 보증받는다. 그리고 왕비의 스캔들은 왕권을 위협하는 것이다.

헤벨의 희곡에서 왕은 자신의 몰락을 예감하고 있다. 자신은 '세계의 잠'(안정)을 교란시켰다. 세계는 깨어나고 예전 왕은 죽었으며 새로운 왕을 맞이하지 않으면 안 된다. 기게스는 새로운 왕인 것이다. '스캔들'은 세계를 전도시키고 왕권은 죽고 재생한다. 일종의 카니발적인 혼란인 것이다.

그리고 헤벨은 왕권의 교체에 신들의 싸움을 겹쳐놓고 있다. 크로노스는 아버지 우라노스를 죽이고 신들의 왕이 되고, 그의 아들 제우스에 의해 그 자리에서 쫓겨난다. 신들도 대대로 '아버지 죽이기'를 해 왔던 것이다.

'스캔들'은 세계의 평온한 잠을 교란시키고 낡은 질서를 없애고 혼란의 와중에서 새로운 것을 불러내려고 한다. 헤로도토스가 기게스의 스캔들로 《역사》를 시작한 것은 상징적이었다고 말할 수 있을 것이다.

신들도 넘어진다

지위가 높은 사람, 유명한 사람이 넘어지는 스캔들일수록 재미있다. 그러므로 인간의 세계에서는 왕의 스캔들이 최고다. 인간보다 훨씬 위에 있는 신이 넘어진다면 더욱 재미있을 것이다. 그러나 신이 넘어지는 일이 있을까? 그리스인들은 신들도 넘어진다고 생각한 듯하다. 그것을 전형적으로 보여준 것은 아리스토파네스의 희극이다. 그는 신들을 무참하게 놀리고 조소하고 매도한다. 거기에서는 당대의 권력자도 신들도 사정을 봐주지 않는다.

예를 들어 《평화》에서는 제우스를 풍자한다. 주인공은 아티카의 농부 트리가이우스다. 먼저 그의 집, 똥이 산더미처럼 쌓여 있는 분뇨 더미 장면에서 시작한다. 두 노예가 똥으로 경단을 만들어 쇠똥구리에게 먹이고 있다. 쇠똥구리는 똥 경단을 먹고 거대해진다. 노예는 그 쇠똥구리를 똥의 신 제우스의 벌레라고 말한다. "천둥이 되어 하늘에서 내려오는 신"인데, 그리스어로는 '똥의 신'과 발음이 같다.

노예에 따르면 주인 트리가이우스는 제우스에게 욕을 했다고 한다. "제우스이시여, 대체 의도가 무엇이옵니까? 마당비를 내려놓으시고,

온 헬라스(그리스)를 쓸어버리지 마소서!"[2]라고 말한 것이다. 그리고 제우스에게 가기로 하는데, 쇠똥구리를 발견하고는 똥 경단으로 살찌게 해 그것을 타고 날아가려고 한다. 페가수스(천마) 대신에 쇠똥구리인 것이다.

무엇 때문에 제우스를 만나러 가는 걸까? 그리스인을 어떻게 할 것인지 묻기 위해서라고 그는 대답한다. 가르쳐주지 않았다면 "헬라스(그리스)를 메디아(페르시아)인들에게 팔아먹으려 했다고 그분을 고발할 것이다."[3]

뭐가 뭔지 모르겠지만 얼마간 내용이 보이기 시작한다. 《평화》는 기원전 421년에 상연되었다. 아테네는 스파르타와의 펠로폰네소스전쟁을 오랫동안 질질 끌고 있어서 시민들은 지긋지긋해하고 있었다. 그해에 니키아스 휴전 조약이 체결되어 드디어 평화가 찾아왔다. 이 작품은 그런 상황을 배경으로 하고 있다. 트리가이우스는 제우스에게 대체 그리스를 어떻게 할 생각이냐, 이제 그만 전쟁을 끝내게 하라고 담판하러 간다는 것이다.

쇠똥구리에 올라탄 트리가이우스는 제우스의 집에 도착한다. 헤르메스가 문을 지키고 있다. 제우스는 하늘의 돔 안쪽에 틀어박혀 있다고 말한다. 그리스인들이 말을 듣지 않기 때문에 짜증이 나서 줄곧 안쪽에 틀어박혀 있고, 대신에 '전쟁'을 놓고 갔다. '전쟁'은 '평화'의 여신을 구덩이에 넣고 뚜껑으로 막아버렸다고 한다.

---

2 高津春繁譯, 〈平和〉, 《アリストパネス》(世界古典文學全集 第12卷), 筑摩書房, 1964(천병희 옮김, 《아리스토파네스 희극 전집 1》, 숲, 2010, 354쪽).
3 高津春繁譯, 〈平和〉, 《アリストパネス》(世界古典文學全集 第12卷), 筑摩書房, 1964(천병희 옮김, 《아리스토파네스 희극 전집 1》, 숲, 2010, 356쪽).

‘전쟁’은 커다란 절구로 그리스의 여러 도시를 으깨버리려고 한다. 그런데 아테네와 스파르타의 나무공이가 보이지 않는다. 이것은 각 나라의 주전론자인 아테네의 클레온과 스파르타의 브라시다스가 전사했다는 것을 의미한다.

트리가이우스는 마침 좋은 기회라고 생각하고 사람들을 모아 ‘평화’의 여신을 파내려고 한다. 헤르메스가 나타나, 여신을 파내다가 잡힌 놈은 제우스가 사형에 처할 거라고 겁을 주지만 결국 트리가이우스에게 설득당하고 만다. 트리가이우스는 셀레네(달의 여신)와 헬리오스(태양신)가 그리스를 외국에 팔아넘기려고 하고 헤르메스에게 바친 공물도 슬쩍 훔치고 있다고 중상하고, 데메테르, 제우스, 아프로디테의 축제도 모두 헤르메스의 축제로 하겠다고 말하며 헤르메스를 매수해버린 것이다.

그리고 평화의 여신상이, 시녀인 ‘가을의 결실 아가씨’와 ‘축제의 흥청거림 아가씨’와 함께 구덩이에서 꺼내지고 평화의 축제가 된다.

목적을 달성한 트리가이우스가 다시 쇠똥구리를 타고 돌아가려고 하자, 쇠똥구리는 제우스의 전차에 묶여 천둥을 운반하고 있다고 한다. 역시 제우스는 쇠똥구리의 신인 것이다.

트리가이우스는 여신과 두 아가씨를 데리고 돌아와 ‘가을 결실 아가씨’와 결혼한다.

아리스토파네스는 신들을 외설스럽고 똥오줌투성이의 우스꽝스러운 존재로 웃어넘긴다. 그가 타고 온 쇠똥구리는 이제 제우스의 전차를 끌고 있다. 먹이로 줄 똥이 있는지 걱정하자 헤르메스는 가니메데스의 암브로시아를 먹을 것이라고 말한다. 암브로시아는 신들이 먹는 불로불사의 맛있는 음식이다. 가니메데스는 제우스가 납치해온 미소년이다. 가니메데스의 암브로시아란 그의 똥인데, 제우스의 남근으로 뭉개고 반죽했다는 난잡한 농담이다.

아리스토파네스의 희극에서는 최고신 제우스를 비롯한 신들에 대한 거침없는 욕설이 곳곳에 흩어져 있다. 그것이 관객들을 크게 웃게 만들었을 것이다.

당시에는 신들에 대한 이러한 모독을 허용하고 있었던 것일까? 《평화》에서 최고신 제우스는 무능하고 아무런 대책도 없이 그리스인의 운명을 '전쟁'에 맡겨버리며 자신은 어딘가 안전하고 높은 곳에 틀어박혀 있다. 무책임하여 '전쟁'이 '평화'의 여신을 구덩이에 묻어버려도 나몰라라 한다.

한 시민인 트리가이우스가 제우스에게 담판하러 달려가 스스로 여신을 구출하고 평화를 되찾는다. 제우스는 이제 불필요하다. 신은 죽어버린 것일까?

아니, 그렇지는 않다. 《평화》가 상연되고 몇 년 지난 기원전 415년, 신들을 모독했다는 스캔들로 당시의 권력자 알키비아데스Alkibiades, 기원전 450?~404가 아테네에서 추방되었다. 비교를 위해 이 사건을 살펴보기로 하자.

알키비아데스는 아테네의 황금시대를 가져온 페리클레스의 근친으로 미소년이어서 소크라테스의 사랑을 받았다. 《플루타르크 영웅전》에는 젊은 알키비아데스가 수많은 남성들의 구애를 받았다고 기록되어 있다.

알키비아데스는 성장하여 대담한 전사로 유명해졌다. 이윽고 정계로 진출하여 인기를 얻었다. 그는 스파르타와의 평화조약을 매듭지은 니키아스의 정적(政敵)이기도 했다. 스스로 페리클레스의 후계자라고 생각하고 있던 알키비아데스는 페리클레스가 시작한 전쟁을 니키아스가 매듭지었다는 여론이 마음에 들지 않았다. 그리하여 스파르타와의 평화조약을 깨고 다시 전쟁을 계획했다. 그리고 한편으로는 화사하고 쾌락적인 생활을 즐기며 수상쩍은 에로스의 비밀 의식 등에 빠져 있었다.

알키비아데스의 화려한 행위는 대중의 인기도 모았지만 적도 많이 만들었다. 야심가였던 그는 니키아스의 평화조약을 깨고 밀로스 섬을 점령했다. 그리고 시켈리아(시칠리아) 섬 원정을 계획했다. 니키아스가 반대하여 아테네의 여론은 둘로 갈라졌으나 알키비아데스의 주전론이 설득력을 얻었다. 그런데 마침내 원정을 떠나기 직전 아테네 여기저기에 있는 헤르메스상의 얼굴이 상처를 입는 사건이 발생했다. 범인은 알키비아데스 일당이라고 밀고하는 자가 있었다. 알키비아데스는 주연을 열어 엘레우시스의 비밀 의식을 치렀는데, 데메테르와 페르세포네라는 두 여신을 모독했다는 이유로 고발당했다.

이 고발은 알키비아데스를 실각시키려고 날조한 스캔들이었다. 그러나 이때는 다른 무엇보다 원정이 중요했기 때문에 일단 알키비아데스를 출발하게 했다. 고발 문제는 돌아오고 나서 처리하기로 한 것이다.

그러나 그 후 이 사건으로 인한 소동은 한층 더 격화되었다. 알키비아데스파가 차례로 체포되었고, 결국 알키비아데스를 원정지에서 소환하여 재판에 회부했다. 그 고발장은 다음과 같은 것이었다.

키몬의 아들 테살루스는 클리니아스의 아들 알키비아데스를 고발한다. 알키비아데스는 데메테르와 페르세포네라는 두 신을 다음과 같이 모독했다. 즉, 그는 자기 집에서 두 신의 형상을 꾸며놓고 신성한 제사 의식을 흉내 냈다. 그때 그는 자신을 제사장, 폴리티온을 횃불 드는 사제, 테오도루스를 전령이라 칭하고 그밖의 사람들을 비법을 전수받은 이들이라고 했다. 이것은 에우몰피다이, 케리케스, 엘레우시스 신전 사제들의 여러 율법을 깨뜨린 행동인 것이다.[4]

알키비아데스가 엘레우시스의 제사장에게만 허락된 비밀 의식을 사적으로 행하여 신들을 모독했다는 것이다. 알키비아데스는 소환에 응하지 않고 도망쳤다. 하지만 궐석재판에서 유죄가 확정되어 재산이 몰수되었고 제사장들의 저주를 받게 되었다.

알키비아데스는 적국인 스파르타로 망명하여 아테네 군을 공격하게 했으므로 아테네는 크게 패하고 말았다. 알키비아데스는 스파르타에서도 자유분방하게 행동했는데, 스파르타의 왕 아기스의 왕비를 유혹해 아이까지 낳게 했다. 그래서 스파르타에도 있을 수 없게 되어 결국 페르시아 왕에게 망명했다.

그러나 그는 아테네를 잊지 못하고 은밀히 페르시아의 정보를 빼내 아테네를 도왔기 때문에 인기를 회복했고, 크게 환영을 받으며 귀국할 수 있었다. 그리고 다시 권력을 잡았다.

플루타르크는 "만약 어딘가에 자신의 명성을 위해 신세를 망치는

---

4 河野與一譯,《プルターク英雄傳》, 岩波文庫, 1953(플루타르코스, 홍사중 옮김,
《플루타르크 영웅전 I 》, 동서문화사, 2007, 354~355쪽).

자가 있다면 그것은 알키비아데스라고 생각되었다"라고 쓰고 있다. 명성이 드높았으므로 그를 미워하는 사람도 많았다. 그가 아테네의 민주정을 위태롭게 하여 독재자가 나타나지 않을까 우려한 세력도 있었다. 결국 여자와 자고 있던 알키비아데스는 그들에게 암살당했다.

알키비아데스만큼 명성과 악명, 영광과 스캔들이 종이 한 장 차이였던 사람은 많지 않다. 바로 명성 때문에 신세를 망친 것이다. 그 스캔들 가운데 하나가 헤르메스상 파괴, 엘레우시스 비밀 의식에 대한 모독이었다. 다시 말해 신들을 모독하는 것은 당시 큰 죄였던 것이다. 그런데도 왜 아리스토파네스의 희극은 신들에게 거침없이 난잡한 욕을 해댈 수 있었던 것일까?

알키비아데스가 선두에 선 시켈리아 원정에서 그는 추방되고, 아테네 군은 기원전 413년에 크게 패한다. 그리고 기원전 411년 아리스토파네스는 《리시스트라타》[5]를 상연한다. 《평화》에서 축하한 '평화'는 잠깐이었고, 그리스인들은 다시 전쟁을 시작했다. 그러자 여자들이 항의하며, 남자들이 전쟁을 그만두지 않는 한 섹스를 거부하겠다는 결의를 한다.

---

5 고대 그리스의 희극시인 아리스토파네스의 희극. 기원전 411년에 상연되었다. 펠로폰네소스전쟁이 발발한 지 20년, 몇 번인가 찾아온 평화에 대한 기대는 모두 배반당하고 아테네가 국운을 걸고 감행한 시칠리아 섬 원정(기원전 415~413)도 참패로 끝난다. 그러나 종전의 기운이 감돌기는커녕 아테네는 여전히 파멸의 길에 들어서려는 시기에 이 극이 쓰였다. 연속되는 전쟁, 남편이나 아들의 출정, 혼자 집을 지켜야 하는 지루한 나날에 참을 수 없었던 여자들은 적과 아군을 가리지 않고 리시스트라타 아래에 모여, 남자들이 전쟁을 그만둘 때까지 성생활을 거부하겠다고 결의한다. 남자들의 저항과 여자들의 동요도 있었지만 결국 이 전술이 주효하여 아테네와 스파르타 양측 대표는 리시스트라타 앞에서 화해를 하게 된다는 내용이다. 이전 작품인 《평화》에서 아리스토파네스는 평화로운 현실이야말로 성적 충족으로 이어진다는 사상을 역설했는데, 여기서는 역으로 성적 기갈 상황을 인위적으로 만들어냄으로써 전쟁에서 평화로의 전환을 꿈꾸고 있다—옮긴이.

희극과 스캔들

아리스토파네스의 희극에서는 신들이나 당시 권력자에 대한 비판의 금기가 깨져 있었다. 어떻게 그것이 가능했던 것일까?

그리스 희극이란 어떤 것이었을까? 연극은 그리스에서 싹텄고, 비극과 희극이 상연되었다.

우리는, 비극은 진지한 것이고 희극은 웃기는 것이라고 생각한다. 틀린 이야기는 아니지만, 난처하게도 희극을 웃기고 가벼운 것이라고 분명히 논하지는 않았다. 따라서 비극론은 엄청나게 많지만 희극론은 대단히 적다. 그러므로 희극의 성립에 대해서는 아직 잘 모르고 있다.

아리스토텔레스의 《시학》에 따르면 비극(과 서사시)은 뛰어난 인간을, 희극은 열등한 인간을 재현한다고 한다. 그렇다고 해도 열등한 모든 것이 아니라 그중에서 우스꽝스러움이라는 면만을 다룬다. 다시 말해 웃기는 약점을 노리는 것이다.

아리스토텔레스에 따르면, 비극은 디티람보스Dithyrambos의 선창으로, 희극은 양물(陽物)숭배가의 선창으로 시작되었다. 디티람보스는 디오니소스 축제 때의 합창무용가인데, 합창대와 그 선창이 교대로 하는 노래와 대화에서 비극이 발달했다고 한다. 양물숭배가는 디오니소스 축제 때 양물(남근) 모양의 거대한 소품을 선두로 행렬(코러스)을 이루어 외설스러운 농담 등을 외치거나 노래하는 것인데, 그 선창과 합창대가 번갈아 하는 노래, 행렬과 구경꾼들이 주고받는 것에서 희극이 생겨났다고 한다.

디오니소스 축제는 1년에 몇 차례나 열리는데, 주된 것은 겨울 축제와 봄 축제다. 겨울 축제는 마을의 디오니시아 또는 소(小)디오니시아라 불리고 12월에 행해진다. 남근을 지고 행렬을 이루며 술을 마시고 떠들썩하게 논다. 겨울에 뿌린 씨앗이 풍성하게 결실을 맺도록 기원한다. 도시의 디오니시아 또는 대(大)디오니시아는 3월에서 4월에 열린다.

희극은 겨울 축제, 비극은 봄 축제에서 시작되었다고 한다. 봄 축제는 도시적인데, 지방 사람이나 외국인도 찾아온다. 여기서 비극의 경연이 시작되었다. 비극은 신화와 전설을 주제로 했다. 주인공은 신과 인간 사이에 선 영웅들이었다. 아테네에서 도시의 연극인 비극은 일찍부터 국가적인 원조를 받았다. 지방의 마을 연극인 희극이 인정받은 것은 다소 늦었다.

기원전 6세기 아테네에서 비극은 국가의 공식 행사로 편성되어 장중한 영웅 이야기를 상연했다. 그때 아테네는 페이시스트라토스 같은 독재자에 의한 정치 체제가 계속되고 있었다. 기원전 510년 무렵 클레이스테네스의 민주제가 시작되었다. 클레이스테네스는 도편추방제(陶片追放制)라는, 민중에 의한 소환 제도를 시작했다. 이것은 참주(독재자)가 되려는 사람의 이름을 도편(陶片)에 쓰고, 민회에서 투표를 하여 일정한 수 이상이 나오면 10년간 추방시키는 제도였다.

스캔들과 도편추방은 무관하지 않을 것이다. 그것은 명성에 대한 반대표다. 그러므로 귀족이나 유력자는 여론에 신경 쓰지 않을 수 없다. 한 사람에게 너무 많은 권력이 집중되지 않도록 안전장치가 마련된 것이다. 도편추방도 스캔들도 그러한 예였다.

아마 희극 역시 민주국가 아테네에서 그런 역할을 인정받았을 것이다. 클레이스테네스의 민주제는 페리클레스에 의해 완성되었다. 아리스토파네스의 희극은 그 시대에 등장한다.

아테네의 민주정치에서는 정객이 될수록 다수의 지지를 얻기 위해 대중에게 영합하는 경향이 생겼다. 페리클레스 자신도 이러한 경향에 의해 행동하여 "인민에게 인민의 것을 주어라"는 주의로부터 위험한 정도까지 자유 민권을 주지 않으면 안 되었다.[6]

이러한 시대에 희극은 "대중의 식탁에 대중이 가장 좋아하는 진수성찬, 즉 시사적인 문제의 가십 같은 비평을 제공한 것이다."[7]

아테네의 민주제는 희극을 받아들였다. 그것은 인간만이 아니라 신들에게도 불경을 저지를 수 있는 자유였다. 그것은 낡은 질서를 뒤집고 새로운 질서를 위한 장을 여는 카니발의 정신이다. 물론 그것은 디오니소스 축제 때의 무대 위에만 한정된 자유이고, 무대에서의 고발이나 욕설에 대해서는 권력자도 직접 항의할 수 없었다.

---

6 新關良三, 〈喜劇と諷刺〉, 《ギリシャ·ローマの演劇》, 東京堂出版, 1960.
7 新關良三, 〈喜劇と諷刺〉, 《ギリシャ·ローマの演劇》, 東京堂出版, 1960.

게다가 그 자유는 한정된 시대에만 보장되었다. 아리스토파네스의 희극은 '고(古)희극'이라 불리는데, 기원전 5세기에 만들어졌다. 기원전 4세기부터는 신(新)희극의 시대가 된다. 신희극에서는 고희극에서 보였던 정치적 풍자나 신들도 두려워하지 않는 불경한 표현은 자취를 감추었고, 가정 내의 다툼이 주제가 되었다.

다시 말해 신들도, 권력자도 웃어넘기는 스캔들을 담은 정신은 '고희극'에만 허용되었고, 아리스토파네스가 퇴장하자 그 정신도 사라졌던 것이다.

앞에서 말한 것처럼 열등한 인간을 다루는 희극은 지위가 높은 사람을 다루는 비극에 비해 경시되어왔다. 그런 만큼 재미있는 희극론은 많지 않다. 얼마 안 되는 예외 가운데 하나가 조지프 미커Joseph W. Meeker, 1932~의《생존의 희극The comedy of survival》[8]이다.

희극과 에콜로지를 결부시킨 이 이색적인 희극론도 스캔들을 탐색하는 데 참고가 된다. 비극과 희극의 차이는 인간을 어떻게 보는가에 따라 결정된다. 조지프 미커도 아리스토텔레스에게 배워 비극은 인간의 존엄을, 희극은 인간의 하찮음을 그린다고 말했다. 놀랍게도 세계적으로 비극을 완성시킨 문화는 의외로 적다. 고대 그리스와 엘리자베스 시대 영국 정도라고 그는 말한다.

그런데 희극은 전 세계의 모든 문화에 보급되어 있다. 왜일까?

희극의 보급률이 높은 것은 비극에 비해 특별한 사상이나 형이상학적인 가치체계를 필요로 하지 않기 때문이다. 희극은 오히려 인생의 물리적인 차원에서 생겨난다. 문화의 도덕적인 측면과는 무관한 것이다.[9]

위대한 사상이나 이상도 희극에서는 하찮은 것처럼 다루어진다.

인간의 행동은 불합리하여 그가 그토록 어리석은 행동을 거듭하는 것은
윤리나 사회관계 안에서 세련된 행동양식에 어이가 없을 정도로 무지한
탓이라는 것이 희극적 인간관의 요체다.[10]

그렇다면 비극과 희극에 대한 우리의 선입관은 그 반대였다는 것을
알 수 있다. 희극은 비관적인 견해이고 비극은 낙관적인 견해인 것이
다. 비극은 인간을 자연이나 동물보다 위의 존재로 본다. 희극은 자연
이나 동물 안에서 인간을 생각한다. 서양문화는 인간 중심의 진화론
이었다. 그것은 고대 그리스의 영향일 것이다. 그러나 현대에서는 자
연을 벗어난 인공적인 문화에 막다른 곳이 나타나고, 다시 에코롤지
(생태학), 환경과의 융합이 문제가 되었다. 그래서 희극으로서의 인간
을 생각해야 한다는 것이 조지프 미커의 견해다. 희극은 "인간은 약하
고 어리석으며 위엄이란 단 한 조각도 없는데 살아남는 힘만은 갖고
있다"[11]고 보는 것이다.

그리스의 반신(半神) 코머스Comus는 희극의 신으로 여기서 코미디라
는 이름이 유래했다.

동식물이나 인간의 다산, 자연의 과정에 따르는 범위 내에서 가족이나 마

---

8 ジョゼフ・W.ミーカー, 越智道雄譯, 《喜劇としての人間―文化的エコロジ―序說》, 文化放送, 1975.
9 ジョゼフ・W.ミーカー, 같은 책.
10 ジョゼフ・W.ミーカー, 같은 책.
11 ジョゼフ・W.ミーカー, 같은 책.

을 생활의 번영을 꾀하는 것이 신의 일이었다. 지적이고 중요한 일은 아폴로에게, 격렬한 정열이 작렬하는 제사는 디오니소스에게 각각 흔쾌히 맡겨버리고 코머스는 일상생활에 익숙한 비속한 사항을 유지하는 자신의 임무에만 매달렸다. 생물들 사이의 균형을 유지하고 그것이 상실되면 회복하는 것이 코머스의 특기인데, 신을 모범으로 우러르는 이 희극의 주인공들도 그런 재능으로 흘러넘치는 사람이 많다.[12]

코머스는 스캔들의 신으로 부를 수도 있을 것이다. 너무 높이 올라가버린 인간을 떨어뜨려 지상으로 되돌려 균형을 잡아주는 것이다.

아리스토파네스의 《평화》가 똥오줌 이야기로 시작하는 것도 자연의 순환을 나타내는 것이고, 주인공 트리가이우스도 농부인 것이다. 일상생활의 균형이 현저하게 무너져 있는 것에 대해 희극은 그 균형을 회복하려고 한다.

《리시스트라타》에서는 여자들이 리시스트라타의 지휘 아래 하나로 뭉쳐, 전쟁을 그만두지 않는 남성들에게 섹스를 거부함으로써 평화를 되찾으려고 한다.

그녀가 이런 수를 쓴 것은 명예로운 평화를 요구하기 때문이 아니라 애정 있는 평화, 적어도 섹스가 있는 평화를 요구했기 때문이다. 명예라는 것은 비극이나 전쟁의 말이며, 원래 평화라는 말에는 걸맞지 않고 자칫하면 그것을 파괴해버린다.[13]

여기에 나타난 것처럼 '명예'는 비극이나 전쟁과 결부되어 있다. '명예'를 뒤집는 것, 즉 스캔들은 희극과 인연이 깊다. 리시스트라타는 군인이나 정치가의 '명예', 즉 허영을 전도시켜 섹스, 출산, 양육이라는 희극적 요소를 회복하려고 한다.

희극의 의미는 이 '회복'에 있다고 조지프 미커는 말하고 있다. 특별히 새로운 것의 발견이나 변화는 없다. 원래의 평상적인 상태로 돌아갈 뿐이다. 그래서 아리스토파네스는 보수적이었다고 하는 것이다.

스캔들에 대해서도 똑같은 말을 해도 좋을 것이다. 높이 올라간 것은 떨어뜨리고 지위가 높은 사람은 넘어지게 한다. 그것에 의해 새로운 것이나 훌륭한 것이 나타나는 것은 아니다. 인간은 원래 이 지상에서 꿈틀거리는 존재이고, 모두 같다는 것을 확인할 뿐이다. 그러나 그것에 의해 인간의 불평등, 격차, 차별, 대립의 긴장을 누그러뜨리고 웃음에 의해 스트레스를 발산하게 하는 것이다.

---

12 ジョゼフ・W.ミーカー, 같은 책.
13 ジョゼフ・W.ミーカー, 같은 책.

헤르메스상 스캔들의 진상

기원전 415년 알키비아데스가 시켈리아 원정을 떠나려고 할 때 어떤 사람이 아테네에 있는 헤르메스상(像)을 훼손한 사건에 대해서는 앞에서 말했다. 알키비아데스는 의심을 받았으므로 망명하지 않을 수 없었다. 그가 범인이라는 증거는 없었지만 스캔들에 의해 유죄가 되었다. 그렇다면 대체 누가 진범인 것일까?

나는 처음에 이 사건의 의미를 제대로 이해할 수 없었다. 《플루타르크 영웅전》에는 "여러 군데에 있는 헤르메스상이 하룻밤 사이에 얼굴이 파손된 사건"이라고 되어 있다. 각주에 따르면 헤르메스상은 사각의 돌기둥 끝에 얼굴을 조각한 것이다. 나는 일본판 번역자의 번역에 따라 얼굴을 훼손했다고 썼지만 의문이 가시지 않았다. 왜냐하면 헤르메스상이라면 얼굴만이 아니라 남근이 조각되어 있고 또 돌기둥 자체가 남근의 상징이라고도 말해지고 있기 때문이다. 어쩌면 얼굴만이 아니라 남근도 훼손된 것이 아닐까라고 나는 상상했다. 조사해보니 에바 쿨스Eva C. Keuls의 고대 그리스론인 《팔루스의 왕국 – 고대 그리스의 성의 정치학The reign of the phallus : sexual politics in ancient Athens》(1985)[14]에는 확실하게 헤르메스상을 거세했다고 되어 있는 것으로 보아 남근을 부러뜨렸음을 알 수 있다. 헤르메스상의 얼굴을 훼손했다고 하느냐 남근을 훼손했다고 하느냐에 따라 이 사건의 이미지는 크게 달라진다.

19세기 빅토리아 시대의 도덕 안에서 출발한 고대 그리스 연구는 성, 특히 동성애를 다루는 것을 줄곧 금기시해왔다. 그 금기는 1970년대 말에야 깨지지만 일본에서는 더욱 늦어졌다. 그러므로 아리스토파네스 희극의 번역은 거의 의미가 불분명하다.

에바 쿨스의 《팔루스의 왕국》은 금기를 깬 그리스 연구서 가운데 하나다. 헤르메스상 사건을 "고대 아테네의 워터게이트 사건"이라고 부르게 된 것은 아무래도 이 책이 나온 1985년인 듯하다. 그러나 스캔들이라는 관점에서 이 사건에 새로운 해석을 가져온 것이다.

기원전 415년 여름 내내 아테네는 스캔들로 요동치고 있었다. 트로이전쟁 이래 그리스인이 가장 무모한 군사행동을 시작한 것과 거의 같은 시기였다. 한패의 음모자가 야음을 틈타 시내에서 헤르메스상을 파손했다. 헤르메스상은 집 앞이나 공공장소 등 가까운 곳 어디에서나 볼 수 있었던 것으로, 사각의 돌기둥에 발기된 성기와 머리만이 조각된 것이었다. 남근을 가진 이 조각물이 하룻밤 사이에 거의 모두 거세되었던 것이다. 심상치 않은 사건이었는데도 당국은 범인 색출에 실패했다. 정치적, 사회적, 문화적 배경에서 스캔들이 발생했으므로 지극히 상징적인 이 범죄는 주목할 만한 것이었다.[15]

14　エヴァ·C·クールズ, 中務哲郎·久保田忠利·下田立行譯, 《ファロスの王國 : 古代ギリシアの性の政治學》, 岩波書店, 1989.

고대 그리스는 남성 지배, 남근중심주의의 시대였다고 쿨스는 말한다. 그러한 경향은 근대의 그리스 연구에도 계승되었고, 남성 중심의 시점에서 성이나 동성애를 금시시하여 다루지 않으려고 해왔다.

헤르메스상의 얼굴을 파손했다는 번역에 의문을 품은 것은 19세기 말 오브리 비어즐리Aubrey Vincent Beardsley, 1872~1898가 그린, 남근이 달린 헤르메스상을 봤기 때문이다. 쿨스도 검열된 문헌이나 자료가 아니라 그리스의 항아리 그림에 그려진 남근 등을 기초로 역사를 다시 읽었다.

쿨스에 따르면 남근중심주의는 페리클레스 시대가 끝날 때(기원전 429)까지 아테네를 지배하고 있었다. 그 후 그것에 대한 반동이 나타났다. 기원전 415년은 커다란 전환점이었다.

그해에 에우리피데스의 비극《트로이의 여인들》이 상연되었다. 이 작품은 반전(反戰)을 강력하게 호소한 것이었다. 그러나 시켈리아 원정은 강행되었다. 두 가지 사건이 원정에 어두운 그림자를 드리웠다. 하나는 헤르메스상의 파괴이고 또 하나는 아도니스 축제가 열린 일이다. 아도니스는 아프로디테의 사랑을 받은 미소년으로, 멧돼지에게 물려 죽었다. 아도니스 축제는 그의 죽음을 슬퍼하고 부활을 기원하는 여인들의 축제였다. 아도니스의 사체를 나타내는 인형을 매장하고 여인들이 슬픈 노래를 부르며 울부짖었다. 마치 원정을 떠나는 병사들의 죽음을 예감하고 있는 것 같았다.

쿨스는 아테네를 지배한 남근중심주의와 남성 원리에 의한 체제를 자세하게 밝혀 나가는데 여기서는 생략하기로 하고, 곧바로 헤르메스

---

15 エヴァ·C·クールズ, 같은 책.

상을 파괴한 범인은 누구인가 하는 결론으로 나아가고자 한다.

헤르메스상의 어느 부분이 파손된 것일까? 플루타르크는 얼굴이라고 말하지만 투키디데스는 《역사》에서 전면이 파손되었다고 말한다. 그러나 이것은 완곡한 표현으로, 실제로 파손된 것은 남근일 수밖에 없었다.

아리스토파네스의 《리시스트라타》에서는 여인들에게 섹스를 거부당한 라코니아인(스파르타인)들이 발기한 남근을 주체하지 못하자, 코로스(합창대)가 그들에게 외투로 그것을 감추라고 말한다. "헤르메스의 석주상(石柱像)을 훼손한 자들에게" 발견되기라도 한다면 당신들 것도 성치 못할 것이라고 협박한다. 아리스토파네스도 그 사건을 잘 알고 있었다.

그 사건은 아테네를 불안에 떨게 했다. 그러나 범인을 찾지 못했으므로 비밀 의식을 모독한 수상쩍은 의식에 관련되었다는 이유로 알키비아데스를 비롯한 수십 명을 고발했고, 억지 이유를 들어 그들이 헤르메스상을 훼손했다며 유죄 판결을 내렸다. 그러나 남근숭배주의의 화신 같은 알키비아데스가 그것을 훼손했다고는 생각할 수 없다.

그렇다면 누가 범인일까? 쿨스는 거기에서 아리스토파네스의 《리시스트라타》야말로 그 범인을 암시하고 있다는 놀랄 만한 추리를 보여주고 있다. 《리시스트라타》는 완전히 지어낸 이야기가 아닌 것이다. 그것은 언제까지나 전쟁에 정신이 팔려 있는 남자들에 대한 반란이다. 헤르메스상 파괴와 아도니스 축제는 남근중심주의에 대한 항의였던 것이다.

남근을 세우고 떡 버틴 채 으스대고 있는 남자들을 좌절시키려고

그리스의 올림피아 박물관에 있는 프락시텔레스 작 헤르메스상

남근을 부러뜨린 여자들의 음모가 헤르메스상 사건이었다. 역시《리시스트라타》에는 아도니스 축제나 헤르메스상이 여기저기에 삽입되어 있다.《리시스트라타》이후 아리스토파네스는《테스모포리아 축제의 여인들Thesmophoriazousai》을 상연했다. 여성의 입을 통해 메시지를 전달한 것이다.

아리스토파네스가 갑자기 여성들의 항의에 몰두하게 된 이유로는, 그와 적어도 관객의 일부는 헤르메스 석주상을 거세한 범인이 여자들이었다는 것을 알고 있지 않았을까 하고 의심하고 있었다—이것은 아마 지금까지 확실히 표명된 적이 없는 의심이다—는 것밖에 나는 생각할 수가 없다.[16]

헤르메스상의 남근이 부러진 스캔들은 아테네의 운명을 보여주는 상징적인 사건이었다. 시칠리아 원정에서 패배한 후 아테네는 기울기 시작했고, 기원전 404년 스파르타에 항복함으로써 펠로폰네소스전쟁은 끝났다. 스파르타의 점령 아래서 아테네는 '30인 참주'Thirty Tyrants라는 과두정치를 시행했다. 스파르타의 장군 리산드로스의 뜻을 받아들인 30인이 아테네를 좌지우지했던 것이다.

그들은 국가의 주권을 장악하자마자 국제(國制)에 관한 결의 일반을 무시하고 예상된 후보자 천 명 중에서 평의원 5백 명과 그밖의 관리를 뽑았고

<hr>

16 エヴァ·C·クールズ, 같은 책.

또 페이라이에우스의 아르콘(고위 행정관─옮긴이) 열 명과 감옥의 간수 열한 명을 자기편으로 끌어들였으며 신발을 신은 3백 명을 수하에 두고 국가를 독재했다. (중략) 그들은 일단 국가를 한층 견실하게 장악하자 어떤 시민도 꺼리지 않고 재산이 많거나 문벌과 명성이 빼어난 사람을 죽여 자신의 공포를 없애고 동시에 타인의 재산을 빼앗으려고 했다. 이리하여 아주 짧은 시간에 천오백 명이나 되는 사람들을 죽이고 말았던 것이다.[17]

그러나 30인 참주에 의한 공포정치는 1년쯤 지나 무너졌고 민주제가 부활했다. 그러나 그 과정에서 공포정치에 대한 보복이 이루어져 혼란이 일었다. 그 하나가 소크라테스의 처형이다. 크세노폰의《소크라테스의 추억》[18]에 따르면 그 고발은 다음과 같은 것이었다. "소크라테스는 국가가 인정하는 신들을 신봉하지 않고 또 새로운 신격을 수입하는 죄를 범했다. 그리고 청년들을 부패시키는 죄를 범했다."

크세노폰은, 아테네 사람들은 왜 소크라테스가 신에게 불경을 저질렀다고 믿었는지 이해할 수가 없다고 했다. 또한 소크라테스가 청년들을 부패시켰다고 하는데 이것도 이해할 수 없다. 그때 크리티아스와 알키비아데스가 소크라테스의 제자였다는 것도 이유가 되었다. 크리티아스는 30인 참주의 중심적인 인물이었다. 소크라테스와의 교우 관계는 있었지만, 소크라테스는 30인 참주에 대해 확실히 비판적이었다.

소크라테스에 대한 고발은 너무 무리한 것이었다. 그런데도 유죄가

---

17 アリストテレス, 村川堅太郎譯,《アテナイ人の國制》, 岩波文庫, 1980
18 クセノフォーン, 佐佐木理譯,《ソークラテースの思い出》, 岩波文庫, 1953.

선고되었고 그는 죽음을 선택하지 않을 수 없었다. 30인 참주의 공포 정치에 대한 반동이 소크라테스의 희생을 요구했던 것이다.

소크라테스는 새로운 신을 받아들였다, 젊은이들을 타락시켰다는 애매한 소문에 의해 고발되었고 유죄를 선고받아 처형되고 말았다. 아테네의 민주제는 그러한 스캔들의 마술을 개막시켰던 것이다.

그리스 철학이라고 하면 우리는 소크라테스, 플라톤, 아리스토텔레스의 이름을 떠올린다. 그러나 스캔들의 역사 초기와 이 세 사람의 생애를 겹쳐보는 것은 상당한 안타까움이 따른다.

세 사람은 사상의 표현 방식이 각기 달랐다. 소크라테스(기원전 469~399)는 아무것도 쓰지 않았다. 모든 것은 그의 말뿐이었다. 크세노폰, 플라톤, 아리스토텔레스가 기록한 것으로 전해지고 있을 뿐, 소크라테스가 직접 쓴 자료는 없다.

플라톤(기원전 427~374)은 많은 저작을 썼지만 주로 '대화'라는 형태를 이용했다. 아리스토텔레스(기원전 384~322)는 기술(記述)과 논문이라는 객관적인 스타일로 썼다. 다시 말해 세 사람의 사상에는 구어에서 문어로의 전환이 반영되어 있다. 스캔들도 그 전환의 영향을 받았다. 소크라테스의 사상은 입에서 입으로 전해졌다. 스캔들 역시 입에서 입으로, 풍문으로 퍼져나갔다. 그런 애매한 소문에 의해 그는 탄핵되고 말았다.

플라톤은 정치에 강한 관심을 가지고 있었다. 그러나 스승 소크라테스의 처형은 아테네의 민주제에 환멸을 느끼게 했다. 그래도 시켈리아(시칠리아) 정권이 지도해주기를 원해 세 번 초빙을 받았는데 그때마다 좌절하고 아테네로 돌아왔다. 그리고 아테네 근처에 아카데메이아를 열어 저작과 강의를 계속하다 아테네에서 삶을 마감했다. 가끔 시켈리아의 정치적 음모에 휘말리기도 했지만 아카데메이아는 그의 은신처가 되었던 것 같다.

아리스토텔레스는 그리스의 북쪽 마케도니아 출신으로, 아테네로 유학하여 플라톤의 아카데메이아에서 배웠다. 플라톤이 죽은 후 아카데메이아를 떠나 마케도니아나 소아시아를 편력하고 마케도니아의 왕자 알렉산드로스의 교사가 되었다. 기원전 335년 아테네로 돌아와 자신의 학원 리케이온을 열었다. 그리고 대왕이 된 알렉산드로스의 비호를 받았다. 그러나 기원전 323년 알렉산드로스 대왕이 사망하자 마케도니아의 지배를 싫어했던 아테네 사람들은 아리스토텔레스를 스캔들로 공격했다. 소크라테스 때처럼 신을 모독했다는 이유로 고발한 것이다. 소아시아 아소스의 지배자 헤르미아스에게 바친 시가 문제가 되었다. 아리스토텔레스는 아카데메이아에서 배운 적이 있는 헤르미아스에게 초빙되었고 그의 조카딸과 결혼했다. 헤르미아스는 페르시아군(軍)에 의해 죽었으므로 아리스토텔레스는 그의 덕을 칭송하며 올림포스의 신들도 그를 맞이해줄 것이라는 송가를 썼던 것이다.

이 노래에서 이방인 헤르미아스를 올림포스의 신들 사이에 놓은 것은 신을 모독한 것이라며 고소당했다. 아리스토텔레스는 아테네 사람들에게 또다시 철학자를 처형하는 과오를 범하지 않도록 하겠다고 말하며 에보이아 섬의 칼키스로 망명했고, 기원전 322년에 병사했다고 한다. 소크라테스처럼 스스로 독미나리 즙을 마시고 죽었다는 설도 있다.

아일리아노스의 《그리스 기담집》[19]의 〈아리스토텔레스가 아테네를 떠난 이유〉에 따르면, 불경죄의 판결을 피해 망명할 때 아테네인의 국가를 어떻게 생각하느냐는 질문을 받은 아리스토텔레스는, 훌륭하지만 "배도 무화과도 차례로 익는다"고 말했다. "이것은 고소업자(슈코판테스)를 말한 것이다"라고 설명되어 있다. "아테네에는 제도로서의 검찰관이 없었으므로 일반 시민이 고소인이 되었는데, 이름을 알리기 위해 또는 막후 인물의 앞잡이가 되어 돈을 벌 목적으로 고소를 전업으로 하는 무리가 많았다. '고소업자'(슈코판테스)라는 말에 달린 주에는 슈콘(무화과)과 판테스(알리는 사람)로 이루어진 말의 유래는 불분명"하다고 설명되어 있다.

이 말은 아마 고대 그리스에서 신들에게 무화과를 제물로 바친 데서 나왔을 것이다. 누군가를 범인으로 만들고, 그를 신에게 살아있는 제물로 바치는 역할인 것이다. 고소업자가 나타난 아테네에서는 스캔들 장사가 번창했다는 것을 알 수 있다.

또한 소크라테스의 경우는 풍문에 따른 불경죄였는데, 아리스토텔레스의 경우는 그가 쓴 시가 증거가 되었다는 것이 기원전 5세기에서 기원전 4세기에 스캔들의 구조가 변했다는 것을 보여주고 있다.

소크라테스의 스캔들은 아테네 내부의 것이었다. 플라톤은 아테네와 시켈리아를 왕복했다. 그리고 아리스토텔레스의 경우는 스캔들이 그리스, 마케도니아, 소아시아 등 에게 해의 양안으로 퍼져나갔다.

스캔들은 입에서 입으로 전해질 뿐만 아니라 기록되고 시간과 공간을 넘어 더욱 널리 전해진다. 고소업자에 대해 기록하고 있는 아일리

---

19 アイリアノス, 松平千秋 · 中武哲郎譯,《ギリシア奇談集》, 岩波文庫, 1989.

아노스의 《그리스 기담집》은 로마 시대에 정리된 것인데, 그리스의 가십을 모아놓은 것이라고도 말할 수 있다. 다양한 소문과 가십이 모아지고 기록되어 읽히게 되었다는 사실을 보여주고 있다.

물론 그것은 동시대의 것이 아니기 때문에 등장하는 것은 과거의 유명인이나 역사상의 인물이며, 일찍이 뒷전에서 이야기되었던 것이 책으로서 공개된 것이다. 그 대부분의 이야기는 스캔들 같은 것이어서 동시대라면 때로 명예훼손이 되었겠지만, 이미 옛날이야기이기 때문에 독자들은 웃으며 읽을 수 있었다.

예컨대 플라톤과 아리스토텔레스는 사제지간이었는데 사이가 좋지 않았다는 이야기가 나온다. '플라톤의 겸양과 아리스토텔레스의 망은(忘恩)'이라는 제목이 붙어 있는데, 플라톤은 아리스토텔레스를 '망아지'라고 말했다. 망아지는 어미의 젖을 먹고 배가 잔뜩 부르면 어미의 배를 걸어차기 때문이라는 것이다.

어쨌든 그(아리스토텔레스—옮긴이)는 플라톤에게서 철학의 기초를 배웠고, 연구를 위해 불가결한 기초 지식도 충분히 전수받았다. 그리하여 학문의 정화(精華)를 듬뿍 습득했지만 스승에게 거역하고 대항하였으며 새롭게 학원을 열어 동지나 제자를 데려갔고, 페리파토스(逍遙)[20]에 의해 반기를 들며 플라톤에게 대항하려고 했다.[21]

플라톤과 아리스토텔레스는 아무래도 취미가 달랐던 모양이다. '아리스토텔레스, 플라톤과 절교한 일'이라는 이야기도 나왔다.

플라톤에게는 아리스토텔레스의 생활 태도도, 몸에 걸치는 옷도 마음에 들지 않았다. 아리스토텔레스는 옷에도 신발에도 무척 신경을 썼는데, 머리 모양도 플라톤의 기호에는 맞지 않았다. 아리스토텔레스는 반지도 여러 개나 끼고 그것을 자랑스럽게 생각하고 있었기 때문이다.[22]

그리고 아리스토텔레스가 철학자답지 않은 모습이었다는 등 상당히 심한 내용까지 쓰여 있다. 이러한 이야기가 사실이었는지 어땠는지는 알 수 없다. 아리스토텔레스는 아테네에서 쫓겨났으므로 플라톤의 다른 제자들은 아리스토텔레스에 대해 마음껏 욕을 할 수 있었고 그것이 전해졌는지도 모른다.

아테네에서는 참주정이냐 민주정이냐의 문제로 의견이 대립하고 있었다. 참주정의 경우 뛰어난 지도자에 의해 국가가 번영할지도 모르지만 폭군이 등장할 위험성도 있었다. 그것을 피하기 위해 도편추방 같은 소환제도를 도입한 민주정에는 스캔들이 횡행하는 중우정치가 될 위험성이 있었다.

'30인 정권의 희생자에 대한 소크라테스의 말'에서 소크라테스는, 30인 참주가 지체 높고 유명한 사람들을 차례로 학살하고 대부호를 모략으로 쓰러뜨리는 것을 보고, 이 세상에서 뛰어난 인물, 비극의 무대에서 자주 보는 권력자가 되지 않아 다행이라고 제자에게 말한다. "이런 사람들은 죽

---

20 아리스토텔레스와 그의 제자들은 숲속의 산책로 페리파토스를 거닐면서 철학에 대해 토론하였는데, 이로부터 페리파토스는 산책하며 철학하는 사람들을 가리키게 되었다—옮긴이.
21 アイリアノス, 松平千秋・中武哲郎譯,《ギリシア奇談集》, 岩波文庫, 1989
22 アイリアノス, 같은 책.

임을 당하거나 연극의 소재가 되거나 꺼림칙한 식사를 하게 되거나 매번 남의 구경거리가 되고 있는데, 그런 점에서 보면 아무리 형편없고 부끄러움을 모르는 비극작가라고 해도 무대에서 합창대를 학살하는 일까지 저지른 사람은 없으니까."[23]

뛰어난 인물이나 권력자는 무대에서 남의 구경거리가 된다. 즉 권력이라는 높은 자리에서 떨어지는 것이다. 아무리 지위가 높은 사람이라도 떨어진다. 거기에는 사람은 결국 같다는 민주정의 원리가 나타나 있다.

그러나 아무리 비극작가라도 합창대까지 학살하지는 않는다. 합창대란 무명의 일반 대중을 말한다. 그러나 30인 참주의 공포정치는 그런 대중까지 학살했다는 것이다. 이 이야기에서 소크라테스는 지위가 높은 사람을 스캔들로 떨어뜨리는 민주정이 그래도 참주정보다는 낫다고 말한 것 같다. 그러나 아이러니하게도 30인 참주가 추방되고 민주정이 회복되었을 때 소크라테스는 그 희생물이 된다.

한편 이방인 아리스토텔레스는 아테네의 민주정을 견딜 수 없었다. 불경죄가 덮어 씌워지자 아테네를 버린다. 고소업자가 날뛰는 사회에 견딜 수 없었던 것이다.

기원전 5세기 고대 그리스는 하나의 정점을 맞았다. 민주정이 도입되었고, 페리클레스 시대의 아테네는 황금시대를 누린다. 파르테논 신전이 완성되고 그리스 비극이 상연된다. 그때 스캔들도 모습을 보인

---

23 アイリアノス, 같은 책.

다. 왜냐하면 지위가 높은 사람에게 욕을 할 수 있는 시민의 자유가 인정되었기 때문이다. '명성'이라는, 대중을 목표로 한 변덕스러운 바람이 불기 시작한다. 명성을 얻거나 잃거나 하는 드라마가 사회현상이 된 것이다.

무대에만 한정된다고 해도 희극에서는 신들의 스캔들을 다루는 것이 허용된다. 그러나 그 특권은 기원전 5세기의 옛날 희극으로 끝나버린다. 새로운 희극은 가정 내의 일상적인 화제를 다루게 된다. 한편 스캔들은 정치적 음모, 나아가 공갈이나 등치기에 이용되고 그것을 전문으로 하는 고소업자pettifogger가 나타난다.

그 전환점이 기원전 415년의 헤르메스상 스캔들이었다. 그 후 아테네는 몰락해간다. 신들을 모독했다는 이유로 소크라테스를 죽게 하고 아리스토텔레스를 망명하게 했다. 기원전 3세기 로마는 지중해로 진출하기 시작한다. 민주정과 스캔들의 해금이라는 모순에 고민하면서 그리스 문화는 지는 해처럼 에게 해로 가라앉았다.

The Age

로마

스캔들의 향연

스캔들이 로마를 만들었다

로마는 하루아침에 만들어지지 않았다고 한다. 그렇다면 어떻게 만들어졌을까? 일설에 따르면 어떤 스캔들에 관한 소문이 로마가 성립되는 계기가 되었다고 한다. 이 흥미로운 주장은 한스 요하임 노이바워Hans-Joachim Neubauer, 1960~의 《파마Fama : eine Geschichte des Gerüchts》[1]에 자세하게 나와 있다.

우선 로마 건국의 전설을 보자. 이야기는 트로이전쟁으로 거슬러 올라간다. 트로이에 아이네아스라는 전쟁 영웅이 있었다. 그는 인간인 아버지와 사랑과 미의 여신 베누스(그리스 신화의 아프로디테) 사이에 태어났다. 트로이가 멸망해도 그는 신들의 보호로 도망칠 수 있었고, 새로운 나라(로마)를 건설할 사명을 부여받았다. 아이네아스는 각지를 편력하다 카르타고에 이르러 여왕 디도의 사랑을 받는다. 디도는 그가 떠나는 것을 만류한다. 유피테르(그리스 신화의 제우스)는 메르쿠리우스(그리스 신화의 헤르메스)를 파견하여 사명을 전한다. 아이

---

1 ハンス゠ヨハヒム・ノイバウアー, 西村正身譯, 《うわさの研究》, 青土社, 2000.

네아스는 이탈리아로 출발하고, 절망한 디도는 불속에 뛰어들어 스스로 목숨을 끊는다.

이것은 로마의 시인 베르길리우스가 《아이네이스》에서 노래한 것이다.

이탈리아에 정주한 아이네아스의 자손 레아 실비아와 군신 마르스(그리스 신화의 아레스) 사이에서 로물루스와 레무스라는 쌍둥이가 태어났고, 로물루스가 로마를 건설했다고 전해지고 있다. 이 전설에서 스캔들이 나오는 장면은, 아이네아스와 디도의 사랑 부분이다.

디도는 페니키아 왕의 딸로, 형제와 다투고 아프리카로 도망쳐 그 땅의 왕인 이아르바스의 보호를 받고 있었다. 그리고 왕의 구혼을 받아들인 상태였다. 그러므로 아이네아스와의 사랑은 비밀이었다. 그러나 그 비밀을 '풍문'(파마)이 냄새를 맡고 스캔들로서 전했다. 베르길리우스는 '풍문'(파마)을 의인화하여 소문의 여신이라 말하고 있다.

> 즉시 리뷔아의 대도시들에 소문이 퍼졌으니, 소문은 세상의 악 가운데 가장 빠르다. 그녀(소문 곧 파마―옮긴이)는 움직임으로써 강해지고 나아감으로써 힘을 얻는다. 그녀는 처음에는 겁이 많아 왜소하지만 금세 하늘을 찌르고, 발로는 땅위를 걸어도 머리는 구름에 가려져 있다.[2]

베르길리우스에 따르면 파마(풍문)는 제우스 등에 패한 거인족의 일원인 듯하다. 소문을 전하는 신인데, '파마'는 좋은 소문(명성)일 뿐만이 아니라 나쁜 소문(악명, 스캔들)이기도 하며 그 구별이 확실하지 않기 때문에 결국 수상쩍은 것이 된다. 그녀(파마―옮긴이)는 거짓말과 진짜, 악과 선이라는 구별을 하지 않고 소문을 퍼뜨린다. 이때도 디도와 아이네아스 사이를 파마가 뛰어다닌다. 그것은 다음과 같은 것이다.

> 두 사람은 이제 왕국도 잊어버리고 어리석은 애욕의 포로가 되어 겨우내 함께 방탕한 생활을 하고 있다는 것이다. 가증스런 여신(파마―옮긴이)은 도처에서 사람들의 입에 이런 이야기를 쏟아 부었다. 그리고 나서 그녀는 곧장 이아르바스 왕에게로 발걸음을 돌려 그의 마음에 말로 불을 지르고 그의 노여움을 돋우었다.[3]

파마는 이아르바스 왕에게 고자질을 하여 질투를 부추긴 것이다. 그러자 왕은 트로이에서 온 아이네아스가, 파리스가 헬레네를 빼앗았던 것처럼 카르타고에서 디도를 채가려고 한다고 유피테르에게 호소했다.

신들은 아이네아스에게 로마를 건설하는 사명을 부여하고 있었다. 그러나 카르타고의 미녀에게 빠져 그 일을 잊고 있는 그를 우려한다. 그래서 메르쿠리우스를 보내 아이네아스에게 사명을 상기하게 한다. 드디어 아이네아스는 로마 건설을 위해 출발한다.

이렇게 하여 한스 요하임 노이바워는《파마》에서 "파마가 없었다면 로마도 없었다"고 단정한다. 다시 말해 파마가 아이네아스와 디도의

---

2 ウェルギウス, 田中秀央·木村滿三譯,《アエネ‐イス》, 岩波文庫, 1940(베르길리우스, 천병희 옮김,《아이네이스》, 숲, 2004, 167쪽).
3 ウェルギウス, 같은 책(베르길리우스, 천병희 옮김,《아이네이스》, 숲, 2004, 168쪽).

소문을 이아르바스 왕에게 전하지 않았다면 그 비밀은 유지되었을 것
이고 스캔들이 되지 않았을 것이다. 그러나 스캔들이 되었기 때문에
왕은 유피테르에게 호소했고, 유피테르는 아이네아스를 사랑의 유혹
에서 정신을 차리게 했으며 사명을 위해 출발하게 했던 것이다. 그러
므로 "파마가 없었다면 로마도 없었다"는 것이다.

이처럼 스캔들에서 출발한 로마의 역사는 스캔들과 인연이 깊어
스캔들투성이라고 해도 좋을 정도다. 베르길리우스는 기원전 23년에
《아이네이스》를 로마 황제 아우구스투스에게 낭독했다. 그중에 파마
를 등장시키고 있는 것은 그만큼 파마가 활약하고 있다는 것을 의식
했기 때문일 것이다.

실제로 소문은 베르길리우스 시대와 그 후 수십 년간 세계도시 로마에서
중요한 역할을 했다. 근대 서구의 대도시 또는 18세기의 파리와는 전혀
다르게 고대 로마는 풍문과 풍설과 소문이 발호하는 도시였다. 로마에서
파마는 모든 공적 공간에 파고들었다. 일상에서도, 전쟁에서도, 선거에서
도 파마가 정치가의 말을 이야기하기 때문이다. 공적인 정치체제가 풍설
에 의존했던 것이다. 그것은 무엇보다 커뮤니케이션이 구두로 행해지고
있었기 때문이다.[4]

로마에서는 소문이 하늘을 날아가는 것으로 여겨졌다. 그리고 그것
은 하늘의 목소리, 신의 목소리라고 생각되어 파마는 여신으로 의인화
되었다. 베르길리우스와 동시대 사람인 오비디우스도 《변신 이야기》
에서 파마를 신들 안에 포함하고 있다. 그것에 따르면 파마는 육지와

바다와 하늘의 경계에 있고 전 세계의 사건을 모두 보고 듣고 있다. 파마의 집은 다음과 같은 것이다.

집의 거실은 더없이 혼잡했다. 진실도 뒤섞인 무수한 엉터리 같은 소문이 한 떼의 그림자처럼 왕래하고 여기저기를 헤매고 다니며 혼란스러운 말을 뿌려대고 있다. 이 무리들 중에는 뚫려 있는 귀를 찾아내 거기에 이야기를 처넣는 자도 있고 어디서 들은 이야기를 다른 곳으로 가져가 마치 자기 이야기인 양 옮기는 데 힘쓰는 자도 있다. 그렇게 해서 만들어진 이야기는 커져가고 차례차례 새로운 이야기꾼이 어디서 들은 이야기에 뭔가를 보태가는 것이다. 여기에는 '경신(輕信)'[5]이나 부주의한 '착각', 까닭 없는 '기쁨'이 자리 잡고 있다. 흩뜨려진 '공포', 갑작스러운 '반란', 출처가 모호한 '소곤거림'도 이곳에 사는 자다. '소문'(파마) 자신은 하늘이나 바다나 육지에서 뭐가 일어나고 있는지 지켜보면서 전 세계의 소식을 살피고 있다.[6]

《변신 이야기》라고 하면, 나르키소스나 히아신스 등의 꽃으로 변신한다는 아름다운 이야기를 연상하지만 사실은 그것만은 아니라 파마 같은 속물의 신도 등장한다. 이리하여 파마의 나쁜 장난에 의해 디도와의 사랑은 깨지고 아이네아스는 이탈리아로 건너간다. 그의 자손 로물루스와 레무스는 로마 건국을 둘러싸고 싸움을 벌였고, 로물루스는 형제를 죽이고 로마의 지배자가 된다. 그리고 먼저 근교의 사비니 여

---

4 ハンス゠ヨハヒム・ノイバウアー－, 西村正身譯, 《うわさの研究》, 青土社, 2000.

5 깊이 생각하지 않고 쉽게 믿는 것—옮긴이.

6 オウィディウス, 中村善也譯, 《變身物語》, 岩波文庫, 1984.

인들을 약탈한다. 고대사는 늘 여성의 강탈로 시작된다.

이탈리아 북부에는 에트루리아인이 있어 타르퀴니아 등의 도시를 건설했다. 로마인은 에트루리아 문화를 흡수했다. 로물루스를 계승한 누마 폼필리우스는 현인으로 불리며 라틴(로마), 사비니, 에트루리아를 통일했다.

5대 왕은 루키우스 타르퀴니우스였다. 그 이름은 에트루리아의 도시 타르퀴니아에서 따왔고 아버지는 그리스인, 어머니는 에트루리아인이라는 국제적인 배경을 갖고 있었다. 지방적이고 농업 중심인 로마는 국제적인 도시로 전환해나간다. 타르퀴니우스는 평민의 인기를 얻었으므로 원로원의 음모로 암살당한다. 그러나 여장부였던 왕비 타나퀼은 왕자 세르비우스를 왕위에 앉힌다. 세르비우스는 조카 타르퀴니우스 2세에 의해 살해된다. 타르퀴니우스 2세는 '교만왕'이라 불리는 폭군이며 각지를 침략한다.

타르퀴니우스 2세의 왕자 섹스투스 타르퀴니우스가 커다란 스캔들을 일으키고, 그 스캔들로 인해 로마의 왕정은 무너지고 공화정이 시작된다. 기원전 6세기 말이었다. '루크레티아의 능욕' 사건으로, 흔히 회화의 소재가 되기도 했다. 그렇다면 티투스 리비우스Titus Livius, 기원전59~기원17의 《로마 건국사》에 의해 그 경위를 추적해보자. 리비우스는 40년에 걸쳐 142권의 《로마 건국사》를 썼는데 그중 35권밖에 남아 있지 않다. 1권부터 5권까지의 《초기 로마 건국사》 제1권 〈왕정의 로마〉에 '루크레티아의 능욕' 사건이 나온다.

이미 말한 것처럼 타르퀴니우스 2세는 주위의 여러 도시를 침략했는데, 로마의 남쪽에 있는 도시 아르데아가 표적이었다. 부유한 재산을 갖고 있었기 때문이다. 아르데아를 공격했으나 수비가 견고했으므로 포위한 채 지구전이 되었다. 포위한 로마군에는 섹스투스가 있었다. 로마군은 포위한 채 멀찍이서 지켜보기만 할 뿐이었으므로 심심해진 섹스투스는 캠프에서 술잔치를 벌였다. 사촌인 콜라티누스도 함께 있었는데 서로 아내를 자랑하기 시작했다. 자신의 아내가 더 정숙하고 집을 잘 지키고 있다고 했다. 그러다가 그렇다면 지금 말을 달려 로마로 돌아가 아내들이 어떻게 하고 있는지 보고 오자는 이야기가 나왔다.

로마로 돌아가 섹스투스의 집으로 가자 아내는 남자 친구들을 모아놓고 큰 잔치를 벌이고 있었다. 다음으로 콜라티누스의 집으로 가자 아내 루크레티아는 시녀들과 실을 잣고 있었다. 승부는 명백했다.

섹스투스는 체면을 상했을 뿐만 아니라 루크레티아에게 격렬한 욕망을 품게 되었다. 그는 콜라티누스가 집에 없을 때 루크레티아를 찾아가 그녀를 덮치려고 했다. 그러나 아무리 해도 굴하지 않았으므로 "그렇다면 널 죽이고 노예의 목을 딴 다음에 다 벗겨놓겠다. 노예와 부정을 저질러 두 사람 다 죽임을 당했다고 말할 것이다"라고 협박했다. 그래서 루크레티아는 절망한 채 섹스투스에게 몸을 맡겼다.

섹스투스가 돌아간 후 루크레티아는 남편을 불러 모든 것을 털어놓고 칼로 가슴을 찔러 죽었다. 콜라티누스는 친구인 루키우스 유니우스 브루투스와 함께 복수를 맹세했다.

브루투스는 타르퀴니우스 2세의 여동생 타르퀴니아의 아들로, 아버지는 전왕 세르비우스였다. 타르퀴니우스는 큰아버지였는데, 아버지가 살해당한 원한이 있었다. 루크레티아를 능욕한 스캔들을 계기로 이 폭군을 단숨에 무너뜨리는 운동이 일어났다.

브루투스 등은 루크레티아의 시체를 수레에 싣고 광장으로 옮겼다. 그리고 사람들에게 폭군의 아들이 저지른 악행을 폭로하고 폭군을 쓰러뜨리기 위해 무기를 들고 일어서자고 호소했다. 그렇게 민중의 반란으로 타르퀴니우스 왕이 추방됨으로써 7대에 걸친 로마의 왕정은 끝나고 공화제가 선포되었다. 기원전 509년의 일이다. 그리고 두 명의 집정관consul이 뽑혔다. 콜라티누스와 브루투스였다.

이상이 리비우스가 말한, 로마의 왕제가 공화제로 바뀐 이야기다. 그 계기는 정절녀 루크레티아의 능욕이라는 스캔들이었다. 물론 그것뿐만이 아니다. 그 전에 타르퀴니우스의 폭정이 민심을 흉흉하게 들끓도록 만들었다. 루크레티아 사건은 최후의 방아쇠였던 것이다.

다만 루크레티아 사건이 사실(史實)이었는지의 여부는 분명하지 않다. 리비우스의《로마 건국사》에는 상당한 편견이 있다고 여겨진다. 그는 공화정 시대에 태어나 제정으로 변하고 나서 세상을 떠났다. 공화정에서 제정으로 전환하는 시기에《로마 건국사》를 쓴 것이다. 그리고 공화정 시대를 미화하여 순수하고 무구한 것처럼 쓰는 버릇이 있었다. 루크레티아 사건에서도 왕정이 얼마나 잔혹하고 무자비했는가를 말하고, 그 희생자인 루크레티아를 정절녀의 귀감으로 그렸다.

공화정이 되었다고 해도 귀족과 기사가 중심이고 평민은 정치에 참여할 수 없었다. 얼마 지나지 않아 평민의 반란이 일어 호민관이 만들어졌다. 북방의 이방인 갈리아인 등이 로마로 침입해왔으므로 평민의 협력이 필요했다. 기원전 451년 12표법[7]이 제정되었다. 귀족의 권리를 제한하고 평민의 권리를 인정하며 토지제도를 제정하는 등 로마법의 기초가 되었다. 열두 장의 석판(리비우스는 동판이라고 했다 - 옮긴이)에 새겨진 12표법은 열 명의 입법위원회에 의해 정리되었다. 위원장은 아피우스 클라우디우스였다. 임기 1년이 지나자 그는 무리한 선거운동을 하여 재선되었다. 그리고 10인 위원회에 의해 아테네를 독재적으로 지배했고 제2의 루크레티아 사건이라고 할 수 있는 스캔들을 일으켰다. 백인대장(百人隊長)의 딸 베르기니아라는 아가씨에게 반한 아피우스는 그녀를 약탈하려고 했다. 베르기니아의 아버지는, 이것밖에 너를 자유롭게 해 줄 방법이 없다고 울면서 딸을 찔러 죽였다.

그것을 보고 군중은 아피우스에게 항의했고 곧 폭동으로 번졌다. 아피우스는 체포되었고, 그 자신이 성립에 관여한 12표법에 의해 재판을 받고 투옥되었다. 그리고 자살했다고 리비우스는 전하고 있다.

이처럼 아피우스 클라우디우스는 로마법의 기초를 놓은 사람이지만, 스캔들에 의해 스스로 그 법을 어겨 벌을 받은 사람이었다. 베르기니아의 약혼자였던 이키리우스는 아피우스에게 다음과 같이 말했다.

당신은 우리 모두를 노예로 만들었다. 항소할 권리를 빼앗고 호민관의 보호를 박탈했다. 하지만 그것은 우리의 아내나 자식에게 마음대로 할 수 있는 권리를 의미하지 않는다. 우리의 정절은 당신이 손을 대서는 안 되는 것이다. 그것을 범한다면 모든 로마 사람들이 나의 약혼자를 지키기 위해 일어서게 할 것이다.[8]

---

7 12표법은 로마 귀족과 평민간의 투쟁인 성산사건의 결과 합의가 이루어져 공표된 로마 최초의 성문법이며 후대 법률의 기초가 되었다. 아울러 12표법에서는 귀족과 평민간의 통혼을 금지하고 있다—옮긴이.

8 리비우스의《로마 건국사》에서.

정치적, 사회적 권리는 빼앗겨도 가정의 정절은 절대 넘겨줄 수 없다는 로마인의 생각이 나타나 있다. 스캔들에 의해 정권이 타도되는 것이다.

기원전 445년에는 귀족과 평민의 통혼을 인정하는 카우레이누스법이 성립되었다. 그 후에도 귀족과 평민을 타협시키는 법제화가 진행되어 로마 공화정이 확립되었다. 그리고 양자의 중간인 상류 평민 노빌레스(nobiles, 신귀족)가 세력을 얻어 로마를 움직여가게 된다.

기원전 343년에서 기원전 290년 사이 3차에 걸친 삼니테스전쟁, 그리고 그 후 그리스의 피로스 왕과의 전쟁, 기원전 272년 타란토 시 점령, 기원전 270년 레조 시 입성 등으로 로마는 중부 이탈리아와 남부 이탈리아를 제압했다. 그리고 지중해를 둘러싸고 카르타고와 충돌하게 된다.

카토와 명성

카르타고와의 세 번에 걸친(제1차는 기원전 264년~기원전 241년, 제2차는 기원전 218년~기원전 201년, 제3차는 기원전 149년~기원전 146년) 포에니전쟁은 로마를 강력한 군사 국가로 성장시켜 '제국'으로 발돋움시켰다. 제2차 포에니전쟁에서는 카르타고의 명장 한니발에게 고전하지만 푸블리우스 코르넬리우스 스키피오Publius Cornelius Scipio, 기원전 236~184 : 대[大]아프리카누스는 한니발을 격파하고 카르타고를 철저하게 파괴했다.

카르타고를 멸망시키지 않으면 안 된다고 줄기차게 주장한 사람은 마르쿠스 포르키우스 카토Marcus Porcius Cato였다. 꾸밈없고 성실하며 굳세고 씩씩한 로마인의 전형이라고 여겨졌던 카토는 사치나 퇴폐를 격렬하게 공격했다. 사람들은 그의 고발과 비판을 두려워했다. 카토만큼 명성과 스캔들에 과격하게 반응한 정치가는 없었던 것이다.

마르쿠스 카토는 기원전 237년 무렵에 태어나 기원전 149년에 죽었다. 그는 노빌레스라 불리는 신흥 귀족 집안 출신이었다. "로마 사람들은 명문 출신이 아니어도 자신의 노력으로 성공한 사람들을 신인(新人)이라고 불렀는데 카토 또한 그렇게 불렸던 사람이다."9

노빌레스는 유명인으로도 번역하지만 갑자기 출세한 신흥 귀족인 '신인'을 말한다. 직무나 공적 등으로 당대에 명성을 떨친 사람인 것이다. 카토의 시대에는 "자신의 노력으로 성공한" 현상이 두드러졌다. 그러므로 그는 '명성'을 강하게 의식하여 그것을 공격함으로써 자신의 '명성'을 획득했던 것이다. 플루타르코스에 따르면 어떤 시인이 카토를 다음과 같이 풍자했다고 한다.

"불타는 듯한 벌건 얼굴 / 듣기 거북한 목소리 / 회색 눈을 가진 포르키우스, / 죽어서 지옥에 가더라도 받아줄 사람이 없다네."[10]

카토는 농민으로 자랐으므로 신체가 튼튼하고 검소한 생활에 익숙했다. 그런 만큼 로마 시민의 도시 생활이 퇴폐적이라며 격렬하게 비판했다. 그리고 재판에서의 고발이나 변호가 특기여서 논쟁가나 변론가로서 명성을 확립하고 있었다. 또한 말뿐만 아니라 전장에서도 용감했다.

금욕적이고 날카로운 변설을 가진 젊은 카토에게 주목한 사람이 발레리우스 플라쿠스였다. 그는 이 젊은이를 후원하여 정치가로 키워냈다. 카토는 기원전 205년 스키피오 아프리카누스(대아프리카누스)[11]의 군단에 재무관으로 임명되었고, 스키피오가 군자금을 낭비하고 있다

---

9 河野與一 譯, 《プルターク英雄傳》, 岩波文庫, 1953(플루타르코스, 홍사중 옮김, 《플루타르크 영웅전 I 》, 동서문화사, 2007, 579쪽).

10 河野與一 譯, 《プルターク英雄傳》, 岩波文庫, 1953(플루타르코스, 홍사중 옮김, 《플루타르크 영웅전 I 》, 동서문화사, 2007, 579~580쪽).

11 푸블리우스 코르넬리우스 스키피오는 기원전 202년 아프리카의 자마에서 한니발을 무찌르고 제2차 포에니전쟁을 종결시켜 '아프리카누스'의 칭호를 얻었다―옮긴이.

며 그를 고발했다. 명문 스키피오가와 벼락출세자 카토가 정적으로
대립한 것이다.

이때는 스키피오가 포에니전쟁에 절대적으로 필요한 존재였으므
로 카토의 이 고발은 받아들여지지 않았다. 그러나 공금의 낭비나 독
직(瀆職)을 하지 않는 카토의 자세는 인기를 얻었다. 시대는 사치로 흐
르고 있었으므로 그의 검소하고 엄격한 생활이 두드러져 보였던 것이
다. 그렇지만 플루타르코스는, 지나치게 검소한 나머지 노예를 혹사시
키고 늙어서 일을 못하게 되면 팔아버리는 등 타자에 대한 배려가 부
족한 것이 아닌가 하며 카토에게 다소 비판적인 태도를 보였다.

카토는 특히 로마인이 예전의 검소함을 잊어버리고 낭비적이 되었
다며 공격했다. 예를 들어 "물고기 한 마리가 소 한 마리보다 비싸게
팔리는 나라를 이끌어가기는 어렵습니다"라고 말했다. 소보다도 물고
기가 더 비싸고 사치스러웠다. 물고기를 좋아하는 것은 그리스의 생활
양식이었다. 옛날 로마인은 소를 먹었는데 요즘은 그리스를 흉내 내어
잔치에서 물고기를 대접하게 되었다. 카토에게 사치란 그리스였고, 그
리스는 공격의 첫 번째 목표였던 것이다.

플리니우스의 《박물지Historia Naturalis》에는 카토가 아들에게 준 편지가
들어 있다. 그리스에 대해 마구 욕을 하고 특히 그들의 의술을 믿어서
는 안 된다고 말하고 있다.

그놈들은 전혀 가치가 없으며 어찌할 도리가 없는 국민이다. 그리고 너는
내 말을 예언이라고 생각해야 한다. 그 민족이 우리에게 문헌을 보낼 때
그것은 뭐든지 부패하게 만든다. 그리고 의사를 보내올 때는 더더욱 그렇

다. 그들은 그들의 의술로 모든 외국인을 살육하려고 공모하고 있다. 게다가 신용하도록 만들어 놓는다. 우리를 쉽게 파멸시키기 위해 그런 일을 하는데도 보수를 가져간다. 또 그놈들은 우리를 항상 외국인이라고 부른다. 그리고 다른 외국인보다 훨씬 더 지독한 흙탕물을 끼얹고, 우리에게 이탈리아의 야만인이라는 더러운 별명을 붙였다. 나는 네가 의사들과 관련을 갖는 것을 금한다.[12]

그리스는 의술이 발달해서 로마에는 그리스에서 의사가 왔다. 카토는 그것에 속지 말라고 말한 것이다. 그리스인은 로마인을 외국인이라고 부르고, 특히 이탈리아의 야만인이라 부르고 있다고 한다. 반대로 카토는 로마인 이외의 외국인을 전혀 신용하지 않았다. 그러므로 "카르타고는 멸망하지 않으면 안 된다"고 반복해서 말했을 것이다. 카토가 그리스의 권위를 인정하지 않았던 것은 아니다. 그는 그리스의 문화를 꽤 공부했기 때문에 그것을 두려워했을 것이다.

그리스인 다음으로 그가 도저히 그 권위를 인정하고 싶지 않은 것이 있었다. 여성이다. 그는 다음과 같이 말했다. "모든 인간은 여자를 지배하고 우리(로마인)는 모든 인간을 지배하지만 우리를 지배하는 것은 여자다."[13]

카토에게 여성은 순종하며 집안에 있어야 하는 존재였다. 제2차 포에니전쟁이 끝난 기원전 195년 로마의 여자들과 카토가 정면으로 대립하는 사건이 벌어졌다. 그 사건에 대해서는 리비우스의 《로마 건국사》에 자세히 나와 있다.

그해에 카토와 후원자 발레리우스 플라쿠스가 집정관으로 뽑혔다.

기원전 215년, 전시특별법으로 제정되었던 오피우스 법안을 전쟁이 끝났다는 이유로 폐지하는 안이 제출되었다. 이것은 가이우스 오피우스가 제안하여 결정된 법안이었는데, 전시이므로 사치를 금지하는 법률이었다.

오피우스 법안은 여성이 금 2분의 1온스를 가지는 것, 화려한 의복을 입는 것, 시내 또는 1마일 이내의 거리에서 마차를 타는 것(종교적 제의에 참가하는 경우는 인정된다)을 금지하는 것이었다. 다시 말해 여성이 화려하게 금으로 치장하고 화려한 옷을 입고 마차를 타고 돌아다니지 말라는 것이었다.

이제 전쟁이 끝났으므로 사람들, 특히 여성들은 자신들에게 강요되고 있던 제한이 완화될 것이라고 기대했다. 그러나 카토는 그런 축제 기분에 찬물을 끼얹었다. 전쟁이 끝난 후에도 오피우스 법안을 유지하고 사치(여성의 사치)를 허용하지 말자고 주장한 것이다.

그것에 항의하여 여성들은 가두로 나갔고 포룸Forum[14]에 모여 법률의 폐지를 호소했다. 리비우스는 그것에 대한 카토의 연설을 인용하고 있다.

시민 여러분, 여러분들이 각자 아내에 대한 남편의 권리와 존엄을 갖고 있다면 여성 전체와 이런 다툼이 벌어지지는 않았을 것입니다. 그런데 지금 가정에서는 여성이 제멋대로 굴어 우리의 자유가 소홀히 여겨져 왔는데

---

12 プリニウス, 中野定雄・中野里美・中野美代譯,《プリニウスの博物誌 第三卷》, 雄山閣出版, 1986.
13 河野與一譯,《プルターク英雄傳》, 岩波文庫, 1953.
14 그리스의 아고라 같은 로마의 공공 광장—옮긴이.

거기에 그치지 않고 이 포룸에서도 자유가 짓밟히기에 이르렀습니다. 우리가 그녀들을 가정에서 개인적으로 통제해오지 않았기 때문에 지금 집단적으로 습격을 당하게 된 것입니다.

카토의 연설은 오랫동안 이어졌다. 만약 여자에게 사치의 자유를 허용한다면 그녀들은 결국 남자를 지배하게 될 것이라고 말했다. 그러나 이 일장연설에도 여성의 기세가 누그러지지 않았는지, 오피우스 법안은 결국 폐지되었다. 여성의 자립적인 반대운동이 법률을 바꾸게 한 것은 로마의 역사에서 처음 있는 일이었다.

달갑지 않았겠지만 카토는 집정관으로서 자신이 통치를 맡게 된 스페인으로 떠나지 않으면 안 되었다. 그곳에서 그는 남자답게(?) 싸우고 많은 도시를 정복했다.

그는 자신의 전승을 자랑하고 다른 사람의 공적에는 엄격했기 때문에 늘 고소를 하거나 받았는데, 일생을 통해 직접 피고석에 앉은 것이 44번이나 되었다. 게다가 그는 거의 모든 재판에서 이겼다.

이런 역사에서 알 수 있는 것은, 카토의 시대에 재판이 급증했다는 사실이다. 명예훼손 등이 강하게 의식되었다. 즉 로마에서는 개인숭배의 징후가 나타나고 있었던 것이다. 카토는 그것을 격렬하게 비판하며 전쟁 영웅의 개선 퍼레이드에 반대했다. 그리고 유명한 원로원 의원을 다양한 스캔들을 들어 고발하고 제명했다. 예를 들어 루키우스 퀸티우스의 제명 사건을 들 수 있다. 루키우스는 마케도니아의 왕 필립포스를 격파한 영웅 티투스 플라미니누스의 동생이었다. 루키우스는 한 미소년에게 빠졌고, 검투사들이 서로 죽이는 것을 보고 싶다는 소년을 위해 부하를 죽였다고 한다.[15] 카토의 고발로 루키우스는 원로원에서 제명되었다. 그리고 이보다 더 하찮은 이유로 제명된 사람도 있었다.

카토가 원로원에서 제명했던 또 한 사람은 집정관의 물망에까지 올랐던 마닐리우스라는 사람이었다. 이 사람은 대낮에 딸이 지켜보는 데서 아내와 포옹했다는 이유로 제명되었다. 이 사람은 천둥소리가 크게 날 때 외에는 아내와 포옹하지 않는다고 하면서, 제우스가 천둥을 내려줄 때마다 행복을 느낀다는 농담을 하기도 했다.[16]

딸 앞에서 아내와 포옹한 것이 파렴치하다고 간주되어 원로원에서 제명당했다는 것은 믿기 힘든 이야기다. 하지만 로마인은 호색적이기는 했으나 다른 사람 앞에서 알몸을 보여주는 것은 이상할 정도로 부끄러워했다. 알몸을 부끄러워하지 않았던 그리스인과는 대조적이었다. 여기서 포옹했다는 것은 키스를 했다는 것으로 해석되는데, 섹스를 했다는 의미라는 설도 있다. 어쨌든 로마인은 알몸을 부끄러워하여 감추었고, 그만큼 섹스는 명예와 관련된 스캔들이 되었다.

---

15 여기서 죽임을 당한 사람이 《플루타르크 영웅전》에서는 부하가 아니라 죄수라고 되어 있다.
소년은 술에 취해 있는 루키우스에게 아양을 떨며, 자신이 루키우스를 얼마나 사랑하는지 알리기 위해 이렇게 말했다.
"지금 로마에서는 격투 시합이 벌어지고 있어요. 저는 지금까지 그런 것을 한 번도 못 봤기 때문에 사람 죽이는 구경을 하고 싶었지만, 전부 다 그만두고 당신에게 와 있는 거예요."
루키우스는 이 말에 기분이 좋아져 이렇게 대답했다.
"그 정도 소원이라면 내가 보여주지."
그러고는 죄수 하나와 도끼를 든 시종을 술자리에 불러와서, 소년에게 죄인의 목을 자르는 것을 보고 싶으냐고 물었다. 소년이 그렇다고 대답하자 루키우스는 죄수의 목을 그 자리에서 자르라고 명령했다.(플루타르코스, 홍사중 옮김, 《플루타르크 영웅전 I》, 동서문화사, 2007, 597쪽)
16 河野與一譯, 《プルターク英雄전傳》, 岩波文庫, 1953.

《플루타르크 영웅전》의 마닐리우스 사건에 대한 기술 후반부도 잘 이해가 되지 않는다. "이 사람은……"은 그대로 읽으면 마닐리우스를 가리킨다고 생각되지만 인드로 몬타넬리Indro Montanelli, 1909~2001의 《로마 제국사Storia di Roma》[17]에 따르면 '이 사람'은 카토를 가리키는 듯하다. 다른 사람 앞에서 아내에게 키스를 했다고 고발한 카토는, 그런 당신은 다른 사람 앞에서 아내에게 키스를 한 적이 없느냐는 반론을 받고 "물론 있지요. 다만 천둥이 칠 때뿐이었소. 그래서 날씨가 나빠지면 마음이 들뜬다오"라고 대답했다고 한다. 그는 다른 사람에 대해서는 엄격하게 고발하지만 자신의 경우에 대해서는 짐짓 모른 체하고 문제 삼지 않은 버릇이 있었다.

하여튼 후반부가 카토를 가리킨다면, 천둥이 치면 성적으로 흥분한다며 천둥의 신이라는 제우스가 여러 여인들을 포옹했던 일과 관련시키는 것은 카토가 한결같이 성실한 것이 아니라 오히려 스캔들에 이상할 정도의 흥미를 갖고 있었음을 보여주고 있다.

이미 말한 것처럼 당시는 개인숭배의 경향이 보이게 되었고 동상을 세우는 것이 유행했다. 그것을 가장 격렬하게 비판한 사람은 카토였다. 그런데도 그는 국가의 비용으로 바실리카 포르키아라는 집회용 건물을 지었다. 그리고 그의 성 포르키우스를 붙였다. 또한 건강의 여신 신전에는 그의 동상을 세우게 했다.

카토는 금욕적이고 폭음이나 폭식을 삼가며 건강에 주의했다. 그러므로 나이를 들어서도 건강했다. 그러나 무슨 일에나 좋은 일만 있는

---

17 インドロ・モンタネッリ, 藤澤道郎譯,《ローマの歷史》, 中公文庫, 1978(인드로 몬타넬리, 김정하 옮김,《로마 제국사》, 까치글방, 1998).

것은 아니다. 그는 건강하여 장수했으므로 아내와 아들이 죽는 것을 보아야 했고 혼자가 되었다. 그리고 딸처럼 젊은 여성과 재혼하여 스캔들에 휩싸였다.

카토는 그리스 문화를 두려워했다. 그리스는 사치스럽고 퇴폐적이었다. 옛 로마의 검소하고 건강한 정신은 그리스화에 의해 부패하고 말 것이라고 생각했다. 그는 그것에 저항했다. 기원전 149년에 그는 세상을 떠났다. 카토는 적절한 시기에 죽은 것인지도 몰랐다. 그 후 로마는 사치스러운 그리스 문화에 완전히 빠지고 말았기 때문이다.

아프리카 독직 사건

카토가 염려했던 대로 제3차 포에니전쟁이 끝나고(기원전 146) 카르타고가 멸망하자 로마 공화정은 부패하기 시작했다. 기원전 27년 옥타비아누스에 의해 제정이 시작되기까지의 공화정 후기는 상류계급의 스캔들과 그것을 탄핵하는 계급투쟁이 거센 시대였다. 이 시대의 역사가인 살루스티우스는 《카틸리나의 음모》, 《유구르타전쟁》을 썼는데, 어느 것이나 대표적인 스캔들이었다.

유구르타전쟁(기원전 111~기원전 105)에 대해 살루스티우스는 다음과 같이 썼다.

내가 쓰려는 것은 로마인이 누미디아의 왕 유구르타와 싸운 전쟁 이야기다. 우선 규모가 크고 격렬했으며 게다가 이따금씩만 성공한 전쟁이었기 때문이다. 그리고 귀족의 오만함이 직면한 최초의 위기였기 때문이었는데, 최후의 싸움은 신이나 사람 등 모든 것을 뒤흔들어놓았고 전쟁과 이탈리아의 황폐함만이 시민의 격정을 끝내게 할 거라는 혼란의 극점에 이르렀다.[18]

누미디아는 아프리카 북부 카르타고의 서쪽으로, 지금의 알제리 일대에 해당한다. 카르타고는 전성기였을 때 누미디아를 점령했다. 쫓기고 있던 누미비아의 왕 마시니사는 로마와 연합하여 카르타고를 공격함으로써 국토를 회복했다. 카르타고가 멸망한 후 누미디아는 로마와 우호적인 관계를 유지하고 있었다.

마시니사가 죽자 아들 미킵사가 왕위를 계승했다. 유구르타는 백부인 미킵사 왕의 양자로 들어갔으며, 용감한 군인으로 알려져 있었다. 그는 로마의 누만티아(스페인) 포위 공격전에 참가하여 로마 군인과도 친해졌다. 살루스티우스에 따르면 이 무렵 로마군에는 노빌레스(신흥귀족)가 많았다. 그들은 무엇보다 부를 추구했다. 그리고 유구르타에게 미킵사의 뒤를 이어 왕이 되라고 부추겼다. 로마와의 일은 걱정 없다, 로마에서는 모든 걸 돈으로 살 수 있다고 그들은 말했다.

유구르타는 야심을 품고 누미디아로 돌아왔다. 미킵사 왕이 죽고 두 왕자 아드헬바르과 히엠프살이 공동으로 왕위에 올랐다. 유구르타는 히엠프살를 죽이고 아드헬바르와 싸웠다. 그 싸움에서 패한 아드헬바르는 로마에 지원을 요청했다.

유구르타도 그에 대항하여 로마에 사절을 보냈다. 그는 로마의 고관이나 유력자에게 선물을 보냈다. 로마에서는 뭐든지 돈을 살 수 있는 것이다. 매수가 성공하여 로마는 유구르타와 아드헬바르가 누미디아를 분할 통치하라는 절충안을 제시했고, 그것을 위해 열 명의 로마 사절단을 보내기로 했다.

---

18 Sallust "Catiline's War, The Jugurthine War, Histories" Penguin Classics 2007.

사절단의 단장은 루키우스 오피미우스였다. 오피미우스는 고참 원로원 의원으로 반유구르타파로 생각된 사람이었다. 그러나 유구르타는 그가 선물에 약하다는 것을 간파하고 매수해버렸다. 다른 사절에게도 선물을 보냈다. 그 결과 분할은 유루르타에게 유리하게 되었다. 유구르타는 한 명의 왕자를 죽인 것에 대한 비난도 받지 않고 나라의 절반을 손에 넣은 것이다.

그리고 그는 아드헬바르의 영지를 침략했으므로 끝내 전쟁을 벌이게 되었다. 로마는 다시 사절을 보냈다. 그 중심이 마르쿠스 스카우루스였는데, 돈 문제가 지저분하다는 말을 듣고 있던 원로원 의원이었다. 로마의 사절은 아프리카의 우티카로 유구르타를 소환했다. 그러나 스카우루스는 매수되었고, 유구르타는 출두도 하지 않고 아드헬바르를 포위하여 죽였다. 여기에는 역시 로마도 분노했다. 집정관 루키우스 카르플니우스 베스티아는 병사를 거느리고 누미디아로 향했다. 그런데 카르플니우스도 유구르타에게 매수되고 말았다.

아무리 사절이나 군대를 보내도 모두 매수되어 아무것도 하지 않고 돌아왔기 때문에 결국 원로원이 유구르타로부터 뇌물을 받은 것이 아닐까 하는 의혹이 평민들 사이에 퍼져나갔다. 엘리트에 대한 대중의 불만이 고양되었다. 가이우스 멤미우스는 유구르타를 로마로 소환하여 로마 고관과의 관계를 증언하게 해야 한다고 말했다.

유구르타는 로마에 출두했지만 고관을 매수하는 등 은폐공작을 했다. 증언도 지연시켰다. 그리하여 아무것도 해결되지 않았다.

살루스티우스는 카르타고전쟁이 끝나갈 즈음부터 로마의 정치는 두 개의 당파로 분열되어 서로 견제하느라 제대로 움직이지 않게 되었다고 지적했다. 모든 것이 돈에 의해 움직이는 탐욕이 지배한 것이다.

유구르타로부터 뇌물을 받은 고관을 조사하려는 시도는 허사가 되었다. 조사위원이 모두 뇌물을 받은 의원들이었기 때문이다.

결국 유구르타를 정벌할 군대가 보내졌고, 기원전 109년 집정관이 된 메텔루스 누미디쿠스가 누미디아 정벌군의 사령관이 되었다. 그는 유구르타에게 매수되지 않았지만 게릴라전에 고전했다. 그리고 그의 부관 가이우스 마리우스가 로마로 돌아가 집정관에 입후보하기 위해 전열에서 이탈했다.

메텔루스는 누미디아에서 고전을 계속하다 가까스로 유구르타를 궁지에 몰아넣는 데 성공했다. 그런데 마리우스가 새로운 집정관이 되어 메텔루스 대신 누미디아 정벌군의 사령관이 되었다. 마리우스는 명문귀족이 아니라 벼락출세한 '신인'이었다. 그는 명문귀족이 유구르타에게 매수되어 사리사욕을 채우고 싸움은 무능하여 로마의 군사비만 낭비하고 있다고 공격함으로써 평민의 인기를 얻었다.

메텔루스는 처음으로 매수되지 않았지만 군인으로서는 유능하지 못했다. 마리우스는 군인으로서도 정치가로서도 수완가라서 집정관에 다섯 번이나 뽑혔다.

마리우스는 메텔루스의 후원으로 정계에 진출했지만 그 은혜를 원수로 갚았다. 유구르타전쟁의 공적도 자신의 것으로 만들었던 것이다. 그러나 이 전쟁의 막판에 부하 루키우스 코르넬리우스 술라가 유구르타를 체포하는 화려한 결말을 채가고 말았다. 두 사람은 원수가 되었고 만년의 마리우스는 세력 다툼에 져서 죽었다.

유구르타전쟁은 로마의 명문귀족들이 식민지 누미디아의 유구르타에게 매수되었다는 독직 사건으로 시작한다. 조사단이나 토벌군이 파견되었지만 그들 역시 모두 매수당하고 말았다. 결국 마리우스처럼 문벌이 없는 '신인'이 평민 세력과 결탁하여 정치와 군사를 지배하고 유루르타전쟁을 종결시켰던 것이다.

그러나 누가 유구르타에게 매수되었는가 하는 독직 사건의 진상은 밝혀지지 않았다. 부패는 원로원의 명문귀족에게도 미쳤기 때문에 그 스캔들이 폭로되면 명문귀족의 수치가 되고 평민의 불만이 폭발할 것을 염려하여 원로원은 사건을 유야무야 넘기고 말았던 것이다.

어쨌든 로마에는 뭐든지 돈을 살 수 있다고 하는 시대가 찾아온 것이다.

카틸리나의 음모

공화정 말기의 역사가 살루스티우스의 대표작은 《카틸리나의 음모》다. 기원전 112년에서 기원전 105년에 걸친 유구르타전쟁이 끝난 후 마리우스와 술라의 내전이 벌어졌고, 술라의 독재(기원전 82~기원전 79)가 시작된다. "술라는 개인숭배의 발명자였다. 자기 권력의 절대성을 과시하기 위해 자신의 초상화를 새긴 화폐를 발행하고 '술라의 전승기념일'을 축제일로 정했다."[19] 마리우스와 술라의 사이가 틀어진 계기도 술라가, 마우레타니아(누미디아의 서쪽)의 왕 보쿠스로 하여금 그가 숨겨주고 있던 유구르타를 넘기게 하는 데 성공하고 그로부터 그 장면을 새긴 금반지를 받은 일 때문이었다. 마리우스는 거기에 자신이 아니라 술라가 주역으로 새겨져 있어 분개했다. 카토가 두려워했던 개인숭배의 징조는 술라의 시대에는 이미 결정적인 것이 되었다. 개인의 얼굴, 유명인이 문제가 되면 파마(명성, 악명)의 여신이 등장하여 스캔들을 마구 퍼뜨린 것이다.

---

19 インドロ·モンタネッリ, 藤澤道郎譯, 《ローマの歷史》, 中公文庫, 1978.

유구르타의 독직 사건은 예고에 지나지 않았다. 그 후에는 본격적으로 돈으로 살 수 있는 시대가 되었다. "전 권력을 다시 수중에 장악한 귀족들은 질서를 회복하기 위해서가 아니라 강탈, 매수, 살인을 위해 권력을 이용했다. 이제 모든 것이 돈이었다. 선거에서 매수는 으레 따라다니는 것이 되었다."[20]

부패하여 붕괴되고 있던 공화정 최후의 보루라고 할 수 있는 사람이 키케로였다. 그는 독재자로의 길로 착착 나아가는 카이사르를 모든 수단을 동원하여 막으려고 했다. 키케로는 변론가로서 살인사건에서부터 국가적 음모에 이르는 다양한 사건을 고발하고 또 변호했다. 그중에서 잘 알려져 있는 것이 '카틸리나 음모'의 탄핵이다. 살루스티우스의 《카틸리나의 음모》와 키케로의 《카틸리나 탄핵》을 통해 공화정 말기를 상징하는 이 대형 스캔들의 겉과 속사정을 알 수 있다.

우선 이 사건에 관여하기까지 키케로의 생애를 대강 살펴보기로 하자.

키케로는 기원전 106년 로마의 동남쪽에 있는 아르피눔에서 태어났다. 그는 10대 후반이 되자 로마로 나가 변론술을 배워 법정 변호사가 되었다. 술라가 공포정치를 펼치고 있던 시기에 그의 부하를 고발했기 때문에 로마에 있을 수 없게 되어 잠시 그리스로 피난을 가기도 했다. 그리고 술라가 죽은 후 로마로 돌아와 관직에 올랐다. 재판의 변호에서도 좋은 평판을 얻어 기원전 64년 집정관에 당선되었다.

이때 대립한 후보 중에 카틸리나_{Lucius Sergius Catilina, 기원전 1~기원전 62}가 있었

다. 카틸리나는 술라의 앞잡이로 마리우스의 동생 살해에 관여한 인물이었다. 그러나 이 선거 때만 해도 키케로는 자신이 나중에 카틸리나의 음모를 폭로하게 될 거라고는 전혀 예상하지 못했다.

키케로가 집정관에 당선되었을 때는 곧 숙적이 되는 카이사르도 두각을 나타내고 있었다. 율리우스 카이사르(기원전 100~기원전 44)는 마리우스와 술라가 내전을 벌이던 시대에 자랐다.

마리우스 이래 로마군은 장군에 의해 고용되는 사병화(私兵化)가 진행되었다. 장군들은 자신의 군단을 갖고 세력 다툼을 벌이고 있었다. 마리우스와 술라 이후 폼페이우스와 카이사르가 대부호 크라수스와 결탁하여 로마를 지배함으로써 원로원을 사수하는 키케로를 압박했다. 민회를 중심으로 하는 평민파(平民派, populares)와 원로원을 중심으로 하는 벌족파(閥族派, Optimates)가 대립한 것이다. 평민파는 신흥귀족과 부르주아, 벌족파는 구(舊)귀족이었다. 카이사르는 크라수스와 결탁했고, 키케로는 폼페이우스와 결탁하려고 했다.

그 틈새를 뚫고 꾸며진 것이 카틸리나의 음모였다. 기원전 63년의 집정관 선거에서 패한 카틸리나는 다음 해 선거에도 나갔지만 또 떨어졌다. 결국 그는 쿠데타에 의해 권력을 장악하려는 음모를 꾸며 도당을 모았다.

사실 키케로와 살루스티우스가 쓴 아주 긴 글이 있는데도 카틸리나 사건의 진상은 자세히 밝혀지지 않았다. 음모가 실제로 있었는지, 언제부터 계획되었고 누가 배후였는지도 확실하지 않다. 어쨌든 두 사람이 말하고 있는 것을 기초로 하면, 사건은 다음과 같은 것이다.

카틸리나는 유서 깊은 귀족 집안 출신이었지만 그때는 몰락한 상태였던 듯하다. 그는 폼페이우스 스트라보(대 폼페이우스의 아버지)의 군단에 있었다. 그리고 술라의 부하가 되었고, 기원전 82년부터 기원전 81년까지 술라가 시민의 재산을 몰수하고 반대자들을 살해한 소동에 참가했다. 기원전 68년부터 기원전 67년에 걸쳐 아프리카의 식민지에 부임하여 불법으로 재산을 수탈했기 때문에 고발당했다.

그 때문에 카틸리나는 집정관 선거에 입후보할 수 없었다. 그래서 기원전 66년 집정관이나 원로원의 반(反)카틸리나파 등을 암살하는 계획을 세웠지만 순조롭게 진행되지 않아 중지되었다. 이것을 제1차 음모라고 한다. 이 음모가 실제로 있었는지의 여부는 확실하지 않지만, 그 막후 인물은 크라수스와 카이사르라는 소문이 돌았다. 두 사람은 원로원에 대한 쿠데타를 계획하고 있었고, 카틸리나를 이용하려고 했다.

카틸리나는 다시 기원전 64년의 집정관 선거에 입후보했다. 카틸리나는 가이우스 안토니우스와 결탁하지만, 안토니우스를 매수한 키케로가 그에게 카틸리나를 배신하게 함으로써 키케로와 안토니우스가 집정관에 당선되었다. 카틸리나는 기원전 63년에 다시 한 번 입후보하지만 또 다시 실패하여 결국 쿠데타를 계획하기에 이른다.

한편 키케로는 여자 스파이를 이용하여 카틸리나의 정보를 수집하고 있었다. 여자 스파이의 이름은 풀비아였는데, 그녀는 카틸리나의 동료 퀸투스 쿠리우스의 정부(情婦)였다. 그녀는 카틸리나의 음모를 키케로에게 밀고했다.

키케로는 원로원에서 카틸리나가 음모를 꾸미고 있다는 탄핵 연설을 했다. 카틸리나의 동료 만리우스가 파락호들을 모은 군단을 에트루리아에 대기시켜두고 로마로 몰려와 쿠데타를 일으키려 한다고 말한 것이다. 또한 키케로를 죽이려고 암살자를 보냈지만 이것도 풀비아의 정보로 알고 있었던 키케로가 문을 폐쇄해두었기 때문에 실패했다.

그러나 키케로의 고발은 증거 부족으로 받아들여져 카틸리나를 유죄로 하는 데는 이르지 못했다. 다시 키케로는 갈리아 지방의 알로브로게스인이 카탈리나 일당과 공모하여 봉기한다는 밀약을 담은 편지를 입수했다. 이 편지로 인해 원로원은 마침내 카틸리나의 음모를 인정한다. 키케로는 음모자들의 사형을 요구하지만 카이사르가 반대하며 종신형이 타당하다고 했다. 다음으로 카토(소카토, Marcus Porcius Cato Uticensis, 기원전 95~기원전 46, 대카토의 손자)가 카이사르에게 반대하며 극형을 요구했다. 원로원은 카토의 의견에 따라 카틸리나의 동료 다섯 명을 교수형에 처했다. 키케로는 국가를 위기에서 구했다고 평가받으며 '국부(國父)'라는 호칭을 얻었다. 카틸리나 일당은 만리우스에게 도망쳐 로마군에 대항하며 싸우다 전원 사망했다.

이렇게 카틸리나의 음모는 발각되었고, 키케로는 국가와 정의를 지켰다는 갈채와 함께 명성을 드높였다. 왠지 모르게 나 또한 그렇게 생각하고 있었다. 그러나 키케로가 정말 정의의 사자인 것일까?

'카틸리나 탄핵' 연설은 "키케로의 대표작이라 여겨지는 명연설"[21]로 이름나 있다. 그러나 실제로 읽어보면 내용이 너무나 빈약하여 놀라게 된다. 구체적인 증거도 없는 욕설로 일관되어 있고, 정의의 편이라는 자랑만 늘어놓고 있다. 키케로는 스파이나 밀고자를 이용한 지

---

21 キケロ, 小川正廣・谷榮一郎・山澤孝至, 《キケロ―辯論集》, 岩波文庫, 2005.

저분한 방식으로 정보를 수집했다.

그것은 예나 지금이나 정치 세계의 상식이다. 그리고 그는 특별히 깨끗한 것도 아니다. 키케로는 카틸리나가 악마 같은 남자이고 파락호를 모았다고 말한다. 즉 처음부터 결론이 나와 있었던 것이다.

이 사건은 옳고 그른 것의 싸움이 아니라 두 당파의 세력 다툼으로 봐야 한다. 기사계급 출신인 키케로는 귀족으로 올라가 원로원을 좌지우지하려는 '신인' 세력을 대표한다. 카틸리나와 카이사르는 오래된 귀족이기는 하지만 몰락한 상태로, 평민의 불만을 배경으로 하는 포퓰리슴에 편승하여 원로원 전체를 뒤집어엎으려고 했다.

두 파 모두 카틸리나를 이용하려고 했다. 카틸리나의 동료를 체포했을 때 키케로는 어떻게 해야 할지 망설였다. 플루타르코스에 따르면, 키케로의 아내 테렌티아는 당장 그를 사형시키라고 다그쳤다고 한다. 테렌티아는 정치에 말참견을 하는 기가 센 여성이었다. 키케로는 여자를 조종하기도 하고 여자에게 조종당하기도 했던 것이다.

이미 말한 것처럼 사형에 반대한 사람은 카이사르였다. 원로원은 동요했지만 마르쿠스 카토는 키케로를 강력하게 지지했다. 가이우스 수에토니우스의 《황제전De Vita Caesarum》에 따르면, 그래도 카이사르가 그들의 말을 듣지 않았으므로 원로원을 방어하고 있던 로마 기사단은 칼을 뽑아 들고 카이사르에게 다가가 쫓아내버렸다. 집정관이었던 키케로는 방해를 받기 전에 서둘러 처형을 집행했다.

그리고 수에토니우스는 카이사르가 카틸리나 음모의 막후 인물로 고발당했다고 말했다. 카이사르가 가담했는지 어땠는지는 모르지만, 키케로에 대한 대항 세력으로서 카틸리나를 이용한 것은 분명한 것 같다.

키케로의 승리로 끝난 것 같았으나 카이사르의 반격은 다시 시작되었다. 원로원의 결의로 처형을 집행한 것은, 로마 시민은 민회의 판결에 의하지 않고는 사형에 처할 수 없다는 규칙을 깬 것이었다며 키케로를 비판한 것이다.

폼페이우스, 크라수스, 카이사르가 큰 세력을 형성했고, 키케로는 그들의 방해가 되었다. 그때 보나디아(파우나) 사건이라는 스캔들이 일어났다. 기원전 62년의 일이다.

로마에는 여성의 수호신 보나디아를 기리는 여성만의 축제가 있었다. 그해에는 카이사르의 아내 폼페이아가 자신의 집에서 축제를 주최했다. 남성이 축제의 장소에 들어가는 것은 금지되어 있었다. 그런데 폼페이아에게는 정부가 있었다. 귀족 플레이보이인 클로디우스였는데, 그는 여장을 하고 축제 장소에 잠입하여 폼페이아와 밀회를 하려고 했다. 그러나 수상히 여긴 사람들에게 발각되어 소동이 일어났다.

클로디우스가 축제를 모독했다는 이유로 원로원은 그를 재판에 회부했다. 하지만 카이사르는 클로디우스에게 불리한 증언을 거부했다.

클로디우스는 평민에게 인기가 있어 그를 스캔들로 처벌하려는 원로원에 대한 반감이 높아져 있던 상태였다. 카이사르는 원로원에 저항하기 위해 개인적 감정을 누르고 클로디우스를 변호했다. 한편 아내 폼페이아와는 곧바로 이혼했다. 클로디우스는 카이사르의 아내가 의심을 받아서는 안 된다고 말했다고 하지만, 멋대로 된 주장이었다. 어쨌든 클로디우스는 호색한이고 유부녀를 유혹하는 것으로 유명했던 것이다. 그해에도 그와 정을 통했다는 이유로 폼페이우스가 그의 아내 무키아와 이혼한 스캔들이 있었다.

결국 클로디우스는 무죄가 되었다. 카토나 키케로의 고발이 통과되지 못했던 것이다. 무죄가 된 클로디우스는 카이사르의 후원으로 호민관에 당선되었다. 카이사르는 여장을 한 채 아내와 바람을 피운 남자에게 은혜를 베풀어 로마의 정계를 조종하려고 했던 것이다. 키케로는 급격하게 정계에서 힘을 잃어갔다.

클로디우스는 정식 소송 없이 로마 시민을 사형시킨 자는 추방한다는 법률을 통과시켰다. 이것은 카틸리나 사건 때의 키케로를 표적으로 한 것이었다.

키케로는 그리스로 망명하지 않으면 안 되었다. 그러나 1년쯤 지나 귀국을 허락받았다. 클로디우스가 너무나 폭력적인 정치로 반감을 샀고, 키케로에 대한 동정론이 높아졌기 때문이었다. 그러나 키케로의 정치적 생명은 이미 끝나 있었다. 로마는 폼페이우스, 크라수스, 카이사르의 삼두정치 시대가 되었다. 그런데 카이사르는 갈리아로 원정을 떠나자 로마는 무정부 상태가 되었고, 클로디우스는 밀로와의 사사로운 싸움에서 죽임을 당했다. 기원전 49년 카이사르는 끝내 루비콘 강을 건너 폼페이우스를 몰아내고 로마의 독재관이 되었다.

키케로는 공화정은 죽었다며 은퇴했다. 그리고 오랫동안 심한 잔소리로 그를 정계에 몰아넣었던 아내 테렌티나와도 헤어졌다. 테렌티나가 《카틸리나의 음모》의 저자 살루스티우스와 재혼한 것은 이상한 인연이다.

키케로는 별장에 틀어박혀 저술에 전념했다. 그뿐 아니라 어떤 계획의 막후 인물이 되기도 했다. 카이사르를 암살하려는 계획이었다.

그는 스물다섯 살의 젊은이 마르쿠스 브루투스와 편지를 주고받았다. 브루투스의 어머니는 카이사르의 정부였는데, 브루투스가 카이사르의 숨겨놓은 자식이 아닐까 하는 말까지 나돌았다.

키케로는 브루투스에게 카이사르의 독재를 무너뜨리고 공화정을 부흥시켜야 한다는 생각을 불어넣었다.

기원전 44년 결국 카이사르는 암살당했다. 그러나 키케로의 예상과는 달리 공화정은 부흥되지 않았다. 마르쿠스 안토니우스와 옥타비아누스(카이사르 질녀의 아들)가 후계 다툼을 벌였고 옥타비아누스가 승리했다. 옥타비아누스는 기원전 27년 아우구스투스 칭호를 얻었고 로마는 제정(帝政)이 되었다. 키케로는 기원전 43년 내란 중에 안토니우스의 명령으로 이미 죽임을 당한 상태였다.

로마 황제의 스캔들·악녀들

로마는 제국 시대에 들어섰다. 제국의 로마에는 황제라는 화려한 스캔들의 주인공이 등장한다. 로마 황제는 그야말로 절대권력의 소유자로서 스캔들에서도 자유로왔다. 로마 황제라고 하면 전대미문의 악행, 우행, 대향연, 치정 싸움 등으로 알려져 있다. 권력이 높은 곳에 있으면 터무니없이 바보 같은 짓을 하고 싶어지는 모양이다.

초대 황제 아우구스투스는 이제 시작이었으므로 권력 행사에 신중했다. 그러나 그는 권력을 확고히 하기 위해 가족을 너무 조작했는데 그것은 훗날 성가신 일이 되었다.

아우구스투스는 세 번 결혼했다. 모두 정략적인 결혼이었다. 첫 번째 부인은 클라우디아로, 안토니우스의 아내 풀비아가 전 남편에게서 얻은 딸이었다. 클라우디아와의 결혼은 안토니우스와 우호 관계를 맺기 위해서였는데 그 우호 관계가 결렬되자 곧장 그녀를 돌려보냈다. 그리고 기원전 40년 스크리보니아와 재혼했다. 스크리보니아는 대 폼페이우스의 아들 섹스투스의 처고모였는데, 안토니우스에게 기울어져 있던 섹스투스를 자기편으로 끌어들이려는 목적이었다.

스크리보니아와의 사이에서 율리아가 태어났다. 아우구스투스는 세 번의 결혼에서 이 딸밖에 낳지 못했다. 그 때문에 후계자를 선정하는 데 고생하게 된다.

율리아가 태어난 기원전 39년 아우구스투스는 리비아를 만나 사랑에 빠졌다. 리비아는 티베리우스 클라우디스 네로의 아내로, 티베리우스라는 아들이 있었고 게다가 두 번째 아이를 임신하고 있었다. 그래도 남편과 헤어지게 하고 자신도 스크리보니아와 이혼한 아우구스투스는 리비와와 세 번째 결혼을 한다. 3개월 후 그녀는 두 번째 아이 드루수스를 낳았다.

불륜으로 맺어졌지만 리비아는 그에게 정절을 지켰고, 두 사람은 죽을 때까지 사이좋게 살았다. 그러나 안타깝게도 두 사람 사이에는 아이가 생기지 않았다.

리비아와는 정략이 아니라 열애 결혼이라고 하지만 꼭 그런 것만도 아니었다. 그녀도 그녀의 전남편도 로마의 명문귀족 클라우디스가(家)였다. 율리우스 카이사르의 양자이기는 하지만 그다지 상류라고는 할 수 없었던 옥타비아누스(아우구스투스)는 그녀와의 결혼으로 상류사회의 지원과 경제적 원조를 얻어냈다.

그러나 친자식이 하나밖에 없었기 때문에 아우구스투스는 후계자를 선정하는 데 고심했다. 그는 딸 율리아의 아이를 기대하여 마르켈루스와 혼인시켰다. 아우구스투스의 누이 옥타비아와 그녀의 첫 남편(두 번째 남편은 안토니우스) 사이에서 태어난 아이가 마르켈루스였다. 그러나 그는 젊은 나이에 죽고 말았다.

율리아의 두 번째 남편 아그리파는 아우구스투스의 측근인 장군이었다. 아그리파는 마르켈루스의 누이와 결혼했는데, 아우구스투스는 아그리파에게 그녀와 이혼하게 하고 율리아와 혼인시켰다. 율리아와 아그리파 사이에서는 다섯 명의 아이가 태어났다. 아그리파는 원정을 떠나 집을 비우는 경우가 많았는데 그 사이에 율리아는 많은 정부(情夫)를 만들어 부정한 일을 저질렀다.

율리아는 "배가 짐을 가득 실었을 때만 다른 선원을 태운다"고 큰소리쳤다고 한다. 남편의 아이를 임신하고 있을 때는 바람을 피워도 사생아를 낳지 않는다는 뜻이다. 아무래도 그것은 아버지 아우구스투스에게 일부러 보여주기 위한 행동이었던 것으로 보인다. 앞서 말한 것처럼 아우구스투스는 이미 임신하고 있던 리비아와 결혼했던 것이다. 그런 일이 신에게 용서받을 수 있는 일인지 신관에게 물어보니, 남편의 아이라는 것이 분명하다면 간통이 아니라는 말을 들었다고 한다. 즉 유부녀를 임신시키면 간통이지만 섹스를 한 것만으로는 간통이 아니라는 뜻이다.

율리아도 그런 논리로, 임신 중에 피우는 바람이라면 상관없다며 갑자기 태도를 바꾸고 나왔던 것이다.

기원전 12년에는 아그리파도 죽었다. 아우구스투스는 율리아의 세 번째 남편으로 리비아가 데리고 들어온 아이인 티베리우스를 골랐다. 누가 뭐래도 율리우스 가와 클라우디스 가를 하나로 맺으려는 것이었다. 이렇게 해서 미로처럼 복잡하고 도리에 어긋난 가족관계가 만들어졌다.

복잡하게도 티베리우스는 이미 비프사니아와 결혼한 상태였다. 비프사니아는 죽은 아그리파와 그의 첫 아내 사이에서 태어난 딸이다.

그런 것 따위는 상관하지 않고 아우구스투스는 티베리우스를 이혼시키고 율리아의 세 번째 남편으로 삼았다. 황제의 계획으로는 율리아와 아그리파의 아들인 가이우스와 루키우스를 장래의 후계자로 삼고, 그때까지는 티베리우스를 후견인으로 삼을 예정이었다.

그러나 율리아가 너무나 방탕한 생활을 했기 때문에 티베리우스는 로도스 섬에 틀어박혀버렸다. 또한 그의 동생 드루수스는 게르마니아에서 낙마하여 죽었다. 드루수스는 안토니우스와 옥타비아의 딸 안토니아와 결혼한 상태였다. 두 사람 사이에는 게르마니쿠스, 클라우디우스, 리비아 율리아, 이렇게 세 명의 아이가 있었다.

티베리우스가 로도스에 틀어박혀 있었으므로 율리아의 방탕한 생활은 더욱 심해졌다. 수십 명의 추종자들을 데리고 로마 시가를 누비고 다녔고 사람들 앞에서 난교를 벌이기도 했다.

아우구스투스도 역시 딸의 스캔들이 커진 데에 격노하며 율리아의 동료를 처벌하고 율리아를 판다테리아 섬에 감금해버렸다. 그러나 아우구스트스가 후계자로 기대하고 있던 율리아의 아들 루키우스와 가이우스가 갑자기 죽었다. 자신의 아들인 티베리우스를 황제로 만들려는 리비아가 암살한 것이 아니냐는 소문이 나돌았다.

아우구스투스는 다시 티베리우스, 그리고 율리아의 막내 아그리파 포스투무스를 후계자로 삼았다. 그리고 티베리우스의 죽은 동생 드루수스의 아들 게르마니쿠스를 티베리우스의 양자로 들여 차차기도 준비했다. 게르마니쿠스는 율리아와 아그리파의 딸 아그리피나와 결혼한다. 결국 이 가계가 살아남아 3대 황제 칼리굴라, 4대 황제 네로를 낳게 된다.

서기 14년 아우구스투스가 세상을 떠났다. 그의 유언으로 티베리우스와 그의 어머니 리비아가 공동의 유산상속인이 되었다. 포스투무스는 너무나 바보 같아서 폐위되었다. 티베리우스는 가까스로 황제가 되었지만 여제라고 해야 할 어머니를 신경 쓰지 않으면 안 되었다. 리비아는 '아우구스타'라는 칭호를 받았다. 여성이 국가 권력에 그 정도로 영향을 끼친 것은 로마 역사상 처음 있는 일이었다. 리비아, 율리아 등 강렬한 의지를 가진 여성들이 계속해서 등장하고 있었던 것이다.

리비아와 율리아의 싸움에 이어 또 하나의 여자들 싸움이 시작되었다. 게르마니쿠스가 원정지인 시리아에서 갑자기 죽은 것이다. 그러자 게르마니쿠스의 아내 아그리피나는 남편이 리비아에게 암살당했다며 소동을 벌이기 시작했다. 그리고 티베리우스의 아들 드루수스(소 드루수스)도 급사했다. 드루수스의 아내 리빌라(게르마니쿠스의 누이)에게 독살된 듯했다.

티베리우스는 여자들 싸움에 진절머리가 나서 서기 27년 카프리 섬에 틀어박혔다. 여자로부터 도망치는 것이 버릇인 듯했다. 로마의 정치는 친위대장 세야누스에게 맡겼다. 세야누스는 티베리우스의 후계자가 되려고 게르마니쿠스의 미망인 아그리피나와 그녀의 장남을 추방하고, 리빌라를 부추겨 남편 드루수스를 독살하게 한 다음 그녀와 결혼하려고 했다.

그러나 티베리우스는 세야누스의 음모를 눈치 채고 그를 체포하여 처형했다. 이 음모를 황제에게 통보한 사람은 게르마니쿠스의 어머니 안토니아였다. 음모에 가담한 리빌라는 그녀의 딸이다. 리빌라는 옥사했고 아그리피나는 자살했다. 근친이 서로 죽이고 죽는 스캔들이었다.

여자들 싸움에 휩쓸려 어두운 만년을 보낸 티베리우스는 서기 37년에 삶을 마감했다. 그가 후계자로 지명한 사람은 게르마니쿠스와 아그리 피나의 아들 가이우스였다. 가이우스는 게르마니아의 진중(陣中)에서 태어나 군화(칼리굴라)를 신고 자랐기 때문에 '칼리굴라'라 불렸다.

칼리굴라에서 네로까지

카이사르, 아우구스투스, 티베리우스에 의해 로마 제정은 확립되었다. 제정으로 가는 길을 개척한 카이사르는 암살당했다. 그 유산을 이어받아 최초의 황제가 된 아우구스투스는 자신의 피를 물려받은 후계자를 만들기 위해 가족을 억지로 연결시켰고 결국 그들을 희생시키고 말았다. 이 복잡하고 도리에 어긋난 가족 관계가 율리아, 리비아, 아그리피나 등 악녀들을 암약하게 했던 것이다.

티베리우스는 아우구스투스의 가족 게임에 농락당하고 희생당했다. 그래도 마지막까지 남은 최후의 카드로서 그는 황제가 되었다. 그러나 어머니 리비아, 아내 율리아 때문에 괴로움을 겪었다.

티베리우스도 후계자로서 자신의 아이를 갖지 못했고, 결국 조카인 게르마니쿠스의 아들 가이우스 카이사르(칼리굴라)가 3대 황제가 되었다.

칼리굴라(재위 37~41), 클라우디우스(재위 41~54), 네로(재위 54~68)의 시대는 황제들의 광기와 우행이 연속된 시기였다. 수에토니우스의 《황제전》 등에 따르면, 구토를 유발시킬 정도의 잔혹함이 펼쳐졌다고 전해진다. 이런 황제들 아래서 어떻게 로마 제국이 성립할 수 있었던 것일까? 체제가 확립되고 안정되어 있었기에 황제가 미쳐도 제국은 흔들리지 않았던 모양이다.

칼리굴라는 티베리우스를 독살하고 황제가 되었다는 소문이 돌았다. 처음에는 평민의 인기를 얻었기 때문에 기특하게도 온순하고 얌전히 행동했다고 한다. 즉 그들에게 빵과 구경거리를 주었던 것이다. 수에토니우스는 원수(元首)로서의 칼리굴라를 언급한 다음 괴물로서의 칼리굴라에 대해 말한다. 칼리굴라는 근친을 상간하고 주변 사람을 차례로 독살한다.

"칼리굴라는 자신의 누이들 전부와 육체관계를 맺었다."[22]

특히 드루실라라는 여동생을 총애하여 정식 부인으로 대우했다. 그녀가 죽자 국상(國喪)을 포고했다.

칼리굴라의 잔인함은 끝이 없었다. 구경거리용 야수의 먹이로 죄수를 넣어주기도 했다. 조모 안토니아가 그런 행위에 주의를 주었을 때 "잘 기억해 두세요. 누구에게 뭘 해도 좋은 사람이 나라는 것을"이라고 말했다. 황제는 이제 전지전능한 신과 같은 존재로 생각되었고, 칼리굴라는 누구에게 뭘 해도 좋다고 생각했던 것이다.

이렇게 되자 그 모든 악행, 우행, 잔인한 행위에도 불구하고 스캔들은 성립하지 않게 된다. 어쨌든 뭘 해도 용인되고 실패는 없으며 넘어지는 일도 없고 그것을 보고 웃는 사람도 없으므로 스캔들이 되지 않는 것이다. 수에토니우스가 열거하는 칼리굴라의 끔찍한 행위에는 웃

---

22 スエトニウス, 國原吉之助譯,《ロ−マ皇帝傳》, 岩波文庫, 1986.

을 수 있는 장면이 없다. 간담이 서늘해질 뿐이다.

기분전환을 할 때도 오락이나 식사에 몰두하고 있을 때도 칼리굴라의 언동은 여전히 잔혹했다. 점심을 먹고 있을 때도 또는 저녁을 먹은 후 술잔치로 기분이 들떠 있을 때도 그의 눈앞에서는 때때로 심각한 고문이 행해지기도 했고 참수의 달인인 병사가 감옥에서 아무 죄수나 끌고나와 목을 치기도 했다.[23]

역시 이런 광기는 언제까지고 계속되지는 않는다. 서기 41년 자신도 처형될지 모른다며 두려워하고 있던 두 명의 호위대원이 칼리굴라를 찔러 죽였다. 황제의 나이 스물아홉 살, 재임 3년 3개월째에 일어난 일이었다.

칼리굴라의 아내도 딸도 살해당했다. 다음 황제로는 클라우디우스가 부상했다. 칼리굴라의 아버지 게르마니쿠스의 동생이므로 그의 숙부가 된다. 클라우디우스는 병약하고 바보로 여겨져 거의 무시당하며 자랐다. 그렇지 않았다면 칼리굴라에게 죽임을 당했을 것이다. 가능한 한 눈에 띄지 않게 살았던 그는 서기 41년 칼리굴라가 죽자 돌연 후계자가 되었다. 나이는 이미 쉰이었다.

고생하며 살아왔기 때문에 그는 관대한 정치를 하고 혼란을 수습했다. 칼리굴라의 광란을 겪은 후라서 사람들은 안심하며 클라우디우스를 환영했다.

칼리굴라에 비하면 꽤 괜찮은 황제였지만 수에토니우스에 따르면, 아내나 하인의 변덕스러운 의견에 따라 정치적인 결정을 내렸다고 한다. 겁이 많고 우유부단하며 주견이 없었던 클라우디우스는 여러 번 결혼했지만 원만하지 않았다. 네 번째로 열여섯 살의 메살리나와 결혼했다. "동서고금의 왕비나 황비 중에서 가장 파렴치했다고 전해진"[24] 그녀는 황비이면서도 가이우스 실리우스와 이중 혼인을 하는 파렴치한 행동을 저질렀다. 결국 클라우디우스는 두 사람을 사형에 처하고 자신은 두 번 다시 결혼하지 않겠다고 말했다. 하지만 곧바로 형 게르마니쿠스의 딸 아그리피나(율리아 아그리피나)와 결혼했다. 숙부와 조카의 결혼은 근친상간으로 여겨졌지만 황제이기 때문에 허락되었다.

아그리피나(동명의 어머니는 대[大]아그리피나, 그녀는 소[小]아그리피나)는 메살리나보다 더하면 더했지 절대 못하지 않은 악녀였다. 어머니의 음모적인 기질을 물려받았고 칼리굴라의 여동생인 것이다. 그녀는 첫 남편 도미티우스 아헤노바르부스와의 사이에서 태어난 아들 네로를 다음 황제로 만들기 위해 결국 클라우디우스를 독살했다.

서기 54년 로마 역사상, 아니 세계 역사상 가장 악명 높은 네로가 황제에 오른다.

황제에 즉위한 네로는 우선 민중에게 성대한 향연을 베풀었다. 축제, 전차 경주, 연극, 검투사 시합 등 온갖 볼거리를 제공하고 다양한 식품, 금은보석, 가축 등의 선물을 뿌렸다. 그리고 그리스의 올림픽처럼 음악, 체육, 기마 경기를 하는 축제를 5년마다 열기로 하고 그 이름을 네로 축제라고 했다.

수에토니우스는 《황제전》의 '네로' 장에서 황제로서 네로의 업적을

---

23 スエトニウス, 같은 책.
24 インドロ・モンタネッリ, 藤澤道郎譯, 《ローマの歷史》, 中公文庫, 1978.

말한다. 그것은 상당한 것이었는데, 제국의 체제를 공고히 한 일이 그
것이었다. 그러고 나서 파렴치함과 죄악에 대해 이야기한다.

네로는 자신이 천재적인 배우이고 스포츠 선수라고 믿고 있었다. 그
런 연기나 경기를 통해 대중의 박수갈채를 받고 싶어했다. 그래서 주
변 사람들은 항상 그를 승리자로 만들어주지 않으면 안 되었다.

그는 엄청나게 사치스러운 잔치를 벌였다. 유력자들도 그를 초대하
여 파산할지도 모를 정도의 비용이 들어가는 대접을 하지 않으면 안
되었다.

성적인 쾌락도 끝이 없었다. 스포루스라는 미소년을 사랑하여 그를
거세시키고 신부로 삼아 결혼식을 올렸다. 네로는 어머니인 아그리피
나와도 관계를 가졌다.

수에토니우스에 따르면 그는 야수의 모피로 몸을 감싸고 대중이 보
는 앞에서 말뚝에 묶인 남자나 여자를 짐승처럼 범했다고 한다. 마지
막으로 그 자신도 여자가 되어 해방노예 도리포루스로 하여금 자신
을 범하도록 했다. 그리고 막대한 재산을 탕진하는 것이 그의 취미였
다. 그중에서도 비용이 가장 많이 들었던 것은 '황금궁전'이라 불린 궁
전 건설이었다. 또 오락을 위한 별장까지 연결되는 인공 운하를 건설
하기 위해 모든 죄수를 동원했다. 그 때문에 국비를 다 써버려 신전의
재산까지 약탈해야 했다.

그리고 부모 죽이기와 살인이 전개된다. 먼저 클라우디우스를 독살
하여 네로를 황제에 앉히고 강력한 발언권을 가진 어머니 아그리피나
가 그의 장애물이었다. 네로는 자신에게 자객을 보냈다는 트집을 잡
아 어머니 아그리피나를 죽였다. 그리고 숙모 도미티아, 아내 옥타비

아, 아내 포페아 등도 죽였다. 또 그의 스승이었던 철학자 세네카는 자살로 내몰았다.

네로는 음모를 꾸밀 것으로 보이는 의심스러운 자를 가차 없이 도륙했다. 그리고 로마가 노후화해 지저분하다며 불을 질러 태워버렸다.

수에토니우스에 따르면, 이런 악행에 대해 국민으로부터 엄청난 비판이 일었고 네로에 대한 원성이 도처에 낙서되었는데도 신기하게 그는 그 범인을 추적하지 않고 무시했다. 무관심한 것이었는지 자학적이었는지는 알 수 없다.

네로의 시대는 14년간 이어졌다. 그 종말은 로마의 중심에서가 아니라 주변인 갈리아의 반란에 의해 초래되었다. 반란군은 빈덱스가 이끌었다. 히스파니아의 갈바도 반란을 일으켰다.

네로는 로마에서 도망쳤다. 그는 궁지에 몰리자, 이 세상에서 뛰어난 예술가가 사라지는구나라고 탄식했다고 한다. 그리고 칼로 목을 찔러 자살했다. 그는 자신을 예술가라고 생각했던 것이다. 황제라는 역할을 훌륭하게 연기하고 있다고 생각한 것일까?

네로는 시인이었고 회화나 조각에도 관심이 있었다고 수에토니우스는 말하고 있다.

"네로는 특히 민중의 인기에 몸도 마음도 빼앗기고 있었다."[25]

네로는 무대에서 관객의 갈채를 받고 싶어했다. 이것이 칼리굴라와 완전히 다른 점이었다. 칼라굴라는 관객이 없는 고독한 우주 안에 있었다. 앞서 말한 것처럼 거기에서는 스캔들이 존재할 수 없다.

---

25 スエトニウス, 國原吉之助譯, 《ロ－マ皇帝傳》, 岩波文庫, 1986.

제5대 황제 폭군 네로
'네로 클라우디우스 카이사르 아우구스투스 게르마니쿠스'(37~68) 재위는 54~68

네로는 명성도 악명도 모두 좋아했다. 그가 악한 왕으로서 칼리굴라보다 훨씬 더 인기가 있었던 것은 그 때문이었는지도 모른다. 수에토니우스도 네로의 묘에 꽃을 바치는 사람이 많았다고 전하고 있다.

카이사르의 혈통은 네로에서 끊겼다. 그 후 갈바, 오토, 비텔리우스 등의 황제가 물거품처럼 나타났다 사라졌다. 그리고 서기 69년 베스파시아누스가 등장함으로써 안정된 플라비우스 왕조가 시작된다. 황제들을 악마처럼 이야기해온 수에토니우스도 이 황제에 대해서는 금전욕이 강했다는 것 외에는 호의적이다.

다시 서기 79년 베스파시아누스가 죽고 아들 티투스가 황제에 즉위했다. 티투스는 젊었을 때 비행을 많이 저질러 평판이 좋지 않았다. 하지만 신기하게도 황제가 되자 갑자기 공평무사한 사람이 되어 존경을 받았다. 그러나 81년 열병으로 갑자기 죽고 말았다.

그러자 티투스의 동생 도미티아누스가 황제에 즉위했다. 형이 너무나 평판이 좋았기 때문에 도미티아누스는 상당히 나쁜 말을 듣고 있었다. 플라비우스 왕조가 3대째인 그에게서 끝난 탓이기도 한 것 같다. 나중의 황제들이 그를 악한 사람으로 만들어버렸던 것이다.

도미티아누스는 유부녀인 도미티아 롱기나를 빼앗아 결혼했다. 그러나 이 여자는 어처구니없는 악녀로 무언극 배우 파리스와 바람을 피웠기 때문에 쫓아내버렸지만 미련이 남아 다시 불러들였다.

도미티아누스는 형 티투스 대신 황제가 되려고 여러 가지 일을 꾸미고 있었다. 형이 갑자기 죽고 자신이 황제가 되자 야수 사냥, 검투사 시합, 전차 경주 등 화려한 볼거리에 열중했다. 또한 카피토리움의 유피테르 신전 등 장대한 건축물을 재건했다. 로마의 대화재로 없어진 것들이다.

형과는 정반대로 도미티아누스는 황제가 되고 나서 점차 잔인해져 곧 사람을 죽이게 된다. 그리고 서기 96년 자신도 암살당했다. 그렇게 해서 플라비우스 왕조는 마침내 막을 내린다. 수에토니우스의《황제전》도 여기서 끝난다.

도미티아누스가 죽자 곧바로 66세의 원로원 의원 네르바가 황제로 옹립된다. 로마는 보수적이고 온건한 체제를 바랐던 것 같다.

네르바(재위 96~98), 트라야누스(재위 98~117), 하드리아누스(재위 117~138), 안토니누스 피우스(재위 138~161), 마르쿠스 아우렐리우스(재위 161~180), 이른바 '로마 5현제(賢帝)'에 의해 로마 제국은 전성기에 들어간다. 왕조로서 혈통이 이어진 것이 아니라 후계자는 양자가 되어 원로원의 승인을 받고 제위에 올랐다.

트라야누스 황제 때 로마 제국은 최대 지역을 지배하게 되었다. 에드워드 기번에 따르면 5현제 시대는 인류 역사상 가장 행복한 시대라고 하는데, 성실하고 현명한 황제가 연달아 지배한 것이다. 따라서 스캔들의 역사에서 보면 화제가 빈약하다.

물론 어떤 사람도 털면 먼지가 나오는 법이다. 현제도 예외는 아니다. 트라야누스의 양자가 되어 황제에 즉위한 하드리아누스는 트라야누스의 황비 플로티나의 정부(情夫)로, 그녀 덕분에 황제가 될 수 있었다는 소문이 있었다. 그러나 커다란 스캔들은 되지 않았다.

하드리아누스는 미소년 안티노우스에게 빠져 이집트 여행에도 그를 데려갔다. 그러나 안티노우스는 나일 강에 빠져 죽고 말았다. 그의 죽음을 너무나 슬퍼한 황제는 그를 기념하여 안티노폴리스라는 도시를 건설했다. 예술을 사랑한 문인 황제였던 하드리아누스는 후세에 높은 평가를 받았다. "하드리아누스는 고대 세계에서 가장 위대한 황제였다."[26] 그러나 동시대 사람들에게는 폭군으로 보였던 모양이다.

위대한 황제였던 것만은 아니다. 동서고금의 역사를 통해 가장 복잡하고 섬뜩하고 매력적인 인물 가운데 한 사람이었다. 하드리아누스는 아마 고대 세계에서 가장 근대적인 인간이었을 것이다.[27]

하드리아누스는 빛과 그림자를 모두 가진 복잡한 사람이었다. 그러나 그는 후계자 선택에는 성공했다. 51세의 원로원 의원 안토니누스를 후계자로 삼고 그의 조카인 마르쿠스 안니우스 베루스를 그의 양자로 들였다. 다시 말해 다음 황제 안토니누스 피우스와 그 다음 황제 마르쿠스 아우렐리우스까지 정한 것이다. 안토니누스는 조카인 열여섯 살의 마르쿠스가 성인이 될 때까지 이어주는 역할이었는데 장수하여 75세까지 오랫동안 통치하게 되었다. 안정되고 평화로운 시대가 이어졌다.

그리고 마르쿠스 아우렐리우스 황제가 뒤를 이어, 이복동생인 루키우스 베루스 황제와 공동으로 통치했다. 마르쿠스 아우렐리우스는 철인황제(哲人皇帝)라 불렸으며 《명상록》을 쓴 사상가다. 그러나 깨끗하고 올바른 이 황제의 시대는 다사다난했다. 각지에서 반란이 일어났고 그것을 진압하러 간 로마군은 페스트를 안고 돌아왔다. 페스트로

---

26 インドロ・モンタネッリ, 藤澤道郎譯, 《ローマの歷史》, 中公文庫, 1978.
27 インドロ・モンタネッリ, 같은 책.

인해 수많은 시민이 죽었다. 마르쿠스 아우렐리우스는 전쟁과 질병에 괴로워하다 세상을 떠났다.

그리고 그의 친아들 콤모두스가 황제가 되었다. 오현제 시대가 그렇게 끝이 났다. 양자에 의한 상속도 끝나고 오랜만에 친자가 황위를 계승했다. 철인의 사상은 아무것도 계승하지 않고 검투사라는 것만을 자랑하던 아들이었다.

콤모두스 황제(재위 180~192)의 등장으로 로마에는 폭군, 어리석은 황제가 부활했다. 그는 공무에는 마음이 없었으므로, 해방노예 사오테루스에게 국정을 맡겼다. 그리고 자신은 환락에 빠져 세월을 보냈다. 그러자 여기저기에서 수상한 음모가 꿈틀거리기 시작했다.

우선 콤모두스의 누이 루킬라가 그를 암살하고 남편 폼페이아누스를 황제로 만들려고 했다. 그러나 암살은 실패하고 일당은 체포되었다. 루킬라도 죽임을 당했다.

측근 사오테루스도 암살당했지만 그를 대신할 측근이 곧바로 나타났다. 황제는 검투사 경기에 몰두하고 있었다. 경기는 점차 잔혹해져 서로 죽이는 서바이벌 게임이 되었다. 황제 스스로 헤라클레스로 분장하여 야수나 검투사를 마구 죽였다. 그러나 포악함이 너무 심해지자 측근도 더 이상 견디지 못하고 친위대가 그를 암살했다.

대혼란이 이어지는 가운데 차례차례 황제로 선택되어 즉위하지만 금세 사라졌고, 193년 셉티미우스 세베루스가 황제에 즉위함으로써 다시 안정을 찾았다. 첫 유대계 아프리카인 황제였다. 속주 군단의 지지를 받은 이방인이며 각지로 옮겨 다니며 싸웠다. 첫 아내를 잃고 시리아의 에메사 태양신 신관의 딸 율리아 돔나와 재혼했다.

황제가 빈번하게 원정을 떠나 부재했기 때문에 로마에서는 황비의 권력이 커졌다. 율리아는 점성술이나 철학에 열중하는 주술적인 무녀 왕이었다. 그녀의 아들 카라칼라와 게타가 후계자가 되었다. 211년 카라칼라는 동생 게타를 죽이고 황제가 되었다.

카라칼라는 로마 제국에 사는 모든 자유민에게 로마 시민권을 주는 것으로 새로운 시대를 열었다. 로마가 제국 전체를 지배하는 독점적 특권이 사라지고, 로마 제국은 하나의 체제가 되었다. 그것을 지배하는 것은 관료와 군대였다.

카라칼라는 로마의 대목욕장에 그 이름을 남기고 있다. 그는 어머니 율리아 돔나와 함께 독재적인 권력을 장악하고 거대한 건조물 건축에 돈을 쏟아 부었다. 낭비적이고 잔혹한 폭군으로서 네로의 재림이라고들 수근거렸다. 그는 동생 게타를 죽였을 뿐만 아니라 게타 일파라며 무고한 사람들을 수천 명 희생시켰다. 알렉산드로스 대왕을 동경하여 정복 전쟁과 볼거리에 제국의 재산을 탕진했다. 하지만 몹시 난폭하게 날뛴 끝에 친위대장 마크리누스에게 암살당했다. 마크리누스는 아주 짧은 순간 황제가 되었으나 카라칼라의 유복자라 칭한 엘라가발루스에게 죽임을 당했다.

엘라가발루스란 태양신이라는 의미로, 본명은 바시아누스이며 율리아 돔나의 여동생 마에사의 손자였다. 시리아인으로 태양신을 모시는 신관이며 아직 열네 살의 소년이었는데 마에사에게 떠받들어져 제위에 올랐다.

그는 이교적인 태양신의 상징인 '검은 돌'과 함께 로마에 입성했다. 붉은 가운을 입고 입술을 새빨갛게 바른 괴기한 모습이었다. 로마 역사상 가장 이질적인 황제로, 로마를 컬트 제국으로 만들겠다는 기행을 일삼다가 222년 병사에게 죽임을 당했다. 그리고 그의 사촌동생 세베루스 알렉산데르가 황위에 올랐다. 그는 성실했던 것 같은데, 게르만인의 침입으로 변경이 소란스러워지고 군대가 반란을 일으키는 가운데 235년 역시 죽임을 당했다. 그러고 나서 50년쯤 혼란기가 이어졌다. 장군들이 황제가 되었다가 무너지는 '군인 황제' 시대가 계속되었던 것이다.

디오클레티아누스 황제(재위 284~305) 때에 이르러 로마는 가까스로 안정을 되찾았다. 로마 역사에서는 그때부터를 '말기 제국' 시대라 부른다.

디오클레티아누스는 로마 제국을 부활시켰다고 하는데, 그때까지의 제국을 부수었다고도 할 수 있다. 어쨌든 로마에 있으면 황제는 암살당한다고 해서 수도를 소아시아의 니코메디아로 옮겨버렸다. 그리고 제국을 넷(사두정치체제)으로 나누어 두 명의 정제(아우구스투스)와 두 명의 부제(카이사르)가 분할 통치하게 했다. 로마 제국은 이제 동양적인 제국이 된 것이다.

디오클레티아누스가 은퇴하자 사두정치체제는 원만하게 굴러가지 않게 되었고 후계자를 둘러싼 내란이 일어나 콘스탄티누스(재위 307~337)가 승리했다. 그는 그리스도교를 국교로 하고 제국의 수도를 콘스탄티노플(비잔티움)에 두었다.

어쨌든 그리스도교의 은인이기 때문에 그리스도교 역사가들은 콘스탄티누스 황제를 다소 미화하여 기록해왔다. 분명히 역대 황제 중에서 가장 긴 30년이라는 재위 기간을 자랑하고 있지만 흠이 없는 것도 아니고 스캔들도 있었다. 그는 아들과 아내(게다가 어머니까지도)를 죽였는데, 그것도 그리스도교로의 개종과 관련되어 있었다.

에드워드 기번의 《로마 제국 쇠망사》는 이 사건을 상당히 자세하게 다루고 있기 때문에 그것을 살펴보기로 하자.

콘스탄티누스는 두 번 결혼했다. 첫 번째 아내 미네르비나는 신분이 낮았다. 그가 아직 무명이었을 때의 결혼으로 그들 사이에는 크리스푸스라는 아들이 태어났다. 두 번째 아내 파우스타는, 디오클레티아누스 황제 때 또 한 사람의 정제였던 막시미아누스의 딸이었다. 출세하고 나서 한 재혼이었고 세 명의 아들과 세 명의 딸을 낳았다.

크리스푸스는 우수한 젊은이로 차기 황제로 기대를 모았고, 헬레스폰토스 해전에서는 군사적인 재능도 인정받았다. 콘스탄티누스는 아들의 명성을 기뻐하지 않았다. 자신의 권력을 위협하는 라이벌로 본 것인지, 젊을 때부터 오만해지지 않도록 하겠다는 부모 마음에서인지는 알 수 없지만 후처인 파우스타의 아들 콘스탄티우스를 우대했다. 크리스푸스는 그것에 대해 불만을 품었고 또 그렇게 조장시킨 측근이 있었던 듯하다.

325년에 나온 콘스탄티누스의 칙령에는 황제에 대한 음모를 엄중하게 처벌하겠다는 명령이 포함되어 있었다. 그리고 밀고가 장려되었다. 그러자 크리스푸스가 황제에 대한 음모를 꾸미고 있다는 통보가 들어왔다.

콘스탄티누스의 통치 20주년 기념식이 로마에서 열렸다. 하지만 화려한 축전 뒤에서 크리스푸스가 체포되었고 은밀하게 처형되었다. 그와 마찬가지로 부제였던 리키니우스도 연루되어 죽임을 당했다. 이 사건은 어둠 속에 묻히고 말았다. "예의 궁정 주교는 그가 숭배한 영웅의 미덕과 돈독한 신앙을 후대에 정밀한 한 권의 책으로 남겼지만 이러한 비극적 사건의 표제에 대해서는 현명한 침묵을 지키고 있다."[28]

궁정 주교라는 것은 그리스도교 역사가 에우세비오스를 말하는데, 그는 《콘스탄티누스전》을 썼다.

다른 역사가(5세기의 조시모스 등)에 따르면 이 사건은 계모 파우스타가 자신의 아들에게 제위를 물려주기 위해 크리스푸스를 함정에 빠뜨린 음모였다고 한다. 파우스타는 크리스푸스가 자신에게 구애를 했다고 황제에게 일러바쳤기 때문에 그 불륜에 분노한 콘스탄티누스가 아들을 처형한 것이라고 한다.

콘스탄티누스의 어머니 헬레나는 손자 크리스푸스를 변호하며 파우스타의 음모라며 항의했다. 얼마 안 있어 파우스타가 노예와 밀통했다는 이유로 고발되었다. 황제는 아들의 처형을 후회하고 있었기 때문에 아내에게 속았다는 것을 알고 그녀를 뜨거운 물에 집어넣어 처형했다. 일설에 따르면 어머니와 아내의 주장 중에 어느 게 사실인지 알 수 없었으므로 두 사람 모두 뜨거운 물에 집어넣어 죽였다고도 한다.

에드워드 기번도 말하고 있는 것처럼, 이 사건의 진상은 알 수 없다. 분명한 것은 콘스탄티누스가 자신의 부제(副帝)였던 아들과 조카를 음모를 꾸몄다는 이유로 처형했다는 사실이다. 그것에 황비의 불륜이 관련되어 있었는지는 분명하지 않다. 권력 때문에 자신의 아들을 처형한 냉혹함보다는 아내와 아들의 불륜에 대한 질투에서 죽였다

---

28 ギボン, 村山勇三譯, 《ローマ帝國衰亡史》, 岩波文庫, 1952.

고 하는 편이 더 인간적이고 낫다고 생각하여 사람들이 이런 이야기를 전한 것인지도 모른다.

하여튼 그리스도교의 은인이 이렇게 잔인해서는 곤란하기 때문에 어떻게든 이해할 수 있는 이야기로 만들고 싶다고 생각한 역사가는 콘스탄티누스가 그 일을 뉘우쳤다고 쓰고 있다. 그것에는 그리스도교로의 개종이 결부되었다.

에우세비오스의 그리스도교사에 따르면 콘스탄티누스가 그리스도교로 개종한 것은 312년이다. 콘스탄티누스가 제국을 다투었던 막센티우스와 싸움을 벌이고 있을 때 하늘에서 십자가의 환상을 보고 또, 이것으로 이겨라, 라는 소리를 듣고는 십자가를 단 군기를 내걸고 싸워 승리한 일이 계기가 되었다고 한다. 이것은 그가 스스로 했던 이야기다.

그런데 조시모스에 따르면 크리스푸스와 파우스타를 죽인 콘스탄티누스가 자신이 지은 죄 때문에 괴로워하여 그것을 깨끗이 씻어줄 신을 구했는데, 그리스도교의 사제만이 그 죄를 용서해주었기 때문에 개종했다는 것이다. 그렇다면 325년이라는 이야기가 되는데, 시기가 꽤 뒤로 밀려난다. 그러나 이것은 나중에 끼워 맞춘 이야기인 듯하다.

실제로는 312년쯤부터 황제는 그리스도교로 향하고 있었다. 그 이유도 개인적인 뉘우침보다는 군사적 승리를 위해서였다는 것이 더 적절한 것 같다. 그래도 스캔들이 계기였다고 하며 후세 사람들은 콘스탄티누스를 인간적으로 보고 싶어 했다. 황제도 넘어진다는 말을 들으면 어딘지 모르게 안심이 되는 것인지도 모른다.

30년이라는 길고 안정된 통치를 한 콘스탄티누스였지만 후계자 선택은 어리석었다. 어쨌든 세 명의 친아들 콘스탄티누스 2세, 콘스탄티우스, 콘스탄스 그리고 두 명의 조카 델마티우스, 한니발리아누스에게 제국을 5분할하여 나눠준 것이다. 곧 분쟁이 일어나 두 명의 조카는 살해당하고 세 명의 친아들 사이에서 항쟁이 벌어졌다. 그건 그렇고 왜 그렇게 이름을 헷갈리게 지었는지 모르겠다며 이탈리아의 역사가 인드로 몬타네리Indro Montanelli, 1909~2001는 불평하고 있다.

세 아들의 분쟁에서 콘스탄티우스가 살아남았다. 그는 친자식이 없었으므로 조카 율리아누스가 후계자가 되었다. 율리아누스는 그리스도교에 비해 이교를 부흥하고자 하여 '배교자'로 불렸다.

그 후 현기증이 날 정도로 황제가 바뀌었고 각지에서 황제가 옹립되었다. 테오도시우스 1세(재위 379~395)가 그럭저럭 수습을 했지만, 여기저기에서 균열이 생겨 그는 그것을 고치는 데 쫓겨 로마를 보지 못하고 세상을 떠났다. 그리고 로마제국은 동과 서로 분열되었다.

아틸라의 훈족이 갈리아를 침입했고 게르만의 여러 종족도 격렬하게 움직이기 시작했으며 반달족은 로마를 약탈했다. 476년 서로마 제국은 멸망했다. 동로마제국(비잔티움제국)은 1453년까지 이어졌다.

게르만 민족의 대이동에 흡수되어 가는 로마제국의 종말에는, 대홍수의 격류에 휩쓸려 멈춰 선 채 스캔들을 보고 있을 여유도 없었다.

제3부

중세

그리스도교와 스캔들

Scandal

중세의 스캔들

　그리스·로마의 고대 세계와 르네상스에 의한 근대 세계의 사이를 '중세'라 부른다. 몇 가지 설이 있지만 일반적으로 서로마 제국이 멸망한 5세기에서 르네상스가 시작되는 15세기경까지가 거기에 해당한다. 약 천 년인데, 예전에는 이 시기를 문화가 정체되었던 암흑시대로 보고 있었다. 그 후 '중세'에도 상당히 흥미로운 문화가 형성되어 있었다는 사실이 발견되어 재평가되고 있다.

　'중세'란 어떤 시대였을까? 무엇보다 천 년(10세기)이라는 긴 시대이기 때문에 한마디로 말할 수는 없다. 그러므로 몇 시기로 구분하여 보지 않으면 안 된다. 일단 솔니에르가《중세 프랑스 문학La littérature française du moyen âge》[1]에서 하고 있는 시대 구분을 참고로 한다.

고대

골·로마 시대(1세기~450)

---

1 Ｖ·Ｌ·ソーニエ, 武島榮三·高田勇譯,《中世フランス文學》, 白水社文庫クセジュ, 1958.

프랑크·메로빙거 왕조 시대(450~750)

카롤링거 왕조 문예부흥 시대(800년의 세기)

카롤링거·카페 왕조가 쇠퇴하는 시대(900년의 세기와 1000년의 세기)

고전 시대

영웅의 시대(1100년의 세기)

궁정문학의 시대(1200년의 세기)

스콜라학의 시대(1300년의 세기)

수사학 시대

교화문학의 시대(1400년의 세기)

시민문학의 시대(1440년 이후)

여기서 800년의 세기라는 것은 750년에서 850년까지를 말한다. 이하도 마찬가지다. 이것은 프랑스의 중세문학에 관한 시대 구분인데, 사건과 그 소문인 스캔들의 역사에도 도움이 될 것이다. 처음의 골·로마 시대, 프랑크·메로빙거 왕조 시대는 로마에서 유럽 중세로 가는 과도기이고, 다음 카롤링거 왕조의 문예부흥기에서부터 본격적인 '중세'가 시작된다고도 한다.

800년에 프랑크 왕 카를(샤를마뉴)이 로마의 산피에트로 대성당에서 교황 레오 3세에 의해 로마의 황제에 즉위하는 대관식이 열렸다. 대부분의 중세사는 여기에서 시작한다. 5세기에서 8세기까지는 '전(前)중세'라고도 할 수 있다.

8세기에서 15세기까지를 보면, 12세기에 사회적·문화적으로 커다란 변환이 있었다. 그것은 12세기의 '중세 르네상스' 등으로 불린다. '고전 시대'로 불리는 12세기에서 14세기까지가 '중세'의 전성기다.

'수사학의 시대'라 불리는 15세기는 중세에서 르네상스로 이어지는 과도기로, 말의 형식적인 기교나 유희가 유행하는 퇴폐기다.

지중해 중심의 로마제국이 해체되자 북유럽이 열리고 북방민족이 각각의 왕국을 건설했다. 해체와 분열이라는 상황은 스캔들의 무대로서는 그다지 좋지 않은 상황이다. 그것을 구경할 공통의 장이 상실되기 때문이다. 스캔들도 지역적이고 특수한 것이 되어버린다.

스캔들은 그것을 전하고 퍼뜨리는 미디어라는 면에서 생각할 수 있다. '중세'의 스캔들 미디어는 이야기된 말, 잡담이 중심이다. '중세'의 끝을 15세기라고 하는 것은, 1456년경 구텐베르크가 성서를 인쇄했다는 '구텐베르크 혁명'에 의해서도 납득할 수 있다.

소문이라는 형태로 입에서 입으로 전해지는 중세의 스캔들은 제국의 해체와 분열 속에서 어떻게 네트워크를 가질 수 있었을까? 단편화하려는 중세 유럽에 통일된 미디어를 가져온 것은 그리스도교다. 로마는 제국에서 교회로 변환되고 새로운 중심이 되었다.

서로마제국이 멸망한 후인 5세기 말 유럽에는 이탈리아에 동고트, 스페인에 서고트, 북갈리아에 프랑크, 라인 강과 도나우 강 상류에 알라만(알레만넨), 론 강에 부르군트, 브리타니아에 앵글로색슨의 여러 왕국이 분립하고 있었다.

그중에서 클로비스(재위 481~511)가 세운 프랑크 왕국이 강력해진다. 496년 클로비스는 랭스에서 가톨릭으로 개종하고 그리스도교적 통일국가 메로빙거 왕조를 열었다.

그러나 클로비스의 자손들은 왕국을 넷으로 분할했다. 아우스트라시아(북동부), 네우스트리아(서부), 아키타니아(남부), 부르군트(동부)가 그것이다.

클로비스의 아들 클로타르 1세에게는 네 명의 아들이 있었는데, 장남 하리베르트는 파리 왕국(파리와 아키타니아), 차남 군트람은 오를레앙 왕국(부르군트), 삼남 지게베르트는 아우스트라시아, 사남 힐페리히는 서왕국(네우스트리아)을 얻었다. 끈으로 고리를 매어 목에 걸고 서로 당기는 게임을 하여 정했다고 한다.

그러나 네 명은 자신에게 할당된 것에 만족하지 않고 형제들끼리 전쟁을 벌였다. 그들이 호색적인 폭군이고 불륜이나 중혼(重婚) 등 다양한 스캔들을 일으켰다는 것은 투르의 주교였던 그레고리우스 Gregorius de Tours, 538~594의《프랑크 제왕의 역사》(10권)나 그것을 기초로 한 오귀스탱 티에리Augustin Thierry, 1795~1856의《메로빙거 왕조 사화》등에 쓰여 있다.

그레고리우스에 따르면 하리베르트는 첫 아내와 인연을 끊고 메로프레디스라는 가난한 아가씨를 아내로 맞았다. 그뿐만이 아니라 그녀의 언니로 수녀였던 마르코베파도 아내로 맞이했다. 중혼이고 수녀를 아내로 삼았기 때문에 이중의 불경죄라서 그는 파리 주교로부터 파문당했다.

그래도 하리베르트는 교회를 따르지 않았다. 교회에 의한 파문이 왕에게는 효력이 없었던 것이다. 그렇지만 투르의 주교였던 그레고리우스는 동시대 왕들의 반그리스도교적 행위를 엄하게 공격했다.《프랑크 제왕의 역사》에서 수녀 마르코베파는 벼락을 맞고 죽었다고 쓰여 있다. 하리베르트도 머지않아 세상을 떠났다고 한다.

네 명 중에서 삼남인 지게베르트만이 성실하고, 고트인의 왕 아타나길트의 막내딸 브룬힐트와 결혼하여 행복하게 살았다.

사남 힐페리히는 가장 폭군이어서 갖은 악행을 다 저질렀다. 그레고리우스는 지게베르트의 보호를 받은 투르의 주교였으므로 그 적인 힐페리히는 《프랑크 제왕의 역사》의 악역이 되어 있다.

지게베르트와 브룬힐트의 화려한 결혼은 힐페리히에게 질투심을 갖게 했다. 힐페리히는 브룬힐트의 언니 갈스빈트에게 결혼 신청을 했다. 결혼한 두 사람은 곧 삐걱거리기 시작했다.

힐페리히는 첫 왕비와 인연을 끊고 그녀의 시녀였던 프레데군트를 총애하고 있었다. 그 사실을 안 갈스빈트는 고국으로 돌아가고 싶다고 말했다. 그러자 왕은 그녀를 죽였다. 그리고 프레데군트를 아내로 삼았다.

567년 장남 하리베르트가 갑자기 죽었다. 형제들에게 재산을 빼앗기는 것을 염려한 왕비 테오데킬드는 왕의 재산과 보물을 가지고 차남 군트람에게 가서 아내로 삼아달라고 했다. 군트람은 그녀를 받아들이는 척하며 재산과 보물을 횡령하고 그녀를 수도원에 넣어버렸다. 하리베르트의 영지는 세 명의 형제가 나눠가졌다.

그러나 곧 세 형제는 영토를 둘러싸고 싸우기 시작했다. 지게베르트는 프레데군트가 보낸 자객에게 살해되었다. 부룬힐트는 언니와 남편을 잃고 복수심에 불타올랐다. 그녀는 아들 힐데베르트의 후견인으로서 아우스트라시아 왕국을 지켰다.

이 이야기의 실타래는 더욱더 엉클어지는데, 힐페리히의 첫 번째 아내의 아들 메로빙거가 프레데군트를 싫어하여 브룬힐트에게 도망갔다. 그리고 두 사람은 사랑에 빠져 결혼한다. 그러나 힐페리히와 프레데군트의 추적이 심해져, 쫓기던 메로빙거는 자살한다.

힐페리히는 여러 나라를 엉망으로 만들었다. 그레고리우스는 "우리 시대의 네로, 헤로데"라고 했다. 584년 힐페리히는 누군가에게 암살당했다. 한편 프레데군트는 교회로 도피하여 보호를 요청했다.

그리고 나서 오랫동안 각각 남편을 잃은 두 왕비 브룬힐트와 프레데군트는 사투를 계속했다. 그러나 프레데군트는 예전의 권력을 잃고 군트람에게 도움을 청했다. 브룬힐트는 아들 힐데베르트 2세의 후견인으로 암약하고 음모를 꾸미며 미친 듯이 날뛰었지만 힐페리히와 프레데군트의 아들 클로타르 2세에 의해 패배해 끔찍하게 죽임을 당했다고 한다.

이리하여 메로빙거 왕조는 두 왕비의 질투와 복수의 싸움 속에서 침몰해갔다. 중세의 서사시 《니벨룽의 노래》에는 지게베르트(지그프리트), 브룬힐트의 이야기가 반영되어 있다. 이 서사시의 원천 가운데 하나는 투르의 그레고리우스가 전해준, 또는 그리스도교의 입장에서 비난한 프랑크 왕국의 왕이나 왕비의 스캔들이었다.

샤를마뉴의 헤픈 딸들

메로빙거 왕조에서는 궁재(宮宰, 궁정 재상)가 점차 권력을 장악하게 되고, 그 자리에 오른 페팽 가(家)가 두각을 나타냈다. 피핀 2세의 아들 카를(샤를)은 720년 모든 프랑크 왕국의 궁재가 되었고, 732년 갈리아로 침입해온 사라센인을 투르푸아티에 전투에서 격퇴했다. 쇠망치(마르텔)처럼 적을 타도했다고 해서 '카를 마르텔'Karl Martell, 688~741이라 칭해졌다.

벨기에의 역사가 앙리 피렌Henri Pirenne, 1862~1935은 8세기 말 사라센인(이슬람교도)의 침입이야말로 유럽 중세의 시작이라고 말했다. 그때까지의 유럽은 아직 로마제국의 문화권에 묶여 있었다. 사라센인의 침입은 그런 로마 문화권을 점령하고 북유럽을 고립시켰다. 그것에 의해 '유럽'이 동방으로부터 분리되고 독자적인 '유럽' 문화권을 발전시켜 '중세'를 개막한 것이다.

사라센인을 격퇴시킨 카를 마르텔에게 로마 교황은 그리스도교 국가의 확립을 기대했다. 카를의 아들 페팽 3세(714~768)가 751년 프랑크 왕이 되어 메로빙거 왕조를 대신하는 카롤링거 왕조를 열었다. 페팽 3세의 아들이 카를 대제(샤를마뉴)다.

카를이 800년에 로마를 방문했을 때 교황 레오 3세는 그에게 서로 마 제국의 왕관을 씌우고 황제로 임명했다. 국가와 종교가 연결되어 통일된 '유럽'이 보였다.

샤를마뉴Charlemagne, 742~814를 섬겼던 아인하르트Einhard, 770~840는《카를 대제전》을 썼다. 주군을 지나치게 이상화했다는 말을 듣지만 상당히 재미있다. 샤를마뉴는 다섯 명의 아내와 네 명의 첩을 가졌다. 교회는 그것에 눈살을 찌푸렸지만 그는 신경 쓰지 않았다. 아들과 딸의 교육 에 주의했고 함께 살며 귀여워했다. 아인하르트는 샤를마뉴의 궁정이 주는 느긋한 분위기를 전하고 있다. 샤를마뉴는 전투나 순행으로 온 유럽을 돌아다녔는데 늘 대가족을 함께 데리고 다녔다. 특히 딸들을 눈에 넣어도 아프지 않을 만큼 사랑했다.

딸들은 무척 아름다웠다. 그리고 왕은 딸들을 몹시 사랑했다. 이상한 이야 기이지만, 그래서 딸들을 누구 하나 자국이든 타국이든 어디로도 시집보 내려 하지 않았다. 딸들을 모두 자신이 죽을 때까지 자기 집에 머물게 하 고, "나는 도저히 딸들과 떨어져 살 수 없다"고 말하며 같이 살았다.[2]

딸을 결혼시키지 않는 부모는 자식 귀여운 줄밖에 모르는 어리석은 부모이겠지만, 그것이 애정만의 문제인지 아니면 재산을 나눠주거나 권력을 위협받는 것이 싫어서인지는 알 수 없다. 어쨌든 아름다운 딸 들을 결혼시키지 않고 옆에 두었기 때문에 궁정은 화려했다. 그러나 그것에 따른 고민도 있었다.

그 때문에 다른 면에서는 행복한 사람이었는데 운명의 여신의 심술을 맛보았던 것이다. 그래도 왕은 이를 잘 넘기며 딸들에게 뭔가 불미스러운 관계가 있는 게 아닐까 하는 의혹이나 소문이 일거나 퍼져 있는 것을 전혀 모르는 것처럼 행동했다.[3]

결혼을 금지당한 황제의 딸들이 궁정에서 자유분방하게 연애를 하고 있었다는 사실은 잘 알려져 있었던 것 같다. 황제는 그것을 알고도 모르는 체했던 것이다.

여기서 흥미로운 것은, 샤를마뉴가 '카롤링거 르네상스'라 불리는 문화인 살롱을 만들었다는 사실이다. 궁정 문화가 꽃피고 사랑도 피어났다. 그리고 '궁정'은 스캔들의 온상, 그 무대가 되기도 했던 것이다.

메로빙거 왕조의 사건은 오로지 피비린내 나고 잔혹하며 스캔들의 웃음이 부족했다. 샤를마뉴는 스캔들을 알고도 모르는 체했다. 의혹이나 소문을 괄호에 넣는 여유로운 문화가 느껴진다.

아인하르트는 '운명의 여신의 심술'이라고 모호하게 말했지만, 구체적으로는 두 번째 아내 힐데가르트와의 사이에서 생긴 차녀 로트루드는 메인 백작 로르곤과 불륜을, 그리고 삼녀 베르타는 시인 앙겔베르트와 불륜을 저질러 각각 아이까지 낳았다고 한다. 중세의 이야기에도 샤를마뉴의 궁정을 방문한 기사가 황제의 딸에게 적극적으로 유혹을 받았다는 내용이 있다. 황제의 딸 스캔들은 유명했던 듯하다. 그것은 샤를마뉴의 자유롭고 매력적인, 새로운 궁정을 의미했던 것이 아

2　アインハルト, 國原吉之助譯, 〈カール大帝〉 世界文學大系66《中世文學集》, 筑摩書房, 1966.
3　アインハルト, 같은 책.

닐까? 그러나 샤를마뉴가 죽자 프랑크 왕국은 다시 분열된다. 843년 동프랑크(독일), 서프랑크(프랑스), 로타르(이탈리아)로 삼분된 것이다. 987년 서프랑크의 카롤링거 왕조가 끝나고 위그 카페Hughes Capet, 938~996에 의한 카페 왕조가 들어섰다.

카페 가(家)는 센 강과 루아르 강 사이의 대지주로 카롤링거 왕조가 흔들리기 시작했을 때 선거를 통해 왕으로 선출되었다. 따라서 카페 왕조는 플랑드르 백작, 발루아 백작, 노르망디 공작, 앙주 공작, 아키텐 공작 등 대영주들의 힘의 균형 위에 있었으므로 불안정했다. 그런 만큼 권력을 안정화하기 위해 교회의 후원을 필요로 했던 것이다.

위그 카페가 아들 로베르에게 왕위를 물려주었을 때 일어난 스캔들도 왕국과 교회의 그러한 관계를 보여주고 있다. 위그 카페는 아들과 플랑드르 백작의 미망인을 결혼시켰다. 정략결혼을 한 로베르는 연상의 아내를 싫어했다. 그에게는 부르고뉴 왕의 딸로 사촌여동생인 베르트라는 연인이 있었던 것이다.

로베르는 왕이 되자 아내와 이별하고 베르트와 결혼했다. 교황 고레고리우스 5세는 그 결혼이 금지된 근친결혼에 해당한다고 이의를 제기하며 헤어지라고 권고했다. 로베르는 그 권고를 들으려고도 하지 않았기 때문에 파문을 당했다. 베르트와 헤어지고 7년간의 속죄 행위를 하지 않으면 교회에서 추방한다는 것이다. 두 사람의 결혼을 인정한 투르의 주교 에르센발도 파문당했다.

로베르는 신하에게도 버림받아 베르트와 둘이서 페스트 환자처럼 격리된 채 생활했다고 한다. 결국 그는 견디지 못하고 베르트와 헤어졌고, 1003년 툴루즈 백작 기욤 1세의 딸 콩스탕스와 결혼했다. 이때 로베르는 로마의 교황(이미 실베스테르 2세로 바뀌어 있었다)을 방문하여 베르트와의 사이를 인정해 달라고 탄원했으나 허락받지 못했다.

그도 그럴 것이 로베르는 새로운 왕비 콩스탕스와는 전혀 마음이 맞지 않아 결혼은 형식적이었고, 로베르는 여전히 베르트를 옆에 두고 있었다고 한다. 한편 로마 교황도 이 시기는 무척 어려운 상황이었다. 암살당하거나 교체될 위험이 있어서 더 이상 로베르의 결혼 문제에 관여할 여유가 없었다.

그래도 이 사건은 "교회의 지원이 없으면 권력을 유지할 수 없었던 카페 왕조 초기 왕들의 약점을 보여주고 있는"[4] 것이어서 흥미롭다. 당시 왕의 스캔들은 교회와의 상관관계에 의해 성립하는 것이었다.

---

4 アンドレ・モロワ, 平岡昇他譯,《フランス史》, 新潮社, 1952.

카노사의 굴욕

1077년 1월 말 눈이 내려 쌓인 엄동설한, 카노사 성의 성문 앞에서 맨발에 허술한 수도복 차림의 남자가 꼬박 사흘 밤낮으로 성안에 있는 교황에게 용서를 구했다. 남자는 수도승이 아니라 황제 하인리히 4세였다.

교황 그레고리우스 7세로부터 파문당한 하인리히 4세는 파문을 취소해달라며 아득히 먼 눈길을 걸어 직소하러 찾아온 것이다. 마치 비렁뱅이 수도승처럼 머리에는 아무것도 쓰지 않고 맨발로 교황에게 넙죽 엎드린 이 사건은 '카노사의 굴욕'으로 역사에 전해졌다.

이는 로마 교회를 개혁하여 번영을 가져온 그레고리우스 7세가 세속 권력을 상대로 거둔 위대한 승리라고 한다. 그러나 사건의 배경은 복잡하여 누가 승자이고 누가 패자였는지 일률적으로 정하기란 쉽지 않다. 어쨌든 카노사에서 황제는 넙죽 엎드려 눈밭에 이마를 댔다. 그것은 분명히 '굴욕'이고, 지위가 높은 사람이 넘어진 스캔들이었다.

파문의 원인은 누가 교황을 선출할 것인가의 문제를 둘러싼 분쟁이었다. 교황만이 아니라 각지의 주교 등을 임명하는 '서임권'을 누가 가질 것인가. 황제인가 교황인가, 국가인가 교회인가.

로마 교회는 아직 불안정했다. 800년에는 샤를마뉴에게 황제의 관을 씌워주고 그의 보호를 받았다. 그러나 그 후 서프랑크, 동프랑크로 분열되었다. 서프랑크는 카페 왕조가 되어 프랑스를 형성했다. 동프랑크는 카롤링거 왕제가 끝나자 제후들의 연립으로 독일을 형성했다. 선거에 의해 작센의 하인리히가 왕이 되었고, 그의 아들 오토 1세가 강력한 왕국을 만들었다. 그리고 알프스를 넘어 이탈리아로 진출한다.

962년 오토는 교황 요한 12세에 의해 로마 황제가 되었다. 그것에 의해 오토는 이탈리아만이 아니라 로마 교회에 대한 지배력을 갖게 되었다. 그러나 오토가 로마에서 철수하자 곧바로 교회는 제멋대로 행동하고 다른 교황을 세웠으므로, 오토는 즉시 로마로 돌아가 시내를 약탈했다. 교회는 오토를 파문했지만 효과는 없었다. 오토가 새로운 교황을 뽑아, 황제가 교황을 임명할 권리를 갖는다는 것을 보여주었다.

오토 1세가 죽자 로마 교회는 혼란 상태에 빠졌고 교황은 눈이 팽팽 돌 정도로 바뀌었다. 하인리히 3세(재위 1039~1056)가 황제에 즉위하여 투르의 주교 브루노를 교황으로 뽑았다. 그가 레오 9세다.

레오 9세가 로마로 데려온 힐데브란트에 의해 교회 개혁이 추진되었다. 1073년 힐데브란트는 스스로 교황이 되어 그레고리우스 7세라 칭했다. '그레고리우스 개혁'에 의해 로마 교회는 번영기를 맞게 되는데, 그레고리우스 7세가 '카노사의 굴욕'의 그 주인공이다.

1056년 하인리히 3세가 죽자 아직 어린 황태자가 하인리히 4세로 즉위했다. 하인리히 3세는 상당히 강력한 세력을 가져 로마 교회를 후원하고 있었다. 그 결과 황제가 주교나 수도원장의 임명권(성직 서임권)을 쥐고 있었다. 로마 교회는 성직 서임권을 자신들의 손에 되돌리려고 했지만 하인리히 3세가 재위할 때는 삼가고 있었다. 새로운 황제가 아직 어렸으므로 그 틈을 노려 반격으로 전환하려고 했다.

먼저 1059년 교황은 여섯 명의 추기경에 의해 선출된다는 규정이 발표되었다. 그때까지는 로마 귀족이 뽑고 신성로마제국 황제(독일 국왕)가 승인했다. 그 규정 발표는, 교황은 교회의 간부 성직자에 의해서만 선출되고 속인은 관여하지 않는다는 것을 선포한 것이었다. 황제는 배제되었다.

1073년 그레고리우스 7세가 교황이 되었고, 1075년 속인에 의한 성직자 서임을 금지했다. 교황만이 아니라 주교, 수도원장 등도 교회만이 임명할 수 있게 되었다. 오늘날의 시각에서 보면 교회가 성직자를 뽑는 것은 당연한 것처럼 보이지만 중세에는 주교나 수도원장도 봉건영주였다. 따라서 국왕과 주종관계를 맺고 있었다. 영주와 성직자가 확실히 구분되지 않았던 것이다.

그레고리우스 7세는 성직자 서임권을 둘러싸고 하인리히 4세와 정면으로 충돌했다. 독일의 주교들은 로마 교회의 독재에 반발하며 국왕을 지지했다. 하인리히 4세는 교황을 무시하고 주교를 임명했다. 1075년 그레고리우스 7세는 교회에 따르지 않으면 국왕을 파문하겠다고 위협했다.

그러자 하인리히 4세는 1076년 보름스에서 국회를 열어 그레고리우스에게 퇴위를 권고했다. 이 회의에서 반그레고리우스파인 추기경우고 칸디두스가, 그레고리우스는 교황으로서 해서는 안 되는 방탕한생활을 하고 있다고 힐난했다. 예컨대 그는 로마에서 여자 원로원을 옆에서 시중들게 하며 지배하고 있다는 것이다.

확실히 그레고리우스의 주변에는 여성에 관한 소문이 많았다. 그레고리우스는 토스카나의 여자 영주 마틸다와 친하여 그녀의 보호를 받고 있었다. 하인리히 4세가 굴욕을 당한 무대 카노사도 마틸다의 성이다. 이탈리아 북부의 토스카나 백령은 독일 황제권이 미치는 남단의 지역이었지만, 토스카나 백작 보니파티요가 상(上)로트링겐(로렌) 후작의 딸과 결혼했기 때문에 하인리히 3세에게 암살당했다. 두 사람 사이의 딸 마틸다가 토스카나를 물려받았는데 그녀는 반황제파가 되어 그레고리우스와 손을 잡았던 것이다.

타락한 교황은 인정할 수 없다, 당장 퇴위하라는 말을 들었던 그레고리우스는 곧바로 하인리히 4세를 파문했다. 모든 그리스도교도에게 하인리히를 국왕으로 섬기는 것을 금지한 것이다. 아이러니하게도 황제의 어머니 아그네스도 역시 열렬한 그리스도교도였는데, 그레고리우스 옆에서 아들에 대한 파문 선언을 듣고 있었다.

이 파문에 의해 형세는 역전되었다. 보름스에서 그레고리우스의 추방에 찬성했던 제후나 추기경도 하인리히를 배반하고 그레고리우스와 손을 잡았다.

트리부르에서 제후 회의가 열려 1년 이내에 파문이 풀리지 않으면 하인리히는 퇴위를 당할 처지에 놓였다. 궁지에 몰린 하인리히는 교황에게 사죄하기로 했다. 하인리히는 아내와 몇 명의 수하를 거느리고 이탈리아로 향했다. 한겨울의 눈과 얼음으로 뒤덮인 알프스를 넘어 몽스니 고개를 거쳐 이탈리아의 토리노에 도착했다.

그레고리우스는 독일 아우구스부르크의 국회에 초대되어 로마에서 북쪽을 향해 떠나 만토바에 도착했다. 그는 황제의 일행이 다가오고 있다는 말을 듣고 습격당할 것을 염려하여 만토바의 남쪽에 있는 카노사 성으로 들어갔다. 마틸다에게 숨은 것이다.

그 사실을 안 하인리히는 고해복을 걸치고 맨발에 모자도 쓰지 않고 성문 앞에 서서 교황을 만나게 해달라고 부탁했다. 아우구스부르크에서 교회의 승리를 선언할 예정인 그레고리우스는 면회를 거절했다. 황제는 눈 속에서 사흘간 용서를 구했다.

그 사이에 설득 공작이 이루어졌다. 마틸다 백작부인, 클뤼니 수도원장 위그(하인리히의 세례 대부), 토리노 백작부인 아델하이트(하인리히의 장모)가 그레고리우스에게 하인리히와 만나줄 것을 부탁했다.

마틸다는 그레고리우스파였지만 이때는 중재자로 돌아선 듯하다. 아델하이트는 하인리히 아내의 어머니인데, 황제가 아내를 데리고 카노사로 향한 것도 그 인연을 믿어서였을 것이다. 거기에는 토리노, 카노사 등 북이탈리아를 둘러싼 미묘한 이해관계가 있었다. 즉 하인리히의 파문이라는 강경 수단을 취하면 북이탈리아의 제후가 소동을 일으킬 염려도 있었던 것이다.

그래서 그레고리우스는 중재에 응해 하인리히를 면회하고 그의 사죄를 받아들였다. 이 '굴욕'은 오랫동안 역사에 전해지게 된다. 국왕에 대한 교황의 결정적인 승리로서 기억되었던 것이다. 그렇지만 어느 쪽이 진정한 승자인지는 분명하지 않다. 황제는 '굴욕'을 견디지 않으면 안 되었다. 그러나 퇴위는 면할 수 있었고 잃어버린 땅을 회복할 여유가 생겼다. 교황은 황제에게 머리를 숙이게 했지만 그만두게 할 수는 없었다.

황제파와 교황파는 모두 이런 식의 해결에 불만이었다. 트리부르 회의에서 교황을 지지하고 황제의 추방을 결정한 독일의 제후는 황제의 파면을 철회한 교황에게 불만이었다. 그들은 이미 하인리히에게 대립하는 루돌프를 국왕으로 선출한 상태였다. 그리고 이러한 대립과는 아무런 상관없이 북방에서는 노르만인들이 침입하여 로마로 밀려들었다.

독일에서는 하인리히 4세와 루돌프가 싸웠다. 루돌프는 작센 등을 중심으로 하는 제후의 지지를 받았고 하인리히 4세는 도시를 자기편으로 하고 있었다.

완전히 세력을 회복하고 다시 압력을 가해오는 하인리히에게 격노한 교황은 재차 황제의 파문을 선고하고 루돌프를 지지했으며 하인리히에 대한 성전을 호소한다. 그러자 하인리히는 1080년 브릭센 공의회에서 그레고리우스 7세의 폐위를 결정했다. 또한 추기경 위그가 등장하여 절도와 방화의 교사, 위증, 살인, 이단, 마술 행위를 했다며 그레고리우스를 고발했다. 그리고 대립교황(對立敎皇, antipope) 클레멘스 3세를 선출했다.

보름스 회의의 완전한 반복이었지만 이전과 다른 것은 교황파가 예전의 세력을 잃었다는 것이다. 충실한 마틸다는 그레고리우스를 위해 싸웠지만 다른 제후들은 하인리히 쪽에 붙었다. 그리고 루돌프도 전사하고 말았다.

1081년 하인리히 4세는 이탈리아로 들어갔다. 이번에는 속죄자가 아니라 승리자로서 로마를 포위한 것이었다. 그리고 1084년 로마로 들어가 클레멘스 3세에 의해 황제 대관식을 거행했다. 그레고리우스는 산탄젤로 성으로 피신했다. 그는 노르만인 로베르토 기스카르에게 도움을 청했다.

로베르토 기스카르의 노르만군이 다가오자 하인리히는 북쪽으로 철수했다. 로마 시내로 들어온 노르만군은 약탈을 저질렀다. 그레고리우스는 로마 시민의 분노를 피해 살레르노의 몬테카시노 수도원에 은신했다. 그는 하인리히를 저주하면서 1085년 그곳에서 쓸쓸하게 삶을 마감했다. 이제 하인리히 4세는 '굴욕'의 상처를 치유하고 영광의 자리에 앉은 듯했다. 그는 1080년 슈파이어 대성당을 개축하여 로마네스크 건축의 걸작으로 만들었다.

하인리히는 마침내 제국의 평화를 가져온 것처럼 보였다. 이탈리아에서 로마 교회는 쇠퇴하고 토스카나 백작부인 마틸다만이 그레고리우스의 유지(遺志)를 이어받아 분발하고 있었다.

독일 제국에서는 바이에른 대공 벨프 4세가 반황제파였다. 그리고 1089년 벨프 4세는 43세의 마틸다와 아들 벨프 5세(당시 17세였다 - 옮긴이)를 결혼시켜 남독일과 토스카나의 위험한 동맹을 결성했다.

1090년 하인리히 황제군은 이탈리아로 침입하여 만도바를 점령하고 마틸다를 남쪽으로 내쫓았다. 이때의 교황은 우르바누스 2세였다. 그러나 황제가 내세운 대립교황 클레멘스 3세도 있어서 로마 교회는 분열되어 있었다. 우르바누스 2세는 교회의 권력을 되찾기 위해 하인리히 4세의 장남 콘라트를 이용하기로 했다. 황제 부자(父子)는 대립했고, 콘라트는 아버지를 대신하여 황제가 되려고 했다. 우르바누스는 콘라트에게 '이탈리아 왕'이라는 칭호를 주고 아버지에 대해 반란을 일으키도록 부추겼다. 결국 하인리히 4세는 독일로 돌아가려고 했지만 베로나에 갇히고 말았다. 벨프 가(家)가 알프스 길을 봉쇄하여 황제를 지나가지 못하도록 한 것이다. 그런데 사정이 바뀌었다. 벨프 5세는 토스카나 백령을 받을 생각으로 마틸다와 정략결혼을 했지만 마틸다가 넘겨주지 않았기 때문에 그녀와 이혼했다.

젊은 벨프는 온 롬바르디아를 큰소리로 아우성을 치며 다녔고, 각 지방의 길거리에서 자신에게 강제된 결혼 상대를 헐뜯어 청중을 기쁘게 했다.[5]

중세에는 이러한 스캔들의 선전이 있었고 그것을 기뻐하며 듣는 청중이 나타난 것이다. 황제의 '굴욕'도 엄청난 스캔들이었다.

흥미롭게도 벨프와 마틸다의 이혼 스캔들이 하인리히 4세에게는 도움이 되었다. 마틸다와의 동맹을 해제한 벨프는 곧바로 황제와 교섭하여 바이에른 대공이라는 지위와 교환하는 조건으로 황제가 독일로 돌아오는 길을 열어주었던 것이다.

가까스로 독일로 돌아온 하인리히는 콘라트를 폐위하고 하인리히 5세를 후계자로 삼았다. 콘라트는 이탈리아에서 세상을 떠났다. 그런데 하인리히 5세 역시 아버지를 등졌다. 하인리히 4세는 황제로서는 꽤 괜찮았지만 아버지로서는 불우했던 것 같다.

하인리히 5세는 아버지를 유폐하고 억지로 자리에서 물러나도록 했다. 그러나 하인리히 4세는 탈출했다. 시민에게 인기가 있었던 그는 금세 세력을 회복하는 것처럼 보였으나 1106년 병으로 쓰러졌다. 많은

---

5 E·ヴェルナ-, 瀨原義生譯,《中世の國家と教會》(Zwischen Canossa und Worms), 未來社, 1991.

사람들이 그의 죽음을 애도했다고 한다.

교황과의 사투를 벌이고 '굴욕'을 맛보기도 한 하인리히 4세는 영광과 밑바닥을 왕복하며 대중의 사랑을 받기는 했으나 자식들에게 차례로 배반당한 것처럼 그의 생애는 스캔들의 희비극으로 채색되었다.

'카노사의 굴욕' 사건의 특징은, 종교와 정치를 둘러싼 문제이지만 죄와 벌, 승리와 패배라는 평가만이 아니라 '굴욕', 즉 세상 사람들에 대한 치욕의 감각이 강하게 의식되었다는 점에 있다.

앞에서도 말한 것처럼 전제적인 폭군의 악행은 스캔들이 되지 않는다. 그것은 혼자 미쳐 날뛸 뿐 세상 사람들의 평가 같은 것은 문제가 되지 않기 때문이다. 낙뢰 같은 것이다. 그러나 하인리히 4세는 세상 사람들의 평가에 신경을 썼다. 왕이 절대적인 세습 권력이 아니라 선거에 의해 선출되었다는 것이 하나의 원인이 되었다. 제후나 교회의 평판에 신경을 쓰지 않으면 안 되었던 것이다. 그리고 중세의 새로운 세력인 '도시'도 중요했다. 세상 사람들의 평가야말로 스캔들의 에너지원이다. 황제가 교황에게 무릎을 꿇고 엎드렸다는 소문이 퍼져나간 것이다. 그것은 중세 커뮤니케이션의 새로운 단계였다.

혼란스러운 이 시대에 새로운 것이라고 하면, 개혁파가 논쟁 문서를 무기로 이용하고 그레고리우스 7세가 자신의 서한을 선전 수단으로 이용했으며 국왕의 내각 역시 같은 수단으로 되갚아 주었다는 것이다. 물론 하인리히 4세의 서한이 비교적 다수 보존되어 있는 것도 그것이 선전 목적으로 유포되었기 때문일 것이다. 그것은 자기편을 획득하고 자신의 입장을 정당화하며 상대의 입장을 부조리로 이끄는 데 도움이 되었다.[6]

그레고리우스 7세의 서한 등 선전 문서에 의해 하인리히 4세의 '굴욕'은 거듭 퍼져나갔다. 그것에 대해 황제도 교황의 스캔들을 기록해 퍼뜨렸다. 눈 속에서 사흘 밤낮을 맨발로 용서를 빌었다는 것도 상당히 연극적이며 과장된 행동이다. 황제도 교황도 관객의 좋은 평판을 노린 것이다. 그리고 '카노사의 굴욕'을 실제로 본 것은 불과 몇 명이었겠지만 그 이야기는 유럽 전역에 전해졌던 것이다.

에른스트 베르너Ernst Werner, 1920~의 지적에 따르면, 이러한 논쟁이나 선전 문서 안에서 중세의 지식학(스콜라학)이 단련되어 나가 '지식인'이 발생했다. 그리고 "개인, 즉 정신의 영웅들이 존중되기 시작했다."[7] 학자와 지식인, 즉 지식을 가진 '개인'이 존중받게 된 이 현상은 종래 중세의 지적 각성으로서 이해되어왔지만 명성이나 악명, 스캔들 등 세간의 평판이라는 측면에서도 생각해볼 수 있다.

> 문학적·철학적·신학적 논쟁에서 새로운 점은 그 저작물이—설사 라틴어로 쓰였다고 해도—민중 안으로 들어왔다는 데 있다.[8]

교회나 수도원에서 은밀히 논의되던 것이 이제 도시의 일반 장소에서 이야기할 수 있게 된 것이다. 그것은 개인의 명성이나 스캔들을 특별히 부각시키는 것으로 이어졌다. 스캔들도 시장원리를 갖게 된 것이다. '카노사의 굴욕'은 그 전환점이 되는 시기를 알려준 것이다.

---

6 E·ヴェルナー, 같은 책.
7 E·ヴェルナー, 같은 책.
8 E·ヴェルナー, 같은 책.

십자군 스캔들

십자군은 중세를 크게 요동시켰다. 11세기 말 성지 예루살렘을 탈환하라는 목소리가 갑자기 일어났다. 그때까지 예루살렘으로의 순례는 특별히 문제가 없었다. 그곳에 이르는 길은 동로마제국(비잔티움제국)에 의해 확보되어 있었기 때문이다. 예루살렘은 그 바깥에 있었지만 순례자를 받아들이고 있었다.

그러나 11세기 말에 큰 변화가 일어난다. 동쪽에서 유목민 셀주크 트루크가 진출하여 비잔티움군을 격파하고 콘스탄티노플로 몰려왔다. 동로마 황제 알렉시우스 1세 콤네누스는 로마 교황 우르바누스 2세에게 양쪽으로부터 용병을 모집하고 싶다고 부탁했다. 그것이 어떤 결과를 낳을지는 예상하지 못했다.

이미 말한 것처럼 우르바누스는 동로마 황제 하인리히 4세와 대립하고 있었다. 교황은 황제에게 대항하기 위해 비잔티움제국과 손을 잡으려 하고 있었다. 비잔티움 황제 알렉시우스 1세는 그레고리우스 7세가 교황이었을 때 파문을 당한 상태였다. 우르바누스는 파문을 철회해주고 관계를 회복하려고 했다. 그때 비잔티움에서 원군을 요청해온 것이다. 그러나 하인리히 4세(독일 국왕)에게 부탁할 수는 없었다. 그러므로 1095년 클레르몽 공의회Council of Clermont에서 그밖의 왕이나 제후에게 호소하여 십자군 파견 선언을 했다. 이것이 십자군 운동의 시작이다.

성지를 구하라는 호소에 열광적인 반응과 함께 십자군이 모여들었다. 우르바누스는 "죄의 사함을 위해 떠나라! 천국에서 영원한 영광이 주어질 것이다"라며 군중에게 설교했다. 여기서는 죄, 사함, 영원한 영광 등이 강력한 호소력을 가졌다는 것을 주목할 수 있다. 죄, 속죄, 굴욕 등 하인리히 4세의 카노사 스캔들과 표리일체인 것이다. 사람들은 명성과 악명의 문제에 극히 민감하게 반응하여 열광이나 패닉을 일으키기 쉬웠다.

'십자군'이라는 열광은 말, 소문, 설교 등으로 단숨에 불타오른 유행 현상이었다. 십자군 원정을 떠나면 죄가 사해진다고 교황은 약속했다. 사람들은 옷에 십자가를 꿰매 붙이고 예루살렘으로 떠났다.

프랑스인 은자 피에르 같은 설교자가 교황의 편지를 지니고 전국을 돌아다녔다. 다양한 기적이 일어났다는 소문이 돌았다. 사람들은 집이나 나라를 버리고 은자 피에르를 따라나섰다. 처음으로 비잔티움제국에 도착한 것은 피에르를 줄줄이 따라나선 거지와 같은 오합지졸의 농민 부대였다. 비잔티움제국은 그들을 곧바로 예루살렘으로 보내기 시작했다. 아니 내쫓았다. 그들은 도중에 투르크군의 공격을 받고 괴멸당했다.

본격적인 십자군이 찾아온 것은 1096년 말이다. 하(下)로렌 공작 고드프루아와 그의 동생 보두앵의 군단, 남이탈리아 노르만 왕국의 로베르토 기스카르의 아들 보에몽과 그의 조카 탕크레드의 군단, 툴루즈 백작 레몽의 군단, 노르망디 공작 로버트와 플랑드르 백작 로베르 2세의 군단, 이렇게 넷으로 구성되어 있었다. 비잔티움의 황제는 이러한 군단을 예상하지 못했다. 용병을 보충할 군대만을 요청했던 것이다. 그런데 비잔티움을 점령할지도 모르는 군단이 찾아온 것이다. 곧바로 성지를 향해 내보냈다.

십자군은 안티오크를 점령했다. 그리고 진군하여 1099년 예루살렘으로 들어가 예루살렘 왕국을 건설하고 하(下)로렌 공작 고드프루아가 왕이 되었다. 레몽 백작은 트리폴리, 탕크레드는 갈릴레아, 보드앵은 에데사를 점령하여 자기 것으로 삼았다.

제1차 십자군은 투르크 측에 내분이 일기도 해서 예루살렘 왕국을 출현시켰다. 이 커다란 성과에 의해 유럽 사람들은 십자군에 과도한 기대를 품게 되었다. 그리하여 영광이나 부를 꿈꾸며 차례로 십자군을 계획하고 내보내는데, 제1차만큼의 성공을 거둘 수는 없었다.

그래도 예루살렘 왕국은 투르크의 분열에 의해 한동안 유지되었다. 그러나 이슬람교도는 반십자군 성전을 일으켜 반격에 나섰다. 1145년 에데사(안티오크의 북동쪽)가 탈환되었다.

그러자 제2차 십자군이 계획되었다. 교황의 사절 클레르보 대수도원장인 베르나르두스가 각지를 돌며 호소했다. 십자군의 중심은 프랑스 왕 루이 7세였다. 그리고 독일 황제 콘라트 3세도 참가했다. 그러나 십자군은 비잔티움제국과 원만한 관계를 유지하지 못하고 그 후원을 받지 못했다. 게다가 내부에서도 루이 7세와 콘라트 3세가 대립했다. 그 때문에 이슬람군의 공격에 함께 싸우지 않고 개별적으로 대응하다 병력의 4분의 3을 잃고 말았다.

　루이 7세는 안티오크 후작 레몽의 의견을 무시하고 나머지 병력을 거느리고 무리하게 예루살렘으로 향했지만 적에게 압도되어 아무런 성과도 거두지 못하고 허무하게 철수하지 않으면 안 되었다. 제2차 십자군은 대실패로 끝났지만 스캔들의 역사로서는 주목할 만한 사건을 남겼다.

　놀랍게도 루이 7세의 왕비 엘레오노르가 성지에 나타나 화려한 의상을 걸치고 정부(情夫)들과 놀아났다는 소문이 나돌았다. 루이 7세가 현지 안티오크 후작 레몽의 충고를 듣지 않았던 것도 왕비와 레몽의 사이를 의심했기 때문이라는 것이다. 이 시대의 연대기자(年代記者) 리처드 오브 데바이즈는 "아무한테도 알리고 싶지 않았지만 누구나 알고 있다. 이 왕비가 첫 남편과 예루살렘에 있었을 때의 일을. 아니, 더 이상 말하지 않겠다. 그러나 나는 죄다 알고 있다"고 1192년쯤 수수께끼처럼 꾸며 쓰고 있다. 무슨 일이 있었던 것일까?

　우선 엘레오노르는 어떤 여성이었을까? 중세 유럽 왕가의 열쇠가 되는 여성이라고 할 만한 사람으로, 몇 개의 왕통과 이어져 있다. 나중에 중세의 음유시인(투르바두르)은 그녀를 숭배하여 아름다운 귀부인의 상징처럼 여기며 '투르바두르의 여왕'이라고 했다. 그러나 동시대에는 음란하고 죄 많은 악녀로서 온갖 악명이 그녀를 따라다닌, 그야말로 스캔들의 여왕이었다.

　파란만장하고 극적인 그녀의 생애를 대충 살펴보기로 하자.

　엘레오노르는 1122년에 태어났다. 그녀의 일가는 프랑스 남서부 아키텐의 영주였다. 거기에는 보르도의 포도밭도 포함되어 있었다. 조부 아키텐 공작 기욤 9세는 시인이고 여성을 유혹하는 것으로도 유명했다. 가신의 아내를 빼앗아 정부로 삼기도 했다. 공작부인은 남편의 불륜을 로마 교황에게 호소했고 교황은 기욤을 파문했다. 하지만 그는 그런 것에 전혀 개의치 않자 부인은 수도원으로 들어가 죽고 말았다. 기욤 9세는 단젤로사라는 정부를 두 번째 아내로 삼았다. 단젤로사는 자신의 딸 아에노르를 기욤 9세의 아들 기욤 10세와 결혼시켰다. 이 두 사람 사이에 엘레오노르(알리에노르, 또 한 명의 아에노르라는 뜻)가 태어났다.

아키텐 공국의 궁정은, 기욤 9세가 투르바두르(troubadour, 음유시인의 음악 – 옮긴이)의 창시자라는 말을 들을 정도로 시인이나 음악가를 보호했다. 엘레오노르도 그곳에서 자랐고, 그들은 그들의 아름다운 여주인을 낭만적인 시로 노래하였고 그 시는 프랑스 전역으로 퍼져나갔다.

오빠가 죽자 그녀는 풍요로운 지역인 아키텐 공령의 여자 상속인이 되었다. 절세의 미녀이자 막대한 재산을 물려받았으므로 구혼자가 쇄도했다. 아버지 기욤 9세는 프랑스 왕 루이 6세의 아들 루이 7세와 딸을 결혼시켰다. 프랑스 왕이라고는 하지만 파리 주변의 일드프랑스의 영주일 뿐이어서 그 영지는 아키텐이 더 컸다.

이 결혼은 생각지도 못한 결과를 초래했다. 기욤이 여행지에서 급사하여 엘레오노르는 열다섯 살에 아키텐과 가스코뉴의 여공작, 푸아투의 여백작이 되었다. 그리고 루이 6세의 장남 필리프가 낙마하여 갑자기 죽자, 수도원에 들어가게 되어 있던 루이 7세가 갑자기 황태자가 되었다. 그리고 왕이 곧 죽었으므로 루이 7세가 프랑스 왕이 되었다. 물론 엘레오노르는 프랑스 왕비가 되었다. 두 사람은 파리에서 살았

는데, 엘레오노르는 남프랑스의 화려하고 쾌활한 풍속을 가지고 들어
와 북부인들을 놀라게 하고 눈살을 찌푸리게 했다.

루이 7세는 원래 수도원에 들어가려고 했을 정도로 신앙심이 깊었
다. 그는 교황 유게니우스 3세의 호소에 응해 십자군에 참가하기로 결
심했다. 놀랍게도 엘레오노르도 십자군 열기에 사로잡혀 자신도 따라
나서겠다고 선언했다.

제1차 십자군의 성공이 사람들에게 달콤한 꿈을 꾸게 한 것이다. 왕
후귀족들은 몸치장을 한 부인들을 대동하고 성지로 향했다. 그러나 제
2차 십자군은 참패로 끝나고 말았다. 독일의 콘라트 3세의 군대는 괴
멸적인 피해를 당했고 황제도 머리에 상처를 입었다.

루이 7세의 프랑스군은 안티오크에 도착했다. 안티오크는 지중해
동쪽 끝에 있고 그 동남쪽에 에데사가 있다. 1144년 에데사가 이슬람
군에 점령되어 안티오크를 위협하기 시작했다.

안티오크는 제1차 십자군 원정 때 보에몽 2세에 의해 만들어진 후
령(侯領)이었다. 4대째 예루살렘 왕이 된 앙주 백작 풀크는 딸 콩스탕
스와 레이몽 드 푸아티에를 결혼시켜 안티오크 후작으로 삼았다. 레이
몽은 엘레오노르의 아버지 기욤 10세의 동생이었다.

엘레오노르의 여덟 살 위 숙부로 세련된 기사였던 레이몽을 그녀는
소녀시절부터 좋아했다. 십자군 원정에 따라나선 것도 레이몽과의 재
회를 기대했기 때문일 것이다. 레이몽도 아름다워진 조카를 크게 환
영했다. 두 사람 사이가 너무 친밀하다는 소문이 났다. 루이는 질투했
다. 그리고 질투만이 아닌 대립이 생겨났다. 루이는 한시라도 빨리 남
쪽인 예루살렘으로 향할 생각이었지만 레이몽은 그 전에 적의 본거지

인 아레포를 공격하고 에데사를 탈환해야 한다고 주장했다. 게다가 레이몽의 주장에 엘레오노르가 찬성하고 나선 것이다.

더욱 더 질투심에 불탄 루이는 아내 엘레오노르를 강제로 예루살렘으로 데려가려고 했다. 아내는 남편을 따르지 않으면 안 된다. 그러나 엘레오노르는 가공할 만한 반론을 들고 나왔다. "부부라고요? 정말 그럴까요? 우리는 사촌간이어서, 우리 결혼은 법률로 금지된 근친혼이에요. 다시 말해 이 결혼은 처음부터 무효라는 말이에요."

루이는 기겁을 했다. 이 문제로 소동이 일어나면 일대 스캔들이 된다. 루이는 엘레오노르를 붙잡아 밤중에 은밀히 예루살렘으로 출발했다. 예루살렘에서 독일의 콘라트 3세와 합류하여 다마스쿠스를 공격하려고 했지만 실패했다. 제2차 십자군은 아무런 성과도 없이 귀국하지 않으면 안 되었다.

제2차 십자군 원정에서 결국 남은 것은 엘레오노르에 대한 온갖 나쁜 소문뿐이었다. 무엇보다 사라센인의 영웅 살라딘과 눈이 맞아 사랑의 도피를 했다는 등 터무니없는 이야기까지 나돌았다.

안티오크에서 숙부 레이몽과의 금지된 사랑은 공공연한 비밀로 이야기되었다. 그리고 더욱 과장되어 성지 예루살렘에서도 화려한 의상을 몸에 걸치고 사람들 눈도 의식하지 않은 채 나쁜 행실을 보였다는 이야기도 전해졌다. 엘레오노르는 음부·악녀로 유명해졌다.

유럽 왕족들의 불륜은 12세기의 연대기 작가들에게는 아주 매력적인 것이었다. 그것은 오늘날도 같은데, 유명인의 불륜은 우리가 저널리스트라고 부르는 오늘날의 연대기 작가들에게도 역시 마음이 끌리는 것이리라.[9]

12세기는 현대와 이어지는 하나의 스캔들 시대가 시작된 시기인 듯하다. 그 한 가지 요인은 엘레오노르처럼 강렬한 개성을 지닌 여성이 등장한 일이다. 그녀들은 기성의 모럴을 깨뜨리므로 격렬한 비판을 받지만, 그것을 견디는 매력적인 스캔들의 여왕이 되는 것이다.

그녀가 그토록 나쁜 말을 들었던 것은 제2차 십자군이 무참하게 실패한 탓인지도 모른다. 성지에 악녀를 데려간 탓이다, 그 여자가 성지를 모독했다는 것이다. 왕들이 자신들의 무능한 책임을 아내들에게 떠넘긴 것이다.

루이 7세는 성지에서 부부싸움으로 사태를 시끄럽게 하는 것을 억누르고 어떻게든 귀국했다. 그리고 로마 교황의 중재로 화해했다. 유게니우스 3세는 두 사람을 자신의 별장에 초대하여 한 침대로 들어가게 했다고 한다. 그 결과 엘레오노르는 임신을 했고 딸이 태어났다.

하지만 두 사람은 결국 헤어진다. 그녀가 왕위를 물려줄 아들을 낳지 못했기 때문인지, 그녀에게 애인이 생겼기 때문이지는 확실하지 않다.

새로운 애인은 앙주의 앙리(헨리)다. 앙리의 아버지는 앙주의 조프루아로, 앙주, 메인, 노르망디를 그에게 가져다주었다. 어머니는 잉글랜드 왕 헨리 1세의 딸로 '가공할 만하다'는 말을 들은 마틸다. 마틸다의 첫 남편은 독일 왕 하인리히 5세였고 조프루아와는 재혼이었다.

수도승 같은 루이 7세에 비해 정열적인 호색한인 헨리는 대조적이었다. 1151년 파리로 찾아온 헨리는 열 살 연상의 엘레오노르를 만나

---

9 トマス・ケイヒル, 森夏樹譯,《中世の秘跡　科學・女性・都市の興盛》, 青土社, 2007.

매료되었다. 그리고 다음 해에 결혼했다. 헨리는 열아홉 살, 엘레오노르는 스물아홉 살이었다. 루이 7세는 아연실색했다. 이 결혼으로 프랑스의 절반이 그들의 것이 되고만 것이다. 루이는 이 결혼에 반대하여 헨리를 공격했지만 패배했다. 헨리는 또 잉글랜드의 왕위를 청구했다. 헨리 1세 이후 블루아의 스티븐이 잉글랜드의 왕이 되었다. 헨리 1세 여동생의 아들이다. 그것에 대해 헨리 1세의 딸 마틸다는 자신의 아들 헨리가 왕위 계승자라고 주장하여 내란이 일어났다.

엘레오노르와 결혼한 헨리는 잉글랜드로 들어가 끝내 왕관을 얻었다. 헨리 2세다. 그렇게 해서 플랜타지네트(금작화의 가지라는 뜻) 왕조가 시작되었다. 엘레오노르는 프랑스 왕비에서 잉글랜드 왕비로 산뜻하게 변신한 것이다. 프랑스 왕비 때는 두 명의 딸밖에 낳지 않았지만 잉글랜드 왕비가 되고 나서는 여덟 명의 자식을 낳아 플랜타지네트가를 번영시켰다. 여덟 명 중에 다섯 명이 남자였는데 세 명은 일찍 죽고 삼남인 리처드와 막내 존만이 살아남았다. 세 명의 딸은 각각 왕족에게 시집을 가 복잡한 가족망이 형성되었다.

헨리와 결혼하고 나서 엘레오노르는 정숙한 아내가 된 듯 그토록 화려하게 전해졌던 사랑과 관련된 소문도 꼬리를 감추었다. 한편 헨리는 곧 왕비를 내버려두고 각지를 돌아다니며 수많은 여성을 사랑했다.

성장한 아들들은 아버지에게 반항했다. 그것을 밀어주는 사람이 엘레오노르였다. 그녀의 전 남편인 프랑스 왕 루이 7세와 아들들이 공모하여 아버지 헨리 2세와 싸우게 한 것이다. 그러나 헨리는 프랑스 왕의 군대를 격파했다. 엘레오노르는 남장을 한 채 말을 타고 도망가려고 했으나 체포되었다. 헨리는 그녀를 16년간 감금했다.

아들들을 조종하여 아버지에게 반란을 일으키게 한 일로, 영국에서 엘레오노르의 평판은 몹시 나빠졌다. 그녀는 프랑스와 잉글랜드의 두 왕을 홀린 여우, 희대의 악녀로 기록되었다.

그녀가 갇혀 있는 동안 루이 7세가 죽고 두 번째 아내 샹파뉴의 아델라가 낳은 아들 필리프 2세가 프랑스 왕위를 계승했다.

헨리는 드디어 그녀의 유폐를 풀었다. 그 이후 엘레오노르는 헨리를 위해 프랑스 왕과의 관계를 중계하거나 여전히 반항적인 아들들을 아버지와 화해하도록 하는 역할을 했다. 이제 음모를 꾸미는 가증스러운 악녀가 아니었다.

1187년 투르크인이 예루살렘을 점령했다. 제3차 십자군이 계획되어 헨리, 그의 삼남 리처드, 프랑스 왕 필리프 2세가 참가했다. 그러나 헨리와 필리프는 영토 쟁탈전을 벌이고 있었다. 리처드는 필리프의 여동생 앨리스와 약혼하고 프랑스 쪽에 붙었다.

1189년 아들에게 배반당한 헨리 2세가 죽고 리처드가 왕이 되었다. 그리고 십자군 원정을 떠났다. 리처드가 없는 동안 잉글랜드는 엘레오노르에게 맡겨졌다. 리처드가 없어지자 아직 어린아이로만 생각되었던 막내 존이 꿈틀거리기 시작하여 형의 영토를 약취하려고 했다.

친밀하다고 생각되었던 리처드와 필리프의 사이도 위태로워졌다. 리처드가 앨리스와의 결혼을 꺼리기 시작한 것이다. 아버지 헨리가 앨리스와 침대를 함께 썼다는 스캔들이 발각되었기 때문이다.

제3차 십자군은 독일의 프리드리히 1세(붉은 수염 황제)가 중심이 되어 십만의 대군을 이끌고 참가하여 투르크군을 패퇴시켰다. 그러나 소아시아의 사레프 강을 건널 때 프리드리히는 익사하고 대군도 뿔뿔이 흩어졌다. 리처드(사자심왕)와 필리프(존엄왕)는 뒤늦게 당도했다. 필리프는 곧 귀국했으나 리처드는 남아 십자군을 지휘하며 싸웠지만 고립되어 귀국하고 말았다. 그런데 오스트리아를 지날 때 예루살렘에서 리처드에게 모욕을 당한 일에 원한을 품은 레오폴트 공작이 리처드를 붙잡아 유폐시켜버렸다. 잉글랜드의 섭정을 하고 있던 엘레오노르는 무슨 수를 써서라도 리처드를 구출하려고 했는데, 1194년 굴욕적인 조건에 동의하여 레오폴트로 하여금 리처드를 풀어주게 했다.

그리고 나서 그녀는 리처드를 도와 일심전력으로 일했다. 그리고 만년에는 퐁트브로 수도원에 들어갔고 1204년 여든둘을 일기로 세상을 떠났다. 이미 1199년 리처드는 죽었으며, 겁쟁이로 보였던 존이 왕이 되었다. 존은 엘레오노르의 유산인 프랑스의 영토를 대부분 잃었다.

아키텐의 엘레오노르, 12세기의 멋진 여성이다.

유럽 역사상 처음으로 남편을 선택하고 군대를 지휘하여 전쟁에 참여했으며, 상당히 오랫동안 여러 나라를 통치한 여성이라고 해도 좋을 것이다.[10]

엘레오노르는 자신이 직접 남편을 골랐다. 프랑스 왕에게 이혼을 요구하고 영국 왕과 재혼했다. 그것이 당시 사람들을 깜짝 놀라게 했다. 이 얼마나 부도덕한 여자인가. 그리하여 아름다운 악녀의 전설로 남았다.

---

10 トマス・ケイヒル, 같은 책.

템플 기사단 사건

엘레오노르 다키텐이 성지에서 벌인 난잡한 행위가 십자군 역사의 초기를 장식하는 스캔들이었다면 십자군의 종말을 보여준 것은 템플(성전) 기사단 사건이다. 십자군을 위해 구성된 기사단이 너무 강대해져 위험했으므로 어떻게 해체할 것인가가 문제가 되었다. 그래서 중상과 밀고에 의한 전복이 계획되었다.

템플 기사단의 정확한 이름은 템플 기사 수도회Religious Military Order다. 기사 수도회는 12세기에 십자군을 위해 만들어진 새로운 조직으로, 수도사로서 신에게 몸을 바친 자가 기사로서 싸운다는 성속 양면을 갖고 있었다.

12세기에서 13세기 사이에 구성된 기사 수도회의 대표로는 템플 기사단, 성요한(알 오스피타르) 기사단, 독일(튜튼) 기사단 등 셋을 들 수 있다.

1099년 제1차 십자군에 의해 성지 예루살렘이 해방되어 많은 순례자가 찾게 되었다. 그래서 순례자들을 지키는 경비대가 필요해졌다. 1118년 프랑스의 샹파뉴 백령의 기사 위그 드 파앵과 조프루아 드 생

토메르가 자원하여 순례자를 경비하는 활동을 했다. 그것이 높은 평가를 받아 예루살렘 왕국의 2대째 왕 보두앵 2세가 그들에게 자금과 숙소를 제공했다. 그 숙소는 구약성서의 솔로몬 왕이 만든 신전(템플) 터라는 성역에 있어 템플 기사단이라는 이름으로 출발했던 것이다.

위그의 고향 샹파뉴에는 클레르보 수도원이 있는데 시트 수도회의 베르나르두스가 지도하고 있었다. 그는 그리스도교 전사의 거울로서 템플 기사단을 칭찬했다. 그 덕분에 1128년 교황 호노리우스 2세는 공식적으로 템플 기사단을 인가했다.

성요한(구호) 기사단은 알 오스피타르라 불리는 것처럼 가난한 병자를 치료하는 자선병원으로 출발하여 십자군에 종군하며 전장에서 일하는 병원 기사단이었다. 공인된 기사단은 다양한 특권을 인정받았다. 그리고 방대한 토지나 재산을 기증받아 대영주로서 강력한 경제력을 갖게 되었다. 머지않아 왕이나 제후, 나아가 로마 교회에도 대항하는 새로운 독립 세력이 되었다.

십자군에 대한 순수한 마음을 가졌던 시기가 지나자 성지는 식민지가 되고 이익추구의 장으로 변했다. 제노바, 피사, 베네치아 등 이탈리아의 상업도시가 진출하여 이권을 찾아다녔고 현지에서 활동하는 기사단에 뇌물을 바치게 되었다.

방대한 기부를 받음으로써 템플 기사단은 전 유럽에 영지를 가졌고 막대한 자금을 축적했다. 그 자금을 빌려주는 금융업을 함으로써 일종의 국제 은행이 되었다. 어쨌든 예루살렘과 유럽에 본부와 지부를 둔 네트워크를 갖고 있었으므로 환업무를 했다. 성지까지 먼 순례를 떠날 때 많은 현금을 소지하는 것은 위험했다. 그런데 파리에서 템플 기사단의 금고에 지불한 증서를 가지고 가면 예루살렘에서 인출할 수 있게 된 것이다. 또한 예루살렘의 템플 기사단에서 돈을 빌린 왕후들은 파리의 템플 기사단 금고에 갚으면 되었다. 전란의 시대였으므로 템플 기사단의 금고에 돈을 맡겨두면 안전하다고 여겨져 기사단 은행은 점차 번창했다.

한편 예루살렘 왕국은 뿔뿔이 흩어진 채 이집트의 위협을 받고 있었다. 제7차 십자군(1248~1249)은 실패하고, 십자군은 아크레 등의 해안 도시로 몰리게 되었다. 아크레는 베이루트의 남쪽이고 예루살렘의 북서쪽이다.

아크레로 도망간 십자군은 내분을 일으켰다. 1256년부터 1259년까지 성 사바스 수도원을 두고 쟁탈전을 벌였고, 제노바와 베네치아가 싸웠으며 제노바는 필리프 드 몽포르와 성 요한 기사단을 자기편으로 하고 베네치아는 야파 백작과 템플 기사단을 자기편으로 했다.

그러한 내분을 거듭하고 있는 사이에 이집트의 공격을 받았다. 1291년 성지의 마지막 기지 아크레가 함락당하고 십자군은 키프로스 섬 등으로 도망쳤다. 이것으로 본격적인 십자군은 종말을 맞이했다. 14, 15세기에도 십자군 계획은 있었지만 성지를 탈환할 만한 규모는 아니었다.

십자군 전쟁은 끝났다. 그러나 십자군 기사단은 남았다. 원정이 없어졌으므로 해체해야 하는 게 아닐까? 그러나 기사단은 큰 기업이 되어 마치 독립국처럼 행동했다. 그리고 서로 세력 다툼을 벌였다.

기사단은 왕에게도 교황에게도 거슬리는 존재가 되었다. 그중에서 눈엣가시가 된 것은 템플 기사단이었다. 성 요한 기사단은 로도스 섬에 본거지를 두면서 평시의 자선 병원 활동으로 돌아갔다. 독일 기사단은 프로이센 개척 활동으로 옮겨갔다. 그러나 템플 기사단만은 군사력을 유지하고 부유한 재산을 몰래 숨겨놓고 있다는 말을 들었다. 그래서 이 기사단을 없애는 계획이 은밀하게 진행되었다.

> 중세의 "이단 심문은 밀고와 중상으로 시작되지만 템플 기사단의 경우는 중상과 밀고로 시작되었다"(루이 샤르팡티에, 《템플 기사단의 수수께끼》)고들 하는 것처럼 사건은 갑작스러운 진위 불명의 악평으로부터 일어났다.[11]

중상을 의미하는 영어로는 슬랜더slander와 디페임defame이 있다. 슬랜더는 스캔들과 관계있는 말로, 사다리에서 떨어지는 것을 말하는 듯하다. 디페임은 페임(fame, 명예)에 상처를 주는 일이다. 앞에서도 말한 것처럼 페임(파마)이 세상을 뛰어다니며 사람을 유명하게 하기도 하고 나쁜 소문을 불러오기도 한다. 나쁜 소문은 목숨을 앗아가기도 한다.

템플 기사단 사건은 전형적인 예다. 먼저 중상이 유포되었다. 사악한 비밀결사이며 수상쩍은 의식을 행하고 있다는 것이다.

그리고 밀고자가 나타났다. 랑그도크의 시민의 세캉은 감옥에 있었을 때 함께 있던 기사에게서 들었다는 템플 기사단의 비밀을 팔아먹고 다녔다. 처음에는 아라곤 왕 하이메 2세에게 팔아먹으려고 했으나 거절당했다. 그리고 프랑스 왕 필리프 4세(미남왕으로 불렸다)의 궁정으로 갔는데 즉각 받아들여졌다. 왕실 고문관 기욤 드 노가레가 세캉

---

11 橋口倫介, 《十字軍騎士團》, 講談社學術文庫, 1994.

의 고향 사람이었다는 것도 유리하게 작용했을 것이다. 노가레 등은 이미 템플 기사단을 해체하려는 계획을 준비하고 있었는데 그 계기를 기다리고 있었는지도 모른다.

왜냐하면 세캉이 밀고한 직후인 1307년 10월 13일 프랑스 전역에서 전격적으로 템플 기사들을 일제히 체포했기 때문이다. 극비리에 준비된 체포는 기사단에게 아닌 밤중에 홍두깨 같은 일이었다.

이 사건의 배경을 설명해두기로 하자. 이미 말한 것처럼 아크레가 함락된 후 템플 기사단은 그 역할이 없어져 해산해야 한다는 논의가 일었다. 왕에게도 교황에게도 눈에 거슬리는 존재였던 것이다. 먼저 성 요한 기사단과 통합하자는 안이 나왔지만 템플 기사단의 마지막 단장이 된 자크 드 몰레가 그것을 거부했다. 이 무렵 프랑스 왕과 로마 교황 사이에 커다란 대립이 있었는데, 그 와중에서 템플 기사단이 제거되었다고도 할 수 있다.

필리프 4세 때 프랑스는 상당한 강국으로 법률 국가였다. 법률 관료로 구성된 고문단이 왕을 둘러싸고 있었다. 기욤 드 노가레는 그 중심이었다. 그러나 관료 제도와 재판 제도를 확립하는 큰 정부는 거액의 비용을 필요로 한다. 필리프는 낭비벽이 심한 사람이라고 하는데, 국고의 적자를 고민하며 화폐의 평가절하까지 단행해 돈을 모았다. 파리에 있는 템플 기사단의 금고도 노리고 있었다.

필리프는 교회 재산의 과세를 둘러싸고 로마 교회와 다투고 있었다. 교황 보니파키우스 8세는 1296년 속인이 성직자에게 과세하는 것을 금했다. 프랑스 국내의 교회 재산에서 세금을 걷을 수 없다는 것에 분노한 필리프는 화폐의 국외 반출을 금지했다. 프랑스에서 로마 교회로 돈을 송금할 수 없게 된 것이다.

교황은 필리프가 위폐를 찍고 있다며 고발했다. 필리프는 '레지스트'(légiste, 로마법 학자)라 불리는 고문 그룹에, 왕권이 교회권보다 위인 절대 권력이라는 이론을 주장하도록 했다.

필리프와 보니파키우스 8세 사이에 '카노사의 굴욕'의 재림 같은 권력 투쟁이 일어났다. 반교황주의의 선봉은 기욤 드 노가레였다. 1303년 노가레는 보니파키우스를 성직을 감당할 수 없는 거짓 교황이라고 중상하고 로마 근처의 아나니에 있던 교황을 급습하여 퇴위시키려고 했다. 교황파의 반격으로 보니파키우스는 구출되었지만 정신적인 충격이 커서 곧 죽고 말았다.

다음 교황인 베네딕투스 11세도 단명하여 1304년에 죽고 한동안 교황이 정해지지 않다가 1305년에야 클레멘스 5세가 선출되었다.

필리프 4세와 로마 교황의 싸움에서 템플 기사단은 프랑스 왕과 우호적이었다고 한다. 파리에 기사단의 성채 '템플'을 갖추고 프랑스 왕가의 돈도 취급하는 금융업을 운영하고 있었다. 그런데도 필리프는 기사단을 없애려는 음모를 꾸미고 있었던 것이다.

1307년 10월 13일 프랑스 전역의 템플 기사가 일제히 체포되었다. 3천 개소의 기사단 영지에서 동시에 체포가 이루어졌다. 가공할 만한 조직력이었다. 한 달 전 각지에 지령이 내려갔고 이날 그 지령이 개봉되어 집행되었다. 이 대규모의 비밀 지령을 지휘한 사람은 기욤 드 노가레였다. 그가 작성했다는 지령은, 기사단 총장 자크 드 몰레가 1307년 초 '템플'에서 신입회원의 수상쩍은 '입회식'을 했다는 소문을 근거로 고발하는 내용이었다.

그들은 입회식 때 그리스도의 상을 보고 이를 세 번 부정하고, 가공할 만큼 신을 모독하는 행위로써 거기에 세 번 침을 뱉는다. 다음으로 속계에서 입는 옷을 벗고 나체가 되어 고참 기사의 키스를 받는다. 이것은 등, 배꼽, 입술, 이렇게 세 군데다. 인간성의 존엄을 모욕하는 이러한 행위가 끝난 후 그들은 서로에게 몸을 맡긴다. 또 그들은 진정한 신의 성상을 버리고 금으로 된 새끼 양 우상을 안치하고 이것에 예배한다.[12]

템플 기사단이 이처럼 역겨운 입회식을 거행한다는 중상을 근거로, 이단 심문관 기욤 드 파리에게 조사를 맡겼다. 어떤 기사는 유죄, 어떤 기사는 무죄로 판명되었다. 그 이후가 더 강제적이었는데, 그 결과 템플 기사 회원을 체포하고 전 재산을 몰수한다는 것이었다.

파리의 '템플'에서는 단장 자크 드 몰레 이하 수백 명이 체포되었다. 나아가 필리프 4세는 다른 나라에도 템플 기사단의 체포를 요구했다.

잉글랜드 왕 에드워드 2세는 처음에는 거부했지만 1308년에 템플 기사를 체포하고 재산을 몰수했다. 그밖의 나라들은 대부분 프랑스 왕의 요청에 따르지 않았다.

파리의 '템플'에서는 138명의 피고가 이단 심문에 회부되었다. 처음부터 결론이 나 있었으므로 고발된 죄를 인정할 때까지 고문했다. 그 때문에 36명이 죽었다.

프랑스 국왕이 교회에 속해 있는 기사단을 체포하고 그 재산을 몰수하며 종교재판에 회부했으므로 로마 교황 클레멘스 5세는 항의했

---

12 橋口倫介, 같은 책.

다. 그러나 고문을 통해 기사들에게 죄를 인정하게 한 필리프 4세는 이러한 신성 모독 행위를 용서하라는 것이냐며 교회를 압박했다. 그것에 밀려 클레멘스 5세는 템플 기사단을 체포하라는 지령을 내리지 않을 수 없었다.

그러나 교황은 필리프 4세에게 체포된 기사와 그 재산을 교회에 넘길 것을 요구했다. 그러자 필리프는 투르에서 삼부회를 열어 교황의 방식에 반대를 표명했다. 삼부회를 열어 민의를 묻고 국왕이 어디까지나 그 민의에 기초하고 있다는 것을 보여주었던 것이다. 필리프는 국민의 인기를 조작하여 왕의 권력을 확립하는 방식을 시작했던 것이다. 그것은 세평, 소문, 스캔들을 정치적으로 이용하는 것으로 이어진다. 템플 기사단 사건은 그 전형이었다.

필리프는 교황에게 기사를 넘겼지만 하급자뿐이었고, 단장 자크 드 몰레 등 간부는 포함되어 있지 않았다. 그들의 재판은 프랑스파 주교들이 중심이 되어 진행했다.

그래도 템플 기사단 측이 어떻게든 변호인단을 꾸려 부당한 재판에 대항하려고 했다. 그런데도 1310년 파리 교외에서 54명의 기사가 화형에 처해졌다. 교황 클레멘스 5세가 만든 조사위원회는 완전히 무력했고 프랑스 국왕의 법률 관료가 재판을 진행했다.

필리프의 압력으로 1312년 클레멘스 5세는 템플 기사단의 폐지를 선고했다. 그 재산은 성 요한 기사단으로 옮기게 되었다.

1314년 유죄 판결이 내려지고 네 명의 간부가 파리의 노트르담 광장에서 화형에 처해졌다. 이 사건을 조종한 기욤 드 노가레는 그 전해에 죽었다. 마지막으로 퐁네프 다리 옆에서 단장 자크 드 몰레가 화형에 처해졌다. 그는 고문으로 거짓 자백을 한 것 이외에는 무죄라고 말하며 죽어갔다. 클레멘스 5세는 그 한 달 후에 죽는다. 그리고 그해 (1314) 11월 필리프 4세도 죽었다. 사람들은 자크 드 몰레의 저주라고들 수군거렸다.

1314년에는 또 하나의 커다란 스캔들이 있었다. 필리프 4세는 미남왕으로 불리듯이 대리석 조각처럼 용모가 아름다운 사람이었는데, 석상처럼 무엇을 생각하는지 알 수 없는 점이 있었다. 그에게는 세 명의 아들과 한 명의 딸 이자벨이 있었다. 그런데 1314년 5월 세 아들의 아내인 마르그리트 드 부르고뉴, 블랑슈 다르투아, 잔느 다르투아를 부정한 간통죄가 있다며 한꺼번에 체포하여 유폐해버렸던 것이다. 이 사건은 필리프 4세와 딸 이자벨이 공모하여 날조한 사건이었다고 한다.

시누이들을 치워버린 이자벨은 대단한 여성이었다. 필리프는 영국과의 분쟁을 해결하기 위해 1308년 그녀를 잉글랜드 왕 에드워드 2세에게 시집보냈다. 이자벨은 아직 열두 살에 불과했지만 미남왕의 딸이었던 만큼 그녀 역시 대단한 미녀였다. 에드워드는 스물네 살이었는데 공교롭게도 미녀보다는 미남을 좋아해서 피에르 드 가베스통이라는 남자 애인이 있었다.

이자벨은 버려진 신부였지만, 4년 후 가베스통은 반대파 귀족에게 암살당했다. 그 사이에 완전히 어른다운 아름다움을 보여주게 된 그녀와 왕은 사이가 좋아져 아이도 태어나고 행복한 8년간을 보냈다.

필리프가 에드워드에게 영국에서도 템플 기사를 체포하도록 요구한 것은 가베스통이 아직 살아있을 때였다. 하여튼 템플 기사는 남색의 죄를 추궁당하고 있었으므로 에드워드로서는 그것을 인정할 수 없는 일이었다.

템플 기사단의 자크 드 몰레가 화형에 처해진 1314년, 열여덟 살이 된 이자벨은 아버지와의 사이도 좋았고 왕비로서의 자신감도 있어 점차 정치적 야심을 키워가고 있었다. 이때 세 시누이의 부정한 간통 스캔들이 일어난 것이다. 그것은 필리프 4세의 음모이기도 했지만 시누이들의 체포에 이자벨도 가담했다.

그 후 영국에서 그녀는 '프랑스의 암컷 늑대'라고 불리는 가증스러운 여자가 된다. 에드워드와의 관계는 8년밖에 지속되지 않았지만 1320년 에드워드 왕은 휴 디스펜서 부자(父子)라는 새로운 친구들을 발견했다. 아버지 휴를 총신(寵臣)으로 하고 아들 휴를 정부로 삼은 것이다. 이자벨도 프랑스로 돌아가 로저 모티머라는 정부를 만들었다. 그뿐만이 아니라 둘이서 군사를 이끌고 영국에 상륙하여 에드워드 2세를 공격했다.

디스펜서 부자는 체포되어 무참하게 처형되었다. 에드워드 2세도 패배하여 퇴위했고, 이자벨과의 사이에서 태어난 에드워드 3세에게 왕위를 물려주었다. 왕이 어렸으므로 이자벨과 모티머가 통치했다. 그 후 에드워드 2세는 은밀히 살해되었다. 불에 달군 부젓가락을 항문에 찔러 넣는 잔혹한 처형이었다.

1330년 열여덟 살이 된 에드워드 3세는 궁정에서 독재적인 권력을 휘두르는 어머니의 정부인 모티머를 미워하여 두 사람을 체포했고, 다이번 처형장에서 모티머를 교수형에 처했다. 어머니는 어떻게든 용서를 받았고, 수녀처럼 여생을 조용히 보냈다고 한다.

잔 다르크 재판

1327년 잉글랜드에서 에드워드 3세가 즉위한다. 1328년 프랑스에서는 미남왕 필리프 4세의 세 아들이 차례로 죽어 카페 왕조가 끝나고, 필리프 드 발로아가 왕에 즉위함으로써 발로아 왕조가 시작된다. 1330년 에드워드 3세는 모티머를 죽이고 친정을 시작한다.

1330년경부터 1460년경까지를 유럽의 중세 후기라고 한다. 십자군의 활동 등으로 세력을 확대하던 시대가 끝나고 쇠퇴기에 들어선 것이고, 개인이 영웅적으로 활약하던 시대가 끝난 것이다. 모리스 킨Maurice Hugh Keen, 1933~의 《유럽 중세사A history of medieval Europe》에 따르면 "경제와 사회에 대한 정부 개입"[13]이 뚜렷해진 시대다.

중세 후기(14세기, 15세기)는 다음에 오는 16세기의 대대적인 확대기를 준비한 시기였다고 할 수 있을 것이다. 모리스 킨은 그 특징 세 가지를 들고 있다. 하나는 처음에 든 경제 확대의 정체(停滯)이고, 두 번째는 지방 전쟁(백년전쟁)과 대유행병(흑사병)에 의한 피해이며, 세

---

13 モーリス・キーン, 橋本八男譯, 《ヨーロッパ中世史》, 藝立出版, 1978.

번째는 생산과 교환의 기술 혁명이다.

상업은 자유 경쟁과 모험적인 사업의 시대에서 통제 경제의 시대로 들어선다. 정부, 도시 동맹(한자 동맹), 직인 조합(직능 길드) 등에 의해 생산과 교환이 통제된 것이다.

이 중세 후기를 관통하며 지속된 것은 '백년전쟁'이다. 백년전쟁은 1337년부터 1453년까지 국지적으로 지루하게 이어졌다. 결국 이 긴 전쟁을 통해 프랑스와 잉글랜드는 각각의 국민국가를 형성했다고 할 수 있다. 전쟁 초기만 해도 프랑스, 잉글랜드는 통일국가라기보다는 제후의 연합에 의해 지탱되었던 국가였다.

백년전쟁의 계기가 된 것은, 잉글랜드의 에드워드 3세가 프랑스가 소유하고 있는 가스코뉴에 대한 프랑스의 개입에 반대한 일, 그리고 프랑스 왕위의 계승권을 청구한 일이었다.

가스코뉴는 엘레오노르의 영지로, 그녀가 헨리 2세와 결혼함으로써 잉글랜드의 영지가 되었다. 그러나 프랑스는 가스코뉴가 프랑스 왕의 지배하에 있다며 재판권을 주장했다.

프랑스에서는 필리프 4세의 아들들이 죽고 카페 왕조가 끊기자 후계자 다툼이 일어났다. 발루아 백작 필리프(필리프 4세 남동생의 아들)가 후보였는데, 필리프 4세의 딸 이자벨의 아들인 에드워드 3세가 자신에게도 권리가 있다고 주장했다.

그러나 이것은 나중의 일이고, 후계자를 선택한 1328년에 에드워드는 아직 성년에 이르지 않아 모티머가 섭정을 하고 있었기 때문에 필리프 6세가 프랑스 왕이 되었다. 얼마 안 있어 성인이 된 에드워드는 잉글랜드 왕으로서 친정을 할 수 있게 되었고, 1327년에 가스코뉴 문제가 일어나자 자신이야말로 프랑스의 왕위 계승자라고 주장했던 것이다. 이리하여 가스코뉴를 둘러싼 분쟁은 결국 양국의 전면 전쟁으로 이어지고 말았다.

어느 쪽이나 자신만으로는 싸울 힘을 갖고 있지 않았으므로 누군가와 연합하지 않으면 안 되었다. 잉글랜드는 플랑드르의 강Gand 등의 도시를 자기편으로 끌어들였다. 플랑드르의 직물은 잉글랜드의 양모에 의존하고 있었기 때문이다. 브르타뉴, 노르망디도 잉글랜드 쪽에 붙었다.

에드워드 3세는 프랑스를 침입했다. 처음에는 옥신각신 작은 전투가 계속되었는데, 1346년 에드워드 3세는 대군을 이끌고 노르망디에 상륙하여 플랑드르로 향했고 크레시에서 프랑스군과 싸웠다. 잉글랜드의 장궁(長弓) 부대가 프랑스 기병대를 무찌르고 대승했다. 그러나 에드워드 3세는 더 이상 자금을 동원할 수 없게 되어 휴전을 할 수밖에 없었다.

프랑스에서는 1350년 필리프 6세가 죽고 장 2세가 왕이 되었다. 1356년 전력을 회복한 잉글랜드는 에드워드 3세의 장남 에드워드가 군대를 이끌고 프랑스에 나타났다. 흑태자Black Prince라 불렸던 에드워드는 푸아티에에서 프랑스군을 무찌르고 장 2세를 포로로 잡았다. 장 2세는 런던에 유폐되어 1364년에 죽었고, 프랑스에서는 샤를 5세가 즉위했다.

1359년 잉글랜드군은 세 번째로 프랑스를 침입했다. 전쟁이 이어지는 유럽에서는 이 무렵 무사집단이 결성되었다. 강력한 우두머리가 퇴역한 병사나 무뢰배를 모아 이끌었는데 주인이 없었다. 약탈을 하는 용병단이었으며 강도단에 가까운 경우도 있었다. 프리 컴퍼니Free company, 즉 '자유중대' 또는 그냥 '컴퍼니'라 불렀다. 산적 같은 무리라고 해도 좋을 것이다.

너무나도 무정부적인 상태여서 파리 상인 길드의 유력자인 에티엔 마르셀이 개혁운동을 일으켰으나 진압되었다. 지방에서는 자크(농민) 등에 의해 자크리의 난(농민반란)이 발생했다. 그런 혼란의 와중에서 잉글랜드와 프랑스는 1360년 화약(和約)을 맺었다. 브레티니-칼레 조약이 조인되어 칼레는 잉글랜드령이 되었다. 프랑스에 상당히 불리한 조약이었다.

샤를 5세는 꽤 유능하여 프랑스의 국력을 회복했다. 그는 세 명의 동생들(앙주 공작 루이, 베리 공작 장, 부르고뉴 공작 필리프)에게 각각의 지방을 다스리게 했다.

그러나 1369년 전쟁이 다시 시작되었다. 샤를은 푸아티에 등을 되찾고 반격에 나섰다. 1377년 잉글랜드에서는 에드워드 3세가 죽고 리처드 2세가 즉위했다. 프랑스에서는 1380년 샤를 5세가 죽고 샤를 6세가 즉위했다.

이 무렵부터 도시에서 귀족과 빈민의 계급투쟁이 격화한다. 피렌체의 치옴피Ciompi의 난(1378~1382), 강Gand의 필리프 판 아르테벨더의 난, 잉글랜드의 와트 테일러의 농민반란 등이 일어난 것이다. 이렇게 국내의 소요사태가 일어나고 있었으므로 1380년부터 1415년까지 백년전쟁은 중간 휴전기에 들어갔다.

영국에서는 리처드 2세가 폐위되고 랭커스터 공작 헨리 4세가 즉위했다. 그리고 그의 아들 헨리 5세 때 가까스로 국내를 통합하여 프랑스와의 전쟁을 다시 시작했다.

프랑스의 샤를 6세는 자주 광기에 사로잡혔다. 왕정은 세 명의 숙부가 장악하고 있었다. 앙주 공작 루이는 1384년에 죽었다. 샤를 6세는 숙부들을 멀리하고 동생 루이(1392년 오를레앙 공작이 된다)와 둘이서 친정을 하기로 했다. 얼마 안 있어 루이 도를레앙과 숙부 필리프 드 부르고뉴의 세력 다툼이 벌어졌다. 그러나 1404년 필리프가 죽고 그의 아들 장이 이어받았다. '생풀'(두려움을 모르는)이라고 불린 장은 루이와 격렬하게 대립했고, 1407년 끝내 루이를 암살했다.

샤를이 새롭게 오를레앙 공작이 되어 아르마냐크 백작의 딸 본느와 결혼함으로써 아르마냐크파를 형성하여 부르고뉴파에 대항했다. 왕비 이자보 드 바이에른을 비롯하여 샤를 6세의 주변에는 아르마냐크파가 우세했다. 그 때문에 부르고뉴 공작 장은 영국의 헨리 4세와 손을 잡았다.

1412년 헨리 4세는 차남 클라렌스 공작 토머스를 셰르부르에 상륙시켰다. 잉글랜드군은 앙주, 블루아를 점령하고 오를레앙으로 다가갔다. 한편 부르고뉴 공작 장은 파리의 아르마냐크파를 학살했으나 반격을 받고 퇴각했다.

1413년 헨리 4세가 죽고 헨리 5세가 즉위했다. 1415년 헨리 5세는 다시 대군을 이끌고 프랑스를 침략했다. 그리고 아쟁쿠르 전투에서 아르마냐크파를 중심으로 한 프랑스군에 대승을 거두었다.

1417년 헨리 5세는 두 번에 걸쳐 프랑스를 침략했다. 프랑스는 왕태자 샤를(샤를 6세의 아들, 나중에 샤를 7세가 된다)을 중심으로 한 아르마냐크파와, 왕비 이자보와 연합한 부르고뉴 공작 장이 대립했고 왕태자 측이 장을 암살했다. 필리프 르 본(필리프 선량왕)이 부르고뉴를 물려받고 헨리 5세에게 다가갔다. 그리고 1420년 트루아 조약이 체결되었다.

그것은 샤를 6세가 딸 카트린을 헨리 5세에게 시집보내고, 헨리 5세가 다음 프랑스 왕을 계승한다는 내용이었다. 그것에 대해 왕태자 샤를은 맹렬하게 반격했다.

1422년 헨리 5세와 샤를 6세가 잇따라 세상을 떠났다. 그리고 헨리 5세와 카트린 사이에서 태어난 갓난아기가 헨리 6세로서 잉글랜드와 프랑스 양국의 왕이 되었다. 한편 왕태자 샤를도 샤를 7세로서 프랑스 왕이라고 칭했으므로 두 사람의 프랑스 왕이 있게 되었다. 두 사람의 프랑스 왕 사이의 싸움이 시작되었다. 부르고뉴 공작은 이긴 쪽에 붙으려고 양자 사이에서 모호한 태도를 취했다.

영국군은 루아르 강으로 다가갔다. 그리고 1428년 오를레앙을 포위했다. 이때 기적의 소녀 잔 다르크가 나타났다. 복잡한 양국의 세력 판도를 장황하게 이야기한 것도 잔 다르크가 출현하는 배경을 알기 위해서였다. 잔 다르크를 스캔들의 역사에 등장시키는 것은 기묘하게 보일지도 모른다. 확실히 프랑스를 해방시키려고 한 그녀의 행위는 스캔들이 아닐지도 모른다. 그러나 그런 그녀를 붙잡아 재판에 넘기고 처형해버린 일은 틀림없는 스캔들이다.

잔 다르크는 프랑스 동쪽 변방 로렌의 동레미에서 태어났다. 1412년이라고 한다.[14] 소녀는 열세 살 때 하느님의 음성을 들었다고 한다.

---

14 レジーヌ・ペルヌー, 高山一彦譯,《ジャンヌ・ダルクの實像》, 白水社文庫クセジュ, 1995.

1428년 영국군은 오를레앙을 포위하기 시작했다. 잔 다르크는 보쿨뢰르의 수비대로 찾아가 자신을 프랑스로 데려가 달라, 그곳에서 왕태자에게 대관식을 열어드리고 싶다고 말했다.

하느님의 계시라는 열일곱 살 소녀의 이야기가 웬일인지 믿어졌고, 여섯 명의 병사가 호위하는 가운데 말을 타고 왕태자가 있는 시농 성으로 향했다. 11일간의 여행이었다. 시농은 오를레앙보다 약간 하류 쪽에 있다. 그러자 신기하게도 소문이 돌았다. '소녀'가 오를레앙을 해방하고 랭스에서 왕세자의 대관식을 열어주기 위해 찾아온다는 것이었다. 그런 소문이 곧 포위된 오를레앙에도 전해지는 것, 그리고 그 소문이 강력한 영향력을 갖는 것이 이 시대의 특징이다.

왕태자 샤를은 시농에서 잔 다르크를 만났고, 그녀를 푸아티에로 데려가 신학자들에게 조사하도록 했다. 잔 다르크가 처녀인지 아닌지도 검사했다고 한다. 그 조사에 합격하고 곧바로 그녀에게 맞는 갑옷과 투구, 깃발이 제작되었다. 그리고 전투 지휘관 중의 한 사람으로 임명되어 오를레앙으로 향했다. 공격도 받지 않고 포위군 앞을 지나 입성했고, 오를레앙의 수비대가 반격으로 전환함으로써 곧 오를레앙은 해방되었다. 그리고 그녀는 곧바로 왕태자를 랭스로 데려가 대관식을 거행하여 샤를 7세를 프랑스 유일의 정통 왕으로 만들었다. 1429년 7월 17일의 일이다.

잔 다르크는 전투를 계속했다. 파리 북동쪽 콩피에뉴에서 잉글랜드 · 부르고뉴 연합군과 충돌했고 1430년 5월 23일 콩피에뉴 성문 밖에서 고립되어 붙잡히고 말았다.

잔 다르크가 붙잡혔다는 뉴스는 프랑스 전역으로 퍼져나갔다. 파리

잔 다르크(1412~1431)는 콩피에뉴 전투에서 포로가 되었고
종교재판에서 이단자로 단죄되어 화형에 처해졌다.

대학의 신학자와 법학자들이 그녀의 신병을 인도해달라고 요구했다. 이단 재판에 회부하고 싶다는 것이었다. 템플 기사단 사건 이후 대학은 권력자에게 불리한 자를 이단이나 스캔들로써 유죄로 만들어 도왔던 것 같다. 파리 대학은 잉글랜드 국왕에 의한 잉글랜드·프랑스 이원국가가 어떻게 합법적이고 옳은 것인가를 주장해왔다. 잔 다르크가 샤를 7세를 유일한 프랑스 왕으로 만든 것은 파리 대학의 권위에 상처를 입히는 일이었다. 그들은 잔 다르크가 마녀라고 했다.

잉글랜드·부르고뉴파가 잔 다르크를 매도하는 것은 당연했는지도 모른다. 신기한 것은 잔 다르크의 후원으로 왕위에 오른 샤를 7세 측이 그녀를 구하려는 노력을 전혀 하지 않았다는 점이다. 의심이 많고 질투심이 많다는 샤를은 잔 다르크의 인기를 시기했는지도 모른다. 그녀를 죽게 내버려두었던 것이다.

잉글랜드는 부르고뉴에 몸값을 지불하고 잔 다르크를 사들였다. 루앙에서 그녀는 재판에 회부되었다. 그것은 전투에서의 포로 재판이 아니라 이단 재판이었고, 파리 대학이 책임을 지고 관리했다. 그리고 이단 재판이란 정치에 의한 재판이었다.

그러나 시점을 바꿔보면 묻고 답할 필요도 없이 처형되는 것이 아니라 어쨌든 합법적인 재판이라는 형식을 취하지 않으면 안 되는 시대가 되었다고도 할 수 있다. 이 정도로 대규모 재판이 이루어지고 그것에 대한 상세한 기록이 남아 있기 때문에 우리는 잔 다르크가 살았던 날들을 마치 현재처럼 느낄 수 있다.

이미 말한 것처럼 잔 다르크의 재판을 지휘한 것은 파리 대학의 교수들이었다. 그들은 잉글랜드·부르고뉴파의 앞잡이로서 어떻게 해서든지 잔 다르크를 유죄로 만들지 않으면 안 되었다. 이미 1807년 부르고뉴 공작 장이 루이 도를레앙을 암살했을 때, 그들은 그것이 법적으로 정당했다고 변호했다.

프랑스의 역사가 시작된 이래 처음으로 지식인이 정치적 암살을 칭찬한 일이었다. 게다가 그들의 주장은 너무나도 많은 지지자를 얻었다.[15]

지식인들은 여론을 선동한다. "정체를 알 수 없는 '여론'이라는 이 힘은 점점 세력을 강화하여 형태나 얼굴이 없는데도 도처에서 '반란이나 논쟁이나 동란이나 전투'를 불러일으킬 수 있다"[16] '여론'이 바람처럼 부는 시대가 되었다. 그리고 부르고뉴 공작은 '여론'을 교묘하게 조종했다. 또 한편으로는 대학인을 이용하여 파리 식육업자의 우두머리와 그의 부하들에게 소동을 일으키게 했다.

잔 다르크도 '여론'의 후원으로 부상한 소녀였는데 이번에는 '여론'에 의해 침몰하려 하고 있었다.

소문을 근거로 잔 다르크를 고발하는 일이 일어났다. 마녀가 사용하는 만다라화[17]를 갖고 있을 거라고 물었다. 그녀는 부정했다. 어떻게든 그녀를 마술과 결부시키려고 했다. 그리고 파리 대학의 교수들은 그녀가 남장을 한 것도 물고 늘어졌다. 위험한 지역을 여행하고 남자들 사이에서 싸워야 하기 때문에 그녀는 남자 옷을 입었다. 그러나 여자가 남장을 하는 것은 이단이지 않은가. 남장은 나쁜 품행이고 가증스러운 일인 것이다.

이 재판을 주재한 사람은 보베 주교다. 그는 전에 파리 대학 학장이

었던 피에르 코숑이다. 잉글랜드·부르고뉴파의 충실한 앞잡이인 그
는 만다라화나 남장을 한 이유로 잔 다르크를 심문했다. 그러나 그것
만으로는 결정적인 유죄의 증거가 되지는 못했다. 결국 그녀가 지상
교회에 대한 복종을 깨버렸다고 하여 유죄 판결이 내려졌다.

　신의 계시는 어디까지나 지상 교회를 통해 전해져야 한다. 일반인
이 직접 하느님이나 천사와 교감한다면 교회 같은 건 필요하지 않게
될 것이다.

　유죄 판결을 받은 잔 다르크는, 일단 반성을 맹세하면 빵과 물만 주
고 영원히 감옥에 가두는 형에 처해졌다고 한다. 그러나 감옥으로 돌
아온 그녀는 맹세를 깨고 다시 남장을 했다. 그것을 '이단으로의 복귀'
라고 하여 1431년 5월 30일 화형에 처했다. 화형대에는 다음과 같은
게시문이 적혀 있었다.

　통칭 소녀, 즉 잔, 거짓말쟁이, 위험한 인물, 대중을 현혹하는 자, 가짜 예
언자, 미신 신봉자, 신을 모독하는 자, 나르시시스트, 예수 그리스도의 신
앙을 그르친 자, 허풍선이, 우상 숭배자, 잔학한 자, 방탕한 자, 악마 기도
자(祈禱者), 배교자, 분파주의자 및 이단자.[18]

잔 다르크를 처형한 후 헨리 6세는 파리의 노트르담 성당에서 대관

15　レジーヌ・ペルヌー, マリ゠ヴェロニック・クラン, 福本直之譯,《ジャンヌ・ダルク》, 東京書籍, 1992.
16　レジーヌ・ペルヌー, マリ゠ヴェロニック・クラン, 같은 책.
17　흰독말풀. 마법 집회로 알려진 것은 사실 환각제를 즐기는 모임이었을 것이라고 추측된다. 만다라화
등 환각을 일으킬 수 있는 성분의 연고를 바르고 나서 잠을 잔 뒤 서로 환각 체험에 대해 이야기를 나누
는 모임이 마녀 집회로 알려지면서 만다라화도 마녀의 징표가 되었다―옮긴이.
18　レジーヌ・ペルヌー, 高山一彦譯,《ジャンヌ・ダルクの實像》, 白水社文庫クセジュ, 1995.

식을 거행했다. 그러나 잉글랜드 측은 열세로 기울고 있었다. 부르고뉴 공작은 잉글랜드를 배반하고 프랑스 측에 붙으려 하고 있었다.

1437년 샤를 7세는 파리에 입성했다. 그리고 가짜 잔 다르크가 나타났다는 소문이 돌았다. 샤를 7세는 정부(情婦) 아녜스 소렐에게 보테 쉬르 마른이라는 호화로운 성관을 선물했다. 완전히 여유가 생겼던 것이다.

1453년 프랑스는 보르도를 해방하고 백년전쟁은 끝났다. 잉글랜드는 유럽 대륙의 영토 대부분을 잃었다. 그리고 헨리 6세는 발광했고, 국내에 내란이 일어나 대륙으로 진출하겠다는 야심은 단념했다.

1450년 샤를 7세는 잔 다르크 재판의 재심을 명했다. 그리고 1456년 잔 다르크 재판은 파기되었고 그녀의 명예는 회복되었다.

여론, 소문, 중상 등을 이용한 정치 재판이 한 소녀를 피의 축제에 올려놓았다. 잔 다르크 재판은 중세의 종말을 그로테스크하게 물들인 스캔들이었다.

리처드 3세의 악명

백년전쟁이 끝나고 잉글랜드군은 본국으로 철수했다. 잉글랜드는 랭카스터 가와 요크 가로 분열되었고 30년 동안이나 내란을 계속했다. 각각 빨간 장미와 하얀 장미를 마크로 했기 때문에 장미전쟁(1455~1485)이라 불렸다.

에드워드 3세의 삼남 존 오브 곤트가 랭카스터 가의 선조로, 헨리 4세, 헨리 5세, 헨리 6세로 이어졌다.

차남 라이오넬(클라렌스 공작)과 사남 에드먼드(요크 공작)의 계통이 요크 가다. 헨리 6세가 백년전쟁에서 패배하여 대륙의 영토를 잃자 요크 공작 리처드가 반란을 일으켜 1461년 그의 아들 에드워드 4세를 왕위에 앉혔다. 그러나 랭카스터 가가 반격을 개시했고 1470년 헨리 6세가 왕위에 복귀했다. 하지만 1471년에는 요크파가 승리하여 에드워드 4세가 다시 즉위했다. 그러나 에드워드 4세의 치세도 평안하지는 않았다. 동생 클라렌스 공작 조지가 왕위를 노렸던 것이다. 조지는 1478년 런던탑에 투옥되었다가 비밀리에 처형되었다.

에드워드는 상당한 미남인 데다 대장부였다고 하는데, 쾌락적인 생활을 보냈고 많은 정부를 거느렸다. 1483년에 급사한 것도 그 탓이라고 한다. 그때 나이 마흔이었다. 장남 에드워드 5세와 차남 리처드가 아직 어릴 때였다. 에드워드 4세는 동생 조지에게 배신당하고 나서 막내 동생 리처드를 신뢰하여 아이들의 후견을 맡길 생각이었다.

그러나 리처드는 에드워드 4세가 죽은 후 표변하여 왕위를 찬탈하고 만다. 에드워드 4세와 왕비 엘리자베스의 결혼이 정상적인 것이 아니었음을 의회가 인정하도록 함으로써 두 왕자의 왕위 계승권을 무효로 만들고 자신이야말로 정당한 계승자라고 하며 리처드 3세가 되었다.

더군다나 교활하게도 두 명의 어린 왕자를 런던탑에서 죽여버렸다. 리처드 3세는 자신의 적을 차례차례 죽이고 유아까지도 죽인 악의 화신으로 알려져 있다. 셰익스피어의 《리처드 3세》에는 그런 사악한 왕의 참극이 훌륭하게 그려져 있다.

그러나 리처드 3세의 왕위도 오래가지는 못했다. 곧바로 반란이 일어난 것이다. 그 중심은 리치몬드 백작 헨리 튜더였다. 그는 랭카스터 가의 피를 이어받고 있었다. 그리고 요크 가의 엘리자베스(에드워드 4세의 딸)와 결혼하여 분열되어 있던 양가를 결합했다.

1485년 헨리 튜더는 잉글랜드에 상륙하여 보즈워스 필드에서 리처드 3세의 군대를 무찔렀다. 리처드의 측근이 차례로 배반했기 때문에 왕은 고립된 채 전사하고 말았다. "말을 줘, 말을! 그 대신 국왕을 줄게!"라고 절규하며 쓰러지는, 셰익스피어의 《리처드 3세》의 마지막 장면은 너무나도 유명하다.

하지만 리처드 3세는 정말 그렇게 나쁜 사람이었을까? 어린 왕자를 정말 죽인 것일까? 조세핀 테이Josephine Tey, 1896~1952의 역사 미스터리《시간의 딸The Daughter of Time》[19]은 악마 같은 괴물로 여겨지는 리처드 3세의 수수께끼에 도전한 작품이다. 이 책에서는 리처드 3세의 악명은 대부분 날조된 것으로 밝혀진다.

우선 리처드 3세가 못생겼고 꼽추였으며 태어났을 때 이가 나 있었고 머리가 길었다는 이야기는 전혀 근거가 없다. 셰익스피어의《리처드 3세》에서는 형 에드워드 4세가 미남이라는 것에 열등감을 갖고 있는 것처럼 그려져 있지만, 그것은 후세 연대기자(年代記者)의 자료에 의한 것이다.

리처드 3세의 죽음으로 플랜태저넷 왕조가 끝나고 헨리 7세의 튜더 왕조가 시작되었다. 리처드의 치세는 너무 짧아 자신의 연대기자를 갖지 못했다. 리처드 3세에 대한 사료는 투더 왕조의 어용(御用) 연대기자에 의한 것이고, 헨리 7세를 정당화하기 위해 리처드 3세를 극악무도한 괴물로 만들어낸 것이다.

리처드 3세는 역사와 스캔들의 장난에 희생된 전형적인 예다. 악명이 거짓말 사이로 환영처럼 부상한다. 리처드 3세가 유아를 살해한 악이라는 이야기는 상식처럼 누구나 알고 있다. 그러나 그것은 역사적 사실이라기보다는 역사의 거품이고 환영인 것이다.

조세핀 테이의 추리는 재미있다. 리처드 3세는 정말 두 왕자를 죽인 것일까? 직접적인 증거는 없다. 소문이 있을 뿐이다. 그렇다면 죽여야 할 이유가 있었을까? 리처드는 에드워드 4세와 엘리자베스의 결혼이

---

19 조세핀 테이, 문용 옮김,《진리는 시간의 딸》, 동서문화사, 2003.

무효라고 주장했다. 무효라면 정통의 왕자가 아니므로 왕위 계승권은 없다. 그렇다면 왕자들을 죽이지 않아도 리처드는 왕이 될 권리를 갖게 된다. 그렇다면 리처드를 무너뜨리고 왕이 된 헨리 7세는 어떨까? 만약 두 왕자가 살아 있었다면 그들이 왕위 계승자일 것이므로 헨리는 왕이 될 수 없었을 것이다. 헨리야말로 왕자를 없앨 이유가 있었다.

튜더 왕조는 리처드 3세의 왜곡된 상을 만들어냈다. 역시 후세가 되자 리처드 3세를 다시 보자는 움직임이 일어난다.

영국에는 리처드 3세 복권협회 같은 단체가 있는 모양이다. 요즘에는 리처드 3세가 꼽추였다는 것은 날조된 이야기임이 밝혀졌다. 하지만 어린 왕자들을 죽였는가 하는 수수께끼는 아직도 남아 있다.

해먼드P. W. Hammond와 서튼Anne F. Sutton의 《리처드 3세 – 보즈워스 필드로 가는 길Richard III: The Road to Bosworth Field》(1986)에서는 리처드가 어린 왕자들을 죽이지 않았다고 주장한다. 그에 비해 앨리슨 위어Alison Weir의 《탑의 왕자들The Princes in the Tower》(1992)은 런던탑에서 발견된 아이의 뼈가 두 왕자의 것이라고 상상하면서, 만일 그들이 죽임을 당했다면 그 죽음의 책임은 역시 리처드 3세 이외에는 없을 거라고 말하고 있다.

아무래도 '리처드 3세' 문제는 아직 말끔히 정리되지 않은 것 같다. 무엇보다 직접적인 증거가 없다. 조세핀 테이의 《시간의 딸》에도 나오는 것처럼, 리처드가 죽은 후 의회에서 그의 갖가지 악행을 들어 공권을 박탈하는 법안이 통과되었다. 하지만 어쩐 일인지 거기서는 왕자를 살해했다는 이야기가 나오지 않는다.

온 나라에 왕자들이 행방불명되었다는 추문이 자자했을 것이다. 아주 최

근의 추문이다. 그리고 리처드의 적들은 도덕이나 국가에 대한 그의 반역
죄 등 추상적인 죄명을 죄다 긁어모았지만, 리처드가 저지른 가장 화려하
게 나쁜 짓에는 넣지도 않은 것이다.[20]

　왜일까? 헨리 7세 측에 그것을 언급하고 싶지 않은 사정이라도 있
었던 것일까? 이리하여 공식적으로는 왕자 살해에 대해서는 아무런
조사도 하지 않은 채 유야무야되었다. 그것은 추문으로만 퍼져나갔고,
얼마 안 있어 리처드 3세의 이미지로서 고정화되었다.

　무슨 일이 있었던 것일까? 역사의 결론은 아직 나오지 않았다. 그래
도 아직 논의가 계속되고 있다. '리처드 3세'의 문제는 상상력을 자극
한다. 왜냐하면 그것은 역사적 사실과 스캔들 틈새에 있기 때문이다.
역사의 희미한 안개 너머로 보이는 것에 우리는 매료당한다.

20　小泉喜美子譯, 《時の娘》, ハヤカワ・ミステリ文庫, 1977.

The Age

르네상스

개성적인 인간들

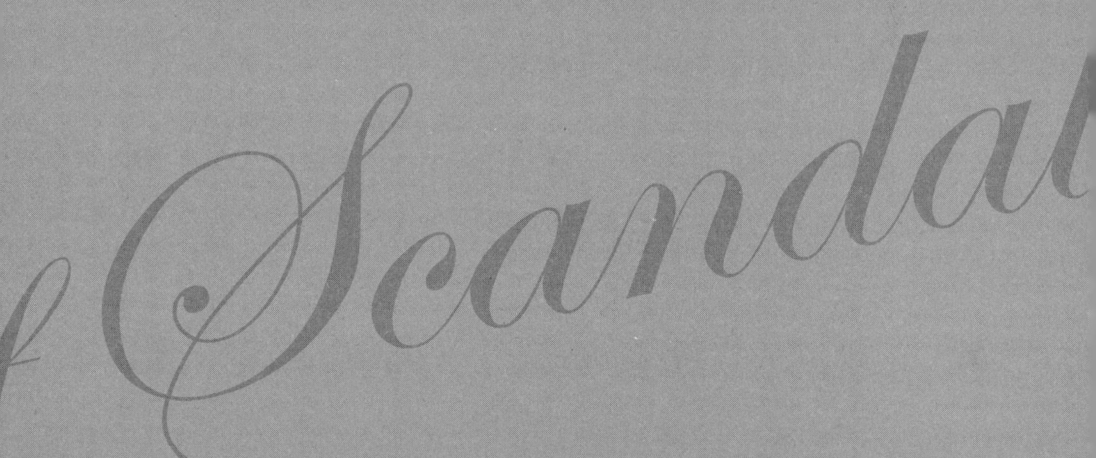

1429년	'파렴치자법' 성립
1509년	영국, 헨리 8세 즉위
1517년	루터 〈95개조 의견서〉 발표
1558년	영국, 엘리자베스 1세 즉위
1562년	프랑스, 위그노전쟁(~1589)
1588년	영국 함대가 스페인 무적함대에 승리
1599년	카라바조, 〈유디트와 홀로페르네스〉(Judith Beheading Holofernes)
1600년	조르다노 브루노의 처형
1642년	영국, 청교도혁명
1643년	프랑스, 루이 14세 즉위
1680년	프랑스, 라 부아잔 처형
1688년	영국, 명예혁명(~1689)

르네상스와 유마니즘

르네상스는 죽은 자의 부활을 의미한다. 15세기 이탈리아에서는 정신적, 문화적인 혁명을 의미했다. 그것은 중세와의 결별, 고대로의 복귀에서 시작되었으며 그 특징은 독자성이었다.

재산을 추구하고 믿는 것. 예술적, 종교적 개인주의. 민족주의. 학문적 호기심. 원전으로 거슬러 올라가는 것을 중시하고 나중에 덧붙여진 주해를 배제하는 것. 사치를 좋아하고 호색적인 것, 즉 살아가는 것을 사랑하는 것. 그것들 모두는 단 하나, 자유를 사랑하는 정신의 다양한 표현이다. 재산과 지식은 우선 칼뱅이 말하는 신의 은총으로서 특정한 사람에게 독립을, 즉 행복을 내려준다.[1]

돈을 벌고 생활을 즐기며 예술이나 학문에 관심을 갖는 것이라는 개인주의가 새로운 시대를 출현시킨 것이다.

---

1 ポール・フォール, 赤井彰譯, 《改譯 ルネサンス》, 白水社文庫クセジュ, 1986.

르네상스는 15세기 이탈리아에서 꽃을 피웠다. 그러나 그 후 수세기에 걸쳐 천천히 변화하며 번져갔는데, 그 현상은 이탈리아뿐만 아니라 유럽 전역에서 일어났다. 그러므로 '르네상스'라는 용어는 상당히 널리, 그리고 일반적으로 사용되어 모호해졌다. 시대구분으로서의 '르네상스'는 쓰지 않는 게 낫다는 주장도 있다.

> 오히려 이 용어 자체를 역사학의 술어에서 제외해버리는 것이 나은 것 같기도 하다. 굳이 사용한다면 14세기에서 17세기에 걸친 서구문명의 한 시기를 통칭하는 무색의 술어로 쓰는 게 좋을 것 같다.[2]

디킨스는 '르네상스' 대신 '유마니즘'이라는 말로 시대를 구분했다. 인간중심주의, 개인주의의 시대라고 하는 편이 명확하다고 말할 수 있을 것이다. 그리고 개인이 두드러지는 시대야말로 스캔들에는 가장 좋은 무대가 된다. 인간이 주인공이 된 것이다. 그들은 꽃으로 자신의 명성을 장식하고 악명으로 화려하게 전락해간다.

이 책은 '르네상스'에서 15, 16, 17세기를 다룰 것이다. 거기서는 개성이 아주 풍부한 캐릭터가 등장한다. 그들의 너무나도 인간적인 희비극에 시선을 빼앗기지 않을 수가 없다. 거기서는 악명조차 매력적이다.

르네상스 연구의 고전인 야코프 부르크하르트Jacob Burckhardt, 1818~1897의 《이탈리아 르네상스의 문화》[3]에는 '근대적 명성'이라는 장이 있다. "지금까지 그려온 개인의 발전에는 외부에 대한 일종의 새로운 효력, 즉 근대적 명성이 대응한다."[4]

중세에는 명성이 각 계급 안에 제한되어 있었다. 그러나 이탈리아에서는 모든 신분에 공통되는 '명성'이 요구되었다. 그 선구자가 단테로, 그는 시인의 계관을 요구했다. 그 분야의 제1인자이고자 했다. 그때까지 영웅이나 성자에게만 주어지던 찬미를 시인이 요구하고 나선 것이다.

영웅이나 성자뿐만 아니라 다양한 분야에서 유명인이 등장했다. 그리고 마치 성지라도 되는 것처럼 유명인의 생가나 묘는 사람들이 방문하는 장소가 되었다. 이탈리아의 각 도시는 유명인의 유골 소유를 명예로 여기게 되었다. 유명인이 자기 동네 출신이라는 것을 자랑스럽게 생각한 것이다. 예컨대 나폴리는 베르길리우스의 묘가 있다고 주장했다. 그래서 유명인(명사) 열전 같은 것이 정리되었다. 처음에 그것은 《플루타르크 영웅전》을 모방하여 고대 사람들을 중심으로 했지만, 얼마 지나지 않아 당대의 유명인을 다루게 되었다.

이러한 '근대적 명성'의 출현은 그 명성을 공격하여 떨어뜨리는 '악명'의 스캔들과 표리일체를 이룬다. 부르크하르트는 '근대적인 조소와 기지'라는 장에서 그것을 언급하고 있다.

명성 및 근대적 명성 욕구뿐만 아니라 고도로 발달한 개인주의 일반을 조정하는 것은 근대적인 조소와 모멸이며, 경우에 따라서는 기지라는 무적의 형태를 취하는 일도 있다.[5]

2 A·G·ディキンズ, 橋本八男譯, 《ヨ−ロッパ近世史 ─ ユマニスムと宗敎改革の時代》, 藝立出版, 1979.
3 ヤ−コプ·ブルクハイト, 柴田治三郎譯, 《イタリア·ルネサンスの文化》, 中公文庫, 1974(야코프 부르크하르트, 이기숙 옮김, 《이탈리아 르네상스의 문화》, 한길사, 2003).
4 ヤ−コプ·ブルクハイト, 같은 책.

중세에도 조소나 기지에 의한 공격은 있었지만, 그것이 일반적이 되려면 조소의 대상이 되는 개인이 뚜렷하게 존재해야 한다. 공격 대상이 되는 유명인이 없으면 재미가 없기 때문이다.

피렌체에서는 유명인과 그것에 대한 욕설의 자유가 존재했다. 그러므로 욕설의 예술이 발달했다.

실제로 그 이후의 세계에서 이탈리아는 볼테르 시대의 프랑스에서도 유례를 찾아보기 힘들 정도의 욕설 학교가 되고 말았다. (……)

이미 말한 것처럼 명성의 시장인 피렌체는 이 점에서 다른 어떤 도시보다 한 시대 앞서 있었다. '날카로운 눈과 심술궂은 혀'가 피렌체 사람의 특징인 것이다.[6]

부르크하르트가 '근대 최대의 독설가'라고 한 사람은 피에트로 아레티노Pietro Aretino, 1492~1556였다. 그는 만년의 30년간(1527~1556)을 베네치아에 피난해 있었다.

이곳 베네치아에서 이 사람은 전(全) 이탈리아의 저명인사를 일종의 포위 상태에 두고 있었다. 그리고 이 사람의 붓을 필요로 하거나 그것을 두려워한 외부 군주들의 선물이 이곳으로 흘러들어왔다. 독일 황제 카를 5세와 프랑스 왕 프랑수아 1세가 동시에 이 사람에게 연금을 주었던 것이다. 두 사람 다 아레티노가 상대에게 짓궂은 말을 해주길 기대했기 때문이다.[7]

아레티노는 오늘날의 가십 작가의 선구자였다고 할 수 있다. 그의 묘비명은 다음과 같은 것이었다고 한다.

여기에 토스카나의 시인 아레티노 잠들다.

그리스도 이외의 모든 것에 욕설을 퍼부었다.

욕설을 하려고 해도 그리스도를 알지 못했다.

피렌체를 선두로 르네상스의 이탈리아는 욕설의 학교가 되고 스캔
들의 시장이 되었다.

---

5 ヤーコプ・ブルクハイト, 같은 책.

6 ヤーコプ・ブルクハイト, 같은 책.

7 ヤーコプ・ブルクハイト, 같은 책.

메디치 가의 성쇠

르네상스의 피렌체를 지배한 것은 메디치 가였다. 그들은 대귀족은 아니었지만 금융업으로 성장하여 신흥 세력이 된 가문이다. 15세기 초 리날도 알비치가 이끄는 귀족파와 코시모 데 메디치Cosimo di Giovanni de' Medici, 1389~1464가 이끄는 부유 상인파의 대립이 심해졌다. 1429년 알비치는 법을 감시하는 8인 위원회를 만들어 '파렴치자법'을 통과시켰다. 이 법은 스캔들을 일으켰다고 간주되는 자를 국외로 추방하고 공직에서 추방할 수 있도록 하는 것이었다. 그리하여 알비치는 스캔들을 날조하여 정적을 차례로 추방했다. 스캔들이 정치적 무기로 쓰이게 된 것이다.

알비치는 코시모 데 메디치에 대한 나쁜 소문을 흘리고 국가에 대한 반역을 꾀했다는 혐의로 그를 체포했다. 코시모 데 메디치는 가까스로 위기에서 벗어나 베네치아로 망명했다. 그러나 리날도 알비치는 곧 실각하고 알비치 가는 추방되었다. 1434년 코시모 데 메디치는 피렌체로 돌아왔고, 메디치 가의 지배가 시작되었다.

코시모는 무척 현명한 사람이었다. 피렌체에서는 독재자로 보이면

추방되고 만다는 것을 알고 있었으므로 그는 자신을 겉으로 드러내지 않고 지배했던 것이다.

왕관을 머리에 쓰지 않았지만 코시모 데 메디치는 말 그대로 왕이나 다름 없었다. 제도나 기구를 뒤집어엎는 모습도 보여주지 않으면서 앞 세대의 과두정치 방식을 계승하고 완성하면서 실질적으로 공화국을 군주국으로 전환시켜나갔던 것이다.[8]

코시모는 자신을 추방한 그 스캔들 법(파렴치자법)을 완전히 역이용하여 이번에는 반대파를 추방해버렸다. 그는 비밀정보부를 교묘하게 이용하여 가십이나 스캔들을 수집하여 정적을 꼼짝 못하게 했다.

또 자기 가문 사람을 유력자들과 혼인하게 함으로써 전 유럽에 규벌(閨閥)을 확장해나갔다.

한편 학문과 예술에 대한 그의 보호로 피렌체 문화가 꽃피었다.

1464년 코시모가 죽었을 때 피렌체는 그에게 '조국의 아버지'라는 칭호를 부여했다. 권력은 그의 아들 피에로 데 메디치가 물려받았다. 그는 코시모만큼의 정치가는 아니었고, 병약하여 1469년에 삶을 마감했다.

권력은 다시 피에의 아들 로렌초 데 메디치Lorenzo de' Medici, 1449~1492가 이어받았다. 그는 로렌초 일 마니피코(Lorenzo il Magnifico, 위대한 로렌초)로 불린 스케일이 큰 사람이었다. 예술에 취미가 있고 쾌락을 사

---

8 ピエール・アントネッティ, 中島昭和・渡部容子譯,《フィレンツェ史》, 白水社文庫クセジュ, 1986.

랑한, 호쾌한 정치가였다. 동생 줄리아노Giuliano di Piero de' Medici, 1453~1478는 추남인 형에 비해 용모가 수려하고 예술 애호가였으므로 인기가 많았다.

젊은 시절의 로렌초는 연애와 도락을 즐기는 아들로 여겨지고 있었다. 그는 로마의 명문 오르시니 가의 클라리체와 결혼했다. 메디치 가에 의한 정략결혼이었다. 로렌초는 결혼을 해도 놀러 다니는 일을 그만두지는 않았다.

그러나 아버지의 뒤를 이어 피렌체의 권력을 장악하자 뛰어난 정치적 수완을 발휘하여 반대파를 추방했다. 그러므로 그를 쓰러뜨리려는 음모가 꾸며졌다. 당시 메디치 가에 대항한 것은 파치 가였다. 두 가문 모두 은행업에 종사했고, 로마 교황청과의 거래를 다투고 있었다. 교황 식스투스 4세는 파치 가의 막후 인물이었다.

그것에는 계기가 있었다. 식스투스는 조카 지롤라모 리아리오를 이몰라 백작으로 만들려고 했다. 이몰라는 볼로냐와 포를리 사이의 작은 도시이지만, 로마냐 지방의 거점으로 밀라노 공령이었다. 교황은 밀라노 공작의 딸 카테리나 스포르차와 지롤라모를 결혼시켜 이몰라를 매수하기로 했다.

그 자금을 메디치 은행에서 빌리려고 했으나 피렌체도 이몰라를 사려고 했으므로 로렌초는 융자를 거절했다. 그러자 교황은 로마 교황청의 은행 업무를 파치 은행으로 옮겨버렸다.

그리고 교황은 또 한 명의 조카 조반니 델라 로베레Giovanni della Rovere를 우르비노 공작 페데리고의 딸과 결혼시켰다.

로렌초는 피렌체, 밀라노, 베네치아가 동맹을 맺게 하여 북이탈리아를 안정시키려고 했다. 그것에 대항하여 교황은 나폴리와 손을 잡고 북이탈리아에 세력을 확대하기 위한 발판을 마련하려고 했다. 1476년 먼저 밀라노 공작 갈레아초 마리아 스포르차가 암살당했다. 그의 아들이 어렸으므로 후계자 쟁탈전이 벌어졌다. 피렌체는 밀라노를 믿을 수 없게 되었다.

로마에서는 로렌초를 타도하겠다는 음모가 꾸며지고 있었다. 그 중심은 이몰라에서부터 로마냐 전체를 담당하는 지롤라모 리아리오, 피렌체 대주교가 되고 싶었으나 로렌초의 방해를 받았으므로 그를 원망하고 있던 피사의 대주교 프란체스코 살비아티, 그리고 파치 은행 로마 지점의 프란체스코 데 파치였다. 그들은 식스투스 4세의 후원을 받고 있었다. 게다가 용병대장 잔 바티스타 다 몬테세코도 끌어들였다.

로렌초와 동생 줄리아노를 모두 암살할 계획이 세워졌다. 로렌초를 쓰러뜨려도 민중에게 인기가 있는 줄리아노가 금방 후계자로 선출될 것이므로, 로렌초만 죽여서는 쿠데타가 성공하지 못할 것이라고 판단했기 때문이다.

1478년 라파엘레 리아리오 추기경이 피렌체를 방문했다. 그 기회를 노린 암살이 계획되었다. 라파엘레는 지롤라모 자매의 아들로, 식스투스 4세와의 연고로 열일곱 살이라는 어린 나이에 추기경으로 선출된 사람이다. 아무것도 모르는 로렌초는 그의 방문을 환영했다. 일요일에 피렌체의 대성당에서 열리는 장엄 미사에 출석하고 그 후 메디치 가를 방문하여 재산과 보물을 보고싶다고 라파엘레는 말했다. 메디치 가의 축하 잔치에서 두 사람을 죽일 생각이었다.

그러나 줄리아노의 몸 상태가 좋지 않아 축하연에 출석하지 못하게 되었다. 계획이 변경되었고, 다시 대성당에서 열리는 미사 때 죽이기로 했다.

대성당의 종이 울리는 것을 신호로 암살자로 고용된 두 명의 사제가 로렌초를 찔렀다. 그러나 치명상을 주지 못했고 로렌초는 도망쳤다.

줄리아노는 프란체스코 데 파치와 그의 부하 바론첼리의 습격을 받았는데 여러 차례 칼에 찔려 죽었다.

대주교 살비아티는 시청 청사로 가서 교황의 지시에 따라 독재자 메디치 가를 무너뜨릴 쿠데타를 일으켰다고 말했다. 피렌체 거리에서는 메디치파와 파치파가 충돌했다는데, 파치파의 호소에 응하는 사람은 거의 없었다. 줄리아노가 살해당한 메디치파의 분노는 굉장했고, 대주교 살비아티와 프란체스코 데 파치는 체포되어 교수형에 처해졌다.

암살의 위기를 넘긴 로렌초가 모습을 드러내자 군중은 환성을 지르며 환영했다. 시중에서는 암살에 가담한 파치파에 대한 학살이 전개되었다.

추기경 라파엘레는 암살 계획을 통지받지 못한 듯했다. 새파랗게 질려 부들부들 떨며 린치를 당할 뻔했지만 로렌초가 구출하여 로마로 돌려보냈다. 암살에 관여한 자는 대부분 처형되었다. 용병대장 몬테세코는 참수되었다. 줄리아노를 살해한 바론첼리는 도망쳐 콘스탄티노플까지 가서 숨었지만 결국 발각되어 피렌체로 끌려와 처형되었다. 메디치 가의 정보망은 외국까지 뻗어 있었던 것이다.

파치 가는 단절되었다. 경찰본부의 벽에는 목에 밧줄이 감긴 파치가 사람들의 초상이 그려졌다. 그 그림을 그린 화가는 메디치 가가 후원하고 있던 산드로 보티첼리Sandro Botticelli, 1445~1510였다. 〈비너스의 탄생〉 같은 우아한 그림만이 아니라 이러한 그림도 그렸던 것이다.

파치 가의 음모는 실패로 끝났다. 식스투스 4세는 피렌체가 대주교 살비아티를 죽인 것에 대해 로렌초를 파문하고 토스카나 지방에서의 성무(聖務) 정지를 명령했다.

그러나 이 사건으로 피렌체에서는 메디치 가 체제가 확립되었다. 교황과 파치 가의 의도는, 메디치 가를 무너뜨리면 시민의 지지를 얻을 수 있을 거라는 것이었는데, 메디치 가는 압도적인 인기를 얻고 있었던 것이다.

이후 로렌초는 피렌체를 완전히 장악하는 체제를 만들어나간다. 파치 가의 음모는 세평을 잘못 읽어서 성공하지 못했고, 이 스캔들은 결과적으로 메디치 가의 권력을 확립시켜주었다.

숙적 식스투스 4세는 1484년 말라리아로 사망했다. 다음 교황 인노켄티우스 8세의 아들과 로렌초의 딸 막달레나가 결혼하여 교황도 메디치 지지파가 되었다. 게다가 로렌초의 아들 조반니는 나중에 레오 3세가 된다. 메디치 가 출신의 교황인 것이다. 죽임을 당한 줄리아노의 아들 줄리오도 교황 클레멘스 7세가 되었다.

파치 사건의 관계자를 콘스탄티노플까지 엄중하게 추적한 것처럼 로렌초는 강력한 밀정 네트워크를 만들어 정보를 모으고 그것을 교묘하게 이용했다. 메디치 가는 정보 조작이라는 면에서도 새로운 시대를 열었던 것이다.

사보나롤라 현상

1429년 로렌초 일 마니피코가 세상을 떠났을 때 교황 인노켄티우스 8세는 "이탈리아의 평화는 상실되었다"고 말했다. 그리고 그도 그 해에 세상을 떠났다. 1494년부터 이탈리아는 반세기 정도의 혼란기에 들어간다. 우선 메디치 가가 피렌체에서 추방되었다. 그리고 프랑스의 샤를 8세가 이탈리아를 침입했다. 교황은 악명 높은 보르자 가 출신의 알렉산데르 6세가 되었다. 메디치 가가 추방된 후 피렌체의 정치적 공백기에 열광적인 설교사 지롤라모 사보나롤라Girolamo Savonarola, 1452~1498가 등장해 1494년부터 1498년까지 '신권정치'를 펼쳤다. 15세기 말 과도기의 혼란 속에서나 나타난 사보나롤라와 체사레 보르자Cesare Borgia, 1475/76~1507라는 역사의 주역들이 등장했던 것이다.

악명 높은 알렉산데르 6세와 교회의 부패를 격렬하게 비판한 사보나롤라는 숙적으로, 충돌하고 비극적인 결말로 빠져들었다.

지롤라모 사보나롤라는 페라라 출신이다. 볼로냐의 성 도미니크 수도원에서 배웠고, 1482년 설교 수도사로서 피렌체로 찾아왔다. 권력자였던 메디치 가의 퇴폐를 공격하는 격렬한 설교로 인문주의자 피코 델라 미란돌라_{Giovanni Pico della Mirandola, 1463~1494} 등이 관심을 보였다.

1484년 사보나롤라는 피렌체를 떠났다. 로렌초 데 메디치가 거북하게 여겼기 때문이라고도 한다. 1490년 그는 피렌체로 돌아왔다. 산 마르코 대성당에서의 설교는 점차 인기를 얻었고, 1491년에는 피렌체에서 가장 권위 있는 산타 마리아 델 피오레 대성당의 설교단에 올랐다.

그는 '놀랄 만한 선언'을 했다. 하느님이 이탈리아를, 그중에서도 피렌체를 산산조각내버릴 날이 올 것이라고 말한 것이다. 그래서 로렌초 데 메디치가 공격의 대상이 되었다. 로렌초가 돈의 힘으로 아들 조반니를 추기경으로 만들었고 피렌체에서 독재 권력을 휘두르고 있다고 사보나롤라는 비난했다. 게다가 그 무렵 소문이 나돌고 있던 로렌초의 공금횡령 스캔들도 언급했다. '결혼지참금 기금_{Monte delle Doti}' 건이 있었는데, 이 기금에 저축해두면 딸이 결혼할 때 지참금을 받을 수 있다는 것이다. 피렌체 시민들이 적립해온 이 기금을 로렌초는 조반니를 추기경으로 만들기 위해 로마에 지불하는 데 썼던 것이다.

로렌초 시대에는 메디치 은행의 경영도 상당히 악화되어 있었다. 아버지 코시모의 견실한 경영은 잊어버리고 너무 사업을 확대했고 또 화려한 생활에 낭비하고 있었다.

사보나롤라의 공격에 대해 로렌초는 피렌체에서 그를 추방하겠다고 협박했다. 그러자 사보나롤라는 로렌초야말로 피렌체를 떠나게 될 것이라고 예고했다. 확실히 로렌초의 최후는 다가와 있었다. 병 때문에 죽음이 임박하다는 것은 알고 있었다. 아마 그 때문에 사보나롤라를 당장 추방하는 걸 주저했을 것이다. 죽기 직전에 로렌초는 사보나롤라를 불러 축복을 구했다는 이야기가 전해지고 있다.

로렌초를 따르듯이 교황 인토켄티우스 8세가 세상을 떠나자 로드리고 보르자가 알렉산데르 6세로서 교황에 선출되었다. 사보나롤라는 결국 생애 최대의 적을 만난 것이다.

로렌초 이후 아들 피에르가 메디치 가를 계승했다. 그러자 로렌초에게 억눌려 있었던 메디치 반대파가 꿈틀대기 시작했다. 그리고 피렌체에는 아주 불길한 일이 닥쳐오고 있었다. 프랑스의 샤를 8세가 이탈리아를 침입한 것이다. 샤를은 나폴리의 왕위를 노리고 있었다. 예전에 나폴리는 앙주 가가 지배하고 있었는데, 스페인의 아라곤 가에 빼앗겼던 것이다. 앙주 가의 피를 잇고 있는 샤를이 왕위를 되찾기 위해 이탈리아 원정길에 나선 것이다.

샤를 8세는 제노바에서 피렌체로 나아갔다. 피렌체에서는 사보나롤라의 설교가 세력을 키워나가고 있었다. 결국 신의 검이 이 악덕의 도시 피렌체를 내리칠 거라는 내용이었다.

샤를은 로마로 가는 길을 자유롭게 통행할 수 있게 해달라고 피렌체에 요구했다. 피에로 데 메디치는 그것을 인정하고 말았다. 그러자 피에로가 피렌체를 팔아넘겼다는 비난이 높아졌고, 메디치 가는 반역자로 몰리며 폭동이 일어났다. 반대로 사보나롤라가 재앙을 예언한 일은 사람들의 공감을 얻었다. 메디치 가는 도망가고 피렌체는 공화제로 돌아갔다. 사보나롤라는 샤를 8세와 교섭하여 프랑스군이 가능한 한 조용히 피렌체를 통과하도록 했다. 사보나롤라는 대평의회를 제안하며 민주적인 피렌체 건설을 호소했다.

샤를 8세는 로마에 입성했다. 나폴리와 동맹을 맺고 있던 교황 알렉산데르 6세는 카스텔 산탄첼로에 농성했다.

메디치 후의 피렌체는 사보나롤라를 지지하는 '울보파' 곧 피아뇨니piagnoni와 급진적인 시민 그룹인 '분노파' 곧 아라비아티arrabbiati로 분열되었다. 사보나롤라는 도덕적, 종교적인 혁명을 주창하며 샤를 8세의 후원을 받고 있었다. 반면에 '분노파'는 수도사가 정치를 움직이는 신권정치를 싫어했다.

한편 로마에서는 샤를 8세와 교황 알렉산데르 6세의 타협이 성립되었다. 샤를은 손쉽게 나폴리를 점령했다. 샤를의 프랑스군을 교회를 개혁하는 신의 손으로 생각한 자신의 생각이 틀렸다는 것에 사보나롤라는 실망한다. 그리고 신의 벌이 샤를에게도 내릴 것이라고 예언한다.

사보나롤라의 위협이 주효한 것인지 프랑스군은 나폴리에서 돌아가는 길에 피렌체에 들르지 않고 서둘러 프랑스로 돌아갔다. 주변 상황이 위험해진 것이다. 샤를이 떠나자 나폴리는 곧 아라곤 가의 페르디난트 2세에 의해 탈환되었다. 프랑스의 이탈리아 정복은 실패로 끝난 것이다. 로마의 알렉산데르 6세는 피렌체에서 사보나롤라가 행하고 있는 신정 정치적 민주제가 위험하다고 생각했다. 또한 그의 예언도 교회와 교황의 권위를 무시한 것이었다. 교황은 사보나롤라를 로마에 출두하도록 명했지만 그는 따르지 않았다. 교황은 피에로 데 메디치에게 피렌체의 정권을 되돌려주려고 했다. 그러나 사보나롤라가 걸림돌이었다.

사보나롤라의 산마르코 수도원은 롬바르디아 수도회에서 독립한 세력이 되었다. 교황은 그러한 독립 행동을 허용할 수 없다며 사보나롤라, 피렌체, 프랑스 왕을 각각 파문하겠다고 위협했다. 사보나롤라에 대해서는 설교를 금지했다. 그런데도 사보나롤라가 설교를 하자 파문했다. 피렌체에서는 교황의 후원을 받고 사보나롤라 반대파가 꿈틀대기 시작했다. 그래도 사보나롤라는 설교를 했고, 깨끗해진 피렌체와 악덕의 로마를 비교했다.

로마에서 점점 심각한 소식이 들어왔다. 스캔들이 스캔들을 부르고 끝내 2월 28일에는 사보나롤라가 대성당에서 도를 벗어난 분노를 폭발시켰다. 설교의 주제는 '로마의 매춘부'로, 성서에 나오는 암소에서 힌트를 얻은 것이었다.[9]

사보나롤라는 결국 이탈리아 악덕의 불은 주교나 추기경에 의해 태워지고 있다고 했다. 그것은 교회의 간부들, 그 정점인 교황에 대한 공격이었다. 알렉산데르 6세도 그를 그냥 내버려둘 수는 없게 되었다.

그러나 사보나롤라는 점점 더 과격해지고 그를 지지하는 세력도 더 강력해졌다. 축제에서 술을 마시며 노래하고 떠드는 사소한 소동까지 금지되었다. 1497년 피렌체의 '신권정치'는 최고조에 달한 것처럼 보였다. 하지만 그때 사보나롤라에 대한 포위망도 은밀히 준비되고 있었다. 그 포위망은 교황과 베네치아의 동맹, 그리고 피렌체 복귀를 노리는 메디치 가에 의해 만들어지고 있었다.

그해 4월 피에로 데 메디치가 용병을 이끌고 피렌체를 습격하려고

---

9 エンツォ・グアラッツィ, 秋本典子譯,《サヴォナローライタリア・ルネサンスの政治と宗教》, 中央公論社, 1987.

했다. 그러나 호우로 인해 진군할 수 없게 되어 쿠데타는 실패했다. 하지만 사보나롤라의 종교적인 정치에 반대하는 분노파가 강해져 그의 설교를 방해하며 폭동을 일으켰다.

1497년 6월 로마에서는 파문장이 날아들었다. 사보나롤라는 그것이 무효라고 주장했다. 7월에 성립한 피렌체의 새로운 정부는 사보나롤라를 지지했다. 그리고 메디치 가의 부흥을 위한 쿠데타에 관계한 자가 체포되어 처형되었다.

1498년 2월 파문되고 설교가 금지되어 있었는데도 사보나롤라는 대성당의 설교단에 올라 교황을 '쇠부스러기'라며 욕을 퍼부었다.

그 소식을 듣고 교황은 격노하여 사보나롤라를 잠자코 있게 하지 않으면 피렌체 전역에 성무 정지 처분을 내릴 것이라고 통고했다. 드디어 두 사람이 정면으로 충돌한 것이다.

피렌체는 아주 심각한 경제 위기에 놓여 있어, 교황이나 그 동맹군의 경제 봉쇄를 받으면 파산할 위기에 처해 있었다. 주위의 분열 공작에 의해 반대파도 세력을 키워나갔고 사보나롤라는 점점 고립되어 갔다. 피렌체 정부는 결국 그의 설교를 금지했다. 교황에게 굴복한 것이다.

프란체스코파의 설교사들은 도미니크파인 사보나롤라에게 적대심을 갖고 '불의 시련'을 청했다. 만약 사보나롤라가 옳다면 본인이든 제자든 아무나 좋으니까 함께 불길을 빠져나가보자, 옳은 쪽이 살아남을 거라는 것이었다.

놀랍게도 피렌체 정부는 그 끔찍한 도전을 공식적으로 인정했다. 사보나롤라의 제자가 그 도전을 받고 자신이 불길로 들어가려고 했다.

프란체스코회 쪽은 공갈을 부려본 듯했는데 막상 상대가 진지하게 나오자 꽁무니를 빼려고 했다. 그리고 마지못해 한 수도사를 차출했다.

피렌체 정부는 '불의 시련'을 행한다는 공식문서를 이탈리아 전역에 보냈다. 이 잔혹한 구경거리를 공개적인 정치 행사로 만들어 전국 사람들을 공범적인 구경꾼으로 만들어버리자는 것이었다.

1498년 4월 7일 잔혹한 쇼의 무대가 준비되었다. 길이 30미터, 폭 6미터의 목조 다리 같은 것이 만들어졌다. 6미터 폭의 양쪽 옆에 목재를 나란히 늘어놓고 불을 붙이면 그 불길 한가운데로 지나가는 것이다. 각 도전자가 다리의 양끝에서 불타고 있는 다리의 중앙 쪽으로 건너간다는 계획이었다.

도미니크회의 도전자는 도메니코 수도사였다. 그는 붉은색 망토를 입고 성체를 들고 있었다. 프란체스코파는 꾸물대고 있다가 붉은색 망토에 시비를 걸고 나왔다. 그것은 불길을 막는 마법의 망토인 것 같으니까 그것을 입고 불길에 들어가는 것은 규칙 위반이라는 것이었다.

도메니코는 붉은색 망토를 벗어던졌다. 그러자 이번에는 그가 들고 있는 나무 십자가를 트집 잡았다. 프란체스코파는 차례로 트집을 잡으며 불의 시련을 지연시키고 있었다. 처음부터 할 마음이 없었던 것이다. 관객은 조바심을 내며 기다리고 있었다. 비가 쏟아졌다. 그리고 날도 저물어왔으므로 '불의 시련'은 중지되었다. 여섯 시간이나 허무하게 기다린 관객은 소동을 벌이기 시작했다. 다음 날은 폭동이 되었다.

정부는 소동의 책임이 사보나롤라파에 있다며 추방을 결정했다. 분노파는 사보나롤라 일당을 습격했다. 정부는 혼란을 수습하기 위해 사보나롤라를 체포하고 비밀 재판을 열어 유죄 판결을 내렸다. 로마에서 교황의 대리인이 파견되어 다시 유죄 판결이 내려졌다. 사보나롤라와 두 명의 제자는 교수형을 당한 후 화형에 처해졌다. 촌극으로 끝난 '불의 시련'이 다시 피날레를 장식한 것이다.

보르자 가의 악덕

사보나롤라는 알렉산데르 6세의 스캔들을 계속해서 공개하고 책임을 물으면서 그의 노여움을 샀고 끝내 화형에 처해졌다. 보르자 가의 이 교황은 르네상스의 악덕의 화신처럼 말해지고 있다. 그가 교황으로 군림할 수 있었다는 것이 그 시대의 불가사의를 말해주고 있다.

보르자라는 이름은 역사에 등장하자마자 순식간에 세상의 지탄을 받고 단죄되었다. 스페인의 일개 시골 귀족에서 출세한 그들 일가는 불길한 유성처럼 당시의 유럽 정계를 뒤흔든 후 수상한 빛줄기를 발하며 어둠속으로 사라졌다. 그 이름은 혐오되고, 그들의 유골은 사방으로 흩어지고, 비문은 소멸되고, 기념비는 파괴되었다. 보르자라는 이름은 지금도 여전히 악취를 풍기고 있다.[10]

보르자 가는 스페인 북부 출신이다. 스페인에서는 보르하라고 했다.

---

[10] マリオン・ジョンソン, 海保眞夫譯,《ボルジア家　惡德と策謀の一族》, 中央公論社, 1984

이 일가의 알론소가 출세하여 아라곤 왕 알폰소 5세의 비서가 되었다. 당시는 교회가 크게 분열되어 있던 시대여서 교황이 세 명이나 있었다. 각자 자신이 정통이라고 주장했다. 그 한 사람인 베네딕투스 13세는 스페인 사람이었다. 콘스탄츠 종교회의에서 세 명의 교황은 폐위되었고, 마르티누스 5세가 새로운 교황으로 선출되었다. 베네딕투스는 은퇴하지 않고 스페인에서 버티고 있었다. 이탈리아의 사절이 은밀히 베네딕투스의 독살을 시도했지만 미수에 그쳤다. 그러나 이 이탈리아식 해결법은 보르자 가에는 큰 공부가 되었다.

알론소의 여동생 이자벨라는 보르하 본가의 호프레 데 보르하와 결혼했다. 이 일가는 근친간의 결혼으로 일가의 결속을 다졌던 것이다. 호프레는 살인사건을 일으켜 사형 판결을 받았다. 그러나 알론소가 마리아 왕비에게 부탁하여 그 사건을 무마했다. 이렇게 해결하지 않았다면 훗날의 보르자 가는 없었을 것이다. 왜냐하면 호프레와 이자벨라 사이의 아들 로드리고가 바로 훗날 교황 알렉산데르 6세가 되기 때문이다.

알폰소 5세는 이탈리아로 진출하여 나폴리를 노리고 있었다. 알론소는 그것을 도왔다. 1443년 알폰소는 나폴리 왕이 되었고, 알론소는 추기경에 선출되었다. 호프레의 아들 페드로 루이스와 로드리고도 백부를 믿고 로마로 찾아왔다.

1455년 교황 니콜라우스 5세가 사망했다. 유력한 후보들이 교황 자리를 다투었으나 결론이 나지 않았고, 다크호스였던 알론소가 교황으로 선출되었다. 그가 교황 칼리스투스 3세다. 스페인 사람이 교황이 되었다며 이탈리아는 개탄했다.

칼리스투스 3세는 보르자 가 출신이었지만 인격적으로 나무랄 데가 없었으며 로마 교회의 부흥에 힘을 쏟았다. 그는 투르크에 대한 십자군을 일으킨다거나 예전의 주군 알폰소 5세와 대립하면서까지 나폴리를 프랑스의 앙주 가로 되돌리려고 노력했다. 그러나 76세라는 고령에 교황이 되었기 때문에 그다지 오래가지는 못했고 1458년 79세의 일기로 세상을 떠났다.

칼리스투스는 조카 로드리고와 그의 사촌동생 루이스 호안 데 밀라를 추기경으로 만들었다. 교황이 되면 친척을 좋은 자리에 앉히는 것이 당시의 방식이었다.

칼리스투스에 이어 피우스 2세가 교황으로 선출되었다. 그 선출에 로드리고가 협력했다. 그 때문에 로드리고는 피우스 2세 아래서 장관 대리로 중용되었다. 로드리고는 일을 하는 한편 쾌락을 좇아 각지를 다니며 난잡한 행동을 하여 교황의 질타를 받았다. 그리고 많은 사생아를 낳았다. 로마의 미녀 반노차 카타네이Vannozza Cattanei, 1442~1518는 유부녀였는데, 1473년경부터 로드리고(교황 알렉센데르 6세)의 정부가 되어 네 명의 아이를 낳았다. 후안 보르자, 체사레 보르자, 루크레치아 보르자, 호프레 보르자가 그들이다.

로드리고는 유능했지만 난잡하고 음란한 행동을 벌이고 다녔다. 그리고 못된 짓을 해서라도 돈은 모으려고 해서 피우스 2세를 괴롭혔다. 매리언 존슨Marion Johnson, 1914~의 《보르자 가The Borgias》11에 따르면, 프랑스의 아르마냐크 백작 장이 피우스 2세에게 자기 여동생과의 결혼을

---

11 マリオン・ジョンソン, 海保眞夫譯, 《ボルジア家 :《と策謀の一族》, 中央公論社, 1984.

허가해달라고 요구하여 그를 기겁하게 했다. 그 이야기에 따르면 선대의 교황 칼리스투스 3세 시대에도 그는 여동생과의 결혼을 허가해달라고 요구했다. 그때 교황의 비서 보르텔라는 장에게 칼리스투스의 조카 로드리고에게 금화로 3천 두카티를 헌금하면 교황의 허가를 받을 수 있다고 했다. 그래서 장이 보르텔라에게 돈을 건넸는데 허가가 나오기 전에 교황이 세상을 떠나고 말았다. 그래서 다시 새로운 교황에게 부탁했다는 것이다. 피우스 2세는 보르텔라를 투옥시켰지만 돈은 사라졌고 로드리고와의 관계도 유야무야되고 말았다. 그래도 피우스 2세는 투르크와 싸울 십자군을 일으킬 꿈을 꾸었으며 자신이 그 선두에 서려고 했으나 1464년에 병으로 죽고 말았다.

새로운 교황으로 선출된 파울루스 4세는 로드리고의 옛 친구였다. 베네치아 귀족 출신으로 큰 부자였는데 고대 로마를 동경하여 향연을 여는 것이 취미였다.

그리고 1471년 식스투스 4세가 새로운 교황으로 선출되었다. 이 선출에는 로드리고가 큰 역할을 했다. 로드리고는 그 공적으로 교황의 사절로서 스페인에 개선장군처럼 귀환했다. 스페인은 아라곤과 카스티야라는 두 왕국으로 나뉘어 있었는데 페르난도와 이자벨의 결혼으로 하나가 되려 하고 있었다. 그러나 두 사람은 근친간이어서 교황에게 결혼 허가를 요청했다. 이번에는 정말로 로드리고가 교황과의 사이에서 중개 역할을 하여 허가를 받아냈다.

로마 교황으로 선출되면 친척을 중요한 자리에 앉히는, 이른바 네포티즘(nepotism, 친족중용주의)이 당연한 일이었는데 식스투스 4세만큼 심한 사람은 없었다고 한다. 그 때문에 앞서 보았듯이 피렌체에서는 파치 가가 음모를 계획했고 실패했던 것이다.

1484년 콘클라베(conclave, 교황선거)에서는 로드리고가 차기 교황으로 유력시되었다. 그러나 식스투스의 조카 줄리아노 델라 로베레(Giuliano Della Rovere, 1445~1513, 나중의 교황 율리우스 2세)가 반대하여 인노켄티우스 8세가 선출되었다. 그가 교황으로 있던 8년간은 로드리고에게 겨울의 시대나 다름없었다. 그는 인맥을 쌓으면서 다음 교황 자리를 노렸다.

로드리고의 사촌누이 아드리아나 데 밀라는 로마의 귀족 루도비코 오르시니와 결혼했다. 둘 다 재혼이었고, 루도비코에게는 전처의 자식 오르소가 있었다. 오르소는 줄리아 파르네세와 결혼했는데 그녀는 열네 살의 미소녀였다. 그런데 로드리고가 그녀에게 매혹되어 자신의 정부로 삼고 말았다.

1492년 인노켄티우스 8세가 죽었다. 로드리고는 이번이야말로 놓칠 수 없다며 교황선거에 출마했다. 라이벌은 델라 로베레 추기경이었다. 그리고 밀라노의 아스카니오 스포르차 추기경도 이름을 올리고 있었다.

델라 로베레가 우세할 것으로 예상되었는데, 인노켄티우스 시대의 횡포가 반감을 불렀고 프랑스와의 관련도 불리하게 작용했다. 로드리고는 아스카니오를 매수하여 바싹 뒤쫓은 다음 나머지 한 표만 얻으면 되는 데까지 나아갔다. 그러고는 마침내 96세의 베네치아 총대주교 게라르도를 설득하여 로드리고는 교황 알렉산데르 6세가 되었다.

알렉산데르 6세는 성직 매매, 대규모 매수, 관직 매각에 의해 교황 자리를 차지했다고 비난받고 있다. (……) 알렉산데르 6세는 아마 매수에 의해 교황 자리를 차지한 최초의 남자라고 할 수 있을지도 모른다.[12]

알렉산데르 6세가 교황이 되자 보르자 가 사람들이 중요한 직책에 임명되었다. 교황의 오른팔이 된 사람은 아들 체사레 보르자였다.

극단적인 친족 등용이 아주 드문 현상은 아니었지만 알렉산데르 6세는 정부(情婦)의 존재도 공공연하게 드러내 교황 자리에 새로운 오욕을 더했다.[13]

교황은 줄리아 파르네세를 공공연하게 정부로 삼았다. 줄리아는 계모 아드리아나의 집에 있었는데 그곳에는 교황의 딸 루크레치아도 함께 있었다. 산피에트로 대성당에서 그곳으로 가는 비밀 통로가 있어 교황은 언제든지 그녀들을 만나러 갈 수 있었다고 한다.

1493년 교황은 열두 살의 딸 루크레치아를 페자로의 영주 조반니 스포르차와 결혼시켰다. 알렉산데르 6세의 야망은 순조롭게 달성되는 것처럼 보였다. 거기에 이의를 제기한 사람이 피렌체의 사보나롤라였다. 그는 곧 신의 벌이 내릴 것이라고 예언했다. 그러자 1494년 프랑스의 샤를 8세가 이탈리아를 침공하여, 나폴리와 동맹을 맺고 있던 교황을 궁지로 몰아넣었다. 그러한 위기에도 교황은 프랑스군에 체포된 정부 줄리아의 몸값을 지불하고 되찾는 일에 마음을 빼앗기고 있었다.

프랑스군은 로마에 입성했다. 교황은 샤를 8세와 교섭을 진행하여

---

12 マリオン・ジョンソン, 같은 책.
13 マリオン・ジョンソン, 같은 책.

많은 조건을 수락했고, 나폴리로 향하는 프랑스군의 볼모로 체사레를 보내 그들과 동행하게 했다. 알렉산데르 6세는 그 사이에 신성동맹을 결성하여 프랑스 반대 세력을 모았다.

정세가 불리해지자 샤를 8세는 허무하게 퇴각했다. 그러나 이탈리아에는 혼란과 황폐가 남았다. 피렌체에서는 사보나롤라의 '신권정치'가 이상한 열기를 띠었고, 그것이 알렉산데르 6세를 공격하는 거점이 되었다.

로마에서는 교황의 자식들이 제멋대로 행동하며 여기저기에 스캔들을 뿌리고 다녔다. 호프레 보르자는 아내 산차와 돈을 마구 써대 교황이 낭비를 꾸짖지 않으면 안 되었다. 나폴리 왕의 서녀인 산차는 여러 남자들과 놀아났다. 호프레의 형 후안과 체사레와도 관계를 맺었다는 소문이 나돌았다.

교황은 나폴리와 동맹을 맺었기 때문에 밀라노의 스포르차 가와는 소원해졌다. 그리고 루크레치아의 남편 조반니 스포르차가 걸림돌이 되자 이혼시키기로 했다. 조반니는 성 불능이어서 결혼 자체가 성립하지 않았다는 이유로 이혼을 결정했다. 교황이 딸과 근친상간을 저지르고 있다는 소문도 나돌았다.

1494년 불행한 사건이 일어났다. 체사레의 동생 간디아 공작 후안이 밤놀이를 나갔다가 누군가에게 살해당한 것이다. 그의 시체는 아스카니오 스포르차의 정원 근처의 테베레 강에서 발견되었다.

아스카니오가 의심을 받았지만 증거가 없었다. 후안에게는 적이 너무 많아 누가 범인인지 알 수 없었다. 후안의 친동생 호프레가 범인이라는 사람도 있었다. 더욱 놀라운 것은 루크레치아를 둘러싼 다툼으로 인해 오빠 체사레 보르자가 후안을 죽였다는 소문까지 나돌았다. 사람들은 보르자 가라면 무슨 일이든 해치운다고 믿고 있었던 것이다.

알렉산데르 6세는 자신이 범인을 알고 있다고 말했다고 한다. 그렇다면 역시 집안사람 중 누구였던 것일까? 간디아 공작은 그가 가장 사랑하는 아들이었다. 어쨌든 후안이 죽자 그에게 주어져 있던 명예와 권력은 체사레에게 돌아갔고 알렉산데르는 더욱 강권을 휘두르기 시작했다.

조반니와 헤어지게 된 루크레치아는 나폴리의 알폰소 2세의 서자 돈 알폰소와 재혼했다.

사보나롤라와 교황의 싸움은 격해졌고 비극적인 결말로 치달았다. 결국 1498년 사보나롤라는 화형에 처해졌다.

그해 프랑스에서는 샤를 8세가 죽고 사촌형 루이 12세가 왕위를 계승했다. 루이는 밀라노와 나폴리를 노리고 있었다. 루이는 왕비 잔 드 발루아와 이혼하고 샤를의 미망인 안 드 브르타뉴와 재혼하여 브르타뉴 공국을 손에 넣을 생각이었다. 그것을 위해 교황에게 이혼을 허가해달라고 요청했다.

알렉산데르 6세는 이혼을 허가해주는 대신 아들 체사레를 발렌티누아 공작으로 하고 나폴리 공주 카를로타와 결혼시키자는 조건을 제시했다.

체사레는 교황 사절로서 프랑스의 시농에서 루이 12세와 교섭에 들어갔다. 그러나 이미 다른 남자와 약혼한 상태인 공주 카를로타가 체사레를 거절했기 때문에 루이 12세는 자신의 사촌동생이자 나바르 왕의 여동생 샤를로트 달브레를 추천하여 체사레와 결혼시켰다.

체사레를 싫어하던 프랑스의 궁정인은 신랑에게 설사약을 먹게 해 신혼 첫날밤을 망치게 했다는 등의 가십이 전해지고 있다.

어쨌든 체사레가 나폴리 공주와 결혼하지 못하게 되어 나폴리에 대한 의리를 느끼지 않게 된 탓인지 교황은 프랑스군의 밀라노와 나폴리 점령을 묵인한 것 같다. 교황이 프랑스와 손을 잡았다는 것을 알고 밀라노의 아스카니오 스포르차는 떠났다. 그리고 루크레치아의 남편 알폰소는 아내를 내버려둔 채 도망쳤다. 알폰소의 누나로 호프레의 아내인 산차는 나폴리로 돌려보내졌다.

1499년 루이 12세는 베네치아와 손을 잡고 이탈리아를 침공하여 밀라노를 점령했다. 체사레는 프랑스 왕과 동행하여 이탈리아로 돌아왔다. 새로운 아내를 리옹에 남겨두고 왔는데 다시 만나는 일은 없었다.

프랑스의 침입에 편승하여 교황은 체사레와 루크레치아를 위한 영토를 확보하려고 했다. 체사레는 프랑스 왕으로부터 빌린 용병을 이끌고 이몰라를 공격했다. 이몰라는 스포르차 가의 여걸 카테리나가 지배하고 있었는데 곧 함락되었다. 다음으로 카테리나의 본거지 포를리를 공격하여 그녀를 포로로 잡았다.

1500년 체사레는 로마로 개선했다. 보르자 가는 로마에 군림하고, 체사레는 화려하게 향연을 베풀었다. 루크레치아의 남편 알폰소는 로마로 돌아왔지만 자객의 급습을 받고 중상을 입었다. 나폴리와의 인연을 끊기 위해 체사레가 시도한 암살이라고들 했다. 그 후 알폰소는 체사레를 석궁으로 쏘려 하다가 그의 부하에게 죽임을 당했다.

체사레는 프랑스의 협력을 얻으면서 로마냐 지방으로 원정을 떠나 페사로, 리미니, 파엔차 등을 점령했다. 그는 로마냐 공작을 자칭했다.

그리고 로마로 돌아가 프랑스군과 함께 나폴리 정복을 떠났다. 나폴리는 곧 함락되었다. 알렉산데르 6세는 모든 교황령에 보르자 일가를 배치했다. 역사상 처음으로 모든 교황령을 한 가문이 지배하게 된 것이다. 그리고 교황은 루크레치아에게 페라라 공국의 알폰소 데스테와 세 번째 결혼을 하도록 했다. 이탈리아의 중앙부에 보르자 가의 왕국이 펼쳐졌고, 체사레는 공포정치를 펼쳤다.

> 보르자 가의 스파이가 상점, 골목, 광장, 개인 가정에 숨어 있었고 체사레에게 비판적인 소리를 내면 곧바로 밀고되어 반역죄로 고소당했다.[14]

1502년의 이탈리아는 각 도시가 서로 싸우고 있었으므로 보르자 가에는 유리한 상황이었다. 체사레는 우르비노를 점령했다. 오르시니 일가의 선동으로 용병대장들이 반란을 일으켰을 때 그들과 화해하는 척하며 세니갈리아에 모아놓고 전원을 체포하여 처형해버렸다. 그 방식은 마키아벨리를 감탄하게 하여 그는 체사레를 이상적인 군주라고 생각했다.

중부 이탈리아에 보르자 왕국을 건설하려는 체사레의 야망은 순조롭게 달성되는 것처럼 보였다. 그러나 더운 여름이 찾아오고 로마에 말라리아가 창궐했다. 교황과 체사레도 걸렸다. 교황은 급사했다. 일찍이 보르자 가의 방식을 동경하던 마키아벨리는 "알렉산데르는 세 명의 충실한 시녀, 즉 잔학, 성직 매매, 호색의 시중을 받으며 죽었다"라

---

14 マリオン・ジョンソン, 같은 책.

고 냉담하게 적었다.

상황은 단숨에 새로운 교황선거로 옮겨갔지만 체사레는 병이 들어 누워 있었다. 보르자 가의 숙적 줄리아노 델라 로베로가 로마로 들어왔다. 혼란스러운 와중에서도 체사레는 어떻게든 로베로의 당선을 막아내고 피우스 2세의 조카 피우스 3세를 교황으로 만들었다. 그러나 피우스 3세는 병약하여 선출된 지 26일 만에 갑자기 세상을 떠났다. 체사레는 어쩔 수 없이 델라 로베로와 타협하고 그를 교황으로 선택했다. 그가 바로 교황 율리우스 2세다.

이러한 혼잡스러운 상황 속에서 베네치아는 체사레가 정복한 로마냐 지방으로 손을 뻗어왔다. 파엔차, 리미니가 점령되었다. 체사레는 나폴리로 도망쳤지만 스페인 왕에게 붙잡히고 말았다. 그 후 탈출하여 아내의 오빠인 나바르의 왕 잔 달브레에게 의지했다. 거기에서 용병대장으로서 싸우다가 1507년에 전사했다. 보르자의 악몽은 사라졌다.

보르자 가라고 하면 독약이 유명하다. 체사레의 측근에는 세바스찬 핀손이라는 독약 전문가가 있었다. 다만 당시의 기술로 보아 독약이 어느 정도의 효과가 있었는지는 의문이다. 분명히 독약이 유행했는데, 병사라도 독살이라는 소문이 돌았고 그 대부분이 악명 높은 보르자 탓이라고 여겨졌던 것 같다.

보르자 가의 정략적인 도구가 되어 아버지나 오빠들과 근친상간까지 했다는 소문이 나돈 박복한 미녀 루크레치아 보르자는 어떻게 되었을까? 페라라의 알폰소 데스테Alfonso I d'Este, 1476~1534와의 결혼은 혹독한 것이었다. 에스테Este 가는 보르자의 딸을 싫어했고 알폰소의 누나인 만토바의 프란체스코 곤차가에게 시집갔던 이사벨라 데스테는 심술

궂었다. 그녀에게는 궁정 시인 에르콜레 스트로치나 베네치아의 시인 피에트로 벰보Pietro Bembo, 1470~1547 등과의 교류가 위안이었다고 한다.

아버지인 교황이 죽은 후 루크레치아의 입장은 불안정해졌지만 그녀는 점차 페라라 궁정에서 자신을 확립하고 있었다. 보르자 가의 가계로부터 자유로워졌다고 할 수도 있다. 냉정한 올케 이사벨라에 비하여 그녀의 남편 프란체스코는 루크레치아에게 친절했다. 그리고 만년은 '선량한 공작부인'이라 불렸고 페라라 사람들은 그녀를 성녀처럼 경모했다고 한다. 보르자 가문의 최후에 산뜻한 향기를 떠돌게 했던 것이다.

첸치 가의 비극

15세기 말 보르자 가의 악덕 이야기는 호화찬란하지만 16세기 말 첸치 가의 죄악 이야기는 몹시 하찮고 평범하다. 르네상스 황금시대의 지는 해, 타고 남은 재라고도 할 수 있는 쓸쓸함을 느끼게 한다. 그런데도 위대함의 부서진 조각 하나 없는 그 초라한 스캔들은 우리에게 뭔가 울림을 준다. 수백 년 전의 사건이라기보다는 지금도 삼면기사에 나올 것 같은 일상적인 측면을 갖고 있었기 때문일 것이다.

그것은 가정 내 폭력에서 일어난 사건이었다. 횡포한 아버지가 있다. 그는 후처를 얻었고 전처의 자식들에게 폭력을 휘두른다. 그리고 자신의 딸을 강간한다. 그런 일을 견딜 수 없었던 가족들은 아버지를 죽인다. 그 사건이 발각되어 가족은 체포되고 본보기로 잔혹하게 사형을 당한다. 근친상간, 부친살해라는 쇼킹한 사건과 학대받은 딸이 참혹하게 처형당하는 결말이 공포와 연민을 불러일으킨다.

1599년에 있었던 이 사건은 역사적으로 보면 사소하고 사적인 스캔들에 지나지 않는다. 하지만 어쩐지 문학적 상상력을 자극한다. 스탕달은《이탈리아 연대기》에서 이 사건을 언급했고 시인 셸리Percy Bysshe

Shelley, 1792~1822는 비극《첸치 일가The Cenci》(1819)를 썼다. 현대 작가 알베르토 모라비아도 비극《베아트리체 첸치Beatrice Cenci》(1958)를 썼다.

첸치는 오르시니, 콜론나 등과 함께 로마의 오래된 가문이다. 15세기는 그다지 두드러지지 않았지만 16세기 초 크리스토포로 첸치가 추기경이 되었고, 로마 교황청 회계원의 회계담당자로서 막대한 부를 축적했다. 그는 유부녀였던 베아트리체를 정부로 삼았고 그녀는 프란체스코를 낳았다. 당시의 교황 파울루스 3세로부터, 성직자로서 해서는 안 되는 일이라는 잔소리를 들었지만 뇌물을 주고 덮어버렸다.

프란체스코는 방탕한 자식으로 자랐고, 갑자기 발끈하여 폭력을 휘두르는 것으로도 유명했다. 그는 엘시리아라는 부잣집 딸과 결혼하여 일곱 명의 아이를 낳았고 또 여기저기서 여자들과도 놀아났다.

1577년 할머니의 이름을 딴 프란체스코의 딸 베아트리체가 태어났다. 이 사건의 여주인공이다. 1584년에 어머니가 죽자 베아트리체는 언니 안토니나와 함께 산타크로체 수도원의 기숙학교에 넣어졌다. 아버지 프란체스코는 방탕한 생활을 계속하고 있었다.

1585년 식스투스 5세가 교황이 되었다. 퇴폐한 로마 사회를 엄격하게 관리하려고 했지만 1590년에 갑자기 죽어 한동안 혼란이 이어졌다. 1592년 알도브란디니의 클레멘스 8세가 교황으로 선출되었다. 이 교황이 첸치 가에 엄한 시선을 보낸다.

프란체스코는 새로운 집으로 이사하고 아이들을 데려와 함께 살았다. 베아트리체는 열다섯 살의 아름다운 소녀가 되어 있었다. 아버지는 미망인 루크레치아와 재혼했지만 다른 여자의 뒤꽁무니 쫓아다니는 짓을 그만두지 않았다. 게다가 남자까지 쫓아다녔다. 그 난잡한 행동으로 인해 클레멘스 8세로부터 책망을 듣고 1594년 재판에 회부되었다. 그리고 소도미(남색) 죄를 추궁당한다.

클레멘스 8세가 이렇게 집요하게 첸치의 난잡한 행동을 소추한 것은, 도덕적인 이유에서만이 아니라 재판이 돈을 모으는 수단이었기 때문인 듯하다. 프란체스코는 다액의 벌금을 내고 석방된다. 로마가 지겨워진 프란체스코는 아내 루크레치아와 딸 베아트리체를 데리고 교황의 손이 미치지 않는 나폴리 왕국의 페트렐라에 있는 성으로 피난하기로 했다. 그 성은 지인인 마르치오 콜론나의 소유였는데, 그가 프란체스코에게 빌려주었던 것이다.

페트렐라의 성은 리에티와 라퀼라 사이의 살토에 있다고 하니, 로마 서쪽 산지에 있는 마을일 것이다. 올림피오 카르베티가 관리자로서 그 성을 관리하고 있었다.

이 벽지의 성에 여자들을 가두어놓고 프란체스코는 로마로 나갔고, 돌아오면 그녀들을 학대했다. 그녀들을 동정한 올림피오는 어느새 베아트리체와 친해져 성에서 도망치는 것을 의논하게 되었다.

프란체스코는 점점 더 심하게 베아트리체를 학대했고 성적인 폭행까지 저질렀다. 어떻게 해서든 아버지로부터 도망칠 수 없다면 죽일 수밖에 없다는 생각이 싹트기 시작했다. 그 생각에 오빠 자코모 등도 가담했고, 올림피오까지 끌어들여 계획을 짰다.

처음에는 독살을 시도했지만 잘 되지 않아, 올림피오와 그의 부하 마르치오 카타라노가 직접 살해하기로 했다. 1498년 9월 두 사람은 잠을 자고 있던 프란체스코를 급습하여 창문으로 내던졌다.

아버지가 사고로 죽었다며 매장하고 베아트리체 등은 로마로 돌아갔다. 그러나 유산을 둘러싸고 형제에 올림피오까지 가세하여 다툼이 벌어졌다. 게다가 프란체스코는 살해되었다는 소문이 일었다. 오빠 자코모는 올림피오가 어슬렁거리면 의심을 받는다며 그를 죽여버렸다.

한편 살해에 가담한 카타라노가 체포되어 자백을 했기 때문에 자코모와 베아트리체도 체포되었다. 올림피오의 사체도 발견되었다. 사건이 백일하에 드러나고 말았다. 피고들은 심문을 당하고 고문을 당해 자백하지 않을 수 없었다. 베아트리체도 용서받지 못했다.

이상한 것은 법정이 분명히 정의를 '행하려'는 의도에서가 아니라 '사형 판결을 내리려'는 의도에서 움직이고 있었다는 사실이다.

그러므로 범죄의 실질적인 증거(자백)는 모았지만 존속 살인에까지 이른 동기를 찾는 재판관들의 중요한 기록은 흔적도 찾아볼 수 없다. 그러한 동기를 더듬어 가면 프란체스코의 비열한 모습이 드러날 것이고 또 아버지로부터 오랫동안 괴롭힘을 당해온 베아트리체의 정당방위라는 법률적 성격이 밝혀졌을지도 모르는데 말이다.[15]

죽였다는 사실만 추궁했고 왜 죽이지 않으면 안 되었는지는 묻지 않았던 것이다.

스탕달은 《이탈리아 연대기》에서 '첸치 일가'라는 장을 썼는데, 1599년 9월 14일에 쓰였다는 당시의 사건 보고를 그대로 삽입하고 있다. 그것에 따르면 교황 클레멘스 8세는 이 사건에 극형을 주장하여

---

15 ノルベルト・ヴァレンティーニ, ミレーナ・バッチアーニ, 千種堅譯, 《ベアトリーチェ・チェンチ 十六世紀ローマの悲劇》, 河出書房, 1986.

프란체스코 첸치의 딸로, 아버지로부터 성적 폭행을 당함으로써
비참한 운명을 걷게 된 베아트리체 첸치(1577~1599)

주변 사람들을 부들부들 떨게 만들었다고 한다. 사람들은 잔혹한 아버지의 학대를 받은 베아트리체에게 동정하여 감형을 바라고 있었던 듯하다. 그러나 부모를 살해하는 행위는 절대 용서할 수 없으므로 본보기로 그녀를 극형에 처했다고 한다.

다들 베아트리체는 용서받을 것으로 기대하고 있었기 때문에 교황의 혹독한 결정은 의외였던 듯하다. 그래서 교황은 첸치 가의 영지를 몰수하는 것이 목적이었다는 비난을 들었다. 당시의 기록은 어린 아가씨를 고문하여 어떻게 해서든지 첸치 가를 없애려는 교황청의 재판에 회의적이었다.

이 재판의 변호인은 프로스페로 파리나치였다. 그는 아버지로부터 폭행과 강간을 당한 딸이 그를 죽인 것은 정상을 참작할 여지가 있다고 말했다. 유죄라고 해도 사형이 아니라 유형이어야 한다는 것이다. 그의 변론을 조롱한 사람도 있었다. 파리나치 역시 프란체스코와 같은 호색적이고 부도덕한 남자였기 때문이다. 그러나 그때 그의 변론만큼은 진지하고 훌륭한 것이었다. 하지만 그런 변론도 허무하게 교황의 의도대로 첸치 가의 극형이 결정되었다. 1599년 로마의 폰테 산탄젤로 광장에서 오빠 자코모, 여동생 베아트리체, 계모 루크레치아가 끔찍하게 처형당했다.

베아트리체가 부당하게 죽었다고 사람들이 떠들어댔으므로 클레멘스 8세는 격노했다. 그러나 그는 또 한 번의 혹독한 재판을 하여 평판을 더욱 떨어뜨리게 된다.

조르다노 브루노 재판

첸치 일가 중에서 베아트리체와 계모 루크레치아는 로마의 산탄젤로 성에 갇혀 있었고, 자코모와 베르나르도 형제는 토르디노나의 감옥에 수감되어 있었다. 같은 시간, 첸치보다 역사적으로 훨씬 더 유명한 사람이 이 감옥에 갇혀 있었다. 철학자 조르다노 브루노Giordano Bruno, 1548~1600다.

그는 신의 아들인 예수 그리스도가 인간의 몸으로 태어났다는 것, 삼위일체, 실체변화transubstantiation를 부정했다. 기적에 의심을 품고 수도사를 조롱했으며(자신이 도메니코회 수사였는데도) 종교 대신 철학을 주장하여 이단으로 기소되었다. 베네치아에서 로마로 인도된 뒤 1593년 2월에 투옥되었다. 게다가 그는 음란한 목적으로 너무나도 많은 여자들의 집에 출입하여 비난받고 있었다.[16]

그리고 조르다노 브루노는 첸치 일가가 처형된 지 반년도 지나지 않은 1600년 2월 로마의 캄포 데이 피오리(꽃의 광장)에서 화형에 처해졌다. 교황 클레멘스 8세는 그해를 성스러운 해로 선포했다.

이런 일이 있어서야 되겠는가. 성년(聖年)이라는 해에 전(前) 도메니코회 수사가 화형에 처해지는 것을 보고 전 유럽이 두려움에 떨었고, 인기 없는 새로운 파도가 교황을 덮쳤다. 한쪽에 베아트리체, 또 한쪽에 브루노, 이 두 사람이 교황청 권력의 부정과 편협함에 의한 희생자의 상징이 되었다.[17]

브루노는 왜 화형에 처해졌던 것일까? 그는 1584년 나폴리 근교 놀라에서 태어났다. 나폴리로 나가 공부하고 1566년 산도메니코 수도원에 들어갔다. 당시 나폴리는 퇴폐적이고 이단적 사상이 소용돌이치고 있었으므로 젊은 부르노도 그것에 사로잡혀 수도원에 있을 수 없어서 로마, 베네치아 등지를 방랑하다 1579년 제네바에 도착했다. 제네바는 일찍이 칼뱅의 종교개혁이 활발했던 도시다. 그러나 이곳에도 있을 수 없어 1581년 파리로 떠났다.

브루노는 파리에서 프랑스의 주영대사 미셸 드 카스테르노의 신세를 지며 그와 함께 영국으로 가서 2년 반을 같이 지냈다. 그는 카스테르노가 대사에서 경질되자 1585년 파리로 돌아왔는데, 정정이 불안했기 때문에 다시 독일로 향했다. 파리에서는 학자로서 간신히 인정받고 저서도 알려져 파리대학의 교수 자리도 기대된 상황이었다. 그러나 구교도와 위그노가 격렬하게 싸우고 있었으므로 파리는 브루노가

---

16 ノルベルト・ヴァレンティーニ, 같은 책.
17 ノルベルト・ヴァレンティーニ, 같은 책.

안주할 땅이 아니었다.

그런데 왜 브루노는 주영대사와 함께 런던으로 갔던 것일까? 그때 그는 프랑스 왕 앙리 3세가 엘리자베스 여왕에게 보내는 편지를 갖고 있었다. 그리고 런던에서는 대사의 손님으로 프랑스 대사관에 머물고 있었다. 학자가 왜 외교관의 비서가 되었을까?

이것에 대해 프랜시스 예이츠Frances Amelia Yates, 1899~1981는 《조르다노 브루노의 종교적 방침》(1939~1940)에서 브루노가 앙리 3세의 스파이였을 거라고 추정하고 있다. 시미즈 준이치(淸水純一)의 《조르다노 브루노 연구》(1970)[18]는 그것이 가설에 지나지 않다고 말하고 있다.

영국에서 브루노는 대지가 회전하고 있다는 코페르니쿠스의 지동설을 말하며 논쟁을 시도하여 옥스퍼드의 학자들에게는 '유랑 마술사'로 보이고 있었다. 그러나 그는 독자적 우주론을 전개하여 옥스퍼드와 파리의 학계와 대립하고 독일로 떠났다. 비텐베르크나 프라하를 편력하고 1591년 결국 이탈리아로 돌아왔다. 베네치아의 귀족 조반니 모체니고의 초청에 응한 것이었다. 하지만 그것은 함정이었다. 모체니고는 브루노로부터 기억술 등 마술의 비법을 얻을 수 있을 것으로 기대했는데, 그것이 잘 되지 않자 이단 심문 재판에 고발하는 가혹한 배신을 했던 것이다. 브루노는 먼저 베네치아에서 종교재판에 회부되었고, 다시 로마로 이송되어 사무적인 이단 심문을 받았다.

1593년 브루노는 로마의 감옥에 투옥되어 7년간이나 미결수로 수감되었다. 그의 유죄 증인이 된 사람은 모체니고 이외에는 베네치아 감옥의 수인이었다. 감옥 안에서 함께 있었던 수인들이 그가 이단 사상을 이야기했다고 증언했던 것이다. 수많은 여자와 잤다는 등의 죄를 추궁당한 것도 수인들끼리의 허풍 등에서 나왔을 것이다.

어쨌든 로마에서의 심문은 7년이나 걸렸다. 오랫동안 중단되었다가 1599년 8개조의 이단 사항이 정리되었고, 그것을 철회하도록 브루노에게 요구했다. 그러나 그는 철회를 거부했고, 1600년 처형이 결정되었다. 조르다노 브루노에 대해서는 최근 들어 사소한 스캔들이 지적되어 화제가 되었으므로 그것을 덧붙이기로 하겠다. 존 보시John Bossy의 《조르다노 브루노와 대사관의 미스터리Giordano Bruno and the embassy affair》[19]인데, 이 책은 1991년에 나온 것으로 런던 시절의 브루노가 스파이라는 설에 새로운 추리를 더하고 있다. 그것에 따르면 브루노는 프랑스 왕의 스파이가 아니라 반대로 엘리자베스 1세의 스파이였다는 것이다. 여왕의 비밀정보기관장 프랜시스 월싱엄은 런던의 프랑스 대사관에 헨리 파고트라는 스파이를 잠입시켜 두었는데, 이 파고트라는 이름이 브루노가 스파이로 사용한 이름이었다는 것이다.

어쩐 일인지 최근에 월싱엄의 전기가 잇따라 출판되었다. 스티븐 브디안스키의 《여왕 폐하의 비밀정보기관장》(2005)[20], 로버트 허친슨의 《엘리자베스의 비밀정보기관장》(2006)[21] 등이다. 아마 런던에서의 러시아 스파이 사건 등에서 영향을 받아서일 것이다. 이 두 권의 책은 브루노가 월싱엄에게 고용된 스파이라는 설을 담고 있다.

18　清水純一, 《ジョルダーノ・ブルーノ研究》, 創文社, 1970
19　ジョン・ボッシー, 浜林正夫・鏡ますみ・葛山初音譯, 《ジョルダーノ・ブルーノと大統領のミステリー》, 影書房, 2003
20　Budiansky, Stephen "Her Majesty's Spymaster" Plume 2006.
21　Hutchinson, Robert "Elizabeth's Spy Master" A Phoenix Paperback 2006.

카라바조의 죄

1599년 첸치 일가의 처참한 처형 장면을 한 화가가 보고 있었다. 그는 바로 그 무렵부터 참수 장면을 그리게 된다. 화가의 이름은 미켈란젤로 메리지Michelangelo da Caravaggio, 1571~1610다. 그는 밀라노 근처의 카라바조 출신이어서 카라바조라는 이름으로 알려져 있다. 그 자신이 살인을 비롯한 범죄에 관련되었고 그 범죄에 의해 쫓기다가 생애를 마쳤다. 하지만 훌륭한 그림을 그렸다.

카라바조는 1571년에 태어났다. 밀라노에서 화가 수업을 받았지만 어떤 사건(살인이라고도 한다)에 연루되어 그곳에 있을 수 없게 되자 로마로 도망쳤다. 불량한 동료와 소동을 벌이거나 갑자기 발끈하여 싸움을 벌이는 성격은 내내 변하지 않았던 것 같다.

카라바조는 1593년부터 로마에서 화가로 활동한다. 그 재능을 인정한 프란체스코 델 몬테 추기경이 그의 후원자가 된다. 델 몬테가 처음으로 사준 그림이 〈카드 판의 사기꾼〉이었다는 것은 무척 흥미롭다. 카라바조는 평소 사기꾼이나 범죄자, 창부 등과 어울렸고 그들을 자주 화폭에 담았다.

델 몬테는 알렉산드로 스포르차 추기경의 사촌형제이고 페르디난도 데 메디치 추기경의 친구였다. 페르디난도는 〈메디치의 비너스〉를 비롯한 고대 조각의 수집가로, 1588년 추기경을 사임하고 토스카나 대공이 되었다.

델 몬테는 로마 메디치 가의 저택(빌라 마다마)에서 살고 있었다. 그는 카바라조에게 마다마 저택의 한 방을 내주고 그림을 그리게 했다. 카라바조는 1596년부터 1600년까지 그곳에 머물렀다. 데스먼드 슈어드Desmond Seward, 1935~의 《카라바조 – 열정적인 생애Caravaggio : a passionate life》[22]는 첸치 사건이 카라바조의 그림에 영향을 미쳤다고 말하고 있다.

첸치 공작이 자식들에 의해 살해된 이 사건은 시중의 관심을 모았다. 그리고 그들의 무참한 처형은 분명히 카르바조의 그림에도 영향을 미쳤다.

카라바조가 첸치의 처형을 지켜봤다는 직접적인 증거는 없지만 분명히 그랬을 거라는 것이다. 왜냐하면 페르디난도는 델 몬테에게 첸치의 집행을 유예해달라고 교황에게 부탁해주었으면 좋겠다는 말을 했기 때문이다. 빌라 마다마에서는 한동안 이 사건이 화제가 되었을 것이고, 카라바조도 아마 보러 갔을 것이다.

1599년 카라바조는 〈유디트와 홀로페르네스〉를 그렸다. 구약성서의 이야기로, 유대인 여자 유디트가 아시리아의 장군 홀로페르네스의 목을 잘라 유대를 구한다. 유디트는 카라바조가 흔히 모델로 썼던 창

---

22 デズモンド・スアード, 石鍋眞澄・石鍋眞理子譯,《カラヴァッジョ　灼熱の生涯》, 白水社, 2000.

부 필리데 멜란드로니Fillide Melandroni이고, 목이 잘리는 홀로페르네스는 화가의 자화상이라고 한다.

카라바조는 잘린 머리 그림을 열 장도 넘게 그렸는데 그중의 몇 장은 자화상이라고 한다. 자신이 죄인이고 언제가 목이 잘릴 것이라고 예감하고 있었던 것일까? 메디치의 저택에서 보낸 안락한 생활도 그를 안정시키지 못했다. 열중하여 그림을 그리지만 다 그리고 나면 칼을 차고 로마 밤거리를 어슬렁거리며 밤도둑이나 통행인을 베는 등의 소동을 일으켜 체포되거나 고소당하는 황폐한 생활을 이어가고 있었다. 그런 와중에도 뛰어난 그림을 많이 그렸다.

그러나 1606년 불량배인 라누초 톰마소니Ranuccio Tomassoni와 싸움을 하게 되어 그를 칼로 찔러 죽이고 말았다. 그 사건으로 결국 로마에서 도망가지 않으면 안 되었다. 얼마 후 카라바조는 나폴리에 나타났고, 화가로서 환영받았다.

1607년 나폴리 만에 몰타(성 요한) 기사단의 갤리선이 입항했다. 카바라조는 몰타 기사단에 들어가고 싶은 희망이 있었다. 몰타 기사단은 템프(성전) 기사단이 없어진 뒤에도 남아 있던 성 요한 기사단을 잇고 있었다. 죄 많은 전반의 삶을 거기에서 정화하고 싶었던 것일까?

한편 몰타 기사단에서는 그 성당을 장식할 성상화를 그려줄 화가를 찾고 있었다. 화가로서 명성을 얻고 있던 카라바조는 수도사로 받아들여져 몰타 섬에서 그림을 그린다. 그러나 여기서도 1년밖에 있을 수 없었다. 싸움을 하다 상대에게 부상을 입혀 도망가지 않으면 안 되었기 때문이다. 카바라조는 시칠리아에 숨어 있다가 1609년 나폴리로 돌아왔다. 그리고 은사(恩赦)를 찾아 로마로 향했다. 역시 도피 생활에 지친 것일까? 그의 후원자였던 시피오네 보르게제Scipione Borghese, 1576~1633 가 파울루스 5세의 조카였기 때문에 교황에게 중재해주기를 기대했던 것이다. 하지만 1610년 로마로 가는 도중 열병에 쓰러져 사망했다. 그림을 그리면서 죄를 짓고 쫓겨 다니기만 한 삶을 그렇게 마감했다.

헨리 8세와 여섯 명의 아내

헨리 8세(재위 1509~1547)는 유럽 사람들을 깜짝 놀라게 했다. 아내를 여섯 명이나 거느린다는 건 아무래도 엄청난 일이기 때문이다. 정력이 그렇게 뛰어났던 것일까? 아니 그 이상으로 많은 정부를 거느린 호색한 왕은 얼마든지 있었지만, 여섯 번이나 결혼한 것은 굉장한 일이 아닐 수 없다.

장미전쟁이라는 영국의 내란이 끝난 후 영국과 프랑스는 확실히 두 개의 국가로 분리되었다. 영국의 헨리 8세와 프랑스의 프랑수아 1세(재위 1515~1547)는 각자 자기 나라의 문제에 관심을 두고 있어 서로 싸울 여유가 없었다.

16세기 전반은 카를 5세, 프랑수아 1세, 헨리 8세가 맞서는 시대였다. 카를 5세와 프랑수아 1세가 싸우는 동안 헨리는 부지런히 결혼을 반복했던 것이다. 두 사람의 입장에서 보면 헨리 8세가 무척 자유분방하게 보여 부러웠는지는 모르겠지만, 본인에게는 나름의 사정이 있었던 듯하다.

장미전쟁이라는 내란이 끝난 후 헨리 튜더가 헨리 7세가 되어 튜더 왕조를 열었다. 헨리 7세의 장남 아서는 황태자가 되었으나 1502년 갑자기 세상을 떠났다. 차남인 헨리가 후계자가 되어 1509년 헨리 8세가 되었다. 헨리 7세의 딸 마거릿은 스코틀랜드 왕 제임스 4세(스튜어드 가)에게 시집갔다. 이 일로 나중에 영국과 스코틀랜드의 복잡하고 까다로운 관계가 발생한다.

형이 죽어 황태자가 된 헨리는 형의 아내였던 캐서린 오브 아라곤과 결혼했다. 그의 첫 번째 아내다. 캐서린은 카스티야의 이사벨과 아라곤의 페르난도 사이에서 태어난 딸이다. 양국이 합쳐져 스페인이 되었고, 게다가 오스트리아의 합스부르크 가와도 합쳐졌다. 그리고 캐서린을 헨리 7세의 황태자 아서에게 시집보내 영국과 동맹을 맺고 프랑스를 포위했던 것이다.

아서의 죽음은 충격이었지만 양국의 우호 관계를 위해 캐서린과 헨리를 결혼시켰다. 그러나 형수와의 결혼은 근친혼으로서 금지되어 있었기 때문에 교회의 특면장dispensations을 받지 않으면 안 되었다.

1509년 헨리 8세가 즉위하고 캐서린과의 결혼식이 거행되었다. 헨리는 열일곱 살, 캐서린은 스물세 살이었다. 몇 번의 임신도 하는 등 처음에는 이 결혼이 꽤 순탄한 것처럼 보였다. 그러나 1516년에 태어난 딸 메리만이 살아남았다.

결혼한 지 17~18년쯤 되자 헨리는 이혼을 생각하게 되었다. 캐서린에게 아들이 생기지 않자 헨리는 후계자를 걱정하기 시작했고, 그때 앤 불린Anne Boleyn이라는 여성이 나타났던 것이다. 또한 그 무렵 왕으로서 자신의 힘을 자각하게 된 이유도 있었다. 그의 치세 중 첫 20년간은 토머스 울지Thomas Wolsey, 1475~1530 등 교회 관계의 고관들에게 국정을 맡기고 있었다. 연상의 왕비도 그것을 보좌하고 있었고, 그는 로마 교황에게도 충실했다.

간섭하는 늙은 신하와 나이든 아내로부터 이제 자유로워지고 싶었던 것일까? 1526년 헨리 8세는 앤 불린이라는 젊은 아가씨와 사랑에 빠졌다.

앤 불린은 헨리의 여동생 메리가 프랑스 왕 루이 12세의 왕비가 되었을 때 시녀로서 시중을 들었는데, 영국으로 돌아와서는 왕비 캐서린의 시녀가 되었다. 그녀는 프랑스식 예법의 요염함으로 사내들을 매료시켰다고 한다. 그리고 헨리 8세도 그녀에게 마음을 빼앗겼다. 문제는 단순한 정부(情婦)가 아니라 그녀와 재혼하여 아들을 낳고 싶다고 왕이 결심한 일이었다.

캐서린과 어떻게 해야 헤어질 수 있을까? 헨리 8세는 18년이 지난 마당에 처음부터 그 결혼이 무효라고 주장했고, 대법관 울지에게 로마 교황의 허가를 얻도록 교섭하게 했다.

교황 클레멘스 7세는 그것을 허락하지 않았다. 일찍이 근친결혼의 특면장을 주었는데 이번에는 그것이 무효라는 것을 인정하라는 것이므로, 말도 안 되는 이야기였던 것이다. 그것은 교황의 체면과 관련된 문제일 뿐만 아니라 신성로마제국의 황제 카를 5세의 의향이기도 했다. 카를 5세는 오스트리아에서 스페인에 이르는 대제국을 상속받았다. 캐서린은 조카인 카를 5세에게 부탁하여 로마 교황이 이혼을 인정하지 않도록 힘써달라고 부탁했다.

교황과의 교섭에 실패한 울지는 추방되고 헨리 8세의 친정이 시작되었다. 그는 토머스 모어Thomas More, 1477~1535를 울지의 후임으로 앉혔다가 곧 해고하고, 토머스 크랜머Thomas Cranmer, 1489~1556를 캔터베리 대주교에 임명했다. 그리고 1533년 교황의 허가 없이 크랜머에게, 캐서린과의 결혼을 무효로 하고 앤 불린과의 결혼이 정당하다는 것을 인정하도록 했다. 로마 교황은 헨리를 파문했다. 그러자 헨리는 영국 교회를 로마와 절연하고 스스로 그 수장이 되었다. 그리고 그것에 반대한 토머스 모어를 처형했다. 모든 일에서 왕이 절대적 권력을 갖는다는 사실을 알렸던 것이다.

이혼과 재혼이라는 개인적 애증 문제가 갑자기 종교와 정치 문제와 결부되어버렸다. 헨리 8세는 어떻게든 앤과 결혼하고 싶다는 감정에서 결과적으로 종교적, 정치적 대변혁에 이르렀던 것일까? 아니면 결혼을 이용하여 대변혁을 의도한 것일까? 어쨌든 결과적으로 보면 헨리의 결혼 스캔들이 영국의 종교개혁을 성공시켰다고 할 수 있다. 그것을 계기로 로마 교황과 인연을 끊었고 576개의 수도원을 없애 그 막대한 재산을 독차지할 수 있었다. 몇 가지 문제는 남았지만, 그로써 영국은 프랑스나 독일과 같은 비참한 종교전쟁을 피할 수 있었다.

귀찮은 중신이나 교황을 정리하고 교회 재산을 모조리 몰수한 헨리 8세는 앤 불린과 경사스러운(?) 결혼식을 올릴 수 있었다. 그리고 아들의 출산을 기대했으나 태어난 것은 공주 엘리자베스였다.

실망한 헨리의 마음은 앤의 시녀 제인 시모어Jane Seymour에게 옮겨갔다. 이혼은 버릇이 되는 것일까? 또한 앤 불린이 왕비로서 횡포를 부렸기 때문에 그녀를 좋게 생각하지 않는 세력도 꿈틀거리기 시작했다. 그 배후에는 캐서린 오브 아라곤을 쫓아내고 왕비가 된 앤에게 반감을 가진 스페인이 있었다.

파국은 느닷없이 찾아왔다. 앤 왕비와 남동생 로시포드 자작 조지가 체포되었다. 조지의 친구 세 명이 앤 왕비와 밀통하고, 게다가 국왕의 암살을 기도했다는 것이다. 그리고 앤이 남동생 조지와 근친상간을 범했다는 것이다. 예전에 울지를 배반하고 앤 왕비와의 결혼을 도운 토머스 크롬웰Thomas Cromwell, 1485~1540이 이번에는 제인 시모어파로서 앤을 런던탑에 유폐했다.

조지 등은 곧 처형되었고 앤도 목이 잘렸다. 그리고 헨리와 앤의 결혼은 무효라고 선언되었다.

앤이 처형된 지 열흘 만에 헨리 8세는 제인 시모어와 세 번째 결혼을 했다. 하긴 그의 논리로는 이전에 있었던 두 번의 결혼은 애초에 성립할 수 없는 것이었으므로 이번이 첫 번째 결혼이 되겠지만 말이다.

1537년 제인은 아들(에드워드)을 얻었다. 헨리의 바람은 달성되었다. 그러나 제인은 출산 직후에 갑자기 죽고 말았다.

비서장관 토머스 크롬웰은 다음 왕비를 찾기 위해 유럽 대륙에 사절을 파견했다. 사절로 뽑힌 사람은 화가 한스 홀바인Hans Holbein, 1497~1543이었다. 그는 유럽의 종교전쟁을 피해 1532년 영국에 와서 궁정화가로 고용된 사람이었다. 그는 유럽에 파견되어 왕비 후보의 초상을 그리며 다녔다. 오늘날의 맞선용 사진을 찍는 사람 같은 것이었다.

그러나 프랑스나 스페인 공주들과의 이야기는 순조롭게 진행되지 않았고, 프랑스와 네덜란드 사이에 있는 소국 클레페 공국의 안나 공녀가 왕비 후보로 떠올랐다. 거기에는 당시의 국제 정세가 작용하고 있었다. 대립하고 있던 프랑스와 신성로마제국이 로마 교황을 중심으로 접근하여 가톨릭연합을 형성할 기미를 보이기 시작했던 것이다. 양자가 대립하고 있으면 영국은 안전하지만, 그들이 협력하면 교황과 대립하고 있는 영국은 고립될 수밖에 없다. 그래서 프로테스탄트 제후의 슈마르칼덴 동맹과 손을 잡고 대항하려고 했다. 클레페는 그 동맹에 속해 있었던 것이다.

헨리 8세는 지금까지의 세 아내와는 결혼 전부터 잘 알고 있었고, 특히 나중의 두 사람은 자신이 좋아하여 결혼했다. 정략적인 중매결혼이 많은 왕가에서는 드문 일이었다. 안나 오브 클레페와는 첫 맞선인 셈이었는데, 아무래도 순탄한 것은 아니었던 것 같다.

헨리는 안나를 싫어하여 손끝하나 대려 하지 않았다. 그리고 안나의 시녀 캐서린 하워드를 쫓아다녔다. 그 배후에는 측근들의 세력 다툼이 있었다. 안나 왕비를 지지하고 있던 토머스 크롬웰은 실각했다. 그 대신 노퍽 공작 토머스 하워드가 등장했다. 캐서린 하워드는 그의 조카였다.

또다시 결혼이 무효라는 주장이 나왔고 안나는 이혼당했다. 그리고 '왕의 여동생'이라는 애매한 신분으로, 은거 비용을 받으며 영국에서 생활했다. 1540년에 결혼하고 6개월 후에는 이혼당하고 런던에서 살다가 1557년에 세상을 떠났다.

헨리는 안나와의 결혼을 무효로 하자마자 캐서린 하워드와 결혼했다. 캐서린은 정숙하지 못한 여자였다. 서른 살 연상의 남편에게 싫증을 느끼고 젊은 남자와 놀아나는 경솔한 구석이 있었다.

캐서린과 그녀 덕분에 권력을 얻은 노퍽 공작에 대한 질투에서 음모가 꾸며졌다. 캐서린이 결혼하기 전에 교제한 일에 대한 밀고가 캔터베리 대주교 크랜머에게 들어왔다. 크랜머는 왕에게 통보했다.

　젊은 아내의 바람기에 격노한 헨리는 정부(情夫)들을 체포하고 끝내 왕비도 체포했다. 1543년 캐서린은 목이 잘렸다. 아직 스물한 살도 되지 않은 나이였다.

　국왕은 이미 늙고 몸의 상태도 좋지 않았다. 그리고 여섯 번째 아내도 정해지지 않았다. 영국은 스코틀랜드와 싸우고 있었다. 프랑스와 합스부르크 제국과의 전쟁이 재개되어 프랑스는 스코틀랜드와 동맹을 맺고 헨리 8세는 카를 5세와 손을 잡았다.

　스코틀랜드의 제임스 5세는 1542년에 죽었지만 그 직전에 왕비 마리 드 기즈는 메리를 낳았다. 훗날 스코틀랜드의 여왕이 되는 메리다.

　헨리 8세는 궁정에서 시중을 들고 있던 캐서린 파를 여섯 번째 아내로 맞이했다. 두 번 결혼하고 사별한 미망인으로, 침착한 재원이었다. 이제 섹시한 아가씨도 지긋지긋해서 노후를 위로해줄 가정적인 여성을 선택한 것인지도 모른다.

　캐서린 파는 토머스 시모어와 세 번째 결혼을 생각하고 있었는데, 왕의 결혼 신청을 받고 토머스를 포기했다. 왕비가 되고 나서 헨리의 아이들인 메리, 엘리자베스, 에드워드를 잘 보살피며 훌륭한 교육을 시켰다. 그녀는 병치레가 잦고 화를 잘 내는 만년의 헨리를 열심히 도왔다. 그렇게 대단하던 왕도 일곱 번째 아내를 가질 정열은 이제 없었던 듯하다. 안토니아 프레이저Antonia Fraser는 《헨리 8세의 여섯 왕비The Six Wives of Henry VIII》(1999)[23]에서 "이제는 침대 친구보다는 간호사가 필요했을 것이다"라고 말하고 있다.

23　アントーニア・フレイザ, 森野聰子・森野和彌譯,《ヘンリー八世の六人の妃》, 創元社, 1999.

엘리자베스의 처녀 전설

헨리 8세는 여섯 번 결혼했지만 딸 엘리자베스는 한 번도 결혼하지 않았다. 너무나 결혼을 많이 한 아버지로 인한 트라우마가 있었는지도 모른다. 그녀는 남자들을 다가오지 못하게 하는 처녀왕Virgin Queen이라 불렸다. 결혼은 하지 않았지만 애인이 있다는 걸 감추지도 않았다.

헨리 8세가 죽자 세 명의 아들이 차례로 왕이 되는데, 세 번째인 엘리자베스가 즉위하기까지 약 10년간은 혼란이 이어졌다. 먼저 제인 시모어의 아들 에드워드 6세(재위 1547~1553)가 아홉 살에 왕이 되었으므로 어머니 쪽의 백부(제인의 오빠) 서머싯 공작 에드워드 시모어가 실권을 장악했다. 그런데 에드워드의 동생 토머스 시모어는 헨리 8세의 미망인 캐서린 파와 결혼하고, 에드워드 6세와 제인 그레이Lady Jane Grey, 1537~1554를 결혼시키려고 하거나 엘리자베스의 마음을 끌거나 하면서 권력을 노리다가 1549년 결국 반역죄로 처형되었다. 이른바 시모어 사건이다. 이 음모에 엘리자베스도 가담한 것이 아닌가 하는 의심도 있었는데, 그 이후 그녀는 언동에 신중을 기했다고 한다.

이 사건을 이용하여 서머싯 공작 대신에 세력을 얻은 사람이 워릭 백작 존 더들리John Dudley다. 그는 1552년 서머싯 공작을 반역죄로 체포하고 처형하는 데 성공했다. 게다가 아들 길포드를 제인 그레이와 결혼시켜 제인을 에드워드 6세의 후계자로 만들겠다는 음모를 꾸몄다.

제인 그레이는 서포크 공작 헨리 그레이의 딸로, 헨리 8세의 증손이며 왕위 청구권을 갖고 있었다.

1552년 에드워드 6세가 병사하자 더들리가 옹립하는 제인 그레이가 왕위를 이었다. 그러나 노퍽 공작 토머스 하워드가 옹립한 메리(에드워드의 누나)가 승리하여 제인 그레이는 아흐레의 여왕으로 끝나고 런던탑에 유폐되었다. 존 더들리도 처형되었다.

헨리 8세와 캐서린 오브 아라곤의 딸 메리가 왕위에 올랐다. 본격적인 의미에서는 영국 최초의 여왕이다. 메리는 가톨릭이며 스페인의 펠리페와 결혼하여 신교도를 탄압했기 때문에 '피의 메리Bloody Mary'라 불리는 등 악명이 높았다. 그녀는 어머니가 이혼한 원인인 앤 불린의 딸 엘리자베스를 미워했다.

메리가 스페인에 접근하고, 아버지 헨리가 단절한 로마 교황과의 관계를 회복했기 때문에 영국은 스페인과 프랑스의 전쟁에 휩쓸렸다. 영국은 패하여 칼레를 잃었고, 국내에서는 농민 반란이 일어났다. 그러한 혼란의 와중인 1558년에 메리는 죽었고 왕위는 엘리자베스에게 넘어갔다. 얼마 지나지 않아 '엘리자베스 시대'를 구축하지만, 엘리자베스는 앤 불린의 딸로서 왕위에 오를 때까지 몇 번이나 위기에 봉착했다. 메리에 의해 런던탑에 유폐된 일도 있었다.

헨리 8세의 세 아이인 메리, 에드워드, 엘리자베스는 모두 자손을 남기지 못했다. 따라서 헨리의 두 자매인 메리와 마거릿의 자손이 왕위 계승자가 된다. 메리의 손자 제인 그레이는 처형되었다. 남은 사람은 마거릿의 손자 메리로, 그녀가 엘리자베스의 왕위에 도전한다.

메리 스튜어드는 스코틀랜드 왕 제임스 5세(마거릿과 제임스 4세의 아들)와 프랑스의 공주 마리 오브 로렌의 딸이다. 그녀와 던리 백작 헨리의 아들 제임스가 엘리자베스 이후 잉글랜드의 왕이 되어 스튜어드 왕조를 열었다.

엘리자베스와 메리 스튜어드는 잉글랜드와 스코틀랜드의 여왕으로서 숙명적인 갈등을 보여주었다. 엘리자베스는 결혼을 하지 않았는데, 남자를 싫어한 것은 아니었다. 그녀는 아주 공공연하게 남자친구들과 놀았기 때문에 스캔들이 되었다. 초기의 스캔들은 로버트 더들리와의 교제였다. 로버트 더들리는 노섬벌랜드 공작 존 더들리의 아들로, 엘리자베스의 소꿉친구인데 넌지시 결혼할 뜻을 보이고 있었다. 그러나 아버지 존 더들리는 이미 말한 것처럼 제인 그레이를 옹립하여 왕위를 노리다 처형된 사람이다. 그때 로버트도 런던탑에 일시적으로 갇혀 있었다. 엘리자베스가 여왕이 되자 두 사람은 갑자기 친해져 대신들의 눈살을 찌푸리게 했다. 로버트는 반역자의 아들이고 또 에이미 롭사트라는 아내가 있었다.

엘리자베스는 즉위하자 로버트를 말을 돌보는 책임자_{Master of the Horse}로 임명하고 측근으로서 총애했다. 여왕은 승마를 좋아해서 로버트가 항상 함께했다. 두 사람에 관한 소문은 영국에 들어와 있는 각국의 스파이에 의해 유럽 전역으로 퍼져나갔다. 1559년 여왕은 그를 가터 기사로 임명했다. 그는 거무스름하고 스마트한 스포츠맨으로 여자들에게 매력적인 남자였다. 그러나 남자들에게는 그다지 신뢰받지 못했다.

1560년 엘리자베스는 영국 전역을 순행하며 여왕으로서는 처음으로 얼굴을 보여 대환영을 받았다. 로버트가 화려한 의상을 입고 동행했다. 로버트는 아내가 있다는 것을 숨기고 있었다. 엘리자베스는 알지 못했는지도 모른다고 한다. 1560년 9월 로버트의 아내 에이미가 계단 밑에서 목이 부러져 죽은 채로 발견되었다. 유방암에 걸려 괴로워하다가 자살한 것이라고 하지만 남편 로버트가 죽인 게 아니냐는 소문이 돌았다. 그래도 엘리자베스의 총애는 그치지 않았다. 1564년 로버트 더들리는 레스터 백작이 되었다.

그러나 이때 여왕은 결혼을 포기하고 있었던 듯하다. 누구와도 결혼하지 않겠다고 결심하고, 마음에 든 남자(로버트—옮긴이)에게 좋은 사람을 소개해주겠다고 했다. 놀랍게도 스코틀랜드 여왕 메리와 결혼시키려고 했다. 로버트는 엘리자베스 이외에 사랑하는 사람이 없다고 말했다. 그래서 엘리자베스는 점점 더 로버트를 총애했다고 한다. 로버트는 말솜씨가 좋은 사람이었다. 그는 매일 아침 엘리자베스의 침실로 찾아가 아직 침대에 있는 여왕에게 아침 키스를 했고, 그 사실을 모두가 알고 있었다.

로버트는 자주 결혼을 졸랐지만 엘리자베스는 늘 대답을 미뤘다. 이도 저도 아닌 상태가 계속되었고 기다림에 지쳐 안절부절못한 나머지 로버트는 1573년 결국 셰필드 경의 미망인 더글러스와 결혼했다. 그러나 금세 싫증이 났다.

그리고 에식스 백작의 미망인 레티스 놀리스와도 비밀 결혼을 했다. 누군가 이 일을 엘리자베스에게 밀고했다. 화가 난 여왕은 레스터 백작 로버트 더들리를 궁정에서 추방했다. 하지만 며칠도 못 가 금세 다시 불러들였다.

1579년 엘리자베스의 결혼 이야기가 나왔다. 앙주 공작 프랑수아 앙리(나중의 앙리 3세)가 그 상대였다. 엘리자베스가 마흔다섯 살이었 고 앙주 공작은 스물세 살이었다. 그녀는 꽤 마음이 움직였지만 여느 때처럼 망설이다가 결국 그만두었다.

낭만적인 관계는 끝났지만 레스터 백작 로버트는 그 후에도 계속해 서 여왕의 측근이었다. 1588년 스페인의 무적함대에 대한 역사적인 승 리 이후 그는 은퇴했고 병으로 죽었다.

그 대신 여왕의 총애를 얻은 사람은 레스터 백작의 의붓아들 에식 스 백작 로버트 데버루Robert Devereux, 1566~1601였다. 그는 레스터 백작 로 버트가 결혼한 레티스와 그녀의 전남편 에식스 백작 사이에서 태어난 아들로, 1584년부터 계부와 함께 궁정에 출입했다. 잘생기고 용감했기 때문에 순식간에 궁중에서 인기 있는 사람이 되었다.

여왕은 서른세 살 연하의 이 젊은이를 한시도 옆에서 떨어뜨려 놓 지 않을 정도로 애착을 가졌다. 마치 애완동물에 대한 사랑 같은 것 이었다.

로버트 데버루는 용감한 무장으로서 인정받고 싶었다. 프랜시스 베 이컨Francis Bacon, 1561~1626이 그를 단련시켰다. 로버트 데버루는 전쟁에 나 가고 싶어 했지만 여왕은 그를 떠나보내는 것을 좀처럼 허락하지 않 았다.

독신의 여왕답게 엘리자베스는 측근의 결혼을 기뻐하지 않았다. 그 러나 로버트 데버루는 1590년 프랜시스 시드니와 결혼했다. 그녀는 중신 프랜시스 월싱엄의 딸로 미망인이었다. 여왕은 화를 냈지만 얼마 안 있어 화해했다. 로버트 데버루는 마치 아내가 없는 사람처럼 여왕과 시시덕거렸다.

1591년 앙리 4세의 요청으로 영국군을 프랑스에 보내게 되었다. 로버트 데버루는 간청하여 종군했지만 경험이 부족하여 패하고 여왕에게 질책을 받았다. 그는 점차 노처녀인 여왕에게 싫증을 내기 시작했다. 그래도 여왕의 총애를 다투던 월터 롤리Walter Raleigh, 1552?~1618와 같은 라이벌에게는 심한 질투심을 느꼈다.

1598년 아일랜드에서 반란이 일어났다. 로버트 데버루는 진압군을 지휘하게 해달라고 했으나 여왕이 거부하자 말다툼이 되었다. 여왕은 그의 뺨을 후려쳤다. 로버트 데버루의 손이 칼로 갔으나 노팅엄 백작이 그를 제지했다. 로버트 데버루는 밖으로 나갔다. 그 자리는 얼어붙었다.

놀랍게도 여왕은 그를 용서했다. 그리고 아일랜드 파견군의 지휘를 맡겼으나 실패했다. 그는 여왕의 지령을 기다리지 않고 도망쳐 돌아왔고 곧 해임되었다. 로버트 데버루는 칩거했다. 그는 여왕에게 편지를 썼다. 그가 기다리고 있던 스위트와인 수입의 특허권을 계속 갖게 해달라는 내용이었다. 그 편지는 여왕의 마음을 깨어나게 했다. 마음의 문제로서 사죄해주기를 바랐는데 고작 와인 이야기인 것이 불만스러웠다.

여왕은 로버트 데버루의 와인에 대한 권리를 거부했다. 그는 여왕을 매도했다. '허리가 구부러진 할망구' 따위의 말을 했다. 그 말을 들은 여왕은 결국 발끈하여 그의 궁정 복귀를 막아버렸다.

로버트 데버루는 불끈해서 반란을 계획했다. 그는 스코틀랜드의 제임스 6세와 은밀히 연락하여 여왕을 폐위시키려고 했다. 그러나 곧 발각되어 체포되었고 런던탑으로 보내졌다. 1601년 로버트 데버루는 처형되었다. 그의 나이 서른네 살이었다. 그는 "이 사악한 세계의 쾌락에 빠진 것이 내 죄다"라고 말했다.

이상은 엘리자베스 자신의 스캔들이지만 좀더 성가신 것은 스코틀랜드 여왕 메리의 스캔들이다. 그녀는 스캔들에 쫓겨 영국으로 도망쳐와 보호를 요청했는데, 이번에는 엘리자베스에 대한 다양한 음모를 꾸미려고 했다.

메리는 스코틀랜드 왕 제임스 5세와 마리 오브 기즈의 딸로, 헨리 8세의 누나 마거릿의 피를 잇고 있었다. 1542년 내란으로 아버지가 사망했을 때 아직 태어난 지 일주일밖에 안 된 그녀가 스코틀랜드의 여왕이 되었다. 어머니는 어린 여왕이 위험했으므로 그녀를 친정인 프랑스로 보냈다. 어머니는 섭정으로서 스코틀랜드에 남았다.

그녀는 앙리 2세의 궁정에서 자랐다. 그리고 1558년 황태자 프랑수아와 결혼했다. 1560년 앙리 2세가 죽었으므로 프랑수아 2세가 즉위하고 메리는 프랑스의 왕비가 되었다. 그러나 프랑수아도 곧 죽었고, 어머니도 그 직전에 세상을 떠났다. 프랑수아의 남동생 샤를 9세가 프랑스 왕위를 계승했다. 이제 프랑스 궁정에 메리가 있을 곳은 없었다. 1561년 그녀는 스코틀랜드로 돌아와 대관식을 거행했다.

스코틀랜드는 새로운 여왕을 환영하지 않았다. 프랑스인이고 가톨릭이며 여자였기 때문이다.

그녀는 단리 경 헨리 스튜어드와 결혼했다. 잘생겼고 여성에게 인기도 많았지만 남자에게는 인기가 없었고 다른 귀족의 미움을 받고 있었다. 헨리가 다른 여자와 놀아나는 것을 알고 메리도 정부를 만들었다. 그중의 한 사람이 이탈리아에서 온 다비드 리치오David Rizzio였다.

1566년 메리가 리치오와 식사를 하고 있는데 헨리가 암살자를 데리고 나타나 리치오를 참살했다. 그리고 메리를 유폐했다. 그녀는 임신 중이었고 곧 제임스를 낳았다.

이 사건 후 메리는 헨리와 헤어질 생각을 하게 되었다. 1567년 헨리가 있던 집이 폭파되었다. 그는 밖으로 도망쳤지만 거기서 기다리고 있던 암살자에게 목이 졸려 죽었다.

범인은 밝혀지지 않았지만 보즈웰 백작 제임스 헵번James Hepburn이 의심을 받았다. 그가 범인인지 메리가 그에게 살해를 부탁했는지는 모르지만, 보즈웰은 헨리를 죽였고 게다가 메리와 왕위까지 노리고 있었다는 것은 분명하다.

보즈웰은 메리를 밀실로 유인해 강간했다. 메리는 남편의 죽음과 보즈웰의 폭력에 정신이 혼란스러웠는지 보즈웰과 결혼했다.

역시 이 두 사람을 스코틀랜드의 왕위에 앉혀둘 수는 없다며 다른 귀족들이 반란을 일으켜 보즈웰을 내쫓고, 1567년 메리를 압박하여 퇴위시켰다. 아직 한 살인 아들 제임스 6세가 왕으로 즉위했다. 메리는 영국으로 망명하여 엘리자베스에게 보호를 요청했다.

엘리자베스에게 메리는 난감한 존재였다. 영국의 가톨릭은 그녀를 받들어 세력을 회복하려고 했다. 그 배후에는 프랑스나 스페인이 있었는데, 엘리자베스 대신 메리를 영국 왕에 앉히고 싶어했다.

영국에서 메리는 가만히 있지 못하고 이것저것 획책하기 시작했다.

엘리자베스의 비밀정보기관장 프랜시스 월싱엄이 메리를 감시하고 있었다. 월싱엄은 여러 나라의 궁정에 53명의 스파이를 보내놓고 있었으며, 유럽의 42개 도시에 스파이망을 가지고 있었다. 조르다노 브루노가 그 스파이 중의 한 명이었다는 것은 앞에서 말했다.

월싱엄은 메리가 위험하니 당장 처리해야 한다고 생각했지만 엘리자베스는 엄중한 처분을 망설이고 있었다. 그래서 월싱엄은 함정을 파서 유죄로 만들 음모를 꾸몄다. 역 스파이Counterspy 작전을 펼친 것이다.

1571년 엘리자베스를 암살하자는 최초의 음모가 계획되었다. 이는 피렌체의 은행가 로베르토 리돌피Roberto Ridolfi가 중심이었으므로 리돌피 사건이라 불린다. 스페인 왕 펠리페 2세와 로마 교황이 막후의 인물이었다.

계획에 따르면 리돌피가 6천 명의 병사를 이끌고 영국에 상륙하고, 그 혼란을 틈타 영국 동부의 노퍽 공작 일당이 엘리자베스를 유괴하여 유폐하는 작전이었다. 그리고 노퍽 공작 토머스 하워드가 메리와 결혼하여 둘이서 잉글랜드, 스코틀랜드 양국을 지배할 예정이었다.

그런데 리돌피의 입이 가벼워 정보가 새어나갔고, 일당이 체포됨으로써 계획은 미수에 그쳤다. 노퍽 공작은 처형되었다. 이 음모에 메리도 관련되어 있었으므로 처형해야 한다고 중신들은 말했지만 엘리자베스는 허락하지 않았다.

그래서 월싱엄은 좀더 결정적인 함정을 파서 빠져나가지 못하도록 할 생각이었다. 스페인의 펠리페 2세는 대함대를 준비하여 영국 진공을 계획하고 있었다. 메리는 그 음모와 관련되어 있어 무슨 일이 있어도 제거하지 않으면 안 되었다.

월싱엄은 메리를 체포하기 위해 앤터니 배빙턴이라는 젊은 귀족을 이용했다. 배빙턴은 가톨릭으로, 스코틀랜드 여왕의 숭배자였다. 배빙턴에게 여왕으로부터 편지가 도착했다. 기뻐서 어쩔 줄을 모르게 된 그는 답장을 쓰고 편지를 주고받게 되었다. 그 편지에는 가톨릭의 비밀스러운 움직임 등이 쓰여 있었다. 1586년 메리의 심부름꾼 존 밸러드가, 영국의 가톨릭이 봉기하여 엘리자베스를 죽일 거라는 계획을 배빙턴에게 털어놓고 가담해줄 것을 요구했다.

배빙턴은 유럽으로 건너가 그 준비를 하게 되었다. 출국하기 위해서는 프랜시스 월싱엄의 허가장이 필요했다. 로버트 폴리라는 남자가 허가장을 주선해주었다. 사실 폴리는 월싱엄의 스파이고, 배빙턴의 움직임은 모두 그에게 보고되었다. 배빙턴은 여왕에게 봉기 계획을 전했는데 그 편지도 월싱엄을 경유해서였다.

결국 증거를 잡았다고 확신한 월싱엄은 배빙턴을 체포하여 런던탑에 가두고 고문을 하여 자백을 받았다. 존 밸러드도 체포되어 두 사람 모두 처형되었다.

그리고 메리 여왕도 재판에 회부되었다. 사형 판결이 내려졌다. 그러나 엘리자베스는 이것에 서명하는 걸 망설였다. 월싱엄 등의 중신은 서명을 강력하게 압박했다. 스페인의 진공은 이제 눈앞에 닥쳐오고 있었다. 만약 메리를 처형하지 않는다면 프로테스탄트의 지지를 받을 수 없고 영국은 점령당하고 말 것이다.

엘리자베스는 서명을 했고, 1587년 스코틀랜드 여왕 메리는 처형되었다. 그 소식을 듣고 엘리자베스는 히스테리를 일으켜 대신들에게 너희들이 죽었다며 욕설을 퍼부었다. 수상인 벌리 경 로버트 세실은 "연극은 그만두시죠!"라고 말했다. 엘리자베스는 조용해졌다. 다들 그녀가 메리를 증오하고 있었고 없어진 것에 안도의 한숨을 쉬고 있다는 것을 알고 있었던 것이다.

이듬해 스페인의 무적함대가 몰려왔다. 영국 해군이 그것을 격파한 것은 잘 알려져 있다.

카트린 드 메디시스

16세기 전반은 헨리 8세(영국), 프랑수아 1세(프랑스), 카를 5세(신성로마제국)의 시대였다. 16세기 중반에는 세대가 교체되어 앙리 2세(프랑스), 펠리페 2세(스페인), 페르디난트 1세(독일), 그리고 엘리자베스 1세(영국)가 등장했다. 펠리페 2세는 메리 튜더(헨리 8세의 딸)와 결혼했지만 나중에 앙리 2세의 딸 엘리자베스 드 프랑스를 아내로 삼았다. 그녀는 처음에 펠리페의 왕자 돈 카를로스의 약혼자였는데, 왕자가 죽자 펠리페가 직접 그녀와 결혼한 것이다.

1533년 앙리 2세는 이탈리아의 메디치 가의 딸 카트린 드 메디시스Catherine de Médicis, 1519~1589와 결혼했다. 처음에 그녀는 이탈리아 상인의 딸이라며 바보취급을 당했고, 왕은 연상의 미녀 디안 드 푸아티에Diane de Poitiers, 1499~1566에게 빠져 있어 아이도 생기지 않았다. 그러나 10년쯤 지난 1544년부터 카트린은 갑자기 임신하기 시작하여 열 명의 아이를 낳았다. 막대한 비용을 지불하고 불임치료를 해야 할 정도였다.

1559년 앙리 2세는 기마시합에서 입은 부상으로 갑자기 죽었다. 아들인 프랑수아 2세가 즉위했다. 그는 메리 스튜어트와 결혼했다. 그러나 1년 만에 갑자기 그도 죽어 동생인 샤를 9세가 왕위를 계승했다. 어렸으므로 어머니 카트린이 섭정을 했다. 그녀는 1589년에 죽을 때까지 30년에 걸쳐 프랑스의 국정에 관여했다. 그것은 바로 피비린내 나는 종교전쟁이 미친 듯이 날뛰던 시대였는데, 그녀도 그것에 많은 책임이 있었다. 그녀가 이탈리아에서 평범하게 결혼했다면 그런 재해는 없었을지도 모른다고 말하는 사람도 있다. 이탈리아에서 온 이 마녀의 인생도 더할 나위 없이 기구했던 것이다.

1559년 앙리 2세가 죽자 프랑스는 혼란기에 들어갔다. 세 명의 남자는 아직 어렸다.

국가는 평화와 권위를 필요로 하고 있었다. 그러나 누가 명령을 내릴 힘을 갖고 있었을까? 새로운 왕 프랑수아 2세는 열다섯 살의 소년으로, 몸도 좋지 않고 부스럼에 고민하던 허약한 체질이었다. 왕후 카트린 드 메디시스는 당당한 여장부로 지적이고 타협적이었는데, 정략가였지만 정치가는 아니었다. "신은 세 명의 유아와 완전히 분열된 국왕과 함께 나를 남겼다"라고 그녀는 딸인 스페인 왕비에게 썼다.[24]

세 개의 당파, 즉 부르봉 가, 기즈 가, 몽모랑시 가가 다투고 있었다. 부르봉 가는 앙투안 드 부르봉이 중심이었다. 그는 잔 달브레Jeanne d'Albret와 결혼하여 나바르 왕이 되었다. 기즈 가는 로렌 귀족이며 일가인 메리 스튜어트가 스코틀랜드 여왕이 되었고, 게다가 프랑수아 2세와 결

---

24 アンドレ・モロワ, 平岡昇他譯,《フランス史》, 新潮社, 1952.

혼하여 프랑스 왕비가 되었으므로 급격히 세력을 얻었다. 몽모랑시 가는 기즈 가와 대립하고 있었다.

기즈 가는 광신적인 가톨릭이고, 부르봉 가는 위그노(신교)파에 기울어져 있었다. 몽모랑시 가는 가톨릭이 중심이지만, 위그노파도 있었는데 그 수령은 콜리니Gaspard de Coligny, 1519~1572 제독이었다.

기즈 가의 지지를 받고 있던 프랑수아 2세가 곧 죽고 어린 샤를 9세가 즉위했기 때문에 섭정이 된 카트린이 갑자기 국정의 키를 잡게 되었다. 그녀의 타협적인 정책은 가톨릭과 위그노 모두를 만족시키지 못하여 두 파는 충돌하고 내란 상태가 되었다. 가톨릭 뒤에는 펠리페 2세, 위그노 뒤에는 엘리자베스 여왕이 있었다.

1563년 가톨릭의 지도자 기즈 공작(프랑수아)이 암살당했다. 콜리니의 지령이었다는 소문이 돌았다. 전해의 전투에서 앙투안 드 부르봉이 죽고, 잔 달브레의 아들 앙리가 나바르 왕(나중의 앙리 4세)이 되었다. 그는 위그노파의 기대를 모으고 있었다.

카트린은 정략적으로 움직이기 시작하여 딸 마르그리트를 나바르 왕 앙리와 결혼시키고 아들 앙주 공작을 엘리자베스 여왕과 결혼시켜 스페인과 가톨릭에 대항하려고 했다. 엘리자베스는 여느 때처럼 능장을 부리며 답장을 보내지 않아 진척이 되지 않았고, 나바르 왕과의 혼담은 성사되었다. 1572년 8월 18일 파리에서 두 사람의 결혼식이 화려하게 거행되었다. 하지만 어떻게 된 결혼식이었을까? 그 배후에서는 카트린 드 메디시스가 끔찍한 학살을 준비하고 있었다.

카트린은 아들 샤를 9세가 콜리니 제독과 친해져 위그노에 기울어졌고, 자신에게 알리지도 않은 채 영국과 손을 잡고 스페인과 싸우려고 한 것을 걱정하고 두려워했다. 그녀가 바란 것은 세력 균형에 의한 평화였다. 그 균형이 위그노에 기울어져 있다고 느낀 카트린이 기즈가와 공모하여 콜리니 암살을 계획한 것이다.

앙리와 마르그리트의 결혼식을 위해 위그노의 수령들이 파리로 왔다. 가톨릭파와의 긴장이 고양되어 일촉즉발의 상황이었다. 결혼식이 끝나고 얼마 되지 않은 8월 22일 콜리니가 저격을 당해 부상을 입었다. 암살에 실패한 카트린은 사건의 진상이 드러나 위그노가 반격하기 전에 공격에 나서 위그노를 학살했다. 그것이 '생 바르텔레미 대학살'이다. 파리에서 수천 명이 살해되었다. 이제 막 결혼한 앙리 드 나바르와 숙부 콩데 공작은 체포되어 개종을 강요받았다. 앙리는 개종하는 척했다. 그는 그대로 파리의 궁정에 갇혔다.

1574년 샤를 9세가 죽고 동생 앙리 3세가 왕위를 계승했다.

카트린은 자신의 딸을 위그노파의 앙리 드 나바르와 결혼시키면서 결혼식을 위해 파리로 찾아온 콜리니를 비롯한 위그노파 사람들을 학살했다. 딸의 결혼에 피의 세례를 주었던 것이다. 위그노파를 정리하고 평화를 되찾으려 한 의도는 허무하게도 오히려 심각한 내란을 불러일으켰다. 앙드레 모루아André Maurois, 1885~1967가, 카트린은 정략가이기는 하지만 정치가는 아니라고 한 것도 눈앞의 상황만을 보고 움직이고 장기적인 전망이 없었다는 것을 말한 것이다.

앙리 3세는 여성적인 사람이었다고 한다. 팔찌, 목걸이, 향수 등을 좋아해서 궁정의 축전에 여장을 하고 나가 주위를 놀라게 했다. 몸치장을 한 미소년(미뇽, Mignon)들이 그의 시중을 들었다. 사람들이 '동성애(소돔) 전하'라고 한 그는 위그노에게 유화적인 태도를 보였다. 그것이 마음에 들지 않은 카트린은, '발라프레'(le Balafre : 얼굴에 칼자국이 있는 사람)라 불린 남자다운 앙리 드 기즈를 추대하고 있었다.

앙리 드 나바르는 쾌락적인 궁정 생활에 얼이 빠져 종교 같은 것은 완전히 잊어버린 것 같았다. 그러나 1576년 아내 마르그리트를 내버려두고 궁정에서 탈출하여 위그노파에게 돌아갔다. 1577년부터 1584년까지 가톨릭과 위그노의 항쟁은 계속되었다.

1584년 앙리 3세의 남동생 알랑송 공작이 죽었으므로 앙리 드 나바르가 왕위 계승자가 되었다. 그러나 기즈 공작을 중심으로 한 구교 동맹이 파리를 점령했다. 앙리 3세는 기즈 공작을 암살했다. 그 소식을 들은 카트린 드 메디시스는 몸져누웠고 3주 후에 세상을 떠났다.

1589년 기즈 공작의 복수에 불탄 구교 동맹은 앙리 3세를 암살했다. 앙리 3세는 앙리 드 나바르에게 왕위를 물려주고 그에게 양파의 대립을 진정시키기 위해 가톨릭으로 개종할 것을 권하며 삶을 마감했다.

1593년 앙리 드 나바르는 구교파와 화해하기 위해 개종했다. 싸움에 지친 국민은 그의 파리 입성을 환영하면서 기꺼이 국왕 앙리 4세로 인정했다.

1598년 앙리 4세는 낭트 칙령을 발표하여 대립하는 종파에 관용을 베푸는 정책을 시행했다. 프랑스는 내란으로 인한 황폐로부터 다시 일어섰다. 그러나 1610년 앙리 4세마저 암살당하고 만다.

그런데 앙리 4세와 결혼한 마르그리트(마고)는 어떻게 되었을까? 그녀는 '희대의 음부'라든가 '미친 악녀'로 불렸다. 온갖 난잡한 행위가 사람들의 입에 오르는 등 종교전쟁 기간 동안 스캔들의 여왕이었다. 열두 살 때부터 수많은 애인을 가졌다고 하고, 오빠 앙리 3세나 남동생 알랑송 공작과 근친상간을 했다고도 기록되어 있다.

어머니 카트린의 정략적인 도구로서 여러 상대와 혼담이 있었다. 그 사이에도 기즈 공작 앙리와 사귀고 있었다. 앙리 드 나바르와의 결혼도 전적으로 어머니의 사정에 따른 것이었고 그들 사이에 사랑은 없었다. 하지만 점차 서로 인간적으로 존경심을 갖게 된 것 같다. 앙리는 여러 여성들과 바람을 피웠지만 아내가 남자친구들과 놀며 다니는 것에도 관대했다. 두 사람은 상대의 자유를 서로 인정하고 있었던 것이다.

생 바르텔르미 대학살 이후 앙리는 궁정에 갇혀 있었다. 하지만 그는 마고를 놔두고 혼자 탈출하고, 얼마 안 있어 앙리 4세로서 파리로 돌아온다.

그 후 마고는 혼자 자유로운 생활을 계속하며 정부를 만들었다. 한편 앙리는 국왕으로 활동하면서 가브리엘 데스트레라는 정부와 생활하고 있었다. 그녀가 죽었을 때 그는 후계자를 생각하게 되었다. 별거하고 있는 마고와의 사이에서도 아이는 생기지 않았다.

그는 마고에게 이혼을 요구했다. 그녀는 흔쾌히 승낙하고 앙리와 마리 드 메디시스의 재혼을 축복해주었다. 마리는 토스카나 대공 프란체스코 1세의 딸이었다. 마고는 어머니 카트린을 통해 마리의 먼 친척이 되어 그녀를 '이탈리아의 사촌여동생'이라고 부르고 있었다.

앙리 4세는 메디치 가에 빚이 있었고, 마리와의 결혼은 그것을 해결하기 위한 것이었다. 1601년 마리는 왕태자를 낳았다. 그가 나중에 루이 13세가 된다. 마고는 헤어지고 나서도 앙리 4세와 친하게 지내며 마리의 아이들을 귀여워했다. 자유분방하게 살며 스캔들도 많았지만 마고 왕비는 역시 훌륭한 여자였다.

루이 14세와 독살 네트워크

루이 13세가 즉위했을 때는 아직 아홉 살의 소년이었으므로 어머니 마리 드 메디시스가 섭정을 했다. 그러나 그녀는 무능했으므로 총신 콘치니Concino Concini에게 국정을 맡겼고 혼란이 이어졌다. 결국 콘치니를 암살하고 루이는 국왕으로 자립했다. 그러고는 마리를 블루아로 추방하고 리슐리외를 재상으로 임명했다.

루이-리슐리외 체제에 루이의 어머니 마리와 왕비 안 도트리슈(스페인의 펠리페 3세의 딸) 등이 반대하여 다양한 음모가 꾸며졌다. 그러나 절대왕제는 점차 확립되어 갔다. 1638년 안 도트리슈는 결혼한 지 23년 만에 왕자를 출산했다. 그 왕자가 나중에 루이 14세가 된다.

1642년 리슐리외가 병으로 세상을 떠났다. 그것을 뒤따르듯이 그 이듬해에 루이 13세도 세상을 떠났다. 안 도트리슈가 어린 루이 14세의 섭정이 되었다. 그녀는 대립해온 리슐리외의 애제자 마자랭Jules Mazarin, 1602~1661을 재상으로 임명하여 주위를 놀라게 했다. 마자랭은 이탈리아인으로, 교황의 사절로 프랑스에 와서 리슐리외의 총애를 받고 있었다. 또한 이탈리아인이었으므로 루이 13세의 어머니 마리 드 메디시스와도 마음이 맞았다.

그러나 두 명의 이탈리아인이 궁정을 좌지우지한다며 귀족들이 반란을 일으켰다. 마자랭에게 돌을 던졌으므로 '프롱드'(투석기)의 난이라고 했다. 그 중심인물은 콩데 공작이었다.

1652년 루이 14세는 가까스로 반란을 진압하고 파리로 돌아왔다. 마자랭은 복귀했고 1661년에 세상을 떠났다. 루이 14세의 시대가 시작된 것이다.

루이 14세가 1661년부터 1714년에 죽을 때까지 오랫동안 친정을 펼친 시기는 1682년을 기점으로 둘로 나뉜다. 첫 20년간은 평온하고 좋은 시대였다. 대왕의 빛나는 시대였던 것이다. 그러나 그 이후에는 내리막길로 들어섰다.

1682년 하나의 변화가 일어났다. 루이 14세는 파리를 떠나 베르사유로 옮겨간 것이다. 파리와 궁정은 분리되었다.

친정을 시작했을 때 루이 14세는 우선 자신의 궁전을 짓고 싶었다. 그 계기는 재무총감 니콜라 푸케Nicolas Fouquet, 1615~1680의 궁전에 초대된 일이었다. 그 호화스러움에 압도되어, 신하인 주제에 이런 낭비는 괘씸하다고 질투한 왕은 20일 후에 푸케를 체포하고 콜베르Jean-Baptiste Colbert, 1619~1683를 재무총감에 임명했다. 그리고 곧바로 베르사유 궁전을 건설하는 계획을 세웠다. 아직 완성되지는 않았지만 1682년 일단 베르사유로 옮겨갔다.

이렇게 이사한 하나의 이유는 궁전에 사는 사람이 많아지면서 파리가 비좁아졌던 것이라고 한다. 좁은 것은 공간만이 아니라 심리적인 측면도 있었다. 파리는 사람이 밀집되어 있어 남의 눈이 성가셨다. 즉 소문에 신경을 써야만 했던 것이다. 베르사유라면 남의 눈을 의식하지 않고 자유로운 생활을 할 수 있었다. 홍겹다 보면 도를 지나칠 수도 있는 것이다.

젊은 루이 14세는 다양한 여성에게 마음이 끌렸지만, 어쨌든 1660년 스페인의 펠리페 4세의 딸 마리 테레즈와 결혼했다. 1661년부터 친정에 들어갔고, 드디어 자유롭게 행동하기 시작한 것이다. 먼저 왕의 동생 오를레앙 공작 필리프의 아내 앙리에타에게 마음이 있었던 것 같은데, 스캔들이 나는 것을 피해 앙리에타의 시녀 루이즈 드 라 발리에르를 정부로 삼았다. 그녀는 조신하고 순수한 여성이었다.

루이 14세는 루이즈를 공식적인 정부로 대우하고, 1666년 어머니(오스트리아의 안)가 세상을 떠난 후 추도 미사에서 루이즈를 왕비 옆에 앉혔다. 이때가 그녀의 절정기로 왕의 총애는 금세 왕비의 시종인 몽테스팡Marquise de Montespan, 1641~1707 부인으로 옮겨가고 만다.

몽테스팡 후작부인(프랑수아즈 아테나이스)은 루이즈와 대조적으로 요염한 미인이었고, 적극적으로 왕을 유혹했다. 그리고 1667년 무렵부터 루이즈로부터 왕의 총애를 빼앗는다. 왕은 한동안 두 여자를 함께 살게 했으나 루이즈는 견디지 못하고 수도원으로 들어갔다.

몽테스팡 부인의 전성기는 한동안 이어졌다. 그러나 왕의 만년에 그녀는 궁정을 떠났고, 맹트농Marquise de Maintenon, 1635~1719 부인이 정부가 되었다. 그녀는 너무나 요염한 몽테스팡 부인보다 연상이며 침착했다. 차분한 여성에게 위로를 받고 싶었던 것이었는지도 모른다.

그런데 몽테스팡 부인이 루이 14세를 그토록 매료시킨 것은 사랑의 마술, 마법의 약을 사용했기 때문이 아니냐는 소문이 나돌았다. 또 라이벌을 독살했다는 의혹도 있었다. 그것은 베르사유 궁전을 동요케 한 마술과 독약의 대형 스캔들이었다.

그 계기가 된 것은 브랭빌리에 후작부인 사건이었다. 이 사건에 대해서는 시부사와 다쓰히코(澁澤龍彦)의 《브랭빌리에 후작부인》(1964), 나카타 고지(中田耕治)의 《드 브랭빌리에 후작부인》(1972)이 있고, 장 크리스티안 프티피스Jean Christian Petitfils, 1944의 《루이 14세 궁정 독살사건 L'affaire des poisons:archimistes et sorciers sous Louis XIV》[25]이 있다. 프티피스의 책은 브랭빌리에 후작부인을 끌어들여 궁정 전체에 마술과 독약의 스캔들 네트워크가 퍼져 있었다는 것을 밝히고 있다. 미로와 같은 그 관계를 살펴보기로 하자.

우선 브랭빌리에 후작부인 마리 마들렌 도브레는 유복한 관료의 딸로, 1651년 군인 앙투안 고블랭과 결혼했다. 고블랭직(織)으로 유명한 그 일가다. 고블랭은 1660년 후작이 되었다. 아름다운 후작부인은 생트 크루아라는 젊은 사관을 정부로 두고 있었다.

생트 크루아는 스위스인 화학자 크리스토프 그라제르에게서 약물에 대한 지식을 배웠다. 그라제르는 국왕과 오를레앙 공작의 약제사였다. 그로부터 독약의 제법을 배운 생트 크루아는 그것을 밀매하고 있었다.

브랭빌리에 부인은 정부인 생트 크루아에게서 받은 독약으로 아버지를 독살하고 유산을 가로챘다.

1672년 생트 크루아가 급사했는데 그의 방에서 발견된 작은 상자

---

25 ジャン＝クリスティアン・プチフィス, 朝創剛・北山研二譯,《ルイ十四世宮廷毒殺事件》, 三省堂, 1985.

에는 브랭빌리에 부인이 독살에 관여한 증거가 들어 있었다. 브랭빌리에 부인은 도망쳐 수도원에 숨었는데 1675년에 붙잡혔고 1676년에 처형되었다. 그녀는 자신이 입을 열면 독살을 한 유명한 귀족들도 파멸할 것이라고 말했으므로 누군가의 이름을 발설할 것으로 생각되었으나 아무 말도 하지 않았다.

그러나 이 사건이 화제가 되었으므로 그밖의 독살 사건도 조사되었다. 점차 여기저기에서 수상쩍은 마술사가 횡행하고 수상한 약을 팔고 있다는 사실이 백일하에 드러났다. 지금까지 독살에 관한 소문도 다시 조사되었다.

루이 14세가 좋아했던 앙리에타도 독살되었다고 전해진다. 앙리에타의 남편 오를레앙 공작은 게이 애인인 필리프 드 로렌을 총애하고 있었다. 로렌은 로마에서 콜론나 공작의 부인 마리 만치니로부터 독약을 받아 앙리에타를 죽였다고 한다. 왕은 이 스캔들을 쉬쉬해버렸다. 왜 그런 것일까? 앙리에타는 영국 왕 찰스 2세의 여동생인데 그녀가 독살당했다고 하면 영국과의 우호관계가 손상될 것이라는 이유에서였다. 또한 마리 만치니는 마자랭의 조카딸이자 루이 14세의 첫사랑 상대이기도 했으므로 그녀를 말려들게 하고 싶지 않았는지도 모른다.

1678년 무렵부터 왕은 퐁탕주 양이라는 열여덟 살의 아가씨에게 끌린다. 그러나 1681년 그녀는 죽고 말았다. 이때도 몽스테팡 부인이 독살했다는 소문이 나돌았다. 그 소문의 근원은 체포된 부아쟁이라는 마녀였다.

부아쟁은 귀부인들에게 물건을 대는 마녀로, 궁정의 많은 사람들이

고객이었다. 그중에 몽테스팡 부인도 있었다. 어디까지가 사실인지 모르지만 온갖 소문이 나돌았다.

1676년 브랭빌리에 부인이 처형되고 나서도 차례차례 독살 사건이 이어졌고 그칠 줄을 몰랐다. 루이 14세는 파리고등법원의 일 처리 방식이 미온적이라는 걸 느끼고 특별재판소를 창설하기로 결정했다. "1679년 4월 7일의 허가장에 의해 그 유명한 화형재판소를 공식적으로 설치한 것이다."[26]

이미 근대의 입구에 당도한 시대에 중세의 화형재판소가 부활한 것은 놀랍지만, 과학의 탄생 뒤편에서 마술의 불꽃이 타오르고 있었던 것이다.

이 특별재판소가 부아쟁을 적발했다.

파리 상류계급의 면면을 보면, 어떤 사람은 귀찮은 남편이나 성가신 아내를 내쫓기 위해, 어떤 사람은 악마에게 말을 걸거나 보물을 발견하기 위해 보르가르 가의 작업실을 방문했다.[27]

부아쟁과 동료 마술사 르사주의 심문에서 비본느 부인의 이름이 나왔다. 몽테스팡 부인의 오빠인 루이 빅토르 드 로슈슈아르 원수의 아내다. 또한 부아쟁은 몽테스팡 부인의 시녀들과 친하게 지냈다고 한다.

이것은 루이 14세가 예상하지 못한 것이었다. 스캔들은 왕이 총애

---

26 ジャン＝クリスティアン・プチフィス, 같은 책.
27 ジャン＝クリスティアン・プチフィス, 같은 책.

하는 여인들에까지 미치려 하고 있었다. 그래서 이 사건의 비밀조사를 명했다. 그 결과 예전에 라 발리에르가 왕에게 사랑을 받던 무렵 수아송 백작부인 등이 그것을 질투하여 라 발리에르의 독살을 꾀한 것 같다는 이야기가 나왔다. 수아송 부인은 마자랭의 조카딸인 아름다운 자매들 중의 한 명이고 마리 만치니의 언니이며 역시 루이 14세의 젊은 날의 정부였다. 이탈리아 출신의 자매들이 궁정에 마술이나 독약을 가지고 들어온 것일까?

1680년 수아송 부인에게 체포장이 발부되었으나 왕은 예전의 정을 생각하여 그녀를 도망치게 했다. 그러나 그밖의 많은 귀부인이 부아쟁 사건으로 체포되어 궁정은 대형 스캔들로 요동쳤다.

수아송 부인은 스페인으로 도망쳤다. 왕 동생의 아내 앙리에타의 딸 마리 루이즈 도를레앙이 스페인의 왕비였다. 그런데 1689년에 마리는 갑자기 죽었다. 그녀에게 아이가 생기지 않아서 빈의 궁정이 수아송 부인에게 명해 독살하게 했다는 소문이 돌았다.

부아쟁 등 몇몇 사람의 믿을 수 없는 자백에 의해 차례로 유명인들이 재판에 회부되었다. 뤽상부르 원수도 그중의 한 명이었는데, 그는 당당히 법정에서 싸워 무죄 선고를 받아냈다.

사건이 궁정으로 확대되는 것을 염려한 왕은 서둘러 재판을 정리하라고 명했다. 1680년 부아쟁은 깨끗이 처형되었다. 많은 것은 수수께끼인 채로 남았다. 그러자 부아쟁의 딸이 말하기 시작했다. 궁정과 관련되는 비밀을 알고 있다는 것이었다. 그 이야기에 따르면 그녀의 어머니는 퐁탕주 양의 독살에 관여했다는 것이다. 부탁한 사람은 몽테스팡 부인의 시녀였다. 정말 몽테스팡 부인이 계획한 것일까?

더욱 놀랍게도 그 계획에서는 퐁탕주만이 아니라 국왕까지 함께 죽이기로 되어 있었다는 것이다.

1679년 부아쟁의 동료로서 기부르 신부가 체포되었다. 그는 궁정인을 위해 비밀 기도 '흑미사'를 행하고 있었다. 그는 1675년경 수수께끼의 여성으로부터 국왕의 사랑을 얻기 위한 '흑미사'를 의뢰받았다. 그 여성이 몽테스팡 부인이었다는 것이다.

드디어 그녀가 법정에 불려나올 만한 상황이 되었다. 그때 루이 14세는 갑자기 화형재판을 중지시키고 심의중인 사건을 중단시켰다. 왕은 부아쟁을 처형한 후 더 이상 사건이 확대되는 것을 피했던 것이다. 그러나 경시총감 라 레니는 포기하지 않고 독약 네트워크의 해명을 계속하려고 했다. 그는 거기에 몽테스팡 부인이 있다는 의심을 버릴 수가 없었던 것이다.

그녀를 보호하려고 한 사람은 재무총감 콜베르였다. 그는 딸을 몽테스팡 부인의 조카와 결혼시켰던 것이다.

1618년 라 레니는 화형재판소의 폐지에는 반대할 수 있었지만, 그 중의 '특별한 사실'은 재판소에서 분리하여 왕의 직접적인 재결에 맡긴다는 안은 받아들여야 했다. 그 결과 몽테스팡 부인은 재판에서 제외되었다.

화형재판소는 재개되고 신분이 낮은 자들이 처형되었다. 1682년 독살사건이 종결되고 화형재판소도 문을 닫았다. 3년간 210회의 재판이 열렸는데 194명을 체포하고 36건의 사형 선고가 내려졌다. 그러나 국가의 기밀과 관련된 부분은 다룰 수 없었다.

이 사건에 몽테스팡 부인이 관여했는지의 여부는 알 수 없다. 그러나 부아쟁을 알고 있었다는 사실은 분명한 것 같다. 독살을 기도했는지의 여부는 분명하지 않지만, 왕을 매혹시키기 위한 묘약을 사용했는지도 모른다. 어쨌든 루이 14세는 이 사건이 몽테스팡 부인에게 미치는 것을 싫어하여 그 관련 자료를 소각시켰다.

그런데 성실한 경시총감 라 레니가 그 자료를 요약하여 메모해두었다.

이 치밀한 경시총감의 노력에 의해 오늘날, '역사'는 보복을 시도하면서 범죄로 가득한 극적인 '독약 사건'을 냉정하게 알고 가르치고 판단할 수 있게 된 것이다.[28]

---

28 ジャン゠クリスティアン・プチフィス, 같은 책.

The Age of

제5부

18세기

스캔들의 시대

수다스러운 18세기

18세기는 과연 어떤 세기일까? 1715년 루이 14세가 죽었다. 그 무렵까지 대왕의 세기인 17세기가 계속되었다고도 할 수 있다. 1789년 프랑스혁명이 일어났다. 18세기는 대왕이 사라지고 혁명이 시작될 때까지 불안정하고 모호한 시대처럼 보였다. 그러나 사상사에서 보면 새로운 시대는 17세기 말부터 시작되었는데, 1687년 아이작 뉴턴Isaac Newton, 1642~1727에 의한 《자연철학의 수학적 원리》(프린키피아)의 출판을 하나의 시작이라고 볼 수 있다. 《자연철학의 수학적 원리》는 세계의 움직임을 수학 법칙으로 해명할 수 있다는 사실을 보여주었다. 일찍이 그 원리는 신의 것이었으나 이제 인간의 것이 된 것이다.

1690년에는 존 로크John Locke, 1632~1704의 《인간오성론》이 나왔다. 뉴턴이 세계의 움직임을 해명한 것처럼 로크는 마음의 움직임을 해명하는 원리를 보여주었다. 세계는 어떻게 움직일까, 인간의 마음은 어떻게 움직일까? 그 원리가 분명히 밝혀지면 세계를, 그리고 인간을 움직이고 바꿀 수 있을 것이다.

그러한 세계 원리, 인간 원리의 '철학'이 18세기에 등장했다. 그러므로 '이성의 시대'라고도 한다. 중요한 것은 그 '철학'이 일반화되고 대중화되었다는 점이다. 그것을 '계몽'이라고 한다. 일반 사람들이 '철학'을 교육받고 논의에 참여할 수 있게 되었다. 그래서 모든 사람들이 세계나 인간에 대해 이러쿵저러쿵 말할 수 있게 되었다. 18세기에는 책을 읽는 중류계급이 늘어나고 있었다.

제임스 화이트Reginald James White는 《18세기의 유럽Europe in the eighteenth century》(1965)에서 18세기를 루이 14세와 나폴레옹 사이에 끼인 시대로 보고 있다. 거기에서 '여론'의 변화가 일어났다. 제임스 화이트는 18세기를 '햇빛의 시대'라고 부르고, 알렉산더 포프Alexander Pope, 1688~1744는 뉴턴을 다음과 같이 칭송했다.

자연과, 자연의 법칙은 밤의 어둠속에 숨어 있다.
신이 말했다, "뉴턴이여, 있으라!". 그러자 빛이 나타났다.

이처럼 18세기는 '빛의 세기'(계몽의 시대) 또는 '이성의 시대'라고 한다. 하지만 그것만이 아니다. 18세기는 전반과 후반이 상당히 달랐다. 전반은 '이성의 시대'라고 할 수 있지만 후반은 조금 다르다는 의견도 있다. 그것은 테렌스 핸베리 화이트Terence Hanbury White, 1906~1964가 《스캔들의 시대》(The age of scandal : an excursion through a minor period, 1950)에서 말한 것이다.

두 역사가가 모두 화이트라는 이름이어서 좀 헷갈리기는 하지만, 테렌스 헨베리 화이트는 '이성의 시대' 후에 '스캔들의 시대'를 넣고 있다. 전반과 후반은 어떻게 다를까? "이 세기의 전반에는 작가가 지배

 역사를 비틀어버린 세기의 스캔들

자가 되었지만 후반에는 지배자가 작가가 되었다.” **1**

테렌스 헨베리 화이트는 윌리엄 메이슨William Mason, 1724~1797이라는 작가의 예를 들고 있다. 메이슨은 그때까지와는 다른 식으로 전기를 썼다. 지금까지는 유명인의 전기를 작가 자신의 말로 썼는데, 그는 유명인 자신이 말하거나 쓴 것을 인용하여 구성했다. 즉 유명인 자신에게 말하게 하는 전기를 쓰기 시작한 것이다.

다시 말해 인터뷰나 질문서 같은 저널리스틱한 표현으로 구성된 전기가 나타났고 그것이 유행하게 된 것이다. 18세기 전반에는 작가가 전기를 지배했지만 후반에는 유명인이 스스로 이야기하는 듯한 전기가 되었다는 의미다.

18세기 전반 영국의 대표적인 작가는 알렉산더 포프Alexander Pope, 1688~1744와 조너선 스위프트Jonathan Swift, 1667~1745다. 작가로서 그들의 권위는 대단한 것이어서 써달라는 측인 상류계급은 작가들이 자신들에 대한 욕을 쓰지 않도록 뇌물을 줄 정도였다고 한다. 쓰는 것이 특권이었던 것이다. 그런데 18세기 후반에는 완전히 반대였다. 중요한 것은 작가가 아니라 왕이나 상류계급 등 유명인이었다. 조지 2세, 조지 3세, 조지 4세 등은 모든 방향에서 통째로 그려졌다. 예컨대 조지 2세가 치질을 앓았다는 것까지 언급되었다. 테렌스 헨베리 화이트는 18세기 후반을 ‘스캔들의 시대’라고 했다. 이 시대의 특징 가운데 하나는 감상성(센티멘털리즘)이어서 아주 사소한 일에도 울거나 웃었다. 친구와 적, 애완동물인 개에서부터 아주 사소한 취미에 이르기까지 굉장히 감정

---

1 White, Terence Hanbury “The age of scandal : an excursion through a minor period” Oxford University Press 1986.

적으로 잡담을 늘어놓는다.

"영문학에서 그들은 가십에 열중한 최초의 사람들이었다." **2**

가십은 캐릭터에 대해 말한다. 캐릭터는 명성이 있다거나 유명하다는 것을 뜻한다. 가십은 유명인에 대한 이야기여서 재미있는 것이므로, 유명하지 않는 사람들의 가십은 의미가 없다. 가십은 사람의 약점을 파고드는데, 유명인이어서 약점이 흥미를 끈다. 다시 말해 유명인의 스캔들이야말로 가십의 최고 소재인 것이다.

이러한 사회 현상은 현재의 시대까지 이어지고 있다. 즉 오늘날 스캔들 저널리즘의 기원은 18세기 후반이었던 것이다.

예전에는 가십이 입에서 입으로 전해졌는데, 그것을 전하는 미디어가 등장한다. 테렌스 헨베리 화이트는, 이 시대에 처음으로 문학이 미디어가 되었다고 했다. 그때까지 문학은 신사의 사적인 놀이였는데 18세기에는 미디어가 되어 대량의 독자를 만들어냈다.

화이트가 이 책에서 언급하고 있지 않지만, 가십의 미디어는 문학만이 아니라 회화도 있었다. 이 무렵에 바로 희화(戱畵)와 풍자화라는 장르가 성립한다.

희화, 즉 카리카투라(caricatura, 영어로는 캐리커처)는 17세기 후반 이탈리아에서 시작되었다. 그것을 시작한 사람은 화가 안니바레 카라치였다. 그는 희화 작자의 일을, "틀림없는 결함을 포착함으로써 어떤 인물의 본질 자체를 밝히는" 것이라고 정의했다. 즉 처음부터 악의를 전제하고 있고 상처 주는 것을 의도하고 있는 것이다. 지금은 영국의 특별한 분야라고도 할 수 있는 이 표현 형식은 1730년대의 로버트 월폴Robert Walpole, 1676~1745에 대한 공격을 계기로 꽃피었다. 풍자화에는 거대한 표적이 불가결한데, 월폴만큼의 거물도 그리 흔하지 않기 때문이다.[3]

로버트 월폴은 1721년부터 1742년까지 20년간이나 영국의 수상을 지냈다. 가십의 표적으로는 최고의 인물이었다. 조지 2세를 대신하여 국정을 장악하고 있던 월폴은 국왕이 임명권을 가진 관직을 돈을 받고 팔았다. 그것이 스캔들이 되었다. 왕도 그 사건에 말려들었다.

"그 덕분에 조지 2세는 영국에서 처음으로 웃음거리가 된 국왕이 되었다."[4]

그러나 18세기 중반까지는 희화가 그려져도 그것을 보는 사람이 소수였다. 그 이후 값싼 판화가 보급되어 모든 사람들이 볼 수 있게 되었다. 희화가 스캔들의 미디어가 된 것이다.

18세기는 노골적인 시대였다. 배변, 배뇨, 구토, 방뇨, 밀통을 하고 있는 왕족들의 모습이 노골적으로 그려졌다. 조지 왕조와 섭정 시대 영국의 사회 풍조를 이해하기 위해서는 당시의 이런 판화를 보는 것이 제일 좋다.[5]

그러나 19세기가 되면 고상하고 위선적인 풍조가 지배적이 되어 '스캔들의 시대'는 끝난다. 스캔들이 없어진 것이 아니라 노골적인 것을 감추는 세련된 베일이 둘러쳐진 것이다.

---

2 White, Terence Hanbury, 같은 책.

3 カネス・ベイカー, 樋口幸子譯,《英國王室スキャンダル史》, 河出書房新社, 1997.

4 カネス・ベイカー, 같은 책.

5 カネス・ベイガー, 같은 책.

남해의 거품

'남해 거품'South Sea Bubble 사건이 18세기 초의 영국을 뒤흔들었다. 주식 투기에 의한 거품이 꺼져 대소동이 벌어진 것이다. 금융 스캔들이었다. 그 사건은 근대적인 은행이나 주식회사의 발생을 배경으로 하고 있다. 종잇조각이 거액의 이익을 낳거나 휴지가 되어버리는 근대 사회가 시작된 것이다. 그 후부터 지금까지 금융 거품의 희비극은 계속되고 있다.

당시까지 금융업은 골드스미스(금세공인)가 떠맡고 있었다. 금제품을 넣는 튼튼한 금고를 갖고 있었기 때문이다. 그들 대부분은 외국인이었다.

17세기 후반부터 18세기 초에 걸쳐 영국은 프랑스와의 전쟁으로 국고가 바닥난 상태였다. 증세를 하려고 해도 의회가 반대했다. 그래서 민간의 주식 자본을 모으게 되었다. 1694년 잉글랜드 은행법이 만들어졌다. 동업조합이 잉글랜드 은행에 은행권을 발행할 수 있는 권리를 주었고, 그것과 교환하여 모은 돈을 정부가 차입했다.

잉글랜드 은행은 골드스미스의 금융업을 대신하여 1715년 국고의 대리인으로서 독점적으로 공채를 취급하게 되었다. 그러나 다른 민간 은행도 각각 은행권을 발행하고 있었다.

17세기 후반에는 동양과의 무역이 커다란 경제활동이 되었다.

이상과 같은 배경에서 1711년 '남해회사'The South Sea Company가 옥스퍼드 백작 로버트 할리에 의해 설립되었다.

1713년 유트레히트 조약으로 영국과 프랑스의 전쟁은 간신히 끝났지만 쌍방 모두 빚이 남았다. 1714년 앤 여왕이 죽고 스튜어드 왕조가 끝났다. 먼 친척인 조지 1세(재위 1714~1727)가 독일에서 와 영국 왕이 되었다. 하노버 왕조의 시작이다. 영어를 할 수 없고 영국에 관심이 없는 왕이었다. 그는 정부(情婦)를 데리고 영국으로 왔다. 마지못해 조피 도로테아와 결혼했지만 마음이 맞지 않았고, 조피가 바람을 피웠으므로 이혼했다.

왕비 대신에 왕의 두 정부인 에렌가르트 멜루시네 폰 데어 슐렌부르크와 킬만제그 부인이 권력을 장악했다. 슐렌부르크 부인은 껑충했으므로 '5월제의 기둥', 킬만제그 부인은 뚱뚱했으므로 '코끼리'라 불렸다. 이 두 사람에게 빌붙은 선덜랜드 백작, 스태너프 백작이 정부의 유력자가 되었다.

남해회사는 설립은 되었지만 한동안 이렇다 할 활동을 할 수 없었다. 그러나 1718년경부터 갑자기 국왕 조지 1세가 이 회사에 관심을 갖기 시작한다. 거기에는 한 가지 계기가 있었다. 존 로John Law, 1671~1729가 프랑스에서 만든 회사가 좋은 평판을 얻고 있었던 것이다.

프랑스도 전쟁 비용으로 인한 적자에 골머리를 썩이고 있었다. 프랑스에도 1694년에 만들어진 영국의 은행 같은 것이 있었으면 좋겠다고 생각되었다. 그때 등장한 사람이 존 로였다. 그는 스코틀랜드 사람으로, 꽤 매력적이고 말주변이 좋은 남자였다. 여기저기를 돌아다녔고 영국에서는 무슨 사건을 일으켜 1713년 파리로 가서 도박장을 드나들고 있었다.

1715년 루이 14세가 죽고 루이15세가 어렸기 때문에 오를레앙 공작 필리프가 섭정을 했다. 존 로는 필리프에게 접근하여 자신의 금융개혁을 제안했다. 그는 돈이 사회의 혈액이어서 부드럽게 흘러가면 사회도 순조롭게 움직일 것이라고 했다. 그러나 금, 은 화폐는 양이 부족해서 흐름이 나쁘다. 지폐라면, 부족할 경우 인쇄하면 되니까 이상적이다. 따라서 지폐를 발행하는 은행을 만들어야 한다.

필리프는 존 로를 믿고 은행을 설립하게 했다. 존 로는 은행만이 아니라 은행과 관련된 대형 회사를 만들어 국가적으로 경영할 계획을 품고 있었다. 그것은 '시스템'이라 불렸다. 그러한 대형 회사는 국내에서는 어렵다. 그것에 어울리는 것은 해외의 식민지다. 프랑스가 갖고 있는 북미의 식민지를 개발할 독점적인 회사가 계획되었고 존 로에게 맡겨졌다.

1717년 '미시시피회사'가 설립되었다. 이 회사는 향후 25년간 프랑스와 루이지애나 상거래의 독점적 권리를 인정받았다. 존 로는 미시시피의 주식을 판매했다. 그것을 위해 대대적인 선전을 했는데, 아메리카 인디언 아가씨를 파리로 데려오기도 했다.

그런데도 아메리카는 아직 미개의 땅으로서 사람들의 흥미를 끌지 못해 투자는 그다지 진전을 보지 못했다. 그러나 존 로는 선수를 써서 아메리카만이 아니라 인도, 중국 등 프랑스 식민지의 무역 독점권까지 얻었다. 은행업에서는 화폐 주조권도 획득했다. 섭정 필리프는 프랑스의 재정을 통째로 이 남자에게 맡겨버린 것이다.

당시 프랑스는 방대한 전시 국채의 변제에 골머리를 앓고 있었다. 존 로는 15억 리브르(livre : 프랑스의 옛 화폐단위 – 옮긴이)의 국채를 회사가 인수한다고 발표했다. 미시시피가 15억 리브르를 정부에 지불하고, 정부는 그것으로 국채를 지급한다. 변제를 받은 사람에게는 그 돈으로 회사의 주식을 사도록 한다. 즉 국채를 미시시피의 주식으로 교환하는 것이다.

그러한 주식 거래 조작으로 그때까지 팔리지 않던 미시시피 주식이 팔리기 시작하고 가격도 올랐다. 액면가 500리브르가 1만 8천 리브르까지 뛰었다. 광란의 거품이었다.

'공황'이라든가 '불경기'라든가 하는 말이 아직 알려져 있지 않은 시기였으므로 미래에 대한 불안은 없었다. 그 이전에는 주식 붐이라는 것이 없었다. 사실 주식시장도 없었던 것이다.[6]

존 로는 이제 프랑스 정부의 구세주이거나 금융의 신처럼 숭배되기에 이르렀다. 1719년이 그 '시스템'의 절정기였다. 1720년 그는 재무총감이 되었다. 그러나 이때 배당금이 줄어든다는 정보가 흘러나가 사람들이 주식을 내다팔기 시작하자 주가는 폭락했다. 그리고 폭동이 일어났고, 존 로는 파산하여 국외로 도망쳤다. 이 거품 이후 뒤처리를

---

6 V·カウルズ, 大橋吉之輔譯, 〈南海の泡沫〉, 《世界ノンフィクション全集43》, 筑摩書房, 1963.

위해 지불이 정지되고 수많은 파산자가 발생했다.

이러한 참사에도 존 로의 '시스템'은 주식에 의해 경제를 활성화하는 하나의 실험으로서 평가할 만하다는 의견도 있다.

다시 1718년의 영국으로 돌아가서 이야기해보자. 마침 존 로의 '시스템'이 좋은 평판을 얻기 시작했고, 거기에 자극을 받아 '남해회사'에 시선이 집중되었다.

그러나 1718년 영국은 스페인과의 전쟁에 돌입하여 무역이 정지되었다. 그 때문에 '남해회사'는 복권 공채를 인수한다. 그 공채를 '남해회사' 주식과 교환하여 큰 이익을 올렸다. 존 로의 주식 거래 조작에서 배운 것이라고 한다. 그리고 공채를 그대로 '남해회사'로 취급하는 안이 제출되었다. 여기에는 잉글랜드 은행 등의 반대가 있었다. 영국의 의회는 휘그당과 토리당으로 양분되어 있었는데, 잉글랜드 은행은 휘그파이고 '남해회사'는 토리파였다.

5천만 파운드의 공채 가운데 일반대중이 갖고 있는 3천만 파운드를 '남해회사'가 인수한다는 안이 의회에 제출되었다. 잉글랜드 은행 측의 로버트 월폴이 강력하게 반대했으나 4표 차이로 통과되었다.

그런데 그때 프랑스에서는 존 로의 '시스템'이 붕괴되기 시작했다. 1720년 여름 프랑스에서 거품이 꺼지기 시작했다. 그러나 영국에서는 '남해회사'의 주식이 3배로 뛰어오르고 있었다. 양국의 거품은 약간의 시간적 격차를 두고 있었던 것이다. 런던에서는 투기 붐이 시작되어 거품이 부풀어 오르고 있었다. '남해회사'에서 배워 무수한 주식회사가 우후죽순처럼 생겨났다.

'신용거래'는 새로운 발견이고 새로운 연금술이라고 생각되었다. 물론 냉정한 판단을 한 사람도 있었다. 이 시대에 '공작부인'이라고 하면 말버러 공작부인 세아라를 가리키는데, 그녀는 편지에서 다음과 같이 적고 있다.

상식이 있고 사물의 형체를 알 수 있는 정도의 사람이라면 누구라도 이 세상에 어떤 기술, 어떤 책략을 이용한다고 해도 돈 1천5백만 파운드로 4억 파운드의 종잇조각이나 다름없는 신용장을 오랫동안 가지고 있을 수 없다는 것은 알 수 있을 것입니다.[7]

존 로는 자신의 '시스템'을 믿고 그것에 순직했다고도 말할 수 있지만, '남해회사'의 존 브란트 등 책임자들은 거품이 꺼지는 것을 알면서도 일을 벌였던 사기꾼이었다. 브란트는 1720년 11월까지라고 예상하면서 그 전에 은밀히 자신의 주식을 팔고 토지나 금, 은으로 바꾸었다. 하지만 그의 예상보다 빠른 8월부터 폭락이 시작되었다. 남해 거품 스캔들에는 영국의 상류사회 대부분이 휩쓸렸다.

회사의 중역이 폭락의 책임자로서 비난의 대상이 되었다. 혼란스러운 사태를 수습하기 위해 로버트 월폴이 적극적으로 나섰다. 그는 가능한 한 일을 시끄럽게 하지 않으려고 했다. 어쨌든 '남해회사'의 사장은 국왕이므로 책임을 추궁해가면 국왕에게 좋지 않은 일이 되기 때문이다. 그러나 반대파가 소동을 벌였으므로 '남해회사' 중역의 책임이 조사되고 재산이 몰수되었다. 정부의 대신들의 관여도 문제가 되었다.

---

7 V·カウルズ, 같은 책.

그러나 책임자였던 존 브란트는 다른 중역에 대해 증언함으로써 문책을 피할 수 있었다. '남해 회사'로부터 뇌물을 받았다는, 국왕의 두 정부에게는 처분이 미치지 않았다. 대중의 비난이 그녀들에게 향해졌을 뿐이다. 런던의 술집에서 수군델 뿐이었다.

로버트 월폴이 수상이 되어 혼잡하고 어수선한 '남해 회사'의 뒤처리를 했다. 흥미롭게도 '남해 거품' 사건이 문제가 되고 있었을 때 존 로가 영국에 나타났다. 그는 망명자로서 런던에 살고 있었던 것이다. 그는 섭정 필리프가 프랑스로 다시 불러주기를 기다리고 있었다. 그런데 1723년 필리프가 사망해 그 기대는 사라졌다. 그는 1725년 베네치아로 가서 도박을 하며 지내다가 1729년에 세상을 떠났다. 베네치아의 묘에는 다음과 같이 새겨져 있다.

여기에 고상한 스코틀랜드인이 잠들다
대수학의 규정으로
프랑스를 파산시킨
유례를 찾아볼 수 없는 사업가[8]

한편 '남해 거품'의 관계자는 프랑스에서처럼 집요하게 추궁당하지 않았으므로 얼마 안 있어 각자 일에 복귀했다. 버지니아 카울스Virginia Cowles, 1910~1983는 그것이 바로 프랑스와 영국 국민성의 차이일 거라고 말한다. 아무튼 18세기 초, 사람들은 거품과 같은 스캔들에 놀아났다.

---

8 V · カウルズ, 같은 책.

헬파이어 클럽

18세기는 방탕아rake의 시대라고 한다. 상업의 발달로 생활이 풍요로워졌다. 그래서 투기 거품도 일어난 것인데, 엄격한 사회 규율이 느슨해져 향락적인 생활이 등장했다. 터키 등과의 교역에서 커피 등 이국적인 음료가 유행하고 런던에서는 커피하우스가 차례로 문을 열어 사교장이 되었다.

커피하우스는 앤 여왕 시대에 번창했는데, 그곳에 귀족들이 모여들었다. 그러나 조지 1세 시대부터는 대중이 커피하우스에 들어가게 되고, 귀족은 더욱 폐쇄적이고 엘리트적인 클럽에 틀어박히게 된다. 그 중에는 상당히 수상한 비밀 클럽도 있었다. 그 대표적인 것인 '헬파이어'hell-fire 클럽이다.

혼동하기 쉬운 것은, '헬파이어 클럽'이 둘 이상이나 있었다는 사실이다. 원조는 1720년 와튼 공작 필립이 만든 것이다. 그리고 나서 30년쯤 지나 프랜시스 대시우드Francis Dashwood가 1752년경에 '헬파이어 클럽'을 부활시켰다. 이 두 번째 '헬파이어 클럽'은 여러 가지 이름으로 불렸으므로 별명이라는 설도 있다.

지금까지는 두 번째가 알려져 있어 '헬파이어 클럽'이라고 하면 으레 두 번째 것이라고 생각한다. 도널드 맥코믹Donald McCormick의《헬파이어 클럽The Hell-Fire Club ; the story of the amorous Knights of Wycombe》(1958), 대니얼 프랫 매닉스Daniel Pratt Mannix, 1911~1997의《헬파이어 클럽The Hell-Fire Club》(1959) 등도 두 번째를 중심으로 하고 있고 원조에 대해서는 간단히 언급하고 지나갈 뿐이다.

1982년에 나온 마크 블래킷 오드Mark Blackett-Ord의《헬파이어 공작Hell-fire Duke》에서는 원조 '헬파이어 클럽'의 역사를 분명히 밝히고 있다. 이 책에서는 두 번째 '헬파이어 클럽'과는 관계가 없다고 하고, 그 실재도 의심하고 있다. 여기에서는 원조 '헬파이어 클럽'에 대해 다루고, 두 번째에 대해서는 존 윌크스를 다룰 때 언급하기로 한다.

필립 와튼은 1698년에 태어났다. 그가 자란 시대를 이해하기 위해서는 휘그와 토리라는 두 당파의 대립, 하노버 가에서 온 조지 1세와 여전히 왕위를 요구하고 있는 스튜어드 가의 제임스 2세 자손의 대립을 알아야만 한다. 휘그당은 현 국왕을 지지하고 토리당은 제임스파(자코바이트)[9]와 친했다.

필립 와튼은 정치적 야심을 품고 이러한 파벌을 떠돌아다니며 출세하고 있었다. 정치적으로는 전혀 지조가 없어서 휘그당이면서도 파리에 망명해 있는 자코바이트에 참여했고 또 영국으로 돌아오자 다시 휘그당으로 돌아오기도 했다. 배신자이고 이중 스파이 같기도 한데, 정계를 떠돌아다닌 재사였고 결국 와튼 공작이 되었다.

---

9 영국의 명예혁명 때 프랑스로 망명한 영국 왕 제임스 2세와 그 자손을 받들고 왕위의 부활을 꾀한 정치 세력. 제임스의 라틴어 발음에서 이렇게 불렀다―옮긴이.

와튼 공작은 런던의 사교계에 드나들며 스위프트 등 문인들과도 교제했으며, 1719년경 '헬파이어 클럽'을 결성했다.

18세기는 클럽의 시대였다. 클럽이 유행하게 된 한 원인은 거대한 체제가 붕괴하고 각자가 제멋대로 된 의견, 자유사상을 주장하는 작은 당파가 등장한 일이었다. 어떤 생각이든 허용되고, 뭐든지 자유롭게 할 수 있다. '리베르탱'(libertin, 자유주의자)이 영국과 프랑스에서 등장한 것이다. 그것은 사상, 신앙의 자유만이 아니라 행동, 쾌락의 자유이기도 했다.

'헬파이어 클럽'도 리베르탱 클럽이었다. 낡은 도덕을 웃어넘기고 종교를 패러디하는 컬트 클럽이라고 해도 좋을 것이다.

처음 멤버는 필립의 동료인 힐즈버러 자작(더블린의 방탕아로 알려져 있었다), 사촌형제인 리치필드 백작, 에드 오브라이언 경 등이었다. 더욱 주목해야 하는 것은 보통의 클럽과 달리 여성 멤버도 있었다는 점이다. 그런데 이 클럽의 회장은 참으로 악마였다. 매주 일요일 런던의 세인트제임스 광장 근처의 베리 스트리트에 있는 그레이하운드 술집에서 모임이 열렸다. 브랜디와 유황이 타고 있어 연기가 자욱했으므로 지옥이 연출되었다.

세 명의 멤버가 성부와 성자와 성령의 삼위일체로 분한다. 다른 멤버는 대주교, 예언자, 순교자 등으로 불린다. 이러한 악마 의식은 특별히 진지한 것이 아니라 패러디였다. 그들은 '성령 파이', '악마의 허릿살', '비너스의 가슴살'이라 칭하는 것을 먹었다.

여성은 술집에 들이지 않기 때문에 여성이 참가하는 모임은 따로 열렸다. 필립이 자주 사용했던 마술(馬術)학교라든가 멤버의 집 등이 회장이 되었다.

마크 블래킷 오드의《헬파이어 공작》에서는 '헬파이어 클럽'이 진짜 악마 숭배나 난교 파티가 아니라 장난스런 가장(假裝) 파티를 했을 것으로 추측하고 있다. 심심한 귀족 청년들이 죄 없는 악마 놀이를 했을 뿐이라는 것이다.

약 30년 후 두 번째 '헬파이어 클럽'이 만들어진다. 이때 필립이 만든 '헬파이어 클럽'은 전설화되어 아주 오싹한 것으로 생각되었다. 그리고 두 번째 '헬파이어 클럽'도 정치적으로 날조된 것이라고 한다.

마크 블래킷 오드의 주장은 '헬파이어 클럽' 전설을 해체하고 있다. 확실히 사교라든가 컬트가 온갖 역겨운 비밀 의식을 치렀다는 이야기는 선정적인 저널리즘의 산물인지도 모른다.

마크에 따르면 필립의 '헬파이어 클럽'은 일종의 장난이며 위선적인 세상을 조롱하는 퍼포먼스였다. 그러므로 의식은 비밀로 행해지기는커녕 일부러 자랑스럽게 내보였던 것이다. 사회나 교회에 충격을 주는 것이 목적이었기 때문이다.

와튼은 스물한 살이라는 젊은 나이에 상원의원이 되었다. 산뜻한 변론에 머리도 좋았으므로 그는 의회에서도 주목을 받고 있었다. 하지만 '헬파이어 클럽'에는 눈살을 찌푸린 사람이 많았다. 게다가 클럽에는 돈이 많이 들었으므로 공작의 재정은 늘 위기였다. 그런 때에 '남해 거품' 사건이 일어났다. 공작도 주식을 샀으므로 큰 손해를 입었다. 그는 격노하여 의회에서 이 사건의 책임자를 공격했다.

그는 여전히 휘그당과 토리당 사이를 왔다 갔다 하고 있었다. 양쪽에 다 불만이었을 것이다. 자신의 마음에 든 당파를 찾고 있었다. '헬파이어 클럽’을 만든 것도 그 때문이었는데 유감스럽게도 이 클럽은 1721년에 금지당하고 말았다.

이 무렵 런던에서 어떤 클럽이 은밀히 인기를 모으고 있었다. 프리메이슨이다. ‘헬파이어’와 공통되는 신비적이고 컬트적인 요소가 있었다.

17세기 말 런던의 지식인들은 뉴턴 등의 과학사상에 싫증을 느끼고 신비주의에 끌렸다. 그래서 중세의 석공 길드 등에 주목하여 고대의 컬트를 부활시키려고 했다. ‘헬파이어 클럽’도 프리메이슨도 그런 풍조에서 나온 것이다.

‘헬파이어 클럽’이 나오기 1년 전에 런던에서 프리메이슨의 총본부 Grands Lodge가 만들어졌다. 세인트폴 대성당의 뜰에 있던 구즈앤드그리디론Goose and Gridiron 술집에 모여 그랜드마스터를 뽑았다. 그랜드마스터는 솔로몬 왕에게서 시작된다고 한다.

몬테규 공작이 런던의 초대 그랜드마스터이고, 퀸즈베리 공작 등의 귀족이 멤버가 되었다. 화가 윌리엄 호가스William Hogarth, 1697~1764도 들어왔다. ‘헬파이어 클럽’과 겹쳐 있는 멤버도 많았다.

1722년에는 필립 와튼 공작도 입회했다. 이 시기 선거에 실패하여 정계에서 활동할 수 없게 되었으므로 그는 프리메이슨에 열중했는데, 몬테규를 대신하여 그랜드마스터가 되었다. 동시에 로버트 월폴 정부에 대한 반대파로서 정치력을 회복했다.

그러나 1725년 그는 많은 빚을 안게 되었고 정치적으로도 내리막길로 들어섰다. 그는 파리를 떠나 자코바이트(제임스 왕당파)를 결집하여 영국의 정권을 탈환하려고 생각했다.

그러고 나서 그의 유럽 편력이 시작된다. 빈에서 로마로 갔다가 마드리드에 도착했다. 스페인에서 그는 가톨릭으로 개종했다. 다만 '헬파이어 클럽'이나 프리메이슨의 비밀 의식에 대해서도 선전을 했던 것 같다. 어느 것이 본심인지는 알 수 없다. 어쨌든 그는 마드리드에 프리메이슨의 롯지(작은 집)를 만들었다고 한다. 그러나 그 이후에는 빚에 쫓겨 유럽을 방랑하다가 파리에서 영락한 생활을 하며 영국으로 돌아갈 날만 기다리다 1731년 세상을 떠났다. 온갖 당파나 컬트를 편력하고 '헬파이어 클럽'의 창립자로서 악명이 높았던 필립 와튼의 생애는 막을 내렸다. 그러나 '헬파이어 클럽'은 그 후에도 몇 번인가 역사의 어둠에서 호출되었다.

유별난 윌크스

1760년 조지 2세가 죽고 손자인 조지 3세가 영국 왕이 되었다. 조지 2세는 왕비 캐롤라인에게 조종되었는데, 왕비는 로버트 월폴 수상에게 국정을 맡기고 있었다. 왕은 아들 프레드릭과 사이가 좋지 않았지만 1751년에 프레드릭이 갑자기 죽어 결국 손자인 조지 3세가 왕위를 계승했다.

조지 3세는 영국보다는 독일을 좋아했다. 그때까지 하노버 왕조의 왕들 중에서는 처음으로 국정에 본격적으로 몰두하려고 했다. 그러나 한발 늦었고, 의회나 여론은 이미 강력해져서 국왕에 대한 비판을 전개하고 있었다.

국왕과 그 정부의 강력한 반대자였던 사람은 존 윌크스John Wilkes, 1725~1797였는데, '악마'라 불렸다. 그는 대중의 인기를 얻었으며 아무리 투옥되어도 정부 비판을 그만두지 않았다. 그는 국왕이나 귀족의 스캔들을 공격했지만 스스로도 스캔들의 대상이 되었다. 윌크스는 스캔들을 정치적 무기로 삼았다.

카사노바Giovanni Giacomo Casanova, 1725~1798와 보마르셰Pierre-Augustin Caron de Beau-
marchais, 1732~1799의 합성물이라고 해야 할 이 정치 모험가는 몰트 제조업
자의 아들로 태어났다. 그는 화려하고 교양이 있었으며 재기발랄한 탕아
이자 천부적인 선동가였다. '헬파이어 클럽'의 회원이자 도박꾼이었고, 게
다가 부자인 그는 에일즈베리의 의석까지 손에 넣었다. 그의 유일하고 명
확한 정치상의 원칙은 궁정과 내각에 대소동을 일으키는 것이었다. 1762
년 〈노스브리튼North Briton〉지를 창간하고, 거기에서 정부를 격렬하게 공격
했다.[10]

존 윌크스는 1727년경 런던에서 태어난 것 같다. 신흥 벼락부자의
아들로 부유하게 자랐다. 방탕아였지만 변설의 명인으로 정치가가 되
어 하원의원이 되었다. 재미있는 것은 젊었을 때 '헬파이어 클럽'의 멤
버였다는 것이다. 이것은 앞에서 언급한 필립 와튼의 '헬파이어 클럽'
이 아니라 두 번째 '헬파이어 클럽'이었다.

그 클럽을 만든 사람은 프랜시스 대시우드로, 그는 템즈 강 상류의
영지에 있는 메드멘험 수도원에 모여 쾌락적인 파티를 열었다. 세인
트프랜시스 수도회나 와이컴의 세인트프랜시스 기사단 등으로 불렸
는데, 세간에서는 그들을 '헬파이어' 클럽이라고 부르고 있었다. 멤버
에는 샌드위치 경, 시인 찰스 처칠, 캔터베리 주교의 아들 토머스 포터
등이 있었다. 윌크스는 포터의 소개로 클럽에 들어갔다고 한다.

대시우드는 예술 애호가로 딜레탕트 협회를 창립하여 화가나 조각

---

10 ジョルジュ・ミノワ, 手塚リリ子・手塚喬介譯, 《ジョージ王朝時代のイギリス》, 白水社文庫クセジ
ュ, 2004.

가를 후원했다. 그리고 클럽을 만들어 고딕 교회나 동굴 등에서 비밀 결사 놀이를 하고 있었다.

진정한 비밀결사였던 것은 아니다. 비밀로 하기보다는 오히려 자랑스럽게 내보여 세상을 놀라게 해주고 싶었을 뿐 확실한 목적이 있었던 것은 아니었다. 심심한 귀족이나 부잣집 아들들이 모여 야단법석을 피웠던 것이다.

이 클럽의 전모는 정확히 알 수 없다. 조사가 시작되려고 했을 때 그 기록을 대부분 소각해버렸다고 한다. 그러므로 실상은 대수롭지 않다는 견해도 있고, 당시의 귀족이나 부자들 대부분이 멤버이고 정부의 고관도 들어 있었기 때문에 유야무야되고 말았다는 설도 있다. 도널드 맥코믹의 '헬파이어 클럽'에는 확실한 멤버, 멤버라는 소문이 돌았던 사람 등 수십 명의 목록이 실려 있다. 이 클럽의 악명이 얼마나 높았는지를 알 수 있는 대목이다.

대시우드가 클럽을 만든 것은 1750년경으로, 1760년대에 들어서자 활동이 위축되었고 점차 사라져간 것 같다. 소멸된 이유는 멤버가 정치적인 당파로 분열하여 뿔뿔이 흩어졌고, 세상을 떠난 멤버도 늘었기 때문이다. 또한 존 윌크스의 화려한 정치 비판이 탄압을 받았고, 그것과 함께 그가 멤버인 '헬파이어 클럽'에 대한 비난도 거세졌기 때문인 것 같다.

이 클럽에는 두 가지 요소가 있었다. 흑미사와 결부된 비밀 의식과 그 후 야단법석을 피우는 파티다. 존 위크스에게 의식은 지루한 것이었다. 그는 즐기는 것만을 좋아했다. 의식 때도 못된 장난질을 하기 때문에 의사(擬似) 종교를 좋아하던 멤버들은 그를 싫어했다.

윌크스는 점차 비밀 클럽 놀이가 지긋지긋해져 선동 정치가가 되어
간다. 1757년 의원이 된 그는 정치적 저널리스트로서 활동한다. 〈노스
브리튼〉이라는 잡지를 발간함으로써 정부를 공격할 미디어를 가진 것
이다. 찰스 처칠도 집필자로서 가담한다. 그리고 다른 잡지를 압도했
다. 왜냐하면 다른 잡지는 유명인에게 조심스러워 스캔들을 가명으로
보도했지만 〈노스브리튼〉은 실명으로 썼기 때문이다. 윌크스는 18세
기 후반 스캔들의 시대에 그 첨단을 달린 인물이었다.

그의 공격 대상이 된 사람은 조지 3세의 수상 뷰트와 조지의 어머
니 오거스타였다. 두 사람이 불륜 관계라는 소문이 나돌았다. 윌크스
는 그 스캔들을 써댔다. 뷰트 백작은 사임하고 조지 그렌빌이 수상이
되었다.

그리고 결국 1763년 〈노스브리튼〉 제45호에서는 국왕의 연설을 거
짓말이라고 비난했다. 왕과 그렌빌은 격노하여 윌크스는 갑자기 체포
되었다. 윌크스는 표현의 자유와 하원의원인 특권을 주장하며 체포는
부당하다고 말했다. 대중은 갈채를 보냈고 국민은 표현의 자유를 지
키는 영웅으로 윌크스를 칭송하며 재판소 주위에 모여들어 그의 무죄
를 요구하는 데모를 벌였다. 윌크스는 석방되었다.

그러나 그렌빌은 집요하게 윌크스를 추궁했다. 윌크스는 포프의 시
《인간론》의 패러디 《여성론》을 썼다. 윌크스는 외설로 많은 사람의 명
예를 훼손했다는 이유로 탄핵되었다. 아이러니하게도 상원에서 윌크
스를 비판한 사람은 샌드위치 백작이었다. 어쨌든 그도 '헬파이어 클
럽'의 멤버였다.

또한 《뉴브리튼》에서 비방을 들은 하원의원 새뮤얼 마틴이 윌크스

에게 권총에 의한 결투를 신청했다. 윌크스는 옆구리를 맞아 부상을 당했고, 파리로 도망쳤다.

윌크스는 파리에서 퐁파두르 부인을 만났다. 부인은 다음과 같이 물었다.

"영국에서는 작가에게 왕실에 대한 욕을 어느 정도까지 허용하고 있나요?

그러자 그는 대답했다.

"부인, 저도 그것을 정확히 알고 싶어서 하고 있는 겁니다."

1764년 그는 추문을 담은 선동적인 모욕을 했다는 이유로 하원에서 추방되고 유죄 선고를 받음으로써 공권을 박탈당했다. 하지만 그것에 의해 대중은 윌크스를, 자유를 위한 순교자로 떠받들어 '윌크스와 리버티' 운동이 일어났다. 사람들은 '윌크스와 리버티'라고 외치면서 행진했다. 국왕의 평판은 극히 나빠졌다.

어느 날 조지 3세는 말을 듣지 않는 황태자에게 꾸중을 했다. 그러자 황태자는 "윌크스와 제45호 만세!"라고 했다고 한다.

5년간의 망명 생활을 하면서도 질리지 않은 윌크스는 1768년에 귀국하여 다시 의원에 입후보했다. 런던에서는 떨어졌지만 미들섹스에서는 당선했고, 재판을 통해 공권 회복을 요구했다. 다시 '윌크스와 리버티' 운동을 불러일으켜 폭동이 일어났다.

1769년 윌크스는 인권 옹호를 위한 협회를 만들어 하원에서의 토의를 공개하고 그것을 신문에 발표하는 저널리즘의 권리를 보호하려고 했다. 그는 대중운동의 보호를 받아 공권을 회복하고 1774년 런던 시장에 당선되었다. 그러고 나서는 얼마간 얌전히 있었다고 한다.

일찍이 '헬파이어 클럽'에서 제멋대로 난잡한 짓을 했던 동료는 얼마 지나지 않아 정치적으로 분열하여 서로 싸우게 되었다. 그 클럽에서는 라블레 풍의 "네가 바라는 것을 하라"라는 것이 모토였지만, 그것이 반사회적이라며 비난을 받고 유죄 선고를 받았던 것이다.

존 월크스는 혁명가가 아니었다. 그는 사회를 바꾸려고 한 것이 아니었다. 그는 자신이 좋아하는 것을 하고, 하고 싶은 말을 할 자유에 집착해왔던 것이다. 그를 지지한 것은 신흥 중류계급이었다. 귀족의 특권에 의한 정치에 대한 불만이 '월크스와 리버티' 운동을 일으킨 것이다.

중류계급이 책을 읽게 되어 저널리즘이 발달하고 신문과 잡지를 통해 대중도 정치에 대해 발언하는 장이 등장했다. 국왕이나 귀족도 비판의 대상이 되었고, 스캔들이 폭로되었다. 월크스는 그 시대의 영웅이었다.

헨델의 〈메시아〉, 스캔들을 구하다

게오르그 프리드리히 헨델Georg Friedrich Händel, 1685~1759은 독일의 할레에서 태어났다. 이탈리아에서 음악가로 인기를 얻었지만 1710년 이후 영국에서 활동하게 되었고 조지 1세의 후원을 받았다. 그러나 뇌졸중으로 쓰러져 요양생활을 하다 1740년에 복귀한다. 그때까지는 오페라를 중심으로 했지만 이후부터는 오라토리오를 창작하는 경향을 보였다. 1742년 〈메시아〉의 상연은 사람들을 열광시켰다.

〈메시아〉의 초연은 더블린에서 이루어졌다. 아일랜드의 총독 월리엄 카벤디시가 자선음악회를 의뢰한 것이다. 음악회의 이익은 세 개의 자선사업에 할당할 예정이었다. 더블린 스티븐 가의 머서 병원과 인스키Inn's Quay의 자선진료소 원조, 그리고 빚으로 형무소에 들어가 있던 사람들의 구제였다. 이 음악회에 의해 채무자 감옥의 수인 142명을 석방할 수 있는 돈이 모였다.

그 무렵 더블린은 런던에 다음가는 문화도시로 향락생활도 왕성했다. 헨델이 더블린을 방문했을 때 그곳 주교로서 만년을 보내고 있던 조너선 스위프트를 만났다.

그런데 〈메시아〉의 더블린 공연에는 음악가 토머스 안Thomas Arne, 1710~1778의 여동생 수재너 시버가 콘트랄토를 불렀다. 여배우인 그녀는 성량이 풍부하지는 않았지만 표현력이 뛰어나 헨델도 마음에 들어 했다. 크리스토퍼 호그우드Christopher Hogwood, 1941~의 《헨델》[11]은 상세한 전기인데, 이 공연에 대해 다음과 같이 적고 있다.

> 연주 중에는 즉흥적인 찬사가 튀어나왔다. 수석 사제 스위프트의 친구 딜레이니 목사(나중에 헨델의 친구인 펜다브스 부인과 결혼)는 〈그분은 멸시를 받아〉를 부르는 시버 부인에게 완전히 매료되어 자리에서 일어나 하느님을 섬기는 몸으로서는 다소 외람된 기분으로 이렇게 외쳤다. "여자여, 이것으로 그대의 모든 죄가 사해져라!"[12]

이것밖에 쓰지 않았기 때문에 어떻게 된 건지 정확히 알 수는 없지만, 시버 부인은 아무래도 무슨 스캔들로 좋지 않은 평판이 난 듯 악명 높은 여자로 여겨지고 있었다. 그런데 그녀의 노래가 그 죄를 정화했다고 말한 것이다. 헨델의 〈메시아〉는 죄인을 구원하는 성스러운 음악이었던 것이다.

시버 부인의 스캔들에 대해서는 자세히 알고 싶었지만 좀처럼 자료가 발견되지 않았다. 그런데 베른하르트 허우드Bernhardt J. Hurwood, 1926~1987의 《에로티카의 황금시대The golden age of erotica》(1965)에 이 사건이 언급되어 있다.

---

11 クリストファー・ホグウッド, 三澤壽喜譯,《ヘンデル》, 東京書籍, 1991.
12 クリストファー・ホグウッド, 같은 책.

《에로티카의 황금시대》에 따르면 18세기 초에 '크라임 컨버세이션'Crime Conversation이라는 말이 있었다. 직역하면 범죄적 대화다. 대화는 교제인데, 범죄가 되는 교제라면 '간통'을 말한다.

즉 간통죄criminal conversation가 있었던 것이다. 18세기 초에는 '크라임 컨버세이션'이 유행했다. 왜냐하면 남편에게 굉장히 유리했기 때문이다. 만약 남편이 아내의 간통을 알아내면 막대한 벌금을 받을 수 있었다. 간통을 한 상대 남자가 벌금을 지불하지 않으면 투옥되었다. 그러나 남편의 외도는 문제가 되지 않았다.

간통죄 재판이 급증했다. 남편이 돈을 벌기 위해 고소를 하는 게 아닐까 싶을 정도였다. 간통을 증명하기 위해 하녀나 하인 등 고용인이 증인으로 나와 부인의 사생활을 노골적으로 증언했다. 고용인의 엿보기나 밀고에 의해 유죄가 결정되었다.

더욱 문제가 된 것은 성생활을 노골적으로 폭로하는 간통죄 재판이 공개되어 그 선정적인 증언이 팸플릿으로 출판된 일이다. 오늘날의 와이드쇼나 주간지 같은 저널리즘의 선구가 '크라임 컨버세이션'의 뉴스였다.

물론 살인사건 등의 뉴스도 있었지만 '크라임 컨버세이션'은 성적으로 음란한 내용이어서 인기가 있었다. 엿보기 취미, 스캔들 취미를 만족시켜 일종의 포르노그래피로서 읽혔던 것 같다.

그리고 1738년 시버 대 슬로퍼라는 '크라임 컨버세이션' 재판이 사람들의 흥미를 끌었다. 왜냐하면 시버 부부는 유명인이었기 때문이다. 남편인 시오필러스 시버는 유명한 배우이자 극작가인 콜리 시버Colley Cibber, 1671~1757의 아들이었다. 아내 수재너 시버는 유명한 여배우이자 가수였다. 지금이라면 헐리우드 스타의 이혼 뉴스 같은 것이었다고 허우드는 말하고 있다.

수재너가 남편 시오필러스의 친구 윌리엄 슬로퍼와 간통을 저질렀다는 사건인데, 사실은 남편이 일부러 아내를 슬로퍼에게 접근시킨 것이었다는 소문도 있었다. 시오필러스는 낭비가 심한 사람이었으므로 많은 빚을 안고 있었다. 부자인 슬로퍼와 알게 되자 아내를 그에게 소개하여 친하게 만들었다.

먼저 하숙집 여주인 헤이즈 부인이 증인으로 등장했다. 그녀는 수재너의 하녀 앤 홉슨에게 방을 빌려주었는데 그곳에서 수재너와 슬로퍼가 밀회를 했다는 것이다. 남편인 헤이즈 씨는 좀더 노골적으로 구멍을 뚫어 두 사람의 음란한 행위를 엿보았다고 말했다.

드디어 앤 홉슨이 증언했다. 두 사람에게 방을 빌려주었는데, 그것은 시오필러스가 지시한 것이고, 그는 슬로퍼를 '자선가'라고 불렀고 곧 엄청난 돈이 들어올 거라고 말했다고 증언했다. 그리고 시오필러스는 수재너가 슬로퍼가 있는 방으로 가는 것을 "잘 자"라고 말하며 보내주었고, 아침이 되자 아침식사가 준비되었다며 두 사람을 깨우러 갔다고 앤은 증언했다.

시오필러스는 아내와의 간통 혐의로 슬로퍼를 고소하고 5천 파운드를 요구했다. 그런데 앤의 증언에 의해 자신이 꾸민 일이라는 것이 들통이 나 오히려 불리해졌다. 결국 벌금은 5천 파운드가 아니라 10파운드가 되었다. 아내를 간통하게 해 돈을 벌려고 한 시오필러스의 시도는 실패로 돌아갔지만 그 경위가 자세히 보도되어 커다란 스캔들이 되었고 시버 부인의 명예는 심각하게 훼손되었던 것이다.

이 사건으로부터 3년 후 시버 부인은 헨델의 〈메시아〉에 등장했다. 헨델은 그녀의 스캔들을 알고 있었을까? 아마 알고 있었을 것이다. 관객들도 알고 있었다. 그러므로 그녀의 노래에 감동한 딜레이니 목사가 "그대의 모든 죄가 사해져라!"라고 외쳤을 때 사람들은 그 의미를 알아들었다. 위대한 음악이 스캔들을 정화한 것이다.

《패니 힐》, 외설과 검열

1749년 《패니 힐Fanny Hill》(원제는 《어느 매춘부의 회상Memoirs of a Woman of Pleasure》)이 출판되었다. 영국 포르노그래피의 고전으로 일컬어지고 있는 작품이다. 포르노그래피는 검열과 충돌하여 스캔들이 된다. 그렇다면 《패니 힐》의 경우는 어떨까?

일본에서는 1993년 "오리지널 원고에 기초한 무삭제 완역판"[13]이 나왔다. 말미의 주석에 따르면 1965년에 초판이 나왔는데 '선정적인 부분'hot part을 삭제하고, 그래도 문제가 되어 좀더 삭제한 재판이 나왔다. 그리고 1993년에 다시 발간할 때는 삭제하고 수정한 부분을 복원하여 완역판을 내게 되었다.

1965년 판에 붙은 해설에서 시노다 하지메篠田一士, 1927~1989는 1963년 미국과 영국에서 《패니 힐》의 초판이 나온 이래 240년 만에 삭제 없이 다시 출판할 수 있게 되었다고 말하고 있다. 그것에 따라 일본에서도 출판하려고 했지만 아직 완역은 할 수 없었다는 것이다.

이러한 경위를 읽으면 이 책이 초판 이래 줄곧 판매금지가 된 것처럼 생각되지만, 사실은 그렇지도 않다. 초판 당시는 저자도 출판사도 확실한 처분을 받지 않았고 판매금지도 당하지 않았다.

1749년에 초판이 나온 이래 일반적으로《패니 힐》로 알려져 있는《어느 매춘부의 회상》을 판매금지하려는 시도는 몇 번 있었지만, 1964년 처음으로 영국에서 그 작품이 법정 소송의 대상이 되었다.[14]

이것을 읽으면 깜짝 놀라게 된다.《패니 힐》은 1964년까지 판매금지된 것이 아니라 1964년에 처음으로 재판의 대상이 된 것이라고 말하기 때문이다. 다시 18세기 스캔들의 상황, 외설과 검열의 문제에서 이 책을 거론하고자 한다.

《에로티카의 황금시대》(1965)에서 베른하르트 허우드는, 1660년대부터 1890년대까지는 에로티카(호색본, 포르노그래피)의 황금시대였다고 말한다. 출판이 자유화되어 인쇄 기술이 발달하고 중류계급의 독자가 늘었기 때문이다.

그렇게 출판 혁명의 시기였으므로 그것을 규제하는 법률은 확립되어 있지 않았다. 아무튼 '외설'만을 단속하는 법률은 없었던 것이다. 월터 켄드릭Walter Kendrick의《비밀 박물관—현대문화에서의 포르노그래피 The Secret Museum: Pornography in Modern Culture》(1987)에 따르면 18세기까지 정치, 종교, 도덕은 확실히 분화되어 있지 않았으므로 반정부적인 책, 반종교적인 책, 외설적인 책은 그다지 구별되지 않았다.

---

13 ジョン・クレランド, 吉田健一譯,《ファニー・ヒル》, 河出書房新社, 1993.
한국에서는 1996년《패니 힐》(정성호 옮김, 새론문화사), 1999년《내 사랑 패니 힐》(정재이 옮김, 예림미디어)이라는 제목으로 출판되었다—옮긴이.
14 H・モンゴメリー・・ハイド, 笹倉貞夫・島岡將・金井公平譯,《ポーノグラフィの歴史》, 新泉社, 1974.

종교나 도덕은 교회의 종교재판소가 다뤄왔다. 17세기에는 반도덕 행위가 점차 세속의 재판소로 옮겨왔다. '외설'도 거기에 포함되었다. 그래도 '외설'만으로는 문제가 되지 않았고, 정치적 영향이 있을 때만 문제가 되었다.

세속의 재판소가 외설 문서 출판을 공격하는 근거는, 외설은 왕에 대한 치안 방해, 혹은 그러한 방해의 원인이 되기 쉽다는 것이었다.[15]

1925년에서 1926년 사이 에드먼드 칼이 프랑스의 포르노《수도원의 비너스》를 번역하여 출판했다가 유죄 선고를 받았는데, 이것이 포르노가 법률적으로 규제된 최초의 재판이라고 한다. 그러나 그 판결의 이유는 신하의 도덕을 파괴하고 치안을 어지럽힌다는 것으로, 왕의 정치에 영향을 주느냐의 여부가 문제시되었다.

이미 언급한 존 윌크스의《여성론》과 존 클렐런드John Cleland, 1709~1789 의《패니 힐》은 거의 동시대에 나왔지만, 한쪽은 엄중하게 단속되고 다른 한쪽은 묵인되었다. 그 차이는 어디에 있는 것일까?

윌크스의 '외설'적인 표현은 왕이나 정부에 대한 중상, 명예훼손을 포함하고 있다고 간주되었고, 그것에 의해 유죄 선고되었다. 그러나 《패니 힐》의 '외설'은 오락을 위한 것으로, 누군가를 공격하거나 상처를 주는 것이 아니었다. 피해자가 없는 것이다. 따라서 특별히 처벌되지 않았다.

"외설 출판물을 취급하기 위한 특별한 법률은 1857년에 이르기까지 제정되는 일이 없었다."[16]

다시 말해 18세기에는 '외설'만을 문제로 삼는 법률은 없었고, 정치나 종교를 중상한다고 생각되었을 때만 벌을 받았던 것이다. 19세기가 되어 도덕이 독립적으로 문제가 되었고, '외설'에 대한 검열도 엄격해졌다.

존 클렐런드는 1709년에 태어났다. 아버지인 윌리엄 클렐런드William Cleland는 스펙테이터 클럽의 멤버로, 첫 번째 '헬파이어 클럽'의 필립 와튼과도 아는 사이였다. 18세기에는 '방탕아'(프랑스에서는 리베르탱)라 불린, 낡은 도덕으로부터 자유로운 플레이보이들이 횡행했는데 윌리엄 클렐런드는 그 선구자였다.

아들 존은 웨스트민스터 스쿨에서 배웠고, 스미르나(Smyrna, 현재의 이즈미르Izmir)의 영국 영사가 되었으며 얼마 지나지 않아 봄베이(지금의 뭄바이)의 동인도회사에서 일하게 되었다. 그러나 회사와의 갈등으로 유럽으로 돌아와 도박과 여자에 날이 새는 훌륭한 방탕아가 되었고, 곧 빚 때문에 투옥되었다.

그는 빚을 갚기 위해《패니 힐》을 썼다고 한다. 그 일로 귀족원에 호출되었다. 빚 때문이라는 변명을 듣고 위원인 그랜빌 경이 백 파운드의 연금을 주었기 때문에 그 후부터 포르노를 쓰지 않아도 생활할 수 있게 되었고, 켈트어 등을 연구하는 학자로서 평생을 보낼 수 있었다고 한다. 아무래도 너무 잘 만들어진 이야기인 것 같다. 클레런드는 아버지의 연고로 정부의 유력자에게 도움을 받았고, 정치적인 의도가 없다는 이유로 아무런 문책도 받지 않았으며, 문책은커녕 연금까지 받

15 ジョン・フェザー, 箕輪成男譯,《イギリス出版史》, 玉川大學出版部, 1991.
16 ジョン・フェザー, 같은 책.

고 석방되었던 것이다.

연금을 받는 대신에 포르노 쓰는 것을 그만두었다는 것은 시늉일 뿐이고 사실은 몰래 썼다는 소문도 있다. 1960년대에 미국에서《패니 힐》의 속편이 발견되었으며《패니 힐의 딸》[17]이 발표되었다. 진짜인지 아닌지는 확실하지 않지만 시대를 뛰어넘은《패니 힐》의 인기를 말해주고 있다.

미국에서 외설 문학의 판매가 최초로 기소된 것은 1819~1920년으로,《패니 힐》을 팔고 있던 두 명의 세일즈맨이 체포되었다.

어쨌든《패니 힐》은 영국의 포르노그래피 붐의 한 계기가 되었다. 18세기에는 번영했고 19세기에는 도덕적인 빅토리아 여왕 아래서 규제되었다. 그러자 지하로 숨어들어 한층 만연하게 되었다. 금주법의 시대에 미국인이 오히려 술을 더 많이 마시게 되었다는 것과 유사하다.

"포르노그래피에 대한 영국의 사회적 태도에 처음으로 이렇다 할 변화가 나타난 것은 18세기 말이었다."[18]

1787년 조지 3세는 천박하고 외설적인 출판물을 금지하는 조례를 발표하고 1802년 '악덕금지협회'를 설립했다. 점차 규제가 정비되어 1857년 풍속교란출판물 단속법으로 정리되었다. 이 검열법은 1959년에 개정될 때까지 이어졌다.

18세기에는 '외설'만을 표적으로 하는 법률이 아직 정비되어 있지 않았으므로 양자의 관계는 변덕스러운 것이었다. '외설'은 스캔들이 되기도 하고 되지 않기도 한 것이다.

---

17 須賀慣譯,《ファーニィ・ヒルの娘》, 角川文庫, 1977.
18 H・モンゴメリー・ハイド, 같은 책.

조지 3세의 스캔들 일가

조지 3세(재위 1760~1820)는 비교적 성실한 사람이었다고 한다. 그의 시대에 미국이 독립을 이루고 프랑스혁명이 일어났다. 너무나 많은 문제에 시달린 탓인지 만년에는 광기로 자주 발작을 일으켰다.

그는 왕실의 도덕을 향상시켜 국민의 존경을 받았다. 그러나 그의 가족들은 제멋대로 행동하고 온갖 스캔들에 휘말려 그의 머리를 짓눌렀다.

조지 3세는 젊었을 때 좋아하는 여성이 있었는데 국가를 위해 그만두었고, 독일의 메클렌부르크 슈트렐리츠 공가의 샤를로테 조피와 결혼했다. 그녀는 미인은 아니었지만 성실한 여성으로, 왕과의 사이에서 9남 6녀를 얻었다.

조지 3세의 남동생이나 여동생들은 무척 불성실했다. 성실한 조지 3세와 성실한 샤를로테 사이에서 태어난 아이들도 불성실했다. 만년에 왕의 정신이 이상해진 것도 불성실한 가족 탓인지도 모른다. 앨런 로이드Alan Lloyd의 《가장 부도덕한 시대 – 조지 3세의 생애와 시대The wickedest age : the life and times of George》(1971)에는 '아아, 동생이여! 아아, 누이여!'라는 장이 있다. 여기서는 왕이 형제자매들의 불상사에 얼마나 힘들어했는지를 말하고 있다. 그들이 그토록 말썽을 부린 것도 어렸을 때 어머니인 오거스타가 너무 엄하게 키우려고 한 반동일지도 모른다고 여겨지고 있다. 장남인 조지만이 어머니의 생각대로 자라주었고, 다른 아이들은 빗나가고 말았던 것이다.

일찍 죽은 아이를 제외하면 조지 외에 남동생 에드워드(요크 공작), 윌리엄(글로스터 공작), 헨리(캠벌런드 공작), 누나 오거스타, 여동생 캐롤라인이 있었다.

남동생들은 모두 그 시대의 둘도 없는 방탕아가 되었다. 우선 요크 공작 에드워드는 멋쟁이에다 여자를 좋아했다. 리치먼드 공작부인, 스타노프 타코넬(230쪽) 백작부인 등을 정부로 두었다. 그녀들은 그다지 미인이 아니었던 것 같은데, 에드워드의 시력이 나쁜 탓일 거라고 했다. 가장 예외적인 정부는 메리 코크Mary Coke로, 그녀는 미인이었다.

조지 3세는 에드워드가 차례로 일으키는 스캔들에 골머리를 앓았다. 더욱 곤혹스러웠던 것은 에드워드가 국왕에 반대하는 당파에 가담하여 형에게 반항하기 시작했다는 점이다.

그러나 그것은 그리 오래 가지 못했다. 에드워드는 매일 밤 파티로 날이 새는 줄 모르며 건전하지 못한 생활을 하고 있었다. 그는 1767년 모나코에서 놀다가 감기에 걸려 급사하고 말았다.

다음 동생인 글로스터 공작 윌리엄 역시 조숙하여 사춘기에 접어들자마자, 연상이자 세 명의 아이가 있는 미망인 마리아 월드그레이브를 사랑했다. 모자 장수의 딸이었다.

이 스캔들을 수습하기 위해 왕은 동생에게 미망인과 헤어지라고 명령했다. 한때 정리되는 듯했으나 두 사람은 곧 다시 만났다. 그리고 1766년 비밀결혼식을 올렸다. 그 사실을 알게 된 것은 1772년들이 되고 나서였다.

왕은 줄곧 글로스터 공작의 아내를 인정하지 않았지만 점차 그녀의 사람됨을 알고 만년에는 화해했다. 한편 글로스터 공작은 어렵게 결혼했는데도 곧 바람을 피우기 시작하여 아르메리아 카펜터를 쫓아다녔고 마리아와는 별거했다.

막내 동생 컴벌런드 공작 헨리는 미남에다 마음씨가 고운 젊은이였다. 그러나 창가(娼家)와 술집에 틀어박혀 지냈다. 게다가 그로브너 경의 부인 헨리에타와 친해졌다. 그것은 그로브너가 쳐놓은 함정이었는지도 모른다. 그 자신도 방탕아였던 그로브너는 곧 컴벌런드 공작을 '크라임 컨버세이션'(간통죄)으로 고소했다. 그 증거로 컴벌런드 공작이 헨리에타에게 보낸 편지가 법정에 제출되었다. 오자와 탈자투성이인 기묘한 편지는 사람들에게 큰 웃음을 선사했다. 물론 편지 내용은 아주 상세하게 일반에 공개되었고, 왕가 사람들도 교양 없는 어린 아이처럼 유치한 편지를 쓴다는 것이 폭로되었다.

재판의 결과는, 컴벌런드 공작은 그로브너 경에게 1만 파운드의 배상금을 지불하고 재판 비용 3천 파운드를 부담하라는 것이었다. 헨리는 돈이 궁해 형 조지 3세에게 울며 매달렸다. 지불하지 않으면 체포될지도 몰랐던 것이다. 왕실의 대형 스캔들이었다.

왕은 서둘러 수상 길포드 백작 프레드릭 노스에게 돈을 준비시키고 뒤치다꺼리를 했다. 그리고 동생에게는 엄하게 타일렀다.

하지만 컴벌런드 공작은 그래도 질리지 않은 듯 금세 재목 상인의 아내를 유혹했다. 그러나 이번에는 남편이 그로브너 경보다 점잖아 왕가의 사람이 아내와 친하게 지내는 것을 영광으로 생각했고, 그 대신 왕실 업무의 편의를 제공받았다.

그 후 컴벌런드 공작은 결혼했다. 상대는 앤 호튼이라는 매력적인 미망인이었다. 조지 3세는 예쁘다는 이유만으로 신분이 낮은 여자와 제멋대로 결혼한 동생을 "이 바보 같은 놈!"이라며 욕설을 퍼부었다. 그는 왕가 사람들이 제멋대로 명예롭지 못한 결혼을 하는 걸 참을 수 없게 되어 1772년 왕실 결혼령을 발포했다. 왕족은 스물다섯 살이 되기 전에 결혼할 때는 왕의 허가를 받아야 하고 스물다섯 살 이상이어도 정해진 조건을 만족하지 않으면 안 된다는 것이었다.

하지만 아이러니하게도 이 법률은 오히려 왕가 사람의 나쁜 품행을 조장하고 말았다. 그들은 제멋대로 결혼하고 법적으로 무효가 되면 또 다른 사람과 결혼하는 것이었다. 대중은 이 법률을 "조지 2세의 자손에게 난교와 불륜을 권장하는 법률"이라며 비꼬았다.

조지 3세의 누나 오거스타는 브랜스윅 공작 칼과 결혼했다. 하지만 남편에게는 정부가 있어 거의 별거한 상태나 마찬가지였다.

여동생 캐롤라인은 덴마크 왕 크리스티안과 결혼했다. 남편이 동성애자라는 것은 잘 알려져 있었으므로 그녀는 불행했다. 일반적인 부부생활이 없었으므로 그녀는 색다르게 살자고 결심했다. 그녀는 남장을 하고 말을 타며 덴마크 궁정을 깜짝 놀라게 했다. 그리고 젊은 수상 요한 슈토르엔제와의 연애 문제가 시작되었다.

왕의 어머니 율리아나는 왕의 동생 프레데릭을 왕위에 앉히려는 음모를 꾸미고 있었다. 왕비 캐롤라인의 실각을 모의한 것이다. 어느 날

밤 왕의 어머니 부하가 왕비의 침실에 몰래 들어가 슈토르엔제의 하얀 모피 코트를 발견했다. 그는 처형되고 왕비는 코펜하겐에 유폐되었다.

조지 3세는 영국 함대를 발트 해로 출동시켜 여동생을 구해내지 않으면 안 되었다. 그러나 그녀는 심신이 모두 쇠약해져 몇 년 후에 죽었다. 조지 3세는 부도덕한 동생들 등 일가의 스캔들에 시달렸다. 하지만 그것만으로 끝나지 않았다. 19세기에 들어가자 그의 아이들이 성장하여 숙부들 못지않은 방탕아가 되었다. 그들은 차례로 스캔들을 일으켜 국왕을 괴롭혔고, 끝내 정신을 병들게 만들었던 것이다. 스캔들의 시대와 홀로 격투한 국왕의 희비극이었는지도 모른다.

미녀가 있었다 : 엠마 해밀턴

18세기 말 영국은 프랑스혁명의 파도가 밀려와 나폴레옹전쟁으로 휩쓸려 간다. 그 안에서 전개된 넬슨 제독과 미녀 엠마 해밀턴의 로맨스는 화려하고 스캔들로 가득한 것이었다.

오랜 영화 팬이라면 비비안 리가 엠마를 연기한 〈해밀턴 부인That Hamilton Woman〉(1941)을 떠올릴 것이다. 넬슨 제독은 로렌스 올리비에가 연기했다. 당시 두 사람은 실생활에서도 로맨스가 진행 중이라는 사실이 화제가 되었다.

엠마 해밀턴은 어느 시대나 넬슨 전설의 중심인물이었다. 두 사람은 자신들의 관계를 여봐란 듯이 공공연하게 인정했으므로 넬슨이 살아 있을 때도 신문의 가십난이나 두 사람을 만난 사람들의 편지 등에 자주 등장했다. 19세기의 역사가들은 이 두 사람이 연인 관계인지 아닌지에 대해 논했다. 그 점에 대해 논의의 여지가 없어지자 이번에는 엠마를, 무구한 영웅을 미색의 길로 현혹시킨 다 계산된 사기꾼처럼 그리는 경향이 있었다. 20세기가 되자 두 사람의 불륜이 용인되는 토양이 펼쳐져 넬슨과 엠마의

연애를 사상 최고의 로맨스로 그리는 경향이 강해졌다. 특히 영화 제작자가 그랬다.[19]

엠마 해밀턴은 1765년경에 태어나 돈을 벌기 위해 런던으로 갔다. 여성으로서는 크고 훌륭한 육체미를 가진 아가씨로 성장하여 런던의 방탕아들의 시선을 끌었다. 1782년 국회의원 찰스 그렌빌의 정부가 되었다. 그렌빌은 엠마를 교양 있는 귀부인으로 재교육시켜 놀랍게도 나폴리 주재 영국대사인 숙부 윌리엄 해밀턴에게 보냈다. 정부를 넘긴 것이다. 해밀턴은 엠마가 마음에 들어 1792년 그녀를 정식 부인으로 삼았다. 엠마는 나폴리 궁정에서 인기 있는 사람이 되었다.

1793년 넬슨 함장이 나폴리에 파견되었다. 프랑스와의 전쟁을 위해 나폴리에 원군을 요청하러 온 것이다. 그때 그는 엠마를 만났다. 1798년 나일 작전에서 넬슨은 영웅이 되었지만 팔을 절단해야 했다. 그는 나폴리로 돌아와 엠마의 간호를 받았다. 남편 해밀턴은 아내가 젊은 영웅 넬슨에게 호의를 품고 친하게 지내는 것을 환영했다고 한다.

나폴레옹은 나폴리를 점령했다. 넬슨은 나폴리 왕과 왕비를 팔레르모로 탈출시켰다. 엠마가 그것을 도왔다. 두 사람의 관계가 불타올라 소문이 돌았다. 1800년 넬슨과 해밀턴 부부는 영국으로 돌아왔다. 엠마는 넬슨의 아이를 임신하고 있었다. 이상한 삼각관계였다. 늙은 남편이 젊은 아내와 그녀의 정부와 함께 사이좋게 살았던 것이다. 스캔들 저널리즘이 그들을 떠들썩하게 써댔다. 넬슨의 아이 호레이시아

---

19 コリン・ホワイト, 山本史郎譯,《ネルソン提督大事典》, 原書房, 2005.

Horatia가 태어났다. 1803년 두 사람이 지켜보는 가운데 해밀턴은 세상을 떠났다.

1805년 트라팔가 해전에서 넬슨은 승리했으나 전사하고 말았다. 두 명의 남편(?)을 잃어버린 엠마는 딸 호레이시아를 안고 힘겨운 생활을 하다 쓸쓸하게 삶을 마감했다고 한다.

이상이 일반에 알려진 엠마와 넬슨의 이야기다. 그러나 그것과는 약간 다른 각도에서 그녀를 볼 수도 있다. 그것은 이반 블로흐Iwan Bloch, 1872~1922가 《영국의 성생활Sexual Life in England –Past and Present》(1934)에서 보여준 성애의 새로운 표현자, 해방자로서의 엠마다.

> 18세기의 아름답고 매력적인 수많은 여성 중에서 가장 사랑스럽고 극한적인 사람은 "건강하고 동물적인 아름다움의 체현자" 엠마 해밀턴이다. 그 놀랄 만한 생애와 운명은 영국 사회의 도덕에 대한 위대한 공적이어서 자세하기 다루지 않으면 안 된다.[20]

이 책에 따르면 그녀는 1761년 체셔에서 태어났다. 그녀는 비너스처럼 아름다운 육체로 런던 남성들의 이목을 끌었다. 얼마 지나지 않아 그레이엄 박사라는 흥행사가 그녀를 자신이 운영하고 있는 '건강한 신전'에 출연시켰다. 박사가 건강법을 강의하고 그 예로서 얇은 옷을 걸친 그녀가 이상적인 육체를 보여주었다. 미와 건강을 상품으로 한 과학적 구경거리가 등장했던 것이다. 엠마는 그 여신으로서 인기

---

20 Bloch, Iwan "Sex Life in England" The Panurge Press 1934.

를 모았다.

찰스 그렌빌이 그녀를 정부로 삼았다. 미술 애호가인 그는 엠마를 일종의 미술품으로서 아름답게 손질하여 숙부 윌리엄 해밀턴에게 보냈다.

나폴리에 대사로 부임해 있던 해밀턴은 이탈리아 미술 수집가로 나폴리에서 미적, 쾌락적인 생활을 즐기고 있었다. 엠마는 그에게도 미술품이었다. 아마 그에게는 동성애적인 경향이 있었고 또 엿보기 취향이 있었던 듯하다.

해밀턴은 엠마에게 명화의 한 장면 그대로 포즈를 취하게 해 감상하는 취미가 있었다. '건강의 신전'에 출연하거나 화가의 모델이 되기도 했던 엠마에게 의상을 입거나 입지 않고 포즈를 취하는 일은 자신 있는 것이었다. 얼마 지나지 않아 해밀턴은 자신만이 아니라 손님들에게도 엠마의 쇼를 보여주었다. 엠마는 상자나 액자 안에서 포즈를 취했다. 그것은 애티튜드(attitude, 자세)라 불렸다. 괴테도 《이탈리아 기행》에서 그것을 본 이야기를 썼다. 미와 에로스는 아직 나누어지지는 않았다.

엠마의 '애티튜드'는 나폴리에서 평판이 자자했다. 당시 나폴리의 궁정은 음탕한 것으로 잘 알려져 있었다. 나폴리 왕 페르디난도 4세는 스페인 왕 카를로스 4세의 동생으로, 왕비가 바람을 피우고 있는 걸 두 사람 모두 전혀 신경 쓰지 않는 등 궁정에는 프리섹스가 횡행하고 있었다. 페르디난도의 왕비 마리아 카롤리나는 프랑스 왕비 마리 앙투아네트의 언니로, 영국의 전(前) 해군사관 존 액턴John Francis Edward Acton, 1736~1811을 정부로 두고 있었다. 마리아 카롤리나는 엠마가 마음에 들

엠마 해밀턴(1765년경~1815)은 남편 윌리엄과 젊은 정부인 넬슨 제독 사이에서
이상한 삼각관계를 맺어 세상을 놀라게 했다.

어 궁정으로 불렀다.

이반 블로흐는 마르키 드 사드Marquis de Sade, 1740~1814의 《쥘리에트 이야기 또는 악덕의 번영Histoire de Juliette ou les prosperites du vice》(1797) 1부가 나폴리의 궁정을 모델로 하고 있다고 지적하고 있다. 사드와 나폴리 왕비, 그리고 엠마 해밀턴이 연결되는 것이다. 나폴리 왕비와 엠마는 레즈비언 관계였던 듯하다.

블로흐는 엠마를 연애 생활에서만이 아니라 타블로 비방(tableau vivant, 활인화)이라는 새로운 예술의 창조자로 평가하고 있다. 고대 그리스의 항아리 그림이나 르네상스 회화의 여신, 마돈나의 포즈가 표현된다. 그것은 예술과 포르노그래피 사이의 새로운 세계를 엿보게 했던 것이다. 그녀는 18세기에서 19세기로 전환하는 시기에 스캔들을 내포한 미를 체현하고 있었다.

루이 15세의 시대

프랑스의 18세기는 루이 15세의 시대라고 한다. 1715년 루이 14세가 죽고 대왕의 세기는 끝났다. 루이 15세는 대왕의 증손이며 아직 다섯 살에 불과했다. 루이 14세의 조카 오를레앙 공작 필리프가 섭정을 했다. 필리프가 죽은 1723년까지를 섭정 시대라고 한다. 대왕이 사라지자 시대가 다소 느슨해졌다. 필리프는 리베르탱이고, 베르사유가 아니라 파리의 팔레루아얄에서 제멋대로 자유롭게 살았다.

이미 말한 것처럼 필리프는 존 로의 금융시스템을 신뢰하고 지폐를 자꾸 발행하여 거품을 키웠으며, 얼마 후 그것이 터져 재정 위기를 불렀다. 그 위기로부터 회복하느라 애를 쓴 섭정 오를레앙 공작 필리프는 1723년에 세상을 떠났다.

필리프를 대신하여 왕의 후견인으로서 권력을 잡은 사람은 루이 15세의 가정교사였던 에르퀼 드 플뢰리였다. 그는 궁중 사제로, 1723년에 추기경이 되었다. 그리고 수상이 되었다. 추기경 복장을 한 플뢰리의 내각은 1726년부터 1743년까지 이어졌다.

18세기는 '계몽의 세기'이고 볼테르 등 자유사상가들의 종교에 대한 공격이 격렬해졌지만 종교에 대한 열광은 아직 뿌리깊이 남아 있었다. 또한 종교는 정치를 크게 좌우하고 있었다.

1740년 프리드리히 2세가 프러시아의 왕이 되었다. 이해에 오스트리아의 황제 카를 6세가 죽었다. 남자가 없었으므로 딸인 마리아 테레지아가 오스트리아 황제에 즉위했다. 그러나 프러시아 등이 그것에 반대하여 오스트리아 계승전쟁이 일어났다. 프랑스도 그 전쟁에 휩쓸려 오스트리아 반대동맹에 가담했다.

1743년 플뢰리가 죽었다. 루이 15세가 고문회의를 지휘하게 되었다. 그러나 루이 14세와 같은 지도력은 없었다. 그는 1725년 폴란드 왕위에서 쫓겨난 스타니슬라스 레친스키의 딸 마리 레슈친스카와 결혼했다. 수수한 성품으로 1727년부터 10년 동안 열 명의 아이를 낳고 조용히 은거했다.

1733년경부터 왕은 애첩을 가졌다. 플뢰리의 권력에 대항하기 위해 리슐리외 공작 등이 왕에게 젊은 여성을 접근시켰다고 한다. 먼저 넬 후작의 네 딸이 소개되었고 차례로 총애를 얻었다.

1745년 결정적인 여성이 나타났다. 직인의 딸인 잔 앙투아네트 푸아송, 즉 퐁파두르 부인이다. 그녀는 1745년부터 1764년까지, 즉 왕이 죽을 때까지 그의 측근이었다. 낮은 신분으로 태어났지만 미모와 지성을 겸비하고 예술에 대한 취미가 풍부하여 시대의 스타일을 만들었다.

왕에게는 그녀가 없으면 안 되었고, 그녀는 총애를 받는 사람으로 공인되었다. 게다가 플뢰리라는 상담 상대를 잃어버린 왕의 집안 이야기를 들어주는 상대가 되었다. 언제부터인가 왕과 잠자리를 같이 하게

되고부터는 왕의 하렘에서 마담 역할을 했다. 그녀는 왕의 상담 상대
가 되었으며, 결국 정치적인 권력을 얻어 군림하게 되었다. 프러시아
의 프리드리히 2세는 그녀를 '스커트 3세 폐하'라고 불렀다.

루이 14세 시대에는 이런 일이 없었다. 응석받이로 자란 루이 15세
는 자신만의 세계에 있는 것을 좋아하여 세상의 바람으로부터 지켜줄
누군가가 필요했을 것이다.

플뢰리 정부 이후 퐁파두르 부인이 권력을 장악한 정부가 등장한다.
퐁파두르 부인이나 리슐리외 원수 등의 그룹이 장관의 인사를 지배했
다. 그녀는 볼테르나 루소 등 문인을 후원하고 건축이나 예술을 장려
했으며 화려한 로코코 문화를 꽃피웠다.

루이 15세는 (자신이 키를 잡고) 정치를 한 것일까? 그의 치세 중에서 걱정
거리는, 나아갈 길을 안내해줄 사람이 없었다는 것과 절대적 지배자가 없
었다는 것이다.[21]

루이 15세는 변덕스럽게 정치에 개입했는데 오래가지는 못했다. 그
는 정치를 장관에게 맡겨버렸지만, 그 장관을 신용하지 않고 뒤에서
다른 계획을 꾸미곤 했다. 이 '비밀 정치'야말로 그의 특징이었다. 유
베르 메티비에Hubert Méthivier는 그것을 '물 탄 정부'라고 불렀다. 장관들
은 정책을 맡아 추진하지만 그 뒤에서 왕은 전혀 다른 것을 꾸미기 때
문에 정부는 전권을 갖지 못하고 물을 탄 것처럼 묽은 권력밖에 갖지
못했던 것이다.

퐁파두르 부인의 '치세'는 불안정하고 믿을 수 없었다. 여기저기에

서 폭동이 일어났다. 프랑스혁명의 원인은 루이 15세 시대에 이미 준비되고 있었던 것이다.

1757년 다미앵이라는 폭도가 칼로 루이 15세를 덮쳐 경상을 입혔다. 왜 나를 죽이려고 하느냐? 나는 아무한테도 나쁜 짓을 하지 않았다고 왕은 말했다고 한다. 왕과 국민은 아주 멀리 떨어져 서로 보이지 않게 되었다. 퐁파두르 부인의 '정부'(政府)가 양측을 떨어뜨려 놓았다. 국민의 고통이나 증오는 왕과는 전혀 무관했던 것이다.

1756년 인도와 아메리카 식민지를 둘러싸고 영국과 프랑스의 7년 전쟁(~1763)이 시작되었다.

1758년 퐁파두르 부인은 에티엔 프랑수아 드 슈와죌을 외무장관에 임명했다. 1771년까지 슈와죌은 정부의 중심이었다. "훌륭한 물질적 약진과 쇠퇴한 군주제가 공존했던 것이다." [22]

퐁파두르 부인은 1764년에 세상을 떠났다. 그리고 1768년 리슐리외 공작은 다음으로 왕이 총애할 사람을 찾아주었다. 뒤바리 부인이었다. 늙은 왕은 젊은 그녀에게 빠졌다. 1770년 슈와죌은 실각하여 은퇴했다. 뒤바리 부인에게 미움을 받았기 때문이라고 한다. 1774년 예순여섯 살이 되어도 향락생활을 계속하고 있던 루이 15세가 세상을 떠났다. 손자인 루이 16세가 왕에 즉위했다. 왕비 마리 앙투아네트와 함께 그는 루이 왕조의 막을 내리게 된다.

21　ユベール・メティヴィエ, 安齊和雄譯,《啓蒙時代　ルイ十伍世の世紀》, 白水社文庫クセジュ, 1968.
22　ユベール・メティヴィエ, 같은 책.

왕의 비밀

루이 15세는 스파이 취미가 있어 '사신(私信) 검열소'cabinet noir를 갖고 있었다. 이것은 앙리 4세 때부터 있었고 부르봉 왕조의 왕이 대대로 물려받아온 비밀이었다. 정부 요인들의 편지를 몰래 보고 그 사생활을 엿보았다. 그러나 루이 15세는 어린아이처럼 그 스파이 놀이에 열중했다. 게다가 국내만이 아니라 외국과의 교섭에서도 비밀 활동을 좋아해서 유럽 전역으로 스파이망을 확대했다.

그는 자주 장관들이 모르는 곳에서 행동했다. 특히 대외 정책에서 심했다. 왕의 '비밀기관'(cabinet noir : 창이 없는 방—옮긴이) 스파이는 정식 대사들과는 별도로 그들과 병행하여 외교 교섭을 진행했다. 그는 규방과 작은 방 안에서의 책모를 이용해 '터키 풍'의 정치를 했다. 그 결과 그의 주변에 있는 사람들은 모두 내일의 신상조차 짐작할 수 없는 처지가 되었고 언제나 신상에 위험을 느끼게 되었다.[23]

'왕의 비밀'은 퐁파두르 부인의 규방 정치 안에서 비대해졌다. 게다가 그것은 퐁파두르 부인이나 슈와죌 등 측근에게도 알리지 않은 비밀이고, 캬비네(cabinet, 내각) 안의 검은 기관실cabinet noir이었다. 불로뉴의 백작 테르시에 등이 왕의 직속 비밀정보원으로서 정보를 보냈다. 그들의 활동이 명확히 밝혀진 것은 루이 15세가 죽은 지 한 세기가 지나서였다. 그 스파이들에게는 왕의 사적인 자금에서 비용이 지불되었다. 1756년에는 그 비용이 8만 루블이나 되었다.

> 그의 비밀 외교는 그 자신의 목적이 불확실하다는 것뿐만 아니라 그것이 정부나 국민에 의해 뒷받침되지 않았다는 점에서 실패로 끝날 운명이었다.[24]

왕은 정부나 국민과는 별도로 비밀 정치, 외교 게임에 몰두했다. 그리고 왕은 일시적인 기분으로 다양하고 이상한 인재를 정보원으로 고용했다. 정보나 비밀에 대한 그들의 임무는 국가의 이익에 도움이 되기는커녕 오히려 그 반대인 것 같지만, 엄청난 스캔들을 일으켜 화제가 되었다. 예를 들면 남자인가 여자인가, 하는 성별 논란이 흥미를 모은 슈발리에 데옹, 불사의 인간이라고 한 마술사 생제르맹 백작, 그리고《피가로의 결혼》의 극작가 보마르셰 등이 있었다. 그들에 대해서는 나중에 다시 말하기로 한다.

어쨌든 루이 15세의 '왕의 비밀'은 국가 기밀이었지만 스캔들의 소재이기도 했다.

---

23 ユベール・メティヴィエ, 같은 책.

24 G・P・グーチ, 林健太郎譯,《ルイ十伍世 ― ブルボン王朝の衰亡》, 中央公論社, 1994.

아베 프레보의 모험

아베 프레보Abbé Prévost, 1697~1763는 《마농 레스코Manon Lescaut》(1731)의 작가로 이름을 남기고 있다. 매춘부에 대한 사랑에 빠져 파멸해가는 이야기는 하나의 스캔들이 되었지만 요즘에는 연애소설, 심리소설로 읽히고 있다. 그러나 옛날에는 상당히 위험한 소설이었는지도 모른다.

작가 아베 프레보는 꽤 대단한 사람이었다. 신부이면서 매춘부에게 빠져드는 소설을 썼을 뿐만 아니라 파란만장하고 아슬아슬한 인생을 살았다. 아나톨 프랑스Anatole France, 1844~1924는 《아베 프레보의 모험》이라는 프레보에 대한 작은 전기를 썼다.

18세기에 아방튀르(aventure, 모험)라는 말은 독특한 의미를 가졌다. 아방튀리에(aventurier, 모험가)라 불리는 사람들이 등장한 것이다. 아방튀리에는 모험가 외에도 투기꾼이나 사기꾼으로도 번역할 수 있다. 슈테판 츠바이크Stefan Zweig, 1881~1942는 《카사노바전(傳)》에서 18세기 후반은 아방튀리에가 활약한 시대라고 하고, 그 대표적인 인물로 일곱 명을 들고 있다. 존 로(앞에서 다룬), 에옹(슈발리에 데옹), 코르시카 왕위에 오른 테노도어 노이호프Theodor Neuhof, 1694~1756, 사기꾼 알렉산드로 디

칼리오스트로Alessandro di Cagliostro, 1743~1795, 빨간 모자 무리를 이끌고 프랑스혁명에서 활약했던 트렝크, 마술사 생제르맹, 그리고 카사노바다.

아베 프레보도 아방튀리에 열전에 포함되어도 좋을 것이다. 그렇기에 아나톨 프랑스는 그의 전기에 '아베 프레보의 모험'이라는 제목을 붙였다.

《마농 레스코》는 영국에서 위험한 소설로 여겨졌다. 물론《마농 레스코》는《패니 힐》같은 포르노그래피가 아니며 음란한 표현도 없다. 그래도 매춘부를 주인공으로 하고 있고 그 풍속을 부드럽게 미화했다.

그러나 영국에서는 프랑스의 소설에는 편견이 있어 본질적으로 부도덕하다고 보아《마농 레스코》도 풍속을 어지럽히는 포르노 비슷한 소설로 생각하고 있었다. 그렇다면《마농 레스코》를 쓴 프레보 신부의 모험을 살펴보기로 하자.

앙투안 프랑수아 프레보(Antoine François Prévost, 보통 아베 프레보라고 부른다)는 1697년 북프랑스의 에댕에서 태어났다. 아버지는 초급 재판소의 검사였다. 프레보는 현지 예수회 학교에 들어갔다. 얼마 후 파리로 나가 공부했고 1715년에는 라 플레슈 수도원에 들어갔다. 그러나 곧 수도원에서 뛰쳐나와 군대에 들어갔다. 그곳도 순조롭지 않아 수도원으로 돌아가려고 했지만 받아들여주지 않았다.

자신의 길을 찾을 수 없어 교회나 군대에서 모두 도망친 후 방랑과 모험으로 점철된 그의 인생이 시작되었다. 아나톨 프랑스에 따르면 "하느님과 아가씨들에게 동시에 봉사하기 어렵다고 생각하자마자 수도원의 담을 훌쩍 뛰어넘어, 우연히 만나는 마농들과 유쾌하고 즐겁게 살기로 했다".[25]

담장 밖에서도 여러 가지 문제를 일으켜 프랑스에 있을 수 없게 된 그는 네덜란드로 도망쳤다. 네덜란드에서도 모험을 계속하며 두 명의 여자와 차례로 결혼하고 또 둘 다 버리고 프랑스로 돌아왔다. 프랑스에서도 문제를 일으켜 결국 예수회와도 대립했다. 그러고는 베네딕트파의 생 방드리유 수도원에 들어갔다. 방탕과 참회의 연속이었다.

이 수도원에서 1720년쯤부터 1728년까지 보냈다. 그 후 노라만지의 에브르 등의 수도원을 돌아다녔는데, 그의 설교는 항상 인기가 있었다고 한다.

1728년경부터 그는 《한 귀부인의 수기》(1731)라는 장편소설을 썼다. 같은 해에 그는 파리의 생제르맹 데 프레 교회에 불려가 《프랑스 교회사》를 편찬하는 일을 하라는 명령을 받았다. 그래서 다시 방랑벽이 도져 제멋대로 파리를 떠났으므로 체포명령이 나왔고, 1728년 그는 영국으로 망명하지 않을 수 없었다. 3년쯤 영국에 머물렀다. 그 사이의 일은 잘 모른다. 같은 무렵 볼테르도 영국에서 망명 생활을 하고 있었다.

1730년에 네덜란드로 옮겨갔다. 네덜란드에서는 저작에 힘써 《한 귀부인의 수기》(전7권)를 써냈다. 그 일곱 권째가 《마농 레스코》(슈발리에 데 그류와 마농 레스코 이야기)였다. 결국 이것만 읽히게 되는데, 1731년 암스테르담에서 출판되었다.

프랑스에서는 이 소설을 낼 수 없었는지도 모른다. 프레보는 프랑스에서 추방된 신분이었고, 《마농 레스코》는 체제 비판으로도 읽힐 수 있는 부분이 있기 때문이었다. 그가 귀국을 허락받은 것은 1743년 루이 15세가 본격적으로 친정을 시작한 해였다.

프레보는 1733년에 다시 영국으로 옮겨갔다. 1733년부터 1740년까지 《변호와 반박》이라는 개인잡지를 냈는데, 빚에 쫓기고 있어 힘겨운 망명 생활이었던 것 같다. 1743년 파리로 돌아오자 왕성한 저작 활동을 하고 영문학을 번역하는 일 등을 했다. 만년에는 수도원장이 되었고 1762년에 세상을 떠났다.

프레보의 귀국에 힘쓴 사람은 콩티 공작이다. 퐁파두르 부인과는 대립했지만 '왕의 비밀'의 막후 인물이었다. 프레보는 귀국하고 나서 콩티 공작의 연금을 받았다. 그는 영국이나 네덜란드에서 공작의 정보원이었는지도 모른다.

프레보는 교회에서 출발하여 군대에 들어갔고 여자와 돈을 좇아 네덜란드나 영국을 편력하고 마지막에는 수도원으로 돌아갔다. 종교나 당파, 그리고 여성도 차례로 바꾸었지만 그런 것에는 그다지 신경 쓰지 않고 모험을 계속했던 듯하다. 그리고 사람과 이야기하면서 원고를 쓸 수 있을 정도로 펜이 빨라 엄청난 저작을 남겼는데, 그중에서 《마농 레스코》만이 지금도 읽히고 있다.

공쿠르 형제는 《마농 레스코》에 대해 다음과 같이 말했다.

스캔들이 당당하게 일개 매춘부를 왕의 애첩으로까지 밀어 올리는 세기에, 여기저기에서 매춘부에 대한 관용을 볼 수 없는 일이 있을 수 있을까?[26]

---

25 アナトオル・フランス, 堀口大學譯, 《フランスの天才達 續》, 第一書房, 1944.
26 エドモン・ド・ゴンクール, ジュール・ド・ゴンクール, 鈴木豊譯, 《ゴンクール兄弟の見た18世紀の女性》, 平凡社, 1994.

18세기는 매춘부에게 관용적이었다고 한다. 공쿠르 형제가 살았던 19세기는 관용적이지 않았다.《마농 레스코》에서 데 그류는 매춘부 마농과의 관계에 대해 비난을 받자, 지금 세상에서는 흔히 있는 일이라고 변명한다.

저는 공식적인 결혼은 안 했습니다만 한 여성과 함께 살고 있습니다. 그 …… 공작말인데요. 그 사람은 공공연하게 파리에 두 여자를 첩으로 두고 있고, 또 어떤 귀족은 10년 전부터 교제해온 정인(情人)이 있는데 부인에게는 결코 보여준 적이 없는 성의를 가지고 그 사람을 사랑하고 있습니다. 프랑스의 신사 중 3분의 2는 그런 일을 하고 있고, 그것을 명예로 알고 있습니다. 저는 카드로 좀 나쁜 짓을 했습니다. 하지만 …… 후작과 …… 백작은 그런 것 외에 수입 같은 게 없다고 하는데, 황족 …… 과 공작 …… 은 동족 도박단의 우두머리입니다.[27]

황족이나 귀족이 다들 하고 있는데도 왜 자신만 벌을 받느냐는 것이다.

당시 루이 15세의 궁정에서는 이런 부분을 어떻게 받아들였을까?

매춘부에게는 관대하고 스캔들에도 관대했던 것일까? 하지만 공쿠르 형제의 이런 견해는 역시 19세기적인 것처럼 보인다.

데 그류와 마농은, 마농에게 구애하며 다가오는 손님들 돈을 빼앗으려다가 체포된다. 데 그류의 아버지는 경시총감에게 부탁하여 아들을

---

27 アベ・プレヴォ, 河盛好藏譯,《マノン・レスコー》, 岩波文庫, 1989.

석방시킨다. 하지만 매춘부인 마농은 미국으로 추방당한다. 결국 데
그류는 마농을 쫓아 미국으로 간다. 그런데 명사의 자식은 무죄로 풀
려나고 매춘부는 미개의 신대륙으로 유형을 가야 하는 것은 불공평하
다. 꼭 18세기가 관대하다고 말할 수는 없는 부분이다.

데옹은 남자인가 여자인가?

루이 15세의 외교관으로 밀정이었던 슈발리에 데옹에게는 젠더트러블gender trouble이 따라다녔다. 데옹을 '왕의 비밀' 정보원으로 스카우트한 사람은 프레보를 보살펴준 콩티 공작이다.

데옹은 1728년 디종 근처 토네르에서 태어났다. 지방 귀족의 아들로 1743년 파리로 나가 배웠다. 호리호리한 여자처럼 귀여웠는데 펜싱을 잘 하는 늠름함도 갖추고 있었다. 이 미소년은 파리 사교계에서 인기 있는 존재가 되었다. 그러나 그는 여성에게는 흥미를 보이지 않고 오히려 콩티 공작 등 남성 유력자의 후원을 받았다.

데옹은 또 경제학을 배웠고 논문을 발표하여 주목을 받았다. 그는 퐁파두르 부인의 측근이었던 아베 드 베르니스와 친해졌다. 문인 외교관이며 곧 외무장관이 되는 베르니스는 데옹을 발탁했다.

베르니스는 아마 동성애자였을 것이다. 볼테르가 그를 "꽃 파는 아가씨 바베트" 등으로 말했기 때문이다. 베르니스의 소개로 데옹은 루이 15세의 비밀 서클에 들어간다.

8년간 이어진 오스트리아 계승전쟁은 1784년 아헨 조약으로 끝났다. 오스트리아와 영국에 대해 프랑스, 프로이센, 스페인이 동맹을 맺어 싸운 전쟁이었다.

이 전쟁의 결과는 영국과 프로이센에는 유리했지만 프랑스와 스페인에는 불리했다. 루이 15세는 그것에 불만이었다. 외교 정책에서 실패를 본 루이 15세는 스스로 다른 경로의 비밀 외교에 나섰다. 그것은 '왕의 비밀' 기관이었다.

주목해야 하는 것은, 퐁파두르 부인의 핵심층Inner Circle이 형성되어 규방 정치가 행해지고 있는데도 그 안에 '왕의 비밀'이라는 기관 속의 기관이 만들어진 점이다. 규방 속의 규방이라고나 할까? 규방은 여성의 세계였지만, 규방 속의 규방은 남성만의 세계였다.

루이 15세는 '친애왕'le Bien Aimé 등으로 불렸다. 이 별명도 무척 흥미롭다. 일반적으로 무수한 여성을 총애하고 모든 여성에게 사랑받은 왕이라는 이미지로 해석되는데, 그것만은 아니었던 것으로 보인다. 루이 14세는 '태양왕'으로 불렸다. 숭배되는 왕이다. 그러나 '친애왕'은 우러러보기보다는 귀여워하는 이미지로, 왕으로서는 약간 가볍다. 그것은 여성에게나 붙여져야 할 애칭이었다.

왕은 많은 여성을 사랑했다고 하는데, 그 사랑은 수동적인 것이고 주어진 것이었다. 퐁파두르 부인과의 관계가 가장 오래 지속되었던 것도 부인이 준비해준 세계(자궁)에서 안락하게 떠 있었기 때문이었을 것이다. 하지만 부인은 역시 '여자'였기 때문에 왕은 그녀에게도 비밀인, 남성만의 세계를 가지려고 했다.

루이 15세가 동성애적인 성향을 갖고 있었다는 것은 잘 알려져 있다. 그는 소년시절 그것에 빠져 있었다.

　오를레앙 공작 필리프가 섭정을 하게 되었을 때 그 반대파였던 사람은 빌루아 원수였다. 그는 루이 15세의 양육에 임했기 때문에 왕과 친밀하여 세력을 형성했고, 그 자손은 궁정에서 방자하게 행동했다. 그리고 손자들이 스캔들을 일으켰다. 먼저 손녀딸 레츠 공작부인은 많은 정부를 두고 있었는데, 아직 어린아이인 루이 15세를 유혹하려고 했다. 그 일에는 빌루아 원수도 깜짝 놀라 그녀를 궁정에서 멀리 떼어 놓았다.

　다음으로 손자인 달랑쿠르 백작이나 그의 동료 브프렐 공작, 랑부르 백작 등 귀족의 젊은 아들들이 숲속에서 동성애에 빠져 있었다. 그들은 루이 15세의 놀이 친구들이었다.

　오를레앙 공작 필리프는 루이 15세가 동성애자가 된다면 프랑스가 위험하다고 생각하여, 베르사유의 풍기를 숙정하기 시작했다. 그리고 그 책임을 물어 빌루아 원수를 추방했다. 왕은 친숙한 원수를 쫓아버린 것을 원망했다고 한다.

　그러고 나서 차례로 여성이 보내졌고 왕은 여색에 빠져 있었던 것 같은데, 동성애에 대한 관심은 아마 잠재해 있었을 것이다. 퐁파두르 부인이 준비한 편안한 규방에 있으면서 그는 남자들만의 비밀 기관인 '왕의 비밀'을 그만두지 않았다. '왕의 비밀'은 정치적인 기관일 뿐만 아니라 성애적인 의미도 띠고 있었던 것이다.

　'왕의 비밀'의 중심인 루이 프랑수아 드 콩티 공작은 왕의 사촌형이었다. 그는 폴란드의 왕위계승전쟁이 일어나자 폴란드 왕에 입후보했다. 그것을 위해서는 러시아의 동의가 필요했는데 공교롭게도 프랑스와 러시아는 외교가 단절된 상태였다.

그래서 콩티 공작은 데옹을 러시아에 잠입시켜 여제 엘리자베타에게 접근하도록 했다. 데옹은 여장을 한 채 루이 15세가 여제에게 보내는 밀서를 가지고 러시아로 잠입했다. 그는 여제를 만나 호감을 샀고, 루이 15세에게 보내는 답장을 가지고 1755년에 귀국했다.

데옹이 여장을 한 채 러시아 여제에게 접근했다는 이야기에는 모호한 구석이 있어서 사실이 아니라는 사람도 있지만, 어쨌든 데옹은 여장을 한 스파이라는 소문이 나돌았다.

1756년 7년전쟁이 시작된다. 폴란드의 남서부 슐레지엔 지방을 둘러싸고 프로이센의 프리드리히 2세와 오스트리아의 마리아 테레지아가 싸웠다. 프랑스는 오스트리아를 도와 러시아와 우호관계를 맺고 영국으로부터 떨어져 나왔다. 그러나 엘리자베타 여제는 콩티 공작이 폴란드 왕이 되는 것을 인정하지 않았다.

콩티 공작은 퐁파두르 부인과 대립하여 급격하게 세력을 잃었기 때문에 '왕의 비밀'의 우두머리는 테르시에로 바뀌었다. 그러나 데옹은 1760년까지 러시아에 머물며 정보를 보내고 있었다고 한다.

구보타 한야窪田般彌, 1926~2003의《여장 검객 슈발리에 데옹의 생애》[28]에 따르면, 데옹은 프랑스 대사 로피텔과 연인 관계였다고 한다.

1760년에 귀국한 데옹은 1762년 주영대사 니베르네 공작의 비서로서 런던에 파견되었다. 그는 영국의 상관(商館)을 프랑스 와인이나 현금으로 매수하여 기밀정보를 수집하는 공작을 했던 것 같다.

그리고 파리조약이 성립하고 7년전쟁이 끝났다. 조약에 불만이었던

---

28 窪田般彌,《女裝の劍士シュヴァリエ·デオンの生涯》, 白水社, 1995.

루이 15세는 '왕의 비밀'의 브로이 백작, 테르시에, 데옹 등에게 비밀
군대를 영국에 상륙시키는 음로를 꾸미도록 했다. 그러나 그러한 비밀
행동은 니베르네 공작을 대신한 신임 대사 게르시이 백작과의 대립을
불러왔다. 두 사람의 분쟁이 런던에서 스캔들이 되는 것을 염려한 프
랑스 정부는 데옹을 은밀히 불러들이는데, 그는 그것에 응하지 않고
런던에 남아 계속해서 게르시이를 공격했다. 그래도 데옹에게 처분을
내릴 수 없었던 것은, 그가 '왕의 기밀'에 관한 기밀문서를 가지고 있
어 그것을 폭로할 것이 염려되었기 때문이었을 것이다.

결국 데옹과의 분쟁을 해결할 수 없었던 게르시이는 해임되고 뒤랑
이 대사가 되어 런던에 부임했다. 그는 '왕의 기밀'의 일원이기도 했기
때문에 능숙하게 데옹을 달래어 기밀문서를 돌려받았다.

이 소동으로 데옹은 런던에서 유명인이 되었다.

게르시이 백작과의 화려한 스캔들은 데옹을 런던의 총아로 만들었다. 항
만 노동자, 그를 옹호하는 구경꾼들, 게다가 세인트 제임스 궁정의 고관
들. 데옹은 모든 계층으로부터 흥미롭게 받아들여지고 환영받는 인기인
이 되어 있었다.[29]

런던 사람들은 존 윌크스처럼 체제에 반항하는 스캔들을 기뻐하고
있었던 것이다. 신기하게도 그런 데옹을 루이 15세는, 애매한 태도이
기는 하지만 완전히 잘라버리지 않고 런던에 남겨두고 연금을 지급하

---

29 窪田般彌, 앞의 책.

고 있었다. 데옹은 공적인 일은 없었으므로 남아도는 시간을 주체하지 못하고 역사나 정치 논문을 썼다.

프랑스에서 권세를 자랑하던 퐁파두르 부인이 죽고 새롭게 뒤바리 부인이 왕의 총애를 받으며 등장했다. 그러자 영국에 망명해 있던 테브노 드 모랑드Theveneau de Morande, 1741~1806라는 남자가《어느 창녀의 비밀 회고록》이라는, 뒤바리의 성생활을 폭로한 포르노그래피를 출판하겠다고 뒤바리 부인을 협박했다.

'왕의 비밀'의 브로이 백작은 출판을 막기 위해 데옹과 의논했다. 데옹은 돈으로 해결하라고 말했지만 브로이 백작은 모랑드를 없애버리려고 자객을 보냈으나 실패했다. 결국 로나크를 런던에 파견하여 모랑드를 매수하고 출판을 저지했다.

로나크의 본명은 피에르 드 보마르셰Pierre-Augustin Caron de Beaumarchais, 1732~1799로《피가로의 결혼》의 작가일 뿐만 아니라 데옹 등과 마찬가지로 이 시대의 어둠속에서 움직였던 모험가 중의 한 사람이었다.

이 뒤바리 스캔들이 데옹과 '왕의 비밀'이 관련된 마지막 일이 되었다. 1774년 루이 15세가 갑자기 세상을 떠났기 때문이다. 게다가 이번에는 데옹 자신이 스캔들의 대상이 되었다. 그의 적 게르시이 일당이 퍼뜨렸다는 〈슈발리에 데옹은 여자가 아닐까?〉라는 팸플릿이 런던에서 화제가 되고 농담거리가 되었던 것이다.

루이 16세가 즉위하자 전 왕의 '왕의 비밀'은 폐지되었다. 런던에 있던 데옹은 퇴직금을 요구하고 또 보존하고 있던 기밀문서를 비싼 값을 받고 팔아넘기려고 했다.

이 문제를 교섭하는 사람으로 또다시 보마르셰가 뽑혀 런던으로 향했다. 데옹은 런던의 소문에 갑자기 태도를 바꾸어, 사실 자신은 여자라고 커밍아웃했고 보마르셰는 그 말을 믿고 그에게 연정을 품었다고 한다. 그 뒷이야기가 아주 기괴한데, 프랑스 정부는 데옹에게 본래의 성으로 돌아간 복장(여장)을 한다면 귀국을 인정하겠다는 조건을 내걸었던 것이다.

보마르셰와 교섭한 데옹은 그 조건을 받아들였다. 왕과의 통신 등 기밀문서를 넘기고 앞으로는 여자로 살기로 맹세한 것이다. 슈발리에 데옹은 이제 세상에서 없어진 것이다. 돈 문제로 말썽이 있긴 했지만, 1777년 데옹은 40년 만에 파리로 돌아왔다.

그는 여장을 하고 조용히 은거 생활을 하도록 강요받았다. 때로는 그것을 참을 수 없어 용기병(龍騎兵, dragoon) 복장을 하고 돌아다니다가 체포되기도 했다.

1785년 그는 다시 런던으로 돌아갔다. 역시 런던의 거리가 편했던 것일까? 프랑스에서는 혁명이 일어났고, 홀로 남겨진 데옹은 빚에 쫓기면서 1810년까지 살았다.

하브로크 엘리스는 이성분장(異性扮裝) 취미를 그의 이름(데옹, dEon)을 따서 에오니즘Eonism이라고 불렀다. 그는 전반 반생을 남자로, 후반 반생을 여자로, 즉 두 삶을 모험했다.

이제 '왕의 비밀'에 고용된 또 한 명의 기인 생제르맹Comte de Saint-Germain, 1691/1707?~1784 백작도 살펴보기고 하자. 그가 태어난 해나 이름, 성장 배경이나 경력 등은 아무것도 알려져 있지 않다. 그는 스스로 스페인 왕가의 피를 물려받은 백작이라고 했다. 그뿐 아니라 수천 년이나 살아와 신기한 마술을 모두 쓸 수 있는 사람이라고 사람들에게 믿게 했다.

이성의 시대인 18세기인데도 점성술, 강령술 등이 유행하고 프리메이슨, 장미 십자회, 일루미나티(Illuminati, 광명회)[30] 등이 활동했으며 마술사, 사기꾼 등이 횡행했다. 생제르맹은 그 대표자였다.

생제르맹 백작은 1740년 다양한 형태의 비술(오컬티즘)에 빠져 있던 벨르일(Belle-Isle) 원수를 피보호자로 하여 역사의 궤도에 들어온다. 화학과 의학을 약간 공부한 후 그는 약품과 크림 약을 독일의 작은 궁정에 납품했으며, 은인의 건강을 염려하여 식사 때는 술을 마시지 않도록 하라는 충고를 했다.[31]

벨르일 원수는 1740년 오스트리아계승전쟁이 시작되었을 때, 바이에른의 카를 알베르트Charles Albert of Bavaria를 독일 황제로 옹립하여 오스트리아와 싸웠다. 그 후 독일 여기저기를 돌아다니고 있던 생제르맹을 만난 듯하다. 생제르맹 백작은 알베르트 등의 작은 궁정에 출입하며 수상한 약이나 미안(美顔) 크림 등을 팔아먹고 있었던 듯하다.

벨르일 원수는 용감한 군인이었지만 미식과 폭음 탓인지 통풍에 시달리고 있었다. 그 때문에 프랑스군의 지휘를 삭스Saxe 원수가 대신할 정도였다. 그러므로 생제르맹 백작이 자신에게 통증에 잘 듣는다는 약을 주며, 식사 때 술을 마시지 말라는 요법을 일러주자 완전히 그에게 심취해버렸다.

---

30 바이에른 일루미나티라고 하며 계몽주의 시대인 1776년 5월 1일에 설립된 비밀결사 ―옮긴이.
31 G·P·グーチ, 林健太郎譯,《ルイ十伍世 – ブルボン王朝の衰亡》, 中央公論社, 1994.

벨르일은 생제르맹 백작을 치료사로 고용하여 파리로 데려왔다. 그리고 베르사유에 살게 하고 파리에 화학 연구소를 만들어주었다.

벨르일의 후원으로 생제르맹 백작은 베르사유 궁정에서도 인기가 많았지만 수상한 요법이 실패하여 평판이 떨어졌다. 그는 모습을 감췄다.

그는 영국으로 건너가 1745년에 체포되었다. 제임스 2세의 자손이 스튜어트 가의 복권을 요구하며 반란을 일으킨 일당(자코바이트)의 스파이가 아닐까 하는 의심을 받았던 것이다. 그러나 증거가 충분하지 않아 석방되었다.

그러고 나서 그는 동인도회사의 로버트 클라이브Robert Clive, 1725~1774 밑으로 들어갔다. 클라이브는 1757년 플라시 전투에서 프랑스군을 격파하고 벵골을 정복하여 영국령 인도를 확립했다. 그리고 인도의 다이아몬드를 수집했는데 그것을 생제르맹 백작이 도왔다고 한다.

생제르맹 백작은 다시 프랑스로 돌아왔다. 그는 곧 루이 15세와 퐁파두르 부인에게 호감을 샀고, 베르사유에서는 이전보다 더 많은 인기를 얻게 된다. 1757년 파리에서 카사노바는 생제르맹 백작을 만났다. 카사노바는 그를 동경하고 있었던 듯하다.

생제르맹은 나이를 먹지 않고 수백 년이나 살고 있다는 걸 왕이나 퐁파두르 부인에게 믿게 만들었다. 그는 프랑수아 1세나 스코틀랜드의 메리 여왕을 만났다고 이야기했다. 그뿐이 아니었다. 그는 퐁파두르 부인의 방에 있던 클레브생(clavecin, 쳄발로)을 켜보였다. 왕이 무슨 곡이냐고 묻자 알렉산드로스 대왕이 바빌론에 입성할 때 들었던 곡이라고 했다. 수천 년이나 살았다는 이야기다.

생제르맹은 금을 만들거나 다이아몬드의 흠을 없앨 수 있다고 했다. 그리고 왕으로부터 금이 간 다이아몬드를 빌려 흠이 없는 커다란 다이아몬드로 만들어 돌려주었기 때문에 왕은 완전히 믿어버렸다.

풍파두르 부인은 그로부터 영원한 젊음과 생명을 준다는 영약 에리키질을 받았다. 그것을 마시면 효과가 아주 좋은 것 같다고 그녀는 말했다.

루이 15세는 생제르맹 백작을 '왕의 비밀'에 고용하기로 했다. 7년 전쟁이 계속되고 있었지만 왕은 풍파두르 부인의 신임이 두터운 장관 슈아죌의 외교에 불만이었다. 왕은 1760년 생제르맹 백작을 네덜란드에 파견하여 슈아죌에게는 비밀로 하고 영국과의 평화 교섭을 진행하려고 했다.

슈아죌은 격노하여 생제르맹을 '유대인의 아들', '사기꾼'이라 매도하며 그를 체포하려고 했다. 생제르맹은 러시아로 도망쳤다. 그 후 각지를 편력하다 1784년에 삶을 마감했다. 불사는 아니었던 모양이다.

루이 15세는 생제르맹을 이용한 비밀외교가 순조롭게 진행되지 않았는데도 질리지 않고 데옹을 썼던 것이다.

카사노바의 회상록

　자코모 카사노바는 그 방대한 회상록에서 18세기의 스캔들로 점철된 자신의 초상을 그렸다. 전체가 스캔들이기 때문에 끝이 없다. 그러므로 지금까지 말해온 루이 15세의 궁정과 관련된 부분만 다루기로 하자.

　1725년 베네치아에서 태어난 카사노바는 조숙한 천재였다. 열여섯 살 때 법학박사가 되었을 정도다. 그런데 너무나 다채로운 재능을 가져 하나의 세계에 정착하지 못하고 여기저기를 편력했다. 그는 학예와 미녀를 찾아 모험을 펼쳐나갔다. 1750년 파리로 나가 철학자나 작가 등과 교제했다.

　카사노바가 파리에서 살았던 집 맞은편에 마리 루이종 오모르피라는 미녀가 살고 있었다. 그는 독일인 화가에게 그녀가 배를 깔고 엎드려 엉덩이를 보이고 있는 그림을 그리게 했다. 그 그림을 본 루이 15세는 그녀를 1751년부터 1754년까지 애인으로 삼았다고 한다.

　1753년 카사노바는 베네치아로 돌아왔다. 그리고 CC(카테리나 카프레타)와 친해진다. CC의 가족은 스캔들을 염려하여 그녀를 물란의 생

앙젤로 수도원에 넣어버렸다. 카사노바는 이 수도원을 자주 방문했다. 그러다가 MM(마리아 막달레나)이라는 다른 수녀와도 친해졌다.

이 MM은 프랑스 대사 드 베르니스의 정부였다. 노인인 드 베르니스는 자신의 정부와 다른 남자가 즐기는 것을 엿보는 게 취미였다. 그리하여 대사의 별장에서 대사와 MM과 카사노바, 거기에 CC까지 가세한 4인조의 러브게임이 펼쳐졌다.

한편 베네치아의 심문관은 카사노바를 주시하고 있었다. 귀족이나 부자에게 다가가 돈을 우려내고 향락적인 생활을 하며 풍기를 문란하게 하고 교회를 모독하는 글을 쓴다는 이유에서였다. 잠바티스타 마누치라는 스파이의 밀고로 그는 심문청에 체포되었고 '납 지붕'이라 불리는 감옥에 갇혔다. 납으로 덮여 있어 절대 탈출할 수 없는 감옥이라고 하는데, 나쁜 지혜가 발달한 카사노바는 보기 좋게 탈출하여 1757년 1월 파리로 갔다. 마침 루이 15세를 암살하려고 한 다미앵이 처형된 때였다. 그는 이미 귀국해 있던 드 베르니스를 방문했다. 이때부터 카사노바는 본격적으로 루이 15세의 궁정과 관련을 갖게 된다.

프랑수아 드 베르니스 추기경은 "18세기의 기묘한 현상을 대표하는 예"[32]였다. 즉 그는 수도복을 입은 정치가였던 것이다. 그가 파리로 나온 것은 플뢰리 추기경이 재상이던 시절이었다. 똑같은 수도복을 입었지만 플뢰리는 베르니스를 싫어했다. 근친에 대한 증오인지도 모른다. 또한 이미 말한 것처럼 베르니스는 동성애적 취향을 갖고 있었다.

쾌활하고 수다스러우며 약간 여성스러운 구석이 있는 베르니스는

---

32 Bernier, Oliver "Louis the Beloved : the life of Louis XV" Doubleday 1984.

궁정 아가씨들의 살롱에서 인기가 많았다. 그녀들 덕분에 그는 루이 15세, 퐁파두르 부인의 핵심 세력에 들어갈 수 있었다. 왕은 그를 베네치아 주재 프랑스 대사에 임명했다. 베르니스는 그곳에서 카사노바를 만났다.

1943년 플뢰르가 죽자 프랑스 정부는 중심을 잃고 갈팡질팡했다. 실권을 잡은 퐁파두르 부인은 1755년 베르니스를 불러들여 중용하고 1757년 그를 외무장관에 임명했다.

카사노바가 파리에 나타난 것은 베르니스가 퐁파두르 부인의 심복으로 활약하고 있었기 때문이다. 베르니스는 그를 재정 수뇌부에 소개했고, 놀랍게도 재정 전문가라고 자칭한 카사노바는 국영 복권 사업의 책임자를 맡게 되었다. 카사노바는 고액의 보수를 받았다. 그는 나중에 이 임무는 자신이 아니어도 좋았지만 돈을 벌게 해주기 위해 장관이 맡겨준 것이라고 했다. 그리고 장관이 이런 낭비를 하면 혁명을 피할 수 없을 거라며, 자신의 문제는 모른 체하고 왕정을 비판했다.

카사노바는 베르니스의 비밀 사절로서 네덜란드에 파견되어 프랑스 국채를 전매(轉賣)했다. 네덜란드에서는 파리에서 알게 된 생제르맹 백작과도 재회했다.

카사노바는 베르니스나 그의 후임 슈아죌의 밀령을 받고 재정 위기 상태인 프랑스 정부를 위해 차관을 성립시키려고 했으나 잘 되지 않았다. 슈아죌은 그를 신용하지 않게 되었고, 카사노바와 프랑스 정부의 인연은 끊어진 것 같았다.

그는 유럽을 떠돌아다녔다.

카사노바가 유럽 전역을 여행한 것은 뭔가 비밀 목적이 있어서가 아니었을까 하는 질문이 자주 나온다. 그가 예수회 교단의 대리인이었거나 프리메이슨 또는 스파이였을 거라고 주장하는 사람도 있다.[33]

아마 이 시대 아방튀리에의 대부분이 그랬던 것처럼 카사노바도, 어떤 때는 예수회의 스파이, 어떤 때는 프리메이슨, 또 어떤 때는 루이 15세의 스파이였을 것이다. 그는 네덜란드에서 생제르맹 백작과 만났을 때 사실 두 사람 모두 루이 15세의 스파이로 고용되어 있었다. 다만 생제르맹 백작은 왕 직속의 '왕의 비밀'의 스파이였고, 카사노바는 외부장관 베르니스의 스파이였다.

루이 15세는 기묘한 스파이를 모으는 것이 취미였다. 그 비밀 외교 게임은 프랑스에 도움이 되기보다 오히려 방해가 되었지만 가십이나 스캔들에 의해 18세기를 활기차게 만들었다. 카사노바는 《회상록》에 의해 그 스캔들을 역사화하는 데 성공했던 것이다.

---

33 ライヴズ・チャイルズ, 飯塚信雄譯, 《カザノヴァ》, 理想社, 1968.

마리 앙투아네트의 목걸이 사건

루이 15세는 '친애왕'으로 불렸다. 앙드레 모루아에 따르면 마지막에는 아무에게도 사랑받지 못하고 1774년 쓸쓸히 세상을 떠났다. 그리고 손자인 루이 16세가 왕에 즉위했다. 루이 16세는 선량했으나 소심한 사람이었다. 열여섯 살 때 오스트리아와 동맹 관계를 맺기 위해 마리아 테레지아의 딸 마리 앙투아네트와 결혼했다. 이국에서 와 심술궂은 프랑스인들에게 둘러싸인 왕비는 친한 친구들의 작은 모임에 틀어박혔다. 사람들은 왕비를 '그 오스트리아 여자'라고 말했다.

프랑스에서는 재정이 악화되어 국민의 불만이 쌓여 있었다. 그 배출구가 요구되었고, 마리 앙투아네트가 중상의 표적이 되었다. 그때 '목걸이 사건'이 일어났다. 왕비의 이름을 사칭한 다이아몬드 목걸이 사기 사건이다.

먼저 목걸이 이야기를 하자면, 샤를 오귀스트 베머와 사위 폴 바상지라는 유대인 보석상 '베머'가 제작한 것이다. '베머'는 폴란드 왕실에 출입하고 있었는데 프랑스로 와서 프랑스 왕실의 보석상이 되었다.

루이 15세 때 '베머'는 왕의 애첩 뒤바리 부인에게 팔기 위해 무게

2,800캐럿, 647개의 다이아몬드가 박혀 있는 호화로운 목걸이를 만들었다. 그런데 루이 15세가 죽자 뒤바리 부인도 해고된 것이나 마찬가지여서 목걸이는 공중에 뜨고 말았다. 그렇게 되자 루이 16세의 왕비 마리 앙투아네트에게 팔 수밖에 없었다.

하지만 프랑스의 재정도 어려운 상황이었으므로 왕비도 목걸이를 살 여유가 없어 거절했을 것이다. 그런데 1785년 '베머'는 왕비에게 목걸이 대금을 요구해왔다. 이미 드 르앙 추기경을 통해 목걸이는 왕비에게 전했다는 것이다.

놀란 왕비가 조사를 하게 하자 진상이 밝혀졌다. 드 로앙 추기경은 명문귀족 출신으로 1734년 파리에서 태어났다. 신학교에 들어가 스트라스부르의 주교 보좌가 되었다. 미남 신부로 수많은 여성을 사랑했고 또 야심가였다. 이 시대 특유의 수도복을 입은 외교관이 되어 1772년 대사로 빈에 특파되었다.

빈 궁정에서 플레이보이처럼 행동하는 그의 모습에 마리 테레지아 왕비는 격노했다. 그 영향으로 딸 마리아 앙투아네트도 그를 싫어했다.

파리로 돌아온 드 로앙은 프랑스 궁정 주교장이 되었는데, 왕비와의 관계를 회복하는 데 고심하고 있었다. 그때 왕비가 구입을 포기한 목걸이를 매수하여 헌상하면 왕비의 호의를 얻을 수 있을 것이고, 그렇게 되면 슈아죌 같은 재상이 될 수 있다는 이야기가 나왔다.

그 이야기는 드 라 모트 백작부인이라는 수상쩍은 여자에게서 나왔다. 그녀는 앙리 2세의 정부가 낳은 아이의 피를 이어받고 있었지만 고아가 되어 구걸을 할 정도로 가난하게 자랐다. 그녀는 근위기병대

장교와 결혼했다. 그는 멋대로 백작이라 칭했으므로 그녀도 백작부인이 되었다. 그리고 베르사유 궁정으로 기어들어 발루아 가의 후예라고 하여 연금을 가로챘다.

그녀는 예전에 드 로앙에게 신세를 진 적이 있었다. 그래서 자신은 마리 앙투아네트와 친해서 궁정에 자유롭게 드나들고 있다고 말하여 믿게 했다. 드 로앙은 왕비에게 보내는 편지를 전해달라고 그녀에게 부탁했다. 그러자 왕비로부터 답장이 왔다. 사실 그녀의 정부가 위조한 것이었다. 하지만 감쪽같이 믿어버린 드 로앙은 차례로 편지를 썼고, 결국 그것은 연애편지가 되었다. 왕비의 편지도 호의적인 것이었다. 그리고 드 로앙은 왕비와 은밀히 만나게 되었다. 베르사유 궁전의 오렌지 나무숲 아래서 한밤중에 밀회가 이루어졌다. 드 로앙은, 큰 모자를 쓰고 얼굴을 가린 귀부인을 만났다. 사실은 라 모트 부인이 고용한 대역이었다.

다음으로 라 모트 부인은 '베머'에 어떤 목걸이를 사들이는 이야기를 꺼냈다. 드 로앙 추기경이 중개자가 된다고 해서 완전히 믿어버린 '베머'는 그에게 목걸이를 건넸다. 드 로앙은 그것을 라 모트 부인에게 건네 왕비에게 헌상할 생각이었다. 하지만 라 모트 일당은 목걸이를 해체하여 팔아버렸다.

'베머' 보석상은 대금을 받지 못하자 소동을 일으켰고, 사건은 드러나게 된 것이다.

드 로앙이 체포되었다. 그는 왕비와 편지를 교환하며 밀회했다고 주장했다. 왕비에게는 심한 모욕이었다.

자신이 속임을 당했다는 사실을 안 드 로앙은 모두 라 모트 부인이 꾸민 것이라고 말했다. 라 모트 부인은 드 로앙에게 죄를 뒤집어씌우려고 했다. 결국 드 로앙은 무죄가 되었으나 얼빠진 호색한이라며 웃음거리가 되었다. 라 모트 부인 일당은 처벌을 받았다. 원상태를 회복하지 못한 사람은 마리 앙투아네트였다. 그녀는 사건과 아무런 관련이 없었는데도 어리석은 드 로앙에 의해 스캔들에 휘말렸고, 마치 자신의 낭비벽이 이 사건을 초래한 것처럼 중상을 당했던 것이다.

이 사건의 숨은 이야기로서 흥미를 끈 것은, 생제르맹 백작이나 카사노바 등과 함께 이 시대를 떠들썩하게 한 사기꾼 알레산드로 디 칼리오스트로가 등장한 일이다.

드 로앙 추기경이 칼리오스트로와 친했다는 것, 또 그가 이집트의 비밀 의식에 열중했다는 것을 이유로 많은 작자들은 이 사건에 왕비를 끌어들여, 그리스도교의 영향이 강한 왕정을 동요시키려고 한 프리메이슨의 계략을 보려고 했다.[34]

칼리오스트로는 드 로앙과 친하여 이 사건을 알고 있었다. 그 때문에 공범으로 법정에 호출되었으나 석방되었다. 그 사람 같은 아방튀리에들은 수상한 사건 냄새를 맡고 다가오는 것이다.

루이 왕조의 말기에 일어난 이 대형 스캔들은 프랑스혁명의 전조였다고도 할 수 있다. 어쨌든 사람들은 왕가 사람들의 퇴폐적인 추문에서 한 시대의 종말을 보았던 것이다.

---

34 ジャン＝クリスティアン・プチフィス, 小倉孝誠監修,《ルイ十六世》, 中央公論新社, 2008.

미라보 : 혁명의 멋쟁이 남자

모험가(아방튀리에)가 혁명가가 된 것이 오노레 가브리엘 리케티 미라보Victor Riqueti, Marquis de Mirabeau, 1749~1791다. 혁명 전의 미라보는 칼리오스트로나 카사노바와 같은 사기꾼이고 바람둥이였으므로, 혁명이 시작되었을 때 선두에 서리라고는 본인도 예상하지 못했을 것이다.

나중에 생각해보면 루이 16세가 즉위했을 때 이미 혁명은 피할 수 없게 된 것으로 보이지만, 당시만 해도 아무도 프랑스혁명을 예상하지는 못했다. 혁명은 우선 왕과 귀족의 대립으로 시작되었다. 귀족(그리고 성직자)은 고등법원을 통해 왕권과 대립했다. 하지만 그것에 제3신분(시민)이 끼어들었다. 미라보는 백작이었지만 귀족에서 이탈하여 제3신분에 가담했던 것이다.

미라보 백작 오노레 가브리엘 리케티는 1749년 프로방스의 명문귀족 미라보 후작의 아들로 태어났다. 아버지는 '인민의 벗'이라 불린 중농주의자였다. 아버지와 아들은 대립하여 폭풍 같은 사투를 벌였다. 아들은 이러저러한 방탕한 생활로 가문을 더럽혔고 아버지는 방탕한 아들을 붙잡아 감옥에 넣어두려고 했다. 1789년 프랑스혁명 때까지 그런 일이 계속되었다.

이때 이미 마흔 살. 그의 인생을 구성해온 것은 가족 문제나 연애 문제의 폭풍, 투옥, 추방 생활, 스캔들이나 싸구려 문학이었다.[35]

혁명이 시작되자 그는 제3신분의 대표가 되어 국민의회와 국왕 사이를 교섭하는 역할을 한다. 1791년 국민의회의 의장이 되는데 혁명의 격류는 그를 앞질러 간다. 그때 그는 갑자기 죽고 만다. 프랑스혁명 초기의 지도자라는 영광을 차지한 미라보에 대해서는 잘 알려져 있으므로, 방탕했던 그의 전반 반생에 대해 살펴보기로 하자.

미라보에게는《특출난 리베르탱 – 나의 개종》이라는 자전적인 이야기가 있다. 카사노바의《회상록》과 비슷한 바람둥이 이야기다. 그리고 《프랑스 최고의 멋쟁이》[36]라는 제목으로 번역되어 있다. 머리말에 다음과 같이 쓰여 있다.

벗이여, 지금까지의 나는 어떻게 해볼 도리가 없는 방탕아였다. 미녀들의 뒤꽁무니를 쫓아다니느라 날이 새는 줄 몰랐고, 있는 힘을 다해 불미스러운 일을 해왔다. 그런데 요즘 내 마음에 덕성이 움텄는지 마음이 확 바뀌어 돈의 예찬자가 되었다. 이제 돈이 되는 것 이외에는 아무런 흥미를 가질 수 없다.

---

35 フランソワ・フュレ, マナ・オズーフ, 河野健二・阪上孝・富永茂樹監譯,《フランス革命事典3 人物 II》, みすず書房, 1999.

36 ミラボー, 松村喜雄譯,《フランス一の伊達男》, 現代文化社, 1955.

미라보 가는 미남이 많았는데 공교롭게도 그는 세 살 때 천연두에 걸려 얼굴이 심하게 얽은 곰보가 되었다. 그런데도 여성에게는 인기가 많았던 것 같다. 아버지는 그를 군대에 넣어 단련시키려고 했다. 그는 도박을 하고 연애 사건을 일으켰으며 탈출을 기도하여 레 섬의 감옥에 갇혔다. 열여덟 살 때였다. 그 후 코르시카의 반란을 진압하는 프랑스 원정군에 가담했다. 그때는 군인으로서 뛰어난 활약을 했다고 한다. 1771년 그는 대위가 되어 파리로 돌아왔다. 아버지는 아들을 '선풍(旋風) 백작'이라고 불렀으므로, 성질이 불같아 무슨 일을 저지를지 모르는 젊은이로 보고 있었을 것이다.

아버지는 미라보를 마리냥 후작의 딸 에밀리와 결혼시켰다. 재산을 노린 결혼으로 두 사람 사이에는 애정이 없었다. 신랑과 신부 모두 화려한 사교생활을 좋아하여 낭비를 계속했고 빚만 늘렸다. 아버지는 아들을 금치산자로 만들어 지방에 유폐했다. 그래도 미라보는 스캔들을 일으켰으므로 1774년 마르세유 앞바다의 샤토디프 요새 감옥에 넣어졌다. 이곳은 알렉상드르 뒤마의 소설《몽테크리스토 백작》의 에드몽 당테스가 투옥되었던 곳이다.

1775년에는 퐁타를리의 포르드주로 옮겨졌다. 이곳에서는 얼마간 자유로운 생활이 허용되었다. 그러자 미라보는 즉시 그 지역의 늙은 후작 모니에의 젊은 아내 소피를 유혹하여 스위스로 함께 도망쳤다. 그리고 다시 네덜란드로 도망쳤다. 암스테르담에서 프리메이슨 등의 사상에서 자극을 받은 미라보는 직접 책을 쓰기 시작했다. 당시 네덜란드에는 출판이 활성화되어 있었던 것도 한 이유였다. 프랑스의 구체제(앙시앵 레짐, Ancien Régime)를 공격하는 그의 팸플릿은 좋은 평판을 얻었다.

1977년 아들의 반체제 활동에 격노한 아버지는 프랑스 경찰로 하여금 그를 다시 체포하게 해 뱅센의 감옥에 넣어버렸다.

뱅센에는 1777년부터 1780년까지 구금되어 있었는데 미라보에게 동정하는 사람이 있었으므로 저작이나 외부와의 편지 왕래는 허용되었다. 미라보는 여기서 혁명사상을 키우고 동시에 계속해서 소피에게 편지를 보냈다.

미라보는 1780년에야 간신히 뱅센에서 나왔다. 아내 에밀리와의 이혼도 성립했다. 그러나 소피의 남편 모니에 후작의 고소나 여러 가지 스캔들과 낭비로 인한 부채가 그를 기다리고 있었다. 재판을 계속하면서도 그는 방탕한 생활을 그만두지 않고 스캔들을 만들어나갔다.

미라보는 앙리에트 드 아말리 네라라는 젊은 아가씨와 동거하며 정치평론가로서 프랑스의 정책을 비판한다. 그래서 오히려 주목을 받은 것인지, 프랑스 정부는 그를 채용하여 비밀 외교 사절로 베를린에 파견했다. 파리에 놔두면 성가신 존재여서 내쫓은 것인지도 모른다. 프랑스 왕정은 이미 말기에 접어들었다.

미라보는 베를린에서 방탕한 생활을 계속하며 프로이센 왕국론을 썼다. 1787년 파리로 돌아왔을 때 그는 정치경제의 논쟁가로서 인정받는 존재였다. 그리고 1789년 전국 삼부회가 소집되었을 때 제3신분의 지도자로 부상했다. 미라보는 스캔들에서 혁명으로 멋지게 개종했던 것이다.

사드 후작 : 성의 혁명가

미라보가 뱅센의 감옥에 갇혀 있었을 때 또 한 사람의 리베르탱이 그곳에 있었다. 마르키드 사드Marquis de Sade, 1740~1814 후작이다. 그는 프랑스혁명이 시작되고 왕의 모든 봉인장이 무효가 된 1790년까지 감옥에 있었다.

사드 후작은 프랑스혁명을 환영했다. 그렇지만 그것은 그가 기대한 '혁명'이 아니었다. 그는 《프랑스인이여, 공화주의자가 되려고 한다면 이제 한 고비밖에 남지 않았다》를 썼다. 그의 저작은 혁명보다 훨씬 더 과격하여 금지를 당했다. 그리고 광인으로서 샤랑통 정신병원에 감금되었고, 1814년 혁명가답게 고독하고 비참한 생을 마감했다.

그의 '혁명'은 그의 저작에 있지만 여기서는 그의 실생활에 대해 살펴보려고 한다. 사드는 1740년 파리에서 태어났다. 아버지는 프로방스 출신의 백작이었다. 사드의 청춘 시절은 미라보와 많이 닮았다. 기병대 소위가 되어 7년전쟁에 종군하고, 1763년 파리로 돌아와 방탕한 생활을 계속했다. 아버지의 의향에 따라 재산을 목적으로 파리의 법관 귀족의 딸 르네 페라지와 결혼하지만 방탕한 생활은 진정되지 않았다.

그 때문에 뱅센 감옥에 투옥되기도 하고 지방으로 쫓겨나기도 했다.

그래도 파리로 돌아오면 여배우나 매춘부의 뒤꽁무니를 쫓아다녔다. 주목해야 하는 것은, 베르사유의 궁정 내각은 풍기문란을 단속하는 비밀경찰을 두었는데 그곳의 마레 경부가 사드를 미행하고 그 행적을 보고했다는 점이다.

다음 9년 동안 사람들이 사드 후작을 왕국에서 가장 못된 방탕아로 결정해버린 모든 스캔들이 일어났다. 당시에도 사드보다 훨씬 더 심한 이들이 있었지만, 그들은 스캔들을 피하는 법을 잘 알고 있었다. 자신이 얼마나 철저하게 감시당하고 있는가를 사드가 알고 있었는지 어떤지는 알 수 없다. 그러나 사드가 얼마나 서투르게, 그리고 아무렇지 않은 태도로 여론에 대항했는지, 사람들은 눈을 크게 뜨고 하나하나의 사건에 놀랐다.[37]

1768년 아르퀴에유에 있던 사드는 로즈 켈러Rose Keller라는 여자를 집으로 데려가 채찍으로 때렸다. 로즈가 도망쳐 고소했기 때문에 소동이 일었고 그는 투옥되었다. 그의 첫 번째 대형 스캔들이라고 한다. 실제로는 대단한 일이 아닌 것 같지만 이 여자에게 신을 모독하는 말을 한 점이 루이 15세의 화를 돋운 듯하다. 그 후 사드는 프로방스의 라코스트 성에서 근신하며 연극에 열중한다.

1772년에 마르세유를 여행하며 '마르세유 봉봉 사건'을 일으켰다. 그는 여기서 네 명의 매춘부를 고용하여 반묘(斑猫, 칸타리스)라는 흥

---

37 ヴァルター・・レニッヒ, 飯塚信雄譯, 《サド侯爵》, 理想社, 1972.

분제를 마시게 하고 아홉 가닥 채찍_{cat-o'-nine-tails}으로 자신을 때리게 했다. 그러고 나서 그녀들과 소도미(항문성교)를 했다. 게다가 마르그리트 코스트라는 매춘부를 불러 같은 일을 했다.

코스트와 또 한 명의 매춘부가 반묘가 든 봉봉**38**을 너무 많이 먹어 쓰러져 의사를 불렀으므로 사드가 벌인 광란의 파티는 폭로되고 말았다. 사드는 도망쳤지만 에크스 재판소에서 그와 하인은 사형 판결을 받았다. 그리고 처형이 이루어졌다. 인형을 만들어 목을 잘라 태우는 것이었지만 말이다.

사드는 도망 생활을 계속하며 라코스트 성에 숨었다. 그곳에서는 '소녀 스캔들'을 일으켰다. 열다섯 살의 소녀들을 데려와 환락의 파티를 열었던 것이다. 한 소녀는 '쥐스틴'이라 불렸다. 이 사건으로 그는 이탈리아로 도망쳤다. 그리고 다시 은밀히 라코스트로 돌아왔다.

1777년 파리로 돌아온 사드는 결국 마레 경부에게 체포되었다. 1778년 도망쳤지만 다시 체포되어 뱅센 감옥에 투옥되었다. 이곳에는 1777년부터 미라보도 투옥되어 있었다. 오랜 투옥 생활 동안 사드는 오로지 저작에 몰두한다.《소돔의 120일》,《쥐스틴, 또는 미덕의 불행》등이 이때 쓰인다. 1790년 혁명에 의해 사드는 석방된다. 그러나 바스티유 습격 때 그의 원고 대부분이 없어졌다.

사드는 혁명 정부에 참가하지만 반혁명적으로 보여 체포된다. 곧 석방되지만 재산을 몰수당해 힘겨운 생활을 하는 중에《신쥐스틴》을 발표한다. 그러나 부채와 악명 때문에 다시 투옥되었고, 샤라통의 정신

---

38 bonbon. 겉은 설탕으로 굳히고 속에 과즙, 위스키, 브랜디 따위를 넣은 과자─옮긴이.

병원에 감금되어 있다가 1814년 삶을 마감했다. 방탕과 모험의 18세
기는 이미 과거로 사라졌다.

The Age

제6부

19세기

혁명의 폭풍 이후

혼란에서 개조로

19세기는 어떤 시대였을까? 18세기 말의 두 혁명으로 고전적 세계, 구체제(앙시앙 레짐)는 무너졌다. 산업혁명과 프랑스혁명이다. 19세기 초만 해도 그 혼란이 아직 진정되지 않은 상태였다.

트리벨리언George Macaulay Trevelyan, 1876~1962은 《영국 사회사》(1942)에서 19세기의 영국을 셋으로 시대구분하고 있다. 제1기는 1832년까지다. 영국은 프랑스혁명과 나폴레옹전쟁에 휩쓸려 큰 피해를 입었다. 사람들의 생활이 힘들어져 사회적 불만은 점점 격화되던 상황이었다. 전쟁 피해에서 다시 일어나 사회를 개량하는 정책이 시작된 것은 1830년대였다. 그리고 개혁법이 만들어져 개혁의 시대가 시작된다.

조지 왕조 말기의 부패한 왕정을 대신하여 1837년 안정된 빅토리아 여왕의 시대가 시작된다. 그리고 1867년에 새로운 개혁법이 나오기 때문에 그 무렵까지를 제2기로 한다. 그것은 빅토리아 왕조 후기라고 할 수 있다. 찬란한 대영제국이 등장한 것이다. 그 이후가 제3기 또는 빅토리아 왕조 후기다. 제국의 영광에 그늘이 드리워진 시기다.

이상과 같이 트리벨리언은 영국사에서 19세기의 백년을 30년 정도씩 셋으로 나누고 있다.

프랑스의 19세기도 마찬가지로 대충 셋으로 구분할 수 있을 것이다. 최초의 30년간은 나폴레옹전쟁과 그 후의 혼란이 이어진다. 1815년에 나폴레옹이 패하자 루이 18세에 의해 왕정복고가 이루어졌다. 그러나 절대왕정으로 돌아가지는 않고 다양한 파벌이 대립하여 정치적으로 불안했으므로 폭동이 일어났다. 그리고 1830년 7월혁명에 의해, 루이 18세를 계승한 샤를 10세는 간단히 추방되었다.

그 결과 확립된 것은 루이 필리프의 7월 왕정이다. 루이 13세의 자손인 오를레앙 공작 루이 필리프는 민중에게 인기가 있었으므로 왕당과 부르주아지를 통합한 중용파Le Juste Milieu로서 기대를 모았지만 타협적이고 불안정했다.

1848년 2월혁명에 의해 루이 필리프가 쫓겨나고 제2공화정이 성립하지만 야심가 나폴레옹 3세가 정권을 장악하고 쿠데타로 황제가 된다. 카니발이라고 일컬어진 향락적인 제2제정은 1870년의 프로이센-프랑스전쟁으로 붕괴되고, 파리코뮌 이후 제3공화정이 된다. 1830년 7월혁명부터 1870년까지를 프랑스 19세기의 제2기, 그 이후를 제3기라고 볼 수 있다.

이처럼 19세기는 18세기가 이어진 혼란스러운 전기, 사회적 개량과 개혁을 목표로 했지만 타협적이었던 중기, 개혁의 보급과 함께 그 모순을 드러내는 후기로 삼분하여 생각해볼 수 있다. 스캔들도 그것을 반영하여 전기에는 18세기 그대로 노골적이고 거칠며 중기에는 세련되고 후기에는 퇴폐적이고 복잡해진다.

19세기는 '소설'이라는 장르가 확립되어 문학의 주류가 된 시대였다는 것도 주목할 만하다. 프랑스에서는 스탕달, 발자크, 위고, 뒤마 등이 등장했다. '소설'은 산문으로 쓰이기 때문에 '시'와는 달리 문학예술이 아니라는 의견도 있었다.

영국의 18세기에서 말한 것처럼 '크라임 컨버세이션'(간통죄)이라는 범죄 사건의 재판을 기록한 것을 대중은 오락용으로 읽었다. 그것이 곧 '소설'의 원천이 되었다.

19세기에서도 사건이나 스캔들은 '소설'을 낳는 계기가 되었다. 그 전형이 스탕달이다. 그는 '소설'을 "큰 거리를 따라 나아가는 거울"이라고 했다. 명작《적과 흑》은 프랑스의 '크라임 컨버세이션'이라고 할 수 있는 '법정신문'에서 태어났다.

스탕달에게는《법정신문》(가제트 데 트리뷰노)이라는 활기찬 관보가 있다.《적과 흑》으로부터 발자크의《보트랭》을 거쳐《레미제라블》에 이르는 동안 한 세대를 통해 법정, 감옥, 노역장, 처형대는 소설가에게 인간 활력의 본보기를 제공한다. 스탕달은《법정신문》에 실린 동향(同鄕) 도피네인 신학생 베르테의 이야기를 읽고 감동한다. 베르테는 전에 가정교사로 들어가 살던 집에서 부유한 시민계급 부인에게 총을 쏘아 사형선고를 받고 처형되었다. 스탕달의 입장에서 보면 베르테는, 예의 1829년 및 1830년의 살벌한 시대, 왕정복고하의 사회에서 치열한 의지를 가지고 추구할 것이 많았던 가난한 청년의 활력을 보여주는 가장 적합한 인물이었다.[1]

---

1 A・ティボーデ, 辰野隆・鈴木信太郎監譯,《フランス文學史》, 角川文庫, 1960.

《적과 흑》에서 스탕달은 지방에서 올라와 출세하여 세계를 정복하려는 젊은이 줄리앙 소렐을 그렸다. 티보데에 따르면 그것은 지위, 재산, 권력의 정복과 여성의 정복이라는 이중의 정복이라고 한다.

그리고 스캔들은 바로 지위, 재산, 권력 그리고 여성의 정복으로부터 전락하는 것이기에 스탕달과 '소설'은 깊이 관련되어 있다. 19세기의 스캔들은 '소설'이라는 거울에 비치고 있었던 것이다.

쾌락왕자 조지 4세

조지 3세가 장수했으므로 황태자 조지 4세가 국왕이 된 것은 쉰여덟 살 때였다. 그때까지 조지 4세는 온갖 난잡한 행동과 방탕한 생활로 세월을 보내고 있었다. 여자, 술, 도박에 한없이 낭비하여 막대한 빚도 지고 있었다. 마침 번영하기 시작한 저널리즘은 거리낌 없이 그의 스캔들을 적어댔다. 조지 4세만큼 저널리즘의 좋은 먹잇감이 된 황태자도 드물 것이다.

하노버 가는 대대로 여자에게 부도덕했지만 조지 3세는 예외적으로 성실하여 아들들을 엄하게 키우려고 했지만 모두 실패했다.

특히 화려한 스캔들을 뿌린 사람은 장남 조지 황태자였다. 그는 열일곱 살이 되자 여배우 메리 로빈슨을 애인으로 삼았다. 이 관계는 오래 가지 못했지만 메리는 헤어지고 나서 황태자의 열렬한 연애편지를 공표하겠다고 협박하여 일시금 5천 파운드와 매년 5백 파운드의 연금을 요구했고 조지 3세가 지불했다.

황태자의 행실은 전혀 나아지지 않았다. 차례로 애인을 만들고 빚도 졌다. 열여덟 살 때 하르딘부르크 백작부인에게 빠졌고 그 소문이《모닝 헤럴드》에 보도되었다. 백작은 황태자에게 항의 편지를 보냈다.

아버지 조지 3세는 황태자를 꾸짖었다. 그러자 황태자는 국왕의 반대파 찰스 폭스Charles James Fox, 1749~1806의 그룹에 가담했다.

신문은 황태자의 가십을 실었다. 국왕은 그것을 매일 읽었다. 〈더 타임스〉는 미래의 국왕은 정치보다 여자와 술을 좋아한다고 썼다.

1784년 황태자는 마리아 피츠허버트 부인에게 매료되었다. 그녀는 여섯 살 연상인 미망인이었다. 아마 그가 사귀었던 무수한 여자들 중에서 가장 성실한 여자였다. 그는 그 후에도 여자 편력을 계속하지만 언제나 그녀에게 돌아갔다. 그녀에게는 위로를 받을 수 있는 뭔가가 있었던 모양이다.

황태자는 무모하게도 그녀와 비밀 결혼을 했다. 그러나 그것은 불법이었다. 그녀는 가톨릭이었고, 왕실결혼령에서는 왕족의 결혼은 왕과 의회의 허가가 필요했다.

곧바로 두 사람의 결혼은 공공연한 비밀이 되었다. 피츠허버트 부인은 황태자의 아이를 열 명이나 낳았다. 하지만 황태자의 바람기는 여전히 계속되었다. 존 게이의《거지 오페라The Beggar's Opera》(1728)의 주연 배우와 안나 클루치와 데이트할 때는 1만 파운드와 고가의 보석을 선물했다고 한다. 게다가 달콤한 연애편지를 보내고 그것을 빌미로 또 돈을 갈취당했다.

그리고 황태자는 저지 부인의 유혹을 받았다. 그녀는 마흔 살로 손자도 있었으나 연상의 여성을 좋아하는 그에게는 굉장히 매력적인 여성이었다. 그렇게 낭비한 결과 그는 50만 파운드에 가까운 빚을 졌다. 그 청구서는 국왕과 의회에 건네졌다.

조지 3세는 빚을 갚아주는 대신, 정식으로 결혼하여 후계자를 낳는 걸 조건으로 내걸었다. 황태자는 그 조건을 받아들여 피츠허버트 부인과 헤어지고 국왕이 선택한 브라운슈바이크 볼펜뷔텔 공작 카를 빌헬름의 차녀 캐롤라인을 아내로 맞이했다.

캐롤라인은 어처구니없이 괴상한 여자였다. 그녀와 황태자의 부부 싸움은 영국을 뒤흔들었고 대형 스캔들이 되었다.

두 사람은 처음부터 맞지 않았던 것 같다. 캐롤라인은 목욕탕에 들어가지 않아 냄새가 심했으므로 멋쟁이인 황태자는 그녀가 마음에 들지 않았다고 한다. 예전에는 미남의 댄디였다는 황태자가 폭음과 폭식으로 뚱뚱한 상태였으므로 캐롤라인도 그에게 실망했다고 한다. 사진이 없던 시대이고 궁정화가가 미남미녀로 그린 맞선용 초상화만 봤을 것이므로 실제로 만났을 때는 예상과 많이 달랐을 것이다.

그러나 어쨌든 두 사람은 결혼하여 딸 샬럿이 태어났다. 황태자는 그것으로 자신의 역할이 끝났다고 생각하고 더 이상 캐롤라인에게 다가가지 않았다. 그는 다시 피츠허버트 부인에게 돌아갔다.

시대는 19세기로 접어들었지만 황태자의 어리석은 행동은 여전히 계속되었다. 1810년 조지 3세는 광기로 발작을 일으켰고 더이상 재기할 수 없었다. 재상 스펜서 퍼시벌Spencer Perceval, 1762~1812은 어쩔 수 없이 황태자에게 섭정을 하도록 하지 않으면 안 되었다. 그러나 내각은 가능한 한 황태자를 정치에 개입시키지 않으려고 했다.

그래서 조지 4세는 사치스러운 건축물을 짓는 도락에 열중했다. 브라이튼의 별궁이나 런던의 리젠트 파크, 리젠트 스트리트에 그 이름이 남아 있다.

그 사이에도 정부(情婦) 목록은 차례로 추가되었다. 하트퍼드(271쪽) 부인과는 공공연하게 나다녔다. 그 대신 그녀의 남편은 체임벌린 경이 될 수 있었다.

1820년 조지 3세가 죽고 드디어 황태자가 조지 4세로서 국왕이 되었다. 악평이 분분하던 조지 4세는 캐롤라인을 왕비로 인정하지 않았다. 웨스트민스터 성당에서 열린 대관식에도 그녀를 출석시키지 않았다. 그래서 국민들 사이에서 그의 인기는 더욱 떨어졌다. 캐롤라인과의 마찰에 대해서는 다음 장에서 다룰 것이다.

런던에서 인기가 아주 나빴으므로 그는 스코틀랜드나 아일랜드를 방문했고 그곳에서는 환영을 받았다. 스코틀랜드의 민족의상인 킬트를 입었으므로 그들은 기뻐해주었다. 그런 의상을 입기로 한 것은 중세 이야기가 특기인 월터 스콧Walter Scott, 1771~1832의 생각이었다고 한다. 조지 4세는 예술가나 문사와는 후원자로서 친하게 지냈다.

런던에서 평판이 너무나 좋지 않았기 때문인지 조지 4세는 윈저나 브라이튼 등에 틀어박혀 있었다. 그는 소년처럼 쉰두 살의 커닝엄 부인을 사랑하고 있었다. 아무래도 그는 늘 어머니 같은 여성에게 위로를 받고 싶어 한 것 같다. 또한 로열아카데미나 미술관 등의 원조에 힘을 쏟았다. 그의 어리석은 짓folly은 여자나 술, 도박에서 점차 예술로 바뀌어갔다. 브라이튼의 파빌리언은 건축에서의 어리석은 짓(folly, 아방궁)이었다.

그러나 어릴 때부터 섭생을 잘못했기 때문인지 1824년경부터 조지 4세는 병을 달고 살았다. 그리고 1830년 세상을 떠났다. 〈더 타임스〉는 "누가 그를 위해 눈물을 흘려줄 것인가"라며 잔혹한 기사를 썼다. 하지만 적어도 피츠허버트 부인만은 그를 위해 울었던 것 같다.

조지 4세의 동생 윌리엄 4세가 왕위를 계승했다. 이미 윌리엄 4세는 예순여섯 살이어서 1837년에 세상을 떠났다. 치세는 7년으로 무척 짧았지만 선거법 개정 등 개혁의 시대를 개막했고 조카인 빅토리아 여왕을 위한 기초를 다졌다. 18세기의 악덕과 쾌락을 이어받았던 조지 4세의 시대는 지나갔다.

애런 버의 결투

19세기에는 스캔들 세계에 대국 미국이 참가한다. 1783년 베르사유평화조약으로 독립을 인정받은 '미국'이 스캔들의 무대에서도 두각을 나타낸다. 그 시작이라고 할 수 있는 것이 공화당Republican Party의 애런 버Aaron Burr, 1756~1836와 연방당Federalist Party의 알렉산더 해밀턴Alexander Hamilton, 1755/57~1804의 결투다. 애런 버는 해밀턴을 사살하고 중앙 정계에서 추방되었다. 이 사건의 배경에는 미국의 정치적 구도가 깔려 있었다.

독립했을 때의 '미국'은 오늘날 미국의 3분의 1밖에 되지 않았다. 1800년경의 미국은 미시시피 강의 동쪽뿐이었고, 게다가 남부 플로리다는 스페인령이었다. 미시시피 서쪽에서 로키 산맥까지는 미국과 같은 크기의 루이지애나(프랑스령)이고, 그 서쪽과 남쪽인 캘리포니아, 텍사스, 멕시코는 스페인령이었다. 미국은 루이지애나, 텍사스, 플로리다를 어떻게든 수중에 넣으려고 했다.

미연방이 성립하고 헌법이 제정되었다. 제1회 대통령 선거에서 조지 워싱턴이 당선했다. 국무장관은 토머스 제퍼슨, 알렉산더 해밀턴은 재정, 헨리 녹스는 군사를 담당했다. 제퍼슨과 해밀턴은 정면으로 대립했다. 제퍼슨은 민주적, 해밀턴은 귀족적이었다. 제퍼슨은 미국을 농업국으로, 해밀턴은 공업국으로 만들려고 했다.

"한마디로 말하면 해밀턴은 순수한 이론가였고 제퍼슨은 정치가였다."[2]

해밀턴은 연방당의 중심인물이었고, 그에 비해 제퍼슨은 공화당의 중심인물이었다.

1792년 워싱턴은 대통령에 재선했다. 1796년에는 삼선을 거절하고 출마하지 않았다. 연방당은 존 애덤스가 입후보했다. 해밀턴은 적이 많고 인기가 없었다. 공화당은 제퍼슨이 입후보했다. 애덤스가 당선하고 차점자인 제퍼슨이 부통령이 되었다.

연방당은 애덤스와 해밀턴의 당쟁으로 분열했다. 1800년 애덤스가 재선을 목표로 했지만 공화당이 승리하여 제퍼슨이 제3대 대통령이 되었고 애런 버가 부통령이 되었다.

애런 버는 설교자 조너선 에드워즈Jonathan Edwards, 1703~1758의 손자이고, 아버지는 프린스턴대학의 총장이었다. 공화당의 젊은 기수로서 연방당 해밀턴의 라이벌이었다. 또한 뉴욕의 플레이보이로서 여자들에게는 묘하게 인기가 있어 남편들의 미움을 사고 있었다.

제퍼슨 대통령 때 현재 미국의 기초가 닦였다고 한다. 루이지애나를 획득함으로써 미국이 단숨에 세 배 이상의 크기가 된 것이 중요했다. 루이지애나는 1763년에 프랑스로부터 스페인에 이양되었다. 스페인은 미시시피 강 통행권을 미국에 허가하고 있었다. 그런데 1802년

---

2 アンドレ・モロワ, 鈴木福一譯,《アメリカ史》, 新潮文庫, 1953.

스페인은 토스카나와 교환하는 조건으로 루이지애나를 프랑스에 반
환해버렸다.

　나폴레옹은 루이지애나를 중심으로 아메리카에 대식민지를 건설할
계획이었다. 우선 서인도 제도의 산토도밍고(아이티)로 원정군을 보냈
다. 프랑스군은 독재자 투생 루베르튀르의 저항을 물리쳤지만 황열병
으로 큰 피해를 당해 아메리카 정복 계획은 좌절했다. 아메리카에 병
력을 할애할 생각을 잃어버린 나폴레옹은 루이지애나를 150만 달러
를 받고 미국에 팔아버렸다.

　독단으로 루이지애나를 매수하기로 결정한 제퍼슨은 대통령의 권
한을 넘어선 위법을 저질렀다고 비난받았다.

　제퍼슨은 루이스와 클라크라는 청년 탐험대를 태평양 연안에 보냈
다. 동해안에서 시작한 미국의 영토는 이제 서해안까지 이른 것이다.

　루이지애나가 미국이 되었고, 이제 그 서쪽의 스페인령도 집어삼키
려 하고 있었다. 애런 버는 그런 시대의 모험가였다.

　애런 버에 대해서는 고어 바이덜Gore Vidal, 1925~의《애런 버의 영웅적
생애》[3]라는 소설풍의 전기가 있다.

　애런 버는 부대통령이었던 1804년에 해밀턴과 결투를 벌여 그를 사
살했다. 이 스캔들로 뉴욕 정계에서 쫓겨난 그는 신천지를 찾아 서부
로 떠났고, 미국에서 서부를 분리시키려는 '음모'를 꾸몄다는 혐의로
체포되었다. 그는 자신에게 음모죄를 뒤집어씌운 막후의 인물이 제
퍼슨이라고 생각하고 재판에서 대질을 요구했지만 대통령은 출정하

---

3 ゴーア・ヴィダル, 田中西二郎譯,《アーロン・バアの英雄的生涯》, 早川書房, 1981.

지 않았다.

먼저 결투 사건에 대해 살펴보자. 연방당의 해밀턴과 공화당의 재퍼슨은 이미 말한 것처럼 정적이었다. 그러나 해밀턴은 애런 버를 더욱 위험한 적으로 보고 개인적인 공격을 하며 모욕적인 언사를 퍼부었다. "반정부적인 위험한 남자"라고 비난했고 '비열하다'고도 했다.

애런 버도 더이상 참을 수가 없어 결국 그에게 결투를 신청했다. 정치적인 공격을 당한 일로 정말 그가 결투까지 신청했을까? 고어 바이덜의 소설에는 개인적인 모욕이 결정적인 원인이었다고 쓰여 있다. 해밀턴은 애런 버가 자신의 딸과 잤다는 말을 했다고 한다.

1804년 7월 11일 아침, 뉴욕의 허드슨 강 건너편에서 두 사람은 결투를 했다. 애런 버는 똑똑히 상대의 가슴을 노리고 쏴서 해밀턴을 죽였다. 해밀턴도 쐈지만 빗나갔다. 해밀턴은 진지하지 않았지만 애런 버는 진지했다. 그만큼 분노가 심했을 것이다.

결투가 끝난 후 애런 버가 의도적으로 해밀턴을 죽였다는 소문이 퍼져나갔다. 그 때문에 그는 뉴욕에서 도망쳐 필라델피아에 숨었다. 정치적 생명은 끝났다.

1804년 제퍼슨은 대통령에 재선했다. 부통령에는 애런 버 대신 조지 클린턴이 임명되었다. 애런 버는 제퍼슨의 정적 해밀턴을 처리해준 것이나 다름없었지만, 대통령은 애런 버를 곤경에서 구해주려고 하지 않았다. 그 이전부터 두 사람은 대립하고 있었던 것이다. 애런 버는 1800년의 선거전에서 제퍼슨에게 필적할 만한 인기를 모았지만, 젊다는 이유로 대통령을 그에게 양보하고 부대통령에 만족했다. 차기 대통령은 자신이라고 생각했을 것이다.

애런 버의 괴상한 성격이나 행동을 위험하다고 생각한 제퍼슨은 점
차 그를 멀리했다. 애런 버가 해밀턴을 사살하고 추방되면 일석이조
였던 것이다.

동부의 중앙 정계에서 추방된 애런 버는 신천지인 서부에서 활동했
다. 1805년 애런 버는 서부를 한 바퀴 돌았다. 피츠버그, 프랭크포드,
뉴올리언즈 등을 방문했다. 그는 터무니없는 계획을 꾸미고 있었던 것
같다. 그것은 루이지애나에 플로리다, 멕시코를 더하여 '대서부국' 같
은 것을 건설한다는 계획이었다. 미합중국에서 분리된 독립국을 구상
한 것이므로 미국의 입장에서 보면 모반이고 반역이었다.

왜 그는 그런 계획을 품었을까? 미합중국의 건국에서 문제가 된 것
은 연방이냐 연합이냐였다. 연방정부에 의한 중앙집권적인 하나의 나
라로 만들 것인가, 아니면 각 주의 느슨한 연합으로 한 것인가가 문제
였던 것이다. 연방당은 동부가 중심이었고 중앙집권을 요구했다. 공
화당은 각 주의 자치를 중시했다. 버지니아 주 출신의 제퍼슨은 각 주
의 자유를 요구하는 공화당이었지만 대통령이 되자 점차 연방주의로
기울었다. 애런 버는 그것을 변절이라고 보고 제퍼슨과 대립하게 되
었던 것이다.

제퍼슨도 루이지애나를 매수하고 나아가 스페인령인 플로리다와
멕시코를 흡수하여 '대미국'을 건설할 구상을 갖고 있었다. 애런 버는
그 영향을 받으면서도 동부의 지배에서 벗어난 서부연합을 만들어 자
신을 추방한 동부의 정계에 대항할 생각이었던 듯하다.

그것을 위해 애런 버는 은밀히 영국과 모의하여 그 군사력을 빌리려
고 했다. 서부의 반(反)동부 세력을 결집하여 스페인령을 정복하고, 루

이지애나를 중심으로 또 하나의 미국을 건설할 계획이었던 것이다.

그가 믿고 있었던 사람은 루이지애나의 제임스 윌킨슨 장군이었다. 윌킨슨은 서부나 스페인에 대한 정보에 정통하여 애런 버와 함께 독립의용군을 지휘할 예정이었다. 그런데 윌킨슨은 뉴올리언스의 스페인군에 매수되어 스파이가 되어 있었다.

아무래도 애런 버는 나폴레옹이 된 것 같은 기분으로 대서부 제국의 꿈에 홀려 있었다. 그는 서부로 여행을 떠났다. 피츠버그에서 보트를 타고 오하이오 강을 내려갔다. 도중의 섬에서 해먼 브레나하세트라는 아일랜드인을 만났다. 그의 아내 마거릿이 애런 버에게 매료되었고 그의 아이를 낳았다. 남편 브레나하세트는 애런 버의 의용군에 가담하려고 했다. 아무래도 애런 버는 자신의 비밀 계획을 다른 사람에게 너무 함부로 털어놓았던 것 같다.

애런 버의 계획으로는 5천 명의 의용군을 모집하여 텍사스와 멕시코를 해방할 생각이었다. 그는 1806년 뉴올리언스에 나타나 대환영을 받았다. 그의 계획은 착착 진행되는 것처럼 보였다. 그러나 윌킨슨은 그를 배신하고 제퍼슨 대통령에게 서부인의 반란 음모를 밀고했다.

제퍼슨은 애런 버를 미국의 분열을 획책한 모반자라는 혐의로 체포했다. 애런 버는 워싱턴 시로 보내지게 되어 있었는데, 버지니아의 리치먼드로 변경되어 그곳에서 재판을 받게 되었다. 리치먼드는 제퍼슨의 고향이었다.

이렇게 하여 애런 버의 '대음모'가 완성되었다. 실제로 애런 버의 의용군은 50명 정도밖에 없었지만 윌킨슨은 7천 명의 부대가 뉴올리언스를 점거하려 한다고 거짓 밀고함으로써 동부에 있던 제퍼슨에게 서부에서 대반란이 일어날 것 같은 두려움을 느끼게 했다.

1807년 리치먼드에서 애런 버의 반역죄에 대한 재판이 열렸다. 연방최고재판소 장관 존 마셜이 수석판사였다. 리치먼드에서 열린 것은 애런 버의 음모가 버지니아 주의 브레나하세트의 섬에서 시작되었다는 이유에서였다.

그런데 수석판사 마셜은 제퍼슨과는 친척이었던 듯해도 정치적으로는 반대파였다. 따라서 제퍼슨이 애런 버를 모반자로 체포하게 한 고발 내용을 모조리 부정하고 그에게 무죄 판결을 내려버렸다.

수석판사 마셜은 대통령이 이 사건에 관련되어 있으니 직접 출정하여 증언하라고 요구했지만 제퍼슨은 응하지 않았다.

제퍼슨은 애런 버가 무죄 판결을 받은 게 불만이었다. 애런 버는 자유의 몸이 되어 뉴욕에 다시 나타났고 여든 살(1836년)까지 장수했다.

'애런 버 대령의 음모'는 미국을 동서로 분열시켰을지도 모르는 국가적 사건이었다. 훗날 미국은 남과 북으로 분열되어 싸우게 되는데 그 위기를 예고하고 있었던 것이다. 그러나 그것은 제퍼슨 대통령과 애런 버의 사적인 원한에 의한 스캔들로 정리되어 그다지 큰 문제가 되지는 않았다.

고어 바이덜의 《애런 버의 영웅적 생애》에서는, 미국 건국의 위인으로 우상화되어 있는 제퍼슨이 배신자라며 애런 버로부터 욕을 먹고 있다.

나폴레옹의 두 왕비

나폴레옹 황제에게는 두 명의 왕비가 있었다. 조세핀과 마리 루이즈다. 황제는 조세핀을 열렬히 사랑했지만 아이가 생기지 않았으므로 이혼하고 마리 루이즈를 맞아들였다. 두 명의 왕비는 태생도 성장 배경도 완전히 달랐다. 마르티니크 섬에서 파리로 나왔던 조세핀Joséphine de Beauharnais, 1763~1814은 이를테면 고급 매춘부로 살고 있었다. 사교계를 출입하며 남자들의 정부로서 살고 있었던 것이다. 마리 루이즈는 합스부르크 가의 황녀이고, 마리 앙투아네트는 그녀의 대숙모에 해당한다.

그러한 차이에도 불구하고 두 왕비에게는 공통점이 있었다. 헤아릴 수 없이 많은 정부를 가져 황제를 배반했다는 사실이다.

조세핀은 서인도 제도의 마르티니크 섬에서 나고 자랐다. 남쪽의 낙원 같은 섬은 그녀를 쾌락적으로 만들었다. 숙모 로노댕은 식민지의 총독 보아르네의 정부가 되어 그를 따라 파리로 왔다. 숙모는 조세핀을 파리로 불러 보아르네의 아들과 결혼시켰다. 아들 외젠과 딸 오르탕스가 태어났지만 남편은 거의 집에 들르지 않았다.

프랑스 혁명이 시작되었다. 로베스 피에르의 공포정치가 한창인 가운데 남편 보아르네가 처형되었고 조세핀도 투옥되었다. 그러나 가까스로 목숨을 건졌고, 혁명 정부 폴 바라스 총재의 정부가 되었다. 바라스의 부하였던 나폴레옹은 바라스의 집에서 그녀를 만났다. 그는 열렬히 구애했고, 1796년 두 사람은 결혼했다.

1794년 로베스 피에르의 공포정치가 끝나자 왕당파의 쿠데타가 일어났다. 그것을 진압한 나폴레옹이 젊은 장군으로서 인기를 모았다. 그리고 1796년 그는 이제 막 결혼한 조세핀을 놔두고 이탈리아 원정을 떠났다. 그리고 그녀에게 계속해서 열렬한 연애편지를 보냈다. 그 편지에는 조세핀의 하복부에 난 검은 숲에 키스한다는 등 에로틱한 말이 포함되어 있었다.

나폴레옹은 그녀를 밀라노로 부르려고 했지만 조세핀은 파리를 떠나고 싶어 하지 않았다. 그러나 얼마 지나지 않아 그녀는 이탈리아로 찾아왔다. 하지만 그녀는 시중드는 젊은 대위 이폴리트 샤를과 희롱하고 있었다.

1798년 나폴레옹은 이집트로 원정을 떠났다. 샤를은 파리로 돌아온 조세핀의 집에 죽치고 있었다. 그 사실을 안 나폴레옹은 격노하며 자신도 바람을 피웠다.

1799년 이집트에서 돌아온 나폴레옹은 브뤼메르(11월) 18일의 쿠데타로 제1총령이 되어 다시 이탈리아로 원정을 떠났다. 그리고 1802년 이탈리아 공화국 대통령이 되고, 결국 프랑스 황제가 되었다. 조세핀은 황비가 되었지만 쾌락과 낭비의 나날은 스캔들이 되었다.

나폴레옹은 전쟁을 대륙 전체로 확대하여 프로이센을 격파했고, 영국과 러시아에 선전포고를 했으며 1809년에는 오스트리아와의 전쟁을 시작했다. 이해에 그는 조세핀과 이혼했다. 대제국을 건설하고 있었지만 후계자가 없었기 때문이다. 그녀는 이미 마흔 살이 넘은 상태였다. 조세핀과 헤어져 유럽 왕실의 젊은 아가씨를 맞이하면 어떻겠느냐고 측근인 푸셰Joseph Fouché나 탈레랑Charles-Maurice de Talleyrand이 귀엣말을 했다. 그녀의 난잡한 행위나 낭비에 대한 밀고도 들어왔다.

나폴레옹은 조세핀을 물러나게 하고 1810년 오스트리아의 황녀 마리 루이즈와 결혼했다. 모두 제국을 위해서였다.

1809년 오스트리아와의 전쟁이 시작되었고 나폴레옹은 빈에 입성했다. 합스부르크 가의 처지에서 보면 그는 침략자였다. 프란츠 1세는 딸 마리 루이즈를 나폴레옹과 결혼시켜 황제를 조종하려고 했다.

그녀는 나폴레옹을 사랑하지 않았다. 훗날의 고백에 따르면 나폴레옹에 대해서는 아직까지 한번도 '어떤 종류의 강한 감정도' 느껴본 적이 없었다. 그러나 그에게는 일종의 공식적인 애정을 보여주었으므로 착각하게 하는 데 성공했다.[4]

나폴레옹은 영광의 절정에서 마리 루이즈와 결혼했지만 그것은 내리막길의 시작이었다.

1811년 마리 루이즈는 프랑수아 샤를 조제프(나폴레옹 2세, 로마 왕)를 낳았다. 한 가지 임무를 완수한 것이다.

1812년 나폴레옹은 러시아로 원정을 떠났지만 러시아의 겨울에 쩔

4　ジョルジュ・ルノートル, 大塚幸男譯, 《ナポレオン秘話》, 白水社, 1988.

쩔매다가 철수하지 않으면 안 되었다. 1813년 여러 나라의 연합군에 의한 해방전쟁이 시작되었고, 1814년 연합군이 파리에 입성하여 나폴레옹은 퇴위당하고 엘바 섬으로 유배되었다. 이해에 조세핀은 병사했다.

프란츠 1세는 딸을 어떻게 나폴레옹과 떼어놓을지 걱정했다. 그 수상한 임무를 맡은 사람은 탈레랑이나 메테르니히Klemens Wenzel Nepomuk Lothar von Metternich, 1773~1859 등의 음모 정치가였다. 탈레랑은 미남의 젊은 장교를 황비에게 붙여줘 그녀를 위로하게 했다. 나폴레옹은 마리 루이즈를 엘바 섬으로 불렀지만 그녀는 연애 놀이에 빠져 재빨리 빈으로 돌아가버렸다. 그리고 나폴레옹의 황비로서가 아니라 파르마 공작부인으로서 빈의 사교계나 탕치장(湯治場) 등을 돌아다니고 있었다. 메테르니히는 그녀에게 나이페르크라는 장교를 붙여두고 나폴레옹에게 가지 못하도록 감시하도록 했다. 나이페르크는 한쪽 눈에 검은 안대를 한 멋쟁이로 여성들에게는 인기가 많은 사람이었다.

나이페르크는 마리 루이즈와 나폴레옹 사이의 편지 왕래를 감시하여 빈에 보고하면서 그녀를 유혹하여 정부가 되었다. 나폴레옹은 그녀에게 점점 먼 존재가 되어갔다.

1814년 나폴레옹전쟁 이후를 의논하기 위한 빈 회의가 열렸다. 빈 회의에 출석한 사람들은 황제가 갇혀 있는 상태인데도 황비가 공공연하게 정부와 마차를 타고 빈 시내를 돌아다니는 모습을 보고 경악했다.

1815년 나폴레옹은 엘바 섬을 탈출하여 권력을 되찾는 것처럼 보였다. 그러나 백일천하로 끝났다. 그는 다시 남대서양 세인트헬레나 섬으로 유배되었고 1821년에 세상을 떠났다. 마리 루이즈는 1820년 나이페르크와 결혼했다. 그녀는 신문을 통해 나폴레옹이 죽었다는 사실을 알고 나름대로의 애도를 표했다. 하지만 모기에 물려 얼굴이 부어 있는데 상복으로 베일을 쓰니 잘 되었다는 말까지 했다.

그녀에게는 영웅이나 천재보다 흔하고 비열한 호색꾼이 어울렸던 것 같다. 남편이나 정부가 영웅이나 천재라면 그녀에게는 골치 아팠을지도 모른다.

캐롤라인 왕비 문제

'쾌락 왕자 조지 4세'에서도 말한 것처럼, 조지 4세는 황태자 시절부터 술, 여자, 도박 등에 빠져 막대한 빚을 지고 국고를 탕진하였으므로 세상의 큰 야유를 받았다. 그런 스캔들을 일으킨 남자가 왕비 캐롤라인의 부정한 간통 스캔들을 밀고하여 재판에 회부한 것은 하나의 촌극이었다.

조지 4세는 체면 따위는 개의치 않고 캐롤라인과 이혼하려고 했다. 그러나 왕비는 단호하게 거절하며 싸움을 계속했다. 대중은 왕실의 부부싸움이나 성생활의 폭로에 흥분했고 학대받는 왕비를 열렬히 응원했다. 정부도 왕비에게 호의적인 대중을 무시할 수 없었으므로 그녀를 간단히 내칠 수도 없었다.

이미 말한 것처럼 피츠허버트 부인과 비밀 결혼을 한 조지 4세는 마지못해 이혼을 포기하고 캐롤라인을 받아들였다. 하지만 처음부터 순조롭지 않았고, 공주 샬럿이 태어난 후에는 왕비를 멀리하며 소홀히 대했다.

그런 대우를 참을 수 없게 된 왕비는 나폴레옹전쟁이 겨우 진정된 유럽 여기저기를 여행했다. 그 여행은 1814년부터 1820년까지 이어 졌다.

1820년 조지 3세가 세상을 떠나고 조지 4세가 국왕에 즉위했으므로 캐롤라인은 정식 왕비로서의 대우를 요구하며 귀국하여 왕실과 정부를 당혹하게 했다. 국왕은 어떻게든 이혼을 하기 위해 캐롤라인이 유럽을 여행하는 중에 '부정한 간통'을 저질렀다며 그녀를 재판에 회부했다.

> 이렇게 하여 사상 유가 없는 '재판'(심리)이 귀족원에서 열렸고, 그 내용은 매일 신문에 상세히 보도되어 국민적인 흥분을 불러일으켰다.[5]

캐롤라인 왕비 사건은 겉으로 보는 것만큼 그렇게 단순하지 않았다. 지금까지는 방탕한 황태자에게 버림받은 왕비의 역습이라는 식으로 재미있고 우습게 이야기되어왔다. 남편의 난잡한 행동에 자신도 바람을 피워 대항했으며 이혼 요구를 절대 받아들이지 않고 떠들어댄 다소 곤혹스러운 여성으로 비쳤다. 그러나 그 후의 연구에서는, 그녀의 스캔들 대부분은 날조된 것이고 왕비를 추방하려는 정치적 음모가 아니었을까 하는 식으로 보게 되었다.

고가 히데오(古賀秀男)의 《캐롤라인 왕비 사건》은 이 사건의 다양한 측면을 두루 살핀 새로운 연구다. 무척 학술적인 연구이므로 당시 왕비에게 던져진 성적이고 야비한 표현은 언급하지 않는 고상함에 저절

---

5 古賀秀男, 《キャロライン王妃事件 ― 〈虐げられたイギリス王妃〉の生涯をとらえ直す》, 人文書院, 2006.

로 미소 짓게 된다. 이 책에서 재미있는 것은 영국의 장기인 왕의 비밀 정보기관이 유럽을 떠돌아다니는 캐롤라인의 주변을 감시하고 있었다는 것을 상세하게 말하는 부분이다. 다이애너 왕비를 감시하고 있던 비밀기관이 이 무렵부터 이미 활동하고 있었던 것이다. 캐롤라인을 고발한 내용은 모두 왕의 스파이들의 보고를 기초로 한 것이다.

1814년 국내의 힘겨운 나날을 피해 캐롤라인은 대륙 여행에 나선다. 사람들의 시선을 신경 쓰지 않고 자유롭게 여행하며 기분을 전환하려고 했는데 만 7년 동안이나 떠돌아다니게 된다. 게다가 감시도 받고 있었다. 아직 섭정을 하고 있던 조지 4세는 이혼하기 위한 구실을 찾아내기 위해 하노버 공국의 바티칸 공사 옴프테다를 감시인으로 고용했다. 그는 캐롤라인의 하인들을 매수하여, 시종으로 고용된 이탈리아인 바르톨로메오 베르가미가 캐롤라인의 정부가 되었다는 증언을 하게 한다.

캐롤라인을 감시하기 위해 밀라노 위원회가 만들어지고 그 방대한 보고서를 런던으로 가져왔다. 그것을 근거로 '왕비에 대한 형벌 법안'이 귀족원에 제출되었다.

1820년에 귀국한 캐롤라인은 런던의 민중에게는 왕비로서 환영받았다. 너무 인기가 많아 정부가 당황할 정도였다. 그러나 왕비를 유죄로 하여 지위를 빼앗고 추방하기 위한 재판이 열렸다. 이 재판의 보도는 국민의 관심을 고정시켰다. 민중은 왕비를 지지했다. 그것은 반귀족 운동이었다.

재판에서는 전 하인들이 차례로 증인으로 출석하여 왕비의 사생활을 상세하게 폭로하며 베르가미와의 관계가 수상하다고 말했다.

이 재판의 평결로 왕비를 유죄로 하는 법안은 간발의 표차로 가결되었다. 그러나 리버풀 수상은 여론을 무시할 수 없어 법안을 폐기하지 않을 수 없었다.

그래도 조지 4세는 왕비를 받아들이지 않고 1821년 자신의 대관식에 출석하는 것도 인정하지 않았다. 왕비는 그래도 출석을 요구했고 식장인 웨스트민스터 홀로 나갔다. 그러나 모든 입구는 닫혀 있었다. 그 충격으로 왕비는 쓰러져 쇠약해졌고 끝내 죽고 말았다.

불행한 결혼을 한 캐롤라인 왕비는 유럽을 떠돌며 간통의 오명까지 쓰고 추방당할 위기에 처했다. 그때 민중의 지지에 힘입어, 학대받은 여성으로서 국왕이나 정부와의 싸움을 계속하다 삶을 마감했다.

바이런 경의 스캔들 편력

19세기의 첫 3분의 1은 프랑스혁명과 나폴레옹전쟁이 낭만주의 폭풍을 불러일으킨 시대였다.

바이런은 그런 정신의 거친 물결을—선악, 미추 그 모든 것을 담아—가장 강력하게 상징하는 존재 가운데 한 사람이었고, 그와 그의 문학은 전 유럽과 미국에 감동, 찬미, 전율, 증오 등의 폭풍을 일으켰으며 얼마 지나지 않아 그것은 메이지 시대 일본에도 미쳤다.[6]

바이런George Gordon Byron, 1788~1824은 시인으로서의 명성으로 사교계의 총아가 되어 다양한 스캔들에 휩싸였다. 시인 같은 예술가가 사회적 명사로서 스캔들의 주인공이 되는 경향의 시작이었다.

바이런은 1788년 런던에서 태어났다. 백부는 '악당 바이런'이라 불린 남작이었고, 아버지는 '미치광이 잭'이라 불리는 플레이보이였다.

---

6 阿部知二, 《バイロン詩集》解說, 小澤書店, 1996.

아버지는 카마센 후작부인 아밀리아를 유혹하여 딸 오거스터를 낳았고 그 후 고든 가의 딸 캐서린과 결혼하여 바이런을 낳았다.

1798년 백부가 죽고 바이런이 제6대 바이런 남작을 물려받았다. 그는 케임브리지 대학에서 배웠는데 존 에들스턴이라는 미소년을 사랑했다.

대학을 나온 그는 지중해를 여행했다. 스페인, 그리스, 콘스탄티노플을 돌아다니다 1811년에 귀국했다. 의회에서의 자유주의적인 연설, 그리고 장시 《차일드 해럴드의 편력》(1812)을 출판하여 그는 단숨에 시대의 총아가 되었다. 여자들이 그에게 몰려들었다. 그중에서도 그에게 열광한 사람은 캐롤라인 램 남작부인이었다. 그녀는 메르봉 백작부인의 차남과 결혼한 상태였다. 승마복이 어울리는 소년 같은 미녀로 색다른 사람이었다.

그녀는 열광적으로 바이런을 쫓아다니기 시작했다. 그가 하루라도 나타나지 않으면 소년복을 입고 시동으로 분장하여 바이런에게 편지를 전달하러 왔다. 바이런은 그 집요함에 혐오감을 느꼈고, 메르봉 백작부인의 조카로 시골에서 올라온 애너벨러 밀뱅크에게 호감을 가졌다.

캐롤라인은 점점 열중하게 되어 마부로 분장하여 바이런을 미행하거나 무도회장 입구에 잠복해 있기도 했다. 그것을 그만두게 하려 한 메르봉 백작부인이나 캐롤라인의 어머니와 큰 싸움이 나 그녀는 집을 뛰쳐나갔다. 그 소동은 런던 전역에 알려져 스캔들이 되었고, 섭정을 하던 조지 4세도 그 일가는 이상하다고 말했다.

메르봉 백작부인은 너무나도 제멋대로인 캐롤라인을 바이런에게서 떼어놓고, 연상의 귀족부인 제인 옥스퍼드에게 소개하는 등 복잡한 상관관계가 펼쳐졌다. 그리고 바이런은 배다른 누나 오거스터 리 부인과의 근친상간에 빠져들고 말았다.

그러한 관계를 청산하려 한 바이런은 베르봉의 조카 애너벨러 밀뱅크와 결혼했다. 그러나 순진하고 젊은 여자에게 금세 싫증난 바이런은 1년 만에 별거하고 다시 오거스터와의 위험한 관계에 빠져들었다.

아내와의 별거, 그녀와 항문성교를 했다는 것, 어거스터와의 근친애 등의 소문이 런던에 퍼져나가 바이런은 성의 악마처럼 이야기되었다. 더이상 런던에 있을 수 없게 된 바이런은 대륙으로 도망쳤다.

스위스에서는 셸리Percy Bysshe Shelley, 1792~1822 부부와 부인의 여동생 클레어 클레어몽트를 만났다. 바이런은 이미 영국에 있을 무렵 클레어를 유혹했었다. 세 명의 기묘한 여행이 시작되었다. 클레어의 배경도 놀랍도록 복잡하다. 아버지는 아나키즘 사상가 윌리엄 고드윈William Godwin, 1756~1836이고 어머니는 메리 제인 클레어몽트였다. 셸리의 부인인 메리는 고드윈과 그의 전 부인 메리 울스턴크래프트Mary Wollstonecraft, 1759~1797의 딸이었다. 메리 울스턴크래프트는 여성해방운동의 선구자다. 그녀는 길버트 이무레이와 결혼하여 패니를 낳았지만 이무레이와 헤어지고 고드윈과 재혼하여 동명의 딸 메리를 낳았다. 그러나 메리 울스턴크래프트가 1797년에 죽었으므로 고드윈은 메리 제인 클레어몽트와 재혼하여 클레어가 태어난 것이다.

시인 퍼시 셸리는 해리엇 웨스트브룩과 결혼했지만 그녀가 투신자살하는 바람에 그는 메리 울스턴크래프트의 딸 메리와 재혼했다. 그러나 전 남편의 딸 패니 이무레이도 셸리를 사랑한 듯 음독자살을 하고 말았다.

이 복잡한 사정을 안고 있는 셸리 부부는 이복여동생 클레어를 데리고 스위스나 이탈리아를 떠돌아다니고 있었다. 바이런은 거기에 가세한 것이다. 그는 셸리 부인 메리에게도 끌렸지만 클레어와의 관계를 회복하여 딸 알레그라를 낳았다.

베네치아에서 방탕한 생활을 이어가면서 그리스 등의 격렬한 민족 독립운동에 관심을 가져 그것을 지원할 뿐만 아니라 스스로 그리스의 미소론기에 상륙하여 싸움에 참가하려고도 했다. 그러나 건전하지 못한 생활을 하면서 몸을 망친 그는 발열을 일으켰고, 1824년 그리스에서 세상을 떠났다.

《차일드 해럴드의 편력》,《돈 주앙》 등 자아의 절대적인 자유를 찾아 편력했던 바이런은 근대 스캔들의 한계에 도전한 모험가였다. 많은 여자들은 활활 타오르는 불꽃같은 바이런의 빛에 매료되어 그 불 속으로 뛰어들어 몸을 태웠다. 그는 한순간 시대의 한계를 넘어 스스로 눈부시게 빛났던 것이다.

서양 배와 루이 필리프 왕
— 도미에의 풍자화 사건

나폴레옹 이후 부르봉 가의 왕정복고가 이루어졌다. 그러나 샤를 10세는 의회와 대립하고 1830년 파리에서 폭동이 일어나 어이없이 퇴위했다. 그리고 의회와 타협적으로 보인 오를레앙 공작 루이 필리프가 왕이 되었다. 혁명으로 공화정이 될 터였는데 부르주아적 왕정이라는 어중간한 것이 되고 말았다. 루이 필리프는 시민왕 등으로 불렸다.

1830년 7월 파리의 폭동은 한순간에 민중의 혁명을 실현시킨 것처럼 보였지만 그 '영광의 사흘' 이후 루이 필리프에게 정권을 날치기당하고 만다.

파리 폭동의 바리케이드 안에 있던 한 젊은이는 민중을 위한 정부를 빼앗은 루이 필리프를 공격하는 풍자 화가가 되었다. 오노레 도미에Honoré-Victorin Daumier, 1808~1879다.

도미에는 1808년 남프랑스 마르세유에서 태어났다. 아버지는 유리 세공 직공이었다. 1814년 파리로 나가 석판화 공방 등에서 수습으로 일하면서 그림을 배웠다.

1830년 7월의 파리 시가전에 참가하여 이마에 부상을 입었다는 그는 〈실루에트La Silhouette〉지 등에 정치 풍자화를 그리기 시작했다. 그에게 주목한 사람은 샤를 필리퐁Charles Philipon, 1800~1862이었다. 〈카리카튀르La Caricature〉지를 발행하고 귀스타브 도레Gustave Doret, 1866~1943, 그랑빌Grandville, 1803~1847, 폴 가바르니Paul Gavarni, 1804~1866 등의 삽화가를 발굴한 필리퐁은 공화주의자로, 루이 필리프를 철저하게 조롱하고 공격하기 위해 〈카리카튀르〉지에 도미에를 기용했다.

필리퐁은 루이 필리프를 '배'에 견주었다. 머리가 뾰족하고 아래로 처진 얼굴이 서양 배와 닮았기 때문이다.

루이 필리프의 왕정 초기에는 출판의 자유가 일시적으로 허용되었다. 그러나 그에 대한 비판이 고양되자 서둘러 통제를 부활했다. 필리퐁은 왕을 '배'에 비유했기 때문에 1831년 6개월의 금고, 2천 프랑의 벌금을 구형받았다. 필리퐁은 법정에서 싸워 무죄 판결을 받아냈다.

도미에는 이해 말에 〈가르강튀아〉를 발표했다. 배 머리의 루이 필리프가 구멍이 뚫린 옥좌에 앉아 있다. 그 입에 긴 판자가 걸쳐져 있고 금화 주머니를 짊어진 사람들이 그 판자를 타고 올라가 왕의 입으로 던져 넣고 있다. 왕은 엉덩이 밑으로 훈장이나 유가증권 등의 똥을 배설하고 있고, 그것을 긁어모으는 사람들이 있다. 오른쪽에는 노동자와 굶주린 아이를 안은 가난한 여자들이 우글거리고 있고 왕에게 먹이는 금을 착취당하고 있다.

이 그림으로 도미에는 유죄 판결을 받았다. 6개월 금고에 3백 프랑의 벌금형이었다. 그러나 그는 그 집행유예 기간 중에 다시 왕의 정부를 풍자하는 그림을 〈카리카튀르〉지에 발표했으므로 결국 1832년 8

월 생트펠라지 감옥에 수감되고 말았다.

그곳에는 수많은 정치범이 수감되어 있었으므로 도미에는 그들과 알게 되어 점점 더 반체제적인 인사가 되었다. 그리고 1833년에 출소하자 또 날카로운 풍자화를 발표했다. 그 주요 표적은 역시 루이 필리프와 그의 측근 티에르Louis-Adolphe Thiers, 1797~1877였다.

〈카리카튀르〉지가 출간되던 1830년부터 1835년까지 티에르는 모든 정치적 소용돌이 속에 얼굴을 내밀며, 도미에의 입장에서 보면 기괴한 구경거리로밖에 보이지 않는 루이 필리프 정부의 앞잡이 노릇을 했다.[7]

1833년에 석방된 도미에는 전보다 한층 더 '배'를 공격하는 풍자화를 발표했다. 그러나 반동화가 진행되고 있었다. 그때까지는 스무 명 이상의 결사가 단속되었는데, 1834년에는 스무 명 이하의 결사도 단속할 수 있는 새로운 법률이 통과되었다. 리옹 견직공의 파업은 무력으로 진압되었다.

도미에는 〈트랑스노냉 거리〉를 발표한다. 리옹의 폭동을 단속할 때 트랑스노냉 거리에서 폭동에 관여했다는 이유로 폭동과는 전혀 무관한 여덟 명의 남성, 한 명의 여성, 한 명의 어린이가 학살당했다. 어린이를 보호하면서 자는 듯이 쓰러져 있는 아버지의 모습이 애처롭다.

이러한 고발에 대해 1835년 '9월 법'에 의해 출판이 통제되었고 정치풍자는 불가능하게 되었다. 《카리카튀르》지는 폐간하지 않을 수 없

---

7 レイモン・エスコリエ, 幸田禮雅譯, 《ド－ミエとその世界》, 美術出版社, 1980.

었다. 도미에는 풍속 풍자로 전환할 수밖에 없었다. 1848년 2월혁명까지 도미에의 '배' 공격은 봉인되고 말았다.

하지만 도미에는 〈샤리바리〉지로 옮겨 사회나 풍속의 다양한 측면을 날카롭게 파헤치는 판화를 만들었다. 직접적인 정치 풍자가 아니라 인간의 본질에 대한 심오하고 엄중한 풍자였다.

1848년의 2월혁명으로 드디어 루이 필리프가 추방되고 제2공화정 시대가 되었다. 도미에는 다시 정치 풍자의 자유를 되찾았다. 하지만 그것도 오래가지 못했다. 루이 나폴레옹이 쿠데타로 나폴레옹 3세가 되어 제2제정이 시작되었던 것이다. 도미에의 표적은 나폴레옹 3세가 되었다. 그러나 예전의 생기발랄한 분노는 사라지고 없었다.

도미에의 생애를 돌아보면, 1830년부터 1835년까지 〈카리카튀르〉지에 발표한 작품이 정치 풍자로서는 가장 활기차다. '배'(루이 필리프)는 스캔들의 오브제로서 시대의 상징이 되었다.

정치 풍자가 금지당한 1835년 이후 도미에는 판화가로서 성숙해지고 그의 인간 관찰은 더욱 매서워져 판화의 발자크라고 말할 수 있는 정도였다. 그러므로 미술사적으로는 도미에의 1835년 이후의 작품이 좋은 평가를 받았지만, 스캔들의 역사에서 보면 1830년에서 1835년까지 '배'와 격렬하게 대립하며 난잡하게 표현했던 시기가 더 재미있다. '배'를 그리는 것이 스캔들이 되고 범죄로서 처벌을 받아 6개월이나 투옥될 정도의 충격력을 가졌던 것이다.

조르주 상드의 남장

조르주 상드George Sand, 1804~1876는 파리로 나가 작가가 되었다. 본명은 오로르 뒤팽Aurore Dupin이고 결혼하여 오로르 뒤드방이 되었으나 필명으로 조르주 상드라는 남자 이름을 썼다. 그리고 남자인가 여자인가 하는 물의를 일으켜 스캔들이 되었다.

상드는 남편과 계약하여 반년은 노앙의 가정에 있었고 반년은 파리에서 자유롭게 작가활동을 하기로 했다. 그녀가 파리로 나온 것은 1831년의 일이다. 그리고 7월혁명의 폭풍에 공감하여 〈피가로〉지에 루이 필리프 왕정에 대한 비판적인 기사를 싣기 시작한다.

익명으로 쓴 그 기사가 문제가 되어 신문은 몰수당했다. 상드는 자신이 체포되는 게 아닐까 하고 가슴이 조마조마했다. 그러나 그 이상의 문책이 없이 끝나버려 실망한다. 문인에게 보내는 편지에서 그녀는 다음과 같이 썼다.

저는 이 신문에 스캔들로 데뷔했습니다. 한 달은 감옥에서 보낼 생각이었는데. 하지만 모든 일이 끝나버려 정말 유감입니다! 정치 기사로 유죄 판결을 받으면 명성과 재산을 단숨에 얻을 수 있었을 텐데 말입니다. 문학에서는 어쨌든 신기한 것이 요구되고 있으므로 자연히 사람들은 추악한 것을 쓰게 됩니다.[8]

스캔들에 의해서라도 유명해지고 싶어하는 그녀의 결의가 담겨 있다. 또한 시대가 신기함을 요구하고 추악함과 그로테스크가 주목되었다는 사실도 알 수 있다. 그리고 상드가 도미에와 동시대 사람이라는 것을 깨닫게 된다. 마찬가지로 7월혁명의 반체제 정신에서 자극을 받았는데도 도미에는 인텔리 여성을 몹시 싫어했던 모양이다. 자유로운 여자는 고전적인 가정을 붕괴시킨다는 게 도미에의 생각이었다.

당시에 남자처럼 행동하는 여성에 대한 반감은 아주 강했다. 도미에조차 여성혁명가를 인정하지 않았던 것이다.

바지를 입고 여송연을 피우는 상드의 이미지는 굉장히 유명했다. 그녀를 처음 만난 쇼팽은 불쾌했다고 하며, 저런 것도 여자인가, 하고 말했다. 그러나 곧 그는 상드를 사랑하게 된다. 이처럼 남장은 상드의 대명사가 되었는데도, 그것이 구체적으로 어떤 것이었는가에 대해서는 의외로 분명하지 않은 점이 많다. 상드의 상세한 전기에서도 남장에 대해서는 명확하게 다루고 있지 않다. 그녀의 사진이나 초상화에서도 남장한 모습은 거의 찾아볼 수 없다. 1840년경 샤를 카사르의 작품이라는 실크해트에 르댕고트와 바지를 입고 있는 상드가 역시 실크해트를 쓴 신사와 팔짱을 끼고 있는 그림이 있다. 그러나 보고 그렸다기보

---

8 マリー＝ルイーズ・ボンシルヴァン＝フォンタナ,持田明子譯,《ジョルジュ・サンド》リブロポート,1981.

스캔들을 이용하여 유명해지려고 한 여류작가 조르주 상드(1804~1876)

다는 상상적인 이미지 같다.

상드의 남장은 경제적, 기능적인 것이었다고 스스로 말하고 있다. 《내 생애의 기록》[9]의 제4부 제13장에 따르면 파리로 나와 경제적으로 힘들었을 때 어머니의 권유로 남자 아이의 복장을 했던 것이다. 어렸을 때 시골에서 남자아이들과 같은 겉옷과 각반을 찬 모습으로 사냥을 했으므로 위화감은 없었다. 군인의 외투 같은 프록코트도 지방에서는 유행했다.

그러므로 나는 두꺼운 회색의 나사 옷감으로 '초병 풍의 프록코트'를 만들게 하고 바지와 조끼도 같은 옷감으로 만들었다. 회색 모자와 폭이 넓은 모직 넥타이를 차면 나는 완전히 조그만 1학년생이었다. 장화가 얼마나 나를 기쁘게 했는지 이루 말할 수 없는 정도였다.[10]

상드는 징을 박은 구두를 신고 파리 전역을 돌아다녔다. 남자아이 같은 복장은 궂은 날씨에도 괜찮았고 극장의 관람석에 있어도 아무도 신경 쓰지 않았다. 상드가 남자 복장을 한 것은 값이 싸고 걷기 쉬우며 어디를 가도 눈에 띄지 않았기 때문이라는 것이다. 그녀는 또 다음과 같이 변명하고 있다.

내가 지금 말한 것은 내 인생에서도 무척 짧고 우연한 한때의 일이다. 내가 몇 년이나 이렇게 생활했다는 말들을 하지만, 사람들은 10년이 지나도

9 ジョルジュ・サンド, 加藤節子譯, 《我が生涯の記》, 水聲社, 2005.
10 ジョルジュ・サンド, 같은 책.

아직 수염이 나지 않는 나의 아들을 나와 자주 착각하곤 했다.[11]

그녀는 1831년경부터 불과 몇 년 동안만 남자 복장을 했다는 것이다. 그러나 그 후 몇 년이 지나도 남장의 여류문사라는 이미지는 사라지지 않았다. 그 무렵이 되자 상드는 일부러 그 이미지를 이용하여 어떤 때는 남장을 하고 또 어떤 때는 여자 복장을 하고 나타나 사람들을 놀라게 하며 즐거워했던 것 같다. 실용성에서 출발한 남장은 그녀가 유명인이 됨과 동시에 스캔들을 역이용한 퍼포먼스로 변해갔다.

상드의 남장이 일시적인 것이었는데도 왜 그 이미지는 언제까지고 사라지지 않았던 것일까? 이자벨 드 쿠티브론Isabelle de Courtivron의 〈약한 남자와 팜므파탈 - 상드의 이미지〉[12]에 따르면 상드는 19세기 '팜므파탈'femme fatale 이미지의 전형이었다는 것이다. 남자를 유혹하지만 차버리는, 냉정하고 남자처럼 지배적인 여자였던 것이다.

19세기에 등장하는 남장 여자는 남성 사회를 위협하고 약한 남자를 굴복시킨다. 남자와 여자의 경계를 뒤흔들고 남자들을 불안하게 한다. 상드는 '팜므파탈'의 선구자였다. 도미에는 그것을 거부했고, 뮈세Louis-Charles-Alfred de Musset, 1810~1857와 쇼팽은 그것에 매료되었다.

---

11 ジョルジュ・サンド, 같은 책.

12 Stambolian, George and Marks, Elaine eds. "Homosexualities and French Literature" Cornell University Press 1979.

빅토리아 여왕의 스캔들 혐오

조지 3세의 장남 조지 4세, 차남 요크 공작, 삼남 윌리엄 4세에게 왕위를 계승해야 할 아이가 없었으므로 사남인 켄트 공작 에드워드의 딸 빅토리아가 1837년 여왕에 즉위했다. 조지 4세와 그 동생들의 쾌락적이고 스캔들이 많은 시대 후에 도덕적인 빅토리아 여왕의 시대가 시작된 것이다. 1901년까지 64년 동안 그녀의 치세에 의해 대영제국은 그 정점에 달했다.

빅토리아 여왕의 시대는 3기로 나뉜다. 1837년부터 남편 앨버트가 세상을 떠난 1861년까지가 제1기, 너무 슬픈 나머지 두문불출했던 '윈저의 과부' 시절이라고 일컬어지는 1876년까지가 제2기, 그리고 1901년까지가 제3기다.

1830년대에 개혁의 시대가 시작된다. 무궤도하고 비도덕적인 귀족들의 행동도 정화하지 않으면 안 되었다. 성실한 빅토리아 여왕의 등장으로 청교도주의가 지배적인 가치가 되었다. '그런데이 부인'이라는 말이 있다. 잔소리가 많은 사람, 세상 사람들의 입이라는 뜻이다. 레오 마쿤^{Leo Markun}의 《그런데이 부인 - 영국과 미국의 도덕, 그 4세기의 역사Mrs. Grunday : A history of four centuries of morals in Gt. Britain and the United States intended to illuminate present problem》(1930)에서는 빅토리아 시대를 "그런데이 부인이 왕좌에 올랐다"라고 말하고 있다.

스캔들은 돌연 금기가 되었다. 대귀족들은 크게 당황했다.

1837년 빅토리아가 왕에 즉위했을 때 멜번이 휘그당의 수상이 되었다. 바이런을 쫓아다녔던 캐롤라인 램의 남편이다. 그는 여왕 앞에서 잘 보이려고 꾸미는 데 고생했다. 여왕은 궁정의 저녁 만찬에서 장관들이 언제까지고 술을 마시는 것을 싫어했고 외설스러운 농담을 금지했다.

그리고 궁정의 파티에 정부를 데리고 출석하는 것을 허락하지 않았다. 커닝엄 경, 체임벌린 경, 억스브리지 경, 스튜어드 경 등은 버킹엄 궁전에서 정부를 가정부라고 하지 않으면 안 되었다. 나중에 여왕이 마음에 들어 했던 수상 벤저민 디즈레일리는 이혼 문제를 안고 있었는데 그는 어떻게든 그 사실을 감추려고 했고, 외무장관이 된 파머스턴은 여왕의 궁녀 방에 침입했다고 하여 혼쭐이 났다.

여왕은 여성에게는 더욱더 엄격했다. 이혼한 여성은 그것만으로 추하게 여겨져 궁정에 부르지 않았고, 여왕은 만나려고도 하지 않았다. 불륜이라는 말이 나도는 것만으로 여왕은 알현을 허락하지 않았다. 블레싱턴 부인과 도르세 백작 사이의 소문이 나돌았다. 소문에 지나지 않았는데도 여왕은 블레싱턴 부인을 만나려고 하지 않았고, 그녀의 살롱에는 여성이 오지 않게 되었다.

이처럼 빅토리아 시대에는 사회적 코드(사교계에 들어가는 조건)가 엄격해졌고, 스캔들은 금기가 되었다. 다만 없어진 것은 아니었다. 예전에는 스캔들을 숨기지 않았지만 이제는 숨기게 되어 더욱 음습한 것이 되었던 것이다.

스캔들을 금하고 바르고 깨끗하게 살았던 빅토리아 여왕이지만 단 하나의 스캔들이 전해지고 있다. 시종인 존 브라운과의 관계가 지나치게 친밀하다는 것이었다.

1861년 남편 앨버트를 잃은 빅토리아 여왕은 완전히 기력을 잃었다. 공무에도 나가지 않고 1864년까지 두문불출했다.

그녀가 기운을 차리게 된 것은 왕실 사냥터지기로 고용된, 늠름한 스코틀랜드인 존 브라운 덕분이었다고 한다. 여왕의 마차가 뒤집어졌을 때 그가 여왕을 구출한 일로 신뢰를 얻어 시종이 되었다. 여왕을 농가의 여인네처럼 대하는 거리낌 없는 태도가 오히려 그녀의 마음에 들어 측근이 된 것이다.

장관을 아무렇지도 않게 생각하는 방약무인한 그의 태도가 좋은 평판을 얻어 1866년경부터 〈펀치〉나 〈토마호크〉라는 주간지의 풍자화에 등장했다. 여왕은 브라운 부인이라 불렸고, 브라운은 '여왕의 종마'로 일컬어졌다. 여왕은 그렇게 넌지시 빈정대는 것을 신경 쓰지 않고 그를 총애했지만 1883년에 그는 갑자기 세상을 떠났다. 지나친 음주에 의한 단독(丹毒, erysipelas)이라고 한다. 여왕은 몹시 침울하여 그것을 치유하기 위해 스코틀랜드에 브라운의 동상을 세웠다.

두 사람은 정말 연인이었을까? 지금까지의 전기는 바보 같은 소문이라고 했다. 그러나 1990년대부터 다시 연인이라는 설이 부상하고 비밀 결혼을 했다는 말까지 나왔다. 확증할 수는 없지만 스캔들은 사라지지 않고 몇 번이고 되살아났다.

빅토리아 왕조는 표면적으로 도덕적이었지만 그 밑으로 악덕이 감추어진 '위선'적인 시대였다고 한다. 스캔들은 감추어졌지만 발각되면 철저하게 탄핵되었다. 예를 들어 에두아르트 푹스Eduard Fuchs의 《풍속의 역사 7》[13]은 1870년에 일어난 베이커 대령 사건을 다루고 있다.

그것에 따르면 발렌틴 베이커 대령은 칸막이된 열차의 한 객실을 아름다운 디켄슨 양과 함께 쓰게 되었다. 그녀가 잠든 척했으므로 그는 만져보지 않을 수가 없었다. 그것이 점차 심해졌고, 그는 소리를 내어 그녀를 깨우고 말았다. 그러자 갑자기 그녀는 "도와주세요!" 하고 사람을 불렀고 대령은 체포되었다. 다시 말해 자고 있는데 누군가 만지는 것은 상관없지만 소리를 내어 말로 하는 것은 몹시 나쁘다는 것이었다.

대령은 영국군에서 추방되어 터키군에 들어가 대장이 되었다. 10년 후 그는 영국군으로 복귀하기를 바랐다. 친구인 에드워드 황태자도 중재하고 나섰지만 귀부인들이 그런 부도덕한 남자를 영국으로 돌아오게 하지 말라는 반대운동을 일으켰다. 여왕도 베이커를 용서할지 말아야 할지 망설였다고 한다.

실제로 해도 모르게 하면 죄가 되지 않지만 입으로 말하거나 누군가에게 들키면 죄가 된다는 것이 빅토리아 왕조의 규칙이었다.

---

13 エドアルト・フックス, 安田德太郎譯, 《風俗の歷史7》, 光文社, 1958.

에로스의 컬트 집단 '오네이더'

19세기의 미국은 새로운 사회, 새로운 종교의 실험장이었다. 17세기에 영국의 청교도들이 아메리카에 상륙한 이래 그 땅에 유토피아를 건설하려는 다양한 시도가 이루어졌다. 19세기의 첫 30년간 신국의 재현을 목표로 한 신앙부흥운동Revivalism이 일어났다(18세기 중반을 '제1차 각성', 이때를 '제2차 각성'이라고 한다).

19세기의 종교적 각성은 사회개량주의와 결부되었다. 노예제 폐지, 여성해방, 빈민 구제, 금주운동, 매춘부 갱생 등이 추구되었다.

새로운 종교운동의 하나는 완전주의perfectionism였다. 인간은 자신이 자신을 개량하여 완전한 인간이 될 수 있다는 것으로, 뭐든지 자신의 힘으로 하자는 미국인에게 딱 맞는 것이었다.

1840년대에 들어서자 새로운 종교나 사회를 추구하는 움직임은 독립된 공동체인 유토피아를 건설하게 된다. 그 하나는 뉴욕 주의 오네이더Oneida에 만들어진 '오네이더 공동체'였다. 그 공동체는 일부일처제나 개인적 사랑을 거부한, 성의 공산주의를 추구한 유토피아였다. 주변에서는 성적으로 온갖 난잡한 행위를 하는 집단으로 보여 이단시되었고 커다란 스캔들이 되었다.

오네이더에 대해서는 구라쓰카 다이라(倉塚平)[14]의 《유토피아와 성 – 오네이더 공동체의 복합혼 실험》이라는 훌륭한 연구가 있다. 게이 탈레스Gay Talese의 《네 이웃의 아내Thy neighbor's wife》[15]에서도 '완전주의 – 인공 도태의 시도'라는 한 장이 할애되어 있다. 1960, 1970년대의 공동체 운동이나 뉴컬트라는 움직임 속에서 오네이더의 선구적인 의미가 밝혀졌다.

오네이더의 창시자는 존 험프리 노이즈John Humphrey Noyes, 1811~1886다. 그는 예일 대학 신학부에서 공부했는데, 성서는 사랑의 공유를 장려하고 있다고 해석하여 주위를 놀라게 했다. 함께 일하고 성생활을 공유하며 태어난 아이는 모두의 아이가 되어 공동으로 키운다. 성이나 출산은 공동체가 제어한다는 것이다.

노이즈는 1811년 버몬트 주의 명문에서 태어났다. 얼마 지나지 않아 그는 신이 요구하는 완전한 인간이 되려고 했으며, 사람들을 그곳으로 이끌려는 사명감을 가지고 잡지 〈더 퍼펙셔니스트〉를 발행했다. 그리고 그의 가르침에 매료된 해리엇 홀턴과 결혼하여 그녀의 재산을 자금으로 교단을 만들었다. 먼저 가족, 그리고 알고 있던 몇 쌍의 부부를 모아 재산을 공유하며 공동생활을 시작했다. 노이즈는 잡화점을 경영하며 거기에서 다함께 일하고 또 농장을 소유하여 공동체의 식료품을 자급했다.

1846년 노이즈 부부는 클라긴 부부를 맞이하여 공동 결혼 관계를 맺었다. 그리고 다른 부부도 가담하여 집단혼이 되었다. 그러나 1847년에 그들이 있던 버몬트 주 퍼트니의 주민들이 소동을 일으키기 시작했다. 그들의 성적 공유가 스캔들이 되었던 것이다. 1844년에는 몰몬교를 창시한 조지프 스미스 Joseph Smith가 일부다처제를 실시했다고 하여 린치를 당해 죽었다. 스미스를 계승한 브리검 영Brigham Young, 1801~1877은 신도를 인솔하여 서부로 도망가 유타에 몰몬교 마을을 만들었다.

노이즈도 린치를 당할 위험을 느끼고 1848년 뉴욕 북서부의 오네이더 크리크 계곡으로 도망가 그곳에 열아홉 명의 어른과 그 아이들이 살 집을 지었다. 이 오네이더 집단거주지로 차례로 신자들이 모여들었다. 60개의 방이 있는 3층 건물의 공동주택이 지어졌다. 신발이나 의류를 만드는 공장, 식료를 공급하는 농장이 만들어졌다. 자급자족을 할 뿐만 아니라 가구나 신발을 제조하고 판매하여 공동체의 자금으로 삼았다. 특히 동물용 철제 올가미 제조는 커다란 수입원이었다.

오네이더 공동체는 성과 노동을 공동으로 관리했다. 그 공산주의는 노동이 순조롭게 진행되었으며 생산과 판매가 이익을 가져다주었다.

그렇다면 성은 어떻게 관리되었을까? 오네이더는 바깥에서 보는 것처럼 프리섹스의 장은 아니었다고 한다. 일부일처제에 구속되는 이기적인 사랑은 부정되고 남자는 모든 여자의 남편, 여자는 모든 남자의 아내가 되는 것을 지향했다.

우선 특정한 상대에게 묶이지 않도록 '남자의 자제'가 요구되었다. 성교를 할 때 사정을 억제하는 것이다. 처음에는 노이즈의 아내 해리엇이 계속해서 임신했으므로 육체적 부담이 심해지는 것을 덜어주기 위해 노이즈가 시작했지만, 얼마 지나지 않아 오네이더 전체의 규칙

14　倉塚平,《ユートピアと性 ─ オナイダ・コミュニティの複合婚實驗》, 中央公論社, 1990.

15　ゲイ・タリーズ, 山根和郎譯,《汝の隣人の妻》, 二見書房, 1980.

이 되었다. 중국 양생술에서도 "접하나 사정하지 않는다"고 하는데, 그렇게 하면 남성은 소모하지 않고 계속해서 섹스를 할 수 있다. 출산을 통제하여 공동체를 꾸려갈 수 있을 만큼의 인원으로 억제하는 수단이기도 했다.

오네이더가 경제적 여유를 갖게 되자 다음으로는 우수한 사람을 낳을 계획이 세워졌다. 이른바 우생학이 적용되었는데, 완전한 인간을 만들기 위해 우수한 씨를 남기려는 것이다. 그리고 오네이더의 우수한 씨라고 하면 교조인 노이즈의 것이었다.

오네이더의 소년과 소녀는 노이즈와 몇 명의 간부에 의해 성인식이 시행되었다. 소녀의 경우는 주로 노이즈가 초야권을 가졌다. 소년은 연상의 여자에 의해 교육되었다. 노이즈를 정점으로 하는 성의 공동체였고 그가 허락한 여자만 출산할 수 있었다.

1870년대까지 오네이더는 순조롭게 운영되었다. 그러나 1875년 노이즈가 아들 시오도어를 후계자로 한 데서 분열이 시작되었다. 이기적인 사랑을 부정한 노이즈도 아들에게만은 야무지지 못했던 것이다.

그리고 오네이더에 대한 세간의 비난도 강해졌다. 검열관 앤서니 컴스톡Anthony Comstock은 자유연애와 산아제한 등을 엄중하게 단속해왔는데 오네이더를 눈엣가시로 여기기 시작했다. 노이즈가 미성년 소녀와의 섹스에 빠져 있다는 소문이 나돌았다. 체포될 것 같은 두려움으로 인해 노이즈는 1879년 몰래 도망가 나이아가라 폭포의 캐나다 쪽에 은신했다. 남겨진 교단은 분열되었고,《뉴욕타임스》등은 오네이더 스캔들을 크게 다루었다.

노이즈는 공동체의 '다중결혼'을 포기한다고 발표했다.

그러나 오네이더는 없어지지는 않았다. 성적 공동체는 해산했지만 오네이더는 주식회사가 되었다. 은 세공 사업이 대성공을 거두고 계속해서 번창하여 1970년대에는 1억 달러의 매출을 올리는 대기업이 되었다.

노이즈는 1886년에 세상을 떠날 때까지 캐나다에서 우아하게 살았다. 오네이더로부터 갈라져 나와 캘리포니아로 향한 제임스 타우너 그룹은 산타나로 이주했다. 타우너는 현지에서 인정받아 재판소 판사가 되었다. 종교적 집단거주지에서 주식회사로 변신한 것은 너무나도 미국다운 현상이었다.

나폴레옹 3세의 끊임없는 축제

경제 불황이나 관료의 독직이 이어지고 파리에서는 폭동이 일어났다. 1848년 루이 필리프는 어이없이 퇴위당하고 제2공화정이 성립했다. 이 2월혁명은 오스트리아, 이탈리아 등으로 파급되어 1848년은 커다란 전환기가 되었다.

루이 나폴레옹은 그 혼란을 틈타 파리로 돌아왔다. 나폴레옹 1세의 동생이자 네덜란드 왕인 루이의 아들이며 나폴레옹의 조카인데, 그는 황제를 동경하여 '작은 나폴레옹'이라 불렸다. 어머니는 나폴레옹의 황후 조세핀과 전 남편과의 사이에 태어난 딸 오르탕스 드 보아르네다.

오르탕스는 네덜란드 왕과 이혼하고 사생아 모르네를 낳았다. 루이 나폴레옹과 이복동생 모르네는 나폴레옹 황제파의 잔당을 모아 음모를 꾸몄다.

루이 나폴레옹은 대통령 선거에 입후보하여 압도적인 표로 당선했다. 공화주의와 왕정의 대립 사이에서 어부지리를 한 것이다. 게다가 공화국 대통령은 수단에 지나지 않았다. 그는 은밀히 쿠데타를 기도

하여 1851년 말 군과 관료를 장악하고 1852년에는 끝내 황제 나폴레옹 3세가 되었다. 혼란이 이어지는 정치, 사회 속에서 국민은 강력한 리더십과 독재자의 환영에 이끌렸다.

나폴레옹 3세는 젊은 시절 이탈리아의 비밀결사 카르보나리Carbonari 당원들 사이에서 살았으므로 민족주의나 사회주의를 알고 있었다. 그는 사회주의적 제정 같은 것을 꿈꾸었지만 실행한 것은 아니었다.

그는 황제가 되었을 때 마흔네 살이었지만 독신이었다. 하지만 영국에서 하워드라는 애인을 데려왔다. 그는 하워드의 돈으로 대통령 선거에 나갈 수 있었던 것이다.

어쨌든 그는 색광이라고 할 만큼 여자를 좋아했다. 여자라면 아무나 좋다고 할 정도로 닥치는 대로였던 것 같다. 그의 심복이었던 바초키 백작은 여배우나 무희 등 매력적인 젊은 여성을 골라 밀회를 주선했다. 황제는 전희 같은 것은 생략하고 느닷없이 섹스를 했는데, 사정을 하고 나면 서둘러 공무로 돌아왔다고 한다.

그래도 황제가 되면 황비가 필요하고 후계자를 만들지 않으면 안 되었다. 하워드에게도 약간 싫증이 났을 때 스페인에서 파리로 온 테바 백작의 딸 유제니 드 몬티조라는 젊은 아가씨를 만났다.

그는 유제니에게 빠져 하워드를 버리고 유제니와 결혼했다. 그녀는 아름다웠지만 도자기 인형처럼 냉정하고 관능적이지도 않았다. 너무나도 정력적이었던 나폴레옹 3세는 욕구불만이어서 바초키가 뽑아온 여자들을 상대했다.

나폴레옹 3세의 바람기를 알아챈 황비는 황제가 침실에 들어오는 것을 거부했지만 끝내 포기하고 마음대로 하게 내버려두었다.

‘제2제정’은 빛과 그림자가 대조적인 시대였다. 유제니 황비에 의해 화려한 궁정 패션이 펼쳐졌다. 파리 모드가 시작된 것이다. 오스만Georges-Eugéne Haussmann, 1809~1891에 의한 파리의 대개조로 대로는 번화해졌고, 세계의 수도 파리가 준비되었다.

1854년 프랑스는 영국, 터키와 연합하여 러시아와 크리미아전쟁을 시작했다. 그 전쟁이 한창일 때 파리에서는 만국박람회가 열렸다.

1856년 크리미아전쟁이 가까스로 종결되고 파리조약이 맺어졌다.

프랑스 국내에서는 반대파가 가차 없이 체포되고 출판 등은 엄격하게 통제되고 있었다. 화려함과 어둠이 교착되고 있었던 것이다.

프랑스는 크리미아에 이어 이탈리아의 분쟁에 휘말렸다. 나폴레옹 3세는 젊은 시절의 모험생활 탓인지 민족독립운동에 바이런 풍의 낭만적인 공감을 갖고 있었다. 소국으로 분열하여 오스트리아에 지배당하고 있던 이탈리아에서는 독립운동이 고양되었고, 일찍이 카르보나리당에 들어가 있던 나폴레옹 3세가 오스트리아에 대항하여 이탈리아를 도와주러 올 것을 기대하고 있었다.

이탈리아의 사르디냐 왕국의 재상 카불은 미인계로 나폴레옹 3세를 이탈리아 편으로 만들기로 했다. 황제의 호색은 유명했기 때문에, ‘유럽 제일의 미녀’라 일컬어진 카스틸료네 백작부인 빌지니아 오르도이니가 선택되어 파리로 보내졌다.

파리의 살롱에 등장한 카스틸료네 백작부인은 순식간에 황제를 사로잡았다. 그리고 두 사람 사이는 소문이 났다. 황제는 그녀에게 빠졌고 그 정보는 이탈리아의 카불에게 전해졌다. 황제를 유혹하여 이탈리아에 협력하게 하려는 계획은 거의 성공하는 것처럼 보였다.

그때 사건이 일어났다. 백작부인의 저택에서 심야에 돌아오려고 한 황제의 마차가 세 명의 괴한에게 기습당한 것이다. 습격은 실패하고 세 명은 체포되었다. 주세페 마치니Giuseppe Mazzini, 1805~1872의 혁명사상을 신봉한 이탈리아인들이었다.

이 테러리스트와 백작부인의 관계가 의심을 받았다. 사건의 재판에서 그녀의 이름이 나와 스캔들이 되었으므로 황제는 백작부인을 멀리했다. 그녀는 이탈리아로 돌아갈 수밖에 없었고, 미인계는 실패로 끝났다.

1858년 다시 황제에 대한 테러 사건이 발생했다. 당시 황제 부부가 르 페르티에 가에 있던 오페라 극장에 갔을 때 세 발의 폭탄이 터져 열여덟 명이 사망하고 다수가 부상당하는 사건이 발생한 것이다. 황제는 코에 가벼운 찰과상을 입었을 뿐이었다. 범인은 역시 마치니파의 펠리체 오르시니Felice Orsini, 1819~1858를 중심으로 한 네 명의 이탈리아인이었다.

오르시니는 일찍이 카르보나리에서 황제와도 동료 사이였다. 이탈리아에 대한 그의 애국심은 사람들의 동정을 샀다. 이 사건을 계기로 국가공안법이 생겨 불온분자는 엄중하게 단속되었다.

한편 이 사건은 나폴레옹 3세에게 이탈리아에 대한 간섭을 결의하게 했다고 한다. 드디어 자신도 나폴레옹 1세처럼 이탈리아 원정을 떠나기로 한 것이다. 그 때문에 황제가 없는 동안 유제니 황비가 섭정으로서 국정을 맡기로 했다. 그때까지 패션에만 관심이 있었던 황비가 갑자기 정치에 참가하게 된 것이다.

그 일이 비극을 불렀다. 친해진 멕시코 귀족 호세 이달고의 부탁으로 황비는 멕시코에 그리스도교 국가를 만들려는 계획을 세웠다. 황비의 권유로 프랑스는 멕시코에 출병하여 오스트리아 황제의 동생 페르디난트 막시밀리언을 멕시코 황제 자리에 앉혔다.

그러나 프랑스가 군대를 철수시키자 멕시코의 혁명군은 막시밀리언을 붙잡아 죽여버렸다. 프랑스 국민은 '스페인 여자'(황비) 탓이라고 했다. 유제니 황비가 국정을 보게 되자 나폴레옹 3세는 여자 사냥에 힘을 쏟았다. 그러나 너무 정력을 소모해서인지, 얼이 빠진 것처럼 멍하니 있는 일이 많아졌다.

황비가 멕시코 문제에 열중해 있던 무렵 나폴레옹 3세는 처녀와 자고 싶었다. 측근이 주선해준 여자는 파리 지사 오스만의 딸 바랑틴이었다. 황제는 곧바로 시도했고 그녀는 임신하여 남자아이를 낳았다. 황제는 당시의 공인된 정부였던 마르그리트 베랑제의 아이라고 하여 황비의 눈을 피했다고 한다. 파리 지사의 딸에게 아이를 낳게 하면 큰 스캔들이 될 것으로 생각했던 것이다.

오스만은 파리의 대개조에 엄청난 비용을 들였다고 하는데, 그러한 계획 뒤에 딸을 황제에게 제공한 커넥션이 작용했던 것일까?

황제가 공무를 황비에게 맡기고 젊은 아가씨 뒤꽁무니나 쫓아다니고 있는 동안 프로이센은 비스마르크 재상의 철완으로 영토를 확장하고 있었다. 나폴레옹 3세가 그것을 깨달았을 때는 이미 때가 늦은 상태였다. 무모하게도 그는 프로이센에 선전포고를 했고 1870년 프로이센-프랑스전쟁에서 대패했다. 나폴레옹 3세는 붙잡혔고 프랑스는 프로이센에 점령됨으로써 1870년 제2제정은 끝났다. 퇴위한 나폴레옹 3세는 1873년에 삶을 마감했다. 스캔들의 축제 같은 일생이었다.

마네의 누드 스캔들

'제2제정'은 인상파의 시대이기도 했다. 나폴레옹 3세는 인상파와도 관계가 있었다. 1863년 화가들의 가장 중요한 전람회인 '살롱'이 많은 작품을 낙선시켜 소동이 일어났기 때문에 황제는 그것을 구제하기 위해 '낙선자전'을 열게 했던 것이다. 여기에는 마네Edouard Manet, 1832~1883의 〈풀밭 위의 점심〉(원제는 '미역')이 출품되어 사람들에게 충격을 주어 일종의 스캔들이 되었다.

1865년 마네는 '살롱'에 〈올랭피아〉를 출품하여 엄청난 비난을 샀고, 이번에는 진정한 스캔들이 되었다.

〈풀밭 위의 점심〉, 〈올랭피아〉는 근대미술의 기념비적인 작품으로 일컬어지고 있다. 당시에는 왜 스캔들이 되었던 것일까?

먼저 미술 작품이 스캔들이 되는 것은 새로운 시대의 현상이었다. 근대 예술가라는 새로운 종족이 등장한 것이다. 전 시대와의 큰 차이는 작품이 상품화되어 돈으로 살 수 있게 되었다는 점이다. 부자, 즉 부르주아 구매자가 나타난 것이다. 수집가, 화상(畵商), 미술을 전달하는 미디어, 비평가라는 미술세계의 구성요소가 갖추어지게 된다. 인상파는 그러한 근대의 미술세계를 전제로 하고 있다.

'인상'이란 사물의 실체가 아니라 보이는 방식이다. 인상파는 사물이 아니라 보이는 방식, 즉 사물의 표면을 포착하려고 한다. 인상파가 개척한 근대는 시각적이고 파사드(집이나 건축물의 정면 – 옮긴이)의 외관을 중시하는 것이다.

'인상', 파사드의 외관이 상품가치를 갖는다. 그리고 그것에 대해 말하는 미술비평가가 나온다. 인상파는 미술비평가의 발생과도 관련되어 있다. 미술비평은 대략 18세기의 디드로Denis Diderot, 1713~1784에게서 시작된다고 하지만 본격적으로는 보들레르, 졸라, 공쿠르 등에 의해 확립된다.

인상파는 신문, 잡지 등에서 혹평을 받았다. 그것은 마침 미술 저널리즘이 발달한 시기에 해당한다. 비방을 당하고 공격을 당하는 것이 화제가 되는 일도 있었다. 조르주 상드가 스캔들에 의해서라도 저널리즘에 데뷔하려고 한 것이 바로 그것을 의미한다.

'인상'이란 시각적 스캔들이라고도 말할 수 있을 것이다. 보이는 방식이 강렬하기 위해서는 경이가 아니면 안 된다. 근대미술은 우선 스캔들로서 등장한 것이다.

마네의 〈풀밭 위의 점심〉과 〈올랭피아〉는 어떻게 스캔들이 되었을까? 〈풀밭 위의 점심〉에서는 숲속의 시내에서 슈미즈 차림의 여자가 미역을 감고 있다. 앞쪽의 풀밭에서는 젖은 속옷을 벗은 누드의 여자가 두 남성과 함께 앉아 있다. 당시 루이 에티엔이라는 비평가는 "속악하고 영문을 알 수 없는 정경"[16]이라고 했다. 매춘부가 두 멋쟁이와 놀고 있는 장면이라는 것이다.

인상파를 옹호한 보들레르의 친구 테오필 뷔르젤조차 "〈미역〉은 저속한 취향이다. 나체의 여자는 꼴사납게도 형태의 아름다움도 부족하고 그녀 옆에서 손발을 뻗치고 있는 신사들 역시 기분 나쁘다"[17]라고 했다.

영국의 비평가 필립 길버트 해머튼Philip Gilbert Hamerton도 이 그림이 저속하다고 말하고 있다. 조르조네Giorgione, 1478~1510에게도 나체의 여자와 옷을 입은 남자를 그린 그림이 있다. 어디가 다른 것일까?

이 그림이 저속하다거나 외설적이라고 한 것은 신화나 역사적 장면을 숨기고 있지 않은, 현대의 노골적인 누드를 그렸기 때문인 듯하다. 여신이라면 괜찮지만 평범한 여성이라면 너무 노골적이라는 것이다. 미셸 푸코는《마네의 회화》[18]에서 재미있는 말을 하고 있다. 과거의 명화 속 누드는 어딘가 위쪽에서 비스듬히 비치는 빛에 의해 이 세상 같지 않은 분위기에 감싸여 있지만 〈풀밭 위의 점심〉에서는 그림을 그리고 있는 내 눈에서 정면으로 빛이 비치고 있다. 즉 내가 노골적으로 나체를 엿보고 있는 것처럼 그려져 있다는 것이다.

그 노골적인 시선이란 인상파 시대에 발달하게 되는 사진과 비슷하지 않을까?

이 그림을 외설적이라고 비난한 것에 대해, 에밀 졸라는 마네를 옹호했다. 졸라에 따르면 정장을 한 신사가 나체의 매춘부와 숲속에서 식사를 하고 있다고 주제를 외설적으로 해석하여 이 그림을 비평하는

---

16 バーナード・デンヴァー編, 末永照和譯,《素顔の印象派》, 美術出版社, 1991.
17 バーナード・デンヴァー編, 같은 책.
18 ミシェル・フーコー, 阿部崇譯,《マネの繪畫》, 筑摩書房, 2006.

것은 사리에 맞지 않다. 봐야 하는 것은 "대담하면서도 미묘한 변화, 대략적으로 그려진 안정된 전경, 밝고 섬세한 후경, 게다가 흘러넘치는 빛의 부분에 붙여진 그 단단한 육체, 그런 것의 부드럽고 강력한 색채……"[19]라고 했다. 다시 말해 그림 속 나체의 여인이 아니라 그림 전체를 미술로 봐야 한다는 것이다.

졸라의 견해는 그 후 근대적 미술로 계승되어 순수한 색채와 형태를 추구하는 추상미술에 이르렀다. 마네의 그림은 동시대에는 스캔들을 일으켰지만, 근대미술의 혁명이고 순수하게 회화적인 실험으로 평가되었다.

그러나 1960년대 모던아트의 위기 이후 팝아트 등이 등장하는 것과 함께 마네의 재평가도 시작되었다. 비어트리스 파웰Beatrice Farwell은 《마네와 누드 – 제2제정의 이코노그래피 연구Manet and the Nude : A Study of Iconography in the Second Empire》(1981)에서 마네의 그림을, 주제를 빼고 색채와 형태의 분석만으로 해석하는 것이 아니라 제2제정의 대중적 이미지 안에 놓고 주제(무엇을 그리고 있는가)도 문제로 해야 한다고 지적했다. 즉 저속하고 외설적인 면도 이 그림의 재미로서 읽을 수 있는 것이다. 그렇다면 마네의 그림은 미술작품이면서도 스캔들로 다룰 수 있게 된다.

---

19 ミシェル·フ−コ−, 같은 책.

미국의 '보스' 트위드

미국사에서 '보스'라고 하면 윌리엄 트위드William M. Tweed, 1823~1878를 말한다. 그는 남북전쟁 후 뉴욕 시정을 좌지우지하며 거액의 독직 사건을 일으켰다.

물론 그는 처음으로 등장한 미국의 악덕 정치가도 아니고 최악의 인물도 아니지만 어쩐 일인지 '보스'라고 하면 트위드를 말하고 독직 정치가의 대명사처럼 이야기된다.

윌리엄 트위드는 1823년 뉴욕의 이스트사이드에서 태어났다. 가구나 잡화 상점을 하고 있었는데, 자원봉사로 소방수를 하기도 했고 정치운동에도 참가했다. 얼마 후에는 민주당원으로서 두각을 나타낸다. 추남이었지만 두목 기질로 사람들을 끌어 모으는 재주가 있었던 것이다.

1852년 트위드는 뉴욕의 시의원이 되었다. 뉴욕의 민주당은 태머니 홀Tammany Hall이라는 클럽을 결성하고 있었다. 이 클럽은 소사이어티 오브 세인트 태머니Society of St. Tammany나 콜럼비언 오더Columbian Order로도 불렸는데, 1789년 윌리엄 무니William Mooney에 의해 만들어진 결사였다.

태머니란 델라웨어 인디언의 전설적인 추장 태머낸드Tamenand의 이름에서 나온 것이다. 미국의 독립전쟁 때 생긴 애국적인 결사의 하나인데, 귀족적인 결사(소사이어티 오브 신시내티Society of Cincinnati 등)에 대항하여 인디언 영웅의 이름을 붙인 것이다.

그리고 미국이 13주인 것과 관련하여 열세 명의 이사를 두었는데, 이사는 인디언의 말로 사쳄(Sachem, 추장)이라고 불렸다. 그레이트 그랜드 사쳄은 대통령을 의미했는데, 앤드류 잭슨Andrew Jackson, 1767~1845은 태머니홀에서 존경을 받아 이 칭호를 얻었다.

처음에 태머니 홀은 애국자 클럽이었는데 19세기에는 정치에 참가하여 민주당에 들어갔다. 1821년 재산에 의한 투표 제한이 철폐되었기 때문에 일반시민이 투표권을 얻었다. 민주당은 단숨에 당선자를 늘려 태머니홀은 뉴욕의 다수파가 되었다. 그러나 독직이나 선거 매수 등 금권에 의한 정치 부패도 시작되었다.

1850년대 페르난도 우드Fernando Wood가 뉴욕 시장이 되고 나서부터 태머니홀의 번영 시대가 시작되었고, 악덕과 부패로 흘러넘쳤다. 트위드는 그 상징이었다. 그는 1857년 뉴욕 주의 슈퍼파이저supervisor가 되어 예산부터 인사까지 장악했다. 그리고 나서 13년간 그는 뉴욕을 지배했다.

그는 '트위드링'Tweed Ring이라 불린 동료를 중요한 자리에 앉혔다. 피터 스위니(시 의전 장관), 오키 홀(1868~1872, 뉴욕 시장), 리처드 코너리(시 감독관) 등이 링을 구성했다.

1870년 트위드는 뉴욕 시의 도시계획 등에서 큰 권한을 부여받았다. 그는 공공사업을 맡았고, 발주에 대한 거액의 리베이트가 그의 호

주머니로 들어왔다.

뉴욕의 신문들이 트위드링에 의한 뉴욕 지배를 거세게 공격하기 시작했다. 〈하퍼스위클리〉에서는 토머스 내스트Thomas Nast가 풍자화로 트위드를 다뤘다. 〈뉴욕타임스〉도 트위드를 비판했다.

트위드는 1868년부터 뉴욕 시의 장대한 법원 건물을 건설하기 시작했다. 50만 달러의 예산이었지만 1871년이 되어도 완성하지 못했는데 이미 80만 달러나 투입한 상태였다.

트위드가 방대한 예산을 낭비하여 뉴욕 시의 재정에 구멍을 낸 것이 아닐까 하는 의혹이 민주당 내부에서도 나왔고, 새뮤얼 틸덴Samuel Tilden이 조사위원회를 만들었다.

1871년 트위드링은 어이없이 무너졌다. 〈뉴욕타임스〉는 법원의 카펫에 17만5천 달러, 온도계에 7천5백 달러나 낭비했다고 보도했다. 여론이 들끓기 시작했다. 틸덴의 조사위원회는 시의 돈이 6백만 달러 이상 부정하게 지출되었다는 보고서를 제출했다.

트위드는 재판에 회부되어 12년형과 1만2천7백5십 달러의 벌금을 선고받았다. 하지만 나중에 1년형과 250달러의 벌금이 되고 말았다.

그런데 뉴욕 시가 이번에는 돈을 훔쳤다며 그를 민사로 고소했다. 그는 보석금을 지불할 수 없었으므로 1875년 쿠바로 도망쳤다가 스페인으로 건너갔지만 그곳에서 체포되어 뉴욕 시로 강제 송환되었다. 트위드는 러드로스트리트 감옥에 수감되었고, 1878년 그곳에서 죽었다.

'보스' 트위드는 악덕 정치가의 전형으로 이야기되었다. 대부분의 미국사 책에는 그렇게 소개되고 있다. 그러나 정말 그가 그렇게 악명

높은 '보스'였는지 의심하는 사람도 있다. 레오 허쉬코비츠Leo Hershkowitz
의《트위드의 뉴욕 – 또 하나의 견해Tweed's New York : another look》(1977)를 읽
어보면 깜짝 놀라게 된다. '보스' 트위드는 신화에 지나지 않다는 것
이다.

그는 알려진 것처럼 강력한 '보스'가 아니었고, 태머니홀도 뉴욕을
지배한 것은 아니었다. 신문의 선정적인 기사와 정치적 음모에 희생
되어 모든 죄를 뒤집어쓰고 말았다는 것이다.

아마 트위드는 그 사람 됨됨이나 이미지로 보아 악역에 딱 맞았기
때문에 '보스'로서 신화화되고 말았을 것이다.

1876년의 대통령 선거는 트위드를 추방한 민주당의 새뮤얼 틸덴과
공화당의 러더포드 헤이스Rutherford Birchard Hayes, 1822~1893의 싸움이었다. 근
소한 차이로 틸덴이 이겼다고 생각되었지만, 20표는 민주당이 흑인을
협박하여 투표하게 한 것이라는 공화당의 음모로 결과는 역전되어 결
국 헤이스가 대통령이 되었다. 이 선거 역시 스캔들에 휩싸였다.

파나마 운하 사건

1879년 페르디낭 드 레셉스를 대표로 하는 파나마운하회사가 설립되었고, 1880년 드디어 파나마 운하 건설 공사가 시작되었다. 레셉스는 이미 수에즈 운하를 건설한 국민적 영웅이었다. 그가 다시 대공사에 도전한 것이다. 사람들은 기대에 부풀었다. 그리고 '파나마 열기'에 휩싸였다.

그러나 1880년 레셉스는 일흔다섯 살이었다. 아들 샤를은 과거의 영광을 소중히 하며 만년을 조용히 보내라고 권했지만 아버지는 듣지 않았다고 한다.

시대가 달라져 있었다. 수에즈 운하는 제2제정기의 사업이었고, 나폴레옹 3세의 황후 유제니는 레셉스의 친척이었다.

하지만 파나마 운하 공사는 제3공화정 때 시작되었다. 정당이 대립하여 서로 발목을 잡고 있던 시기였다. 그리고 난공사여서 순식간에 자금이 바닥났다. 레셉스는 수에즈 운하 때 했던 것처럼 복권부 사채(福券付社債)를 발행하여 자금을 모으기로 했다. 그러나 정계의 파벌 싸움으로 좀처럼 허가가 나오지 않았다. 그 허가를 얻어내기 위해 정치가들에게 막대한 헌금을 했다.

가까스로 복권부 사채를 발행할 수 있었지만 생각한 것만큼 팔리지 않아 1889년 파나마운하회사는 파산했다. 그리고 운하 공사의 이권에 몰려든 정치가들의 뇌물수수 사건은 대형 스캔들이 되었다.

이 무렵에는 반유대주의가 심해지고 있었고, 우익 불랑제 장군에게 심취한 브랑제주의자의 쿠데타가 시도되었다. 파나마 사건은 유대인의 음모라는 이야기가 흘러나왔다.

파나마운하회사는 레셉스의 아들 샤를이 지배인이 되었는데, 수상한 측근의 좋은 먹이가 되고 있었다. 재정 고문이 된 폰 레나쉬 남작은 정계 공작비로서 수백 만 프랑을 장관이나 정치가에게 뿌렸다.

파나마운하회사의 파산으로 정치가에게 건네진 뇌물이 폭로되어 두 사람이 사직했다. 레나쉬 남작은 홍보비로 9백만 프랑을 받았다는 사실이 밝혀졌다. 그 돈을 받은 정치가 목록에 수상도 포함되었다는 이야기도 흘러나왔다.

레나쉬 남작은 홍보비의 사용처를 설명해달라는 요구를 받았을 때 갑자기 죽고 말았다. 제거된 것이 아닐까 하는 소문도 나돌았다. 9백만 프랑 가운데 2백만 프랑은 코넬리어스 하츠 박사에게 지불되었다. 그는 영국으로 도피해 있었다.

파나마운하회사의 최고책임자 레셉스는 예심판사의 호출을 받았다. 세 시간의 취조를 견뎠지만 돌아오자 맥이 빠진 노인이 되고 말았다. 레셉스는 5년의 복역과 3백 프랑이라는 명목적인 벌금을 선고받았다. 프랑스의 위인이 유죄 판결을 받은 일은 국민에게 충격을 주었다.

샤를은 뇌물공여죄로 1년형을 선고받았다. 복역 중에 일시적으로 집으로 돌아가는 것을 허락받은 레셉스는 아들을 보자 "아아, 샤를, 파리에서 무슨 소식이라도 없었느냐?"라고 말했다. 그는 이미 사건 저편의 세계로 가버린 상태였다.

이 사건은 레셉스 부자의 처분으로 종결되었다. 정재계에 대한 파급은 최소한으로 억제되었다. 중요 증인인 레나쉬 남작은 증언하지 못한 채 급사하여 사건은 어둠속에 묻히고 말았다. 뇌물수수 사건의 상투적인 해결방식이었다.

오사라기 지로(大佛次郎, 1897~1973)의 《파나마 사건》은 역작이다. 불랑제 사건, 드레퓌스 사건 등 19세기 프랑스의 정치적 스캔들에 많은 관심을 가진 그는 파나마 사건도 다룰 예정이었다. 전전(戰前) 일본의 뇌물수수 사건, 그것을 계기로 하는 테러 사건 등이 프랑스의 상황과 너무나도 유사했기 때문이다. 그러나 지나치게 유사했으므로 당시에는 쓸 수 없었고 전후인 1959년에야 가까스로 쓸 수 있었다.

오사라기 지로의 《파나마 사건》에 따르면, 사건이 발생했을 때의 수상 리보Alexandre Ribot는 민주주의란 "침묵에 의해 스캔들이나 결함을 묵살하지 않는 것"이라고 선언하며 내각을 조직했다고 한다. 하지만 이 사건에서는 그 선언을 내팽개쳤는지 "스캔들을 어둠속에 봉인해버렸다."[20]

1930년대에 오사라기는 스캔들이 감추어지는 시대는 위험하다고 느꼈다. 그래서 그가 파나마 사건에 대해 쓰는 것은 전후까지 봉인되어 있었던 것이다.

---

20 大佛次郎, 《パナマ事件》, 朝日新聞社, 1976.

'칼잡이 잭'은 스캔들인가

세기말의 런던에서는 '칼잡이 잭'이라 불린 살인귀가 창녀들을 참혹하게 살해한 엽기적인 사건이 벌어졌다. 연쇄살인이 일어나면 반드시 '칼잡이 잭'이 예로 인용될 정도로 유명하다.

그러나 이 사건은 스캔들이라 말할 수 없을지도 모른다. 내가 말하는 스캔들은 유명한 사람이 넘어지고, 그것을 본 사람이 웃는 것이었다. '잭'은 붙잡히지 않았고 또 그가 누구인지도 모른다. 얼굴이 없기 때문에 '설마 그 사람이?' 하는 재미가 없고 그저 끔찍한 사건일 뿐이어서 웃을 수가 없는 것이다.

그러므로 이것만으로는 그저 살인일 뿐 스캔들이라고는 말할 수 없다. 하지만 다른 사건과 결부되면 바로 스캔들 같은 상상력을 불러일으키고 사건이 된다.

우선 대략적으로 사건 자체를 살펴보기로 하자. 연쇄살인범이 런던의 밤거리를 헤매고 다닌다는 것을 런던 경시청이 알게 된 것은 1888년 8월 31일 화이트채플에서 메리 앤 니콜스라는 창녀가 목이 깊게 베인 채 죽어 있는 것을 발견했을 때였다. 그 3주일 전 마사 타브람, 그리고 4월 3일에 엠마 엘리자베스 스미스가 살해당한 사건과 관련이 있는 게 아닐까 하고 생각한 경관이 있었다. 모두 화이트채플 부근에서 서성거리던 창녀들이었기 때문이다.

그리고 바로 9월 8일에 다시 희생자가 나왔다. 화이트채플에서 약간 북쪽인 험블리 가에서 애니 채프먼이 목이 깊게 베이고 온 몸이 난자당한 채 발견되었던 것이다.

3주일 후인 9월 30일 역시 근처에서 엘리자베스 스트라이드가 살해되었고 그 50분 후에는 캐서린 에도위즈가 살해되었다.

10월에는 아무 일도 일어나지 않았다. 연쇄살인이 끝난 것처럼 보였다. 그러나 범인이 보낸 것으로 보이는 편지가 센트럴 뉴스 통신사에 배달되었다. 경찰이 범인을 체포했다는 소문이 나돌고 있는데 자신은 아직 잡히지 않았고 앞으로도 살인을 계속할 것이라고 선언하고는 '칼잡이 잭'이라고 서명되어 있었다. 게다가 같은 필적의 편지가 런던 경시청이나 신문사에도 배달되었다. 범인은 세상에 도전장을 보내고 있는 것 같았다.

자경단을 조직하여 범인을 체포하려고 한 앨버트 러스크의 집에는 포장된 상자가 우송되었다. 열어보니 캐서린 에도위즈의 것이라는 간장 일부가 들어 있었다. 악질적인 장난이라고 했지만 런던 시민은 패닉 상태에 빠졌다.

11월 9일 범인은 다시 움직여 메리 제인 켈리를 살해했다. 그녀의 몸을 거의 갈기갈기 해체해놓은 가장 참혹한 살인이었다.

그러고 나서 한동안 조용했다. 하지만 끝은 아니었다. 12월 20일 로즈 마일렛Rose Mylett이 살해되었다.

그 후 1889년 7월 17일 앨리스 맥켄지Alice McKenzie의 살인, 1891년 2월 30일 프란시스 콜스Frances Coles의 살인도 '잭'이 저지른 것인지도 모른다고 여겨지고 있다. 거기에서 유사한 사건은 뚝 그쳤다.

'잭'이 누구인가에 대해서는 다양한 설이 나왔다. 폴 베그Paul Beg, 마틴 피드Martin Fid, 그리고 키스 스키너Keith Skinner의 《잭더리퍼 – A에서 Z까지The Jack the Ripper A to Z》(1994)와 같은 백과사전까지 만들어져 있을 정도다. 그래도 수수께끼는 풀리지 않았다.

처음에 말한 것처럼 '칼잡이 잭'은 단독으로는 스캔들이 되지 않는다. 다른 사건과 관련되면서 스캔들의 냄새가 풍기기 시작한다.

또 하나의 사건이란 1889년 '클리블랜드 가의 추문'이다. 런던의 리젠트파크 근처의 우체국에서 편지 배달이 뒤죽박죽되었다고 해서 경관이 배달원 소년들을 감시했는데, 그 소년들이 근처 클리블랜드 가의 어떤 집에 드나들고 있었다. 경찰이 수색하자 그 집은 찰스 해먼드라는 남자가 운영하고 있던 남창 숙소였다. 소년들은 그곳에서 손님을 맞고 있었던 것이다. 손님 중에는 꽤 유명한 사람도 있었다. 아서 서머싯 경, 유스턴 백작, 자보이스 대령의 이름이 나왔다.

아서 서머싯은 서둘러 모습을 감추고 대륙에 은신했다. 유스턴은 보통의 창녀촌이라 착각하고 찾아갔을 뿐이라고 해명했다. 그런데 뜻밖의 이름이 또 나왔다. 왕자 앨버트 빅터였다. 빅토리아 여왕의 손자로 '에디'라 불리고 있었다. 아서 서머싯 경은 근위기병대의 소령으로 황태자 에드워드 앨버트의 마구간 관리자였다. 사건이 왕실에까지 파급되려고 하자 당국은 서둘러 사건에 대한 최소한의 해명만 하고 봉합했다.

두 귀족의 운명은 엇갈렸다. 서머싯은 도망쳤으므로 죄를 묻지는 못했으나 스스로 인정한 것이 되어 영국으로 돌아오지 못하고 대륙에서 죽었다. 한편 유스턴은 도망가지 않고 그럭저럭 변명을 하여 빠져나갔다. 그는 1901년 에드워드 7세의 대관식에서 시종 무관이 되었다. 스캔들에서 살아남았던 것이다.

황태자 '에디'라는 이름은 역사의 어둠속에 묻힌 것처럼 보였다. 그러나 1970년대에 들어 놀랄 만한 주장이 나왔다. '칼잡이 잭'은 '클리블랜드 가의 추문'으로부터 세간의 눈을 돌리기 위한 은폐공작이었다는 것이다. 거기에는 프리메이슨이 관련되어 있다고 한다. 유스턴 백작은 프리메이슨이고 나중에 마크메이슨 조직의 대수령이 되었다.

그뿐이 아니었다. '에디'가 바로 '칼잡이 잭'이었다는 주장까지 나왔다. 테오 아론슨Theo Aronson의 《에디 왕자와 동성애 언더월드Prince Eddy and the homosexual underworld》(1994)는 그러한 설도 소개하면서 잊혀 있던 왕자의 일생, 그리고 세기말 런던의 동성애 세계를 파헤치고 있다.

'칼잡이 잭'은 세기말이라는 시대 안에 놓여 다른 사건과 관련됨으로써 드디어 스캔들의 얼굴을 보여준 것이다. 패트리샤 콘웰Patricia Daniels Cornwell은 《살인자의 초상화Portrait of a killer》(2002)[21]에서 '에디'의 측근이었던 화가 월터 시커트Walter Richard Sickert, 1860~1942가 진범이라는 설을 내놓았다. '잭'은 아직도 여러 개의 얼굴을 가지고 있는 듯하다.

---

21 パトリシア・コーンウェル, 相原眞理子譯, 《切り裂きジャック》, 講談社, 2003.

오스카 와일드의 세기말

유명인이 넘어지는 연기를 오스카 와일드Oscar Wilde, 1854~1900만큼 척척 해준 사람은 없었는지 모른다. 사람들은 그의 스캔들 마술에 열광하고 그를 시대의 총아로서 하늘로 띄워주었다. 그리고 정점에서 전락하여 지상에 처박히는 것을 사람들은 잔혹한 냉소와 함께 구경했던 것이다.

오스카 와일드는 1854년 윌리엄 와일드 박사의 차남으로 아일랜드의 더블린에서 태어났다. 아버지는 의사로서 명성이 있었지만 난봉꾼이어서 가는 곳마다 스캔들을 뿌리고 다녔다. 오스카도 그 피를 물려받았다.

1874년 오스카 와일드는 옥스퍼드에서 공부했다. 문재가 있어 시나 희곡을 썼다. 유명해지고 싶다는 야심이 이상할 정도로 강해 "유명이냐, 아니면 악명이냐"라고 말했다. 즉 악명이라 하더라도 세상에 알려지고 싶다고 생각했다.

그는 자신이 유명해지기 위해 온갖 선전을 아끼지 않았다. 설사 스캔들이라고 해도 유명해질 수만 있다면 괜찮다고 생각한 조르주 상드와 닮았다. 또한 자기를 선전하는 방법으로 이상한 복장을 한 것도 그녀와 비슷했다. 그는 외관과 인상에 의해 유명해지려고 했다.

그는 유미주의를 주창했다. 미야말로 모든 것이다. 미는 시각적이고 표면이며 복장이고 패션이다. 장발, 벨벳 상의, 화려한 넥타이, 반바지, 비단 스타킹 등 미적인 패션을 걸치고 손에는 해바라기 꽃을 들었다. 와일드는 작품보다는 먼저 패션으로 유명해졌다. 해바라기는 그의 상징이 되었다. 그 모습을 놀리는 희화가 잡지에 등장했다. 어쨌든 그의 이름은 알려졌다. 저널리즘이 활발한 시대는 사람들을 즐겁게 하는 완구 같은 이미지를 필요로 했던 것이다.

런던의 흥행사 리처드 도일리 카트Richard D'Oyly Carte는 길버트와 설리번 콤비의 '사보이 오페라'라는 경가극을 상연하고 있었는데, 와일드를 모델로 하여 유미주의자를 풍자한 〈페이션스〉를 크게 히트시켰다.

도일리 카트는 〈페이션스〉의 미국 공연을 계획했다. 그 선전을 위해 진짜 유미주의자인 와일드를 미국에 데려가 강연 여행을 하도록 했다.

1882년 와일드는 뉴욕에 도착했다. 1년에 걸쳐 미국을 순회했는데, 오락에 굶주려 있던 미국인들은 그를 크게 환영했다. 리포터들은 보기 드문 구경거리가 왔다며 그에 대해 신문에 써댔던 것이다. 두 손을 들어 서양 근대의 대중문화, 그 어릿광대, 유명인사, 구경거리를 맞이해 준 미국에서 와일드는 대중의 영웅이 되어 유럽에 개선했다.

미국을 순회하며 1년 동안 1백 회 이상의 강연회를 열었고, 사교계에서는 서로 끌어가려고 야단인 유명인이 되어 헤아릴 수 없는 파티에 참석해 압도적인 인상을 주었다. 보스턴에서 60명의 하버드 대학

학생이 와일드와 똑같은 유미주의자의 모습을 하고 관람석의 한 구석을 점령했다는 등의 가십이 뿌려졌다. 게다가 마침 미국을 순회하고 있던 여배우 릴리 랭트리Lilie Langtry, 1853~1929와의 로맨스도 화려하게 다루어졌다.

미국에서 먼저 이름을 날리고 귀국한 와일드는 드디어 본격적인 작품을 발표하기 시작한다. 1890년에 낸《도리언 그레이의 초상The Picture of Dorian Gray, 1891》은 그의 대표작이다. 외관, 얼굴, 외면만으로 살아가는 도리언 그레이야말로 그의 자화상이었다.

1892년《윈더미어 부인의 부채》(1892)를 발표했다. 와일드의 풍속 희극은 크게 호평받아 막대한 수입이 들어왔다. 한편 이해에 낸《살로메》는 외설적이라고 하여 상연이 금지되었다. 그러나 그것이 또 와일드의 위험한 매력으로서 좋은 평판을 얻었다. 이 무렵이 그의 인생에서 절정기였다. 꼭대기까지 올라간 것이다. 이제 스캔들의 클라이맥스, 즉 추락의 카운트다운이 시작되었다.

그 계기는 동성애의 세계에 대한 위험한 장난, 즉 미남 청년 알프레드 더글러스와의 만남이었다. 와일드는 더글러스를 데리고 돈을 물 쓰듯이 하며 마치 두 사람의 관계를 과시하는 것처럼 런던의 번화가를 돌아다녔다.

와일드는 빅토리아 왕조의 도덕적이고 통속적인 세계에 도전하여 세상 사람들의 눈의 한계를 깨려고 했다. 그는 천재였고, 일반적인 도덕 바깥에 있었던 것이다.

역시 세간은 그의 퍼포먼스를 재미있어했다.《살로메》가 금지되자 오히려 그의 인기가 올라갔고, 동성애 문제 때도 와일드라면 어쩔 수 없다고 생각한 듯했다.

그러나 그는 세간을 너무 만만하게 보고 있었다. 그들이 잠자코 있었던 것은 '이제 곧 떨어질걸' 하고 마른침을 삼키며 그 순간만을 기다리고 있었기 때문이었다.

운명은 생각지도 못한 데서 찾아왔다. 더글러스의 아버지 퀸즈베리 후작이 와일드의 발목을 잡았던 것이다. 후작은 사냥과 볼링을 좋아한 마초로, 아들이 화장을 하고 남자들과 어울리는 것에 발끈했다. 그는 자신의 아들을 유혹했다며 와일드를 모욕했다.

어쩐 일인지 그때 와일드는 정면으로 반응했다. 그의 연극에서처럼 모욕 같은 건 깨끗이 받아넘겼으면 좋았을 것이다. 하지만 그는 퀸즈베리 후작을 고소하고 말았다. 즉 세간을 향해 정당성을 주장한 것이다. 그것이야말로 세상 사람들이 기다리고 있던 기회였다. 와일드는 법정에서 사생활이 폭로되고 저널리즘의 먹잇감이 되었다. 그는 세상 사람들이 자신의 어떤 독설도 웃으며 용서해줄 것이라고 생각했는지도 모른다.

와일드는 재판에서 졌을 뿐만 아니라 거기서 폭로된 동성애 행위에 의해 체포되어 오히려 자신이 재판에 회부되었다. 그는 유죄 선고를 받고 1895년 레딩 감옥에 수감되었다. 1897년 출옥했지만 프랑스로 망명하여 유럽을 유랑하다 1900년에 삶을 마감했다. 스캔들이 그를 유명하게 만들었지만 그 스캔들이 그를 묻어버린 것이다.

드레퓌스 사건 : 군사 스캔들

드레퓌스Alfred Dreyfus, 1859~1935 사건은 프랑스군에서 일어난 기밀 누설 사건이다. 원래는 내부에서 처리될 사건이었지만 저널리즘이 냄새를 맡고 보도했기 때문에 여론이 양분되는 스캔들로 발전했다.

19세기에서 20세기로의 전환점을 상징하는 이 사건은 여론이 지배적이 되는 대중사회의 도래를 예고하고 있었다. 그때 여론 형성에 중요한 역할을 한 것은 '지식인'이라는 새로운 계층이었다. 오늘날 '지식인'은 대중사회에 삼켜지고 말았지만 적어도 20세기 전반에는 여론을 이끌어갈 것으로 기대되었다.

사건은 1894년 프랑스의 참모본부가 '명세서'bordereau라 불리는 기밀 문서를 입수한 것에서 시작되었다. 그것은 독일 대사관에서 프랑스의 스파이가 훔쳐낸 것이라고 하는데, 프랑스군의 대포와 관련된 정보가 기록되어 있었다. 군대 내부의 배신자가 독일에 정보를 팔아넘기고 있었던 것이다. 내용에서 보면 그 스파이는 포병인 듯했다. 곧바로 드레퓌스 대위의 이름이 거론되었다. 포병 출신인 데다 필적도 유사했다. 그리고 유대인이었다. 그것으로 범인은 정해진 것이나 다름없었고, 곧

드레퓌스는 체포되었다.

그뿐이라면 사건은 은밀히 처리되었을 것이다. 하지만 정보부 앙리 소령의 주변 사람이 우익적인 신문 〈리블파롤〉에 그 사실을 누설하고 말았다. 군부는 왜 스파이 드레퓌스 사건을 감추고 있는 것인가, 유대 세력이 쉬쉬하며 수습해버린 것은 아닌가 하는 기사가 난무했다. 그것에 떠밀린 듯 군법회의는 드레퓌스에게 유죄 선고를 내렸고, 그는 악마 섬Île du Diable의 감옥에 투옥되었다. 게다가 그 전에 사관학교의 교정에서 공개적으로 드레퓌스의 계급 박탈 의식이 열렸다. 드레퓌스의 휘장(徽章)은 찢겨지고 사벌[22]은 휘어졌다. 군중은 매국노를 죽여라! 유대인을 죽여라!라고 외쳤다. 이것으로 여론의 흥분은 가라앉았고 사건은 수습된 것처럼 보였다.

그러나 드레퓌스의 형 마티외는 끈기 있게 사건의 재심을 요구하는 운동을 계속했다. 한편 참모본부 내에서도 앙리 소령의 방식에 의문을 품은 피카르 중령이 조사를 시작했다. 에스테라지 소령이 의심스러웠다. 명세서의 필적은 오히려 에스테라지의 필적과 유사했던 것이다. 피카르는 그것을 상사에게 보고했지만 어쩐 일인지 자신이 튀니지로 전출되고 말았다.

그래도 에스테라지가 수상하다는 이야기는 저널리즘에서도 다루어졌고 의회에서도 문제가 되었다. 하지만 소동이 일어나는 것을 두려워한 의회는 움직이지 않았고, 군법회의에서 에스테라지는 무죄 판결을 받았다. 사태가 절망적이라고 생각되었을 때 의외의 길이 열렸다.

---

22 sabel(네). 기병이 허리에 차는 서양식 칼—옮긴이.

1898년 1월 13일 클레망소가 펴내는 신문 〈오로르Aurore〉에 에밀 졸라가 〈나는 고발한다J'Accuse〉라는 글을 발표했다. 드레퓌스는 무죄이고 장군들은 그 사실을 알면서도 계속해서 침묵하고 있다며 군부를 규탄한 것이다.

졸라의 고발은 커다란 반향을 불러일으켰다. 그의 호소에 찬동한 것은 '지식인'intellectuel이었다. 대학 교원, 학생들이 운동에 가세했다. '지식인'이라는 말은 클레망소가 만든 것이라고 한다.

사건은 여론의 장으로 옮겨갔다. 그렇지만 '지식인'은 소수파이고 반(反)드레퓌스파 쪽이 압도적으로 많았지만 그래도 '지식인'의 논조가 두드러졌다.

반드레퓌스파는 불안을 느끼고 유죄를 확증하기 위한 재조사를 했다. 그것이 오히려 역효과를 낳았다. 증거로 제출한 편지가 앙리 소령이 위조한 것이라는 게 밝혀졌던 것이다. 앙리는 체포되었고 자살해버렸다. 살해당했다는 소문도 있었다. 에스테라지는 도망쳤다. 그들의 막후 인물이 누구인지도 알 수 없게 되었다.

결국 군법회의에 재심 명령이 떨어졌다. 반드레퓌스파가 소동을 일으키며 유대인의 음모라고 주장했다. 군법회의는 다시 유죄 판결을 내렸다.

진실, 정의, 이런 말은 지식인에게만 전달되었다. 하지만 국기 아래의 화해라는 말로 하면 비교가 되지 않을 정도로 광범위한 민중에게 닿았고, 모든 정신이라고는 말하지 못하더라도 모든 여론을 한결같이 감동시킬 수 있었다.[23]

여론은 내셔널리즘으로 흘렀다. 하지만 군법회의가 다시 유죄 판결을 내린 것에 대해서는 외국에서도 비난이 일었다. 드레퓌스가 유죄이기는 하지만 대립을 피하기 위한다는 명목으로, 대통령령의 특별사면으로 그를 석방시켰다.

여론은 진범이 누구인지에 흥미를 잃었고, 특별사면으로 사건은 끝났다고 하여 진정되었다.

"드레퓌스의 명예 회복은 몇 년 후 아무런 소동도 흥분도 없이 이루어진다."[24] 1906년 드레퓌스는 무죄 판결을 받고 소령이 되었다. 예전에 자신의 명예를 훼손당한 바로 그 사관학교 교정에서 뢰종도르 훈장을 받았다.

드레퓌스 사건은 여론의 장에서 전개되고 '지식인'이 특별한 역할을 함으로써 20세기 스캔들의 한 가지 특징을 예고했다.

---

23 ピエール・ミケル, 渡辺一民譯,《ドレーフュス事件》, 白水社文庫クセジュ, 1960.
24 ピエール・ミケル, 같은 책.

제7부

20세기

스캔들의 대폭발

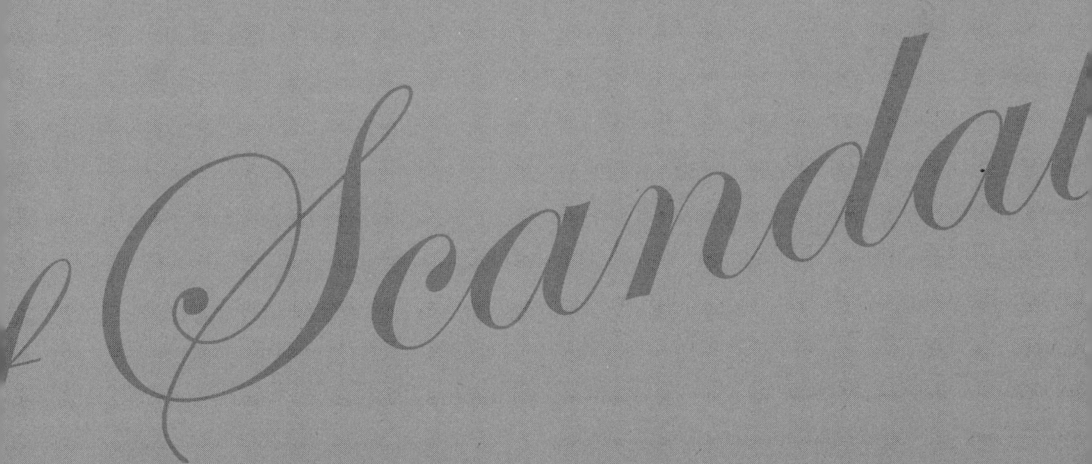

제1장
1900년대

20세기 스캔들 특급

20세기에 들어 스캔들은 어떻게 변한 것일까? 한 마디로 말하자면 다원화하고 규모가 커졌으며 속도도 빨라졌다. 스캔들의 3대 요소는 성, 돈, 정치인데, 각각이 다양화되고 복잡해졌다.

쉽게 알 수 있도록 금전 스캔들을 예로 들어보자. 1872년의 크레디 모빌리에 스캔들은 유니언퍼시픽 철도회사가 철도를 건설하기 위해 국회의원에게 뇌물을 준 사건이다. 수잰 가먼트Suzanne Garment의 《스캔들 – 미국 정치의 불신 문화Scandal : The Culture of Mistrust in American Politics》(1992)에 따르면 그 액수는 수백 달러에 지나지 않았다. 그런데 1922~1923년의 티포트돔 스캔들에서의 뇌물은 약 10만 달러였다. 금액의 단위가 달라진 것이다. 20세기에는 머니게임이 과열되었고 머니 스캔들도 화려해졌다.

한편 스캔들을 보도하는 장치도 거대해졌다. 의회정치, 민주정치의 발달과 함께 정치는 공개적이 되어 그것을 전하는 저널리즘이 발달했다. 하지만 공개되기 때문에 그 뒤의 비밀정치도 비대해지는 이중성이 드러났다. 그러한 경향은 19세기부터 나타나고 있었지만 20세기가 되자 사진의 인쇄, 컬러화 등으로 새로운 커뮤니케이션 단계에 이르렀다. 그리고 신문이나 잡지만이 아니라 영화, 라디오, 텔레비전 등 영상적인 복제 미디어의 개발로 스캔들은 더욱더 스펙터클한 모습을 띠게 되었다.

다원적인 미디어와 관련된 것이지만 스캔들 주인공(유명인)의 캐릭터도 다양해졌다. 우선 지역적으로는 미국이 단숨에 대국이 되어 스캔들 제국이 되었다. 20세기는 미국의 세기라고도 하는데, 스캔들에서도 그러했다.

유럽의 왕후는 20세기에도 계속 주역으로 남아 있지만, 거기에 미국 대통령이 새로운 주역으로 등장한다. 그리고 할리우드의 영화 스타가 유명인으로서 스캔들을 떠들썩하게 만든다. 이어서 패션, 대중음악, 스포츠 등도 새로운 장르로서 스캔들의 주인공을 낳는다.

시각화, 복제화가 20세기 문화의 커다란 특징이 된다. 그것에 의해 대중문화가 꽃피고 스캔들 역시 일종의 대중문화로서 성립한다.

이미 말한 것처럼 현대는 정보가 대중에게 공개된다. 하지만 완전히 투명해지는 것이 아니라 안과 밖으로 이중화되고, 일반 사람들에게 알려질 정도로 비밀도 커진다. 대중화는 일반화이지만 또 차별화이기도 하다. 차별화는 정보의 뒤, 즉 비밀을 알고 있는가의 여부로 이루어진다. 저널리즘은 특종으로 정보의 차별화를 잰다. 나만 알고 있다는 인상으로 뉴스의 수신자를 만족시킨다.

스캔들은 세계적인 규모가 되었다. 할리우드의 스캔들이 일본에서도 동시적으로 공유된다. 인터넷은 스캔들에 가장 적합한 미디어가 되었다. 전 세계를 연결할 뿐만 아니라 정보가 상호적이 된다. 수신자는 받을 뿐만 아니라 스스로 보내고 써넣을 수 있어 정보 게임에 참가할 수 있다. 누구나 근거 없는 소문을 적어 넣거나 욕설이나 중상을 하는 공격에 가담할 수 있다.

스캔들은 일찍이 역사의 난외에 있었다. 그러나 오늘날에는 역사와 스캔들의 경계가 무너졌다. 이제 스캔들은 역사와 더불어 춤판을 벌이다가 마침내는 역사를 비틀어버리는 결과를 낳곤 한다.

시카고, 악덕의 소문

20세기 초 미국 시카고에는 세계 최고급이라 일컬어지는 윤락업소 에벌리 클럽이 있었다. 1900년에 문을 열어 1910년에 폐쇄되었다. 그곳은 20세기의 첫 10년을 상징하는 것처럼 보인다. 세기의 전환기에 나쁜 꽃은 일순 흐드러지게 피지만 '양식'에 의해 금지당하는 것이다.

카렌 애버트Karen Abbott의 《제2도시의 죄Sin in the Second City》(2007)를 보면 에벌리 클럽에 대해 자세히 알 수 있다. 책은 이 클럽을 중심으로 한 20세기 초의 제2도시(뉴욕에 이은) 시카고의 악덕 이야기다. 이 책을 보면 어빙 월레스Irving Wallace가 이 클럽의 마담(윤락업소의 여주인) 에벌리 자매를 인터뷰하여 쓴 책이 있다고 한다. 어빙 월레스의 《황금방 The golden room》[1]이다. 월레스는, 은퇴하여 뉴욕에서 우아하게 살고 있던 에벌리 자매를 만나 이야기를 듣고 뮤지컬로 만들 생각이었지만 소설로 쓴 듯하다.

민나 에벌리와 에이다 에벌리 자매는 컨터키의 교양 있는 집의 딸

---

1 アーヴィング・ウォーレス, 中井京子譯,《快樂の館》, 光文社文庫, 1994.

로 태어났다. 그들은 교양을 갖추고 있었지만 웬일인지 윤락업소를 운영하기로 결심했다. 처음에는 오마하에 윤락업소를 열었는데, 얼마 후 중서부의 대도시 시카고로 나가 에벌리 클럽을 열었다. 그들은 터키의 하렘이나 베르사유 궁전처럼 호화로운 방과 아름다울 뿐만 아니라 교양 있는 아가씨가 접대하는 살롱을 만들려고 했다. 왕후귀족의 유희장을 목표로 한 것이다.

각각의 방은 실내장식을 달리 하여 금, 은, 구리, 이슬람 풍, 빨강, 초록, 파랑, 오리엔탈, 중국 풍, 일본 풍, 이집트 풍의 방이라고 불렸다. 완전한 방음 장치가 설비되었고 각 방에는 작은 분수가 있어 향수를 뿜어내고 있었다.

그리고 세 개의 오케스트라가 들어간 댄스홀 등의 오락시설이 있었고, 도서실과 화랑까지 갖추고 있었다. 창부는 이브닝드레스를 입고 손님을 맞았다. 그녀들은 예의나 문학적 교양을 배운 상태였다.

에벌리 자매의 목표는 적중하여 시카고의 명사만이 아니라 전 세계에서 왕후귀족, 대부호들이 찾아왔다.

그러나 너무 번창하자 시카고의 다른 마담들의 질투를 받게 되어 에벌리 클럽의 평판을 떨어뜨리려는 음모가 꾸며지게 된다.

시카고는 1893년에 박람회가 열려 폭발적으로 성장했고, 미국 제2의 도시로서 번영을 누렸다. 부가 집중되면 그것을 노리는 갱들이 모인다. 그래서 시카고의 치안도 혼란스러워졌다.

1905년 에벌리 클럽은 대대적인 스캔들에 휩쓸렸다. 백화점 왕이라 일컬어진 마셜 필드의 장남이 누군가에게 사살된 것이다. 시카고의 권력자인 필드는 아들의 스캔들을 막아버렸다. 신문이나 잡지도 그가 광고주였기 때문에 명확히 쓸 수 없었다.

그러나 소문이 나돌았다. 에벌리 클럽의 여자 한 명이 손님인 그를 쏘았다는 것이다. 대재벌의 상속자인 아들이 윤락업소에서 창녀에게 살해당했다는 것은 커다란 스캔들이었다. 그러므로 에벌리 자매는 침묵을 지키고 사건은 어둠속에 묻혔다. 그 후에도 이 클럽에 있던 여자가 자신이 마셜 필드의 아들을 쏘았다고 고백했다는 등 이 사건에 대한 여러 이야기가 나왔지만 결국 진상은 밝혀지지 않았다.

에벌리 자매는 그럭저럭 이 스캔들을 극복하고 클럽을 계속 운영했지만 시대가 변하고 있다는 것을 느꼈다. 클럽이 있는 레베 지구에서는 갱들의 영역 다툼이 격화되어 그녀들이 고상하게 영업할 수 있는 시대는 지나가려 하고 있었다. 또한 인신매매나 매춘 등에 대한 숙청운동이 활발하게 이루어졌다. 여성의 인권을 요구하는 개혁자들이 레베 지구를 돌며 항의운동을 했다.

에벌리 클럽은 너무나 유명했으므로 제일 먼저 공격의 대상이 되었고 1910년 시대의 흐름에 의해 폐쇄되었다. 에벌리 자매는 백만 달러의 이익을 남기고 은퇴한 후 뉴욕에서 우아한 사교생활을 했다고 한다.

1913년에는 시카고의 모든 윤락업소가 문을 닫았다. 뉴올리언즈의 스트리빌 등 미국 각지의 사창가에서도 홍등이 꺼졌다. 그리고 그곳에서 탄생한 재즈가 각지로 퍼져나갔다.

뉴욕 사교계의 살인

1906년 뉴욕의 맨해튼에서 화려한 사건이 일어났다. 매디슨스퀘어 가든의 최상층 디너 시어터에서 뉴욕의 유명 건축가가 뮤지컬을 보고 있었다. 그는 이 건물을 지은 건축가이기도 했다. 그곳으로 해리 켄델 소가 터벅터벅 걸어와 갑자기 권총을 꺼내 화이트에게 세 발을 쏘았다. 두 발이 머리에 명중하여 화이트는 그 자리에서 죽었다. 해리 소는 "인과응보다. 넌 내 아내를 파멸시켰어!" 하고 외쳤다.

스탠퍼드 화이트Stanford White, 1853~1906는 뉴잉글랜드의 오래된 가문 출신으로 1879년 매킴앤드미드McKim-Mead 건축사무소에 참가했다. 19세기 말의 미국은 사상 유례가 없는 건축 붐으로 들끓었고, 우아한 건축물이 차례로 지어졌다.

화이트의 세련된 디자인은 사교계에서도 인가가 높았다. 그는 만능 디자이너로, 건축에서 잡지 표지 일까지 하고 있었다. 그리고 딜레탕트이자 플레이보이이기도 했다.

그는 특히 소녀에게 욕망을 느꼈던 것 같다. 뉴욕의 아파트에 특별실을 만들어 놓고, 그곳으로 어린 아가씨를 불러 어린아이 옷을 입히고 노는 것을 좋아했다.

에블린 네스빗이라는 열여섯 살 아가씨가 그에게 유혹되었다. 그녀의 어머니는 화이트가 여배우로 만들어주겠다고 했으므로 그녀를 그에게 맡겼던 것이다. 그는 네스빗을 정부로 삼았다.

한편 해리 소는 피츠버그 부호의 방탕한 아들로 뉴욕에서 노는 데 빠져 있었다. 윤락업소에 죽치고 있었으며 여자들을 채찍으로 때리는 것을 좋아했다. 그는 극장에서 코러스걸을 하고 있던 네스빗을 알게 되었고 그녀에게 홀딱 반하고 말았다. 그녀가 화이트와 사귀고 있다는 것은 알고 있었지만 강제로 다가갔다. 두 사람은 1905년에 결혼했다. 그러나 그는 곧 네스빗에게 채찍을 휘두르기 시작했다. 그녀는 그것을 견디지 못하고 화이트와의 정사를 고백했다.

해리 소는 화이트에게 질투하여 결국 그에게 총을 쏘았던 것이다.

이 재판은 뉴욕 전역에 화제가 되었다. 첫 번째 재판에서는 평결이 갈렸다. 해리 소의 어머니는 델핀 델마스라는 실력 있는 변호사를 고용했다. 델마스는, 화이트는 소녀를 타락시키는 색마이지만 해리 소는 여성의 우군이라며 해리 소를 변호했다.

세 번째 재판에서는 해리 소가 이상한 말을 해대는 등 정신이 불안정해졌다. 그리고 최종 판결에서는, 사건이 일어났을 때 해리 소는 정신착란 상태에 있어 책임능력이 없었다는 이유로 무죄가 선고되었다. 해리 소는 정신병원에 넣어졌다. 어머니의 도움으로 탈출했지만 체포되어 다시 입원했고, 1922년 쉰한 살에 퇴원했다. 그는 아버지의 유산을 낭비하면서 1947년까지 살았다.

이상과 같이 사디즘이 가미된 상류사회의 치정사건이지만 다른 식으로 볼 수도 있다. 미국의 사교계 평론가 스티븐 버밍엄의《미국의 비밀 귀족사회》(1987)에 따르면 이것은 올드머니(유산에 의한 부자)와 뉴머니(신흥 부자)의 항쟁을 보여주는 사건이라는 것이다.

화이트 가는 미국의 오래된 명문이다. 한편 해리 소의 아버지 윌리엄은 19세기에 일확천금을 한, 이른바 '도둑 귀족'Robber baron이다. 윌리엄은 펜실베이니아 철도의 주식으로 재산을 모았고, 그의 아들 해리는 그 재산을 물려받아 탕진했다.

1901년 피츠버그에서 뉴욕으로 나온 해리는 대도시의 유흥에 빠져든다. 상류사회의 놀이 친구와 샐리즈 등의 고급 레스토랑 특별실에서 연회를 열었다. 당시 '플로랑드라'라는 레뷰[2]가 인기여서 거기에 나오는 코러스걸을 연회에 부르는 것이 유행이었다. 해리 소도 프랜시스 벨몬드라는 '플로랑드라 걸' 한 사람을 불렀는데, 신사답지 못하게 대해 그녀의 화를 사고 말았다.

한편 스탠퍼드 화이트는 '플로랑드라 걸'에 인기가 있는 친절한 신사였다. 그녀들은 해리 소의 파티를 취소하고 화이트의 파티에 모였다. 그것이 사교계의 가십 신문《타운토픽스》에 재미있게 실렸기 때문에 해리 소는 화이트에게 원한을 가졌다.

버밍엄에 따르면, 에블린 네스빗(그녀도 '플로랑드라 걸' 중의 한 사람이었다)을 둘러싼 다툼이 있기 전부터 해리 소와 화이트 사이에 대립이 있었다. 졸부가 오래된 상류사회에 들어가려다 모욕을 당했고, 그것을 복수하려고 벌인 사건이라는 것이다.

---

2 노래와 춤, 풍자극 등을 혼합하여 구성한 쇼—옮긴이.

시어도어 루스벨트의 시대

시어도어 루스벨트Theodore Roosevelt, 1858~1919는 1901년부터 1909년까지 미국의 대통령을 지냈다. 그러므로 미국의 20세기 첫 10년은 그의 시대라고도 할 수 있다. 그의 조카딸 남편인 프랭클린 루스벨트Franklin Delano Roosevelt, 1882~1945는 1933년부터 1945년까지 미국의 대통령이었으므로 20세기 전반기 50년 중에서 20년은 루스벨트 가가 대통령이었던 셈이다.

시어도어 루스벨트는 존 웨인이 연기하는 서부 남자처럼 늠름하고 정의감이 흘러넘쳤으며 또 인정미도 있어서 가장 인기 있는 대통령 중의 한 사람이었다. 명문에다 부호였는데도 대기업의 독점적인 이익 추구를 규제하고 약한 자를 보호하며 격차를 없애려고 했다.

한편 강력한 군대를 만들어 미국의 영토를 확장하려고 한 제국주의자이기도 했다. 미국이 세계를 지킨다는 20세기의 미국 제국주의를 예고한 것이다. 정의와 약자의 편으로 믿음직하고 평판이 좋은 대통령이었지만 그래도 스캔들이 없었던 것은 아니다. 생애를 간단히 살펴보면, 시어도어 루스벨트는 1858년 뉴욕에서 태어나 하버드 대학에

서 공부했다. 정치에 관심을 가졌고 뉴욕 주의 의원이 되었다. 1895년
에는 뉴욕 시의 경찰위원장이 되어 경찰의 근대화를 추진했고, 1898
년에는 뉴욕 주지사에 당선했다. 공화당이었지만 당의 방침에 따르지
않고 기업에 특허세를 부과하여 민주당으로 평가되었다.

1900년 루스벨트는 윌리엄 매킨리William McKinley, 1843~1901 대통령의 부
대통령으로 선출되었다. 하지만 1901년에 매킨리가 암살당했으므로,
시어도어 루스벨트는 결국 대통령이 되었다. 제1기(1901~1904)는 기
업을 규제하는 엘킨스 반리베이트법 등을 성립시켰다. 또한 1902년
J·P·모건 등에 의한 철도 지주회사 북부증권회사가 반트러스트법을
위반했다며 고소했고, 이어서 다른 트러스트에 대한 소송도 제기했다.
또한 그해의 무연탄 광산의 파업에 개입하여 노동자에게 유리한 조건
으로 타결시켰다.

한편 대외 정책에서는 미국을 세계의 대국으로 확장하는 정책을 적
극적으로 추진하여 필리핀, 쿠바, 알래스카 등으로 나아갔다. 또한 도
미니카, 베네수엘라 등 중남미 국가에 개입함으로써 그때까지의 대외
에 간섭하지 않는다는 먼로주의로부터 전환했다.

1904년의 대통령 선거에서는 유력한 라이벌이 없었으므로 루스벨
트는 재선에 성공했다. 제2기에는 더욱더 혁신적인 정책을 펼쳤다. 철
도요금의 규제, 운송회사의 경리 공개 등을 정한 헵번법, 고용주 책임
법을 통과시켰다. 그리고 그의 자연보호 정책은 지금도 높은 평가를
받고 있다. 대외 정책에서는 러일전쟁의 종결을 위해 노력하여 그 공
적으로 1906년 노벨평화상을 수상했다. 그는 일본을 높이 평가하며 어
떤 기대를 걸고 있었던 것 같다. 그 때문에 조선에 대한 일본의 종주권

(1906)과 만주 진출(1908)을 묵인했다. 훗날 태평양전쟁으로 나아가는 분기점의 하나로서 여러 가지 것들을 생각하게 한다. 그런데 이상과 같은 시어도어 루스벨트의 전기에서 그다지 말하지 않는 것은 1904년 대통령 선거 때의 스캔들이다. 이때 그가 규제하려고 한 대기업으로부터 거액의 정치 헌금을 받았다는 소문이 나돌았던 것이다.

시어도어 루스벨트의 대통령 당선을 지휘한 사람은 상무장관 조지 브루스 코트류였다. 〈뉴욕타임스〉는 그가 대기업으로부터 헌금을 모았다고 공격하며 '공공적인 스캔들', '국가적 독직'이라고 써댔다. 기업이 정당에 헌금하는 방식은 그때 막 시작된 것이었다. 그리하여 국가가 기업으로부터 정치 헌금을 받고 그 대신 그 기업에 편의를 제공하는 것을 '코트류주의'라고 일컫게 되었다.

시어도어 루스벨트는 코트류에게 수만 달러를 스탠더드석유회사에 반환하게 하고 기업에 편의를 제공하는 일은 전혀 없을 것이라고 맹세했다. 그리고 제2기에는 대기업에 더욱 엄격한 정책을 취해 선거의 오점을 일소한 것처럼 보였다. 그러나 아이다 도널드Aida D. Donald의 《백악관의 사자Lion in The White House》(2007)에 따르면 대통령도 속고 있었다.

1912년 클랩 위원회의 조사에 따르면 대기업은 그의 선거운동에 2백만 달러나 제공했다. 시어도어 루스벨트는 그것을 보고받지 못했고, 코트류도 대통령의 반환 명령을 무시하고 있었다. 그러나 기업의 헌금이 시어도어 루스벨트의 정책에 전혀 영향을 주지 못한 것으로 보여 스캔들은 묻혀버렸다. 대기업의 수장들은 돈을 냈는데도 오히려 엄격하게 규제를 받았다며 투덜댔다. 2백만 달러는 정말 쓸데없는 돈이었을까?

머크레이커(추문 적발자)

머크레이커muckraker라는 말은 시어도어 루스벨트가 명명한 것이라고 한다. 머크레이크muckrake는 퇴비를 휘젓는 갈퀴를 말하는데, 존 버니언John Bunyan, 1628~1688의《천로역정》에 '머크레이커'(갈퀴로 퇴비를 휘젓는 남자)가 나온다. 이 남자는 천상의 미를 올려다보지도 않고 오로지 아래만 보고 지상의 오물을 긁어모으고 있다.

이 남자처럼 인생의 추한 면만을 폭로하려는 사람들을 시어도어 루스벨트는 '머크레이커들'이라고 불렀다고 한다. 그는 선거 캠페인을 파헤치는 저널리즘에 넌더리를 냈던 듯하다.

1880년부터 1914년까지 자본주의의 반사회적인 지나친 행위를 억제하는 데 힘을 발휘한 것은 정당이나 법률보다는 신문이나 잡지였다.[3]

미국에서는 이때 신문과 잡지가 급증했다. 그것은 바로 기업이 강제로 노동자를 부당하게 착취하며 거대해지는 시기였으므로 저널리즘은 그 악행을 폭로하며 대중의 마음을 끌었다.

최초의 폭로 기사는 1881년 〈애틀랜틱 먼슬리〉에 헨리 데머레스트 로이
드가 쓴 연재 '위대한 독점 이야기'였다. 그런데 여러 잡지, 특히 〈매클루
어스〉, 〈에브리바디스〉, 〈콜리어스〉와 그밖의 주간지가 그것을 흉내를 내
게 된다. 위에 든 세 잡지만으로도 1902년부터 12년 동안 슬럼가, 인종적
편견이나 차별, 아동 근로, 고액 가격 설정과 같은 문제에 대해 1,000개가
넘는 폭로 기사를 게재했다.[4]

이들 머크레이커들에 의한 스캔들의 폭로와 적발로 여론이 들끓어
사회적 부정을 규제하는 법률이 만들어졌다. 철도의 독점적인 경영을
적발한 기사는 헵번법을 성립시켰고, 정육산업의 내막을 소설로 쓴 업
턴 싱클레어Upton Sinclair, 1878~1968의 《정글》(1906)은 순수식품 · 약제법을
만드는 계기가 되었다. 머크레이커들의 기사 중에서 가장 유명한 것은
1904년 〈매클루어스〉에 연재되고 책으로도 나온 스탠더드석유회사에
대한 고발이다. 록펠러의 스탠더드석유회사는 1879년 무렵 독점적인
기업이 되어 트러스트를 만들었고 철도도 지배하에 두고 있었다. 1901
년 텍사스 주의 스핀들톱 유정(油井)의 대대적인 파업은 그 독점에 금
이 가게 했다. 1911년 연방최고재판소는 스탠더드석유 트러스트를
해체하라는 명령을 내린다. 20세기 초는 〈매클루어스〉에 의한 스캔
들 폭로가 활발한 시대였다. 시어도어 루스벨트 자신도 성가신 파리
같은 〈매클루어스〉에 시달렸지만 그것을 정치적으로 잘 이용했다.

---

3 ポール・ジョンソン, 別宮貞德譯,《アメリカ人の歴史Ⅱ》, 共同通信社, 2002.
4 ポール・ジョンソン, 같은 책.

《시스터 캐리》의 트러블

머크레이커들 중에서 사회파 리얼리즘 소설가가 나온다. 업턴 싱클레어에 이어 시어도어 드라이저Theodore Dreiser, 1871~1945도 머크레이커 출신인 것이다.

드라이저는 1892년 시카고에서 신문기자가 되어 빈민가에 대한 르포 등을 썼다. 그는 피츠버그로 옮겨가 〈디스패치〉지에 들어갔고, 이 철강 도시에서 대자본가와 노동자의 빈부격차를 관찰했다. 1894년부터 뉴욕 〈월드〉지의 기자가 되어 사회적인 부정을 공격하는 칼럼을 썼다. 점차 소설로 관심이 기울어 1900년 최초의 장편소설《시스터 캐리Sister Carrie》를 썼다.

《시스터 캐리》는 훗날 걸작으로 평가되지만, 당시에는 부도덕하다고 여겨져 출판할 때 문제가 생겼다. 그 때문에 일종의 문학 스캔들이 일어났다고 전해진다. 지금 읽으면 이 소설이 왜 부도덕하다고 평가되었는지 이해하기 어렵지만 말이다.

주인공 캐리는 대도회 시카고로 나가 두 남자의 유혹을 받는다. 그러나 우연한 계기로 여배우로 성공하여 뉴욕으로 나간다. 아내를 버리고 그녀와 결혼하려는 남자는 몰락하지만 그녀는 스타가 되어 사회의 계단을 올라간다.

음란한 표현이 있는 것은 아니다. 그렇다면 무엇이 문제가 된 것일까? 당시의 도덕으로는 결혼도 하지 않은 아가씨가 여러 남자와 관계하는 것은 부도덕한 일이었다. 더군다나 한 남자는 아내까지 있다. 물론 그런 불륜관계는 지금까지도 쓰여 왔지만, 그러한 인물은 부도덕한 죄를 범한 것이므로 처벌받지 않으면 안 된다. 그런데 캐리는 벌을 받지 않고 성공하여 영광의 자리에 앉는다. 이것은 용서할 수 없다는 것이다.

처음에는 하퍼스사(社)가 낼 예정이었다. 그런데 소설의 내용이 너무나 생생하고 르포 같으며 권선징악을 요구하는 당시의 도덕에 맞지 않아 팔리지도 않을 것 같다며 거절했다. 그리고 더블데이사(社)에 그 작품을 소개했다. 더블데이사에는 《맥티그McTeague》(1899)라는 리얼리즘 소설을 쓴 프랭크 노리스Frank Norris, 1870~1902가 편집자로 있었으므로 드라이저의 소설을 높이 평가했다. 그러나 더블데이Nelson Doubleday는, 이 작품은 감상적인 소설을 좋아하는 미국인에게는 좀 과격하고 사회비판도 문제가 될지 모른다고 생각했다.

결정적이었던 것은 더블데이 부인이 주인공 캐리의 행실이 나쁘고 사악하다고 생각한 일이다. 이미 출판 계약을 맺은 상태였지만, 더블데이는 어떻게든 피하려고 했고 드라이저는 뜻을 포기하려 하지 않았다.

그 결과 더블데이는 마지못해 이 소설을 출판했다. 1천 부밖에 찍지 않았고 광고도 전혀 하지 않았다. 1900년에 456부밖에 팔리지 않아 드라이저는 인세로 68달러 4센트밖에 받지 못했다.

이 걸작이 1900년 미국에서 얼마나 부당하게 취급받았고 이해받지 못했으며 부도덕한 소설로서 금지당했는가를 이 일이 잘 말해주고 있다. 그러나 이것은 아무래도 드라이저가 자신을 비극의 주인공으로 삼아 약간 과장되게 말한 전설인 듯하다.

분명히 더블데이는 이 책의 출판에 냉담했지만, 드라이저는 1901년 영국의 하이네만사(社)에서 이 소설의 축약본을 출판하여 상당히 팔았다. 그리고 그 후에도 몇 가지 판을 냈으므로 그리 심한 피해는 받지 않았고 충분히 본전을 뽑았다. 드라이저는 자신을 문학의 수난자로 전설화했던 것이다.

드라이저의 대표작은 《미국의 비극An American Tragedy》(1925)이다. 이 작품은 1906년에 일어난 사건을 모델로 하고 있다. 사건을 살펴보면 대강 이렇다.

뉴욕 코트랜드의 스커트 봉제공장에서 일하는 체스터 질레트는 스물두 살의 청년이었다. 그는 공장주의 조카로서 직공장이 되었고 지방에서 올라온 여공들에게는 동경의 대상이었다. 그는 그중에서 그레이스 브라운이라는 귀여운 아가씨와 사귀었다. 한편 백부의 연줄로 사교계에도 드나들게 되었고 상류층 아가씨와의 결혼 이야기도 나왔다.

그런데 부자가 될 수 있다고 생각되었을 때 그레이스가 임신했고 결혼을 졸랐다. 그녀가 거추장스러워진 질레트는 그레이스를 유티카로 데려가 애드론덱 산맥 기슭에 있는 빅무스 호의 호텔에 묵었다. 7월 11일 그는 호수에서 그레이스를 보트에 태우고 나갔다. 그리고 혼자 돌아왔다.

이튿날 그녀의 익사체가 발견되었다. 질레트는 곧 의심을 받고 체포되었다. 그녀에게는 맞은 상처가 있고 흉기로 보이는 테니스 라켓도 발견되었다. 그는 그녀가 자살하려고 물로 뛰어들었다고 변명했지만, 수영을 잘하면서 왜 살리려고 하지 않았는지를 설명할 수 없었다. 결국 그는 사형 판결을 받았다.

드라이저는 이 사건에 강한 흥미를 느꼈다. 사실 그 이전부터 출세를 위해 여성을 죽이는 사건에 관심을 가지고 있었다. 그는 열다섯 건 이상의 사건 기사를 스크랩해두고 있었다.

반대로 말하자면 1900년 전후에는 이런 사건이 꽤 많았던 것 같다. 시대의 전환기에 계급이 흔들리고 하층에서 상층으로 올라갈 가능성이 많았던 것, 신흥 벼락부자가 나타났다는 것, 돈벌이뿐만 아니라 상류층 아가씨와의 결혼으로 상류사회에 들어갈 수 있게 되었다는 것, 출세나 돈을 벌려는 야심이 소용돌이치는 욕망 사회가 시작되었다는 것 등이 거기에 반영되어 있었다. 바로 그것이 '미국의 비극'인 것이다.

드라이저는 출세를 위해 과거의 여자를 죽이는 주인공을 동정적인 시선으로 그렸다는 비판을 받았다. 질레트를, 돈이 전부인 듯한 욕망 사회 미국의 희생자로 보고 드라이저는 어떤 공감을 느낀 듯했다. 도덕적인 사람들은 주인공이 더욱 심한 공격을 당해야 한다고 생각했는데, 드라이저는 주인공을 전락시킨 미국이야말로 비판을 받아야 한다고 생각했던 것이다.

에드워드 시대 여자의 싸움

1901년 빅토리아 여왕이 죽고 긴 빅토리아 시대가 끝났다. 그리고 예순 살의 황태자가 에드워드 7세가 되었다. 에드워드 왕조는 1901년부터 1910년까지 아주 짧았지만 꽤 재미있는 시대였다. 엄격하고 딱딱한 빅토리아 왕조에서 해방되어 좀더 자유롭고 쾌락적인 분위기가 깊어졌다.

그런 분위기를 가장 민감하게 포착한 것은 여성이다. 빅토리아 왕조는 여왕이 지배했음에도 남성 중심의 사회로, 여성은 가정에 갇혀 있었다. 여성들은 에드워드 왕조로 단숨에 해방되어 사회로 진출하고 정치 참가를 요구했다. 여성참정권운동은 열광적으로 고양되었다. 페미니스트는 가두로 나가 경관과 충돌하고 체포되었다. 로널드 피어설Ronald Pearsall의 《에드워드 왕조의 생활과 오락Edwardian life and leisure》(1973)에 따르면, 에드워드 왕조에서 남자는 정치나 예술에 무관심하고 여성은 정열적인 관심을 보여주었다고 한다. 지금과 어딘지 닮은 구석이 있다.

여성은 사회에 나가 일하고 스포츠를 즐기는 데 신선한 흥미를 느끼고 있었다. 담배를 피우거나 바지를 입고 자전거를 타는 여자를 남자들은 가증스럽다며 조소했다.

그러나 그것에 대한 페미니스트의 싸움은 격렬했다. 여성의 참정권을 요구하는 단체가 차례로 생겨났다. 1903년에 만들어진 여성사회정치연맹WSPU, Women's Social & Political Union은 그때까지 없었던 급진적이고 전투적인 조직이었다. 회장이 된 팽크허스트Emmeline Pankhurst, 1858~1928 부인은 자유당이나 노동당에 의지하지 않고 독자적인 여성운동을 전개했다.

여성사회정치연맹에는 행동적인 여성들이 차례차례 모여들었다. 애니 케니Annie Kenney는 직공으로 일하고 있었는데 조합운동을 전개하여 남성들을 놀라게 했다. 카 부인은 건축가인 남편에게 반항하여 연맹에 참가했다. 비어트리스 샌더스는 페이비언주의자(페이비언 협회가 주창한 점진적 사회 개량주의 - 옮긴이)의 아내였다. 아에라 램은 고아로 사회에 대한 분노를 갖고 있었다. 길버트 앤드 설리번 오페라의 가수 벨라 홈스도 있었다. 그리고 펭크허스트 부인의 두 딸 실비아와 크리스타벨이 가장 유력한 멤버였다. 노동당을 창당한 케어 하디Keir Hardie는 그녀들의 운동을 지원하고 있었다.

1905년 여성참정권법이 의회에서 논의되었지만 보수파가 반대했다. 그러자 여성사회정치연맹이 항의 데모를 했다. 데모를 진압하는 경관대에게 크리스타벨 팽크허스트와 애니 케니가 침을 뱉고 할퀴어 큰 소동이 벌어졌다.

팽크허스트 부인 등은 벌금 납부를 거부하고 형무소에 들어갔다. 사람들은 투옥된 그녀들에게 관심과 동정심을 가졌다. 하지만 그 운동은 광기라며 돌을 던지는 사람들도 많았다.

전투적인 여성운동가들은 계속해서 난폭하게 굴며 온갖 스캔들을 일으켰다. 일종의 히스테리 상태에 들어가 울부짖거나 아우성을 쳤으므로 더이상 손쓸 방도가 없게 되었고, 애니 케니는 다시 투옥되었다. 신문은 재미있다는 듯 우습게 써댔고 풍자화를 실었다. 크리스타벨 팽크허스트를 주인공으로 한 연극까지 상연되어 그녀는 페미니스트의 영웅처럼 보였다.

1906년에서 1907년에 걸쳐 팽크허스트 등은 여기저기서 소동을 일으켜 체포되었다. 윈스턴 처칠Winston Leonard Spencer Churchill, 1874~1965은, 그녀들에게 말벌처럼 시끄럽게 군다고 말하여 격렬한 항의를 받았다.

1908년에는 대규모 데모가 계획되어 하이드파크에 25만 명이 모였다. '의회광장의 싸움'이라 불리는 충돌이 일어난 것이다. 정부는 데모에 참가한 여성 참가자들의 이름과 사진을 신문에 싣는 걸 금지했다.

팽크허스트 부인은 단식투쟁을 하라는 명령을 내렸다. 운동은 과격해져 여성들은 도끼나 곤봉을 들고 거리의 쇼윈도 등을 깨부수었다. 유리창을 깨는 전술은 유행이 되었다.

페미니스트의 열광은 사교계의 부인들에게까지 미쳤다. 고상한 여성까지 돌을 던져 유리창을 깨며 쾌감을 느끼는 것이었다.

여성들의 반항에 정부도 어리둥절하고 있었다. 1910년 에드워드 7세가 갑자기 죽고 조지 5세가 왕위에 올랐다. 그러나 싸움은 계속되었고 크리스타벨 팽크허스트는 파리로 망명하여 그곳에서 지령을 내리고 있었다. 가수 에설 스미스는 운동에 참가하여 〈여성행진곡〉을 만들었다.

페미니스트의 싸움은 1910년 이후에도 계속되었다. 1913년의 더비

(Derby, 경마대회의 하나 - 옮긴이) 때 에밀리 데이비슨Emily Wilding Davison, 1872~1913이 왕의 말 앞에 몸을 던져 죽는 비극적인 사건이 일어났다.

1918년 여성참정권이 인정을 받게 되어 운동은 끝났다. 이 과격한 운동은 과도기 여성의 단순한 참정권만의 문제가 아니라 사회에 대한 불평과 불만의 표현이었다. 프로이트가 엿본 무의식의 세계가 보낸 메시지였는지도 모른다.

맨발의 이사도라

20세기 초 모던댄스가 탄생한다. 선구자는 이사도라 던컨Isadora Duncan, 1877~1927이었다. 그녀는 '맨발'의 댄서로 유명해졌다. 토슈즈를 신고 추는 고전 발레 시대에 맨발로 춤을 추는 것은 충격이고 스캔들이었다.

왜 '맨발'이 스캔들인 것일까? 빅토리아 시대에는 '발'을 보이는 것이 외설적이라고 생각되었기 때문이다. '발'을 보이기는커녕 그 단어를 입에 담는 것조차 꺼렸던 것이다. 절로 웃음이 나오는 것은, 피아노 다리나 의자의 다리조차 외설적이라고 생각되어 헝겊으로 싸놓았다는 것이다.

그런 만큼 '맨발'은 강렬한 인상을 주어 이사도라의 선전문구가 되기도 했다. 그런데 그녀가 언제부터 어떻게 맨발로 춤을 추었는가는 분명하지 않다. 바바라 오코너Barbara O'connor의 《맨발의 댄서—이사도라 던컨 이야기Barefoot Dancer : The Story of Isadora Duncan》(2001)에 따르면 이사도라는 1877년 샌프란시스코에서 태어났다.

아버지가 빚 때문에 형무소에 들어가 어머니는 네 명의 아이들을 데리고 힘겨운 생활을 하고 있었다. 이사도라는 춤추는 것을 좋아하여

댄서를 꿈꾸었다. 그러나 발레는 인간의 자연스러운 신체를 속박한다
고 하여 싫어했고 내면을 표현하는 자유로운 춤을 지향했다.

1887년 열 살의 이사도라는 샌프란시스코의 해안에서 맨발로 춤을
추었다. 모래사장에서의 거리 공연 같은 것이었다. 맨발의 춤은 바로
거기에서 시작되었는지도 모른다.

1893년 열여섯 살 때 그녀는 댄스로 살아가기로 결심한다. 1895년
그녀는 뉴욕으로 나가 극장에서 일했지만 좋은 일은 없었다.

드라이저의 소설에 나오는 여성 캐리, 건축가 스탠포드 화이트가 사
살되는 원인이 된 레뷰 걸 이블린 네스빗 등과 이사도라 던컨은 동시
대 사람인 것이다. 그녀들은 지방에서 자립을 꿈꾸며 대도회로 올라
온 신여성이었다.

엔터테인먼트가 요구되는 극장은 이사도라의 춤과 맞지 않았기 때
문에 그녀는 사교계 여성의 사적인 파티 등에서 춤을 추었다. 부인들
이 새로운 예술에 흥미를 갖게 된 것도 시대의 경향이었다. 하지만 고
상한 그녀들에게 이사도라의 춤은 부도덕하게 보였다.

날씬하고 젊은 이사도라는 무릎 위로 올라가는 짧고, 살이 들여다보일 것
같이 얇은 옷을 입고 춤을 추었다. 팔도 다리도 맨살 그대로였다. 부인들
에게는 누드처럼 보였다.[5]

이사도라 자신의 회상에 따르면, 어떤 부인이 왜 맨발로 추는지 물

---

5 O'connor, Barbara "Barefoot Dancer : The Story of Isadora Duncan" Carolrhoda Books 2001.

었다. 인류의 발이 가진 아름다움을 믿고 있어서라고 그녀는 대답했다. "인류 진화의 뛰어난 성과 가운데 하나는 발의 표현과 지성"이라고 하자 그 부인은 "저는 진화를 믿지 않아요"라고 말했다고 한다.

이사도라는 미국에 넌더리가 나 1899년 유럽으로 향했고, 런던에 도착했다. 주목해야 할 것은 앞장에서 말한 것처럼, 런던은 마침 여성 참정권운동이 시작되는 시기였다는 사실이다. 이사도라의 춤도 그 시대 페미니즘의 물결 속에서 지지자를 얻었다. '맨발'의 이사도라가 적극적인 의미에서 평가된 것은 런던으로 갔기 때문일 것이다.

미국에서는 무시당했던 '맨발'이 여성해방운동이 과격해지고 있던 영국에서는 코르셋이나 발을 가리는 긴 스커트로부터 해방시켰다고 칭찬받는다.

'맨발'의 댄서는 1900년 만국박람회로 들끓는 파리로, 그리고 1901년 독일, 오스트리아로 돌아다닌다. 그리고 동경의 땅 그리스에서 춤을 춘다. 1900년부터 1904년까지가 그녀에게는 가장 좋은 시절이었을 것이다.

1904년 영국의 전위적인 연출가 고든 크레이그Edward Gordon Craig, 1872~1966를 만나 그녀는 사랑에 빠진다. 그녀는 크레이그에게 매료되었다. 베를린에서 댄스스쿨을 열지만 그것을 후원하는 부인들은 이사도라가 아이들에게 맨발로 춤을 추게 한 것이나 크레이그와의 불륜 등을 이유로 떠나갔다. 또다시 그녀는 가증스러운 여자로서 비난받았다. 이사도라는 격노했다. 베를린 필하모닉 홀에서 열린 춤에 대한 강연회에서 그녀는 결혼에 구속받지 않는 자유로운 연애나 출산에 대해 말하여 스캔들을 더욱 크게 만들었다.

모던댄스의 기수로, 당시로서는 너무나 전위적인 춤으로 화제가 된
이사도라 던컨(1877~1927)

그녀는 크레이그의 아이를 가졌다. 네덜란드의 해변에 있는 마을에 틀어박혀 1906년 딸을 낳았고 데어도르라는 이름을 붙였다.

그 사이 댄스스쿨은 빚으로 망해가고 있었다. 그녀는 데오도르를 맡기고 공연 여행을 떠나지 않으면 안 되었다. 크레이그와도 헤어졌다.

1908년 이사도라는 미국 공연을 떠났다. 예전에 자신을 인정하지 않았던 조국은 유럽에서 유명해진 댄서를 신기한 듯 맞이했다.

그리고 다시 파리로 돌아온 이사도라는 여전히 댄스스쿨 재건을 위한 비용을 마련하느라 고심하고 있었다. 그런데 1909년 대부호 패리스 싱어Paris Singer가 나타나 후원자가 되어주었다. 그는 싱어미싱의 상속자다. 로맨스가 시작되고 이사도라는 패리스의 요트로 지중해를 도는 휴일을 즐겼다. 그리고 그의 아이를 가졌다.

임신 중이었는데도 이사도라는 두 번째 미국 공연을 떠났고 1909년 카네기홀에서 춤을 추었다. 그리고 파리로 돌아가 1910년 패리스의 아들 패트릭을 낳았다.

하지만 행복은 오래가지 못했다. 1913년 패트릭은 교통사고로 짧은 생애를 마친다. 그것은 이사도라의 '좋은 시절'이 끝났음을 의미했다. 그 후에는 그때까지 그녀를 유명하게 한 스캔들이 그녀를 끌어내렸다.

살인귀와 무선전신 — 크리펜 사건

　대서양 횡단 기선 몬트로스 호는 벨기에의 앤트워프에서 캐나다로 가는 항로를 순조롭게 나아가고 있었다. 헨리 켄들 선장은 수상한 승객이 마음에 걸렸다. 존 파일로 로빈슨과 그의 아들이라는 열여섯 살의 소년, 부자간이라기보다는 연인처럼 보였다. 동성애인가 하고 선장은 의심했지만 얼마 지나지 않아 남자아이 차림을 한 '아들'이 여자가 아닐까 하는 생각이 들었다.

　선장은 로빈슨이 〈데일리메일〉에 실린 살인범 크리펜과 닮았다고 느꼈다. 크리펜은 정부를 데리고 도망 중이라고 한다. 선장은 범인 같은 2인조가 승선하고 있다고 배의 주인에게 무전을 쳤다. 그 통신은 스코틀랜드야드(Scotland Yard, 런던경찰국의 별칭 – 옮긴이)에 전해졌다. 월터 듀 경부가 쾌속 로렌팅 호를 타고 몬트리올로 앞질러 가 몬트로스 호에서 내리는 두 사람에 "굿모닝 크리펜 박사!"라고 말하며 체포했다.

　크리펜은 런던에서 아내를 죽여 지하실에 묻고 도망을 쳐 쫓기는 몸이었다. 이 사건은 이제야 막 실용화된 무선전신(마르코니)이 살인사건을 해결하는 데 도움을 준 최초의 예로서도 유명하다. 에릭 라슨Erik Larson의 《낙뢰Thunderstruck》는 무선전신과 크리펜을 평행하게 추적하면서 이 사건을 상세하게 전해주고 있다.

홀리 하비 크리펜Hawley Harvey Crippen, 1862~1910은 1862년 미국 미시건 주에서 태어났다. 그는 의학을 배웠다. 그가 배운 의학은 당시 미국에서 인기가 있었던 동종요법homeopathy이라는 다소 이단적인 의학이었다. 동종요법은 이종요법allopathy의 반대로 독일의 의사 사무엘 하네만Samuel Hahnemann이 시작했다고 한다. 이종요법은 열이 나면 해열제를 주는, 즉 반대물로 병을 퇴치하려고 한다. 근대의학은 이런 방식이다. 그러나 동종요법은 자연요법, 민간요법, 동양의학 등에 가깝다.

1883년 크리펜은 런던으로 갔다. 그는 정신병원에서 근무했다. 동종요법에서는 마약이나 환각제 등도 쓰기 때문에 정신병의 치료에 도움이 된 듯하다. 그러나 동종요법은 영국에서 정식으로 인정받고 있지 않았기 때문에 크리펜은 런던에서 정식 의사 면허를 가질 수 없었다. 그는 무면허 의사로 일했던 것이다.

그 후 미국으로 돌아가 뉴욕에서 일했다. 그때 오페레타 가수 코라 터너를 알게 되었다. 코라는 가수로서 성공하지 못했지만 예능 세계를 좋아하여 크리펜과 결혼하고 나서도 놀러다니며 정부를 만들었다. 크리펜은 그런 아내에게 아무 말도 못한 것 같다.

1893년 미국은 불경기에 빠졌다. 크리펜은 영국에서 다시 한 번 일을 해보기로 했다.

우연이지만 굴리엘모 마르코니Guglielmo Marconi, 1874~1937도 1892년 런던으로 왔다. 마르코니는 이탈리아에서 전자기파를 연구하여 무선전신에 선공했지만 이탈리아 정부는 관심이 없었으므로 영국의 원조를 얻으려고 했던 것이다. 그는 1901년에 세계 최초로 대서양 황단 무선통신에 선공했다. 그 무렵 크리펜도 런던에 있었다. 그는 무선전신의 발명이 자신의 운명과 관련될 것이라고는 꿈에도 생각하지 못했을 것이다.

크리펜과 함께 런던으로 간 코라는 뮤직홀에서 가수로 일했지만 그다지 좋은 반응을 얻지 못해 뮤직홀 부인 길드의 경리가 되었다. 사무원을 하면서 무대 일이 있으면 출연하곤 했던 것이다. 크리펜은 길드의 사무소와 같은 건물에서 수상한 약을 취급하는 무면허 의원을 열고 있었다. 그는 타자수로 에델 르 네브라는 음침한 여성을 고용했다. 화려하고 강한 성격의 코라와는 대조적으로 얌전하고 연약했기 때문일까, 그는 에델을 사랑하고 말았다.

그러고 나서 무슨 일이 있었는지는 알 수 없지만 1910년 1월 코라가 사라졌다. 크리펜은 그녀가 미국으로 돌아갔다고 이야기했다. 그러나 그녀에게 무슨 일이 있지 않았을까 하는 소문이 돌았다.

그런 소문을 듣고 스코틀랜드야드의 듀 경부가 조사하러 왔지만 수상한 점은 아무것도 발견되지 않았다. 그러나 다시 듀 경부가 찾아왔을 때 크리펜과 에델은 모습을 감춘 상태였다. 그리고 그가 있던 집의 마루 밑에서 토막이 난 시체가 발견되었다.

신문은 이 사건을 센세이셔널하게 보도했다. 그리하여 명탐정 켄들 선장이 범인을 발견하게 되는 것이다. 선장은 로빈슨의 선실로 몰래 들어가 소년이 여성의 속옷을 입었다는 것 등을 알아냈다. 게다가 그 내용을 신문에 흘렸으므로 화려한 스캔들 기사가 보도되었고, 크리펜이 몰래 배를 타고 있는 동안 세계는 그를 스캔들을 일으킨 유명인으로 만들어놓고 그의 도착과 체포를 기다리고 있었던 것이다.

재판도 센세이셔널한 것이었다. 크리펜은 지하실의 토막 난 시체에 대해서는 모른다고 말했다. 그러나 이 무렵에 발달해 있던 범죄병리학에 의해 사체가 코라라는 것이 밝혀졌다. 그녀는 항상 머리를 금발로 염색하고 있었는데, 그것이 천연적이라는 것을 보여주기 위해 전신의 털을 모두 염색하고 있었다. 발견된 음모도 금색으로 염색되어 있었으므로 그녀임이 밝혀졌다. 이런 세세한 내용까지 신문에 보도되었던 것이다.

크리펜은 마지막까지 에델을 보호했다. 그리고 자신만 사형을 당했다. 관에는 에델의 사진을 넣어달라고 말했다. 에델은 무죄선고를 받고 얼마 후 결혼하고 장수했다고 한다.

켄들 선장은 매스컴의 영웅이 되었다. 그가 무선으로 연락하고 나서 스물네 시간도 안 되어 런던과 뉴욕의 모든 사람들이 몬트로스 호와 그 선장을 알고 있었다.

그는 아주 동떨어진 두 이야기의 교차점에 발을 들여놓았던 것이다. 에드워드 시대의 종말에 두 세계의 만남은 다가올 새로운 시대에 큰 영향을 주었던 것이다.[6]

---

6 Larson, Erik "Thunderstruck" Three Rivers Press 2006.

제2장
1910년대

타이타닉의 음모

1912년 절대 침몰하지 않는다던 타이타닉 호가 첫 항해에서 빙산과 충돌하여 가라앉았다. 1503명이 목숨을 잃었다.

타이타닉 호에는 20세기의 운명을 상징하는 측면이 있었다. 최신 기술을 결집하여 제조된 호화스럽고 쾌적하며 거대한 기선이 대부호부터 가난한 노동자까지 싣고 구세계에서 신세계를 향해 첫 항해에 나섰던 것이다. 그러나 최신 기술을 사용한 호화 기선도 안전하지 않았고, 거대하기 때문에 재해도 거대하여 많은 사망자를 냈다. 그것은 아무래도 '20세기'의 항해를 기다리고 있는 어두운 그림자의 징조 같은 것이기도 했다.

타이타닉 호에 대해서는 지금까지 수많은 책이 나왔으므로, 여기서는 그 침몰을 사고가 아닌 음모로 보는 주장을 다뤄보려고 한다.

사건 직후부터 그것은 인재이고 타이타닉 호는 침몰하지 않았다는 소문이 있었던 듯하다. 20세기 말이 되어 다시 음모론이 재연되고 있다. 그 시작은 로빈 가디너Robin Gardiner와 단 반더 바트Dan Van Der Vat의 《타이타닉의 수수께끼The riddle of the Titanic》[1]다.

20세기 초는 대서양 횡단 호화 여객선의 황금시대였다. 관광여행이 발달하여 호화 여객선으로 유럽과 미국을 왕복하는 여행자가 늘어났던 것이다.

북대서양 항로에서 앞서가고 있던 것은 큐나드 기선회사였다. 라이벌은 화이트스타 기선회사였는데, 두 회사 사이에는 상당한 격차가 벌어져 있었다. 큐나드 기선회사의 배 이름은 대체로 어미에 ia(루시타니아Lusitania)가 붙고 화이트스타 기선회사의 배 이름은 어미에 ic(타이타닉Titanic)가 붙었다.

화이트스타의 기선은 하랜드앤드울프Harland and Wolff 조선회사에서 제조되었다. 1910년에 만들어진 선박이 올림픽 호다. 올림픽 호는 수요일에 사우샘프턴을 출발하여 다음 주 수요일에 뉴욕에 도착하는 정기 항로에 올랐다. 선장은 에드워드 존 스미스Edward John Smith였다.

그런데 올림픽 호는 1911년 9월 사우샘프턴 만에서 순양함 호크와 충돌하여 큰 손해를 입었다. 이때 두 번째의 호화 여객선 타이타닉 호를 건조하고 있었다. 올림픽 호는 같은 도크에서 수리하게 되었다. 두 배는 아주 닮았다.

타이타닉 호가 드디어 완성되어 1912년 4월 사우샘프턴을 출항하여 뉴욕으로 첫 항해에 나섰다. 선장은 올림픽 호에 탔던 존 스미스였다. 올림픽 호에서도 자주 사고를 일으켰는데 왜 다시 그에게 타이타익 호를 맡겼느냐는 비난이 훗날 나오게 된다. 그리고 4월 14일, 뉴펀들랜드 남쪽 4백 킬로미터 근처에서 빙산에 충돌하여 타이타닉 호

---

1 ロビン・ガーディナー, ダン・ヴァンダー・ヴァット, 內野儀譯, 《タイニックは沈められた》, 集英社, 1996.

는 침몰했다.

여객선에는 무선통신기가 있었으므로 구조신호를 보냈지만 큐나드의 기선 카파시아 호가 현장에 도착하기까지 세 시간 이상이나 걸렸고, 타이타닉 호는 한 시간 반 전에 침몰한 상태였다. 20마일쯤 거리에 화물선 캘리포니아가 있었지만 통신원이 자고 있어 SOS를 듣지 못했다고 한다.

모든 설비를 갖춘 타이타닉 호에는 구명보트만 부족했다. 16척밖에 없어 승선원의 절반 이하인 천여 명밖에 탈 수 없었다.

부주의하고 무모한 타이타닉 호의 항해가 문제가 되었고, 몇 가지 수수께끼가 남았다. 누구의 책임일까? 화이트스타의 사장 브루스 이스메이Bruce Ismay, 조선회사 하랜드앤드울프의 회장 제임스 피리William James Pirrie, 선장 존 스미스의 책임을 물었다. 선장은 사고로 죽었지만 이스메이는 타이타닉의 특별실에 타고 있었는데 구명보트로 탈출하여 무사히 살아남았다.

미국의 윌리엄 랜돌프 허스트William Randolph Hearst가 발행하고 있던 신문은 이스메이를 '짐승 같은 놈'이라고 매도하며 그를 사고의 책임자라고 미디어 재판에 걸었다. 허스트는 영국을 싫어했고 타이타닉의 침몰은 영국인 탓이라고 했다.

그러나 화이트스타는 국제해운상사IMM의 자회사이고, 국제해운상사에는 미국의 존 피어폰트 모건John Pierpont Morgan이 들어가 있었다. 화이트스타는 모건 재벌의 지배를 받고 있었던 것이다.

그리고 타이타닉 호 옆에 있던 캘리포니아 호는 모건의 소유였다. 모건 자신은 타이타닉 호에 탈 예정이었지만 어쩐 일인지 몸이 아프다며 취소했다. 하지만 프랑스의 해안에서 정부(情婦)와 지내고 있었다.

그런 점에서 모건이 타이타닉 호의 침몰을 계획한 막후 인물이 아닐까 하는 음모설이 등장했다. 올림픽 호가 거듭 사고를 일으켜 화이트스타사는 경제적인 위기에 처해 있었다. 그래서 배를 침몰시켜 보험금을 노리는 음모를 꾸몄다는 것이다. 더군다나 침몰한 것은 도크에서 타이타닉 호로 위장하여 바꿔치기 된 올림픽 호였다는 것이다.

이 음모설은 무리가 많고 앞뒤도 맞지 않는다. 그런데도 20세기 말이 되어 다시 튀어나오는 것은 왜일까? 너무나 엄청난 일이 일어났으므로 누군가의 음모라고 생각하지 않으면 견딜 재간이 없어서인지도 모른다.

인류 기원의 위조 : 필트다운인

1912년 런던에서 남쪽으로 60킬로미터 지점에 있는 필트다운에서 오래된 두개골이 발견되었다. 발견자는 찰스 도슨Charles Dawson이라는 아마추어 고고학자였다. 당시 화석인류로는 네안데르탈인이나 자바원인이 발견되었는데 필트다운인은 자바원인과 같은 정도로 오래된 플라이토스세 전기의 지층에서 나왔다. 네안데르탈인이나 자바원인은 원숭이에 가깝고 두개골도 작아서 인류로 진화하기에는 아직 큰 공백이 남아 있었다. 그러나 필트다운인은 하악골이 유인원에 가까웠지만 두개골은 인간처럼 발달해 있었다.

대영자연사박물관의 아서 스미스 우드워드Arthur Smith Woodward 박사는 화석에서 필트다운인을 복원하고 현대인의 직계 조상이 아닐까 하는 생각을 하게 되었다. 인류학의 권위자인 아서 키스Arthur Keith 교수가 그 주장을 강력하게 지지하자 필트다운인은 세계적으로 유명해졌다.

그러나 의혹을 품은 사람도 있었다. 미국의 스미소니언 재단의 밀러는 인간의 두개골에 원숭이의 하악골을 합성한 듯하다고 말했다. 영국의 학자는 미국인이 뭘 알겠는가 하는 태도로 밀러의 의견을 묵

살해버렸다.

영국의 고고학이나 인류학 권위자들의 지지에 의해 '필트다운인'은 그때부터 40년간이나 인류의 기원으로 통용되었다.

한편 아프리카에서는 1940년경부터 원인(오스트랄로피테쿠스) 화석이 차례로 발견되었다. 아프리카 원인의 뇌는 작았다. 왜 필트다운인의 뇌만 큰가, 정말 오래된 것일까?

필트다운인에 의심을 품은 사람이 미국이나 오스트레일리아의 학자였다는 사실이 주목된다. 영국의 학자는 서구중심주의에 집착하여 영국의 필트다운에 인류의 조상이 있었다는 것을 고집하고 있었다. 아프리카에 인류의 기원이 있다고는 믿고 싶지 않았던 것이다.

그러나 1953년 옥스퍼드 대학의 조지프 와이너Joseph Sydney Weiner가 도슨이 발견한 필트다운인의 화석은 위조라는 사실을 폭로했다. 와이너는 남아프리카 출신이다. 그는 이 화석이 인간의 두개골과 오랑우탄의 하악골을 합성한 것이라는 것을 실증했다. 두개골은 기껏해야 5백년 전 인간의 뼈였다. 그렇다면 누가 이런 짓을 하여 인류학을 속였던 것일까? 가장 재미있는 주장은, 셜록 홈스의 작자 아서 코넌 도일Arthur Conan Doyle의 장난이라는 것이다. 그는 필트다운 근처에 살고 있었고《잃어버린 세계》를 쓰는 등 고고학, 고생물학에 흥미를 갖고 있었다.

프랑스 예수회의 사제로 고생물학자인 테야르 드 샤르댕Pierre Teilhard de Chardin, 1881~1955이 범인이 아닐까 하는 설도 있었다. 그는 찰스 도슨의 친구로 발굴을 도왔다. 그러나 누구보다 수상한 사람은 발견자인 도슨이다. 그는 아마추어이지만 고고학이나 인류학에서 인정받고 싶다는 공명심에 불타고 있었다.

프랭크 스펜서Frank Spencer의 《필트다운인 – 화석인류 위조 사건》[2]은 이 사건을 역사적으로 살핀 명저다. 그러나 당사자인 도슨 등이 이미 죽었기 때문에 밝혀지지 않은 점이 많다.

도슨은 처음부터 가짜를 만들었던 것일까? 우드워드 박사가 복원했는데, 만약 복원의 과정에서 두개골과 하악골을 원시인의 화석처럼 수정했다고 한다면 그의 책임도 크다. 그리고 그것을 인류의 조상이라고 하여 학계의 정설로 퍼뜨린 아서 키스 교수야말로 책임이 있다.

프랭크 스펜서는 아서 키스야말로 도슨의 배후 인물이고 위조에 가장 큰 책임이 있다고 말한다. 스펜서의 《필트다운인》을 읽으면 학문의 위조라는 것은 누군가가 위조했다는 단순한 것이 아니라 그 위조를 옳은 것으로 유통시켜가는 학계 전체에 의해 이루어진다는 사실을 알 수 있다. 그런 까닭에 필트다운인의 위조를 밝히는 데 40년이나 걸린 것이다.

잘못된 설이 정착하면 그것을 정정하는 것이 얼마나 힘든 일인지를 이 책은 말하고 있다. 학계는 잘못을 은폐하고 사수하려고 한다. 그것을 정정하기 위해서는 외부의 비판 외에 방법이 없다는 것이다.

필트다운 사건을 스캔들로 보기로 하자. 학계의 권위자나 대학자 역시 바나나 껍질을 밟고 넘어지는 것을 보여주고 있다. 전문적인 학자도 때로는 잘못을 저지른다. 전문가도 이런 가짜에 깜빡 속고 만다. 세상물정을 알 만한 교수도 그대로 무지를 드러낸다. 훌륭한 학자가 넘어지므로 우리는 웃는다. 그런 일로 학문은 열린 것이 된다.

2　フランク・スペンサー－, 山口敏譯,《ピルトダウン－化石人類僞造事件》, みすず書房, 1996.

〈봄의 제전〉 전쟁

1913년 5월 29일 파리의 샹젤리제 극장에서 상연된 발레 〈봄의 제전〉은 관객들의 야유와 고함으로 엄청난 소동을 일으켰다. 1909년 파리에 온 세르게이 디아길레프의 '발레뤼스'(러시아 발레단)는 당시까지의 고전 발레에 익숙해 있던 파리의 관객에게 센세이션을 불러일으켰다. 디아길레프는 좀더 신기하고 전위적인 것을 보여주려고 〈봄의 제전〉을 제작했다. 작곡가 이고르 스트라빈스키와 화가 니콜라스 레리히와 함께 기획한 작품이었는데, 그들은 이 작품을 통해 그리스도교 이전의 원시적인 러시아의 생명력을 표현하려고 했다. 레리히는 고고학이나 민속학에 관심을 갖고 있었다.

필트다운인의 화석이 그토록 관심을 끌었던 일과 〈봄의 제전〉이 상연된 것은 같은 시대였다. 원시적이고 이교적인 생명력에 매료된 시대였던 것이다. 레리히는 러시아의 오지에서 민속예술을 수집해왔다. 원시민족의 풍요와 재생의 축제를 파리의 극장에서 재현하려고 했다. 안무는 바츨라프 니진스키가 맡았다.

파리의 관객에게는 〈봄의 제전〉이 반예술이고 이민족의 괴이한 의식이었다. 예술을 보러 온 사람들은 화를 내며 떠들어대기 시작했다.
장 콕토Jean Cocteau, 1889~1963는 그 분위기를 다음과 같이 썼다.

관객석은 연기해야 할 역할을 했다. 그들은 순식간에 반항했다. 사람들은
웃었다. 조롱했다. 휘파람을 불었다. 짐승의 울음소리를 흉내 냈다. 그리고
만약 탐미가들 무리나 몇 명의 음악가들이 극도의 열광에 사로잡혀 관람
석에 있는 사람들을 모욕하거나 밀어내지 않았다면 사람들은 아마 곧 지
쳐버렸을 것이다. 소동은 드잡이로까지 발전했다.[3]

장 콕토는 1925년에 〈청춘과 스캔들〉이라는 강연을 했다(전집 제4
권에 수록). 그것에 따르면 미는 혼란을 불러일으키는 것, 즉 미란 스
캔들인 것이다.

제가 입회한 최초의 스캔들은 1913년 〈봄의 제전〉의 그것이었습니다. 지
금도 그날 밤은 세계의 모든 젊은이에게 잊기 힘든 날입니다.(〈청춘과 스
캔들〉)

1913년 스캔들로서의 미가 나타났다. 그리고 디아길레프는 젊은
콕토에게 "놀라게 해보라"고 말했다. 콕토는 에릭 사티Erik Alfred Leslie Satie,
1866~1925, 피카소와 함께 〈퍼레이드Parade〉를 만들어 1917년에 상연했고,
스캔들이 되었다. 혼란시켜 기성의 예술을 뒤집어엎는다는 모던아트

---

3 ジャン・コクトー, 佐藤朔譯, 〈雄鷄とアルルカン　音樂をめぐるノート〉, 大浜甫譯, 〈青春とスキャ
ンダル〉,《ジャン・コクトー全集第四卷》, 東京創元社, 1980.

의 시대가 시작된 것이다. 사람들은 "이건 예술이 아니다!"라고 외쳤다. "이건 스캔들이다!" 그러자 전위예술가들은 "스캔들이야말로 예술이다!"라며 맞섰다.

1913년의 〈봄의 제전〉 스캔들에는 약간의 뒷이야기가 있다. 1912년에 초연된 드뷔시의 〈목신의 오후〉를 춘 니진스키를, 〈르피가로〉의 편집장 가스통 칼메트는 비속하고 외설적이라며 격렬하게 비판했다.

칼메트는 스캔들에 대한 공격을 자신의 사명으로 삼고 있었던 것 같다. 1913년 그는 니진스키를 지지한 조각가 오귀스트 로댕에게 총구를 겨누며 행실이 나쁜 난봉꾼 예술가라고 욕설을 퍼부었다.

1914년 칼메트는 두메르그 내각의 재무장관이었던 조제프 카요가 뇌물을 수뢰했다고 공격했다. 그것에 분노한 조제프의 아내 앙리에트는 3월 16일 〈르피가로〉사에 나타나 칼메트를 총으로 쏴 죽여버렸다. 스캔들을 공격한 칼메트는 스캔들의 복수를 당한 셈이다. 그리고 니진스키는 다시 스캔들을 일으키는 발레 〈봄의 제전〉에 도전했던 것이다. 〈봄의 제전〉은 스캔들이 되었다. 양식 있고 예술적인 관중은 엄청난 비난을 퍼부었다. 하지만 '양식'이나 '예술'은 이미 붕괴하고 있었다.

공연이 대혼란을 겪은 후 디아겔레프는 스트라빈스키에게 "내가 예상한 대로의 결과다"라고 말했다. 그는 스캔들이 일어날 것을 예상하고 있었고, 그것이 성공했다고 생각한 것일까?

그리고 그 배후에서는 이 세계의 대혼란, 세계대전의 징조가 물밀듯이 다가오고 있었다.

생어 부인 - 피임은 죄?

1917년 마거릿 생어Margaret Sanger, 1883~1966는 뉴욕 주 브루클린의 아파트에 열고 있던 진료소에서 체포되어 투옥되었다. 이주민 여성에게 피임도구를 배포한 혐의였다. 당시 피임도구는 도덕을 어지럽히는 외설물의 일종이었다.

생어 부인은 산아제한운동의 대명사 같은 존재다. 그렇다면 왜 그 운동은 그토록 엄한 단속을 당해야 했을까? 앨런 체슬러Ellen Chesler의 《용감한 여성Woman of valor》[4]은 훌륭한 전기다. 이 책은 초기의 산아제한운동이 어떤 것이었는지 가르쳐준다.

안전하고 확실한 피임 수단이 여성의 해방과 인류의 진보에 필요하다는, 언뜻 무척 단순해 보이는 주장을 그녀는 실로 반세기 이상의 세월에 걸쳐 주장해왔던 것이다.[5]

---

4 エレン·チェスラ-, 早川敦子監譯, 《マ-ガレット·サンガ-風を驅けぬけた女性》, 日本評論社, 2003.
5 エレン·チェスラ-, 같은 책.

마거릿은 1879년 뉴욕 주에서 태어났다. 아버지는 아일랜드계 석공이었다. 그녀는 여섯 번째 아이였는데, 병약한 어머니가 차례로 출산하며 자신의 몸을 소모시켜가는 것을 보고 산아제한에 관심을 가지게 되었다.

인류에게 다산이 문제가 되어 피임 방법을 생각하게 된 것은 19세기가 되어서다. 1798년 토머스 맬서스Thomas Robert Malthus, 1766~1834는 인구론의 입장에서 출생률의 통제가 필요하다고 주장했다.

옛날부터 피임 방법으로는 질외사정이 있었다. 그리고 여성의 성기에 스펀지를 넣는 방법이 있었다. 그리고 19세기에는 남성의 성기에 콘돔을 끼우는 방법이 실용화되었다. 1837년 미국의 코네티컷 주에서 찰스 굿이어Charles Goodyear, 1800~1860가 고무의 황화(黃化)에 성공하여 얇고 튼튼한 고무를 개발했고, 얼마 지나지 않아 고무 콘돔이 제조되었다.

주목할 만한 것은 미국에서 19세기 중반에 이미 피임 도구가 일반 사람들에게 판매되고 있었다는 사실이다. 그런데 1873년 외설에 관한 컴스톡법Comstock laws이 통과되어 피임 도구가 금지당하게 된 것이다. 그때까지만 해도 피임이 좋은가 나쁜가 하는 격렬한 논쟁이 벌어지지 않았다.

그러나 19세기 후반 미국으로의 이민이 급증하여 인구증가가 문제가 됨과 동시에 피임을 인정하지 않는 가톨릭 세력도 증가했다.

1900년 마거릿은 준간호사가 되었다. 그녀는 1902년 건축가이자 화가였던 윌리엄 생어와 결혼하여 뉴욕으로 갔다. 세 명의 아이를 낳고 그녀 자신이 결핵에 걸리기도 해서 출산과 병약함에 시달렸다. 남편 생어의 영향으로 뉴욕의 그리니치빌리지에 모여 사는 보헤미안 예술가나 사회주의자 그룹과 알게 되었다.

뉴욕에서 방문 간호사로 일하며 슬럼가의 가난한 여성들을 알게 된 그녀는 사회주의운동에 참가했다. 매력적이고 연설을 잘한 그녀는 인정을 받아 두드러진 존재가 되었다. 얼마 지나지 않아 그녀는 자신의 목표를 '산아 제한' 하나에 집중한다. 1912년 〈더콜〉에 칼럼 '여자아이가 알아야 하는 것'을 연재한다. 피임을 권하는 내용이 풍기를 문란하게 한다며 〈더콜〉은 컴스톡법에 의해 발매금지를 당한다. 체포를 피해 영국에 망명하지만 그녀는 거기에서 팸플릿 〈산아 제한〉을 발행한다.

1916년 체포를 각오하고 귀국한 마거릿은 미국 전역을 돌아다니며 강연을 했고 브루클린의 브라운스빌에 미국 최초의 산아제한 진료소를 개설했다. 하지만 경찰의 단속을 받아 마거릿은 체포되고 진료소는 폐쇄되었다. 그녀는 1개월의 금고형을 받고 복역했다.

1919년 그녀는 캘리포니아 남부에 머물다가 1920년에 런던으로 가 성과학자 하브로크 엘리스와 알게 되었고, 그 사상의 영향을 받아 세계적인 운동을 전개했다.

1920년대부터 그녀는 극동에서 산아제한 운동을 전개하겠다는 꿈을 꾸었다. 아그네스 스메들리Agnes Smedley, 1892~1950, 이시모토(가토) 시즈에 등의 협력을 얻은 그녀의 발자취는 흥미롭지만 여기서는 그것까지 다룰 여유가 없다. 제2차 세계대전 후 그녀는 일본을 방문하려고 했지만 더글러스 맥아더Douglas MacArthur, 1880~1964의 반대로 이루어지지 않았다.

마거릿은 1966년에 세상을 떠났다. 컴스톡법이 개정되어 외설물이 몰수되지 않게 된 것은 그 후인 1970년의 일이고, 미국 최고재판소가 미혼 커플의 피임도구 사용을 인정한 것은 1972년의 일이다. 그러나 그것으로 문제가 해결된 것은 아니었다. 미국에서는 여전히 피임이나 중절에 대한 반대 세력이 뿌리 깊이 남아 있어 대통령 선거 때마다 문제가 된다.

1916년에 피임은 외설이고 죄이며 스캔들이었다. 산아제한은 인간이 인간의 생명을 통제하는 일이다. 1910년대에는 인간이란 무엇인가 하는 것을 물었던 것 같다. 인류의 기원을 둘러싼 필트다운인 화석의 위조와 산아제한은 동시대에 일어난 일이고 서로 연결되어 있다. 원시인간의 '봄의 제전', 생명의 재생도 동시대의 일이다.

라스푸틴 : 러시아의 참극

20세기에 살아남은 러시아의 로마노프 왕조는 단말마의 양상을 드러내고 있었다. 괴짜 성직자 그리고리 라스푸틴Grigorii Efimovich Rasputin, 1871~1916의 에피소드는 그 일면을 보여주었다.

로마노프 왕조의 마지막 황제들은 늘 암살자의 위협에 시달렸다. 알렉산드르 2세는 1881년 폭탄테러로 죽었다. 아들 알렉산드르 3세는 비밀경찰이 엄중하게 보호하여 암살은 피했지만 알코올 중독으로 1894년에 급사했다. 그리하여 황제가 될 마음의 준비가 되지 않았던 니콜라이 2세가 황제에 즉위했다.

황비 알렉산드라는 독일 태생이다. 하지만 어머니가 빅토리아 여왕의 차녀 앨리스여서 그녀는 영국 풍으로 자랐다. 그녀는 루터교회에서 러시아정교로 개종하여 황비가 되었다. 그녀는 황태자 알렉세이를 낳았지만 그 아들은 혈우병을 앓았다. 그녀는 여러모로 고심하며 온갖 치료를 받게 했다. 그 무렵 페테르부르크에서 유행하고 있던 신비주의나 심령 연구 등에 관심을 가지기도 했다. 그리고 그녀는 혈우병을 치료한다는 신기한 성직자를 소개받는다. 라스푸틴이 등장한 것이다.

황후는 라스푸틴의 영적 능력에 매료되어, 그가 로마노프 가와 러시아를 위기에서 구할 구세주라도 되는 양 믿어버렸다.

라스푸틴은 1871년 시베리아 서부에서 태어났다. 그는 종교적인 세계에 끌렸고 순례자를 동경했다. 그 무렵 시베리아에서는 '편신파'(鞭身派)와 '거세파'라는 두 이단이 번성했다. 둘 다 자신의 몸에 상처를 입히며 고행하는 일파다. 그들은 격렬하게 돌며 춤을 추어 최면 상태에 들어간다.

여기서 스트라빈스키, 레리히, 니진스키의 발레 〈봄의 제전〉도 러시아의 원시적이고 이교적인 축제의 부활이었다는 것을 떠올릴 수 있다. 〈봄의 제전〉은 라스푸틴의 세계와 연결되어 있었던 것이다.

라스푸틴은 오랜 순례로 영적 능력을 얻었고, 1905년의 혁명으로 요동치는 페테르부르크에 나타났다. 그리고 불안에 떨고 있는 로마노프 황실은 그를 초대했다.

1905년 1월 굶주린 노동자들이 황제에게 보내는 청원서를 가지고 겨울 궁전 광장으로 향했다. 그러자 경비대가 발포하여 광장의 눈은 피로 물들었다. '피의 일요일'이다. 병사의 탄압을 받은 군중 안에는 〈봄의 제전〉의 안무를 맡았던 니진스키도 있었다고 한다. 이 사건으로 러시아 전역이 시끄러워져 혁명 전야와 같았다.

그러한 위기 상황에 라스푸틴이 수도에 나타난 것이다. 황후는 황태자의 혈우병에 고심하고 있었다. 혈우병은 피가 응고되지 않는 병으로 유전이었다. 혈우병 유전자는 영국의 빅토리아 여왕의 가계에서 온 것이었다.

황후는 아들의 혈우병을 치료하기 위해 라스푸틴을 초대했는데 놀랍게도 그의 치료로 황태자의 증상은 가벼워졌다. 황후는 라스푸틴을 절대적으로 믿게 되었다. 그는 황실 전속의 영적 능력자로서 강력한 권력을 갖게 되었다.

라스푸틴이 인간의 유전자나 혈액을 치유하는 영적 능력을 가졌다고 믿어졌다는 사실은 주목할 만하다. 인간이 생명이나 진화를 통제할 수 있는가가 시험에 오른 것이다. 생어 부인의 산아제한과 라스푸틴의 신비한 힘은 전혀 무관하지는 않다.

황후의 절대적인 신뢰를 얻은 라스푸틴은 자유분방하게 생활했다. 그가 성적 매력으로 상류사회의 귀부인들을 유혹했다는 소문도 나돌았다.

1907년부터 10년 후의 혁명까지 페테르부르크 시내는 소문과 음모가 소용돌이치고 있었다. 상류사회는 지루함이나 불안감과 싸우며 퇴폐해가고 있었다. 사람들이 가장 좋아하는 심심풀이는 축재와 낭비, 그리고 정평이 나 있는 호색적인 가십이나 간통이었다. 모든 사람들의 관심이 라스푸틴에게 집중되었다. 그의 인생 자체를 훨씬 상회하는 웅대한 자질, 거친 생명력, 게다가 성적으로, 사회적으로, 영적으로. 순진할 정도로 사람들을 꺼리지 않는 그의 행동거지 덕분에 라스푸틴은 확실히 페테르부르크 시에서 사람들의 입에 가장 많이 오르는 인물이었던 것이다.[6]

러시아 황실은 1905년의 제1차 혁명을 그럭저럭 넘겼지만 더욱 폐

---

6 ジェーン・オークレー, 和田廣譯,《ラスプーチン その虚像と實像》, 河出書房新社, 1992.

쇄적이 되어 황제 일가는 차르스코에셀로 별궁에서 격리된 채 생활하고 있었다. 그런 만큼 황후는 더욱더 라스푸틴에게 매달리게 되고 그에게서 위안을 찾았다.

한편 라스푸틴의 권세에 대한 격렬한 질투도 소용돌이치고 있었다. 중신들은 황제 측근의 간신을 제거하기 위해 음모를 꾸몄다. 처음에는 라스푸틴을 숭배했던 이리오도르 수도사가 반(反)라스푸틴파가 되어, 라스푸틴이 황후를 유혹했다고 중상하는 글을 유포했다. 그 때문에 라스푸틴은 한때 페테르부르크를 떠나 고향으로 돌아갔다. 그러나 1912년 알렉세이 황태자의 병세가 악화되자 다시 불려왔다.

이리오도르는 제자를 시켜 라스푸틴을 암살하려고 했으나 실패했다. 라스푸틴은 중상을 입었지만 회복했다. 그때 제1차 세계대전이 일어났다. 라스푸틴은 러시아 황제에게 전쟁을 단념하게 하려고 했으나 잘 되지 않았다. 하지만 황후와 라스푸틴이 독일의 스파이라는 소문이 나돌았다.

그리고 다시 암살 계획이 진행되었다. 그 중심인물은 펠릭스 유스포프Felix Yusupov 공작이었다. 그는 여장 취미의 동성애자로, 처음에는 라스푸틴에게 매료되었다고 한다. 그것이 증오로 표변한 것이다.

1916년 12월 16일 라스푸틴은 유스포프 공작의 아내 일리나의 초대를 받아 모이카 궁전으로 갔다. 일리나는 니콜라이 2세의 조카로 미인이었다. 비밀경찰이 뭔가 음모가 꾸며지고 있다는 것을 알아내 가지 않는 게 좋겠다는 사람도 있었지만, 라스푸틴은 아름다운 일리나를 만날 수 있다는 유혹을 이기지 못하고 유스포프 저택(모이카 궁전)으로 갔던 것이다.

유스포프는 그에게 독이 든 케이크와 와인을 주었지만 효과가 없다고 생각하여 등 뒤에서 라스푸틴을 쏘았다. 유스포프는 라스푸틴의 사체를 페트로프스키 다리에서 던져버리고 도망쳤다.

하지만 황실을 휩쓴 대대적인 스캔들도, 3월에 시작된 러시아혁명으로 황제가 퇴위하자 날아가버렸다.

사라진 로마노프 가 : 러시아혁명

1917년 러시아혁명이 일어났다. 로마노프 가의 마리아 대공녀는 다음과 같이 썼다.

3월 13일(율리우스력 2월 28일), 끝내 올 것이 오고야 말았다. 페트로그라드 거리에서 시가전이 벌어지고 있다는 첫 보고가 직접 들어왔다. 볼린스키 연대의 뒤를 따라 다른 연대도 반기를 들었고, 병사들은 거리에 흩어져 있는 군중과 의기투합하여 시내의 건물에 불을 지르고 감옥 문을 열어 죄수들을 해방하여 성페트로 파블로프스크 요새를 습격했다.[7]

마리아 대공녀는 알렉산드르 2세의 막내 파벨 대공의 딸이고, 동생 드미트리는 라스푸틴 암살에 참여했다.

무모하게도 세계대전에 참가한 러시아군은 대패하여 러시아혁명의 폭풍을 불러들이고 말았다. 3월의 페테르부르크 폭동 소식을 들은 니콜라이 2세는 전선에서 귀국했지만 상황이 절망적이어서 돌아오는 열차 안에서 퇴위를 결심했다. 황제 일가는 페테르부르크 교외의 차르스코에셀로의 별궁에 연금되었다.

혁명 소식을 듣고 망명해 있던 레닌과 트로츠키가 귀국했다. 과격파는 황제의 처형을 요구했다. 임시정부의 케렌스키 수상은 1917년 8월 황제 일가를 시베리아의 트보리스크로 피난시켰다. 이곳은 공교롭게도 라스푸틴의 고향 근처였다.

10월혁명에 의해 케렌스키 내각은 추방되고 레닌의 볼셰비키파가 승리한다. 황제 일가에 대한 처우는 가혹해졌다. 1918년 4월에는 우랄 산맥 산속의 에카체린부르크(지금의 스베르드로프스크)로 옮겨졌다. 그곳에서 로마노프 가는 뚝 끊어지고 만다.

1918년 7월 러시아 황제 일가 전원—황제 니콜라이 2세, 황후 알렉산드라, 황태자 알렉세이, 그리고 네 명의 황녀—는 공산당 측에 체포되어 실종된 채 두 번 다시 모습을 나타내지 않았다. 공식적으로 황제 일가는 볼셰비키의 포로로서 에카체린부르크의 저택에 유폐되어 있을 때 총과 총검으로 살해된 것으로 되어 있다.[8]

앤서니 섬머스Anthony Summers와 톰 맨골드Tom Mangold는 1971년 BBC의 다큐멘터리 프로그램을 제작하기 위해, 로마노프 가는 정말 몰살당했는가 하는 수수께끼에 도전했다. 반세기 이상이나 지났어도 생존자가 있다는 소문이 사라지지 않았기 때문이다. 적어도 네 명의 황녀 올가, 타치아나, 마리아, 아나스타샤 중의 한 사람인 막내딸 아나스타

7　マーリヤ大公女, 平岡綠譯, 《最後のロシア大公女マリーヤ》, 中公文庫, 1987.
8　A・サマーズ, T・マンゴールド, 高橋正譯, 《ロマノフ家の最期》, パシフィカ, 1977.

샤는 살아남았다고 했다. 자기가 아나스타샤라고 하는 사람이 나타났던 것이다.

러시아혁명으로 반혁명파 러시아인은 전 세계로 망명해야 했다. 그들은 로마노프 가에 대한 다양한 이야기를 퍼뜨렸다. 실제인지 환상인지 구별하기 힘든 로마노프 네트워크 이야기는 무척 흥미롭다. 살아남은 로마노프 가의 사람들 이야기와 황금이나 보석 등 숨겨 놓은 재산 이야기는 일본에까지 널리 퍼져 있다.

예컨대 소비에트 적군에 대항하여 시베리아에서 싸우고 있던 장군 우랑게리에게 어떤 대령이 황제 일가 모두 무사하다고 말했고, 니콜라이 2세나 알렉세이 황태자를 만났다는 것이다.

1960년 폴란드의 비밀정보원 미하일 고레네프스키는 CIA의 권유를 받고 미국으로 망명했다. 그런데 그는 자신이 사실은 알렉세이 황태자라고 말하여 저널리즘의 총아가 되었다. 뉴욕의 미디어에서는 일종의 로마노프 붐이 일었다.

로마노프 가의 '생존자'로서 가장 인기가 있었던 사람은 아나스타샤다. 1920년 베를린에서 운하로 뛰어든 젊은 여성이 있었다. 구출된 그녀는 자신이 황녀 아나스타샤라고 말했다. 자신이 아나스타샤라고 말한 여성은 그동안 여러 명 있었다. 그중에서도 베를린에서 강에 뛰어들어 자살하려고 한 여성(애나 앤더슨이라는 이름으로 알려져 있다)은 1984년에 죽을 때까지 내내 '아나스타샤'로서 살았다.

섬머스와 맨골드의 《로마노프 가의 최후》는 그녀가 진짜일지도 모른다고 보고 있다. 이 책을 계기로 일어난 '로마노프' 붐에 의해 '아나스타샤'도 매스컴의 화제를 모았다.

제임스 러벌James Blair Lovell은 《아나스타샤-사라진 황녀Anastasia : the lost princess》[9]에서 그녀가 진짜가 아니라고 보고 있다.

소련이 붕괴된 후 로마노프 황제 일가의 학살에 대해서도 다시 조사가 이루어졌는데, 역시 생존자는 없었다고 한다. 그래도 그것을 부정하는 소문은 끊이지 않았다. 사람들은 아무래도 사라진 왕가의 스캔들을 좋아하는 것 같다.

9 ジェイムズ・B・ラヴェル, 廣瀬順廣譯,《アナスタシア - 消えた皇女》, 角川文庫, 1998.

예술의 사, 스캔들의 생

1917년 미국에서 '예술'이 넘어졌다. 즉 스캔들이 된 것이다.

'앙데팡당예술가협회'전이 1917년에 기획되었다. "심사 없음. 상 없음. 알파벳순으로 전시"가 모토였다. 6달러를 내면 아무나 출품할 수 있었다. 그런데도 한 작품이 문제가 되었다. 〈샘Fountain〉이라는 제목이었고 작자는 알뮤트R.Mutt라고 되어 있었다. 어처구니없게도 그것은 변기였다.

아무리 그렇더라도 변기를 전시할 수는 없다고, 전람회 위원들이 반대했다. 그런데 한 위원만은 그 작품을 옹호했다. 마르셀 뒤샹Marcel Duchamp, 1887~1968이었다. 사실 그가 바로 〈샘〉의 출품자였다. 알뮤트는 변기 제조회사의 기사 이름이었던 듯하다. 뒤샹의 주장에도 불구하고 위원들 다수의 반대로 〈샘〉은 커튼으로 가려지고 말았다.

왜 뒤샹은 〈샘〉으로 관객에게 충격을 주려고 한 것일까? 프랑스에서 태어난 뒤샹은 큐비즘 그룹에 들어갔고 〈계단을 내려오는 누드Nude Descending a Staircase〉(1911)로 알려졌다. 그와 프란시스 피카비아Francis Picabia, 1879~1953는 1915년 미국으로 건너갔다. 유럽에서 미친 듯이 날뛰는 제

1차 세계대전을 피해간 것이다.

신기한 것을 좋아하는 미국인은 전위적인 아티스트를 스타로 대우했다. 대부호인 월터 알렌스버그는 전위미술의 후원자가 되었다.

미국이 큐비즘, 야수파(野獸派, Fauvism) 등 유럽 전위미술의 세례를 받은 것은 1913년의 '아모리 쇼'The Armory Show에서였다. 뉴욕 제69연대의 아모리(병기고)였던 건물에서 열린 이 전람회에는 유럽의 작가들도 참가했다. 세잔, 반 고흐, 피카소, 마티스, 뒤샹 등의 작품이 처음으로 소개되어 일반 사람들에게 선보였다.

"저런 건 예술이 아니다"라고 시어도어 루스벨트 대통령이 외쳤다. "미친 짓이다"라고 많은 비평가들이 떠들었다. 그들은 1913년의 '국제 모던아트전', 그 역사적인 '뉴욕 아모리 쇼'에 분노를 표했던 것이다. 이 전람회야말로 유럽에서 폭발하고 있던 새로운 예술을 처음으로 광범위하게 소개한 것이었다.[10]

이렇게 요란한 비난에도, 오히려 그 스캔들이 선전이 되어 수만 명의 사람들이 전람회를 보러왔다. 그리고 뉴욕에서 보스턴, 시카고를 순회하며 더 많은 관객을 불러 모았다.

〈시카고 레코드 헤럴드〉지는 다음과 같이 썼다.

큐비스트들의 전람회로부터 청소년들을 보호해야 한다! 교사들은 전람회

---

10 カルヴィン・トムキンズ, タイム ライフ ブックス編集部編 日本語版 監修 東野芳明,《デュシャン 1887-1968》, タイム ライフ インターナショナル, 1969.

를 불결, 외설, 부도덕, 음란하다고 알리다.[11]

스캔들이 됨으로써 유럽의 전위미술은 단숨에 미국으로 흘러들었고 마르셀 뒤샹도 미국에 초대되었다. 그러나 그는 이미 큐비즘 등에 의해 시작된 예술혁명을 더욱 극한으로까지 밀고나가 반예술에 달해 있었다. 그는 레디메이드(readymades, 기성품)라는 오브제 시리즈를 시작했다. 철물점에서 구해온 눈삽에 〈부러진 팔에 앞서서In advance of the Broken Arm〉라는 제목을 붙였다. 예술다움이나 유명 예술가의 이름을 기대하는 관객의 발을 건 것이다. 큐비즘 등에 대해 "이게 예술인가"라고 욕을 퍼부으며 떠들어대면서도 유럽의 전위예술이라고 하면 어떻게든 이해해보려는 미국인에게, '그렇다면 이건 어떤가, 이건 따라올 수 있는가'라며 뒤샹이 시도한 것이 위생용품점에서 사온 변기였다. 그리고 〈샘〉이라는 제목을 붙임으로써 못된 장난은 더욱 증폭되었다.

큐비즘 등을 이해한 첨단적인 미국의 작가나 비평가들로 구성된 위원도 이것만은 따라가지 못하고 〈샘〉을 커튼으로 가려버렸던 것이다.

뒤샹은 그것에 항의하며 '앙데팡당예술가협회'를 사임했다. 알렌스버그는 협회가 거부한 작품을 꼭 자신이 사고 싶다며 그랜드 센트럴 갤러리로 가서 커튼을 들추고 〈샘〉을 꺼내 그것을 안고 회장을 유유히 빠져나왔다고 한다.

뒤샹과 알렌스버그는 〈블라인드맨Blindman〉이라는 팸플릿을 발행했다. 거기에서 뒤샹은 미국인이 만든 예술작품은 위생용품(변기)과 브

11　カルヴィン・トムキンズ、タイム ライフ　ブックス編集部編, 같은 책.

리지(다리 또는 의치)밖에 없다고 말했다.

그리고 앨리스 골드파브 마르키스Alice Goldfarb Marquis의《마르셀 뒤샹 – 벌거벗은 독신자Marcel Duchamp : The Bachelor Stripped Bare》(2002)에 따르면, 〈샘〉이라고 명명된 변기의 복제품이 1999년 소더비 경매에서 1백만7천 달러에 낙찰되었다. 이 예술품 거품도 하나의 스캔들인지도 모른다.

제3장
1920년대

할리우드에 웃음이 그친 날

할리우드는 카우보이가 어슬렁거리는 서부의 도시였다. 1920년대에는 영화의 도시가 되었다. 20세기 초 영화는 뉴욕에서 만들고 있었다. 그런데 야외 촬영이 늘어나자 공간이 넓고 날씨가 좋은 캘리포니아로 가게 되었다. 뉴욕 모션 픽쳐는 1909년에 에덴데일에 스튜디오를 만들었다. 그러고 나서 차례로 스튜디어가 생기기 시작하여 1910년대에는 스무 개 정도의 스튜디오가 모여 할리우드가 형성되었다.

그러나 본격적인 할리우드는 제1차 세계대전 후인 1920년대에 확립되었다. 영화는 대중예술이 되어 폭발적인 확장세를 보였고, 영화스타가 탄생하고 대규모 스튜디오가 출현했다. 1920년대의 키워드로 '할리우드'를 빼놓을 수 없게 되었다.

예전에 골드러시로 사람들이 한꺼번에 몰려든 붐 타운처럼 할리우드도 영화라는 황금에 떼를 지어 몰려드는 거리가 되었고, 동부 뉴욕과 유럽에서 온 망명자들이 모이는 치외법권 지대가 되었다.

그곳에는 술과 마약이 흘러넘쳐 '바빌론'이라 불리는 악덕의 도시가 되었다. 그리고 영화스타라는 새로운 유명인사가 스캔들계에 등장하여, 그때까지의 왕후귀족과는 다른 현대의 스캔들로 사람들을 놀라게 하고 흥분시켰다.

케네스 앵거Kenneth Anger의 《할리우드 바빌론》을 비롯하여 엄청나게 많은 할리우드 스캔들을 모은 책이 출판되었지만 그 대부분은 뚱뚱이 아버클 사건으로 시작한다. 뚱뚱이 아버클 사건은 거대해지려 하고 있던 '할리우드'를 뒤흔들었고 할리우드에 엄청난 변화를 가져왔다.

로스코 아버클Roscoe Arbuckle은 배관공이었는데, 희극영화 제작자 마크 세네트 집의 배수관을 수리하러 갔다가 뚱뚱하고 유머러스한 얼굴을 인정받아 그 자리에서 스카우트되었다. 그리고 순식간에 인기를 얻어 패티(뚱뚱이) 아버클이라는 애칭으로 불리며 찰리 채플린에 버금가는 희극 스타가 되었다.

1921년 파라마운트사의 창립자인 아돌프 주커Adolph Zukor, 1873~1976는 아버클과 3백만 달러 계약을 맺었다. 9월 5일 노동절 휴일에 아버클은 대스타를 약속하는 그 계약을 축하하며 샌프란시스코의 세인트프랜시스 호텔에서 파티를 열기로 했다.

2만5천 달러를 주고 특별히 주문한 피아트 아로를 타고 아버클은 할리우드에서 샌프란시스코로 향했다. 호텔의 스위트룸을 빌려 동료들과 파티걸들을 모아놓고, 금주법 시대였지만 밀주를 대량으로 준비하여 하룻밤 내내 야단법석을 피우며 파티를 즐겼다.

새벽녘 아버클은 버지니아 래프Virginia Rappe라는 여배우와 침실로 사라졌다. 얼마 후 나오더니 그 여자를 어떻게 좀 해달라고 했다. 버지니아는 울기도 하며 신음소리를 내고 있었던 것이다. 그녀는 병원으로 옮겨졌다. 그리고 나흘 후 그녀는 갑자기 죽고 말았다.

그러자 파티에 참석했던 모드 델몬트Maude Delmont가 경찰에게 아버클이 버지니아를 강간하고 그의 체중으로 그녀를 눌러 죽였다고 했다. 그 이야기를 듣고 있던 신문기자가 센세이셔널한 기사를 썼다. 그러나 증거 불충분으로 아버클은 무죄로 풀려났다. 하지만 악덕의 소굴 할리우드, 스타들의 난잡한 행위라는 스캔들 기사에 겁먹은 할리우드 스튜디오는 아버클을 사회적으로 추방해버렸다.

케네스 앵거의 《할리우드 바빌론》은 아버클 사건을 충격적으로 묘사했다. 앵거는 아버클 사건을 오싹한 변태성욕 사건이라는 이미지로 말하고 있다.

그 후 데이빗 얄롭David A. Yallop은 《웃음이 그친 날 - 뚱뚱이 아버클의 진짜 이야기The day the laughter stopped : the true story of Fatty Arbuckle》(1976)에서 이 사건을 자세하게 살펴보고 있다. 이 책을 보면 상당히 다른 국면이 보인다. 앵거는 저널리즘의 센세이셔널한 이야기를 다루고 있는데 실제로 무슨 일이 벌어졌는지에 대해서는 말하지 않았다.

이 사건을 담당한 사람은 지방 검사 매슈 브래디다. 그는 눈에 띄는 사건을 맡아 이름을 알리고 선거에서 표를 얻으려고 했다. 악덕의 소굴 할리우드의 적발이야말로 그에게는 안성맞춤인 사건이었다. 그래서 그는 모드 델몬트의 고발에 달려들었던 것이다.

모드 델몬트는 어떤 사람이었을까? 그녀는 할리우드의 파티에 예쁜 여자아이들을 소개하는 일을 하고 있었다. 하지만 그 일만 한 것이 아니었다. 그녀는 여자아이들에게 부자나 유명인과 자게 되면 처녀인 척하면서 강간당했다고 말하게 하고 고소하겠다고 협박하여 돈을 우려내고 있었던 것이다.

뚱뚱이라는 애칭으로 인기를 모은 희극배우 로스코 아버클(1887~1933)

버지니아 래프도 처녀는 아니었다. 그녀는 마크 세네트에게 스카우트되었지만 순식간에 스튜디오 스태프의 절반 이상과 잤고 그들에게 사면발이를 옮기고 말았다.

브래디 검사는 모드 델몬트의 수상한 증언 등을 근거로 무리하게 아버클을 살인죄로 기소하려고 했다. 그것을 강력하게 지지한 것은 윌리엄 랜돌프 허스트[1]의 이그재미너를 비롯한 신문사였다. 허스트는 스캔들을 센세이셔널하게 보도하여 신문을 팔아먹었다. 아버클에 대해 시시콜콜한 내용까지 써댔고 사진을 위조했으며 할리우드를 악덕의 도시라며 공격했다. 대중은 그것에 놀아나 "아버클에게 린치를 가하라!" 하면서 소동을 벌였다.

아버클의 스캔들은 할리우드 자체의 스캔들이라는 보도가 여론에 섞여들었다.

버지니아 래프의 사체를 살펴본 의사는 그녀가 성폭행을 받은 흔적이 없다고 말했지만, 브래디 검사는 그 증언을 묵살해버렸다. 그래도 아버클은 무죄가 되었다. 그러나 할리우드는 아버클에게 씌워진 오명을 두려워하여 그를 추방하고 여론을 무마하기 위해 자기 검열 기관인 헤이스 오피스Hays Office를 만들었다. 그것은 스캔들을 없애는 것이 아니라 스캔들을 관리하고 은폐하는 장치였다.

아버클은 석방되었지만 여론을 두려워한 할리우드는 그를 쓰려고 하지 않았다. 그는 다른 이름으로 개그 대본을 쓰기도 했지만 결국 알코올 중독자가 되고 말았다. 1933년 워너브러더스사(社)가 드디어 그

---

1 오슨 웰스의 〈시민 케인〉은 그를 모델로 한 영화다—옮긴이.

를 컴백시켰지만 그는 촬영 중 심장발작으로 숨을 거두고 말았다.

할리우드는 아버클을 희생양으로 여론에 바치고 그럭저럭 위기를 넘겼다. 채플린 등도 스캔들이 있었지만 아버클 소동 덕분에 어둠에 묻혔다.

데스먼드 테일러 살인사건

아버클에 대한 재판이 진행되는 중에 파라마운트사의 두 번째 스캔들이 일어났다. 아버클 사건은 난잡한 파티 끝에 일어난 사고 같은 것이었지만 이것은 틀림없는 살인사건이었다. 게다가 할리우드의 유명한 감독이 살해되고 두 명의 여배우가 관련된, 즉 일류 스타가 모두 출연한 미스터리였던 것이다.

피해자는 영화감독 윌리엄 데스먼드 테일러William Desmond Taylor였다. 그는 마흔다섯 살의 훤칠한 미남으로 플레이보이로도 잘 알려져 있었다. 독신이었고 동성애자라는 소문도 있었다. 파라마운트 계열 페이머스 플레이어스Famous Players 영화사의 유명한 감독이었다.

1922년 2월의 어느 날 밤 그는 로스앤젤레스의 호화 저택에서 누군가에게 사살당했다. 이튿날 아침 흑인 하인 헨리 피베이가 죽어 있는 그를 발견하고 "주인어른이 살해당했다!"라고 외쳤다.

이웃에 살고 있던 에드나 파비안스가 그 소리를 들었다. 그녀는 당장 친구인 여배우 메이블 노맨드Mabel Normand에게 알렸다. 메이블은 테일러의 정부 중의 한 사람이었다. 메이블은 테일러 스튜디오의 찰스

이튼Charles Eyton에게 전화했다. 이튼은 곧바로 파라마운트사의 아돌프 주커에게 알렸다.

에드나는 다시 여배우 메리 마일스 민터Mary Miles Minter에게 전화했다. 그녀도 테일러의 정부였다. 그러나 메리는 집에 없었기 때문에 그녀의 어머니 샬럿 셸비Charlotte Shelby 부인에게 전했다.

에드나의 전화를 받은 사람들은 일제히 테일러의 집으로 달려왔다. 그리고 온 집안을 마구 어지럽혔다. 메이블 노맨드는 테일러에게 보낸 연애편지를 되찾으려고 했다. 주커와 이튼은 스튜디오의 입장에서 경찰에게 발견되면 곤란한 자료를 찾아 계속해서 벽난로에 넣어 태워버렸다. 경찰이 도착했을 때는 이마 많은 증거가 처분된 후였다. 메리 마일스 민터와 어머니 셸비 부인은 늦게 도착했으므로 아무것도 되찾지 못했다. 어쨌든 메이블이나 스튜디오 사람들이, 모든 것은 아니라고 해도 많은 증거를 처분해버렸으므로 무슨 일이 일어났는지 알 수 없게 되었다. 그래도 조사가 진행되자 어처구니없는 사실이 밝혀졌다. 우선 윌리엄 데스먼드 테일러의 이름이 가짜라는 것이다. 본명은 윌리엄 딘 터너이고, 그는 동생과 함께 아일랜드에서 온 이민으로 뉴욕에서 동생과 골동품 가게를 열었다. 그리고 결혼하여 행복해 보이는 가정을 꾸리고 있었는데, 어느 날 갑자기 처자식을 버리고 증발해버린 것이다.

얼마 후 데스먼드 테일러라는 이름으로 로스앤젤레스에 나타난 그는 배우가 되었고 드디어 감독으로 성공했다. 다른 인생을 살기 시작한 것이다. 할리우드라는 곳은 그런 일이 가능한 세계였다. 고향에 있을 수 없게 되어 고향을 버린 망명자들이 숨어 사는 마을인 것이다.

테일러는 할리우드 최초의 스타 메리 픽스퍼드의 영화로 성공하여 단숨에 유명한 감독이 되었다. 젊은 여배우들이 동경하는 대상이 된 그는 할리우드 스타일의 생활을 즐기고 있었다. 그리고 그 절정기에 누군가에게 살해당한 것이다.

당연히 메이블 노맨드와 메리 마일스 민터가 의심을 받았다. 메이블은 사건이 일어난 날 밤 테일러의 집을 방문했었다.

흑인 하인 피베이도 의심을 받았다. 그는 테일러의 동성애 상대일지도 모른다는 말도 있었다. 샌즈라는 집사는 얼마 전부터 모습을 감추었다. 그는 아무래도 뉴욕에서 골동품점을 같이 하던 친동생이었던 듯하다. 형제는 무슨 사정으로 뉴욕에서 증발하여 각자 다른 이름으로 할리우드로 찾아왔던 것이다. 하지만 샌즈는 부정한 일을 저질렀다는 이유로 테일러가 자신을 해고했다고 말하고는 행방불명이 되었다. 그도 의심을 받았지만 끝내 발견되지 않았다.

이웃 사람이 총성을 듣고 나가보니 수상한 남자가 나오는 것을 봤다. 그런데 그 사람은 남장을 했지만 여자처럼 보였다고 한다.

아버클 사건에 이은 테일러 사건으로 할리우드는 '바빌론'(악덕의 도시)이며 섹스나 마약이 흘러넘치는 광란의 파티가 열리고 있다는 소문이 퍼져나갔다. 메이블 노맨드와 메리 마일스 민터는 여배우로서의 생명도 끝났다. 할리우드의 대표들이 모여, 조금이라도 오명을 뒤집어 쓴 배우는 영화에 출연시키지 않기로 한 것이다.

할리우드는 하딩 대통령의 체신장관이었던 윌 헤이스Will Hays를 영화계의 감찰관으로 맞아들였다. 헤이스는 외설문서의 통신판매에 반대하고 도덕에 엄격한 정치가였다. 그렇지만 뒤로는 대기업에서 다액의 뇌물을 받고 있다는 소문도 있었다.

테일러 사건의 범인은 결국 밝혀지지 않았다. 용의자는 많았지만 아무도 체포되지 않고 유야무야되었다. 아무래도 헤이스가 손을 써서 사건을 무마해버린 듯 아무도 심각한 취조를 받지 않았다. 할리우드는 두 명의 여배우를 추방하는 선에서 이 스캔들을 정리했다.

그렇다면 누가 범인이었을까? 시드니 커크패트릭Sidney D. Kirkpatrick은 《살인자의 배역A Cast of Killers》(1986)에서 그것에 한 가지 답을 내고 있다. 커크패트릭은 〈백주의 결투〉(1947), 〈전쟁과 평화〉(1956) 등의 명감독 킹 비더King Wallis Vidor의 전기를 쓰려고 했는데, 1967년에 공백이 있다는 걸 발견했다. 이해에 비더가 무엇을 했는가를 조사해보니 그는 친구였던 테일러 사건의 진상을 극비리에 조사하고 있었다는 것을 알았다. 그리고 범인을 밝혀냈지만 발표하지는 않았다.

커크패트릭은 비더가 발표하지 않은 자료를 발견하고 이 책을 썼다. 그 책에 따르면 범인은 놀랍게도 메리 마일스 민터의 어머니 셸비 부인이었다. 그녀는 딸을 유혹한 테일러를 사살한 것인데, 사실은 그녀 자신이 테일러와 관계가 있었고 딸에 대한 질투도 있었다는 것이다.

1922년에 일어난 사건은 1967년에 밝혀졌고 1968년에야 비로소 발표된 것이다.

아버클 사건, 테일러 사건이라는 두 가지 스캔들은 자유로운 보헤미안 생활을 즐기고 있던 할리우드를 끝내고, 감시를 받고 관리되는 할리우드를 만들어놓았다.

더러워진 화이트삭스

대중문화가 꽃피는 1920년대 입구에서 영화만이 아니라 야구도 스캔들에 휩쓸린다.

미국 야구는 19세기에 내셔널리그, 1900년에 아메리칸리그가 결성되었다. 1930년부터는 양대 리그의 우승팀끼리 치르는 월드시리즈가 시작되었다. 제1차 세계대전 중에는 리그전도 단축되었지만 전쟁이 끝난 1919년에 전(全) 시즌의 리그전이 부활했다. 내셔널리그에서는 신시내티 레즈가 우승하여 아메리칸리그의 시카고 화이트삭스와 월드시리즈를 벌이게 되었다. 당시 화이트삭스는 최강이라고 했는데, 예상을 뒤집고 신시내티 레즈가 5승 3패로 이기고 말았다.

뭔가 수상하다, 승부를 조작한 게 아닐까 하는 소문도 있었지만 싸움에 진 개가 짖는 것쯤으로 여기고 지나갔다. 그러나 다음 해가 되어도 소문은 가라앉지 않았고, 신문은 야구 도박 때문에 선수들이 매수되었다고 썼다. 검찰도 움직이기 시작하여 결국 여덟 명의 선수가 고발되었다. 에디 시코테(Eddie Cicotte, 투수), 클로드 윌리엄스(Claude Williams, 투수), 아놀드 갠딜(1루수), 조지 위버(3루수), 찰스 리스버그(Charles Risberg, 유격수), 프레드 맥멀린(Fred McMullen, 내야, 주로 3루수), 조 잭슨(Joe Jackson, 좌익수), 오스카 펠시(중견수)가 고발된 것이다.

시코테는 승부 조작을 인정했다. 갠딜이 주모자였던 듯하다. 화이트삭스의 구단주인 찰스 코미스키Charles Comiskey, 1859~1931는 굉장한 구두쇠여서 선수들 사이에 불만이 많았다. 게다가 불공평하기까지 했다. 2루수 에디 콜린스Eddie Collins에게는 1만 4천5백 달러나 지불하면서도 조 잭슨에게는 6천 달러, 에디 스코티에게는 5천5백 달러밖에 지불하지 않았다. 낮은 급료로 돈에 어려움을 겪던 선수들이 유혹에 넘어갔던 것이다. 갠딜은 3만 달러, 리스버그는 1만 5천 달러, 시코테는 1만 달러를 받았다. 잰슨, 펠시, 윌리엄스, 맥멀린은 5천 달러씩 받았다. 위버는 전혀 받지 않았다.

선수들은 승부조작을 인정했고, 대배심에서 1920년 10월 판결이 내려졌다. 여덟 명의 선수는 모두 유죄였다. 아이들의 우상이었던 조 잭슨(가난했을 때 맨발로 야구를 했기에 슈레스 조라는 애칭으로 불렸다)에게 한 소년이 "그런 건 거짓말이라고 말해요, 조!"라고 외쳤다는 에피소드가 전해지고 있다. 킨셀라W. P. Kinsella의 《슈레스 조Shoeless Joe》는 그것을 기초로 한 소설이다.

그런데 재판은 이상하게 진행되어간다. 재판 기록과 선수의 고백 문서가 도난당했다는 것이다. 다시 재판이 열린 것은 1921년 7월이었다. 그러나 처음에 승부조작을 시인했던 피고들은 차례로 증언을 뒤집고 아무것도 하지 않았다고 주장하기 시작했다. 그리고 배심원은 무죄 평결을 내렸다.

한편 야구계의 대표들은 일리노이 주 판사였던 케네소 마운틴 랜디스를 커미셔너로 임명했다. 랜디스는 영화계의 헤이스처럼 감찰관으로서 야구계에 군림하게 된다. 커미셔너에 막 취임한 랜디스는 법률적으로 무죄 선고를 받은 여덟 명의 선수를 야구계에서 영구 추방했다.

'블랙삭스 스캔들'에 대해서는 엘리엇 아시노프Eliot Asinof의《여덟 명의 제명된 남자들Eight men out》[2]이라는 논픽션이 있다. 또한 존 조지 테일러 스핑크John George Taylor Spink의《판사 랜디스와 야구 25년Judge Landis and twenty-five years of baseball》[3]은, 이 사건으로 등장한 랜디스가 야구계를 지배한 시대를 그려 무척 재미있다.

랜디스와 베이브 루스는 함께 블랙삭스 스캔들 이후의 미국 프로야구의 구원자로 알려져 있지만 이 두 사람이 크게 활약하던 시기가 거의 같았다는 것은 행복한 우연이었다고 해야 할 것이다.[4]

아버클도 화이트삭스의 선수들도 무죄가 되었지만 세상 사람들은 용서하지 않고 각각의 세계에서 영구 추방해버렸다. 스캔들은 재판소가 아니라 세상 사람들이 심판하는 것일까?

---

2 エリオット・アジノフ, 名谷一郎譯,《エイトメン・アウト》, 文藝春秋, 1989.
3 J・G・テイラ－・スピンク, 片岡義男譯,《裁かれた大リ－グ》, ベ－スボ－ル・マガジン社, 1981.
4 J・G・テイラ－・スピンク, 같은 책.

하딩 대통령의 이상한 죽음

1921년 워런 하딩Warren Gamaliel Harding, 1865~1923이 대통령이 되었다. 영화스타와 같은 외모의 대통령이라고 일컬어졌으며, 산뜻하게 웃는 얼굴로 미국인을 매료시켰다. 하지만 내용물은 전혀 대통령에 어울리지 않았던 것 같고 자신도 대통령에 맞지 않다고 생각하고 있었다. 그런 사람이 대통령이 되는 일이 있는 것이다. 그는 바로 대통령 역할을 한 배우였던 셈인데, 그를 조종하고 연기하게 한 감독이나 프로듀서가 있었다.

하딩은 1865년에 태어나 오하이오 주 메리언에서 자랐다. 그는 아버지가 사준 〈메리언스타〉라는 주간신문을 경영하며 기사를 썼다. 하딩은 현지 유력자의 딸 플로렌스 클링 드월프와 결혼했다. 플로렌스는 다섯 살 연상으로 이혼한 경력이 있는 야무진 여성이었다. 그녀는 〈메리언스타〉를 성공시켰고 남편을 정계에 진출시켰다.

하딩은 정치적 재능이 없었지만 말이 유창해서 사람들에게 인기가 많았다. 해리 도허티라는 정치꾼이 그를 주목하여 후견인이 되었다. 아내와 도허티에게 조종되어 그는 상원의원이 되고 공화당의 대통령

후보가 되고 말았다.

미국은 제1차 세계대전에서 해방되어 밝고 느긋한 대통령을 요구하고 있었다. 전 대통령 우드로 윌슨은 외국 쪽에 눈을 돌리고 있었다. 하딩은 생기발랄하고 영화스타처럼 멋졌다. 미국은 인기 있는 사람을 대통령으로 선택한 것이다.

하딩은 국정을 처리해나갈 자신감이 없었으므로 전문가를 모은 정부를 만들었다. 그러나 오하이오 주 시절부터의 동료와 측근, 이른바 '오하이오 갱단'도 섞어넣은 사교 내각이 되었다. 측근인 도허티와 내무장관 앨버트 베이컨 폴Albert B. Fall이 국정을 좌지우지했다.

재정도 외교도 서툴렀기 때문에 전문가에게 맡기고 대통령은 동료와 포커를 치고 있었다고 한다. 그리고 금주법 시절이었는데도 백악관에는 온갖 술이 충분히 있었다.

오하이오 갱들은 정부의 직책을 이용하여 사리사욕을 챙겼다. 사람 좋은 대통령은 그들을 신용하고 있었다.

참전용사 관리국의 국장 찰스 포브스Charles Forbes는 부상자를 위한 의약품을 빼돌려 착복했다. 그것을 통보한 사람도 있었지만 대통령은 들으려 하지 않았다.

그리고 내무장관 폴은 석유를 둘러싼 대규모 독직 사건에 관련되어 있었다. 이 티포트 돔 스캔들에 대해서는 다음 장에서 다루기로 한다.

1923년 새해가 되자 하딩 대통령의 신변은 차츰 바빠진 것처럼 보였다. 의회 조사위원회의 손이 섬뜩하게 몇몇 방향으로 뻗어왔다. 석유를 시작으로, 크게는 참전용사 관리국, 외국자산 관리국, 법무성 등 게다가 이제는 묵과할 수 없게 된 제스 스미스나 오하이오 갱단의 행동, 또는 정부 각 기관의 특권 남용이 수뢰 사건으로 다루어지려 하고 있었다.[5]

거기다 개인적인 스캔들도 닥쳐왔다. 대통령은 오래 전부터 낸 브리튼Nan Britton이라는 정부가 있어 백악관 뒷문으로 드나들고 있었다. 오하이오 시절 그녀가 열네 살 때부터 사귀어왔는데, 그녀는 대통령의 아이도 낳았다. 그녀에 대한 소문이 날 것 같았으므로 하딩은 그녀를 유럽으로 여행을 보내버렸다. 그리고 워싱턴에 있어봤자 변변한 일이 없었으므로 대통령은 알래스카로 유세 여행을 떠났다.

그때 독직 사건이 문제가 되려 하자 참전용사 관리국의 찰스 포브스가 사직했다. 그리고 중요한 증거를 쥐고 있는 것으로 보인 포브스의 오른팔 찰스 크래머Charles F. Cramer가 권총으로 자살했다. 하딩은 믿고 있던 측근들이 그를 이용하여 부정을 저질렀다는 사실을 알았다. 도허티의 부하였던 제스 스미스Jess Smith도 자살했다. 충격을 받은 대통령은 몸이 좋지 않아져 쓰러졌다. 게를 먹었는데 프토마인 중독을 일으켰다고 발표되었다. 그러나 심장질환이었고 갑자기 숨을 거두고 말았다.

새뮤얼 홉킨스 애덤스Samuel Hopkins Adams는 하딩 대통령이 "때마침 죽었다"고 말했다. 그가 죽은 후 온갖 스캔들이 드러났기 때문이다.

당사자는 전혀 그런 의지가 없었고 알지도 못했으며 이상한 짓 따위는 꿈에서도 하려 하지 않았는데도 그는 미국 역사상 전무후무한 부패, 타락한 정권의 선봉으로 떠받들어지고 말았다. 이것은 그의 죄라기보다는 오히려 미국 국민의 죄였다.[6]

하딩이 죽은 후 그의 측근은 대부분 죄를 추궁당해 형무소에 들어가 거나 추방당했다. 하딩 정부의 체신장관이 윌 헤이스였다. 그도 수뢰죄가 문제되었으나 그럭저럭 피할 수 있었고 할리우드의 검열관 자리에 올라 천하를 호령한 것은 아이러니라 하지 않을 수 없다.

정치적인 처분이 끝났는데도 하딩 스캔들은 가라앉지 않았다. 1929년 정부였던 낸 브리튼은 《대통령의 딸The President's Daughter》이라는 고백서를 내 화제가 되었다. 대통령과의 정사나 그의 딸을 낳은 이야기가 담겨 있었다.

그리고 1930년 개스턴 민스Gaston B. Means의 《대통령의 이상한 죽음The Strange Death of President》이 나왔다. 이것은 "철두철미하게 거짓말로 구성된 책"(새뮤얼 홉킨스 애덤스)이라고 한다. 민스는 하딩이 아내에게 살해당했다고 쓰고 있다. 뇌물수수 사건이나 정부 문제가 스캔들이 될 것 같았으므로 적절한 시점에 남편을 죽였다는 것이다.

독살설은 부정되었지만 그래도 좀처럼 사그라들지 않았다.

1920년대 전반에 영화, 스포츠, 정치 등 각계에서 스캔들이 격발하여 신체제를 준비하기 위한 숙청과 정화 작용이 되었던 것인지도 모른다.

---

5 サミュエル・ホプキンス・アダムス, 木下秀夫譯, 〈都合よく死んだハーディング大統領〉, イザベル・レイトン編, 《アスピリン・エイジ》, 岩波書店, 1951.
6 サミュエル・ホプキンス・アダムス, 같은 책.

티포트 돔 스캔들

티포트 돔Teapot Dom은 하딩 정권의 독직 사건인데, 발각된 것은 다음 대통령인 쿨리지 때였다. 이는 닉슨의 워터게이트 이전의 최대 정치 스캔들이었다.

티포트 돔(질주전자 바위)은 와이오밍 주에 있다. 돔 모양의 사암으로 주둥이 같은 돌출부가 있어 질주전자와 꼭 닮은 형태라고 해서 이런 이름이 붙었다. 그런데 그 일대의 지하에 석유가 매장되어 있었다.

하딩 정권에는 처음부터 오일 파워가 관련되어 있었다. 우선 대통령 선거운동 자금에 석유 벼락부자들로부터 거액의 기부가 들어왔다. 그 중심은 '오클라호마의 석유왕'이라 불린 주크 하면이었다.

하면은 하딩의 선거참모 도허티와 짜고 선거자금으로 백만 달러를 제공함으로써 하딩을 공화당의 후보로 뽑히게 하고 대통령에 당선시켰다. 그 보상으로 하면은 내무장관을 약속받았다.

하딩은 대통령이 되었다. 하면은 내무장관에 임명될 것이었는데, 하나의 장애가 발생했다. 그는 결혼하여 처자식이 있지만 별거하여 클라라라는 정부와 살고 있었다. 그리고 대통령 부인 플로렌스는 하면의 아내와 친척이었다. '공작부인'이라 불리며 군림하고 있던 그녀는 하먼이 정부를 데리고 백악관으로 들어오는 것을 결코 허락하지 않았다. 내무장관 자리를 선택하든지 아니면 정부를 선택해야 하는 처지에 빠진 하먼은 클라라와 헤어지기로 했다. 그 이야기를 들은 클라라는 화가 치밀어 권총으로 하먼을 쏘고 말았다.

하먼이 죽었으므로 내무장관은 앨버트 폴에게 돌아갔다. 그도 석유와 관련되어 있었다. 예전에 노다지를 캐려고 여기저기 석유 시추를 했지만 하먼처럼 행운을 얻지는 못했다. 그러나 예전의 동료인 석유 벼락부자의 이익을 대표하는 사람으로서 정계에 보내졌던 것이다. 다음에는 정계에서 한밑천 잡으려고 했다.

하딩은 폴을 국무장관에 임명하려고 했지만 그는 굳이 내무장관을 희망했다. 그가 내무장관을 희망한 것은 거대한 이권이 기대되기 때문이었다.

1911년 미국 해군은 배의 연료를 석탄에서 석유(디젤 엔진)로 바꾸었다. 석유가 결정적인 에너지원이 된 시대가 도래한 것이다. 윌리엄 태프트 대통령은 캘리포니아의 엘크 힐스Elk Hills와 부에나 비스타Buena Vista를 해군용의 유전으로 확보했다. 다음 대통령 윌슨은 와이오밍의 티포트 돔을 해군용으로 확보했다.

1920년 석유회사의 압력으로 석유 지구 대여법이 통과되었다. 해군을 위해 비축하고 있는 국유지의 유전지구를 민간 회사에 빌려주어 채굴하게 하고, 그 이익을 국가가 회수하자는 것이었다.

세계대전이 끝나고 이제 당분간 전쟁은 없을 것이므로 석유를 계속 묻어두는 것도 아까우니 민간에 맡기자는 것이었다. 그것을 위해 석유의 운용 권한을 해군에서 내무부로 옮겼다. 그 때문에 석유회사는 국유 유전의 대여권을 얻으려고 내무장관을 노렸던 것이다. 그리고 하먼이 정부 클라라에게 살해되었고 앨버트 폴이 내무장관이 되었다. 그는 몹시 돈이 궁했으므로 특정 회사로부터 리베이트를 받고, 입찰도 하지 않고 비밀로 그 회사에 채굴권을 주고 말았다.

우선 엘크 힐스 유전의 시굴권을 팬아메리칸 페트로리움 앤드 트랜스포트 컴퍼니에 주었다. 이 회사의 사장 에드워드 도히니는 폴의 오랜 동료로, 캘리포니아와 멕시코의 유전이 적중하여 석유 벼락부자가 된 사람이었다.

다음으로 폴은 티포트 돔 유전을 매머드 오일 컴퍼니의 해리 싱클레어Harry Sinclair에게 대여해주었다. 게다가 엘크 힐스 유전 때는 대여가 공표되었지만 이번에는 비밀로 처리되었다. 싱클레어는 폴에게 공채와 현금으로 40만 달러를 건넸다.

역시 이런 일이 언제까지고 통할 수는 없었다. 매머드 오일의 라이벌인 와이오밍 오일은 티포트 돔이 누구에게 대여되었는지 알아냈다. 공개입찰도 하지 않고 매머드 오일에 넘어갔다는 것을 〈세인트루이스 포스트 디스패치〉지가 기사화했다.

의회의 조사가 시작되었다. 그러나 법무총재가 하딩의 심복 도허티였으므로 조사를 하는 척만 하고 좀처럼 진척시키지 않았다. 폴, 도히니, 싱클레어가 유죄선고를 받은 것은 1929년이 되어서였다. 1931년 그는 1년형을 받고 복역했다. 그가 미국 역사에서 처음으로 형무소에 들어간 각료라고 한다.

이 사건에 대해서는 레이튼 매카트니Laton McCartney의 《티포트 돔 스캔들-어떻게 대규모 석유회사가 하딩의 백악관을 매수하고 국가를 훔치려 했는가The Teapot Dome Scandal : how big oil bought the Harding White House and tried to steal the country》(2008)에 쓰여 있다. 지금까지는 그다지 다루지 않았지만 록펠러의 스탠더드 석유 등 대규모 회사 역시 이 사건과 무관하지 않았던 것 같다.

영국 귀족의 작위를 팝니다

1920년대 초 영국 귀족의 작위가 돈으로 거래된다는 스캔들이 있었다. 돈만 내면 귀족이 될 수 있다는 것이다. 작위를 팔았던 사람은 놀랍게도 수상 로이드 조지David Lloyd George, 1863~1945였다. 1918년에서 1922년에 사이에 그는 작위를 마구 팔아 정치자금을 모았다.

로이드 조지는 서민 출신의 첫 수상이었다. 그는 지주 귀족이 지배하는 19세기에서 20세기의 대중 민주주의로 가는 과도기를 헤쳐나간 유능한 정치가였다.

영국 귀족은 이미 사양길에 접어들고 있었다. 로이드 조지에게 작위는 과거의 유물일 뿐이었다. 그래서 그는 팔리기만 한다면 그것으로 정치자금을 만드는 데 주저함이 없었다.

로이드 조지는 웨일스 출신으로 자유당원으로 활동했다. 1905년 자유당의 배너먼이 수상이 되고 애스퀴스와 로이드 조지가 입각했다. 1908년 애스퀴스가 수상이 되고 로이드 조지가 재무장관이 되었다. 로이드 조지는 부유한 지주 귀족에게 증세하여 군함의 건조비와 노령연금을 조달하려는 예산안을 제출했으나 상원(귀족원)에서 부결되었다.

애스퀴스 수상은 일시에 다수의 귀족을 만들어 상원에 들여보냄으로써 예산을 가결하겠다고 협박했다. 그러자 상원은 마지못해 예산안의 거부권을 포기했다. 마침 그때 에드워드 7세가 죽고 조지 5세가 국왕이 되었다.

1911년 수상이 귀족을 한꺼번에 늘려 구(舊) 귀족의 권력을 약하게 하려는 생각이 등장했던 것이다.

제1차 세계대전이 시작되어 영국도 참전했다. 로이드 조지는 군수장관이 되었다. 1916년 애스퀴스가 수상을 사임하고 그가 수상이 되었다. 그는 전시 내각을 꾸렸고, 윈스턴 처칠을 군수장관에 임명했다.

세계대전이 끝나고 1918년 로이드 조지는 다시 전후 내각을 조직했다. 자유당은 애스퀴스파와 로이드 조지파로 분열되어 있었기 때문에 그는 보수당과 연립정부를 구성하지 않으면 안 되었다. 그 때문에 자유당 안에서 애스퀴스파와는 별도로 독자적인 정치자금을 만들 필요가 있었다.

1922년 터키와 그리스의 분쟁이 일어났다. 로이드 조지는 그리스를 지지하고 보수당은 터키를 지지했다. 보수당은 자유당과의 연립을 거절했으므로 로이드 조지 내각은 끝났다.

그가 수상을 그만둔 원인은 터키와 그리스의 분쟁에 있다고 생각되었지만 그 뒤에 작위 매매 스캔들이 있었다.

보수당이 자유당의 로이드 조지와 연립정부를 구성한 것은 노동당의 약진을 염려했기 때문이었다. 만약 중간의 자유당이 붕괴하면 노동당이 압승해버릴지도 몰랐으므로 자유당의 로이드 조지에게 노동당을 억제하게 하려고 한 것이다.

그러나 로이드 조지가 손쉽게 작위를 팔아 귀족을 양산하는 것은 지주 귀족으로 구성된 보수당에 불안감을 안겨주었다.

1916년부터 1922년까지 로이드 조지 내각에서 94명의 귀족이 탄생했다. 그때까지의 두 배 이상이라고 한다. 게다가 1,500명이 기사 칭호를 받았다. 이것 역시 그때까지의 두 배다. 로이드 조지는 귀족이나 기사를 남발하고 그 사례로 돈을 벌었다는 소문이 나돌았다. 기사에는 1만 달러, 귀족에는 5만 달러 이상 지불하는 것이 시장가격이라고 했다.

작위 리스트는 수상이 선택하고 국왕이 승인한다. 1922년 다음 선거의 자금을 모으기 위해 수상은 귀족 26, 준남작 74, 기사 294명의 리스트를 제출했다. 조지 5세도 너무 많다고 불만을 표출했지만 강행했다.

하지만 너무 심한 사람들까지 작위를 받았다. 예를 들면 정육업자 윌리엄 베스티는 세계대전 중에 무상으로 냉장 설비를 전장에 제공한 공적으로 작위를 받았다고 하는데, 사실은 충분한 대가를 받았고 게다가 그는 정육회사를 아르헨티나로 옮겨 세금을 피했던 사람이다. 또 새뮤얼 웨어링은 전시에 무기산업과 계약을 맺어 일확천금을 한 사람이다. 그리고 사기로 유죄 선고를 받은 조지프 로빈슨도 작위를 받았다.

이러한 스캔들을 알아낸 신문이 시끄럽게 떠들기 시작했다. 국왕의 불만, 보수당이 이탈한 일 등이 겹쳐 작위 남발 문제가 일거에 분출하여 로이드 조지는 수상의 자리를 내놓아야만 했다. 이 스캔들은 내각이 무너지는 직접적인 계기가 되었다. 그렇지만 데이비드 캐너다인

David Cannadine의 《영국 왕실의 흥망 The Decline and Fall of the British Aristocracy》(1990)

에 따르면 로이드 조지 이후에도 작위 매매는 계속되었고 그것을 알

선하는 업자도 번창했던 것 같다.

사보이 호텔 사건

1923년 7월 10일 사보이 호텔에서 일어난 사건은 너무나도 1920년 대에 어울리는 것들을 다 갖춘, 그야말로 스캔들다운 스캔들이었다. 이집트의 왕자가 런던의 세련된 호텔에서 아름다운 파리 여자인 아내 에게 권총으로 사살된 것이다. 런던의 신문은 화려한 기사를 썼다.

이 사건은 앤드류 로스Andrew Rose의 《사보이 호텔 스캔들Scandal at the Savoy》[7]에 자세하게 소개되어 있다. 1920년대의 분위기도 충분히 묘사 되어 있다.

살해당한 알리 파미는 1900년 이집트 카이로에서 부호의 아들로 태어났다. 막대한 유산을 물려받은 그는 플레이보이로서 즐기며 유 럽을 돌아다니고 있었다. 전형적인 '아랍' 부자의 나날을 보내고 있었 던 것이다.

1922년 그는 파리에서 카이로로 놀러온 프랑스 여자 마르게리트를 만난다. 그녀는 열 살이나 연상이었지만 세련된 파리 패션을 갖춰 입 고 알리를 매혹했다. 그리고 파리에서 그녀를 다시 만난 그는 그녀에 게 완전히 빠지고 말았다.

마르게리트는 1890년 파리의 몽파르나스에서 태어났다. 가난했으므로 어렸을 때부터 일을 해야 했던 그녀는 뮤직홀에서 무희 등을 하고 있었고 부자의 정부가 되었다. '고급 창부'로서의 삶을 살고 있었던 듯하다. 후원자 한 사람과 이집트로 놀러 갔을 때 알리 파미를 만났던 것이다. 알리는 그녀에게 매료되었고, 그녀는 그의 재산에 매료되었다. 두 사람은 결혼했다.

1923년 두 사람은 루크소르로 신혼여행을 떠났다. 그것은 투탕카멘 왕묘가 발견됨으로써 전 세계에 이집트 붐을 일으켰던 때였다. 이집트 취미는 파리에서 '아르데코'[8]가 되었다. 알리 파미의 배에는 카나본 경Lord Carnarvon, 하워드 카터Howard Carter 등 투탕카멘 묘의 발굴에 관여했던 명사들이 초대되었다.

그러나 그들의 결혼생활은 처음부터 원만하지 않았다. 마르게리트는 이집트 생활이 견딜 수가 없었고, 알리가 그녀를 놔두고 친구들과 놀러다니는 것도 참을 수 없었다.

그래도 여름이 되면 더운 이집트를 피해 두 사람은 유럽에서 보내게 되었다. 파리에서는 마제스틱 호텔에 묵었다. 하지만 다툼이 끊이지 않았다. 그녀는 다른 남자들과 사귀었다. 알리는 질투했다. 한편 그녀는 알리가 그의 비서인 사이에드 아이나나나 다른 젊은 남성과 친하게 지내는 것이 마음에 들지 않았다.

그들은 런던으로 가서 사보이 호텔에 묵었다. 사보이극장Savoy Theater은 리처드 도일리 카트Richard D'Oyly Carte가 1881년에 지은 것으로, 길버

---

7 アンドリュー・・ローズ, 小西敦子譯,《サヴォイ・ホテル・スキャンダル》, 扶桑社, 1993.
8 파리 중심의 1920~1930년대 장식미술. 기하학적인 것에 대한 취향이 두드러졌다―옮긴이.

트 앤드 설리번 오페라를 상연하고 있었다. 도일리 카트는 1889년 그 옆에 호텔을 지었다. 1904년에는 동쪽에 레스토랑 '심슨스 인 더 스트랜드'를 열었다. 1920년대에는 템스 강에 면한 사보이 힐에 BBC의 방송 스튜디오가 있었다.

사보이 호텔은 세자르 리츠Cesar Ritz에 의해 운영되었고, 요리장은 오귀스트 에스코피에Auguste Escoffier였다. 1920년대는 댄스가 유행한 시대로, 사보이 호텔의 대규모 댄스홀은 유명하여 아바나 밴드, 사보이 오르페안스가 연주하고 있었다.

1923년 7월 1일 파미 부부는 사보이 호텔의 스위트룸에 투숙했다. 그리고 매일 밤 나이트클럽을 돌아다녔다. 7월 8일 밤 데일리 극장에서 부부와 비서 아이나니, 이렇게 셋이서 프란츠 레하르Franz Lehár의 오페레타 〈메리 위도〉를 봤다. 한밤중에 호텔로 돌아온 부부는 말다툼을 시작했다. 그날 밤은 폭풍우가 심했고 천둥이 울렸다. 그 천둥소리와 함께 총성이 들려왔다. 호텔의 포터가 달려가 보니 알리가 피투성이가 된 채 쓰러져 있고, 권총을 든 마르게리트가 옆에 서 있었다.

이혼 이야기가 나오자 알리가 욱해서 달려들었으므로 무서워 쐈다고 그녀는 말했다. 이튿날 신문은 사건 기사로 넘쳐났다.

당국으로서는 다소 성가신 일이었다. 마르게리트는 프랑스인, 알리는 이집트인이어서 국제문제가 될지도 몰랐기 때문이다.

신문으로서는 더 이상 바랄 게 없는 재료였다.

영국의 매스컴에는 청교도주의와 고상함, 음란함—양립할 수 없는 이 세 가지를 조합하여 지면을 채우는 오랜 경향이 있었다.[9]

외국인이라는 것, 그리고 영국인이 무엇보다 관심을 갖고 있는 동
성애가 관련되어 있을 것 같다는 것이 매스컴의 호기심을 자극했다.

마르게리트의 변호인으로는 마셜 홀이 뽑혔다. 보수가 높기는 했
지만 경험이 많고 교활하며, 이기기 위해서는 아무리 지저분한 수단
이라도 사양하지 않는 사람이었다. 그는 학대를 견디지 못하고 남편
을 죽이고 말았다는 미녀를 보고 무심코 변호를 맡았다. 앤드류 로스
에 따르면 두 사람에게는 공통점이 있었다. 치질이었다. 동병상련이
라고 할까? 불쌍히 여길 뿐만 아니라 그것을 대대적으로 이용하여 재
판에 임했다.

마셜 홀은 피고가 남편으로부터 견디기 힘든 학대를 받고 있었다고
주장했다. 알리는 변태적인 섹스를 강요했다. 그는 이상성욕자, 즉 동
성애자여서 피고에게도 항문성교를 강요했고 그 결과 그녀는 치질을
앓게 되었다는 것이다.

출정한 마르게리트는 동정을 유발하는 연기를 하며 여러 차례나 실
신했다. 어쨌든 상대는 아내를 네 명이나 둘 수 있는 이슬람교도다. 어
떤 섹스를 요구할지 알 수 없다. 동양의 섹스는 서양의 이해를 넘어
선 것이다.

앤드류 로스는 홀 변호사가 서양 대 동양이라는 도식으로 변호한 것
을 지적하고 있다. 동양인이라면 아무리 비정상적인 섹스라도 할 것
같지 않은가. 동양인이나 흑인은 성적인 힘도 굉장한 듯하다. 그는 동
양인에게 성적으로 능욕당하는 백인 여성이라는 이미지를 그려보였

---

9 アンドリュー・ロ−ズ, 같은 책.

다. 아라비아의 로렌스라든가 루돌프 발렌티노Rudolph Valentino의 아라비아 왕자, 니진스키의 아랍의 노예 같은 이미지가 서양의 여성들을 유혹하고 있던 시대인 것이다. 그것은 동경만이 아니라 편견이고 차별이기도 했다.

홀 변호사는 비정상적인 남편이야말로 비난을 받아야 하고, 피고는 희생자이며 자기방어를 위해 총을 쏜 것이라는 뉘앙스에서 더 나아가 총을 쏜 것도 과실이었다는 변론을 전개했다. 그 결과 이 사건은 마르게리트의 계획된 살인이라고 볼 수 없으므로 무죄라는 평결이 나왔다. 알리는 비정상적인 남편이었으므로 살해를 당해도 어쩔 수 없다는 것이다. 게다가 서양에서는 여성을 소중히 대하지만 동양에서는 그렇지 않다는 코멘트도 나왔다. 이집트에서는 이 재판의 인종적 편견을 항의하는 목소리가 높았다. 그리고 마르게리트의 본국 프랑스에서는 왜 영국에서 그녀를 프랑스 여성의 대표처럼 치켜세우며 잔 다르크처럼 대하는가 하는 의문의 목소리가 나왔다.

외국인 혐오, 인종 편견, 동성애자 남성에 대한 일반 사람들의 적의, 성적 사항에 대한 전반적 무지 등을 염치도 없이 이용한 마셜 홀의 변론에 의해 현저하게, 그리고 잘못 세뇌된 결과로 나온 무죄 평결이라는 것은 의심할 바 없다.[10]

실로 1920년대다운 스캔들 재판극이었다.

---

10 アンドリュー・ローズ, 같은 책.

사코와 반제티

'재즈 시대'인 1920년대의 그 화려한 빛의 그림자에는 '또 하나의 1920년대'가 있다. 예전의 드레퓌스 사건처럼 사코 반제티 사건Sacco-Vanzetti case은 너무나도 가혹한 재판으로서 전 세계의 항의를 받았다. 그러나 프랑스의 드레퓌스는 결국 무죄가 되었지만 미국의 사코와 반제티는 사형을 당했다. 하워드 패스트Howard Melvin Fast는 《사형대의 멜로디－사코와 반제티의 수난》[11]을 썼다. 시작 부분에서 그 사건은 다음과 같이 설명되어 있다.

1920년 4월 15일 매사추세츠 주 사우스 브레인트리에서 용의주도한 계획 아래 공장 종업원의 급료 전액을 몰래 강탈한 흉악한 범죄가 일어났다. 이 범행으로 회계 담당 직원 1명과 종업원 1명이 강도들에게 살해당했다.

그 후 얼마 지나지 않아 제화공 니콜라 사코, 그리고 전에는 제빵 직인이나 요업 노동자로 일했고 지금은 생선 행상을 하고 있는 바르톨로메오 반

---

11 ハワード・ファスト, 藤川健夫譯,《死刑臺のメロディ－サッコとヴァンゼッティの受難》, 角川文庫, 1972.

제티라는 두 명의 남자가 체포되어 강도 살인 혐의로 기소되었다. 두 사람은 매사추세츠 주 데덤에서 살인 용의로 재판에 회부되었고 배심원은 유죄 평결을 내렸다.

두 사람은 재심을 청구했지만 1927년 4월 재판장이 사형을 선고하고 8월에 처형되었다.

사건이 일어난 장소는 매사추세츠 주다. 보스턴 남쪽에서 두 건의 강도사건이 이어졌다. 먼저 1919년 12월 보스턴 남서쪽 10킬로미터 지점에 있는 브리지워터에서 L. Q. 화이트 제화공장의 종업원 급료를 담은 현금우송차가 급습당했다. 그러나 미수에 그쳤고 범인은 도주했다.

다음으로 1920년 4월 보스턴과 브리지워터 중간쯤에 있는 사우스 브레인트리에서 슬레이터 앤드 모릴 제화공장의 급료가 범인의 표적이 되었다. 철도역에서 회사까지 수백 미터를 두 명의 경비원이 걸어서 운반하고 있었는데 다섯 명의 남자가 그들을 기다리고 있었다. 두 명은 사살되고 남자들은 현금 상자를 빼앗아 차를 타고 도주했다. 상자에는 1만6천 달러가 들어 있었다. 두 사건 모두 전문적인 갱단의 소행이라고 생각되었고 수상한 그룹이 떠올랐다.

한편 브리지워터의 경찰 스튜어트 서장은, 범인은 무정부주의들이라는 편견을 갖고 있었고 마침 자동차로 반정부적인 삐라를 운반하고 있던 사코와 반제티를 체포했다.

제1차 세계대전 중 미국에서는 빨갱이 사냥이라는 선풍이 거칠게 불고 있었다. 무정부주의자, 공산주의자는 적국의 스파이라고 생각되었다. 특히 러시아혁명이 일어났으므로 노동조합 운동에 대한 경계도 강화되어 있었다. 세계대전이 끝나도 '적색 공포'는 계속되었다.

바르톨로메오 반제티는 1888년 이탈리아에서 태어났고 1908년 미국으로 건너가 육체노동자가 되었고 세계대전 중에는 멕시코로 갔다. 그는 크로포트킨 등 무정부주의자에게 끌렸다. 세계대전이 끝난 후 반제티는 미국으로 돌아와 생선 행상을 하고 있었다.

니콜라 사코는 1891년 이탈리아에서 태어났으며, 역시 1908년에 미국으로 건너가 제화공으로 일하며 숙련공이 되었다. 세계대전 중 징병을 피해 멕시코로 가 있는 동안 반제티와 친해져 같은 무정부주의자 그룹에서 활동했다.

미국 정부는 세계대전 후에 활발해진 사회주의나 노동조합 운동을 염려하여 1918년 '국외추방법'을 제정하고 위험분자를 국외로 추방했다.

빨갱이 사냥과 외국인 배척에 대해 이민노동자들은 반대운동을 하고 탄압을 받았다. 그러한 상황에서 사코와 반제티는 체포되었고 무리하게 강도 사건에 엮여 그 범인으로 만들어졌다. 그것은 예전에 매사추세츠 등에서 미친 듯이 날뛰었던 '마녀사냥' 재판 같은 것이었다.

1921년에 열린 재판은 처음부터 불공평하게 진행되었다. 5인조라고 하는데도 나머지 세 명은 문제가 되지 않았고, 훔쳤다는 돈도 전혀 발견되지 않았는데도 재판은 35일 만에 평결이 나왔다. 사형이었다.

그러나 곧바로 처형을 하지는 않았다. 뉴잉글랜드의 변호사 윌리엄 톰슨이 재판에 의문을 품고 재심을 청구했기 때문이다. 그를 중심으로 한 변호단과 사코-반제티 구원위원회는 끈기 있게 싸움을 계속했고,

드디어 아나톨 프랑스 등 해외 문화인도 구원운동에 참여했다.

그리고 1925년 강도 살인으로 유죄 선고를 받은 마디로스라는 남자가 자신이 범인이라고 밝혔다. 변호단은 마디로스에 대한 조사를 청구했다.

그러나 이 사건을 담당한 웹스터 세이어 재판관은 그러한 재심 청구를 모두 기각하고 끝내 1927년 처형을 결정했다.

변호단은 매사추세츠 주지사 알빈 풀러에게 구명을 청원했다. 지사는 세 명의 위원에게 자문을 구했다. 하버드 대학의 총장 로렌스 로웰, MIT 총장 새뮤얼 스트래턴, 유언 검인 재판소의 전 판사 로버트 그랜트로 구성된 3인위원회였다. 세 명의 권위 있는 식자는 물론 체제에 반기를 들지 않고 승인했다. 그리고 두 사람은 처형되었다.

그리고 나서 50년이 지난 1977년 매사추세츠 주지사가 이 재판은 불공평했고 두 사람은 모든 오명과 불명예를 벗었다고 선언했다.

그렇다면 강도 사건의 범인은 누구였을까? 처음에 직업적인 갱들의 짓이라고 했던 예상은 옳았던 것일까? 만약 그쪽을 추적했다면 범인을 체포했을지도 모른다. 사코와 반제티가 체포되었으므로 처음에 예상했던 쪽은 수사조차 하지 않았다.

1925년에 마디로스가 자신이 범인이라고 했을 때 그의 동료로 모렐리 형제의 이름이 나왔다. 사실 경찰이 처음에 쫓았던 사람이 모렐리 형제였다.

모렐리 5형제는 매사추세츠 인근의 로드아일랜드 주 프로비던스를 본거지로 하는 갱으로, 신발, 의류 등을 실은 화물기차를 털고 팔아넘긴 혐의를 받고 있었다. 재판의 변호 비용을 벌기 위해 현금 강탈 계획을 세웠을 가능성이 있었다. 범행에 사용된 도난 자동차와 같은 뷰익을 그 형제 중 한 명이 타고 있는 것을 본 목격자도 있었다.

사코와 반제티가 범인이라고 처음부터 결정해버렸기 때문에 모렐리 갱은 더이상 조사를 받지 않았다. 그리고 사코-반제티 사건은 이 시대에 커다란 오점을 남겼다. 그것을 승인한 대학이나 재판소의 세 권위자들도 그것에 발이 걸려 역사에서 영원히 미끄러졌다.

제4장
1930년대

린드버그 : 영광에서 비극으로

1932년 미국 하늘의 영웅 찰스 린드버그Charles Lindbergh, 1902~1974의 아들이 유괴되었다. 이 사건은 '1930년대'라는 불길한 시대를 상징하는 것처럼 보였다. 1927년 린드버그는 대서양 횡단 무착륙 비행에 성공했다. 이 뉴스는 세계를 열광시켰다. 아직 소년처럼 새파란 스물다섯 살의 젊은이가 모험에 성공한 것이다. 린드버그야말로 싱싱하게 세계로 날개짓하려는 '미국' 그 자체였다. 젊은이에게는 무한한 가능성이 열린 것처럼 보였다.

린드버그는 은행가이자 정치가인 드와이트 모로의 딸 앤과 결혼했고 아들이 태어났다. 아름다운 공주와의 결혼. 행복을 그림으로 그린 듯한 부부였지만 비극이 기다리고 있었다. 1930년대에 영웅은 곤두박질치고 말았다.

그가 앤 모로와 결혼한 것은 1929년이다. 어디를 가도 매스컴이 따라다니며 야단법석이었다.

1930년 두 사람은 로스앤젤레스로 갔다. 할리우드를 방문하고 더글러스 페어뱅크스Douglas Fairbanks와 메리 픽포드Mary Pickford의 집 '핑크페어'

에 초대되었다. 그러고 나서 뉴욕까지 비행하여 미국 대륙 횡단 신기록을 세웠다.

1930년 6월 린드버그 2세가 태어났다. 찰리 오거스터스라는 이름을 지어주었다. 린드버그 부부는 뉴저지 주 호프웰의 광대한 대지에 집을 지었다. 린드버그는 세계를 날아다녔고, 앤을 데리고 가는 일도 많았기 때문에 호프웰의 집에 있는 일은 그리 많지 않았다.

1932년 2월 29일 찰리는 감기 기운이 있었으므로 앤은 아들과 집에 있었다. 린드버그는 집에 없었다. 3월 1일 그는 집에 돌아와 앤과 저녁을 먹었다. 그날 밤 이변이 일어났다. 열시에 찰리가 침실에서 사라진 것이다. "아기가 납치당했다"라고 린드버그가 말했다. 방에는 하얀 봉투가 놓여 있었다. 5만 달러를 요구하는 협박장이었다. 경찰이 달려갔다. 그러나 곧바로 매스컴 대군이 밀려들어 사건을 혼란스럽게 했다. 근처에서 직접 만든 사다리가 발견되었다. 범인은 2층 창문을 통해 아이를 데려간 것으로 보였다.

그러나 그 외에는 전혀 실마리가 없었다. 린드버그는 직접 조사를 시작했다. 뉴욕 암흑가의 보스들에게도 유괴 정보를 물었다고 한다. 그리고 이러한 사건을 이용하려는 수상한 인물이 등장한다.

우선 브롱크스의 존 F. 콘든 박사가 린드버그에게 연락을 해왔다. 자신이 범인과의 사이에서 중개를 하여 아이를 찾는 데 도움을 주겠다고 한 것이다. 린드버그는 이 수상한 이야기에 곧바로 응해 콘든에게 사건을 의뢰하고 몸값을 준비했다. 두 번째 접촉은 역시 브롱크스의 세인트레이먼스 묘지에서 이루어졌고 5만 달러의 몸값이 건네졌다. 그러나 아이는 돌아오지 않았다.

‘범인’은 사기꾼이었던 듯하다. 콘든도 한패였는지 그도 속았는지는 확실하지 않다.

몸값 5만 달러는 일련번호로 된 지폐로 지불되었다. 금방 그 번호의 지폐가 여기저기에서 발견되었다. 그 외에도 몸값을 지불하면 아이를 돌려주겠다는 이야기가 여기저기에서 있었지만 모두 허위였다.

5월 12일 찰리의 사체가 발견되었다. 호프웰의 린드버그 저택에서 5킬로미터쯤 떨어진 숲속에서였다. 강력한 타격으로 두개골이 깨져 있었는데 그것이 사인 같았다. 기묘한 것은 정밀한 검시도 하지 않고 곧바로 화장을 해버린 일이다. 린드버그의 지시였다고 한다.

린드버그 부부는 더이상 호프웰의 집으로 돌아가지 않았다. 두 사람은 무서운 기억을 떨쳐버리기 위해 여기저기를 여행했다.

2년 남짓 지나 유괴 사건은 그대로 미궁에 빠진 것처럼 보였다. 그러나 1934년 9월 사건은 급선회했다. 브롱크스의 독일 이민자인 목수 브루노 리처드 하우프트만이 체포되었던 것이다. 몸값으로 지불된 일련번호의 지폐를 사용하다가 발각된 것이다.

경찰과 매스컴은 이 유괴 사건의 ‘범인’에 굶주려 있었기 때문에 하우프트만에게 달려들어 단숨에 그를 범인으로 만들어버렸다.

하우프트만은 모피 직인 피셔와 공동으로 일하고 있었다. 그러나 피셔는 장사에 실패하고 하우프트만으로부터 돈을 빌려 독일로 돌아갔고 거기서 죽어버렸다. 하우프트만이 그가 남기고 간 상자를 열어보니 1만4천 달러가 들어 있었다. 그는 그 돈을 사용했고, 확인해보니 린드버그가 콘든 박사에게 들려준 몸값의 일부였던 것이다.

하지만 몸값을 빼앗은 자가 아이를 유괴한 진범이었는지의 여부는 의심스러웠다. 그런데도 하우프트만은 제1급 살인으로 사형 선고를 받았고, 상고했지만 인정받지 못하고 1936년 처형되었다.

루드비크 케네디Ludovic Kennedy는《비행사와 목수The airman & the carpenter》[1]에서 하우프트만이 무죄였다고 말하고 있다. "하지만 당시의 사회적 편견은 무척 강해서 누구나 희생양을 요구하고 있었다."[2]

그러고 나서 더욱 충격적인 책이 나왔다. 그레고리 알그렌Gregory Ahl-gren과 스티븐 모니어Stephen Monier의《세기의 범죄Crime of the century》[3]인데, 결국 범인은 린드버그 자신이었다는 결론에 이르고 있다. 린드버그는 못된 장난을 좋아했다. 아내 앤을 놀래주려고 아들이 유괴된 사건을 꾸몄는데, 2층에서 아들을 안고 내려가다 떨어뜨려 아이가 죽고 말았다. 그래서 외부에서 유괴범이 침입한 것으로 계속 밀고 나갔고, 하우프트만을 범인으로 만들어버렸다는 것이다.

이 주장이 사실인지 아닌지는 알 수 없다. 이 사건의 수수께끼는 아직 풀리지 않았다. 그러나 이 일은 린드버그라는 미국의 영웅이 허상이라는 것을 폭로하고 있다. 그는 자기 중심적이고 비열한 면을 갖고 있었다. 히틀러 심취자가 되어 프랭클린 루스벨트를 괴롭히기도 했다. 그는 대서양 횡단 비행으로 영웅이 되었지만 우상화되었고, 얼마 지나지 않아 그 우상은 파괴되고 명예는 실추되었다.

---

1 ルドヴィック・ケネディ, 野中邦子譯,《誰がリンドバーグの息子を殺したのか》, 文藝春秋, 1995.
2 ルドヴィック・ケネディ, 같은 책.
3 グレゴリー・アールグレン, スティーヴン・モニアー, 井上健譯,《リンドバーグの世紀の犯罪》, 朝日新聞社, 1996.

스타비스키의 괴이한 죽음

프랑스 공화국은 스타비스키Serge Alexandre Stavisky, 1886~1934라는 사기꾼에게 감쪽같이 속았다. 1930년대 프랑스 최대의 스캔들이었다.

이 사건에는 화려한 주인공이나 무대장치가 잘 갖추어져 있다. 말쑥한 사기꾼, 아름다운 아내, 그리고 최고급 사교계의 라이프스타일. 스타비스키는 실로 매력적인 인간이었던 것 같다.

훔친 돈으로 그와 그의 아름다운 아내 아를레트는 파리에서 호화로운 생활을 했다. 리무진, 모피, 보석, 그리고 눈부시게 화려한 파티. 물론 그가 낭비한 자금은 그의 것이 아니었지만 그것은 일종의 로빈 후드적인 행위였다. 부자로부터 돈을 빼앗아 그들처럼 생활해보인 것이다.[4]

조제프 케셀Joseph Kessel, 1898~1979 등의 작가는 그에게 매료되고 만다. 알렉산드르 스타비스키는 1884년 우크라이나에서 태어난 러시아계 유

---

4 Bernier, Oliver "Fireworks at dusk : Paris in the Thirties" Little, Brown and Company 1993.

대인이다. 19세기 말에 우크라이나에서 일어난 유대인 박해를 피해 일가는 1890년 파리로 도피해왔다. 아버지는 치과의사였다. 스타비스키는 어렸을 때부터 돈을 속여 취하는 재주가 있었던 듯, 자주 위험한 일에 관련되어 재판에 회부당할 위기에 처했다. 마침 그때 제1차 세계대전이 시작되었으므로 그는 군대에 들어가 재판을 피했다.

전후에는 연상의 여자의 기둥서방이 되기도 하고 가짜 회사를 차려 출자금을 가로채기도 했다. 그리고 1926년 코코 샤넬의 모델이었던 아를레트 시몬에게 빠졌다. 그런데 재수 없게도 그는 체포되고 말았다. 하지만 그는 솜씨 좋은 변호사 조제프 폴 봉쿠르를 고용했다. 그리고 경찰을 매수하여 재판의 증거 서류를 훔치게 했으므로 결국 재판은 연기되고 그는 석방되었다. 그는 아를레트와 결혼하여 이름을 세르쥬 알렉산드르로 바꾸고 보석점을 열었다. 하지만 그것은 장물을 사들여 파는 장사였다. 얼마 후 그는 장물을 파는 것보다 전당포에 물건을 맡기고 돈을 빌리는 것이 더 간단하다는 것을 깨달았다. 1929년경까지 전당포는 시가 운영하게 되어 있었다. 지방 도시의 전당포는 잘 알아보지도 않고 돈을 빌려주었다. 스타비스키는 오를레앙 시의 전당포에서 3백만 프랑을 빌렸다. 1929년에는 가짜 에메랄드로 다시 백만 프랑을 빌렸다. 그는 결국 가짜나 장물 보석으로 1천7백만 프랑을 빌렸다. 갚지 않으면 보석을 조사하게 된다. 그는 가짜 증권을 발행하여 해결하려고 했다. 의혹은 있었지만 스타비스키는 좀처럼 재판에 회부되지 않았다. 정부의 유력자와 관계가 있었기 때문이라고들 했다. 그는 유력 정치가이자 1932년에 수상이 된 카미유 쇼탕Camille Chautemps, 1885~1963의 이복동생과 친했다.

1933년 스타비스키의 '회사'는 증권을 남발하여 거액의 자금을 모았다. 그는 그것을 아낌없이 낭비했고, 파리 사교계에서 인기를 얻었다. 샹젤리제의 고급 호텔 스위트룸에서 살며 경마에 돈을 걸고, 호화로운 파티에 장관이나 고관, 신문기자를 불러 샴페인과 캐비아를 대접했다. 그리고 아름다운 아를레트가 손님들을 접대했다.

그는 〈라볼롱테〉지의 후원자가 되었다. 편집장 아르벨 뒤바리는 1932년의 선거에서 대승한 좌파 연합정부와 친했다. 그러나 내각은 차례로 바뀌었다. 스타비스키의 변호를 맡은 봉쿠르도 한때 수상이었다. 그리고 쇼탕 내각이 성립했다. 좌익 정부의 불안정에 우익 운동이 꿈틀거렸고, 독일과 이탈리아의 파시즘이 프랑스에서도 세력을 확대해가고 있었다. 스타비스키의 사기 사건이 발각되자 좌익 정부의 부패라며 공격했다.

스타비스키는 앙피르 극장을 사서 러시아 풍의 〈카팅카Katinka〉 등의 뮤지컬을 상연했으나 큰 적자를 보기도 했다.

그는 아를레트를 데리고 바욘에 나타나 롤스로이스나 이스파노 수이자 등 고급 자동차를 몰고 다니며 카지노에서 돈을 써댔다. 그리고 바욘 시 부시장 장 갈라의 신용을 얻어 바욘 시가 운영하는 전당포를 맡았다. 그는 바욘 시의 신용으로 돈을 모으기 시작했다. 그를 갈라에게 추천한 사람은 상업장관 아르벨 다리미에였다.

바욘 시가 운영하는 전당포가 수상한 채권을 팔고 있다는 것이 문제가 되어 조사가 시작되었다. 하지만 정부 고관이 거기에 연루되어 있었으므로 조사는 진행되지 않았다. 그의 변호사 기부 리보는 스타비스키를 재판에 내보내면 고관의 이름이 얽혀 나오기 때문에 한동안 몸을 숨기고 있으라고 했다.

1933년 12월 24일 스타비스키는 파리를 떠나 프랑스와 스위스의 국경인 알프스 샤모니의 산장에 숨었다. 그는 쇼탕 수상, 다리미에 상업장관, 조르주 보네 금융장관 등의 도움을 기대하고 있었다. 그러나 그들의 도움은 오지 않았다. 그 대신 경찰이 찾아왔다. 1934년 1월 8일 경찰이 산장에 발을 들여놓았을 때 스타비스키는 체념하고 자살한 상태였다고 발표되었다.

"이때 사기와 수뢰의 스캔들은 살인 미스터리가 되었다." [5]

스타비스키는 입막음을 위해 경찰에게 살해당했다는 소문이 나돌았다. 극우단체 악숑 프랑세즈가 좌익 정부를 공격하여 쇼탕 내각은 무너졌다. 그리고 달라디에가 수상이 되었다.

2월 6일 반정부 데모대가 파리의 콩코드 광장에 모여 파시즘 전야와 같은 소동을 벌였다. 하지만 다행이도 반파시즘 인민전선이 결성되어 프랑스는 그럭저럭 파시즘 국가가 되는 것을 피할 수 있었다. 화려하게 거짓 인생을 산 스타비스키의 수수께끼 같은 죽음은 지금도 진상이 밝혀지지 않았다.

---

5 Bernier, Oliver, 같은 책.

악명 높은 휴이 롱

루이지애나 출신의 정치가 휴이 롱Huey Pierce Long, 1893~1935은 어떤 사람이나 받아들이고 수단을 가리지 않는 방식으로 어떤 때는 민중의 갈채를 받았고 또 어떤 때는 폭군이나 파시스트로 불렸다.

휴이 롱에 대해서는 이사벨 레이튼Isabel Leighton이 편찬한 《아스피린 에이지》[6]에 실려 있는 호딩 카터의 〈미국형 독재자 휴이 롱〉이 생생하게 전해주고 있다. 호딩 카터는 뉴올리언스에서 기자를 하고 있어 롱을 가까운 곳에서 취재했던 것이다.

그가 커다란 테이블스푼을 오트밀 접시에 푹 넣고 뚝뚝 흘리면서 떠먹거나 통닭구이를 손으로 움켜쥐고 손가락으로 뜯어먹는 것을 보면서 기자들은 그가 신문을 거짓말이라고 매도하고 시(市) 정계의 막후 인물이나 그에게 참패한 정적 누군가를 닥치는 대로 비난해대는 것을 부지런히 연필로 메모하고 있었다. 그러면 그 근처에서 호위하는 사람이 그를 비호하듯

---

6 イザベル・レイトン編, 木下秀夫譯《アスピリン・エイジ》, 岩波書店, 1951.

이 우뚝 서서 기자들을 노려보고 있었다.[7]

일본에서는 미야케 아키요시(三宅昭良)의 《미국 파시즘 – 롱과 루스벨트》[8]라는 뛰어난 평전이 쓰였다.

휴이 롱은 1893년 루이지애나 북부의 윈 패리시에서 태어났다. 아홉 형제 가운데 여덟 번째였는데, 아버지는 여섯 명까지밖에 대학에 보내지 못해 그는 고등학교를 졸업하고 여기저기를 여행하며 돌아다니는 세일즈맨이 되었다. 판매 화술이 좋았으므로 정치가가 되고 나서 연설하는 데 도움이 되었다고 한다. 자신이 벌어 대학에 들어갔고 법률을 배워 변호사가 되었다.

얼마 후 그는 정치에 관심을 갖게 되었다. 루이지애나는 가난한 주로, 북부의 대기업에 착취당하고 있다는 불만이 강한 지역이었다. 롱은 대기업을 공격하여 민중의 인기를 얻었다. 그 대기업의 하나는 록펠러의 스탠더드오일이었다.

1928년 롱은 루이지애나 지사 선거에 입후보하여 수단을 가리지 않는 선거전을 펼친 결과 당선했다. 그리고 의원을 매수하여 주 의회를 좌지우지하며 루이지애나를 독재적으로 지배했다. 하원에서 지사 탄핵안이 나왔지만 매수와 협박으로 무효로 만들어버렸다.

한편 그는 공공 토목사업을 활발하게 했다. 도로를 만들고 실업자를 구제했으므로 대중의 인기를 얻고 있었다. 그래서 선거에는 무척 강했다.

---

7 イザベル・レイトン編, 같은 책.

8 三宅昭良, 《アメリカン・ファシズム ロングとローズヴェルト》, 講談社メチエ, 1997.

공공 토목사업의 재원을 마련하기 위해 롱은 가솔린세를 3퍼센트 인상할 계획이었다. 석유회사의 이익을 환원하려고 한 것이다.

롱은 지사에 만족하지 않고 국정을 목표로 상원의원에 도전하여 당선했다. 그는 대통령을 노리고 있었던 것이다. 그리고 현지 지사에는 자신의 부하를 앉히고 루이지애나 지배를 계속하려고 했다.

1932년 롱은 워싱턴으로 들어갔다. 대공황에 대응하기 위해 프랭클린 루스벨트 대통령은 '뉴딜' 정책을 내세웠다.

처음에 롱은 루스벨트를 지원했지만 얼마 지나지 않아 두 사람은 물과 기름처럼 맞지 않다는 사실을 알게 되었다. 롱은 고상한 척하는 신사에게 천박한 농담이나 욕설을 퍼부어댔다. 그는 '뉴딜'은 자신의 정책을 도용한 것이고, 게다가 대기업 쪽에 치우치고 어중간한 것이라고 말했다. 그는 루스벨트 대신에 대통령이 될 야심을 품고 있었다.

'뉴딜'에 대항하여 그는 'SOW' 운동을 시작했다. 'SOW'는 Share Our Wealth(재산을 나누자)의 약어다. 대불황과 실업, 빈부의 격차는 대기업에 의한 부의 독점에서 온 것이므로 그 부를 재분배하자는 것이다.

루스벨트의 '뉴딜'은 공공 투자를 하거나 실업 수당 등을 지불했지만 그것은 국고에서 돈을 내서 뿌리는 것일 뿐이다. 그것은 결국 적자 국채로 메울 수밖에 없다. 그것보다 부자들의 재산을 세금으로 거둬 그것을 재원으로 해야 한다는 것이다. 그것은 공산주의가 아닌가 하는 말도 들었지만 전혀 다른 것이다. 롱은 어디까지나 자본주의 안에서 사기업의 이익을 세금으로 거두어들이자는 것이었다.

경제 이론으로서는 의심스러운 것이었지만 'SOW' 운동은 대중에게 어필하여 참가자가 급증했다. 하지만 롱은 루이지애나 주의 재정, 정치, 법률을 자기 마음대로 움직이고 반대자를 폭력으로 억눌렀다. 부의 공평한 분배를 주장하면서 롱은 부를 자기 멋대로 낭비한 것이다.

하나의 의회가 인민의 정치적 권리와 경제 및 일신상의 안전을 이토록 완전하게 한 사람에게 넘겨주었다는 것은 생각할 수도 없는 일일 것이다.[9]

너무나 강력한 폭군이 되었으므로 반대파는 롱을 암살하기로 했다. 롱은 스파이를 써서 그 계획을 간파하고 보디가드를 고용해 경계하고 있었다.

그래도 횡포를 부리고 함부로 사람들을 모욕하며 공격했으므로 적도 많았다. 1933년 롱아일랜드에서 자금을 모으기 위한 파티에 출석했을 때 롱은 화장실에 갔다가 나오는 길에 누군가에게 당한 듯 이마에 상처가 있고 눈 주위는 검게 되어 있었다.

그는 누구에게 당했는지 말하지 않았지만 신문은 크게 기뻐하며 사건의 진상을 전했다. 목격자에 따르면 화장실이 몹시 붐벼 변기 앞에 행렬이 생겼으며 좀처럼 자리가 나지 않았다. 롱 상원의원은 더이상 참지 못하고 변기에 오줌을 싸고 있는 남자의 다리 사이로 오줌을 싸려고 했다. 그러나 잘 되지 않아 그 사람에게 오줌이 튀고 말았고, 돌아본 그 남자가 그를 후려 갈겼다는 것이다.

---

9 호딩 카터, 〈미국형 독재자 휴이 롱〉(イザベル・レイトン編, 木下秀夫譯, 《アスピリン・エイジ》, 岩波書店, 1951).

자신이 갈겼다고 나서는 사람은 없었다. 잡지《콜리야즈》지는 그 무명의 영웅을 칭찬하는 메달을 제작했다. 변기의 뚜껑 모양인 메달은 큰 인기를 모았다고 한다.

1935년 휴이 롱이 실제로 살해되고 말았다. 그를 암살하려는 계획은 여러 가지로 있었으므로 롱은 항상 조심하고 있었다. 하지만 예상하지 않은 초보자가 나타나 그를 깨끗이 사살한 것이다.

9월 8일 롱은 루이지애나 주의 의사당에 있었다. 그가 건설한 34층의 장려한 건축물이다. 대리석 기둥 뒤에서 한 남자가 나타나 롱에게 발포했다. 주변에 있던 경호원들은 롱이 쓰러졌으므로 총을 쏜 남자에게 벌집이 될 정도로 총을 난사했다. 61발이나 맞았기 때문에 그 남자는 즉사했다. 배를 맞은 롱은 병원에서 죽었다. 범인은 칼 오스틴 와이스라는 의사였다. 그가 왜 롱을 죽였는지는 분명하지 않았다. 배후 관계는 밝혀지지 않았다. 개인적인 원한이거나 악인을 퇴치하려는 망상일 것이라는 이야기가 나왔다.

루스벨트가 롱을 암살하도록 했다는 음모론도 있었다. 경호원들은 와이스를 붙잡지 않고 왜 사살해버렸을까? 롱의 동료가 암살한 것이라는 이야기도 있었다. 와이스가 쏜 총탄은 치명상이 되지 않았고, 그 후 경호원이 쏜 총탄이, 고의인지 의도적인지 롱을 죽였다는 소문도 나돌았다.

1930년대 미국을 떠들썩하게 한 루이지애나의 폭군은 어이없이 무대를 떠나고 말았다.

보니와 클라이드 :
우리에게 내일은 없다

1933년부터 1934년에 걸쳐 미국에서는 '빅 크라임 웨이브'(거대한 범죄 폭풍)가 거칠게 불었다. 1929년부터 시작된 대공황이 정점에 달해 자포자기의 심정이 고양되고 있었다. 은행이라도 습격하자고 생각한 사람이 적지 않았던 것이다. 물론 은행 강도는 범죄이지만 사람들은 어딘가에서 그것에 갈채를 보내고 싶은 심정이었다.

1933년경 미국에서는 흉악한 범죄가 속출하고 신문에는 악한 영웅들 이름이 센세이셔널하게 보도되었다. 존 하버트 딜린저, 머신 건 켈리, 프리티 보이 플로이드, 베이비 페이스 넬슨, 마 베이커, 그리고 보니와 클라이드라는 이름이 거기에 나란히 등장했다.

그 범죄의 특징은 머신 건(기관총) 같은 강력한 무기를 들고 자동차로 장거리를 이동하는 것이었다. 주 경계를 넘어서면 지방 경찰은 손을 들 수밖에 없었다. 그래서 연방경찰FBI이 등장한다. 에드거 후버 장관은 FBI를 본격적으로 정비하여 미국 전체에 걸쳐 있는 범죄를 적발하도록 했다.

FBI는 흉악범을 '공적'Public Enemy이라고 불렀다. 공적 넘버원은 연속 은행 강도 존 딜린저였다. 그리고 '공적' 중에서 기묘하게 인기를 모은 것은 보니와 클라이드였다. 그들의 도주 행각은 신문에 보도되어 독자를 조마조마하게 했다. 그들이 죽은 후 두 사람은 전설화되었고, 그들에 관한 영화가 많이 만들어졌다. 아서 펜 감독의 〈우리에게 내일은 없다Bonnie and Clyde〉(1968)에서 두 사람의 이미지는 불멸의 것이 되었다. 워렌 비티의 클라이드, 페이 더너웨이의 보니는 너무 멋있었는데, 안티 히어로의 권력에 대한 반항이 우리의 꿈을 자극했던 것이다.

존 트레헌J. E. Treherne의 《보니와 클라이드의 신기한 이야기The Strange History of Bonnie and Clyde》[10]는 그들의 실황과 전설을 자세하게 다루고 있다.

그들이 전설화된 것은, 뭐니 뭐니 해도 "기관총을 들고 연인과 함께 죽을 운명을 선택한 가냘프고 왜소한 여성" 보니 파커Bonnie Parker라는 존재에 기인한 바가 크다. 그녀는 1910년 텍사스의 대평원 로에나에서 태어났다. 아버지를 일찍 여의고 가난한 가정에서 자랐지만 시 쓰는 것을 좋아하는 예쁜 딸이었다. 그녀는 소꿉친구인 로이와 결혼하여 댈러스에서 살았다. 그러나 곧 남편은 집에 돌아오지 않게 되었으므로 카페의 웨이트리스로 일했다. 1929년의 대공황으로 그 카페가 문을 닫아 실직한 상태였을 때 그녀는 친구 집에서 클라이드 버로우Clyde Barrow라는 젊은이를 만났다.

클라이드는 1909년 댈러스 교외에서 태어났다. 소년시절부터 자동차를 좋아했지만 가난했으므로 결국 자동차 도둑이 되었다. 형 벅도

---

10 ジョン・トレハーン, 河合修治譯, 《ボニー＆クライド》, 中央アート出版社, 1993.

범죄자 그룹에 들어가 있었으므로 버로우 형제는 금고털이 등을 계속했다. 클라이드는 운전 실력을 인정받고 있었다. 그가 보니를 만난 것은 1930년이라고 한다. 인형 같은 그녀를 좋아하게 되었는데, 공교롭게도 그는 체포되고 형무소에 들어갔다. 옥중에서 그는 사랑의 편지를 보냈다. 인간의 감정은 신기하다. 보니는 이 젊은 범죄자에게 매료되어 그의 탈옥을 돕게 된다. 하지만 클라이드는 다시 체포되어 형무소로 되돌아간다. 그래도 1932년에 가석방되었다. 그러나 그는 곧 동료와 강도를 벌였다. 거기에는 보니도 가담했다.

클라이드는 동료인 레이먼드 해밀턴과 오클라호마의 스트링타운으로 갔다. 보안관의 의심을 받아 총격전이 벌어졌고 보안관 조수를 죽이고 말았다. 그는 범죄자로서 지명수배되어 쫓기는 신세가 되었다. 그는 하루에 수백 킬로미터를 달리며 돌아다녔다.

장거리 드라이브용으로 눈독을 들이고 있다가 기꺼이 훔친, 클라이드가 마음에 들어했던 자동차는 포드 V8이었다. 길쭉하고 세련된 보닛, 반짝반짝 커다란 라디에이터그릴, 검게 칠해졌고 앉은키가 높은 이 자동차가 1920년대 초기의 미국 도로사정에서 가장 신뢰할 수 있는 차종이었다는 것은 실증된 것이다.[11]

이 고속 차를 보안관의 6기통 차가 따라갈 수는 없었다. 경찰은 클라이드 일당을 추적하고 잠복을 했지만 늘 놓치고 말았다.

클라이트의 일당인 레이먼드 해밀턴은 미시건 주 베이시티의 집으로 돌아갔다가 체포되었다. 다른 동료도 빠졌기 때문에 보니와 둘만

남게 되었다. 그때, 전부터 클라이드를 동경하고 있던 열여섯 살의 윌리엄 대니얼 존스를 동료로 받아들였다. 세 사람은 차를 훔쳤는데 그때도 차주를 죽이고 말았다.

1933년 클라이드의 형 벅이 가석방되었다. 그는 미주리 주 조플린에서 클라이드 일행과 합류했다. 그들이 숨어 있는 집을 수상히 여긴 경관대가 포위하여 총격전이 벌어졌는데 경관 두 명이 죽었다. 이 사건으로 클라이드와 보니는 전국적인 흉악범이 되었다. 루이지애나에서 사건을 일으키고 그것이 발각될 무렵에는 2천 킬로미터 북쪽의 미네소타 주에서 퍼스트 스테이트 뱅크를 급습했다.

1933년 6월 그들은 텍사스 팬핸들에 있었다. 솔트포크 강의 다리가 수리 중이라는 것을 알지 못하고 건너려다 사고를 일으켜 차가 폭발했고 보니는 큰 화상을 입었다.

"1933년 미합중국은 살인 1만2천 건, 유괴 3천 건, 강도 5만 건을 기록했다."[12] 이러한 '크라임 웨이브'는 금주법이 폐지되고 술의 밀조 밀매에 관여한 사람들이 은행 강도로 돌아섰기 때문이라고도 한다. 보니와 클라이드는 그런 시대의 미국을 돌아다녔던 것이다.

그러자 FBI도 움직이기 시작했다. 그러나 아직 손이 부족했다. 텍사스 주도 댈러스 보안관 슈미트가 테드 힌턴에게 클라이드 갱단 사건을 조사하도록 지시했다.

클라이드 일행은 아이오와에서 미주리로 이동했다. 미주리의 플랫시티에서 발각되어 총격전을 벌였고 벅이 중상을 입었다. 그는 죽었

---

11 ジョン・トレハーン, 같은 책.
12 ジョン・トレハーン, 같은 책.

다. 그때 그의 나이 서른 살이었다.

1933년 11월 두 사람과 함께 했던 존스는 휴스턴에서 체포되었다. 그는 두 사람의 강요를 받고 그 일당에 들어갔을 뿐이라고 말했다.

1934년 1월 클라이드는 헌트빌 형무소에서 레이먼드 해밀턴을 탈옥시켰다. 그리고 레인저 주의 무기고를 급습하여 무기를 탈취했다. 그러나 해밀턴과는 갈라섰다. 클라이드, 보니, 그리고 새로 들어온 젊은이 헨리 메스빈 등 세 명이 되었다.

메스빈의 아칸소 집에 클라이드 일행이 들른다는 정보가 들어와 테드 힌턴과 소총의 명수 밥 알콘이 매복하고 있었다.

두 사람은 약 열 발의 총탄을 맞고 벌집이 되어 죽었다.

시체는 전시되어 대중의 눈에 노출되었다. 3만 명이나 되는 사람들이 열을 지어, 딱딱한 옷깃에 진주 넥타이핀, 옅은 회색 양복으로 몸을 감싼 클라이드의 시체를 차례로 둘러보았다. 보니의 시체에는 4만 명이 넘는 관중이 몰려들어, 연인의 공범자가 되는 길을 택하여 그 옆에서 죽어가는 운명을 선택한 여성의 시체를 뚫어지게 바라보았다.[13]

보니와 클라이드는 전설이 되었다. 매복을 한 경찰이 비겁하다는 의견도 나타나 FBI의 후버 장관을 몹시 불쾌하게 만들었다.

흉악하지만 경찰에게 쫓기며 도망치는 젊은 두 사람은 사람들에게 '도망쳐라, 잡히지 마라'라는 마음을 불러일으켰던 것 같다.

---

[13] ジョン・トレハーン, 같은 책.

왕관을 뒤흔든 사랑 : 심프슨 부인

1936년 에드워드 8세는 왕에 즉위한 지 채 1년도 되지 않아 스스로 왕위를 내놓아 세상을 깜짝 놀라게 했다.

다들 알다시피 1936년 12월 초 영국의 왕 에드워드 8세와 심프슨 부인의 문제가 영국에서 갑자기 표면화되어 국왕과 볼드윈 수상이 대립하게 되었고 한때는 헌정의 위기로까지 우려되었지만 결국 폐하는 퇴위하게 되었다. 영국 국민과 이별하는 방송에서 심프슨 부인에 대한 끊을 수 없는 애착을 고백하고 국외로 떠났다. 심프슨 부인은 그보다 빨리 문제가 한창 시끄러울 때 남프랑스의 칸으로 도피했다. 퇴위한 왕은 지금 빈에, 심프슨 부인은 칸에 머물며 잠시 떨어져 생활하고 있다.

이 글은 신문기사가 아니라 이 빅뉴스에 맞춰 긴급 출판된 어니스트 헨리 윌슨Ernest Henry Wilson의 《심프슨 부인 비화 – 왕관을 뒤흔든 사랑》[14]

---

14 E・H・ウィルソン, 《シンプソン夫人秘話　王冠を搖がす戀》, 東京日日新聞社, 大阪毎日新聞社, 1937.

에 붙은 '이 책의 출판에 즈음하여'라는 서문에서 인용한 것이다. 에드워드 8세와 심프슨 부인의 로맨스에 대해서는 무척 많은 책이 나와 있지만, 이 책은 꽤 드문 책이다.

왜냐하면 퇴위하기 전 두 사람의 관계가 화제가 되었을 때 쓰여, 다이애너 전 황태자비가 이혼하기 전 매스컴의 표적이 되었을 때 나온 다이애너에 대한 책과 비슷하기 때문이다.

어쨌든 심프슨 부인은 어떤 사람이었을까? 두 번 결혼했고 특별히 미인이라고 할 수 없는 그녀는, 어떻게 왕관을 버리지 않을 수 없을 만큼 황태자를 사로잡았던 것일까?

그녀는 중국에 있었던 적도 있었는데, 그때 습득한 중국 3천 년의 성애술을 구사했다는 가십이 나돌았을 정도다.

그녀의 이름은 베시 월리스 워필드Bessie Wallis Warfield로, 1859년 펜실베이니아에서 태어났다. 양친은 결혼하지 않았기 때문에 스캔들을 염려하여 몰래 키웠다. 나중에 결혼했지만 아버지가 곧 사망하여 불안정한 소녀시절을 보냈다.

1916년 그녀는 해군 비행 중위 윈필드 스펜스와 결혼했다. 제1차 세계대전이 시작되어 남편이 군무에 바빠지자 부부 사이는 원만하지 않게 되었다. 전쟁이 끝난 후 남편이 상하이에 부임했으므로 1925년과 1926년에는 월리스도 남편이 있는 상하이에서 살았다. 하지만 사랑은 돌아오지 않았고 1926년에 결국 이혼하고 말았다.

그리고 곧 1928년 그녀는 대부호인 어니스트 심프슨Ernest Simpson과 재혼했다. 그녀는 남편이 사업을 하고 있는 런던에서 살며 사교계에 알려지게 되었다. 그리고 1931년 에드워드 황태자를 만났다.

에드워드는 1894년에 태어나 해군병학교를 다녔다. 싹싹한 성격인 데다 나이트클럽에서 하룻밤 내내 춤을 추기도 하여 대중적인 인기가 있었다. 의식 등 왕실의 임무를 싫어하여 아버지 조지 4세를 힘들게 했다. 많은 정부와 화려한 스캔들을 낳았고 결혼은 하지 않았다. 큐나드 부인, 에드위너 마운트배튼 부인, 여배우 타룰라 뱅크헤드와의 소문도 나돌았다.

그리고 새로운 연인 셀마 패니스가 등장했다. 셀마는 미국 사교계의 스타 모건 세 자매 중의 한 사람이었다. 언니인 콘수엘로, 그리고 쌍둥이인 셀마와 글로리아다. 콘수엘로는 미국 대사의 비서관 벤저민 소와 결혼하고 글로리아는 미국의 대재벌 반더빌트 가의 레지날드와 결혼했다. 그리고 셀마는 패니스 백작과 결혼하여 런던으로 왔다. 남편은 고령이었으므로 셀마는 마음대로 놀러 다녔으며 황태자의 정부가 되었다.

월리스 심프슨은 런던에서 셀마의 측근이 되었고, 셀마는 월리스 심프슨을 황태자에게 소개했다. 월리스가 미인이 아니었으므로 셀마는 안심했던 것 같다. 그런데 황태자는 바로 그녀에게 매료되고 말았다. 1934년 셀마가 미국으로 돌아갔고, 다시 돌아와 보니 두 사람은 완전히 연인이 되어 있었다. 하긴 셀마도 젊은 알리 칸이 좋아졌으므로 에드워드를 심프슨 부인에게 양보했다.

사교계의 사진가 세실 비튼Cecil Beaton에 따르면 심프슨 부인은 특별히 미인도 아니고 앵무새처럼 새된 목소리로 말이 많아 시끄러웠다고 한다.

그런데 에드워드는 강한 어머니 같은 여성에게 잔소리를 듣는 걸 좋

심슨 부인, 즉 윌리스 심슨과 에드워드 8세(1936년 무렵)

아했던 것 같다. 순식간에 윌리스가 없으면 안 되게 되었다. 그리고 그녀에게 결혼하자는 말을 꺼냈다.

왕실은 기겁했다. 이혼 경력이 있는 데다 두 번째 남편과는 아직 헤어지지도 않은 미국 여성이 황태자비가 된다는 건 말도 안 되는 이야기였다. 그리고 또 한 가지 걱정이 있었다. 에드워드는 히틀러의 나치에 공감을 표하게 되었던 것이다. 윌리스도 독일 대사관의 파티에 초대되었다.

조지 5세는 병이 깊어 임종이 다가와 있었다. "내가 죽으면 그 아이는 1년도 안 되어 파멸할 것이다"라고 국왕은 한탄했다고 한다. 말 그대로 되었다.

1936년 조지 5세는 세상을 떠났다. 황태자는 에드워드 8세가 되었다. 그리고 윌리스는 심프슨과 정식으로 이혼했다. 새로운 국왕은 이제 그녀와 결혼할 수 있다고 생각했다. 영국의 매스컴은 심프슨 부인에 대한 기사를 삼가고 있었다. 그러나 미국의 신문은 윌리스가 왕비가 될 것이라고 써버렸다.

국왕도 윌리스와의 결혼을 표명했다. 영국의 신문은 그 기사를 해금하여 거의 모르고 있던 영국 국민들을 놀라게 했다. 스탠리 볼드윈 수상은 이 결혼에 대해서는 총선거로 국민의 뜻을 물어야 한다, 그때는 영국 왕제의 존속도 위험해진다고 전했다. 국왕은 왕위와 윌리스 둘 다를 원했다. 그러나 둘 다 가지는 건 무리라고 해서 윌리스를 선택했다. 그는 퇴위를 결심했다. 1936년 12월 11일 BBC 방송에서 에드워드 8세는 퇴위를 전국에 전했다. 동생 조지 6세가 국왕이 되었다.

에드워드 8세는 영국 정부의 음모에 의해 추방된 것이다. 윌리스는 그 구실에 지나지 않는다는 주장도 있었다. 독일의 주영 대사 폰 리벤트로프는 에드워드 8세는 친독일적인 생각을 가지고 있어서 퇴위를 당한 것이라고 말했다.

어쨌든 에드워드와 월리스는 영국에서 추방되어 두 번 다시 돌아올 수 없게 되었다. 두 사람은 1937년 6월 프랑스에서 결혼하고 윈저 공작 부부가 되었다. 에드워드에게는 영국 식민지 바하마 제도의 총독이라는 자리가 주어졌다. 전쟁으로부터 가장 먼 장소로 유배된 것 같다. 그러나 그곳도 평화롭지는 않았다. 1943년 광산 부자인 해리 오크스가 살해되는 사건이 일어난 것이다. 윈저 공작은 다른 사람을 범인으로 체포하는 등 처리를 잘못했다. 아무래도 공직에는 맞지 않았던 것 같다. 바하마의 총독이라는 직책도 수행하지 못했으므로 역시 국왕은 무리였는지도 모른다.

전후 유럽으로 돌아온 윈저 공작 부부는 파리나 로마, 비아리츠 등 휴양지를 돌아다니며 살았고, 사교계의 유명인사로서 가십 기사를 화려하게 장식했다. '샴페인 라이프스타일' 등이라고 했다.

1972년 윈저 공작은 파리에서 죽었다. 그 후 윈저 공작부인의 생활은 무척 힘들었다고 한다. 1986년 그녀는 89세에 사망했다. 에드워드가 그녀에게 주고 싶어 했던 HRH(Her Royal Highness, 비전하妃殿下)라는 칭호는 받지 못했다.

화성인 침공 : 오슨 웰스 연출

1938년 10월 30일 일요일 오후 8시, 방에서 뒹굴고 있던 미국인들은 라디오 다이얼을 맞췄다. CBS 방송은 뉴욕의 바에서 댄스뮤직을 중계하고 있었다. 갑자기 방송이 중단되고 "임시 뉴스를 전해드리겠습니다"라는 목소리가 흘러나왔다. 먼저 화성 표면에서 대폭발이 일어난 것이 관찰되었다고 전했다. 임시 뉴스는 차례로 이어졌고, 결국 뉴저지 주 프린스턴에 거대한 운석이 떨어져 천 명 이상의 사망자가 발생했다고 전하자 긴박한 분위기는 고조되었다.

그리고 운석이라고 생각되었던 것은 원통 모양의 로켓으로 화성에서 찾아온 열 대의 우주선이 뉴저지의 그로브힐스에 상륙하여 지구의 인류에게 공격을 가해왔다는 것이다.

화성인이 지구를 공격하여 결국 우주전쟁이 시작되었다는 이 뉴스는 미국인을 패닉 상태로 몰아갔고 집단히스테리를 일으켰다. 이 사건에 대해서는 《아스피린 에이지》에 들어 있는 찰스 잭슨의 〈화성인이 습격해온 날〉이 그때의 생생한 반응을 전해준다.

일요일 밤 미국 국민을 사로잡은 대규모 히스테리의 파문은 구체적으로
여러 가지 형태로 나타났다. 뉴욕에서는 공황 상태가 시내 전역에 미쳐 허
둥지둥하던 시민들이 아파트를 빠져나가 부근의 공원으로 피난을 가거나
또 좀더 침착한 사람은 이 라디오 방송의 진위를 확인하려고 했다.

(……)

멀리 태평양 연안의 샌프란시스코에서는, 일반 청취자는 엄청난 대군이
하늘에서 미국을 침공하여 뉴욕은 엉망진창으로 파괴되고 있고 가공할 만
한 화성인이 서부를 향해 진군하고 있다고 생각했던 것 같다.

그러나 이것은 머큐리 방송극단이 만든 드라마 〈화성인 침공〉의 라
디오 방송에 지나지 않았다. 이 극단을 이끌고 있던 오슨 웰스는 H.
G. 웰스의《우주전쟁The War of the Worlds》(1898)을 기초로 다큐멘터리 풍의
드라마를 만들었던 것이다.

찰스 잭슨은 컬럼비아 방송회사에서 각본가로 일하고 있었으므로
이 드라마가 방송되는 것을 알고 있었다. 그러므로 청취자가 진짜 뉴
스라고 생각하리라고는 전혀 예상하지 못했다. 그러므로 사람들의 반
응에 어이가 없었다.

오슨 웰스도 설마 이런 소동이 벌어질 것이라고는 꿈에도 생각하
지 못했다. 나중에 피터 보그다노비치Peter Bogdanovich와의 인터뷰에서 다
음과 같이 대답했다.

"우리 미국의 광기는 우리의 상상을 훨씬 뛰어넘어 퍼져 있었던 것
이다." 15

너무나 큰 소동이 벌어졌으므로 오슨 웰스는 다음 날, 공상소설의

방송이 진짜라고 생각되어 불안하게 한 점을 사과했다.

이 방송 전후에는 네 번에 걸쳐, "이것은 연극입니다"라는 멘트를 했다. 그런데도 라디오 시청자들은 단편적으로 자신의 사정에 맞게 들어버린다.

어쨌든 이 사건은 라디오의 선동적인 뉴스가 어느 정도의 혼란을 가져올 수 있는지 실험적인 예가 되었다. 이 사건이 일어나기 한 달 전에는 뮌헨에서 체임벌린, 달라디에, 히틀러, 무솔리니라는 영국, 프랑스, 독일, 이탈리아의 수뇌회담이 열렸고, 히틀러의 체코슬로바키아 침략을 용인해버렸다. 사람들은 전쟁이 시작되는 게 아닐까 하고 두려워하고 있었으므로 드라마를 개전 뉴스로 착각한 것이라고 찰스 잭슨은 말했다. 이 사건에 대해 나치 신문 〈펠키셔 베오바흐터Völkischer Beobachter〉는 전쟁 선동으로 미국인을 겁주려고 한 유대인의 음모라고 했다.

미국의 저널리즘은 라디오라는 새로운 미디어가 상당히 위험한 힘을 가지기 시작했다고 경고했다.

연방통신위원회는 CBS에 특별한 조치를 하지 않기로 했다. CBS는 자숙하며 드라마에 거짓 뉴스를 넣는 일은 하지 않기로 했다.

오슨 웰스는 이런 사건을 일으켰으므로 연극계로부터 밀려날 것이라고들 했다. 그러나 그는, 미국인은 이런 농담을 좋아하니까 용서해줄 것이라고 말했다. 그의 말 그대로였다. 나중에 미국 영화의 귀재라고 일컬어지게 되자 화성인 스캔들은 그의 훈장이 되었다.

---

15 オーソン・ウェルズ, 河原畑寧譯,《オーソン・ウェルズ その半生を語る》, キネマ旬報社, 1995.

제5장
1940년대

영국식 파시즘

1939년 9월 1일 독일군은 폴란드를 침공했다. 9월 3일 영국과 프랑스가 독일에 선전포고를 함으로써 제2차 세계대전이 발발했다. 영국에서는 독일에 유화정책을 취해온 체임벌린 내각이 무너지고 1940년 5월 처칠 내각이 성립했다. 그리고 5월 23일 BUF(영국 파시스트 연합 British Union of Fascists) 당수 오스왈드 모슬리Oswald Mosely가 체포되었다. 적국 독일과 공모할 위험이 있다고 판단되었기 때문이다. 그리고 6월 29일에는 모슬리 부인 다이애너도 체포되었다. 그녀는 남편 이상으로 히틀러와 친하다고 했다.

모슬리 부부는 사교계에서 친나치파로 유명했으므로 그 체포는 큰 화제가 되었고 다양한 소문이 어지럽게 퍼졌다. 어쨌든 모슬리는 멋쟁이 신사이자 플레이보이였고, 다이애너는 화가나 사진가들이 동경하는 미녀였다. 게다가 다이애너를 밀고한 사람은 그녀의 언니 낸시였다고 한다.

다이애너는 '미트포드 자매'의 셋째였다. 장녀는 낸시, 차녀는 파멜라, 그리고 장남 토머스를 사이에 두고 다이애너, 넷째 딸은 유니티, 다섯째 딸은 제시카, 여섯째 딸은 데보라였다. 이 여섯 자매는 모두 엄청난 미인이었다. 각자 독특하여 1930년대부터 1940년대에 걸쳐 "또 그 자매가" 하는 말을 들을 정도로 스캔들을 뿌리고 다녔다.

특히 화제가 되었던 것은 다이애너와 유니티가 파시즘, 제시카가 공산주의로 나뉘어 자매들이 격렬하게 대립했기 때문이었다. 미트포드 가는 정치나 이데올로기에 의해 분열되었지만, 그런데도 가족의 유대가 끊긴 적은 없었다.

메리 러벨Mary S, Lovell의 《미트포드 가의 아가씨들 – 비범한 가족 이야기The Mitford girls, the biography of an extraordinary family》[1]는 교착하는 자매의 생애를 정교하게 직조한 재미있는 전기다. 그녀들과 관련된 사람들이 또 흥미진진하기 때문에 좀더 조사해보고 싶은 마음이 식지 않을 정도다.

미트포드 자매의 아버지 데이비드 리즈데일 남작은 윈스턴 처칠의 먼 친척이었고 어머니 시드니는 하원의원의 딸이었다. 중류의 평범하다고 할 수 있는 가정에서 독특하고 때로는 색다르고 아름다운 딸을 여섯이나 키운 것은 신기할 정도다

장녀 낸시는 글재주가 있어 작가가 되었다. 차녀 파멜라는 온화하고 여성스러우며 그다지 눈에 띄지 않고 견실하게 살았다. 가장 아름답다는 다이애너는 대부호의 아들 브라이언 기네스와 결혼하지만, 결혼 생활이 원만하지 못하여 오스왈드 모슬리와 만나 사랑에 빠진다. 그리고 모슬리의 사상에도 매료되어 히틀러에게 심취하게 된다.

히틀러에게 가장 깊이 빠져든 사람은 넷째 딸 유니티였다. 그녀는

1　メアリー‐・S・ラベル, 粟野眞紀子・大城光子譯,《ミットフォード家の娘たち – 英國貴族　美しき六姉妹の物語》, 講談社, 2005.

독일로 가서 히틀러의 측근이 된다. 히틀러의 연인이라는 평판은 영국에서 스캔들이 되어 미트포드 가를 괴롭혔다.

한편 다섯째 딸 제시카는 공산주의에 끌렸고, 1936년 처칠의 조카 에스몬드 로밀리와 함께 도망쳐 스페인내전에 참가했다. 그 후 미국으로 망명했고, 로밀리가 전사한 후에는 미국 서해안의 시민운동가로서 활동했다.

여섯째 딸 데보라는 데본샤 공작부인이 되었다. 파시스트인 다이애너와 유니티, 공산주의자인 제시카의 대립은 다른 자매들을 괴롭혔다. 장녀 낸시는 특히 다이애너와 대립했다.

1930년대는 정치적, 사상적인 대립이 격화하여 젊은이가 파시즘과 공산주의라는 양극단으로 갈라졌다. 옥스퍼드나 케임브리지 등 명문 대학의 학생은 공산당에 들어갔다. 스페인내전은 파시즘과의 싸움이라고 생각하여 젊은이들은 의용군에 참가했다. 한편 히틀러나 무솔리니의 파시즘도 위기의 시대에 하나의 세력을 형성하고 있었다.

영국 파시즘의 지도자는 오스왈드 모슬리였다. 기존의 정당에서 나온 그는 1932년 BUF를 결성하고 파시즘이야말로 세계를 구원할 것이라고 주장했다. 마침 그 무렵 다이애너는 어떤 파티에서 모슬리를 만나 그 위험한 매력에 사로잡혔다.

모슬리는 카존 경의 딸 시미와 결혼했지만 많은 정부를 두고 있었다. 그러나 한때의 유희라며 시미는 묵인하고 있었다. 그러나 다이애너와의 관계가 깊어졌고 소문이 나돌기 시작했다.

1933년 히틀러가 정권을 탈취했다. 다이애너에게는 파시즘에 대한 관심이 연애와 구별하기 힘들었지만, 여동생 유니티는 무서운 기세로 파시즘을 향해 달려가고 있었다. BUF에 가입하여 활동할 뿐만 아니라 다이애너와 함께 독일로 갔다. 그리고 뉘른베르크에서 열린 제1회 당 대회에 초대되어 그 열광적인 분위기에 마음을 빼앗기고 만다.

유니티는 독일어를 배워 히틀러에게 다가갔다. 히틀러는 영국의 젊은 아가씨가 자신의 팬이라는 것이 기분이 좋아 식사에 초대하곤 했다. 아직 그는 괴물 같은 독재자의 얼굴을 보여주지는 않았다.

다이애너와 유니티는 히틀러에게 심취하는 아름다운 영국의 아가씨로서, 나치를 홍보하는 수단으로 이용되었다. 그러나 그 뉴스가 영국에 전해지자 스캔들이 되었다.

영국의 상류계급은 처음 한동안은 파시즘에 그다지 적의를 갖지 않았다. 오히려 공산주의를 더 두려워하고 있었기 때문이다. 그러므로 모슬리의 BUF는 상당히 세력을 확장하고 있었다.

그러나 독일이 점차 유럽을 침략하기 시작했고 유대인 박해도 심해지자 영국에서도 파시즘에 대한 경계가 높아졌다. 1936년 베를린 올림픽이 개최되었다. 다이애너와 유니티는 괴벨스의 초대로 올림픽을 관람했다.

그리고 같은 해에 다이애너는 베를린에서 모슬리와 비밀리에 결혼했다. 히틀러와 괴벨스가 출석했다. 다이애너는 영국으로 돌아왔지만 유니티는 히틀러 옆에 머물렀다.

1938년 히틀러는 오스트리아를 합병했다. 전쟁이 닥쳐왔다. 한때 영국으로 돌아왔던 유니티는 갈고리 십자(卍) 배지를 달고 있었으므로 런던 민중에게 린치를 당할 뻔했다. 그해 다이애너는 모슬리의 아들 알렉산더를 낳았다. 모슬리는 두 사람의 결혼을 발표하지 않으면 안 되었다. "히틀러가 입회한 비밀결혼"이라고 신문이 폭로해서 스캔들이 되었다.

히틀러의 침략적인 의도가 분명해졌고 전쟁을 피할 수 없게 되자 영국에서도 독일에 대한 적의가 불타올랐다. 모슬리의 BUF도 매국노라며 공격을 당했다. 그리고 1939년 9월 3일 영국은 독일에 선전포고를 했다.

유니티는 뮌헨에 있었다. 그녀는 히틀러에게 영국과 개전하지 말아 달라고 간청했다. 그녀는 자신의 바람이 받아들여질 것으로 믿고 있었던 듯하다. 하지만 전쟁이 시작되고 그녀는 영국과 독일 사이에서 분열되었다. 유니티는 영국 공원으로 가서 권총을 자신의 관자놀이에 대고 쏘았다. 중상을 입었으나 죽지는 않았다. "히틀러를 사랑한 아가씨"가 자살했다는 뉴스가 영국에 전해졌다.

유니티는 스위스를 경유하여 귀국했다. 구급차에 실려 누운 채로 귀국한 것이다. 그래도 전쟁이 시작되고 있었다는 것을 생각하면 돌아올 수 있었다는 것은 기적 같은 일이었다. 히틀러의 특별한 조치가 있었다고 한다. 그 후 몸이 성치 못한 병자로서 살았던 유니티는 1948년에 죽었다.

유니티가 돌아왔을 때 매스컴이 떼를 지어 몰려들어 큰 소동이 벌어졌다. 신문은 '히틀러의 정부'의 실의에 찬 자살미수를 큼직하게 다루었다. 그리고 1940년 모슬리 부부가 히틀러의 협력자인 위험분자라는 이유로 체포되었다.

유니티의 언니 다이애너(모슬리 부인)는 투옥되었다. 전쟁은 격렬해졌다. 유니티의 자살미수, 다이애너의 투옥 등 스캔들이 이어지던 미트포드 자매는 전후의 가장 어려운 시기에 다시 가족의 유대를 되찾았다. 다이애너를 파시스트라고 고발한 낸시도 다이애너가 아이를 만나기 위해 하루만 형무소에서 해방되었을 때는 자신의 집에 묵게 했다.

모슬리 부부는 1943년에 석방되었다. 그들은 이제 파시즘 운동은 할 수 없었지만 히틀러를 변호하는 것만은 그만두지 않았다. 두 사람의 석방은 여론의 굉장한 비난을 불러일으켰다.

전후 모슬리는 《나의 인생》이라는 회상록을 썼다. 그리고 다시 활동을 시작했지만 예전의 기세를 되찾을 수는 없었다. 그의 파시즘과 히틀러의 파시즘이 같은 것이었는지 어떤지는 논의의 여지가 있다. 어쨌든 1930년대에서 1940년대에 걸친 정치적 대립과 전쟁의 시대를 미트포드 자매는 화려한 스캔들 속에서 꿋꿋하게 살아나갔다.

케냐의 스캔들 천국

1941년 1월 26일 새벽, 케냐의 나이로비 근처에서 로드 조슬린 에롤이 자동차 운전석에서, 뒤로부터 목에 총을 맞아 죽은 채 발견되었다. 얼마 후 59세의 이블린 델부스 브로턴이 체포되었다. 그는 이제 막 결혼한 젊은 아내 다이애너가 자신이 로드 에롤과 친하게 지내는 것을 질투하여 에롤을 죽였을 것이라고 말했다. 전날 밤 세 사람은 함께 나이로비 사교클럽인 무사이가 컨트리클럽에 갔다. 심야 한 시 반에 브로턴은 취해서 귀가하여 침대로 들어갔다. 두 시 반에 에롤은 다이애너를 자택까지 차로 바래다준 다음 혼자 나이로비 쪽으로 떠났다. 이튿날 아침 브로턴의 집에서 3마일쯤 떨어진 지점의 차 안에서 죽어 있는 에롤이 발견된 것이다.

아프리카의 케냐에서 일어난 사건이지만 런던에서도 크게 보도되었다. 에롤은 런던 사교계에서 좋은 평판을 얻고 있던 인물이었기 때문이다. 1920, 1930년대에 나이로비는 런던 사교계의 휴양지이자 은신처였다. 특히 나이로비 교외의 '해피밸리'는 치외법권 지역으로 섹스도 마약도 자유였다고 한다.

런던에서 스캔들을 일으켜 지내기 힘들어지면 아프리카로 도망치는 것이 이 시대의 스타일이었다.

브루스 폴링Bruce Palling의 《현대의 스캔들에 관한 책The book of modern scandal》에서는 〈해피밸리 세트-케냐의 하이라이프highlife〉와 〈아내를 빼앗긴 남성의 고백-'조크' 델부스 브로턴〉이라는 두 장에서 이 사건을 다루고 있다.

조슬린 에롤은 런던 사교계에서 난봉꾼으로 알려져 있었다. 그는 아이디너 고든 부인과 친해졌다. 그녀는 음란한 여자로 유명했는데, 그때 막 두 번째 남편과 헤어진 참이었다. 그녀에게는 많은 정부(情夫)가 있었는데, 그중에는 멋쟁이 파시스트 오스왈드 모슬리도 있었다고 한다. 아이디너는 미인이고 패션 감각이 있는 데다 머리까지 좋았기 때문에 에롤은 자신보다 여덟 살이나 많았지만 그녀에게 매료되어 결혼했다.

두 사람의 결혼은 스캔들이 되었으므로 사교계에서 쫓기듯이 그들은 케냐로 갔다. 아이디너는 두 번째 남편과 케냐에 있었던 적이 있었으므로 그 지역을 택한 것이다. 1925년 두 사람은 나이로비 근교에 있는 커다란 맨션을 샀다. 그리고 점차 런던 사교계의 출장소 같은 작은 살롱을 만들었고 아이디너는 그곳의 여왕이 되었다. 그리고 쾌락적인 파티를 열어 '해피밸리' 전설이 만들어졌다. 아이디너의 살롱에서는 섹스와 마약이 자유롭고 신분이나 지위의 고하를 가리지 않고 마음대로 즐기는 파티가 열렸다.

아이디너의 이웃은 프레데릭 드 얀체 백작이었다. 그는 자동차 경주에 참가하거나 파리의 프루스트나 안나 드 노아유Anna de Noailles, 1876~1933

의 문학 살롱에 드나들고 있었다.

레이몽 드 트래퍼드도 '해피밸리' 인종의 주역이었다. 1931년에 나이로비를 방문한 작가 이블린 워Evelyn Waugh, 1903~1966는 레이몽 드 트래퍼드에게 매료되었다. 트래퍼드는 샴페인과 코카인과 섹스의 파티, 그리고 맹수 사냥으로 나날을 보내고 있었다.

나중에 《아웃 오브 아프리카》로 세계적인 작가가 되는 아이작 디네센Isak Dinesen도 이 무렵 나이로비에 있었고 '해피밸리'의 자유분방한 사람들과도 만났다.

아이디너의 젊은 남편 에롤은 '해피밸리'의 돈 후안으로서 여자들을 유혹하고 있었다.

브로턴 경은 큰 부자로 사냥을 좋아하고 경주마의 마주이기도 했다. 그는 런던에서 만난 젊은 여성 다이애너 콜드웰에게 빠져, 오랫동안 같이 산 아내와 이혼했다. 1940년 그는 다이애너와 결혼하고 나이로비로 돌아왔다. 처음부터 재산이 목적이었던 다이애너는 나이로비로 오자마자 금세 '해피밸리' 파티에 드나들며 에롤에게 유혹당하고 말았다.

그녀는 브로턴에게 이혼을 요구했다. 에롤과 결혼하고 싶다고 한 것이다. 브로턴은 어떻게든 헤어지지는 말아달라고 부탁했다. 그 직후에 에롤이 살해당한 것이었다. 총탄은 브로턴의 권총에서 나온 것이었다. 브로턴은 그 총을 며칠 전에 잃어버렸다고 했다.

브로턴은 체포되었고 3월에 재판이 시작되었다. 동기는 충분했지만 그의 체력으로는 2층 침실의 창문으로 뛰어내려 차에 숨어 있다가 도중에 에롤을 죽이고 나서 3마일을 달려서 돌아오는 것은 무리라고 생각되어 무죄가 되었다. 결국 범인은 밝혀지지 않았다.

그러나 아직 남은 게 있었다. 이듬해인 1942년 12월 리버풀의 아델피 호텔에서 브로턴이 의식불명인 채 발견되어 병원으로 이송되었으나 죽고 말았다. 2주일 전에야 영국으로 돌아왔던 것이다.

브루스 폴링은 브로턴이 다이애너에게 보낸 편지를 싣고 있다. 그편지에 따르면, 에롤이 살해당한 후에도 다이애너는 바람피우는 것을 그만두지 않았고 오히려 남편에게 보란 듯이 난잡하게 행동했던 것 같다. 결국 참을 수 없게 된 브로턴은 그녀에게 정부와 당장 헤어지고 아프리카를 떠나 영국에서 자신과 함께 살지 않으면 그녀가 과거에 저지른 죄를 폭로하겠다는 최후통첩을 들이대고 영국으로 가버렸다.

다이애너는 이 편지를 케냐의 경찰에게 보여주었다. 그 보고를 받은 영국의 경찰이 조사를 시작하자 브로턴은 자살했다.

이 편지만으로는 브로턴이 왜 영국에서 자살했는지는 알 수 없다. 어쩌면 에롤을 죽인 사람은 역시 그였는지도 모른다.

전쟁이 전 세계로 확대되는 시기의 케냐에 별세계 같은 스캔들 천국이 숨어 있었던 것이다.

트로츠키 암살

1940년 독일은 양 유럽을 침공했고, 네덜란드, 벨기에 그리고 프랑스까지 항복했다. 그 전해에 독소불가침조약을 맺었던 소련에서는 그때 스탈린의 공포정치가 미쳐 날뛰어 그레고리 지노비예프, 레프 카메네프, 칼 라데크, 니콜라이 부하린, 유리 파타코프 등의 간부가 모두 사라졌고 최후의 거물만 남았다. 레프 트로츠키다.

트로츠키는 지구의 반대쪽이라고 할 수 있는 멕시코시티 교외에 숨어 있었다. 그러나 스탈린의 강철 손인 GPU(게페우 : 소련의 국가정치보안부, KGB의 전신 – 옮긴이)는 세계의 끝자락까지 사냥감을 추적하고 있었다.

트로츠키는 레닌과 함께 러시아혁명의 지도자였다. 1924년에 레닌이 죽은 후 후계자 싸움을 벌일 때 스탈린이 지노비예프, 카메네프와 공모하여 트로츠키를 축출했다. 1929년 트로츠키는 러시아에서 추방되어 국외에서 반스탈린 운동을 전개했다.

1933년부터 1935년까지 트로츠키는 프랑스에 머물렀는데 거기까지도 쫓아와 다시 노르웨이로 옮겨갔다. 그리고 1936년 멕시코로 도망가 멕시코시티 교외 고요아칸 지구의 론드레스 거리에 있는 화가 디에고 리베라Diego Rivera, 1886~1957의 '푸른 집'(리베로의 아내 프리다 칼로의 친정집 – 옮긴이)에 숨어 있었다.

소비에트에서는 스탈린에 의해 숙청 재판과 처형이 이루어졌고, 1937년 트로츠키의 차남 세르게이도 제거되었다.

1938년 스탈린의 코민테른에 대항하여 트로츠키는 제4인터내셔널을 결성하고 파리에서 설립대회를 열었다. 그러나 제4인터내셔널의 서기 루돌프 클레멘트는 암살당하고 트로츠키의 장남 료바는 급사했다. GPU의 손이 움직였다고 한다.

1939년 트로츠키는 그 근처인 에비나 거리의 집으로 옮겼다. 암살의 위험을 느껴 몇 명의 동지가 습격에 대비하여 지키고 있었다.

1940년 5월 24일 첫 번째 습격이 있었다. 멕시코공산당의 스탈린주의자였던 화가 다비드 알파로 시케이로스 일당이 한밤중에 침입하여 기관총으로 트로츠키의 침실에 수백 발의 총탄을 쏘아댄 것이다.

그러나 트로츠키는 바닥에 엎드려 무사했다. 스무 명이나 되는 일당이 난입하여 총을 쏘아댄 것 치고는 엉성하기 짝이 없는 계획이어서 트로츠키 측의 거짓말이 아니었을까 하는 말이 나왔을 정도였다.

그러나 시케이로스의 돌발적인 계획인 듯한 습격의 배후에서는 비열하고 뱀처럼 집념어린 암살 계획이 소리 없이 다가오고 있었다.

1940년 실비아 아겔로프라는 미국 여성이 코요아칸의 트로츠키 집을 방문했다. 그녀는 1938년 제4인터내셔널의 파리 대회에서 통역을 한 적이 있는 트로츠키파의 활동가였다. 그녀는 자크 모르나르라는 남자친구와 멕시코시티에 살고 있었다. 자크는 실비아가 트로츠키의 집에 용무가 있을 때 차로 데려다주곤 했다. 그러는 사이에 실비아의 연인으로서 트로츠키의 집에 출입하게 되었다.

실비아가 자크를 만난 것은 제4인터내셔널 파리 대회 때로 둘은 금세 친해졌다. 1939년 실비아가 미국으로 돌아가자 그녀의 뒤를 쫓아 그는 미국으로 찾아갔고, 둘은 멕시코에서 살게 되었다.

1940년 5월 시케이로스의 습격 소동이 가까스로 수습되기 시작하던 8월 20일 자크 모르나르는 혼자 트로츠키의 집에 나타났다. 실비아와 그곳에서 만나기로 했다고 말했으므로 경호원도 마음을 놓았다.

자크는 트로츠키가 혼자 있는 방으로 들어가 피켈로 그의 후두부를 찍었다. 트로츠키가 비명을 질렀으므로 경호원이 달라가 범인을 잡았다. 트로츠키는 병원으로 이송되었지만 숨을 거두었다.

자크라 칭한 남자는 자신의 신분을 전혀 밝히지 않았다. 그는 파리에서 실비아에게 접근하여 그녀를 유혹했고 트로츠키의 암살에 성공한 것이다. 그는 엉터리 같은 이야기를 늘어놓아 정신감정을 받았다. 멕시코의 재판에서 그는 20년형을 선고받았다.

1950년 그가 스페인인 라몬 메르카데르Ramon Mercader라는 것이 밝혀졌다. 메르카데르는 1936년에 스페인내전에 참가했고 그 후 GPU에서 테러리스트 훈련을 받고 멕시코로 보내졌던 것이다.

메르카데르의 어머니 카리다드도 스페인내전에서 싸웠고, GPU의 스파이가 되어 멕시코에서 아들의 임무를 도왔다. 이 암살 계획을 지휘한 레오니드 아이티곤과 함께 트로츠키의 집 밖에서 탈출하는 메르카데르를 차로 빼돌리는 역할이었다. 그러나 메르카데르가 붙잡혔으므로 두 사람은 그대로 달아났다.

모스크바로 돌아간 카리다드는 아들의 공적으로 스탈린으로부터 레닌 훈장을 받았다.

메르카데르는 1960년에 석방되었다. 그는 모스크바로 가서 영웅으로 표창까지 받았다. 그 후 체코슬로바키아의 프라하에서 살았고, 1978년 어머니 카리다드의 고향인 쿠바에서 죽었다고 한다.

그는 자신이 어떤 사람인지 절대 말하는 일이 없었다. 그는 단지 트로츠키를 암살한 남자로만 알려져 있다.

할리우드의 빨갱이 블랙리스트

1947년 할리우드의 마녀사냥 '레드 스케어'(red scare, 붉은 공포)가
시작되었다. 러시아혁명 이후 공산주의자에 대한 두려움은 있었지만
제2차 세계대전에서 소련과 동맹을 맺었기 때문에 이는 한때 물밑으
로 가라앉아 있었다. 그러나 세계대전이 끝나자 다시 부활했다.

전후 미국의 어두운 정치적 밤을 밝히는 등대처럼 할리우드는 반동의 나
방을 거듭 끌어당겼다.[2]

할리우드의 영화 제작에서 예술가, 지식인, 유대인 실업가에 의한
공산주의적 파괴 활동이 이루어지고 있다며 공격이 시작되었다. 그 중
심이 된 것이 반미활동조사위원회(the House Committee on Un-American
Activities, 약칭 HUAC)였다. 1938년 전시체제를 위해 만들어진 미국 의
회 하원의 기관이었지만, 전후 미소대립의 '냉전' 때문에 상임위원회

---

2 Ceplair, Larry, Englund, Steven "The Inquisition in Hollywood "University of California
Press 1979.

가 되었다. 1947년 할리우드를 조사하기 시작하여 19명에게 소환장을 보냈고 결국 11명이 소환되었다.

11명 중에서 베르톨트 브레히트Bertolt Brecht, 1898~1956는 외국인이고 곧 독일로 돌아갔으므로 나머지 열 명이 위원회에서 심문을 받았다. 그들은 할리우드에서 추방되어 '할리우드 텐'Hollywood Ten이라 불리게 된다.

그 열 명은 존 하워드 로슨John Howard Lawson, 달튼 트럼보Dalton Trumbo, 애드리언 스콧Adrian Scott, 링 라드너 주니어Ring Lardner Jr., 레스터 콜Lester Cole, 앨버트 몰츠]Albert Maltz, 새뮤얼 오니츠Samuel Ornitz, 알바 베시Alvah Bessie라는 여덟 명의 시나리오 작가와 에드워드 드미트릭Edward Dmytryk, 허버트 비버맨Herbert Biberman이라는 두 명의 감독이었다.

'할리우드 텐'을 탄핵한 반미활동조사위원회의 위원장은 파넬 토머스로 나중에 공금횡령으로 고발되어 존 우드가 그 후임이 되었다. 대부분의 위원은 남부의 초보수파 의원들로, 그중에는 캘리포니아 출신의 리처드 닉슨이 있었다. 그들은 공산주의자뿐만 아니라 북부의 뉴딜러[3]들이나 인텔리, 유대인에 대한 반감을 공유하고 있었다.

반미활동조사위원회에 정보와 자료를 제공한 것은 FBI(연방수사국) 국장 존 에드거 후버John Edgar Hoover, 1895~1972였다. 후버가 할리우드 스타들의 사생활을 엿보는 것이 취미였다는 것은 나중에 폭로된다.

1947년의 소환 때만 해도 사태는 그렇게 심각하게 받아들여지지 않았다. 열 명 모두 답하고 싶지 않은 질문에는 저항하고 거부했다. 그러나 의회 모욕죄로 기소되어 유죄선고를 받았다.

---

3 프랭클린 루스벨트 정권에 의해 전개된 뉴딜정책을 경험하고 사회민주주의적인 사상을 가진 사람들을 말한다―옮긴이.

영화계는 처음에 국가의 규제를 싫어했지만 정치적 압력에 의해 '할리우드 텐'을 영화계에서 추방하고 그 밖의 위험분자 블랙리스트를 만들어 일거리를 주지 않는 체제를 받아들이지 않으면 안 되었다. 그래서 상황은 완전히 바뀌었다. 자신의 사상이나 신조를 굽히고 전향하지 않으면 안 되었을 뿐만 아니라 동료나 친구를 밀고하고 그 이름을 팔아넘기지 않으면 안 되게 된 것이다.

배신과 밀고가 횡행하는 '깡패' 시대가 되었다. 항상 내통자로 거론되는 사람은, 〈욕망이라는 이름의 전차〉(1947), 〈세일즈맨의 죽음〉(1948)으로 잘 알려진 엘리아 카잔Elia Kazan, 1909~2003 감독이었다.

1951년 반미활동조사위원회는 다시 영화인을 소환했다. 이번에는 자신만이 아니라 밀고naming name를 하지 않으면 용서되지 않았다.

카잔이 반미활동조사위원회에 불려간 것은 1952년이었다. 그는 청문회에서 열한 명의 이름을 대고 용서를 받아 할리우드에 머물렀다. 그리고 전향 후 〈워터프론트On the Waterfront〉(1954)라는 명작을 만들어 대감독이 되었다. 그러나 평생 지인을 팔아넘겼다는 오명에서 벗어날 수 없었다.

역시 〈워터프론트〉는 훌륭한 작품이다. 하지만 밀고의 대가라고 한다면 그 훌륭함에 그늘이 보인다. 그러나 만약 그가 전향하지 않았다면 〈워터프론트〉를 만들 수는 없었을 것이다. 전향했기에 〈워터프론트〉가 훌륭한 것인지도 모른다.

할리우드의 마녀사냥은 미친 듯이 날뛰어 영화인의 마음을 더럽히고 상처를 주었다. 배우 존 가필드는 증언을 거부했고, 그 경력도 헛되이 자살이라고도 할 수 있는 급사를 했다.

블랙리스트가 할리우드를 꼼짝달싹 못하게 했다. 블랙리스트에 포함된 스태프가 관련된 영화는 아카데미상에서 제외되었다.

1960년 '할리우드 텐'의 한 사람인 달튼 트럼보가 할리우드에 공식적으로 복귀했다. 그는 그때까지 가명으로 시나리오를 써왔는데 드디어 본명으로 일을 할 수 있게 된 것이다. 할리우드의 '깡패' 시대가 막을 내리려 하고 있었다. 하지만 아이러니하게도 할리우드의 황금시대도 기울어지고 있었다.

앨저 히스의 위증 사건

할리우드 고발로 화려한 불꽃을 쏘아올린 반미활동조사위원회는 1948년 총구를 정계로 돌렸다. 표적은 앨저 히스Alger Hiss, 1904~1996였다. 그는 1904년에 태어나 하버드 로스쿨을 나와 변호사가 되었고 대법원장의 비서가 되었다. 루스벨트의 뉴딜정책에 참가했고, 대통령의 유능한 고문이 되어 국무성 관료로서 얄타회담, 샌프란시스코 회담에 출석했으며, 제1회 유엔총회 미국 수석 고문이 되는 등 빛나는 경력을 자랑하고 있었다.

이미 말한 것처럼 반미활동조사위원회는 공산주의뿐만 아니라 뉴딜에도 격렬한 적의를 품고 있었으므로 그가 표적이 된 것이다.

1947년 앨저 히스는 카네기평화재단의 총재가 되었다. 엘리트 관료로서 영광에 휩싸여 있었을 때 공산주의자이고 소련의 스파이라는 고발을 당했다. 고발자는 〈타임스〉지의 편집자 휘태커 챔버스Whittaker Chambers였다. 챔버스는 스스로 소련의 스파이라고 고백하고 반미활동조사위원회에 국무성의 간부인 히스가 1934년부터 1938년까지 공산당원이었다고 밀고했다. 그리고 1937년 국무성의 기밀문서를 히스가 유출했고 그것을 받은 자신이 소련에 넘겼다고 말한 것이다.

확실한 증거가 없었는데도 히스는 두 번의 재판에 회부되었다. 그리고 5년형을 받고 1954년까지 복역했다. 야심에 불타고 있던 반미활동조사위원 리처드 닉슨의 힘이 크게 작용했다.

나중에 생각해보면 챔버스가 제출한 증거는 상당히 우스꽝스러운 것이었다. 그것은 '펌프킨 페이퍼'Pumpkin Papers라는 제목이었다. 그는 국무성 기밀문서의 마이크로필름을 메릴랜드 주 자신의 농장에 숨겨놓았다고 말했다. 닉슨이 조사원을 보내자 과연 포치porch에 호박이 있었고 그 안을 파내자 마이크로필름이 들어 있었다. 또한 문서는 아내의 타자기로 히스가 친 것이라고 했는데 그 타자기도 발견되었다. 그러나 1974년 정보공개법에 의해 이 사건의 내부 자료도 발표되었는데 '펌프킨 페이퍼'나 타자기는 닉슨, 챔버스, FBI의 위조라는 것이 밝혀졌다고 한다.

당시 히스 사건은 여론을 양분시켰다. 그 배경에는 동부의 기성 사회에 대한 '일반인'의 반감이 있었다고 한다. 루스벨트의 뉴딜 정책을 지지한 것은 동부의 엘리트였다. 앨저 히스는 그 대표자로 보였다.

한편 챔버스는 필라델피아의 가난한 집에서 태어나 고학으로 대학을 나왔고 〈타임스〉지의 편집자가 된 문학청년이었다. 몽상적이고 괴상한 점이 있는 사람이었다. 아서 슐레신저Arthur Schlesinger, 코델 헐Cordell Hull, 존 포스터 덜레스John Foster Dulles 등 엘리트 지식인은 히스를 지지했다. 한편 라이오넬 트릴링Lionel Trilling 등 '뉴욕 지식인'은 챔버스파였다. 편집자인 챔버스와 친했던 것이다.

그리고 캘리포니아 출신인 리처드 닉슨도 동부의 엘리트에 대한 원한을 갖고 있었다. FBI의 후버 국장이나 챔버스도 공통의 원한을 품고 있었다. 히스는 그 희생양이 되었던 것이다.

히스는 유죄 판결을 받았다. 1954년에 출소하여 사회에 복귀했고 재심을 청구했지만 기각되었다. 그는 《회고록Recollections of a life》[4]을 썼다. 1992년 러시아에서 KGB 문서에 대한 조사가 이루어져 히스가 소련의 스파이가 아니었다는 결론이 나왔다. 히스는 그 이듬해에 세상을 떠났다.

오늘날에는 히스가 무고했다는 것은 거의 인정되고 있다. 히스는 《회고록》에서 닉슨, 후버, 챔버스를 세 악인이라고 말하고 있다.

《회고록》에 쓰인 히스의 챔버스상에는 마음에 걸리는 부분이 있다. 챔버스는 동성애자인데, 히스가 원조를 거절했기 때문에 그의 정치적 편집광에다 원한이 결부되어 히스를 엉망진창으로 만들어버릴 책략을 꾸몄다고 한 점이다. 이 원조란 금전뿐만이 아니라 동성애적 관계도 의미한 것이 아니었을까?

챔버스는 어쩔 도리가 없는 비열한이다. 샘 태넌하우스Sam Tanenhaus의 방대한 책《휘태커 챔버스》(1997)를 보면, 챔버스는 작가가 될 꿈이 좌절되고 엘리트인 히스에게 무시당하자 원한의 편집증이 심해졌다고 한다. 그리고 닉슨이나 후버에 의해 반공의 영웅으로 만들어지는 챔버스에게는 애처로움까지 느끼게 된다. 거기에는 스캔들의 증오 구조가 감추어져 있다. 상승해가는 자와 그것을 끌어내려 짓밟고 싶어하는 자의 증오 구조. 그리고 그것을 사람들은 구경하며 즐거워한다.

---

4 アルジャー・ヒス, 井上謙治譯,《汚名－アルジャー・ヒス回想錄》, 晶文社, 1993.

에롤 플린은 스파이인가?

에롤 플린Errol Flynn, 1909~1959은 올드팬에게는 정겨운 영화 스타다. 말쑥한 미남으로 잘생긴 검객이나 해적이 잘 어울리던 배우였다. 오스트레일리아 남부의 태스매니아 출신으로 해상에서의 요트 생활을 좋아했다.

1909년에 태어나 배의 조수 등을 했지만 영화계에 스카우트되어 1935년 로버트 도냇Robert Donat의 대역으로 출연한 〈블러드 선장Captain Blood〉(1935)으로 일약 스타덤에 올랐다. 테니스 선수로 단련된 동작이나 말쑥한 용모로 좋은 그림이 될 만한 배우였다. 〈나가자 용기병〉(1936), 〈로빈 후드의 모험The Adventures of Robin Hood〉(1938), 〈시호크The Sea Hawk〉(1940), 〈그들은 군화를 신은 채로 죽었다They Died with Their Boots On〉(1941) 등이 차례로 히트하여 인기가 절정에 달했다. 그러나 1940년대에 들어서자 그는 스캔들에 휩쓸린다. 미성년인 소녀를 유혹했다고 고소당한 것이다.

1942년 열일곱 살의 베티 한센과 성행위를 했다고 하여 재판에 회부되었다. 로스앤젤레스 경찰이 거리를 배회하고 있던 한센을 체포했는데, 그녀는 벨에어Bel-Air의 고급 맨션에서 열린 파티에 갔다가 2층 침실에서 플린에게 강간당했다고 말한 것이다. 그러나 로스앤젤레스 대배심은 한센의 증언이 의심스럽다며 인정하지 않았고 플린은 무죄로 방면되었다.

그런데 지방검사는 1941년에 페기 라르 사타리라는 열다섯 소녀와 성관계를 했다는 이야기를 찾아냈다. 그녀의 어머니가, 플린의 요트 '시로코'에서 딸이 유혹을 당했다고 고소한 것이다.

다시 플린은 사타리 사건으로 두 번, 한센 사건으로 한 번의 재판을 받지 않으면 안 되었다. 여성 팬이 동경하는 미남배우의 소녀 음행 사건은 센세이셔널하게 보도되었다.

워너브러더스가 플린을 위해 고용한 사람은 제리 기슬러Jerry Giesler 변호사였다. 그의 자전 《할리우드의 변호사-기슬러의 법정 생활》[5]에는 '에롤 플린의 강간 사건'이라는 장이 있고 변론이 자세하게 재현되어 있다.

기슬러는 모든 수단을 동원하여 스캔들로부터 스타를 구해내는 실력 있는 변호사로 알려져 있었다. 그리고 플린도 무죄선고를 받았다. 재판에서 해방된 직후에 출연한 〈젠틀맨 짐Gentleman Jim〉(1942)은 크게 히트했다. 그러나 그 후 그의 인기도 시들기 시작했다. 그는 결혼과 이혼을 반복하며 술에 찌든 삶을 살고 있었다.

1957년 헤밍웨이의 원작을 영화화한 〈태양은 다시 떠오른다The Sun Also Rises〉(1957)에 출연한 플린은 슬픔을 자아냈다. 예전의 톱스타는 타

---

5 ジェリー・ギーズラー, 竹内澄夫譯,《ハリウッドの辯護士 – ギースラーの法廷生活》, 弘文堂, 1963.

이론 파워에게 주연 자리를 물려주고 옆으로 밀려났다. 그리고 마치 자신의 인생을 연기하는 것처럼 알코올에 중독된 수척한 중년남성을 연기했다. 그는 처음으로 인상에 남는 생생한 연기를 보여주었다. 그러나 1958년에는 열다섯 살의 신인 여배우를 유혹하여 그녀의 어머니로부터 고소를 당했다. 또다시 스캔들이 터진 것이다. 그리고 1959년 심장마비로 급사했다.

그러나 에롤 플린을 둘러싼 스캔들은 사실 그가 죽고 나서 본격적으로 폭발한다. 1980년 찰스 하이엄Charles Higham의《에롤 플린 - 숨은 이야기》[6]가 발표되어 스타의 이미지는 산산조각이 나버린다. 놀랍게도 그는 나치에 공명하여 전시에 독일의 스파이로 활동했다는 것이다.

이 책은 큰 반향을 불러일으켰다. 찰스 하이엄에 의해 우상파괴가 이루어졌고 에롤 플린이 스파이였다는 '실상'이 밝혀진 것 같았다.

그 후 토니 토머스Tony Thomas의《에롤 플린 - 스파이가 아니었던 스파이》[7]가 나왔다. 이 책은 하이엄의 스파이설이 완전히 엉터리라는 것을 증명하고 있다.

하이엄의 주된 증거는 플린의 친구였던 오스트리아 출신의 헤르만 에르벤이라는 인물이었다. 에르벤은 의사였는데 선박 의사로서 각지를 돌아다녔다. 확실히 그는 수상한 남자이고 나치에 공명하고 있었지만 그것은 전전(戰前)의 일이었다. FBI도 그를 감시하고 있었다. 그러므로 만약 플린이 에르벤에게 협력하여 독일을 위해 스파이 활동을 했다면 FBI도 그것을 알고 있었을 것이다.

---

6 Higham, Charles "Errol Flynn : the untold story" Doubleday 1980.
7 Thomas, Tony "Errol Flynn : the spy who never was" Carol Pub. Group 1990.

하이엄은 1941년에 제작된 〈급강하폭격기Dive Bomber〉에서 플린이 미국의 군사기밀을 일본에 누설했다는 놀랄 만한 추리를 하고 있다. 이 영화는 워너브러더스가 미국 해군의 협력을 얻어 캘리포니아 샌디에고의 미국 해군 항공기지에서 촬영되었다. 항공모함 엔터프라이스도 찍혔다. 이 영화가 가장 중요한 비밀정보기관에 미국 해군의 장비나 기지에 대해 가르쳐주어 진주만 공격에 도움을 주었다는 것이다. 그리고 플린이 이 영화를 그러한 비밀 목적으로 이용한 것이라고 하이엄은 주장했다. 놀랍게도 플린이 일본의 스파이이기도 했다는 것이다.

토니 토머스는, 그렇다면 반년 전부터 플린은 일본의 진주만 공격이라는 최고 기밀을 알고 있었다는 말이냐고 어이없어한다. 그리고 아무리 주연 배우라고 해도 플린이 워너브러더스를 조종하여 군사 기밀을 촬영하게 하는 일은 불가능하며, 게다가 미군의 엄중한 체크를 받았으므로 이 영화를 보고 진주만 공격이라는 작전 계획을 세웠다는 것은 농담에 지나지 않는다는 것이다.

찰스 하이엄의 책은 황당무계한 상상력의 산물인 것 같다. 그 근거나 증언도 수상한 것들뿐이다. 그러면 엄청난 명예훼손이 아닌가. 플린의 유족이 소송을 제기했지만 캘리포니아 법정은 기각했다. 유족에게 미치지 않는 한 사자(死者)에게는 명예훼손의 권리가 생기지 않는다는 것이다. "그렇다면 죽은 유명인에 대해서는 무슨 말이든 다 해도 된다는 말인가"라고 토니 토머스는 말하고 있다. 찰스 하이엄은 에롤 플린의 전설을 깨고 그 실상을 그렸다고 생각되었지만, 그것 역시 하나의 전설에 불과했던 것이다.

제6장
1950년대

매카시의 대두와 전락

조지프 매카시Joseph Raymond McCarthy, 1908~1957는 갑자기 등장하여 미국의 여론을 이리저리 끌고 다니다가 눈 깜짝할 사이에 사라졌다.

매카시의 경력에서 주요 국면은 무척 짧았다. 그것은 그가 상원의 의석을 얻고 나서 3년 후인 1950년에 시작되었다. 그때까지 매카시는 상원에서 존재감이 희박한, 하잘것없는 인물처럼 보였다. 그리고 1954년 상원이 매카시 비난 결의를 가결했을 때 그의 존재감은 종언을 고했다. 그러고 나서 3년 후에 그는 마흔여덟이라는 나이에 죽었다. 그의 대두와 몰락은 모두 숨도 쉬지 못할 정도의 속도로 이루어졌다.[1]

조지프 매카시는 위스콘신 주에서 선출된 상원의원이었다. 그는 이권을 쫓는 비열한 정치꾼으로서 펩시콜라에 고용되어 그 회사를 대변하다 의회에서 펩시콜라 키드라는 별명을 얻었다. 그리고 우연히 '공

---

1 R·H·로－비아, 宮地健次郎譯, 《マッカーシズム》, 岩波文庫, 1984.

산주의'라는 절호의 먹잇감을 만났다.

다음 선거가 걱정이 된 매카시는, 이름을 알리기 위해서는 '공산주의의 위협'이라는 것밖에 없다고 생각했던 것이다. 그래서 그는 국무성에서 205명의 공산주의자가 활동하고 있다고 말했다. 205명이라는 숫자는 아무런 근거도 없었지만, 확실히 조사를 한 것처럼 구체적인 숫자를 든 점이 그가 가진 선동의 재능이었다. 그는 지금 그 205명의 명단을 갖고 있다고 말했다. 게다가 그것은 공화당의 부녀자 당원 집회에서 한 발언이었다. 아마 그 이야기가 큰 소동이 되어 전국에 보도될 것이라고 예상하지는 않았을 것이다.

그러나 이야기는 보도되었고, 그렇다면 그 205명의 명단을 공개해 달라고 하자, 매카시는 당황하여 이런저런 변명을 했다. 하지만 그럼에도 그는 반공의 투사로서 단숨에 유명인사가 되었다.

1950년 2월 매카시는 상원으로부터, 부녀자 당원 집회에서 한 발언에 대해 정확한 설명을 해달라는 요구를 받았다. 그는 확실한 증거를 보이지 못하고 끝없이 종잡을 수 없는 무책임한 말만 늘어놓았다. 그런데도 그는 대중에게 어필했다. 대중들 안에 축적되어 있던 막연한 불만에서 나온 반응이었는지도 모른다.

닉슨 같은 반공주의자도, 매카시의 말이 너무 심해서 역효과만 날 것이라고 생각했던 듯하다. 하지만 그것이 대중을 선동하는 것을 보고 이용가치가 있다고 생각했다.

매카시는 국무성에 공산주의자가 숨어서 음모를 꾸미고 있다는 주장을 반복했다. 증거를 요구받자 국무성의 문서에 있다고 말하고, 그런데 도난당했다고도 했다. 게다가 국가 안전을 보장하는 데 중요한 인물이 소련 스파이라는 사실도 넌지시 비추었다. 그가 누구인지 말하라고 추궁을 당하자 그는 결국 오언 라티모어라는 이름을 들었다.

매카시는 라티모어에 대해 잘 모르고 있었던 것 같다. 존스홉킨스 대학의 교수로 중국통이었던 라티모어는 국무성 직원도, 공산주의자도, 스파이도 아니었다. 그러나 1930년대의 공산주의 동조자로 새로운 중국 노선에 대한 이해자였다.

그런데 매카시는 자세히 조사해보지도 않고 라티모어를 국무성 내의 스파이 집단인 앨저 히스의 부하라고 매도했다. 그러나 라티모어가 공산주의자라는 증거는 발견되지 않았다.

매카시 주위에는 전직 FBI 요원 등 수상한 정보 제공자가 모여 있었다. 그는 그러한 소문을 근거로 고발을 했던 것이다. 그는 국무장관 딘 애치슨Dean Gooderham Acheson, 1893~1971이나 트루먼 대통령까지 소환하겠다고 허풍을 떨었다. 하지만 그러한 허풍을 믿을 정도로 미국은 매카시 열풍에 사로잡혀 있었던 것이다. 그러한 현상은 1950년대의 첫 5년 동안 크게 유행했다. 미국의 신문은 매카시의 거짓 이야기를 그대로 보도했고 독자는 그것을 믿었다.

1951년 미소의 냉전은 더욱더 심각해졌다. 트루먼 대통령은 극동정책의 차이 때문에 맥아더 원수를 해임했다. 한국전쟁이 시작되었다. 이때 매카시가 다시 등장했다. 이번의 표적은 라티모어 같은 일개 학자가 아니라 조지 마셜George Marshall, 1880~1959 원수였다. 그는 미군의 상징이라고도 할 수 있는 사람으로, 1950년에 국방장관이 되었다.

매카시는 마셜 원수의 경력과 국방정책에 대해 비판했다. 만약 마셜이 소련에 대해 좀더 의연한 태도를 취했다면 현재와 같은 위기는 없었을 것이라고 했다. 이것은 꽤 훌륭한 내용이었다. 로비어Richard Halworth Rovere에 따르면, 그것은 매카시가 도저히 쓸 수 없는 학술논문이며 아마도 조지타운 대학의 수정주의 역사학파의 교수 한 사람이 썼을 것이다.

이 연설은 마셜 원수를 거론하면서 결국 루스벨트가 소련을 승인한 것이 잘못의 시작이고, 나아가 1945년 독일과 일본을 결정적으로 패배시킨 것도 잘못이라는 사관에 의거하고 있었다. 하지만 매카시가 그것을 이해하고 있었는지 어떤지는 의심스럽다.

어쨌든 이 연설은 마셜 원수의 얼굴에 먹칠을 했다. 마셜 원수는 몇 달 후 국방장관을 사임하고 은퇴한다. 매카시 세력은 이제 두려운 존재가 되었다. 트루먼 대통령의 임기 마지막에는 아무도 매카시를 막을 수 없게 되었다.

차기 대통령은 공화당의 아이젠하워와 민주당의 스티븐슨이 대결하게 되었다. 매카시는 아이젠하워를 지원하는 연설에서 스티븐슨을 앨저 히스와 한패인 것처럼 말했다.

1953년 아이젠하워가 제34대 미국 대통령이 되었고, 매카시는 '정부활동위원회'의 위원장이 되었다.

공화당이 집권하자 민주당 시대에 공산주의에 '오염된' 정부 직원을 정화했다. 그것은 하원의 반미활동조사위원회와 상원의 국내정치위원회의 일이 될 것이었다. 정화의 계기를 만든 매카시는 너무나 과격했으므로 한직으로 밀려났다.

그러나 매카시는 상관하지 않고 국무성 내의 공산주의자, 동성애자를 적발하기 시작했다. 그는 로이 콘Roy Cohn을 위원회의 주임 변호사로 고용했고, 콘은 데이비드 샤인을 데려와 '주임 컨설턴트'로 삼았다. 매카시극의 제2막이 시작된 것인데, 극악한 콤비가 매카시를 전락시켜버린다.

로이 콘은 머리가 굉장히 좋은 변호사로, 연방검사국에서 마약이나 밀수 사건을 착수하고 난 후 곧 빨갱이 사냥을 시작한다. 로젠버그 사건[2]이나 라티모어 고발에도 관여한 그는 유대인으로, 열광적인 반공주의자였다.

샤인은 샤인 호텔을 경영하는 부자의 아들로, 미남이었으므로 한때 연예계에 진출했지만 어쩐 일인지 정치평론 등을 썼다. 그의 《공산주의의 기초》는 샤인 호텔 체인의 객실에 한 권씩 비치되었다고 한다. 그러나 스탈린과 트로츠키를 혼동하는 등 엉터리 책이었다.

로이 콘과 샤인은 친해졌다. 아마 동성애 관계였을 것이다. 두 사람은 매카시의 브레인이 되어 고발 재료를 모았다. 그들은 '충성 미국 지하조직'이라는 밀고자 그룹을 이용하고 있었다.

1953년 3월 로이 콘과 샤인은 유럽에 갔다. 재외 정부기관을 조사한다는 명분이었지만, 엉터리 같은 여행으로 각지의 미국 대사관만 호되게 경을 쳤다. 유럽에서 돌아오자 샤인은 병역에 복무하지 않으면 안 되었다. 로이 콘은 샤인이 군무에서 특별한 대우를 받을 수 있도록 각 방면에 압력을 가했다.

한편 매카시는 군의 부패를 공격 목표로 삼았다. 그는 뉴저지의 포트 몬머스에 대한 조사를 요구했다. 로이 콘은 그 공격 목표에 뉴저지

---

2 1953년 6월 19일 미국인 로젠버그 부부가 미국의 원자폭탄 제조의 최고기밀을 훔쳐 내어 소련에 팔아 넘겼다는 이유로 체포되어 간첩죄로 사형당한 사건—옮긴이.

의 캠프 킬머를 추가했다. 샤인이 거기에 있었으므로 군에 압력을 가
해 샤인의 대우를 좋게 해주기 위해서였다.

육군은 매카시의 협박에 격노하여 저항했으므로 양자를 조정하는
공청회가 열렸다. 공청회는 지루하게 질질 끌다가 어정쩡하게 끝났다.
그러나 매카시의 무책임한 답변이 분명해지고 또 로이 콘이 샤인을 위
해 육군에 사적인 간섭을 한 사실도 폭로되어 포트 몬머스에 대한 조
사는 중지되었다. 로이 콘은 위원회에서 해임되고 뉴욕으로 돌아갔다
(그 후에 저지른 그의 악행도 흥미롭지만 그것은 또 다른 이야기다).

공청회에서 육군을 대변한 조지프 웰치가 호감을 얻었다. 변덕스러
운 대중은 예전에는 매카시에게 갈채를 보냈지만 이제 그의 뻔뻔한 선
동에 싫증을 내기 시작한 것이다.

상원은 매카시가 상원에 불명예를 초래했다는 비난 결의를 했다. 비
난이지 처벌은 아닌 애매한 결론이었다. 공화당 정부는 매카시를 이용
해왔으므로 그를 유죄로 할 수 없었던 것이다.

그래도 매카시는 급속하게 세력을 잃고 술에 찌들어 살다가 1957년
에 죽었다. 그는 공산주의와 동성애를 눈엣가시로 여겼지만, 아이러니
하게도 로이 콘과 샤인의 동성애 관계가 의심받는 결과가 되었다.

오펜하이머 추방 재판

로버트 오펜하이머John Robert Oppenheimer, 1904~1967는 맨해튼 계획을 지휘하여 원자폭탄 개발에 성공했다. 그래서 그는 '원자폭탄의 아버지'라고도 불린다. 핵무기의 출현은 세계를 완전히 바꾸어버렸다. 그것은 전시만이 아니라 평시에도 사회 · 정치를 위협하는 것이 되었다.

오펜하이머는 미국의 국력을 빛낸 별이었다. 하지만 그 영광은 순간이었다. 곧 그에게 스파이의 오명을 뒤집어 씌워 공직에서 추방하려는 음모가 검은 구름처럼 밀려든다.

1953년 11월 원자력위원회의 전 스태프였던 윌리엄 보든은 호펜하이머가 소련의 스파이라는 편지를 FBI 국장 후버에게 보냈다. 오펜하이머는 국가안전보장회의, AEC(원자력위원회) 등에 출석하고 핵무기, 핵전략 등의 국가 기밀에 관련되어 있는데 사실은 소련의 스파이라는 고발이었다. 그 증거는 1942년에 공산당에 헌금을 했고 아내와 동생은 공산당원이었으며 공산당원인 친구가 많다는 것, 그리고 1945년에 히로시마에 원폭을 투하할 때까지 수소폭탄 개발에 열심이었는데도 그 이후 개발을 중단해야 한다고 주장한 것 등이다.

공산당 친구가 많으므로 그도 당원이고, 따라서 소련의 스파이라는 것이다. 그리고 수소폭탄 개발을 중지시키려고 한 것도 미국의 핵전략을 방해하려는 수작이라는 것이다.

이 고발을 받은 FBI는 성가셨는지 그 편지를 원자력위원회에 보내버렸다. 그리하여 원자력위원회가 오펜하이머 문제를 심의하게 된다.

원자폭탄의 완성은 그 관리를 어떻게 할 것인가 하는 문제를 초래했다. 미국에서는 1946년 맥마흔법(원자력법)이 성립하고 원자력위원회가 핵을 관리하게 되었다.

핵 관리를 둘러싸고 국제적 협정파와 핵 군비 촉진파가 대립했다. 냉전 하에서는 후자가 강했다. 오펜하이머는 히로시마의 참상 이후 핵 개발에 신중을 기하게 되었다. 하지만 핵을 국제적으로 관리하기 위해서는 그 기밀을 공개하고 공유하지 않으면 안 된다.

원자폭탄을 능가하는 수소폭탄의 개발을 둘러싸고 추진파와 반대파가 대립했다. 과학자로는 에드워드 텔러Edward Teller, 어니스트 로렌스Ernest Orlando Lawrence가 추진파였다. 그리고 원자력위원회의 위원 루이스 스트로스Lewis Lichtenstein Strauss는 열렬한 추진파였다. 스토로스는 오펜하이머와 마찬가지로 유대인이었지만, 유복한 가정에서 자라 지적인 엘리트인 오펜하이머와 대조적으로 신발 행상에서 월가의 대금융가가 된 사람이다.

스트로스는 애국주의자로 해군장관 포레스탈의 고문이 되었다. 군사에 강한 관심을 갖고 있었던 듯하다. 그리고 1946년 원자력위원회가 창설되자 그 위원이 되었다.

1949년 소련도 원자폭탄을 개발하고 첫 실험을 한다. 갑자기 다음

신병기 '슈퍼', 즉 수소폭탄의 개발을 어떻게 할 것인지가 긴급한 문제로 떠올랐다. 오펜하이머의 신중론에 대해 텔러, 스트로스 등의 추진파가 기세를 올렸다. 그리고 1950년 '트루먼 성명'에서 수소폭탄 개발이 승인되었다.

그리고 오펜하이머가 미국의 수소폭탄 개발을 방해하고 텔러와 스트로스가 그것에 저항하여 개발을 성공시켰다는 오펜하이머 음모설이 만들어진다. 음모설은 잡지 〈포춘〉 등에 게재되었다. 그리고 1953년 11월 보든은 오펜하이머에 대한 고발장을 제출한다. 그것은 FBI로부터 아이젠하워 대통령에게 보내졌다. 대통령은 오펜하이머를 국가 기밀로부터 격리하고 원자력위원회에 그에 대한 결정을 맡겼다. 원자력위원회의 위원장은 스트로스가 되어 있었다.

원자력위원회는 오펜하이머에게 모든 공직에서 물러날 것을 요구했다. 그것을 잠자코 받아들이면 청문회('오펜하이머 재판'이라 불렸다)는 열리지 않을 것이라고 했다. 그러나 그는 그것을 거부했으므로 청문회 장에서 사람들의 구경거리가 되었고 격렬한 공격을 견디지 않으면 안 되었다.

거기에서 이루어진 고발의 주된 취지는, 오펜하이머는 공산당 동조자이고 따라서 소련에 기밀을 누설할 가능성이 있다는 것, 그리고 수소폭탄의 개발에 반대하고 그것을 방해했다는 것이다.

1954년 4월부터 5월에 걸쳐 청문회가 열렸다. 그러나 오펜하이머가 소련의 스파이라는 것도 수소폭탄 개발을 방해한 것도 밝힐 수 없었다. 결국 그의 성격에 결함이 있어 국가 기밀을 누설할 위험성이 있다는 이유에서 유죄를 선고하고 공직에서 추방했다. 원자력위원회 다섯 명의 위원이 내린 평결은 4대1이었다.

　　오펜하이머는 유죄가 된 것에 대해 "나는 이 일이 열차사고나 건물의 붕괴 같은 하나의 큰 사고라고 생각한다. 그것은 내 인생과 아무런 관련도 연관도 없다. 우연히 내가 거기에 있었을 뿐이다."[3]라고 말했다. 인생에 관계가 있는지 어떤지는 별개로 하고, 이 사건을 일종의 사고로 파악하는 것은 무척 흥미롭다. 스캔들이란 인생의 원활한 흐름을 갑자기 중단시켜 나타나는 일종의 사고이고 그 갈라진 틈으로 떨어지는 것이기 때문이다.

　　오펜하이머는 또 그리스 비극의 주인공처럼 생각되지 않느냐는 질문을 받고 "어떤 연극에서는 드라마의 감각이 합창 쪽에서 생겨난다"고도 말했다. 자신은 특별히 무대에 등장할 생각이 없었는데도 주변이 마음대로 자신을 무대로 끌어내 주인공으로 만들어버렸다는 말이었다. 오펜하이머는 그것은 비극이라기보다는 희극이고, 자신은 나무인형처럼 조종되어 사람들의 조롱을 받고 있다고 여겼다.

　　그리고 오펜하이머는 왜 자신이 고발당하고 의심받았는가에 대해 "내가 어리석었기 때문"이라고 말했다. 이 말은 여러 가지로 해석할 수 있지만, 인간이란 어리석고 넘어지는 법이라는 의미로 받아들여진다. 그러므로 아무리 현명한 사람이라도 느닷없는 교통사고와도 같은 스캔들에 부딪혀 전락하는 것이고, 사람들은 그것을 악의와 웃음으로 구경한다. 어쩐 일인지 우리는 현명한 사람의 어리석음에 안심하는 경향이 있다.

---

3 藤永茂,《ロバート・オッペンハイマー　愚者としての科學者》, 朝日新聞社, 1996.

오펜하이머는 유죄선고를 받고 공직에서 추방되었다. 1961년 케네디가 대통령이 되어 그의 명예를 회복시켜주려는 움직임이 시작되었고, 1963년 원자력위원회는 그에게 '페르미상'을 수상하기로 했다. 케네디 대통령이 직접 그에게 상을 건네주게 되어 있었다. 그러나 그것이 정해진 날 오후 케네디는 암살당했다. 그리고 그는 존슨 대통으로부터 그 상을 받았다.

1965년 오펜하이머는 세상을 떠났다. 그에 대해서는 많은 전기가 출판되었다. 최근에는 카이 버드Kai Bird와 마틴 셔윈Martin J. Sherwin의 《미국의 프로메테우스 – 로버트 오펜하이머의 승리와 비극American Prometheus : the triumph and tragedy of J.Robert Oppenheimer》(2005), 프리실라 맥밀런Priscilla J. McMillan의 《로버트 오펜하이머의 붕괴The ruin of J. Robert Oppenheimer : and the birth of the modern arms race》(2005) 등 새로운 전기도 나오고 있다. 천재가 하늘로 올라갔다가 추락하는 것을 사람들은 싫증도 내지 않고 넋을 잃고 바라보고 있다.

남성의 주지육림
〈플레이보이〉의 창간

1953년 시카고에서 남성잡지 〈플레이보이〉가 창간되었다. 그것은 1950년대 전후에 일어난 '성 혁명'의 산물이었다. 앨런 셔먼Allan Sherman 의《원숭이의 침범—성 혁명의 공적 역사 1945~1973 The Rape of the Ape : The Official History of the Sex Revolution 1945-1973》(1973)에서는 1953~1963년을 '플레이 보이의 시대'로 보고 있다. 이 책이 플레이보이 출판사에서 출판되었 으므로 다소 자화자찬이기는 하지만 말이다.

에이프APE는 인간이라는 원숭이를 말하는데, 미국의 청교도적 도덕 American Puritan Ethic의 머리글자라는 의미를 갖게 하고 그것을 침범RAPE하 는 것이 성 혁명이라고 말하고 있다. 제2차 세계대전 후에 그러한 경 향이 뚜렷해진다. 그 변화는 침대에서 나타난다. 그때까지는 트윈베드 였고 남녀가 침실에서 각자의 침대에서 자게 되어 있었다.

전후에는 더블베드가 도입된다. 남녀가 같은 침대에서 자는 것이 당 당하게 인정된 것이다. 대형 더블베드는 할리우드 베드 등으로 불렸 다. 나아가 원형 침대, 진동 침대 등이 등장한다. 침대가 성적 쾌락의 장이라는 것이 공식적으로 인정된 것이다.

1953년 미국인의 성 행동을 적나라하게 조사하여 보고한 킨제이 보고서가 나왔다.

그리고 로버트 해리슨에 의한 잡지 〈컨피덴셜〉이 나왔다. 앨런 셔먼에 따르면 그것은 "팬티를 내린 유명인을 엿보고 싶다는, 요즘 들어 강해진 미국인의 꿈을 실현시켜주는 잡지"[4]였다.

그러한 현상의 와중에서 드디어 〈플레이보이〉가 등장한 것이다. 창간한 사람은 아직 이십대의 젊은이 휴 헤프너Hugh Hefner였다. 그는 대학 시절 〈샤프트〉라는 유머 잡지를 냈다. 졸업 후 〈에스콰이어〉지에서 일했지만 자신의 잡지를 내기로 한 것이다. 〈에스콰이어〉의 지적이고 세련된 감각을 가지면서 성적으로 좀더 대담하게 한다는 콘셉트였다.

한가운데에 들어가 있는 핀 없는 핀업이라는 누드 사진이 세일즈 포인트였다.

비평가들은 헤프너에게 욕을 퍼부어댔다. 그는 여성을 단순히 성적 대상으로밖에 보지 않는다는 것이다. 물론 〈플레이보이〉는 남성의 오르가즘을 인류의 고귀한 성과로 보고 있었다.[5]

〈플레이보이〉는 펵fuck, 싯shit, 컨트(cunt, 여성의 성기), 프릭(prick, 남자의 성기) 등의 단어를 당당하게 실은 '고급 잡지'였다. 그리고 "동의한

---

4 Sherman, Allan "The Rape of the Ape : The Official History of the Sex Revolution 1945-1973 : The Obscening of America, an R.S.V.P." Putnam Publishing Group 1973.
5 Sherman, Allan, 같은 책.

어른들 사이에서는 무슨 일이든 허용된다"는 것이 그 철학이었다.

〈플레이보이〉 창간호가 센세이셔널하게 화제가 된 것은 무엇보다도 메릴린 먼로Marilyn Monroe, 1926~1962의 누드 사진 덕분이었다. 이미 먼로의 누드 달력은 화제가 되었는데, 한정판이었으므로 그것을 본 사람은 많지 않았다. 헤프너는 그 달력 회사로부터 원판을 사들여 창간호에 실었다.

창간호가 히트했으므로 다음 호부터 '이달의 플레이메이트'가 고정되었다. 그녀들은 그때까지 전문적인 모델과 달리 신선했다. 길거리에서 지나치는 여직원, 공항에서 볼 수 있는 스튜어디스가 벗었다고 하는 분위기가 생생하고 에로틱했다.

회화에서도 누드는 옛날부터 그려져 왔지만 여신이나 인어 등 비현실적인 공간에 놓여 있었다. 하지만 인상파인 마네의 〈풀밭 위의 점심〉은 스캔들이 되었다. 풀밭에서 신사와 나체의 여자가 소풍을 즐기고 있는 것인데, 여성의 나체가 너무 생생해서 망측하다고 생각되었던 것이다.

〈플레이보이〉는 누구나 알고 있는 유명인 또는 이웃집 아가씨의 누드를 실었다. 추상적인 '나체'가 아니라 누구의 '나체'인가에 흥미가 쏠리기 시작했다는 것을 헤프너는 일치감치 예견하고 있었던 것이다.

먼로를 이은 연예인은 1955년의 미스 2월로서 등장한 제인 맨스필드Jayne Mansfield, 1933~1967였다. 화려한 몸이 화제가 되어 그녀는 급속도로 유명해졌다. 너무 인기가 많았으므로 매년 2월 〈플레이보이〉에 등장했다.

그러나 1963년 2월 그녀의 영화 〈또 그 약속이란 소리!Promises! Promises!〉의 스틸사진을(그녀에게 허락도 받지 않고) 게재하자 시카고 경찰은 외설이라며 발매금지를 해버렸다. 남자배우 토미 누넌Tommy Noonan과 전라의 그녀가 시트를 몸에 감고 같은 침대에 있는 것이 문제가 된 듯했다.

이때 헤프너는 체포되었다. 그 장면은 텔레비전으로 보도되었다. 재판은 큰 화제가 되었고 결과적으로 〈플레이보이〉를 선전해주게 되었다.

그리고 1960년에는 플레이보이클럽을 연다. 이것은 당시에 하고 있던 회원제 키 클럽key club에 자극받아 만든 것으로, 매력적인 바니걸의 접대를 받으며 〈플레이보이〉의 세계에서 노는 것이었다.

〈플레이보이〉는 유명인들의 사생활을 엿보고 그 세계에서 자신도 한순간 놀 수 있을 것 같은 환상을 준다는 현대 스캔들 문화의 한 상징이 되었다.

라나 터너 : 할리우드의 지는 해

라나 터너Lana Turner, 1921-1995는 작품보다는 아름답고 섹시한 이미지와 일곱 번의 결혼, 헤아릴 수 없을 만큼의 로맨스 스캔들로 가득한 생애로 역사에 남아 있다.

그녀의 데뷔도 전설이 되었다. 그녀는 1921년 아이다호 주 월러스에서 태어났다. 아버지는 밀주 거래를 했다. 그는 딸을 무척 사랑했는데, 1930년 샌프란시스코에서 도박으로 돈을 따고 돌아오던 길에 그 돈을 노린 자들에 의해 살해당했다. 사랑하는 아버지를 잃은 것은 그녀에게 큰 충격이었다. 잃어버린 아버지를 찾는 것인지 그녀는 늘 자신을 보호해주는 남자에게 끌렸고 배신당했다.

어머니는 로스앤젤레스의 미용실에서 일하며 딸을 키웠다. 딸은 할리우드 고등학교를 다녔다. 1936년 그녀는 학교에서 돌아오는 길에 선셋 블루버드의 소다수 가게에 들렀다.

스툴에 앉아 있는 그녀를 〈할리우드 리포터〉지의 윌리엄 윌커슨이 보고 스카우트했다. 우연히도 데이비드 셀즈닉David O. Selznick의 〈스타탄생A Star Is Born〉에 엑스트라로 데뷔하여 말 그대로 스타로 탄생했다.

약간 과장되기는 했지만, 여고생이 길거리 가게에서 소다수를 마시다가 스카우트되고 하룻밤 사이에 스타가 되었다는 할리우드 전설은 누구라도 스타가 될 수 있다는 꿈을 주었던 것이다.

실제로 〈스타탄생〉에는 엑스트라로 나왔고, 특별히 주목받을 정도는 아니었다. 다음으로 워너브러더스에서 머빈 르로이Mervyn LeRoy, 1900~1987 감독의 〈그들은 잊지 않을 거야They won't Forget〉에서 단역을 맡았다. 이때 르로이 감독으로부터 그녀는 라나 터너라는 예명을 얻었다. 그녀의 역할은 살해당하는 젊은 아가씨로, 대사는 조금밖에 안 되고 나머지는 거리를 20미터쯤 걸어가는 장면이었다.

그러나 이 장면으로 그녀는 주목을 받았다. 아찔하게 높은 굽의 구두, 타이트한 스커트, 세련된 베레모를 쓰고 가슴의 볼륨이 뚜렷이 드러나는 타이트한 스웨터를 입고 걸어가는 그녀를 보고 다들 "누구지, 저 섹시한 여자는?" 하고 궁금해했던 것이다. 라나 터너는 '스웨터 걸'로서 인기가 폭발했다.

그녀는 르로이 감독과 함께 MGM으로 옮겨가 〈사랑이 앤디 하디를 찾는다Love Finds Andy Hardy〉(1938)에서 미키 루니Mickey Rooney의 상대역이 되었고, 〈지그펠트 걸Ziegfeld Girl〉(1941)로 MGM의 톱스타 대열에 합류했다. 그녀는 금발로 염색했다. 그리고 화려한 연애 편력도 시작된다. 1940년 밴드 리더인 아티 쇼Artie Shaw와 결혼하지만 두 달 만에 이혼한다. 그녀는 제임스 스튜어트James Maitland Stewart, 클라크 게이블William Clark Gable, 로버트 테일러Robert Taylor 등과도 데이트를 한다.

1942년 라나는 실업가 스티븐 크레인과 재혼했다. 크레인은 전처와의 이혼이 성립되지 않아 말썽이었다. 그래도 라나는 결혼하여 셰릴을 낳았다. 하지만 1944년 라나는 크레인과 헤어졌다.

1948년에는 대부호인 헨리 토핑과 세 번째 결혼을 했다. 제트코스터 같은 그녀의 남성 편력은 늘 가십 잡지를 떠들썩하게 했다.

4년 후 토핑과 헤어질 때 라나는 손목을 그어 자살을 시도했으나 미수에 그쳤다. 이때는 〈유쾌한 미망인The Merry Widow〉(1952)을 촬영하고 있었다. 이 영화에서 장갑을 끼고 커다란 팔찌를 하고 있는 것은 그 상처를 감추기 위해서였다고 한다.

라나는 이어서 타잔 배우 렉스 바커와 1953년에 결혼했다. 그것도 4년밖에 가지 못했다. 그녀도 이미 30대 중반에 접어들었고 톱스타 자리에서 미끄러지기 시작했다.

그때 그녀에게 다가온 사람은 조니 스톰파나토Johny Stompanato였다. 조니 발렌타인이라는 별명으로 불렸는데 루돌프 발렌티노를 흉내내는 같잖은 미남 갱으로 카지노의 보스 미키 코엔의 경호원을 하고 있었다. 할리우드에 진을 치고 연상의 부잣집 여자들을 달콤한 말로 꾀는 제비gigolo이기도 했다.

침울해 있던 라나는 스톰파나토가 암흑가와 관계가 있다는 것을 알면서도 친해졌다. 아이러니한 것은 스톰파나토는 자신이 그녀보다 다섯 살 연상이라고 믿게 했다는 것이다. 실제로는 그가 다섯 살 연하였다. 그녀가 아버지와 같은 연상의 남자를 좋아한다는 것, 젊은 남자를 정부로 두고 있다는 말을 듣기 싫어한다는 것을 그는 알고 있었던 것이다.

동거하기 시작하자 스톰파나토의 질투심 때문에 싸움이 그치지 않았다. 1958년 라나는 영국에서 〈낯선 곳 낯선 시간Another Time Another Place〉

의 촬영에 들어갔다. 그녀의 상대 배우는 숀 코너리였다.

스톰파나토는 영국까지 따라왔고 스튜디오에 나타나 라나와 숀 코너리 사이를 의심하여 그에게 싸움을 걸었으나 오히려 얻어맞았다. 그리고 스톰파나토는 영국에서 추방되었다.

그래도 라나는 스톰파나토와 헤어지지 않고 로스앤젤레스로 돌아와 함께 살았다. 기숙사에 들어가 있던 딸 셰릴도 부활절 방학으로 집에 돌아와 있었다. 열네 살의 셰릴은 어머니에게 물려받은 성숙한 몸이었다.

어머니와 그녀의 정부, 그리고 딸. 이 세 사람의 미묘한 공동생활이 시작된다.

미인 여배우, 섹시한 여배우로서 전성기를 지나고 있던 라나 터너는 〈페이톤 플레이스Peyton Place〉(1957)로 연기파로 전향하려고 했다. 그 영화의 원작은 그레이스 메탈리어스Grace Metalious의 베스트셀러 소설《페이톤 플레이스》였다. 그녀는 이 영화로 아카데미 최우수여우주연상에 노미네이트되었다. 그러나 안타깝게도 여우주연상은 〈나는 살고 싶다I want to live〉(1958)의 수전 헤이워드Susan Hayward에게 돌아가고 말았다.

그리고 참극이 벌어졌다. 격렬하게 말다툼을 하고 스톰파나토가 라나에게 폭력을 휘두르는 것을 본 셰릴이 스톰파나토를 칼로 찔러 죽여버린 것이다. 매스컴이 몰려들고 큰 소동이 벌어졌다. "스캔들이다, 기슬러를 불러라"라는 할리우드의 스타일대로 라나는 제리 기슬러에게 변호를 부탁했다.

마피아들은 열네 살의 딸이 스톰파나토를 죽일 수는 없다고 하며 라나가 누군가에게 시킨 것이 분명하다고 생각했다.

이때 숀 코너리는 할리우드에 있었다. 사건 직후 누군가가 전화를 해와 마피아 미키 코헨이 숀을 노리고 있으니 당장 미국을 떠나는 게 좋을 거라고 했다. 숀 코너리는 곧장 영국으로 피했다고 한다.

미키 코헨은 스톰파나토의 아파트에서 라나의 연애편지를 훔쳐내 매스컴에 팔아넘겼다. 할리우드 스타와 갱스터의 사랑은 신문에 큼직하게 보도되었다.

매스컴은 딸을 돌보지 않고 남자들과 놀아난 어머니라며 라나를 공격했다. 단 한 사람, 여느 때라면 제일 먼저 스캔들을 공격할 가십 저널리스트 월터 윈첼Walter Winchell만이 그녀를 변호했다.

마침 텔레비전이 정보 미디어로서 확립된 시대여서 법정에 출두하는 라나 모녀에게 텔레비전 카메라가 덮쳤다.

기슬러는 법정에서 스톰파나토가 얼마나 폭력적이고 여자의 적인가를 보여주어 라나 모녀, 특히 딸 셰릴에게 동정을 끌게 했다. 라나는 비극의 어머니를 연기했다.

스톰파나토의 동료는 셰릴이 스톰파나토를 좋아하게 되어 삼각관계에 의한 갈등이라고 주장했지만 받아들여지지 않았다. 그리고 셰릴은 정당방위를 인정받아 무죄선고를 받았다.

이 재판이 끝난 후 라나 터너는 기적적인 재기에 성공했다. 〈슬픔은 그대 가슴에Imitation Of Life〉(1959), 〈검은 초상Portrait in Black〉(1960) 등 그녀 자신의 인생을 모방한 듯한 영화가 히트한 것이다. 그러고 나서 세 번이나 더 결혼하고 또 헤어진다. 1982년 그녀는《라나 부인, 전설, 진실》이라는 자서전을 냈다. 그 후 조용히 살다가 1995년에 세상을 떠났다.

마거릿 공주의 모험

훗날 다이애너가 영국 왕실에서 스캔들의 여왕이 되지만, 그 전까지만 해도 스캔들 여왕은 단연 마거릿 공주였다.

마거릿은 엘리자베스 여왕의 여동생이며, 아버지 조지 6세에게 맹목적인 사랑을 받으며 자랐다. 그녀는 자유분방하고 연애 경험이 많았다. 마거릿과 다이애너가 달랐던 점은 그녀들에게 들러붙은 매스컴의 태도였다. 마거릿의 시대인 1950년대 영국의 매스컴은 왕실에 대한 보도를 극히 삼갔으므로 대중은 그녀에 대해 거의 알 수 없었다.

마거릿은 피아노를 잘 치고 노래하거나 춤추는 것을 좋아하여, 공주가 아니었다면 여배우나 가수가 되었을 거라고 했다. 그리고 아버지의 맹목적인 사랑을 받은 아이에게 흔히 있듯 연상의 남자에게 끌렸다.

그녀의 연애 편력이 시작된 것은 1948년 열여덟 살 때였다. 상대는 미국의 엔터테이너 대니 케이Danny Kaye, 1913~1987였다. 그녀보다 나이는 두 배였고 결혼도 했지만 공주는 그에게 푹 빠지고 말았다. 역시 영국 왕실은 반대하고 나섰고, 런던의 흥행업계에 압력을 가해 케이를 미국으로 돌려보냈다.

현 엘리자베스 여왕의 여동생 마거릿 공주(1930~2002)는
연애 경험이 풍부한 여성이었다.

다음으로 공주와 은행가의 아들 존 프로퓨모John Profumo의 관계가 소문이 났다. 나중에 프로퓨모 사건을 일으키는 인물이다. 그에 대해서는 나중에 다시 소개할 것이다.

이상의 애정 문제는 잘 수습되어 일반 사람들에게는 알려지지 않았다. 하지만 그 다음이 심각한 문제가 되었다.

상대는 잘생긴 육군 대령 피터 타운센드Peter Townshend였다. 그에게는 로즈마리라는 아내가 있었다. 그러나 마거릿은 타운센드에게 빠져 있었다.

1951년 타운센드는 이혼했다. 1952년 조지 6세가 세상을 떠나고 엘리자베스가 왕위에 올랐다. 아버지를 잃은 마거릿은 더욱더 타운센드에게 의지하며 결혼하고 싶어 했다.

왕실에서는 엘리자베스의 대관식을 앞두고 있었으므로 마거릿 문제는 뒤로 미루었다. 그러나 식전 행사 때 그녀와 타운센드의 친밀한 행동이 사람들의 눈에 띄었다.

엘리자베스 여왕의 남편 필립은 두 사람 사이를 반대하며 타운센드를 해외에 부임하도록 하여 그는 벨기에의 브뤼셀에서 근무하게 되었다. 그리고 마거릿은 아프리카의 로디지아 시찰여행을 떠나게 되었다. 두 사람은 떨어졌지만 마거릿은 1955년 스물다섯 살이 되면 자신의 의지로 결혼할 수 있다는 걸 기대하고 있었다. 엘리자베스 여왕은 여동생에게 동정적이었다고 한다. 그러나 필립이나 의회가 반대했고, 만약 결혼한 상대와 결혼한다면 에드워드 8세와 심프슨 부인 때처럼 로열패밀리에서 제외시키고 국외로 추방할 것이라고 협박했다.

그래도 마거릿은 왕실을 버리고서라도 결혼하고 싶다고 했지만 타운센드는 왕실과 국가의 압력에 굴복하고 말았다. 그는 평민이고 재산도 없었으므로 해외에서 전 공주의 남편으로서 그녀에게 기식하며 살아가는 것을 견딜 수 없었던 것이다.

두 사람은 헤어지지 않으면 안 되었다. 타운센드는 물러섰다. 그는 동료와 세계여행을 떠났다. 그리고 나중에 벨기에 여성과 결혼했다. 마거릿과 꼭 닮은 사람이었다고 한다.

마거릿은 그 시름을 잊기 위해 나이트클럽에서 죽치는 나날을 보냈다. 그리고 젊은 사진가 앤서니 암스트롱 존스Anthony Armstrong-Jones를 만났다. 런던 도크랜드Docklands에 있는 그의 스튜디오에서 히피 같은 동료들과도 함께 지냈다.

그때까지 몰랐던 언더그라운드의 세계가 신선하게 느껴져 그녀는 앤서니와 약혼하고 1960년에 결혼했다.

그러나 태생이나 성격이 전혀 달라 맞지 않았으므로 폭풍 같은 결혼생활이 되었다. 두 사람이 공적인 자리에서 벌인 화려한 부부싸움은 가십 기사가 되었다. 별거로 이어졌고 마거릿은 측근인 콜린 테넌트Colin Tennant가 소유한 서인도 제도의 무스티크Mustique 섬의 별장에서 지내는 일이 많았다.

1973년 무스티크 섬에서 만난 로디 레웰린과 가까워졌다. 두 사람의 사진이 잡지에 실려 스캔들이 되었다.

한편 스노든 경이 된 앤서니도 젊은 정부를 보조원으로 두고 오스트레일리아에서 사진을 찍고 있었다.

1976년 마거릿 공주의 난잡한 스캔들은 이제 막을 수가 없게 되어 영국의 매스컴에 흘러넘쳤다. 그리고 결국 1978년 두 사람의 이혼이

성립되었다. 그리고 스노든도 레윌린도 각각 재혼했다. "마거릿 공주
는 혼자인 채였다."[6] 그리고 2002년에 세상을 떠났다.

6 Blundell, Nigel "The World's Greatest Scandals of the 20th Century" Hamlyn 1994.

퀴즈 쇼크

미국에서는 1948년 텔레비전의 시대가 시작된다. 모든 것이 처음이어서, 뭐든지 마음대로 할 수 있었다. 1950년대는 텔레비전의 첫 황금시대였다. 그러나 끝에는 그 문제점도 드러냈다.

1950년대 중반 텔레비전에서 인기가 있었던 것은 게임쇼(퀴즈쇼)였다. 게임쇼는 이미 라디오의 정규 프로그램이었지만 텔레비전에도 도입되었던 것이다. 처음으로 황금시간대에 등장하여 성공한 게임쇼는 〈6만4천 달러의 질문The $64000 Question〉이었다. 사회자는 핼 마치Hal March 였다.

그 인기에 이어서 〈6만4천 달러 도전〉, 〈투 텔 더 트루〉, 〈프라이스 이스 라이트〉, 〈키프 토킹〉, 〈하이 파이넌스〉, 〈트웬티원〉 등이 등장했다.

게임쇼의 특징은 누구나 답변자로 참가하여 텔레비전에 나올 수 있고 엄청난 상품을 받을 수 있는 도박의 욕망을 부추긴다는 점이다. 텔레비전을 보면서 진땀을 흘리며 답을 찾는 답변자에게 자신을 겹쳐놓고 '그 사람이 나라면' 하고 상상하는 것이다.

스폰서에게도 유리한 조건이었다. 자사의 상품을 많이 등장시켜 상품으로 쓰면 광고가 되기 때문이다. 드라마라면 광고 시간에만 제한되지만 게임쇼에서는 프로그램 전체가 광고의 장인 것이다.

프로듀서에게도 유리했다. 드라마나 음악 프로그램 등에 비해 제작비가 엄청나게 낮기 때문이다.

이리하여 퀴즈 프로그램은 크게 번창했다. 어떤 시기까지는. 그러나 텔레비전은 우쭐대다가 지나친 일을 하고 말았다. 1950년대 말, 퀴즈 프로그램은 미리 짜고 하는 것이 아닐까 하는 의혹이 일기 시작했다.

대중은 퀴즈 프로그램의 답변자가 하는 답변에 일희일비하며 열광했다. 결국 프로그램에서 스타가 탄생할 정도였다. 먼저 〈트웬티원〉에서 허버트 스텐펠이 계속 이겼다. 거기에 찰스 반 도렌이 나타나 챔피언을 이겼다. 사람들은 박수갈채를 보냈다. 스텐펠은 마니아 풍에다 음험한 느낌이었지만 반 도렌은 산뜻한 미국 청년이었기 때문이다.

반 도렌은 계속 이겼고, 전 미국인들이 아는 유명인사가 되었다. 그는 결국 12만9천 달러를 획득했다.

교사들로부터 열심히 공부하면 아무리 어려운 질문에도 답할 수 있다는 것을 학생들에게 증명해주었다는 감격적인 편지가 산더미처럼 밀려들었다. 어머니들은 딸에게, 프레슬리 같은 청년이 아니라 반 도렌 같은 청년과 결혼하라고 가르쳤다.[7]

7　タイム・ライフ・ブックス編集部編, 青木日出夫譯, 《赤狩りとプレスリ―アメリカの世紀 1950-1960》, 西武タイム, 1985.

반 도렌의 아버지 맥 반 도렌은 퓰리처상을 수상한 시인이었다. 그의 아들은 컬럼비아 대학에서 영어를 가르치고 있었는데 우연한 계기로 〈트웬티원〉에 나가 미국 전역에 알려지게 된 것이다.

그러나 결국 그도 비비안 니어링 부인이라는 강적을 만나 패하고 〈트웬티원〉을 떠났다. 그러나 그 프로그램의 프로듀서가 일주일에 1천 달러를 주는 조건으로 〈투데이〉라는 프로그램의 고정 해설자로 그를 고용했고 그는 지적인 화제를 제공하게 되었다.

그런데 1958년 의혹이 겉으로 드러나게 되었다. 드렌에게 패한 스텐펠이, 그 프로그램은 미리 짜고 한다고 폭로해버린 것이다. 퀴즈쇼 스캔들은 순식간에 큰 문제가 되었다.

리처드 굿윈Richard N. Goodwin의 《리멤버링 아메리카Remembering America》[8]에 이 사건이 거론되고 있다. 어쨌든 굿윈은 하원 입법관리위원회에서 이 문제를 추궁한 조사관이었다. 그래도 이 사건은 서장에서만 다루고 있다. 책은 이 사건 후 케네디 정권과 존슨 정권에서 일한 1960년대가 주제였고, 퀴즈쇼 사건은 1960년대로 들어가는 입구로서 이야기되고 있다.

1959년 뉴욕의 지방검사 프랭크 호건이 그 사건을 조사하기 시작했다. 〈타임〉지 표지에 등장할 정도로 국민적 영웅이 되어 있던 찰스 반 도렌은 의혹을 부정했다.

조사관이 된 굿윈은 반 도렌과 스텐펠을 만났다. 지적이고 좋은 교육을 받고 자란 반 도렌과 노동자계급으로 음침한 유대인인 스펜텔은

---

8 リチャ-ド·N·グッドウィン, 有澤善樹他譯,《クイズ·ショウ-60年代アメリカ衝撃の眞實》, 扶桑社, 1995.

대조적이었다. 스텐펠은 모든 것을 말했다. 가난한 천재로서 잘 나갔지만 반 도렌으로 교체되었다. 지적이고 고상한 반 도렌이 유명해지는 것을 보고 스텐펠은 질투가 나서 그것이 사기라는 것을, 부끄러움을 무릅쓰고 고백한 것이다.

프로듀서인 앨버 프리드먼은 반 도렌에게 그것을 부정하도록 말했기 때문에 위증죄로 고발되었다. 반 도렌은 결국 프리드먼이 답을 알려주었다고 고백했다. 프리드먼도 그것을 인정했지만 이 프로그램은 젊은이에게 지적 흥미를 불러일으켜 교육적인 의미가 있었다고 변명했다.

미국인은 충격을 받았다. 텔레비전은 진실을 전한다고 믿고 있었던 것이다. 그러나 그것은 사기였다. 굿윈은 텔레비전 사기에 대한 사람들의 분노는 진실을 믿는 미국인의 순수함에서 나온 것이라고 말한다. 1950년대 말 그러한 순수함이 살아나 '1960년대'라는 저항의 시대에 들어서는 것이다.

제7장
1960년대

케네디의 영광과 비참

1961년 존 F. 케네디가 미국 대통령에 취임했다. 젊고 말쑥한 대통령은 '뉴프런티어'를 캐치프레이즈로 미국인에게 희망을 주었다. 그러나 1963년 11월 22일 그는 댈러스에서 암살당했다.

그 직후부터 케네디는 전설화되고 신화화되었다. 케네디 시대의 백악관은 중세 아서 왕의 성 카멜롯에 비유되었고, 케네디와 그 스태프는 아서 왕과 원탁의 기사들처럼 이야기되었다.

그는 링컨에 이어 암살된 두 번째 대통령이었으므로 자주 비교되었다. 두 사람 모두 역사상 가장 유명하고 인기 있는 대통령이다. 하지만 엄청난 차이가 있었다. 링컨은 남북전쟁에서 승리하여 노예해방을 이루어낸 후 암살되었다. 그러나 케네디는 '뉴프런티어'의 꿈을 말했지만 그것을 실현하기 전에 암살당했다.

암살 후 그의 측근들에 의한 전기로 케네디는 이상화되었다. 그러나 그 후 그의 사생활이 폭로되어 미국 역사상 가장 부도덕했고, 그 끝없는 애정 문제는 때로 국가의 기밀을 위험에 노출시켰다는 것이 밝혀졌다. 시모어 허쉬Seymour M. Hersh의 《카멜롯의 어두운 면The Dark Side of Camelot》(1997), 마이클 존 설리번Michael John Sullivan의 《대통령의 욕정Presidential passions》[1]이라는 부정적인 케네디상이 나오게 된 것이다.

그러나 케네디가 암살될 때까지 스캔들은 국민의 눈에 닿지 않고 은폐되었다. 케네디가 암살당한 후 스캔들 보도는 해금되었다. 그때까지 미디어는 보고도 보지 않은 척을 했던 것이다.

미국 대통령이 그토록 경솔한 사생활을 아무런 피해도 받지 않고 즐길 수 있는 시대는 베트남전쟁 전인 1960년대 초를 마지막으로 끝났다.[2]

케네디는 스캔들의 산을 쌓았지만, 여기서는 그가 정치적·군사적으로 크게 실패한 쿠바 침공 작전, 이른바 피그스 만 사건에 관한 스캔들을 언급하고자 한다.

1959년 피델 카스트로, 체 게바라 등이 바티스타 독재정권을 무너뜨리고 쿠바혁명에 성공했다. 쿠바의 공산주의화를 우려하여 카스트로 정권에 반대한 미국의 CIA는 쿠바를 침공할 계획을 수립했다.

1961년 1월 대통령에 취임한 케네디는 아이젠하워가 허가했던 쿠바 작전을 이어받았다. 그 계획은 CIA가 쿠바에서 망명한 사람들이나 불량배들을 과테말라에서 훈련시키고, 그들을 쿠바에 침투시켜 카스트로 정권을 무너뜨린다는 것이었다. 헤인스 존슨Haynes Johnson의 《피그스 만The Bay of Pigs》(1964)에 따르면, 그 게릴라 부대는 '2506여단'이라 불렸으며 5백 명 정도였다. 카스트로의 쿠바군은 10만이나 되었다고 하

---

1 マイケル・ジョン・サリバン, 井上一夫・飯田冊子譯,《大統領の情事》, JICC出版局, 1992.
2 マイケル・ジョン・サリバン, 같은 책.

는데 그런 부대로 어떻게 그런 대군을 이길 수 있었겠는가.

그들은 게릴라 부대가 상륙하면 쿠바 내에 숨어 있는 반카스트로파가 봉기할 것이라고 예상했다. 그뿐 아니라 침공과 동시에 카스트로를 암살할 계획이 CIA에 의해 진행되고 있었다. 그래도 안심할 수 없었으므로 미국 해군과 공군이 출동하여 지원할 필요가 있었다.

대통령에 취임한 지 얼마 되지 않은 케네디는 이 작전을 그대로 진행할지 중지해야 할지를 결정해야 했다. 그는 CIA의 앨런 덜레스와 리처드 비셀에게 의견을 들었다. 미국 해군과 공군의 확실한 출동은 피하고 싶다, 미국이 전면적으로 나서면 소련과의 전쟁이 될지도 모른다는 것이 케네디의 생각이었다. 그런 지원이 없어도 성공할 것이라는 CIA의 이야기에 편승하여 케네디는 쿠바 침공과 카스트로 암살 계획을 승인했다. 1961년 4월 17일 게릴라 부대는 쿠바 남안의 피그스 만에 상륙했다.

쿠바는 그 침공을 예견하고 기다리고 있었으므로 게릴라 부대를 간단히 제압하고 그들을 포로로 잡았다. 카스트로 암살 계획은 실패했고, 반카스트로파의 봉기도 일어나지 않았다. 그 사건은 케네디 외교의 대실패로서 언론에 크게 보도되었다. 결과적으로 쿠바가 소련에 접근하게 만들었을 뿐이었다.

그리고 이 작전으로 케네디가 냉전의 반공 정책을 계승하고 있다는 것이 분명해졌다. 그것이 바로 머지않아 그가 암살당하는 원인 가운데 하나였던 것으로 보인다.

헤인스 존슨의 《피그스 만》에서는 전혀 다루어지지 않았지만, 쿠바 침공과 카스트로 암살 계획에는 시카고 마피아의 대부 샘 지안카나Sam

Giancana가 관여하고 있었다. 그리고 라스베가스와 로스앤젤레스의 마피아 존 로셀리John Rosselli, 플로리다의 마피아 산토스 트라피칸테 주니어도 그 계획에 가담하고 있었다.

이것은 상당히 아이러니한 현상이었다. 1961년 대통령의 동생 로버트 케네디는 사법장관으로서 마피아 단속에 나섰고, 지안카나는 그 최대 표적이었다. 그러나 한편으로 CIA는 지안카나를 이용해 카스트로를 암살하려고 했다.

처음부터 케네디 가는 대통령의 아버지 조지프 케네디 때부터 마피아와 관계가 깊었다. 그리고 존 F. 케네디는 1960년 대통령 선거 때 프랭크 시나트라Frank Sinatra로부터 주디스 캠벨Judith Campbel이라는 여배우를 소개받아 친해졌다. 그런데 그녀는 지안카나의 여자였다. 게다가 케네디는 그것을 알고 있었고 지안카나와의 중개에 그녀를 이용했다고 한다.

지안카나는 케네디에게 선거자금을 제공했다. 그는 한편으로 카스트로의 암살 계획에 관여하고 있었다. 주디스는 그 계획에서 다리 역할을 했는지도 모른다. 로버드 케네디는 지안카나를 적발하려고 했고, 형인 대통령은 지안카나에게 카스트로의 암살을 부탁하려 했던 것이다. 그런 위험한 관계가 발각된 것은, 1975년 프랭크 처치Frank Church 상원의원을 위원장으로 하는 상원 위원회에서였다.

그러나 쿠바 침공과 카스트로 암살 계획은 실패하고 케네디는 큰 망신을 당했다. 보수파는 케네디가 미국의 해군과 공군을 대규모로 투입하는 것을 망설였기 때문이라고 비판했다. 그것이 케네디를 베트남전쟁에 깊이 관여하게 했는지도 모른다.

1963년 11월 22일 케네디는 댈러스에서 암살당했다. 리 하비 오스
왈드Lee Harvey Oswald, 1939~1963가 범인으로 체포되었다. 그러나 그도 사살
되어 케네디 암살은 원인 불명의 사건이 되었다. 그 이후 다양한 음모
설이 끊이지 않았다.

제임스 피어슨James Piereson의《카멜롯과 문화혁명Camelot and the Cultural Revo-
lution: How the Assassination of John F. Kennedy Shattered American Liberalism》(2007)은 왜 케네
디 암살에 대한 음모설이 끊이지 않는가를 분석하고 있다. 미국 정부
의 공식 견해는 오스왈드의 단독 범행이다. 즉 케네디는 오스왈드라
는 공산주의자에게 살해되었다는 것이다.

보수파와 우익은 이 견해에 납득한다. 공산주의에 물든 젊은이가 대
통령을 쏘았다. 역시 공산주의자는 위험하다는 것이다. 그런데 자유주
의자는 그러한 주장을 납득하지 못한다. 왜냐하면 케네디는 그들의 우
상이었기 때문이다. 따라서 오스왈드가 죽였다고 해도 그 배후에 마피
아, CIA, 미국 정부, 존슨 부대통령 등이 있었다는 이러저러한 음모론
을 생각하게 되는 것이다.

피어슨에 따르면 케네디 암살은 자유주의자의 진보적 미래라는 낙
관주의를 붕괴시키고 케네디 시대를 이상화해 그리워하는, 퇴행적인
자유주의가 되어버렸다.

메릴린이여, 편히 잠들라

메릴린 먼로Marilyn Monroe, 1926~1962는 케네디 대통령의 희생자다. 그러나 그 만남에 의해 그녀는 불멸의 존재가 되었다고 할 수 있다. 만약 두 사람이 만나지 않았다면 그녀는 죽지 않았을지도 모르지만 라나 터너처럼 잊히고 말았을지도 모른다.

케네디도 암살당하지 않았다면 여러 가지 결점이 드러나 재선에 실패했을 것이라고 한다.

메릴린 먼로는 1926년 로스앤젤레스에서 태어났다. 아버지는 누구인지 모르고 어머니와도 헤어져 고아원이나 양자로 들어간 집에서 자랐다. 그녀는 열여섯 살 때 첫 결혼을 했다. 그리고 얼마 후 누드모델로 일하며 영화계에 들어갔다. 1949년 누드달력이 화제가 되었고 1953년 〈나이아가라Niagara〉로 주목을 받았으며 〈신사는 금발을 좋아해Gentlemen Prefer Blondes〉, 〈백만장자와 결혼하는 법How to Marry a Millionaire〉이 연달아 히트했다. 그해는 그녀에게 풍작의 해가 되었고 스타덤에 올랐다.

그녀는 금발에 섹시한 여배우라는 이미지로 고정되는 것을 염려했고 극작가 아서 밀러와 결혼했다. 또한 지적인 생활을 동경했으며 리스트래스버그의 액터스 스튜디오에서 연기를 배우려고 했다.

먼로가 케네디를 만난 것은 1954년이었다. 그녀는 조 디마지오와 결혼한 직후였다. 당시 상원의원이었던 케네디는 그 전해에 재클린과 결혼했는데, 매제인 배우 피터 러포드에게 여자를 소개받아 즐기고 있었다. 어쨌든 그는 사정만 하면 되는 닭과 같은 섹스로 알려져 있었다.

1955년 먼로가 디마지오와 이혼하자 케네디와의 관계가 시작되었다. 그러나 그다지 깊은 관계는 아니었다. 1961년 1월 케네디는 대통령이 되었다. 먼로는 아서 밀러와 이혼했다. 2월에 아서 밀러가 각본을 쓴 〈황마와 여인〉이 개봉되었는데 생각한 것만큼 좋은 평가를 받지 못하여 그녀는 침울해졌다.

케네디가 대통령이 되자 먼로는 대통령과의 데이트를 즐겼다. 두 사람은 팜스프링스에 있는 빙 크로스비Bing Crosby의 집에서 만났다고 한다. 그녀는 대통령이 재클린과 헤어지고 자신과 결혼해줄 것이라고 믿고 있었다.

케네디가 먼로나 그 밖의 다른 여자와 정사를 벌인 것은 도청되고 있었다. FBI의 국장 후버는 샘 지안카나의 여자 주디스 캠벨을 감시하고 있었고 전미트럭노조의 지도자 지미 호퍼Jimmy Hoffa는 로버트 케네디 사법장관의 적발에 복수하기 위해 대통령과 먼로의 정사 테이프를 입수했다.

게다가 로버트 케네디는 형을 스캔들로부터 지켜주는 과정에서 먼로와 가까워졌다. 그녀는 표류하고 있었다. 여배우로서의 생명도 끝나가고 있었다. 약속이나 시간을 도저히 지킬 수 없었으므로 촬영이 불가능해져 조지 쿠커George Cukor 감독의 〈섬씽스 갓 투 기브'Something's Got to Give〉는 촬영이 중단되었다.

그리고 대통령을 둘러싼 상황도 위험해졌다. FBI, 마피아 등이 각각 움직이기 시작했다. 케네디 스캔들이 폭발하려 하고 있었다. 충실한 로버트 케네디는 형을 위해, 그리고 자신을 위해 먼로와의 사이를 끝내자고 그녀에게 말했다.

영화계에서의 내리막길, 케네디 형제와의 이별 등이 그녀를 절망으로 몰아넣은 것일까? 1962년 8월 5일 아침 수화기를 쥔 채 그녀는 쓰러져 있었다. 수면제 과다 복용에 의한 죽음, 아마도 자살일 것이라고 발표되었다.

그 죽음에 대해서는 여러 가지로 타살설이 제기되었다. 케네디의 비밀을 알고 있었으므로 제거되었다고도 했다. 샘 지안카나의 지령으로 살해되었을지 모른다고도 했다.

그리고 1년 후인 1963년 11월 22일 케네디 대통령은 암살당했다. 또 1968년에는 로버트 케네디도 암살당했다.

메릴린 먼로는 사람들에게 모든 사생활이 노출되고 적나라하게 폭로되었다. 하지만 그것을 통해 그녀는 정화되고 무구해져 우리들을 언제까지고 매혹하고 있는 게 아닐까?

프로퓨모 사건 소동

프로퓨모 사건은 영국에서 스캔들의 대명사로 불린다. 그 후의 스캔들은 항상 이 사건과 비교되곤 한다. 그것은 비열한 풍속 범죄에 지나지 않았지만, 당사자가 각료였기 때문에 정치 사건이 되었고, 다시 스파이 사건으로 발전하여 큰 소동이 벌어졌다. 그리고 어이없게도 끝을 보지 못하고 중단되고 말았다.

주인공은 섹시한 콜걸 크리스틴 킬러Christine Keeler였다. 그녀는 1942년 버킹엄셔의 레이스버리에서 태어났다. 기차 객차를 개조한 집에서 자랐고 1957년 열다섯 살 때 런던으로 가서 가게 점원이 되었다. 다리가 긴 미녀였으므로 모델로 고용되었다. 그녀는 메릴린 먼로와 닮았다. 야심이 컸고, 얼마 지나지 않아 스트립 바 등에서 일하며 출세하려고 했다.

그녀는 스티븐 워드와 가까워졌다. 워드는 그녀보다 서른 살 연상의 정골의(整骨醫, Osteopathy)였다. 오스테오파시란 지압의 일종으로 근대 의학과는 달리 민간요법에서 발달한 것이다. 손을 닿는 것만으로 정신적인 치유 효과가 있다고 여겨졌다. 주술이나 의학의 중간쯤에 위치하는 이러한 요법은 결국 1970년대 '뉴에이지' 운동 안에서 크게 유행하게 된다.

목사였던 아버지를 싫어하여 미국으로 건너간 워드는 그곳에서 오스테오파시를 배운 듯하다. 제2차 세계대전 때 그는 군복무를 했지만 정골의로서의 기술을 살려 군의가 되었다. 전후 런던에서 치료원을 열어 상류계급의 마음을 사로잡았다. 처칠도 그의 손님이었다고 한다. 그는 그림도 잘 그렸으므로 처칠의 권유로 상류계급 사람들의 초상화도 그렸다.

그뿐 아니라 워드는 예쁜 여자아이를 스카우트하여 사교계 사람들에게 소개했는데, 그들도 그런 그를 편리하게 생각했다. 성적 고민도 상담해주고 있었다.

그리고 그는 그의 집에 모여 있던 킬러를 존 데니스 프로퓨모John Dennis Profumo에게 소개해주었다.

프로퓨모의 조상은 이탈리아인이었지만 영국으로 건너가 귀족이 된 집안이었다. 프로퓨모는 정계에 진출하여 아스터 경의 파벌에 속해 있었다. 1940년에 보수당에서 입후보하여 국회의원이 되었고 1960년에는 맥밀런 내각의 육군장관이 되었다. 1954년 그는 드루어리레인 극장에서 〈왕자와 나〉의 주연을 맡은 미녀배우 발레리 홉슨Valerie Hobson과 결혼했다. 아름다운 아내와 육군장관 자리를 얻은 그는 인생의 절정기에 있는 것처럼 보였다. 하지만 킬러 양을 만난 것이 재앙이었다.

워드는 아스터 경의 클리브덴 장원에 있는 별장을 빌려 쓰고 있었다. 클리브덴 별장은 상류계급의 주말 휴양지로 쓰이고 있었는데, 워드는 그 별장을 거의 공짜로 사용하고 있었고 여자아이를 데려가 풀

사이드 파티를 열었다.

그곳에서 프로퓨모는 거의 나체나 다름없는 크리스틴 킬러를 만났던 것 같다. 그리고 그들의 교제가 시작되었다. 그런데 그녀는 다른 남자와도 친하게 지내고 있었다. 소련 해군 무관 에브게니 이바노프였다.

그리고 워드의 파티에서 프로퓨모는 킬러와 관계를 맺었다. 예전부터 이바노프를 감시하고 있던 육군성 경호실에서는 소련의 스파이일지도 모르는 이바노프의 정부인 킬러와 사귀지 말라고 프로퓨모에게 경고했다.

당시 케네디의 쿠바 침공이 실패한 결과 소련이 쿠바에 미사일을 들여놓는다는 '쿠바 위기'가 한창이어서 이바노프는 영국의 태도를 살피고 있었다.

프로퓨모는 육군성의 경고에 따라 킬러와의 관계를 끊었다. 그러나 생각지도 못한 일이 벌어졌다. 크리스틴 킬러의 전 정부인 존 에지컴이 질투로 인해 그녀에게 발포한 사건이 벌어진 것이다. 그 사건을 조사할 때 킬러는, 프로퓨모로부터 정보를 빼내주었으면 좋겠다는 말을 이바노프로부터 들었다고 말했다.

킬러의 이야기는 극비로 취급되었으나 신문사에 유출되고 말았다. 프로퓨모가 매춘부에게 군사 정보를 흘렸다는 식으로 전해져 스캔들은 일반 사람들에게도 알려지게 되었다.

국회에서 그 사건이 문제가 되었다. 프로퓨모는 킬러와의 친밀한 관계를 부정했지만 그녀에게 보낸 편지가 빌미가 되었다.

결국 프로퓨모는 아내에게 킬러와의 불륜을 고백하고 맥밀런Maurice

Harold MacMillan, 1894~1986 수상에게 사표를 제출했다.

야당은 맥밀런의 퇴진을 요구했다. 그리고 그것에 재차 타격을 준 것은 킴 필비Kim Philby 사건이었다. 케임브리지 스파이 그룹 중에서 가이 버지스Guy Burgess와 도널드 맥린Donald Maclean은 1951년 소련으로 도망쳤다. 그룹의 중심이고 제3의 남자로 생각되었던 킴 필비에 대해 1955년에 외상이었던 맥밀런은 스파이가 아니라고 변호했지만 필비는 그대로 소련으로 망명해버렸다. 그러나 맥밀런은 사직하지 않고 버텼다.

프로퓨모 사건은 그가 사직함으로써 끝났다. 즉 정치적 사건이나 스파이 사건 부분은 문제삼지 않아 단순한 매춘 사건이 되었던 것이다. 그래서 재판은 워드와 킬러에게 한정되고 프로퓨모는 제외되었다.

결과적으로 워드만이 여자들에게 매춘을 하게 한 죄를 추궁받았다. 사교계에서 오명을 뒤집어쓰고 추방당한 것을 견디지 못한 것인지, 워드는 수면제를 다량으로 복용하여 자살해버렸다. 결국 재판은 판결도 없이 그대로 소멸되었다. 킬러는 석방되었고 그녀의 고백이나 자서전은 높은 가격이 붙었다.

국회의 조사위원회에서는 프로퓨모가 중대한 정보를 흘렸을 가능성은 없고 스파이 사건도 없었다고 결론지었다.

이리하여 사건은 시시한 결말로 매듭지어졌다. 상류사회가 약간 도를 지나치기는 했지만 그곳에 출입하는 매춘업자를 추방하는 선에서 일단 수습된 것이다. 귀족들에게 이용되었다가 보기 좋게 버려진 정골의인 워드는 자살했다. 너무나도 영국식이었다.

무하마드 알리, 타이틀 박탈

1964년 스물두 살의 신인 복서 캐시어스 클레이Cassius Marcellus Clay는 난 공불락이라고 여겨지던 소니 리스튼Charles Sonny Liston, 1932~1970을 물리치고 헤비급 챔피언이 되었다. 그리고 그는 '이슬람국가운동'Nation of Islam에 들어가 있다는 사실을 밝히고 그리스도교적 백인사회에 대한 반항의 의미로 무하마드 알리Muhammad Ali, 1942~ 라는 이름으로 바꾸었다.

1967년 군대 입대를 거부한 그는 연방대심원에 기소되어 유죄 선고를 받고 복싱 시합의 출장 자격을 박탈당했다. 다시 복싱을 할 수 있게 된 것은 1970년이 되고 나서였다. 1971년 3월 조 프레이져와의 시합으로 복귀했지만 지고 말았다. 그러나 1974년 1월 다시 열린 조 프레이저와의 시합에서 이겼고, 10월에는 조지 포먼을 케이오로 이기고 헤비급 챔피언에 복귀했다.

무하마드 알리는 마이클 조던, 타이거 우즈와 함께 스포츠계가 낳은 아프리칸 아메리칸의 3대 스타로 일컬어진다. 그리고 조던이나 우즈는 정치적 중립을 유지하여 전 미국인의 인기를 모았지만 무하마드 알리는 스포츠를 넘어선 반체제, 반미국의 정치적 태도로 미국의 여론을 갈라놓았다. 그는 챔피언이 되어 영광과 힘의 절정에 이르렀을 때 복싱계에서 추방당했다. 명예도 부도 잃어버렸지만 그 스캔들은 얼마 후 비극으로서 공감을 불러일으키게 된다. 무하마드 알리는 단순한 스포츠 영웅이 아닌 역사적 인물이 되어간 것이다.

1960년대는 인종 투쟁과 베트남전쟁의 시대였다. 알리의 영광과 몰락은 그 배경을 반영하고 있었다.

1967년 병역을 거부하며 알리가, 자신은 베트남에 불만이 없다, 베트콩은 나를 검둥이라고 부르지 않는다, 라고 말했을 때 인종 문제와 베트남전쟁은 결부되었다.

배리 스마트Barry Smart의 《스포츠 스타-현대 스포츠와 스포츠 유명인의 문화경제학The sport star : modern sport and the cultural economy of sporting celebrity》(2005)에 따르면, 1964년의 징병검사에서 알리는 '1-Y'라는 낮은 순위로 부적격 판정을 받았다. 그런데 1966년의 재검사에서 '1-A'라는 높은 순위로 적격 판정을 받았다. 베트남전쟁이 격화하면서 대량의 병사가 필요해지자 검사의 기준을 낮춰 많은 사람들을 합격시키기 위해서였다. 1967년 알리는 병역을 거부하여 유죄 선고를 받았고 복싱 자격도 빼앗겨 4년 가까이 대학을 돌며 강연을 하거나 무대에 서면서 목숨을 이어갔다.

1967년부터 1971년에 걸쳐 알리는 항상 세간의 주목을 받고 있었다. 이 시대의 알리는 세계의 유색인종 대중으로부터 존경을 받고 있었지만, 그보다 훨씬 많은 사람들로부터 미움을 받고 있었다. 그를 싫어하는 사람들 대부분은 1960년대에 거칠게 불었던 파괴의 폭풍을 모두 알리 탓으로 돌

리고 싶어했다.[3]

무하마드 알리는 많은 미국인들을 화나게 했다. 병역을 거부하고 반체제적인 이슬람운동에 참가했기 때문이다. 사람들은 그에게서 챔피언의 명예를 빼앗고 복싱계에서 추방했다. 하지만 끝이 없는 베트남전쟁의 수렁에 빠진 미국 사람들은 얼마 지나지 않아 이 전쟁의 의의에 의문을 품기 시작하며 알리의 반항에 공감을 나타나게 된다. 알리는 역사적인 영웅으로 부활한다.

전자공학 시대를 맞아 어떤 의미에서는 이상할 정도로 필요하다고 여겨지는 명성은, 보통 사람의 손에는 미치지 않는 곳에 영웅을 둔다. 그러므로 영웅의 스캔들에 매료되지 않을 수 없는지도 모른다. 그리고 자신들을 더럽혀진 인생으로부터 끌어내 높은 곳으로 끌어올려줄 존재로서 유명인에게 의지하고 있던 사람들이 곧 유명인(영웅)을 끌어내리고 싶다는 생각을 하게 된다.[4]

그리고 영웅은 스캔들에 의해 상처를 입으면서도 그것을 견디며 살아남는다고 찰스 레머트Charles Lemert는 말하고 있다. 무하마드 알리는 바로 그러한 영웅이었다.

---

3 チャールズ・レマート, 中野惠津子譯,《モハメド・マリ アイロニーの時代のトリックスター》, 新曜社, 2007.
4 チャールズ・レマート, 같은 책.

샤론 테이트 살인사건

1960년대는 히피나 반문화의 시대였다. 마약, 로큰롤, 플라워칠드런(히피족을 말함 – 옮긴이) 등이 횡행했다. 비틀스의 〈헬터 스켈터Helter Skelter〉(대혼란. 이 노래에서는 유원지의 롤러코스터 같은 탈것을 말함)가 흐르고 있었고, 이 시대가 끝나갈 때는 악마적인 '헬터 스켈터'가 폭주했다. 찰스 맨슨Charles Milles Manson, 1934~수감중 '패밀리'에 의한 대학살이다.

1969년 7월 말부터 8월 초 로스앤젤레스에서는 여덟 명이 살해되었다. 7월 31일 올드 토팡가 캐니언 가에 있는 집에서 개리 힌먼Gary Hinman이 참살당한 채 발견되었다. 힌먼은 캘리포니아 대학에서 사회학 박사학위를 준비하고 있었으나 한편으로는 환각제를 만들어 팔고 있었다.

마약 거래를 둘러싼 다툼으로 살해당했을 것이다. 캘리포니아에서는 드물지 않은 일이어서 이 사건은 그다지 주목을 받지 않았다. 그러나 다음 사건은 달랐다.

8월 9일 할리우드와 베벌리힐스에서 가까운 시엘로 드라이브Cielo Drive의 집에서 다섯 명이 피투성이가 된 채 죽어 있었다. 그 다섯 명은 샤론 테이트 폴란스키Sharon Tate Polanski, 아비게일 폴거Abigail Folger, 워지시에치 프라이코프스키Wojciech Frykowski, 제이 세브링Jay Sebring, 스티븐 페런트Steven Parent였다.

샤론 테이트는 이 집의 소유자 로만 폴란스키Roman Polanski의 아내이자 여배우였는데 당시 그녀는 임신 중이었다. 폴란스키는 〈박쥐성의 무도회The Fearless Vampire Killers Or Pardon Me, But Your Teeth Are In My Neck〉(1967), 〈악마의 씨Rosemary's Baby〉(1968) 등 공포영화를 히트시킨 스타 감독이었다.

〈박쥐성의 무도회〉에서는 샤론 테이트의 상대역으로 그 자신이 출연하기도 했다. 그의 집에서 공포영화 같은 피투성이 장면이 펼쳐졌으므로 큰 뉴스가 되었다.

아비게일 폴거는 폴거 커피 회사Folger Coffee Company의 상속녀였다. 워지시에치 프라이코프스키는 폴란드인으로 폴란스키의 오랜 친구이자 아비게일의 애인이었다. 제이 세브링은 헤어스타일리스트로 샤론 테이트의 옛 애인이었다. 이 세 사람은 폴란스키가 집에 없는 동안 샤론이 심심하다고 해서 그 집에 묵기 위해 와 있었다. 페런트는 관리인 집에 들른 세일즈맨으로 이 사건에 우연히 휩쓸렸다.

할리우드의 유명 감독, 그의 아내인 섹시한 여배우, 수영장이 딸린 대저택이라는 화려한 화젯거리가 다 갖추어진 사건이었다. 처음에는 폴란스키가 의심을 받았다. 그는 런던에 가 있었는데, 그 자신이 다양한 스캔들을 일으키고 있었던 것이다. 샤론과는 사이가 좋지 않았고 그가 없는 사이 누군가를 고용해 그녀를 죽이게 한 것일지도 모른다는 소문이 나돌았다.

그러나 사건은 끝나지 않았다. 다음 날인 8월 10일 레노와 로즈마리레비앵커 부부가 웨이벌리 거리의 집에서 시체로 발견되었다.

먼저 힌먼 사건으로 보비 뷰솔리일Bobby Beausoliel이 체포되었다. 뷰솔리일은 케네스 앵거Kenneth Anger의 영화 〈루시퍼 라이징Lucifer Rising〉(1980)에 출연했다. 그로부터 찰스 맨슨의 '패밀리'가 떠올랐다.

맨슨은 히피 컬트 집단의 교조적인 존재가 되어 있었다. 그는 '헬터스켈터'라는 종말이 다가온다는 망상을 갖고 있었다. 그 폭동이 끝난 후 맨슨의 '패밀리'가 군림하게 된다는 것이다.

맨슨은 1967년 샌프란스시코로 왔다. 서른두 살이었다. 머리를 길게 기르고 마약을 하며 록음악에 열중했다. 그의 주변에는 가출한 소녀들이 모여들어 '패밀리'가 만들어졌다. 그는 로스앤젤레스로 옮겨 스판랜치Spahn ranch에서 히피 생활을 시작했다. 마약이나 프리섹스를 통해 그들은 광신적인 컬트가 되었고, 맨슨이 죽이라고 하면 '패밀리'는 살인도 마다하지 않았다.

왜 폴란스키의 집이 목표물이 되었을까? 그곳에서는 예전에 음악 프로듀서인 테리 멜처Terry Melcher가 살았다. 멜처가 맨슨의 레코드를 내줄 예정이었지만 그 일이 순조롭게 진행되지 않아 맨슨은 그를 원망하고 있었다. 그 원한을 풀기 위해 그 집을 덮친 게 아닐까, 처음에는 다들 그렇게 생각했다. 그러나 맨슨은 멜처가 이사한 사실을 알고 있었던 듯하다. 즉 전에 가본 적이 있는 집을 생각해냈을 뿐이었고, 그에게는 멜처가 아니라 그 누구라도 좋았던 것이다. 그 때문에 샤론 스테이트와 그녀의 친구들이 희생되었다.

폴란스키의 집을 습격한 데는 네 명의 '패밀리'가 관여했다. 예전에 대학 풋볼 선수였던 텍스 왓슨Tex Watson과 세 명의 여자 수전 앳킨스Susan

Atkins, 패트리샤 크렌빈켈Patricia Krenwinkel, 린다 카사비안Linda Kasabian이 그들이다. 그들은 사형 선고를 받았지만 1년 후 캘리포니아에서 사형제가 폐지되어 종신형이 되었다.

화려하고 부도덕한 할리우드 유명인들의 나날. 그것을 천재(天災)처럼 덮친 악마적인 컬트. 사람들은 어안이 벙벙한 채 그것을 바라보고 있었다.

채퍼퀴딕 사건의 은폐

　　1960년대는 케네디 가에 매료되어 있었다. 1963년 케네디가 암살 당했고, 1968년 케네디 가에서 두 번째로 대통령에 입후보한 로버트 케네디가 암살당했다. 그것을 기다리기라도 했다는 듯이 대통령의 미망인 재클린은 아리스토텔레스 오나시스와 재혼하여 미국인을 실망시켰다.

　　케네디 가는 최후의 희망을 아홉 명의 아이들 중 막내인 에드워드 케네디에게 걸었다. 어떻게든 케네디 가에서 두 번째 대통령을 내지 않으면 안 되었다. 그러나 하나의 스캔들이 그것을 허사로 만들었다.

　　그 스캔들은 속이 뒤집히는 비열한 사건이었다. 이 사건에 대해 아주 상세하게 다룬 《상원의원 특권 – 채퍼퀴딕 사건의 은폐 공작Senatorial privilege : the Chappaquiddick cover-up 》(1988)에서 말하고 있는 것처럼, 상류계급의 권력자가 그 특권으로 사건을 은폐해버린 것이다.

　　그것은 아마 사고였을 것이다. 에드워드 상원의원은 취한 채 자동차를 운전하다 바다에 빠졌다. 그는 간신히 탈출했지만 동승하고 있던 젊은 여성을 구하려 하지 않고 내버려두어 그녀는 익사하고 말았다. 게다가 그는 이튿날 아침까지 신고도 하지 않았다.

에드워드는 어리광을 부리며 자란 케네디 가의 막내로, 그에게는 아무것도 기대하고 있지 않았다고 한다. 그러나 형 로버트의 죽음으로 갑자기 케네디 가의 중책을 짊어지게 되었다. 그는 그것을 감당할 수 없었던 듯 술과 여자에 빠져 엄청난 속도로 자동차를 운전하곤 했다.

1968년 7월 18일 케네디 가는 선거운동을 해준 여성들을 초대하여 파티를 열었다. 매사추세츠의 동쪽 끝 케이프코드Cape Cod 남쪽에는 마사스 비니어드Martha's Vineyard 섬과 난터컷 섬이 있는데, 에드거타운은 마사스 비니어드의 항구다. 그 근처는 여름 휴양지였다.

에드거타운 맞은편에는 채퍼퀴딕라는 작은 섬이 있다. 페리를 타고 그 섬으로 건너가 바베큐 파티를 하거나 수영을 했다. 그리고 밤늦게 에드거타운의 숙소로 돌아오게 되어 있었다. 에드워드 케네디는 메리 조 코페크니라는 여성을 태우고 페리 승강장으로 향했다. 그러나 길을 잘못 들어 페리 승강장과 반대쪽의 다이크 다리를 건너다가 자동차가 바다로 떨어졌다. 에드워드는 가까스로 탈출했지만 메리 조 코페크니는 목숨을 건지지 못했다. 그러고 나서 그는 페리 승강장으로 갔지만 밤중이어서 페리가 없었다. 에드거타운 항구까지 헤엄쳐 숙소로 돌아갔다. 피곤했으므로 곧 잠이 들었고 눈을 떠보니 아침이었다. 사고 후 여덟 시간 이상이나 아무에게도 알리지 않았던 것이다. 이 스캔들을 은폐하기 위해 '케네디 머신'이 움직이기 시작했다. 현지 경찰은 그가 상원의원이라 조심스러워 제대로 조사도 할 수 없었다.

측근의 충고로 에드워드 케네디는 곧 텔레비전 카메라 앞에서 변명했다. 어디까지나 사고였으며 너무 놀라 어떻게 할 바를 몰랐으므로 알리는 것이 늦어졌다는 것이었다. 그리고 그녀와의 사이에 뭔가 있었다는 소문을 강력하게 부정했다.

심문이 이루어졌지만 유야무야되었다. 검찰은 에드워드 케네디를 다치게 할 마음은 없었던 것 같다.

보일 판사는 매사추세츠 주 법률에 따라 케네디 상원의원에 대한 체포장을 발부할 수도 있었지만 그렇게 하지 않았다. 그리고 듀크스의 지방검사 에드먼드 데니스도 에드워드를 고의에 의한 살인 혐의로 기소하는 것을 피했다. 다음 날 보일 판사는 재판관을 사임했다.[5]

보일 판사는 에드워드가 페리 승강장으로 향할 마음이 없이 의도적으로 다이크교 쪽으로 갔다고 생각했다. 에드워드가 메리 조에게 뭔가를 하려고 했던 것일까? 고의로 그녀를 죽게 한 것일까? 보일은 그렇게 의심하면서도 그것을 고발하지 않고 사고 현장에서 도망친 일에 대해 징역 2개월에 집행유예 1년을 언도했을 뿐이었다. 그리고 곧 판사를 그만두었다. 무슨 압력이 있었던 것일까? 그리고 아무 일도 없었던 것처럼 에드워드는 상원의원에 재선되었다.

그러나 사람들은 채퍼퀴딕 사건을 잊지는 않았다. 여성을 익사시키고 신고도 하지 않았는데도 케네디 가나 상원의원이라는 권위에 의해 처벌을 피할 수 있었기 때문이다. 역시 그도 1972년의 대통령 선거에 나가는 것을 연기한다고 발표했다.

하지만 포기한 것은 아니었다. 1972년과 1976년은 포기했지만 1980년의 대통령 선거에 출마하려고 생각했다. 이제 사건에 대한 세상의 관심도 식었다고 생각했던 것이다. 하지만 대통령 지미 카터와 치른 민주당 후보 선거전에서 패했다. 그리고 카터는 두 번째 대통령을 노렸지만 로널드 레이건에게 패했다.

에드워드 케네디는 1984년의 대통령 선거에도 나갈 생각이었다. 그러나 케네디 가도 그를 밀어줄 마음이 없어진 것 같았다. 케네디 시대는 그렇게 서서히 역사에서 멀어져갔다.

---

5 ネリー・ブライ, 桃井健司譯,《ケネディ家の惡夢　セックスとスキャンダルにまみれた3世代の男たち》, 扶桑社, 1996.

제8장
1970년대

워터게이트를 뚫고

워터게이트는 정치 스캔들의 대명사가 되었다. ○○게이트라고 하면 스캔들 사건을 말하게 되었다. 워터게이트는 일찌감치 이 사건을 추적하던 〈워싱턴포스트〉지의 칼 번스타인Carl Bernstein과 밥 우드워드Bob Woodward라는 스타 기자를 낳았다. '딥스로트'Deep Throat라는 수수께끼의 정보제공자에게 안내되면서 사건을 해명해나갔던 스릴 넘치는 과정은 칼 번스타인과 밥 우드워드의 《모두가 대통령의 사람들All The Presidents Men》, 《최후의 나날 : 속 모두가 대통령의 사람들》에서 자세히 볼 수 있다.

이 사건은 결국 리처드 닉슨Richard Milhous Nixon, 1913~1994 대통령의 사임이라는 미국 역사상 전대미문의 결말에 이르게 된다. 그 경위는 렌 콜로드니Len Colodny의 《조용한 쿠데타Silent coup》, 홀드먼Harry R. Haldeman의 《권력의 종언The ends of power》, 워싱턴포스트지가 편한 《대통령의 몰락The fall of a president》 등에서 상세히 다루고 있다. 그러나 아직 분명하지 않은 점도 있다.

우선 사건을 살펴보기로 하자. 1972년 6월 17일 워싱턴의 포토맥 강변의 워터게이트 빌딩에 있는 민주당전국위원회 본부에 침입자가 들었다. 야간 경비원의 통보로 워싱턴 경찰이 달려가 다섯 명의 남성을 체포했다. 제임스 맥커드James W. McCord, 프랭크 스터지스Frank Sturgis, 버나드 버커Bernard Barker, 유지니오 마르티네스 주니어Jr. Eugenio Martínez, 비질리오 곤잘레스Virgilio González였다. 그들은 카메라, 고성능 도청기, 일련번호의 100달러짜리로 2,300달러를 갖고 있었다.

맥커드는 전 CIA이고 다른 네 명은 쿠바계 미국인이었다. 그리고 맥커드는 닉슨 재선위원회의 경비주임이었다. 민주당 본부에 침입이 있었을 때 재선위원회의 간부 로버트 오들은 "우리한테는 맥커드가 있으니까 도둑이 들 염려는 없다"고 말했다고 하는데, 그 맥커드가 민주당에 침입한 도둑이었던 것이다.

이 재선위원회는 닉슨의 재선을 위해 모든(비합법적, 범죄적인 것을 포함하여) 수단을 동원하고 있었다. 이 사건을 지시한 사람은 백악관의 존.다니엘 에릭만John Daniel Ehrlichman 대통령 보좌관 밑에서 일하던 하워드 헌트E. Howard Hunt와 고든 리디George Gordon Battle Liddy였다. 헌트는 전 CIA, 리디는 전 FBI였다. 그들은 '배관공'plumbers 그룹이라고 불리며 대통령을 위해 도청 등 지저분한 일을 담당하고 있었다. 헌트는 망명한 쿠바인을 모아 반카스트로 비밀공작에 관여했으며 피그스 만 침공에도 관계했다. 그는 1971년에 백악관에 들어갔으며 리디와 함께 닉슨의 경호원인 '플러머스'(plumbers, 배관공)가 되었다.

'플러머스'의 목적은 닉슨에게 반대하는 적을 없애는 것이었다. 닉슨은 위험한 적에게 둘러싸여 있다는 편집증에 사로잡혀 있었던 것 같다. 그와 측근은 '적 목록'을 만들었다. 그것은 2백 명의 개인과 18

개 단체로 이루어졌다고 한다. 57명의 저널리스트가 적 목록에 올랐다. 거기에는 반닉슨파 예능인도 포함되어 있었다. 폴 뉴먼, 제인 폰다, 그레고리 펙, 스티브 맥퀸, 바브라 스트라이샌드 등도 위험인물로 생각되었다.

1972년부터 FBI에 위험인물을 도청하라는 명령을 내렸다. 그리고 '플러머스'가 그 지저분한 일을 맡았다. 콜걸을 이용하거나 마약을 써서 비밀을 캐내고 또 가택 침입이나 도둑질도 했다.

따라서 워터게이트 사건은 빙산의 일각이고, 우연히 실수를 한 것에 지나지 않았다. 곧바로 백악관은 수습에 들어갔고 FBI의 조사에 압력을 가해 좀도둑 사건으로 정리하게 하려고 했다.

그러나 결과적으로 은폐공작이 오히려 일을 그르치고 말았다. 그 은폐공작을 닉슨이 지시했다는 것이 밝혀졌기 때문이다.

수습책은 잠시 효과가 있는 것처럼 보였다. 닉슨은 워터게이트 사건과 전혀 무관하다고 말했다. 클라인딘스트 사법장관은 조사 결과 대통령의 주장이 정당한 것으로 확인되었다고 보증했다.

그러자 워싱턴포스트는, 이는 대통령의 지시에 의한 범죄라고 보도했다. 그리고 1972년 11월 닉슨은 여유 있게 대통령에 재선되었다. 대부분의 국민들에게 워터게이트 사건은 아직 보이지 않았던 것이다.

하지만 사건에 대한 조사가 진행되었다. 헌트와 리디, 그리고 처음에 체포된 다섯 명이 재판에 회부되었다. 이 7인조는 머지않아 워터게이트 세븐이라고 불리게 된다.

1973년 1월 닉슨은 두 번째로 대통령에 취임한다. 그리고 질질 끌어왔던 베트남전쟁의 종결을 선언한다. 그는 세계평화를 가져온 대통령으로서의 영광과 인기에 둘러싸여 있었다.

그러나 워터게이트 사건은 균열이 일기 시작한다. 7인조가 분열하고 맥커드는 백악관의 지령이었다는 걸 자백한다. 대통령의 측근들이 사건을 수습하려고 움직인 것이 오히려 무덤을 판 격이었다. 홀드먼 보좌관, 앨리크먼 보자관, 클라인딘스트 사법장관이 취임하고 닉슨은 벌거벗은 왕이 되었다.

여기서 결정적이었던 것은 대통령 집무실에 비밀 녹음 장치가 있다는 것이 밝혀졌던 것이다. 그것은 존슨 대통령 때부터 설치되어 있었다고 한다. 닉슨은 그것을 떼지 않았다. 집무실에서 이야기되는 모든 대회가 테이프에 녹음되었던 것이다.

닉슨은 그 테이프를 제출하는 데 마지막까지 저항했다. 처음에는 일부만 제출했다.

10월에는 애그뉴 부대통령이 수뢰 용의로 사직했다. 제럴드 포드 Gerald Rudolph Ford가 그의 후임이 되었다. 한편 테이프의 제출을 요구하는 아치볼드 콕스 특별검찰관이나 그것을 지지하는 리처드슨 사법장관을 해임했는데, 그것은 '토요일 밤의 대학살'Saturday Night Massacre이라 불렸다. 닉슨의 지지율은 급락했다.

테이프는 가까스로 제출되었지만 공백 부분이 있었다. 1974년 하원에서 대통령의 탄핵이 의결되었고, 홀드먼 등의 측근이 워터게이트 사건을 무마하려고 공동으로 모의한 죄로 기소되었다. 나아가 닉슨은 거액의 탈세를 지적받는다. 또한 최고재판소는 워터게이트 사건에 관한 모든 테이프를 제출하도록 명령했다.

그 테이프에 의해 대통령이 사건을 무마하도록 명령했다는 사실이 밝혀졌다.

1974년 8월 8일 닉슨은 결국 사임했다. 사건으로부터 2년 이상, 그는 죄를 인정하려 하지 않고 계속해서 저항했다.

이 사건은 녹음테이프가 결정적인 역할을 했다는 것을 보여준다. 닉슨은 도청을 이용하려고 했지만 자신이 그것에 발목이 잡혔던 것이다. 그 이후 테이프는 스캔들의 중요한 무기가 되었다.

프레슬리 죽다

엘비스 프레슬리Elvis Aron Presley, 1935~1977는 록의 왕이며 한 시대의 영웅이었다. 그리고 1977년 의문의 죽임을 당했다. 찰스 C. 톰슨Charles C Thompson Ⅱ과 제임스 P. 콜James P. Cole의 《엘비스의 죽음 – 정말 무슨 일이 일어났는가The death of Elvis : what really happened》(1991)에는 다음과 같이 쓰여 있다.

1977년 8월 16일 멤피스는 바람 한 점 없이 무더웠다. 오후 2시 반, 엘비스 프레슬리가 죽은 채 발견되었다. 소생시키려고 했지만 허사였다. 그는 마흔두 살이었다. 죽기 몇 시간 전 그는 치과의사에게 갔고 그 후 라켓볼을 하며 격렬하게 움직였다. 그러고 나서 아름다운 여성과 잤다. 엘비스는 자살한 것일까? 그는 아직 살아 있는 게 아닐까? 그는 골수암이었을까? 마약 중독이었을까? 스캔들의 그림자와 수수께끼가 그의 추억을 흐리게 하고, 그의 생애, 충격적인 죽음에 혼란스러운 의문을 던지고 있다.

엘비스 프레슬리는 1935년 남부 미시시피 주에서 태어났다. 가난한 백인의 아들로, 근처에 사는 흑인들의 음악을 가까이 하며 자랐다. 백인의 컨트리송, 로커빌리와 흑인음악의 믹스로부터 로큰롤이 생겨난 것이다.

덕테일duck-tail이라는 머리모양과 허리를 흔드는 스타일로 인기를 모았고, 1956년 〈하트브레이크 호텔Heartbreak Hotel〉 등이 크게 히트한다. 그러나 허리 흔들기가 천박하다고 하여 텔레비전의 에드 설리번 쇼Ed Sullivan Show에서는 카메라가 허리 아래는 아예 잡지 않았다. 젊은이들은 열광했으나 어른들은 스캔들이 많고 천박한 가수로 간주했던 것이다.

1957년 프레슬리는 〈감옥 록Jailhouse Rock〉 등으로 폭발적인 인기를 모았고 멤피스에 그레이스랜드라는 이름의 호화 저택을 구입했다. 그리고 '대령'이라 불리는 매니저 톰 파커Tom Parker에 의해 '프레슬리 산업'이라고도 할 수 있는 음악제국이 구축되었다. 그런데 그런 활동이 한창일 때 프레슬리는 징집영장을 받는다.

1958년 3월부터 1960년 3월까지 2년간의 병역은 그의 이미지를 전환하는 계기가 되었다. 제임스 딘과 나란히 반항적인 십대의 우상이었던 그는 머리를 짧게 자르고 순순히 징집에 응함으로써 어른들의 사회에 받아들여졌다.

군복무 중에는 라이브 활동을 할 수 없었지만, 파커 대령의 교묘한 작전으로 입대 전에 녹음해둔 곡을 정기적으로 발표하여 인기를 이어갔다. 그리고 제대하여 극적으로 컴백했다. 그러나 콘서트는 그다지 하지 않고 〈G. I. 블루스G. I. Blues〉, 〈블루 하와이Blue Hawaii〉 등 할리우드 영화에 출연하며 1968년까지 활동했다.

1967년 프레슬리는 군복무 중에 알게 된 프리실라 뷰리우Priecilla Beau-
lieu와 결혼한다.

1968년 그는 다시 음악계로 돌아온다. 1969년의 라스베가스 공연이
좋은 평가를 얻어 10만 명의 관객을 모았다. 화려한 의상과 잘 짜인 무
대가 특징인 그의 후기 활동이 시작된 것이다. 예전에 십대였던 팬들
도 이제 어른이 되어 있었다.

그러나 멤피스 마피아라 불리는 측근에게 둘러싸여 여행을 하며 돌
아다니는 라이프스타일은 1973년 프리실라와의 이혼을 불러왔다. 그
스트레스는 술, 약물, 여자에게 빠지게 하여 그를 갉아먹었다.

그에게 가장 피해를 준 것은 약물이었다. 그것도 코카인이나 헤로인
등의 마약이 아니라 정신안정제, 수면제, 흥분제 등의 일반 약이었다.
그는 그런 약물을 음식물처럼 복용했다. 예컨대 할리우드에서 '러브
드럭'이라 불렀던 콸루드quaalude를 대량으로 먹고 섹스를 하기도 했다.

1970년대 엘비스는 몹시 지쳐 있어 무대에 오르기 위해서는 암페타
민 등을 먹지 않을 수 없었다고 한다. 그래서 무대에서 가사를 잊어먹
기도 하고 틀리기도 했다.

멤피스 마피아들은 엘비스를 스캔들로부터 방어하고 또 약물이나
여자를 준비해주었다. 만년에 엘비스는 딸과 같은 젊은 여자를 찾게
되었다. 자신이 아직 늙지 않았다는 것을 확인하고 싶었을 것이다.

프리실라와 이혼한 후 그의 생활은 점점 황폐해졌다. 1977년 그는
멤피스의 미인대회에서 입상한 스무 살의 진저 올든Ginger Alden과 결혼
했다. 그 일주일 후 엘비스는 그레이스랜드의 욕실에서 쓰러졌다.

많은 사람들이 엘비스의 죽음을 애도하고 그는 곧 전설이 되었다.

그가 아직 살아 있다는 이야기가 끊이지 않았다. 그러나 얼마 지나지 않아 멤피스 마피아들이 가정 내부의 이야기를 폭로하기 시작했다. 레드 웨스트, 소니 웨스트, 데이비드 헤블러가 스티브 던레비Steve Dunleavy에게 이야기한《엘비스 – 무슨 일이 있어났는가?Elvis : What happened》(1977)가 계기가 되었고, 디 프레슬리(엘비스의 어머니)와 데이비드 스탠리가 마틴 토고프Martin Torgoff에게 이야기한《엘비스, 위 러브 유 텐더Elvis, We Love You Tender》(1979)가 이어졌다. 그리고 앨버트 골드먼Albert Goldman의《엘비스Elvis》(1981)는 엘비스라는 우상을 파괴했다.

슈퍼스타가 늘 그렇듯이 엘비스는 그대로 스캔들을 견디며 사람들 안에서 아직까지도 살아 숨쉬고 있다.

섹스피스톨스

1979년 펑크록 가수 시드 비셔스Sid Vicious, 1957~1979가 급사했다. 약물 중독에 의한 죽음이었다. 엘비스 프레슬리의 경우와 얼마나 달랐을까? 엘비스는 그것을 감추려고 했다. 하지만 시드는 스캔들을 노출하고 모든 오물과 함께 세상에 내던져졌다.

시드 비셔스는 1970년대 중반에 나타난 '펑크' 현상을 대표하는 섹스피스톨스The Sex Pistols의 멤버였다.

'펑크'란 무엇일까? 스물한 살 이상의 어른에 대한 젊은이의 반란, 증오, 모욕을 패션과 음악을 통해 표현하는 것이라고 한다. 젊은이의 반항은 1960년대에 시작되었다. 그러나 그것은 공동체에 대한 꿈으로 흘러넘치고 있었다. 그것이 좌절된 1970년대의 젊은이는 뿔뿔이 흩어진 채 자학적이고 자기 파괴적이 되어갔다. 섹스, 마약, 로큰롤이 표어가 되었고, 스캔들을 감추기는커녕 자랑거리로 내세웠다.

펑크록의 선구자인 섹스피스톨스는 런던의 킹스로드에 있던 섹스라는 부티크에서 시작되었다고 한다. 섹스는 말콤 매클라렌과 비비안 웨스트우드가 하고 있던 가게다. 그곳에 찾아온 존 라이튼을 중심으로 섹스피스톨스가 결성되었고, 매클라렌이 매니저가 되었다. 존 라이든은 자니 로튼(Johnny Rotten, 썩었다)이라고 개명한다. 얼마 후 존 비벌리John Beverly가 참여한다. 그는 시드 비셔스(Vicious, 흉포)라고 개명한다.

섹스피스톨스는 존 로튼의 음악적 재능에 의지하고 있었는데 점차 시드의 엉뚱한 퍼포먼스로 인기를 모으게 되었다. 매클라렌의 교묘한 선전에 의해 전위적인 아티스트나 작가들의 주목을 끌었다.

1977년 시드는 낸시 스펀젠과 만난다. 낸시는 뉴욕에서 찾아온, 로커를 쫓아다니는 그루피로 헤로인 중독자였다. 시드에게 마약을 가르쳐준 것도 그녀였다.

그해 말 매클라렌은 섹스피스톨스의 미국 공연을 기획했다. 여러 가지 문제를 일으켰으므로 입국이 받아들여지는 건 쉬운 일이 아니었다. 1977년부터 1978년까지 섹스피스톨스는 미국을 순회했다. 낸시는 런던에 남았다. 매클라렌이 그녀가 따라오는 것을 허락하지 않았기 때문이다.

지독한 공연이었다. 마지막으로 섹스피스톨스는 뿔뿔이 흩어진 채 영국으로 돌아왔다. 존 로튼은 탈퇴했다. 시드는 약물에 절어 점점 더 엉망이 되었다. 낸시는 시드를 뉴욕으로 데려가 솔로로 활동하게 하려고 했다. 1978년 8월 뉴욕에 도착한 두 사람은 첼시 호텔에 묵었다. 그리고 10월 11일 밤 무슨 일인가 일어났다. 다음 날 아침 호텔 방에서 낸시가 피투성이 시체로 발견된 것이다. 시드는 약물에 취해 비실비실한 상태여서 아무것도 기억하고 있지 않다고 말했다. 또한 자신이 죽였다고도 말했다. 그리고 버진 레코드에서 받은 2만 달러도 없어졌다. 그는 체포되었다.

악명 높은 펑크밴드인 섹스피스톨스의 시드 비셔스가 블론드걸을 살해했다고 신문은 써댔다.

매클라렌은 예전에 매카시의 '빨갱이 사냥' 때 활약한 악덕 변호사 로이 콘과 상의했다. 로이는 터무니없이 많은 돈을 요구했다. 어쨌든 보석금을 지불하고 시드는 석방되었다.

시드는 보석 중에도 약물에 빠져 패티 스미스Patricia Lee Smith의 동생 토드 스미스를 폭행하여 부상을 입혔으므로 다시 체포되었다. 1979년 2월 가까스로 석방되어 어머니 앤이 기다리는 그리니치빌리지의 아파트로 돌아갔다. 그리고 오랜만에 헤로인을 맞고 죽어버렸다. 낸시를 죽인 사람이 누구인지는 수수께끼인 채였다.

낸시와 시드가 있던 첼시 호텔 100호실은 여자아이 팬들이 숨어들었으므로 결국 폐쇄되었다고 한다. 자신에게 상처입히고 자신을 파괴해버리는 젊은이들이 그 시대에 그림자를 드리웠다.

제러미 소프 사건

1978년 전(前) 자유당 당수이자 하원의원인 제러미 소프John Jeremy Thorpe가 살인 공동 모의 혐의로 기소되었다. 세 명의 동료와 함께 남성 모델 노먼 스콧을 살해하려 했다는 것이다. 유명 정치가였으므로 신문이 떠들썩하게 보도했다.

사건은 하찮은 것이었다. 1975년 노먼 스콧Norman Scott은 살인청부업자 같은 남자에게 습격을 당했는데 그 남자는 그의 애견만 쏘아죽이고 떠났다. 스콧은 자신도 총에 맞아 죽을 뻔했지만 범인의 권총이 고장나 살았다고 말했다.

범인은 곧 체포되었다. 앤드루 뉴턴Andrew Newton이라는 브리티시에어웨이사(社)의 신참 조종사였다. 그는 1년형을 선고받았다. 1977년에 출소한 뉴턴은 자신이 누구의 부탁을 받았는지 매스컴에 말하기 시작했다. 그것은 웨일즈의 실업가인 존 르 메주리어John Le Mesurier, 슬롯머신 왕이라 불리던 조지 디킨George Deakin과 자유당의 간부 데이비드 홈스David Holmes 등 세 명이고 그들의 배후에는 제러미 소프가 있다는 것이다.

피해자인 스콧에 따르면 예전에 제러미 소프의 유혹을 받고 동성애 관계를 맺었는데, 그것이 폭로되는 것이 두려워 자신을 죽이려고 했다는 것이다.

1929년생인 제러미 소프는 이튼에서 옥스퍼드 대학을 거쳐 정계에 입문했고 1959년에 자유당으로 나가 하원의원에 당선된 엘리트였다.

1960년 그는 승마 클럽에서 스콧이라는 젊은이와 친해졌다. 미청년이었지만 정신적으로 불안정했던 스콧은 소프의 소개로 자유당 본부에서 일자리를 얻기도 했다. 소프는 그의 뒤치다꺼리를 해주었지만 점차 스콧을 멀리하게 되었다.

그러자 스콧은 집요하게 따라다니며 돈을 뜯어내고 나아가 소프와의 사이를 그의 어머니에게 고자질하기도 했다.

난처한 소프는 마찬가지로 자유당의 하원의원 피터 베셀Peter Bessell에게 상의했다. 베셀은 중개자가 되어 스콧에게 돈을 주고 달랬다.

한편 소프의 정치적 경력은 한창 오르막길이었다. 1969년 노동당이 총선거에서 승리했다. 자유당은 노동당과의 연립에 실패하고 당수 조 그리먼드Jo Grimond가 은퇴했으므로 소프가 새로운 당수가 되었다. 그 소식을 듣고 스콧이 다시 따라다니게 되었고 그 사이에 끼인 베셀도 애를 먹었다.

그 무렵 동성애에 대한 한 가지 변화가 있었다. 영국에서 동성애는 범죄였지만 1967년 7월의 형법 개정에서 그것이 형사 범죄에서 빠진 것이다. 죄가 되지는 않게 되었지만 세간의 비난은 아직 강했다.

베셀이 스콧을 속일 수가 없다고 말하자 그렇다면 제거할 수밖에 없다고 소프가 말했다고 한다.

1968년 소프는 캐롤라인Caroline Allpass과 결혼했다. 동성애자라는 소문을 불식시키기 위해서였을까? 당수가 되어 결혼하고 드디어 수상을 노릴 수 있게 되었다. 그러나 스콧은 캐롤라인 부인에게 전화를 걸어 그녀의 남편과의 사이를 모조리 털어놓았다. 충격을 받은 부인은 이혼을 요구했다. 그리고 1970년 자동차 사고로 사망했다.

1970년에 총선거가 있었다. 노동당이 후퇴하여 보수당이 정권을 잡았고, 에드워드 히스Edward Heath가 수상이 되었다. 보수당은 자유당과의 연립을 꾀했다. 소프의 입각 가능성이 대두되었다.

1973년의 선거에서는 노동당이 승리하고 당수 해럴드 윌슨Harold Wilson이 다시 수상이 되었다. 소프는 피아니스트인 매리언 헤어우드Marion Harewood 백작부인과 결혼했다. 스콧은 다시 그를 괴롭히기 시작했다.

한편 베셀은 자기 자신이 빚 문제로 말썽이 생겨 스콧 문제에 신경을 쓸 계제가 아니었다. 소프는 베셀 대신에 데이비드 홈스에게 스콧에 대한 처리를 부탁했다. 그래서 홈스와 그의 동료가 뉴턴을 고용한 것 같았다. 그리고 1975년 스콧이 습격을 당했다. 하지만 뉴턴은 개만 죽였을 뿐이었는데, 오히려 떠들썩하게 되어 결국 소프의 이름까지 나오고 말았다.

소프가 스콧을 죽이도록 했을 거라는 말이 나왔다. 윌슨 수상은 소프에게 동정적이어서 "남아프리카 공화국의 음모가 아닐까"라고 말했다. 남아프리카의 아파르트헤이트(인종분리) 정책에 소프가 반대하고 있었기 때문이다.

그러나 윌슨은 1976년 3월에 갑자기 사임한다. 그리고 5월에는 결국 소프가 자유당수를 사임했다. 이 두 사람의 사임은 관련된 것이 아닐까, 역시 남아프리카의 음모가 아닐까 하는 소문이 나돌았다. 그러나 아무래도 두 사람의 사임은 아무 관계가 없는 듯하다. 윌슨의 사임에 대해서는 정치적 음모가 있었다고 한다. 데이비드 레이David Leigh의 《윌슨의 음모The Wilson plot》(1990)[1]에 따르면, CIA의 제임스 앤젤턴 James Jesus Angleton, 영국정보부 M15의 피터 라이트Peter Wright 등에 의해 윌슨 수상이 소련의 스파이라는 날조가 진행되고 있었다고 한다. 윌슨은 그 것을 에둘러 남아프리카의 음모 등이라고 비아냥거렸던 것 같다.

제러미 소프 사건은 국제적 스파이 사건 같은 것이 아니라 어디까지나 사적인 말썽이었다. 그런데 그 뒤처리에 실패하여 불이 붙었고, 결국 그는 당수에서 물러나지 않으면 안 되었다.

그것으로 사건이 수습되는 것처럼 보였다. 그러나 1977년 앤드류 뉴턴이 형무소에서 나와 매스컴을 향해 말하기 시작했으므로 다시 스캔들에 불이 붙었다. 경찰이 움직이기 시작했고, 끝내 소프, 홈스, 르메주리어, 디킨 등 네 명은 스콧을 살해하기 위한 공동 모의를 했다는 혐의로 재판에 회부되었다.

중요 증인으로 피터 베셀이 재판정에 나와 소프가 스콧을 제거하라고 했다고 증언했다. 그러나 그는 소프가 유죄가 되면 어떤 신문사로부터 5만 파운드를 받기로 되어 있었다는 것이 나중에 밝혀져 증언의 진위가 의문시되었다.

한편 네 명 가운데 디킨만이 증언했다. 소프는 증언대에 서지 않았던 것이다. 그래도 소프의 변호사는 배심원들에게, 스콧이 한 말은 그다지 믿을 만하지 못하고 소프와의 관계도 망상이 아닐까 하는 생각

---

1 デビッド・レイ, 川岸近衛譯, 《首相はスパイ － 英秘密情報機關の陰謀》, 讀賣新聞社, 1990.

을 갖게 하는 데는 성공했다.

처음에 평결은 6대6으로 갈렸다. 그런데 이틀 후에는 전원이 무죄 판결을 내렸다. 영국에서는 역시 재판도 상류계급에게 유리하게 작용한 것일까? 재판도 처음에는 1979년 5월 1일에 열릴 예정이었으나 5월 3일에 총선거가 열리게 되어 소프는 재판을 1주일 연기할 수 있었다. 하지만 소프는 선거에서 낙선했다.

그는 정계의 공식적인 무대를 포기하고 반아파르트헤이트 운동의 부회장 자리에 올랐다. 이 사건으로 유명해진 것은 살해당한 링컨이라는 이름의 그레이트덴 개였다.

하비 밀크의 샌프란시스코

1970년대는 게이 문제가 분출하고 게이 운동이 고양된 시대였다. 영국의 제러미 소프 사건은 촌극 같은 데가 있었지만 미국에서는 더욱 폭력적이어서 대규모 사회분쟁을 야기했다.

1978년 게이 운동의 중심이 된 샌프란시스코에서 조지 모스콘George Moscone 시장과 시의원 하비 밀크Harvey Bernard Milk가 총에 맞아 죽었다. 범인은 모두 시의원인 댄 화이트Dan White였다. 그는 게이를 사회적 악으로 생각하고 있었고 게이의 해방을 지향하는 밀크에게 강한 반감을 가졌으며 그것을 지지하는 모스콘 시장에게 원한을 품고 있었다.

하비 밀크는 〈타임〉지에서 선정하는 20세기 백 명의 영웅으로 뽑혔다. 그리고 2008년 구스 반 산트Gus Van Sant 감독의 〈밀크Milk〉가 만들어졌고, 주연을 맡은 숀 펜Sean Penn이 아카데미상을 수상했다.

밀크의 생애는 랜디 실츠Randy Shilts의 《카스트로 거리의 시장The mayor of Castro Street》(1995)[2]에서 자세히 이야기되고 있다.

좀처럼 일어나지 않는 일이지만, 사회 변혁의 기세에 따라 일련의 드라마

같은 사건이 겹쳐지고 나중에 '역사적'이라고 형용되는 순간이 찾아오는 시기가 있다. 1970년대 말엽의 샌프란시스코에는 마침 그런 시기가 연속적으로 찾아왔다. 역사의 조류가 엄청난 기세로 이 도시로 흘러들어 암살이나 폭동, 정치적 음모 같은, 마치 드라마의 줄거리 같은 사건이 연속적으로 일어나 길거리의 데모 행렬에 수만 명의 민중이 참가하는 것이 당연한 일이 되었다. 하지만 무엇보다 중요한 것은 새로운 야망으로 가득 찬 전국적인 운동이 일어났고 샌프란시스코가 그 태풍의 눈이 된 일이었다. 당시에 막 시작된 그 운동이란 바로 게이 운동이었다.[3]

1970년대 말 샌프란시스코의 역사를 체현한 사람이 하비 밀크였다. 그는 1930년 뉴욕에서 유대인의 아들로 태어났다. 고등학교에서는 풋볼, 대학에서는 농구를 했고 졸업하고는 해군에 입대했다. 산뜻한 미국의 젊은이로, 다들 좋아했지만 정작 친구는 없었다. 1955년 해군을 제대했다. 그가 게이였기 때문이라고 한다.

그는 뉴욕에서 보험회사를 다녔다. 그리고 조라는 애인과 살았다. 얼마 후 조와 헤어졌지만 그리니치빌리지에 살며 보헤미안 아티스트들과 알게 되었다. 1960년대에 접어들어 그도 히피풍으로 머리를 길게 기르고 뮤지컬 〈헤어Hair〉 제작을 돕기도 했다. 그리고 샌프란시스코가 마음에 들어 어느새 이곳 시장이 되고 싶다고 말했다고 한다. 이곳이라면 그동안 감추어온 게이로서의 삶을 마음껏 살 수 있을 것 같았다. 월가의 비즈니스맨이었던 밀크가 히피가 된 것은 사람들을 놀

---

2 ランディ・シルツ, 藤井留美譯,《ゲイの市長と呼ばれた男》, 草思社, 1995.
3 ランディ・シルツ, 같은 책.

라게 만들었다.

1972년 밀크는 샌프란시스코의 카스트로 거리Castro Street에서 아파트를 얻고 카메라 가게를 열었다. 슬럼화하고 있던 카스트로 거리에 게이들이 살게 되었다. 집세가 쌌기 때문이었는데, 색다르고 패셔너블한 가게가 생겨 새롭게 흥청거리게 되었다. 이제 카스트로 거리는 게이 타운으로 유명해졌다.

그리고 밀크는 갑자기 정치에 눈을 떴다. 연극을 좋아하는 그는 정치를 연극이라고 생각한 듯하다. 그리고 자신이 장수하지 못할 거라는 것, 최후에는 이상하고 끔찍하게 죽을 것이라는 것을 예감하고 있었다고 한다.

그는 자신이 게이라고 공표하고 자신이 보이는 세계로 나갔다. 그리고 카스트로 거리의 게이를 대표하여 시의원에 입후보했다. 그는 물을 만난 물고기처럼 생기에 넘친 선거운동을 했다.

1973년 시의원 선거에 입후보한 밀크는 다음과 같은 결의를 했다.

지금 마흔세 살인 나에게는 두 가지 삶이 있다. 앞으로 10년, 돈을 많이 벌면서 적극적으로 게이로서의 삶을 살 수 있다. 쉰세 살이 되면 유유자적하는 삶을 살 것이다. 모든 것이 부족할 게 없다. 하지만 이 사회의 잘못에 맞서 어떤 행동을 하는 삶도 있다. 나는 싸우지 않으면 안 된다. 그것은 나 자신과 연인을 위해서이기도 하고 그 연인이 다음에 만날 연인을 위해서이기도 하다. 다음 세대에는 지금보다 나은 상황이 되지 않으면 안 된다.[4]

세간의 반감이 강한 게이의 세계를 짊어지고 세상으로 나가는 것은 격류에 몸을 던지는 일이었다.

그러나 1973년의 선거에서 밀크는 떨어지고 말았다. 그는 포기하지 않고 다음을 준비하기로 했다. 그는 긴 머리를 자르고 대마초를 그만두었으며 게이들이 모이는 장소인 대중목욕탕에 가는 것도 그만두었다. 게이에 대한 편견을 없애기 위해 그는 일반 시민으로 살며 다음 선거를 준비했다.

1975년 흐름은 크게 바뀌고 있었다. 자유파인 모스콘이 시장이 되어 게이에 대해서도 관용적인 정책을 펼쳤다. 그런 흐름을 타고 밀크는 표를 늘렸지만 아쉽게도 다시 패하고 말았다.

시정 안에서 밀크는 파벌에 도전하며 개혁을 요구했다. 게이 세력은 무시할 수 없게 되었다. 그러나 그것에 대한 반동도 꿈틀대기 시작했다. 대립은 심각해지고 폭력적이 되었다. 게이 운동과 나란히 사회적인 스트레스로부터 다양한 컬트가 나타났다. 짐 존스Jim Jones의 인민사원은 그 대표적인 것이고, 반체제라는 점에서 게이 운동과도 일부 연대하고 있었다. 그러나 그것이 무엇을 지향하고 있는지는 다소 섬뜩한 구석이 있었다.

1977년 게이 운동에 대한 반동이 있었지만 오히려 운동에 불을 지피는 결과가 되었다. 그리고 밀크는 드디어 시의원에 당선했다. 하지만 전 경찰이고 아일랜드계 가톨릭이며 게이를 증오하는 던 화이트도 당선했다. 숙명적인 대립이 시작된 것이다.

밀크는 매스컴의 스타가 되었다. 첫 게이 시의원이었기 때문이다.

---

4 ランディ・シルツ, 같은 책.

그 인기는 시장인 모스콘을 능가할 것 같았다. 하지만 안티게이 운동도 강해지고 위험해졌다. 동성애자인 교사로부터 아이를 지키자는 슬로건이 횡행했다.

1978년 게이 공민권법을 지키려고 하는 국민투표에서 그는 승리했다. 댄 화이트는 시의원을 사임했다.

그러나 모스콘 시장은 화이트를 재임하려고 했다. 밀크는 그것에 맹렬히 반대했다. 모스콘도 다시 화이트를 재임시키지 않기로 했다. 그런 분규로 화이트는 모스콘과 밀크에게 강한 원한을 품게 되었다.

그 무렵 놀랄 만한 뉴스가 전해졌다. 당국과의 충돌을 피하여 남미 가이아나로 이주한 인민사원이 조사를 위해 방문한 레오 라이언 하원의원과 매스컴 기자들을 살해하고 집단자살을 한 것이다. 9백 명의 생명을 앗아갔다. 모스콘 시장이 인민사원에 대해 너무 쉽게 생각한 게 아니었느냐고 저널리즘이 비판했다. 가이아나 사건은 어두운 그림자를 드리웠다.

그 직후였다. 1978년 11월 27일 댄 화이트가 시장실에 나타나 모스콘 시장을 사살했다. 다음으로 시의원실로 가서 밀크를 쏘았다.

하비 밀크의 죽음을 애도하며 샌프란시스코에서 많은 사람들이 모였다. 그러나 게이가 너무 날뛰는 게 아니냐고 생각하는 사람들도 있었다. 댄 화이트는 재판에 회부되었지만 일시적인 격정에서 저지른 살인으로 보고 가벼운 형을 내렸다. 확실한 의도를 가진 계획적인 살인, 즉 모살(謀殺)로 간주되지 않은 것이다.

그 판결에 대한 불만으로 샌프란시스코에서는 폭동이 일어났다. '화이트 나이트 폭동'이라 불렸다. 물론 그것은 댄 화이트에 대한 판결에서 나온 이름이었지만 신기하게도 인민사원의 짐 존스도 집단자살을 '화이트 나이트'라 불렀다고 한다.

1975년에서 1980년에 걸쳐 격렬하게 움직였던 샌프란시스코는 1980년에 접어들자 진정되어갔다. 사람들은 그 후 1970년대 후반의 밀크-모스콘 시대를 눈부시고 마법 같은 시대였다며 그리워했다.

카스트로 거리에서는 새로운 시대나 더 나은 질서, 변화된 세계에 대해 이야기하는 사람이 없어졌다.[5]

이상주의 시대는 끝나고 현실주의의 1980년대가 시작되었다.

---

5 ランディ・シルツ, 같은 책.

록펠러의 정사

　록펠러는 미국 재벌의 대명사다. 석유와 금융 제국을 구축한 록펠러는 미국을, 그리고 세계를 지배하려는 음모를 꾸미고 있다고 했다. 그런데 1970년대가 끝나갈 무렵 록펠러 가는 스캔들에 휩싸였다.

　1979년 1월 26일 넬슨 록펠러Nelson Aldrich Rockefeller, 1908~1979는 뉴욕에서 심장발작을 일으켜 갑자기 숨을 거두었다. 최초의 발표에서는 10시 15분, 록펠러 센터에 있는 그의 사무실에서 일을 하다가 쓰러졌다고 했다. 그 전에 아내인 머피(해피)와 아이들과 함께 저녁식사를 하고, 그 후 그가 출판하려던 미술 컬렉션 카탈로그를 살펴보기 위해 사무실로 갔다. 경호원이나 운전수와 함께였다고 한다.

　가족은 검시를 거부하고 곧바로 화장했다. 하지만 그 후 친척 한 사람이, 넬슨 록펠러가 죽은 것은 11시 15분이고 장소도 록펠러 센터의 사무실이 아니라 54번지 그의 별택에서였다는 사실을 누설했다. 그리고 서른한 살의 섹시한 비서 미건 마르샥과 단 둘이 있었다고 한다.

　즉시 저널리즘이 이 스캔들에 달려들었다. 그리고 "록펠러는 성관계 중에 죽었다", 즉 복상사였다고 보도했다.

미건 마르샥은 넬슨이 부통령(1974~1977)이었을 때 워싱턴에서 알게 된 라디오 리포터였다. 1976년 그녀는 언론 담당으로서 넬슨 록펠러에게 고용되었고, 그가 부통령을 그만두고 뉴욕으로 돌아가자 그의 아트 컬렉션의 카탈로그를 제작하는 조수가 되었다. 그리고 넬슨의 54번지 별택 옆에 있는 호화 맨션에서 살았고, 카탈로그를 정리할 일이 있을 때는 검은색 긴 가운을 입고 별택으로 찾아갔다.

넬슨 록펠러는 록펠러 가문을 대재벌로 만든 존 데이비슨 록펠러John Davison Rockefeller, 1839~1937의 차남이다. 장남인 록펠러 3세John Davison Rockefeller III, 1906~1978가 실업계에 머물렀던 것에 비해 넬슨 록펠러는 정계에 진출하여 록펠러 가에서 대통령을 배출하고자 하는 기대를 짊어지고 있었다. 뉴욕 주지사를 네 번(1958~1973)하고 대통령을 노렸지만 그 꿈을 이루지 못하고 포드 대통령 때 부대통령이 되었다. 그러나 공화당에서는 자유주의자로 보여 보수파인 닉슨에게 패함으로써 대통령 후보가 될 수 없었고 결국 정계를 떠났다.

그가 대통령 후보에 선출되지 못한 것은 첫 아내 메리 토드헌터 클라크와 헤어지고 곧바로 머피와 재혼한 것도 하나의 원인이었다. 1960년대의 공화당 지지자는 재혼을 대통령의 이미지에 어울리지 않는다고 생각하고 있었다. 로널드 레이건도 재혼한 상태였지만 대통령이 된 것을 보면, 1980년대가 되면 결혼에 대한 생각도 느슨해진 것 같다.

1977년 포드 대통령이 다음 선거 때 그를 부대통령으로 하지 않을 거라는 것이 분명해지자 넬슨은 정계를 포기하고 뉴욕으로 돌아가 취미인 미술 컬렉션에 열중했다. 그러나 그 컬렉션에는 미술품만이 아니라 미녀도 포함되어 있었던 모양이다.

1977년 뉴욕의 호화 별택에서 명화와 미녀를 즐기고 있던 넬슨은 갑자기 심장발작을 일으켰다. 미건 마르샥은 서둘러 구급차를 불렀다. 구급대원에 따르면 와인이나 요리 등은 놓여 있었으나 미술서나 서류 등의 자료는 보이지 않았다고 한다.

게다가 또 한 명의 여성이 있었다는 것이 밝혀졌다. 미건 마르샥의 친구이며 텔레비전 텔런트인 폰치타 피어스였다. 그녀는 미건이 전화로 불러 함께 넬슨을 보살폈고, 911(119)에 도움을 청했다고 말했다. 그러나 둘이서 넬슨을 상대한 것이 아닐까라고 쓴 기사도 있었다.

미건 마르샥은 3만 달러의 연봉과 별택 옆의 호화 맨션을 받았으며 자유롭게 쇼핑할 수 있는 신용카드도 받았다고 한다.

다양한 소문이 나돌았지만 사건성은 없는 것으로 정리되었다. 자넷 스트리트포터Janet Street-Porter의 《스캔들! Scandal!》(1981)에 따르면, 나중에 넬슨 록펠러의 손자가 미건 마르샥을 만났을 때 "당신이 저의 할아버지를 행복하게 해주었지요"라고 말했다고 한다. 넬슨 록펠러는 정치, 미술, 여자 사이에서 살았던 것이다.

존 레넌과 미국의 광기

1980년 12월 8일, 뉴욕의 센트럴파크에 면한 다코타 아파트의 자택 앞에서 존 레넌John Winston Lennon, 1940~1980은 다섯 발의 총을 맞았다. 젊은 남자가 말을 걸어 멈춰 섰을 때였다. 네 발이 명중하여 아파트 입구에서 쓰러졌다. 범인은 도망가지도 않고 그 자리에 그대로 서 있었다.

그는 마크 데이비드 채프먼Mark David Chapman, 1955~수감 중이라는 스물다섯 살의 청년이었다. 제롬 데이비드 샐린저Jerome David Salinger의 소설《호밀밭의 파수꾼》을 들고 있었다. 그는 이 책에서 말하고 있는 '가짜'phony에 대한 전쟁을 실천했다고 말했다. 이 사건은 머리가 이상한 팬에 의한 유명인 스토커 사건으로 정리되었다. 그러나 상당히 기묘한 부분이 있어 수수께끼를 남겨놓았다. 펜턴 브레슬러Fenton Bresler의《존 레넌의 살해The Murder Of John Lennon》[1]나 필 스트롱맨Phil Strongman과 앨런 파커Alan Parker의《존 레넌과 FBI 파일John Lennon & FBI Files》[2] 등에 따르면, 미국의 정치적

---

[1] フェントン・ブレスラー, 島田三藏譯,《誰がジョン・レノンを殺したか？》, 音樂之友社, 1990.
[2] フィル・ストロングマン, アラン・パーカー, 小山景子譯,《ジョン・レノン暗殺 アメリカの狂氣の殺された男》, K&Bパブリッシャーズ, 2004.

음모에 의해 존 레넌이 살해당했다고 한다. 역시 케네디 암살, 킹 목사 암살, 워터게이트 사건 등과 기묘한 관련이 있는 것이다. 존 레넌은 미국에 위험한 인물로 보였고 FBI의 집요한 감시를 받고 있었다. 그리고 케네디 대통령 암살의 범인이라는 리 하비 오스왈드, 마르틴 루터 킹 목사 암살의 범인 제임스 얼 레이James Earl Ray, 로버트 케네디 암살의 범인 시런 시런Sirhan Sirhan 등과 채프먼에게는 공통점이 있었다. 동기가 모호하고 몽유병자 같은 구석이 있다는 점이다. 그리고 머리가 좀 이상한 남자의 단독범행이라는 것으로 정리되었다.

일찍이 중세 이슬람에 '아사신'이라 불린 암살 교단이 있었다. 해시시(대마)를 받고 환각 상태에 빠진 신자가 수령의 명령에 따라 암살을 했다. 존 레넌의 죽음을 음모로 보는 주장에 따르면, 오스왈드로부터 채프먼에 이르기까지의 암살자는 CIA 등에 의해 마인드컨트롤되어 지명된 상대를 죽였다는 것이다.

《존 레넌과 FBI 파일》에 따르면 존 레넌이 FBI와 CIA의 표적이 된 것은 1966년쯤부터라고 한다. 이해에 그는 "우리는 그리스도보다 인기가 많은 사람이 되었다. 로큰롤과 그리스도교, 어느 것이 먼저 스러질까?"라고 말하여 물의를 일으켰다. 이 발언은 미국 보수파를 격노하게 했다. 나아가 존 레넌은 베트남전쟁은 잘못된 것이라고 발언하여 미국인의 신경을 건드렸다.

1968년 킹 목사와 로버트 케네디가 암살된다. 비틀스에게도 큰 변화가 생긴다. 오노 요코가 존 레넌 앞에 나타나고 비틀스는 분열된다. 존 레넌과 오노 요코가 결혼하고, 두 사람 모두 FBI의 감시를 받는다. 그런데도 두 사람은 뉴욕에서 살기로 한다.

1976년 존 레넌은 미국의 영주권을 얻었다. 뉴욕의 다코타 아파트에서 오노 요코와의 사이에서 태어난 션Sean Lennon을 키우며 은퇴했다. 음악과 정치는 잠시 미룬 상태였던 것이다.

1980년 존 레넌은 컴백했다. 오노 요코와 함께 만든 〈더블 판타지 Double Fantasy〉가 화제가 되었다. 만약 그가 컴백하지 않았다면, 그리고 매스컴의 유명인으로서 뉴스가 되지 않았다면 사람들의 주목을 끄는 일도 없었고 암살자 채프먼을 불러들이지도 않았을 것이다.

1980년 9월 29일의 〈뉴스위크〉는 특종으로서 존 레넌의 컴백과 새로운 앨범을 발표했다는 소식을 전했다. 그 기사를 읽은 채프먼은 존 레넌을 '가짜'라고 느꼈다고 한다. 그는 그때 하와이의 호놀룰루에 있었는데 10월 29일에 뉴욕으로 떠났다. 그날과 그 다음 날인 30일 다코타 아파트 앞에서 기다렸지만 존 레넌을 만날 수 없었다. 그 후 몇 번인가 찾아갔다. 그리고 12월 8일 심야, 집으로 돌아오는 오노 요코, 존 레넌과 맞닥뜨렸다. 오노 요코는 먼저 아파트로 들어갔고, 채프먼은 조금 뒤처져 걸어오는 존 레넌에게 발포했다.

채프먼은 예전에 자신이 팬이었던 존 레넌에게 환멸을 느껴서 죽였다고 말했다. 그러나 그는 특별히 비틀스의 팬은 아니었다고도 한다. 누군가에게 조종이라도 당한 것일까? 마치 존 레넌의 죽음과 교대라도 하듯이 로널드 레이건이 새로운 대통령에 취임했다. 1970년대의 끝과 1980년대를 시작하는 상징이었다.

레이건 대통령은 스캔들에 강하다

1980년대는 로널드 레이건Ronald Wilson Reagan, 1911~2004 대통령의 시대라고 할 수 있을 것이다. 그는 1981년부터 1988년까지 두 번에 걸쳐 8년간 미국 대통령을 역임했다. 아이젠하워 이후로 레이건 때까지는 두 번 연임한 예가 없었다.

그는 테플론Teflon 대통령 등으로 불렸다. 테플론 가공이 되어 매끈매끈하고 때나 상처가 생기기 어렵다는 것이다. 과연 많은 스캔들이 있었지만 그는 그것들을 이겨냈다. 역으로 말하자면 1980년대에는 너무나도 많은 스캔들이 있었고 사람들은 그것에 익숙해져 그다지 심각하게 생각하지 않게 되었다고도 할 수 있다.

레이건 시대의 최대 위기는 이란-콘트라 사건이다. '워터게이트'와 비교되어 '이란게이트' 등으로 불린다. 그러나 두 사건은 성격이 전혀 다르다. '워터게이트'는 비열한 사건이다. 민주당 본부에 숨어들어 정보를 훔치려고 했다. 중요한 정보도 없었고 민주당에 실질적인 피해도 없었을 것이다. 그러나 닉슨은 그 일을 무마하는 데 스스로 관여했으므로 사임하지 않으면 안 되었다.

한편 '이란게이트'는 적국 이란에 금지되어 있는 무기를 수출하고 게다가 그 대금을 니카라과 정부를 쓰러뜨리려는 반정부 게릴라(콘트라)의 군사 자금으로 지원하는, 이중으로 불법적인 비밀공작이었다. 국가적 위기기 초래하는 큰 문제여서 '워터게이트' 따위와는 비교도 안 된다. 그런데 이 심각한 스캔들에도 레이건은 책임을 면하고 임기가 만료될 때까지 대통령직을 유지할 수 있었다. 분명히 1980년대는 미국인의 도덕의식이 1970년대와는 많이 달라졌던 것 같다.

레이건이 카터를 이기고 대통령에 당선한 것은 이란 덕분이라고도 한다. 1979년 11월 쿠데타에 의해 이란을 지배한 호메이니 옹은 테헤란의 미국 대사관을 점거한 66명을 인질로 삼았다. 인질 석방을 위한 교섭을 하느라 시간을 보낸 카터의 인기는 떨어졌다. 가까스로 석방하기에 이른 것은 1981년 초로 레이건이 대통령에 취임했을 때였다.

대통령 때 레이건의 선거 참모는 이란과 비밀 거래를 하여 인질 석방을 선거 후로 연기해주는 대신 대통령이 되면 이란에 무기를 수출하겠다는 약속을 했다는 소문도 있었다.

1980년대에 들어서자 중동의 이슬람 과격파에 의한 테러가 격렬해졌다. 레바논에서 미국인이 인질이 되었다. 1985년 레이건은 인질을 석방해주는 보상으로 이란에 미사일을 제공하는 것을 허가했다. 그것은 먼저 이스라엘에 건네졌고, 이스라엘이 비밀리에 이란으로 보낸 것이다.

한편 중남미에 대한 비밀공작도 행해지고 있었다. 쿠바에 이어 중남미가 공산주의화하는 것을 두려워했기 때문이다. 초점은 니카라과였다. 산디니스타가 미국 자본주의를 추방했다. 미국의 CIA는 반공 게

릴라인 '콘트라'를 지원하고 있었다. 파나마의 독재자 노리에가는 CIA
에 협력하면서 컬럼비아의 마약을 취급하는 메데진 카르텔과도 관계
를 맺고 있었다. 미국은 노리에가와 공모하여 니카라과의 산디니스타
정권을 무너뜨릴 계획이었다. 그것을 진행한 사람은 노리에가와 친한
CIA 국장 윌리엄 케이시William Joseph Casey였다.

1984년부터 미국에서 콘트라에 대한 자금 지원은 금지되었다. 어디
에선가 자금을 조달하지 않으면 안 되었고, 그래서 이란과 콘트라가
이어진 것이다. 비밀리에 이란에 판 무기 대금은 스위스 은행의 비밀
구좌에 입금되었고 그 돈으로 무기를 사서 콘트라로 옮긴 것이다. 무
기 운송을 담당한 사람은 리처드 시코드 전 공군소장이었다.

이 비밀공작을 지휘한 사람은 전 해군중령 올리버 노스Oliver North로,
국가안전보장회의의 스태프였다. CIA 국장 케이시의 협력으로 '엔터
프라이스'라는 팀을 꾸려 이란에 무기를 몰래 수출하고 그 대금을 콘
트라에 지원했던 것이다. 노스의 상사는 국가안전보장 담당 대통령 보
좌관인 존 포인덱스터John Poindexter였다.

이 사건은 1986년 11월 4일, 레바논의 신문 '알시라아'에 보도되어
큰 문제가 되었다.

1987년 여름 양원에 의한 조사위원회가 이란-콘트라 스캔들에 대
해 심문하는 모습이 텔레비전에 방영되었다. 포인덱스터, 노스 등이
증언했다. 텔레비전에서는 너무나도 군인다운 노스가 기묘한 인기를
모았다. 그는 미국을 위해서였다고 주장했다. 그것을 추궁하는 쪽의
위원 한 사람은 하와이 주에서 선출된 상원의원 대니얼 이노우에Daniel
Inouye였다. 잽(Jap, 일본놈)이 미군을 모욕하고 있다는 차별적인 의견도

있었다고 한다.

　결국 포인덱스터, 노스, 시코드, 앨버트 하킴(이란계 무기업자) 등 네 명이 법적인 책임을 졌다. 대통령에게 불똥이 튀지는 않았다. 대통령은 아무것도 모르고 있었고, 측근이 나쁘다는 것으로 대중은 납득하고 넘어갔다.

드로리언의 고속 인생

1970년대 후반 존 드로리언John DeLorean, 1925~2005은 천재적인 기업가로서 많은 인기를 모았다. 자동차업계의 총아로서 드림카를 만들어냈으며 그 화려한 사생활도 화제가 되었다. 그는 마치 할리우드 영화에 나오는 실업가 그대로였다. 193센티미터의 장신으로 미남(성형수술을 했다고도 한다)이며, 아내도 여배우이자 모델인 젊은 미녀였다. 그러나 1980년대가 되자 그의 붐은 지나가고 그는 완전히 거꾸로 곤두박질쳤다. 1980년대라는 허영의 시대를 상징하는 듯한 삶이었다.

존 드로리언은 1925년 디트로이트에서 태어났다. 크라이슬러 연구소에서 자동차공학을 배워 크라이슬러에 입사했다. 얼마 후 팩커드의 설계부로 이동했다. 그리고 제너럴모터스(GM)의 폰티악 사업부로 스카우트되었다.

1950년대 미국이 한창 번영할 때는 화려한 자동차가 유행했다. 드로리언 팀은 폰티악의 '템페스트'를 만들어 1959년의 화제를 휩쓸었다. 소형 스포츠카 타입이 유행이었다.

1960년대가 되자 자동차 시장이 침체되었다. 그때 드로리언 등은

폰티악 GTO를 발표한다. 페라리 쿠페의 '그란 투리스모 오몰로가
타'(Gran Turismo Omologata, 경주용으로 인증된 장거리 고속 주행 차량)에
서 따와 그 머리글자인 GTO라고 명명한 것이다. 당시의 젊은이 문
화, 록뮤직이나 드랙레이스(Drag race, 개조한 차로 거리에서 하는 카레이
스)를 의식했다고 한다. '리틀 GTO'라는 팝송도 CM용으로 만들었다.
GTO는 폭발적으로 팔려나가 드로리언 신화가 만들어졌다. 1965년
그는 GM의 폰티악 사업부의 총지배인이 되었고, 그의 화려한 차는 할
리우드에서 인기를 모았다. 그와 동시에 그의 사생활도 화려해져 그는
할리우드 사람들과 사귀며 유명인사가 되었다.

1970년대에는 GM의 시보레 사업부의 총지배인이 되었고, 다음에
는 사장이 될 것이라고 했다. 그러나 할리우드의 신인 여배우들과 사
귀고 스캔들을 뿌리고 다니며 사치스럽게 사는 드로리언을 참을 수 없
게 된 GM은 1973년 그를 해고했다.

그것에 원한을 가진 드로리언은 패트릭 라이트 J. Patrick Wright 에게 자신
의 혁신적인 경영 방법을 받아들이지 않았던 GM의 보수적인 간부들
을 호되게 비판한《화창한 날에는 GM이 보인다 On a clear day you can see General
Motors》3를 쓰도록 했다. 1979년에 발매된 이 책은 커다란 반향을 불러
일으켰다. 실제로는 해고되었지만 자신이 GM을 해고한 것이라고 그
에게 유리하게 쓰였고, 드로리언은 봉건적인 대기업을 뛰쳐나온 영웅
으로 치켜세워졌다.

그는 독립하여 직접 자동차 회사를 시작하겠다고 호언장담했다. 그

---

3 J・パトリック・ライト, 風間禎三郎譯,《晴れた日にはGMが見える─世界最大企業の內幕》, 新潮文
庫, 1986.

리고 할리우드의 신인 여배우 크리스티나 페라리와 세 번째 결혼을 했다. 드로리언이 만들려는 드림카는 소형 스포츠카 타입으로 메르세데스 벤츠의 이미지였다. 특히 메르세데스 미니 300 SEL이라는 걸윙도어(문이 위아래로 열리고 닫히는 방식 – 옮긴이)가 달린 것이 그는 마음에 들었다.

1975년 드로리언모터주식회사(DMC)가 설립되었다. 드로리언의 이름으로 많은 자금이 모였지만 그는 그것을 제멋대로 낭비했다. 그런데 차의 디자인이 완성되어도 대량으로 생산할 공장이 없으면 안 된다. 미국에서는 스폰서를 찾을 수 없었다. 푸에리토리코와 북아일랜드가 공장 유치를 하겠다는 의사를 보였다.

영국 정부의 지배하에 있던 북아일랜드는 가난하고 IRA(영국령 북아일랜드와 아일랜드공화국의 통일을 요구하는 반[半]군사조직 – 옮긴이)의 반영운동이 소용돌이치고 있었다. 영국 정부는 이 땅에 공장을 짓고 현지 사람들에게 일자리를 주어 반란을 해결하고 싶어 했다. 그것에 편승하여 드로리언은 영국에서 거액의 융자를 이끌어내고 자동차 공장을 건설하기로 했다.

1978년 영국은 5,400만 파운드를 출자하여 벨파스트 교외에 자동차 공장을 짓도록 결정했다. 드로리언은 자신의 차가 미국 시장에서 이미 3백만 대나 예약이 되어 있어 막대한 이익을 올릴 수 있을 것이라고 말했다. 1981년 공장이 가동되었다. 스테인리스 스틸의 몸체, 걸윙도어의 신차가 흘러나왔다. 하지만 석유 위기에 의한 불경기에 부딪혔다. 그리고 서둘러 제조했기 때문에 고장이 속출했다. 걸윙도어가 열리지 않기도 했던 것이다. 신차는 팔리지 않았다. 엔진을 제공한 르노는 대금을 청구해왔다. 3만 대는커녕 3천 대밖에 팔리지 않아 자금이 바닥 났다. 1982년 드로리언은 영국 정부에 추가 융자를 요구했고, 받아들 여지지 않으면 지금까지의 융자도 물거품이 된다고 협박했다.

수상쩍게 여긴 영국 정부가 은밀히 조사에 들어갔다. 놀랄 만큼 방 만한 경영과 드로리언의 자금 유용이 발견되었다.

궁지에 몰린 드로리언은 미국에서 자본주를 찾아다녔다. 그때 캘리 포니아에서 놀이 친구였던 제임스 호프먼이 나타나 유리한 돈벌이를 가져온다. 마약 밀매였다. 뜻밖이기는 하지만 레이건 대통령의 이란– 콘트라 사건이 컬럼비아의 마약 마피아와 연결되어 있던 시대였다.

파산 직전이었던 드로리언은 호프만에게 유혹되어 마약으로 일확 천금을 노렸다. 그는 로스앤젤레스의 쉐라톤 프라자 호텔에서 호프 만으로부터 코카인이 든 가방을 건네받았다. 그때 FBI가 들어와 그 를 현행범으로 체포했다. 함정 수사였다. 호프먼은 FBI의 스파이였 던 것이다.

천재적인 자동차 메이커, 현대 기업의 영웅이 마약 밀매로 체포되었 다는 뉴스는 전 세계로 퍼져나갔다.

그의 공장에 헛된 돈을 쏟아 부은 영국 정부는 큰 피해를 입었다. 그에게 놀아난 정부 고관들은 그럭저럭 사건을 무마했다. 드로리언 은 재판에서 교묘하게 싸웠다. FBI의 함정수사에 문제가 있었으므로 2년 후에는 무죄가 되었다. 그러나 그의 별은 이미 땅에 떨어져 있었 다. 그는 성공하기만 하면 어떤 수단도 용서되는 시대를 고속으로 달 려간 남자였다.

클라우스 폰 뷜로의 의혹

이것은 1980년대로서는 상당히 고전적인 사건이라고도 할 수 있다. 또한 그러한 시대착오야말로 1980년대라고도 말할 수 있다. 뉴욕 로드아일랜드 상류사회의 부잣집 여자와 결혼한 가난한 귀족이 유산을 노리고 아내를 죽이려고 한 게 아닐까 하는 의혹이 일었다. 그리고 그 사건은 온갖 수단을 동원한 재판 투쟁, 배심원의 평결이 갖는 위험성으로 채색되었다.

주인공은 클라우스 폰 뷜로Claus von Bülow와 마사(서니) 폰 뷜로Martha von Bülow다. 클라우스는 1926년 덴마크의 코펜하겐에서 태어났고, 어머니는 독일의 명문 폰 뷜로 가의 일족이다. 어머니와 클라우스는 제2차 세계대전 때 런던으로 망명했다. 클라우스는 법률을 공부하여 대부호인 폴 게티J. Paul Getty의 비서가 되었다.

서니는 1931년생으로, 아버지 조지 크로포드는 컬럼비아 가스, 컬럼비아 전력을 소유하여 그녀에게 막대한 재산을 남겼다. 1957년 합스부르크 가의 후예 프린스 알프레트 폰 아우르스페르크와 결혼하여 애니 로리 나이슬, 알렉산더 폰 아우르스페르크를 낳았다.

서니는 남편과 잘 지내지 못하고 런던에서 만난 클라우스와 친해져 1966년 남편과 헤어지고 클라우스와 결혼했다. 두 사람 사이에서 코지마가 태어났다. 코지마라는 이름은, 프란츠 리스트Franz Liszt의 사생아로 지휘자 한스 폰 뷜로Hans von Bülow와 결혼했지만 리하르트 바그너Wilhelm Richard Wagner와 맺어진 코지마 바그너로부터 따서 지은 것이다.

그러나 클라우스와 서니의 사이도 곧 냉랭해졌다. 클라우스는 역시 덴마크 귀족의 피를 이어받은 삼류 여배우 알렉산드라 아일스와 친해졌다. 그녀는 결혼을 재촉했다.

1979년 크리스마스 때 서니는 혼수상태에 빠졌다. 구급차에 실려가 가까스로 회복되었다. 약물중독 같았다. 그런데 1980년 크리스마스 때 다시 쓰러져 식물인간이 되었다.

서니의 전 남편과의 사이에서 태어난 두 아이나 친족은 클라우스가 인슐린을 주사해 서니를 죽이려고 했다고 고소했다. 로드아일랜드의 뉴포트 재판소의 1심은 유죄였다. 유죄가 되는 데 결정적이었던 것은 서니의 하녀 마리아의 증언이었다.

클라우스는 항소했다. 그때 그의 의뢰를 받아 변호를 맡은 사람은 앨런 더쇼비츠Alan M. Dershowitz였다. 그는 재심으로 끌고 가 클라우스의 무죄 판결을 이끌어냈다. 그 경위는 앨런 더쇼비츠의 《행운의 반전 Reversal of fortune》[4]에 상세히 나와 있다.

윌리엄 라이트William Wright[5]의 《폰 뷜로 사건The Von Bülow affair》(1983)이라는 책도 나왔는데, 이 책에서는 클라우스를 '푸른 수염'이라 불린 영주

---

4 A・M・ダーショウィッツ, 中川法江譯,《運命の逆轉》, 二見書房, 1991.

5 Wright, William "The Von Bülow affair" Arlington 1983.

(샤를 페로의 동화《푸른 수염》에 나오는 - 옮긴이)와 같은 색마라고 하며 재산을 노리고 아내를 살해한 범인으로 그리고 있다. 이 책은 재심 판결이 나오기 전에 쓰였으므로 유죄의 입장에 선 것이다.

더쇼비츠는 인슐린 주사라든가 약이 든 검은 가방 등 1심에서 나온 증거가 가짜라는 것을 밝혀나갔다.

더쇼비츠는 하버드 로스쿨의 교수이며 변호도 수임하고 있었다. 젊은 학생을 조수로 쓰면서 로드아일랜드의 상류사회에서 통용되고 있는 변호 방식을 타파해가는 부분은 무척 흥미롭다.

그는 유죄가 확정적이었던 폰 뷜로 사건을 뒤집어 무죄를 끌어냈다. 하지만 재판이 절대적인 것이 아니라는 것을 그는 잘 알고 있었다.

"누가 했는가?"라든가 범죄 행위가 있었는지의 여부는 결국 법률로 해명되는 게 아니다.[6]

법률로 무죄라는 것은 유죄라고 하기 힘들다는 것일 뿐 회색 부분을 남기고 있다. 폰 뷜로는 정말 아내를 죽이려고 한 것일까? 그것은 당사자밖에 모른다. 이 사건은 동시대의 미우라 가즈요시(三浦和義) 사건[7], 이른바 '로스앤젤레스 의혹' 사건과 비슷한 구석이 많다.

---

6 A·M·ダーショウィッツ, 같은 책.
7 1981년 11월 LA 시내 주차장에 세워둔 승용차 안에서 아내가 괴한의 총격으로 중상을 입고 1년 뒤 사망한 사건과 관련하여 살인 혐의 등으로 남편 미우라 가즈요시가 체포되어 일본에서 1심에서 유죄를 선고받았으나 2심에서 무죄가 되었고 대법원에서 무죄가 확정되었다. 그러나 그가 아내의 사망 보상금으로 20억 원에 가까운 돈을 받았고 그 전에도 아내를 폭행하고 복역한 사실 등이 있어 언론에서는 유력한 용의자로 보고 의혹을 제기했다. 한편 2008년 사이판을 여행 중이던 그를 미국 당국이 다시 체포하였으나 그는 유치장에서 자살했다—옮긴이.

클라우스는 무죄가 되었지만 서니와 전 남편 사이에서 태어난 아이들은 다시 유산을 둘러싼 민사소송을 제기했다. 그는 결국 서니와 이혼하고 재산상속을 포기하지만 딸인 코지마에 대한 유산만은 인정해 달라고 했으나 거부당했다. 우리는 사건의 한 순간밖에 보지 않지만 그 후에도 사건은 끝나는 일이 없는 것이다.

록 허드슨의 비밀 생활

록 허드슨Rock Hudson, 1925~1985은 할리우드 황금시대의 로맨틱한 우상이었다. 시원시원하고 부드러운 얼굴에 늠름한 신장의 청년으로, 흐린 구석이 없는 미국의 청춘 그 자체였다. 〈자이언트Giant〉(1956), 〈무기여 잘 있거라A Farewell to Arms〉(1957)로 톱스타의 반열에 올랐고 〈이 밤을 즐겁게Pillow Talk〉(1959), 〈연인이여 돌아오라Lover Come Back〉(1961), 〈꽃은 보내지 마세요Send Me No Flowers〉(1964) 등 도리스 데이Doris Day와 공연한 로맨틱 코미디로 1960년대 전반에 가장 많은 관객을 동원한 영화의 스타로서 명성을 확립했다.

그러나 할리우드가 사양길에 접어들고 시원시원한 미남의 코미디에 관객이 싫증을 내기 시작하면서 그의 경력도 내리막길로 접어들었다.

전성기인 1962년 록 허드슨은 베벌리 크레스트 드라이브의 대저택을 구입했다. 그리고 '더 캐슬'이라 불리는 그곳에 틀어박혔다.

록 허드슨은 뮤지컬 무대, 그리고 텔레비전에서 새로운 일을 찾았다. 스타가 텔레비전에 그다지 나오지 않던 시대에 그는 일치감치 텔레비전에 나와 그 힘든 스케줄을 견뎠다.

하지만 힘든 일 때문에 술이나 담배의 양이 늘어나 심장이 나빠졌고 1981년 심장 수술을 받았다.

허드슨은 수술에 성공하여 다시 건강해진 것처럼 보였다. 그러나 1984년 텔레비전의 인기 드라마 〈다이너스티Dynasty〉에 출연했을 때 심하게 마른 모습이 눈에 띄었다. 이해에 그는 에이즈에 걸렸다는 사실을 알았다. 1985년 그는 파리로 가서 파스퇴르 연구소에서 치료를 받았다. 결국 그는 사실을 감출 수 없게 되었고, 신문들은 록 허드슨이 에이즈에 걸렸다고 보도했다. 10월 2일 그는 사망했다.

에이즈에 대해서는 1981년부터 '게이의 병'으로서 문제가 되고 있었다. 하지만 일반 사람들에게 록 허드슨의 죽음은 에이즈를 인간적 차원에서 가까이 생각하게 된 첫 번째 사건이었다고 한다. 에이즈는 문제가 되었지만 5년간이나 방치되고 있었던 것이다. 1980년대부터 스캔들은 동성애와 에이즈가 결부된 재앙으로 따라다니게 된다.

허드슨은 왜 에이즈에 걸린 것일까? 그는 동성애자였다. 동성애자의 성행위에서 감염된 것일까? 그러나 수혈에 의한 감염도 있다. 그가 심장 수술을 할 때의 수혈이 원인이 되었을지도 모른다는 설도 있다.

어쨌든 그의 죽음에 의해 숨겨진 성이 폭로되고 말았다. 언제부터 그는 동성애자였을까? 확실한 것은 그를 할리우드에 스카우트한 에이전트 헨리 윌슨이 동성애자였다는 사실이다. 윌슨은 자신이 좋아하는 젊은이를 스타로 키우는 것이 취미였다. 그가 허드슨의 첫 상대였다고 한다.

하지만 허드슨이 스타가 되자 남자친구들만 있는 것은 문제가 되었

유명인사로서 처음으로 에이즈로 사망한 록 허드슨(1925~1985)

다. 당시에는 스타가 동성애자라면 이미지가 실추되기 마련이었다. 그래서 주변에서는 일부러 그와 여성 스타와의 로맨스를 흘리고 데이트를 하도록 했다. 그리고 그의 비서인 필리스 게이츠와 결혼시키기도 했다. 그러나 오래가지는 못했다.

그 후에는 도리스 데이를 상대로, 가장 결혼하고 싶은 남자를 연기하면서 남성 애인들과의 비밀 생활을 계속했다. 가장 길었던 것은 톰 클라크라는 할리우드의 홍보 담당자로, 1982년까지 9년간 함께 살았다. 그러나 마크 크리스천이라는 젊은 애인이 나타나자 클라크는 떠나고 말았다.

하지만 허드슨이 에이즈라는 말을 듣자 크리스천은 떠나고 클라크가 돌아와 그의 마지막을 지켜보았다. 그 후 크리스천은 허드슨이 에이즈에 걸렸다는 사실을 알리지 않고 자신과 관계했다며 그를 고소했다.

로맨틱 스타, 록 허드슨은 에이즈로 침몰했다. 하지만 그와 공연한 엘리자베스 테일러를 비롯한 수많은 사람들이 그의 죽음을 애석해했다. 그의 죽음은 1980년대라는 허영의 10년 뒤편에 숨어 있는 어둠을 엿보게 해주었다.

제10장
1990년대～20세기 말

베르사체와 미국의 데카당스

1997년 7월 15일 마이애미의 사우스 비치는 쾌청한 아침이었다. '뉴스 카페'에서 나온 남자가 오션 드라이브를 걷고 있었다. 머리는 희끗했지만 잘 단련된 스포츠맨 같은 몸매였다. 아르데코 스타일의 호텔 앞을 지나 검은색 철문의 호화 저택 앞에 이르자 열쇠를 꺼내 문을 열고 들어가려고 했다.

그때 젊은 남자가 다가와 말을 걸었다. 회색 티셔츠, 검은색 반바지, 검은색 야구모자에 테니스 신발을 신은, 어디에든 있을 법한 청년이었다. 두 사람은 뭔가 말다툼을 하는 것 같았는데, 그때 갑자기 젊은이가 총을 꺼내 쏘았고, 쓰러진 상대의 머리에 다시 한 발을 쐈다. 그리고 사라졌다.

총에 맞은 사람은 세계적으로 유명한 이탈리아 디자이너 지아니 베르사체Gianni Versace, 1946~1997였으므로 이 사건은 큰 뉴스가 되었다.

사건은 무대가 마이애미의 사우스 비치라는 것, 피해자가 패션계의 유명인사라는 것, 그리고 동성애적인 세계에서도 피해자가 유명했다는 것으로 주목을 받았다. 처음에는 동성 애인과의 문제로 살해된 것으로 생각되었다.

지아니 베르사체는 이탈리아 남단 칼라브리아 지방에서 태어났다. 밀라노에서 패션 디자이너가 되어 1978년에 독립했고 아르마니, 페레와 나란히 이탈리아 브랜드의 중요 인사가 되었다. 바로크적이라고도 하는 과격하고 에로틱한 디자인이 미국에서 큰 인기를 얻었다.

베르사체에 대해서는 두 가지 소문이 있었다. 하나는 금발 나체의 젊은이를 좋아하고, 동성애적인 그의 성적 취향이 패션이기도 하다는 것은 공공연한 비밀이라는 것이다.

또 하나의 소문은 마피아와의 관계였다. 칼라브리아 지방에는 은드란게타라는 마피아 일파가 있는데 그들이 베르사체의 스폰서가 되어 미국에서 돈세탁을 할 때 '베르사체'를 이용하고 있는 게 아니냐고 수군거렸던 것이다.

베르사체가 사살되었을 때 우선 게이 연인과의 문제거나 아니면 마피아에게 살해된 게 아닐까 하는 의혹이 제기되었다.

그러나 곧 범인은 앤드류 커내넌이라는 남자라는 게 밝혀졌다. 그는 미국 대륙을 횡단하여 연쇄살인을 계속하고 있었고 베르사체는 그의 다섯 번째 희생자라는 것이 밝혀진 것이다.

사건이 있고 5일째인 7월 23일 마이애미 인디언 클리크의 운하에 떠 있는 수상가옥에 커내넌이 숨어 있다는 것이 관리인에 의해 발견되었다. 경찰에 신고되기 전에 커내넌은 총을 입에 물고 쏘아 자살했다.

앤드류 커내넌은 캘리포니아의 샌디에고에서 태어났다. 아버지는 필리핀인이고 어머니는 이탈리아계였다. 커내넌은 머리가 좋고 지적이며 예술에도 관심이 많았다. 그리고 유명인에 대한 동경이 강했다.

얼마 후 그는 돈 많은 남자의 시중을 드는 게이보이로 생활하게 되어 사교계나 상류 클럽에 출입하게 되었는데, 그가 동경하는 사람은 베르사체였다.

베르사체가 게이 남자에게 살해당했다고 보도되었을 때 커내넌이 젊은 애인일 것으로 생각되었으나 사실은 전혀 무관한 사람이었던 것 같다. 아주 오래 전에 캘리포니아의 어떤 파티에서 잠깐 만난 적이 있었는데, 베르사체에게는 많은 사람들 중의 한 사람에 지나지 않아 거의 기억하고 있지 않았던 것 같다.

그러나 커내넌은 베르사체와 친해졌다고 친구들에게 자랑하고 다녔다. 그리고 캘리포니아에서 멀리 마이애미까지 찾아왔다. 혹시 베르사체가 알아보지 못하자 울컥해서 죽인 것일까?

1997년 4월 25일 커내넌은 샌디에고를 출발하여 미네소타 주 미니애폴리스로 향했다. 금전적으로 궁했다고도 하고 에이즈에 걸려 자포자기한 상태였다고도 한다.

미니애폴리스에는 캘리포니아에서 알게 된 제프리 트레일과 데이비드 매드슨이라는 두 명의 친구가 있었다. 하지만 커내넌은 트레일과 싸움을 하게 되었고, 4월 27일 망치로 때려 그를 죽이고 말았다.

커내넌은 매드슨을 데리고 미네소타 주 러시시티로 향했다. 5월 2일 그는 트레일로부터 빼앗은 골든세이버 총으로 매드슨도 사살했다. 트레일은 예전에 고속도로 순찰대에 있었으므로 총을 가지고 있었던 것이다.

커내넌은 매드슨의 빨간 지프로 다시 동쪽으로 가서 일리노이 주 시카고에 이르렀다. 5월 3일 시카고의 고급주택지 골드코스트에 있는 실업가 리 미그린의 집에 침입하여 미그린을 고통을 주다가 죽였고, 다음 날 아침 돈과 미그린의 차 렉서스를 빼앗아 달아났다.

그리고 뉴저지 주 펜스빌에 도착했다. 서해안에서 동해안까지 미국 대륙을 횡단한 것이다. 펜스빌에서는 묘지 지키는 사람인 윌리엄 리스를 죽였다. 5월 9일이었다. 그리고 빨간 트럭을 빼앗아 플로리다를 향해 남하했다. 그의 목적지는 마이애미였는데, 그곳에서 잠시 숨어 있을 생각이었다. 마이애미는 게이의 천국이라고들 했다. 그리고 이곳에는 지아니 베르사체의 집이 있었는데 케내넌은 그가 자신을 도와줄 것이라고 믿고 있었다.

마이애미의 사우스 비치는 1990년대에 베르사체에 의해 가장 패셔너블한 거리가 되었다. 일찍이 1930년대에 아르데코 건축이 늘어섰지만 그 후에는 폐허로 변해 있었다. 그러나 1980년대부터 아르데코 부흥이 시작되었다.

베르사체가 마이애미를 발견한 것은 1980년대 초 텔레비전 시리즈인 〈마이애미 바이스Miami Vice〉에 나오는 돈 존슨Don Johnson의 의상을 디자인했을 때부터다. 1992년 그는 오션 드라이브에 있는 집을 구입하여 아르데코풍의 궁전으로 개조했다. 마이애미는 패션의 중심지가 되었고 게이의 성지가 되었다.

그러한 거리에 커내넌이 찾아온 것이다. 그리고 베르사체를 쐈다.

이 사건에 대한 책으로는 웬슬리 클라크슨Wensley Clarkson의 《멈추는 곳마다의 죽음Death at every stop : The True Story of Alleged Gay Serial Killer Andrew Cunanan the Man Accused of Murdering Designer Versace》[1], 모린 오스Maureen Orth의 《저속한 애정Vulgar favors : Andrew Cunanan, Gianni Versace, and the largest failed manhunt in U.S. history》(1999)이 있

다. 전자는 커내넌의 발자취를 충실하게 따라간다. 후자는 〈배니티페어Vanity Fair〉지의 기자가 쓴 것으로 미국의 '명사'(名士) 문화에 매료되어 파멸하는 이야기를 담고 있다. 커내넌은 샌디에고에서 마이애미까지 20세기 말 미국의 지옥을 순례한 것이다.

1 ウェンズレー・クラークソン, 諸星裕譯,《ベルサーチを殺った男　愛憎が生んだ處刑逃避行》, KKベストセラーズ, 1998.

클린턴의 섹스 스캔들

1990년대는 클린턴 대통령의 시대였고, 스캔들투성이의 시대였다. 그러한 경향은 1980년대 레이건 시대부터 두드러진 것인데, 1990년대에는 부끄러움도 모르고 한층 더 흘러넘쳤다.

스캔들에 의해 정적의 발목을 잡는 지저분한 정쟁이 노골적으로 사용되었다. 그것은 '곳차'의 정치라고 불린다. 'GOTCHA'는 "I've Got You"의 약어로, 자 이제 잡았다, 네 약점을 찾았어, 라는 의미다.

클린턴은 존 F. 케네디를 동경했다. 그리고 여자에게 무르고 유혹에 약한 면도 닮았다. 그러나 시대가 달랐다. 케네디의 여자 문제는 비밀로 지켜졌지만, 1990년대에는 저널리즘이 가차없이 스캔들을 들추어냈던 것이다.

빌 클린턴은 1992년에 대통령 후보가 되었을 때부터 스캔들이 따라다녔다. 아칸소 주지사 시절부터 정부였다는 나이트클럽 가수 제니퍼 플라워스Gennifer Flowers가 〈펜트하우스Penthouse〉지에서 두 사람의 성생활을 이야기했다.

그러나 그것에 이어지는 화이트워터 스캔들은 더욱 중대했다. 아칸소 주지사 시절 화이트워터 지역의 개발 사업이 실패로 돌아가고 매디슨 신용금고가 파산했다. 그때 힐러리 클린턴이 부정에 관여한 게 아닌가 하는 의혹이 제기되었다.

화이트워터 사건은 결국 클린턴의 임기가 끝날 때까지 질질 끌다가 2000년에야 간신히 결론이 났는데, 클린턴은 무죄였다.

그러나 클린턴의 여성 스캔들은 차례로 뉴스가 되었다. 여성의 이름이 나열된 긴 목록까지 만들어졌다. 그리고 결국 백악관의 전 인턴 사원인 모니카 르윈스키가 등장했고, 대통령과 그녀의 성적인 행위가 탐지되어 정치적으로 이용되었다. 모니카는 수사 당국과 매스컴의 제물이 되어 성적인 프라이버시가 텔레비전을 통해 전 세계에 노출되었다. 대통령의 정액이 묻은 원피스까지 재판에 등장한 것이다.

매스컴은 모니카의 모든 것은 잔혹하게 들여다보고 그 치부를 팔았다. 그녀를 아는 사람들은 그녀의 비밀을 텔레비전 방송국이나 신문사에 팔아넘겼다.

케네스 스타 독립검찰관은 온갖 수단을 동원하여 그녀에 대한 역겨운 리포트를 모아 인터넷에 공개했다. 그 리포트는 "너무나 상세한 성적 묘사와 아주 개인적인 프라이버시와 관련된 자료를 기초로 하고 있어서 외설적인 읽을거리가 되었다."[2]

이 스캔들은 모니카 르윈스키에게 큰 상처를 주었다. 그렇다면 대통령에게는 어땠을까? 미국 역사상 지금까지 탄핵재판을 받은 대통령은 1868년의 앤드류 존슨과 1999년의 클린턴뿐이라고 한다.

---

2 アンドリュー・モートン, 河合裕子譯,《クリントンとモニカ わたしが愛した大統領》, 德間文庫, 2004.

모니카가 딱한 것은 그녀가 사건에 말려들었기 때문이다. 1994년 클린턴은 역시 아칸소 주지사 시절의 직원 폴라 존스로부터 성희롱으로 고발당했다. 대통령을 몰아붙이기 위해, 우연히 밀고가 들어왔던 모니카와의 관계를 이용함으로써 사건이 떠들썩해진 것이다. 스타 검찰관은 화이트워터 사건에서 어떻게든 클린턴을 유죄로 만들기 위해 모니카를 희생시켰던 것이다.

그러나 1998년 중간선거에서 공화당은 대패하고 말았고, 클린턴을 탄핵하기 위한 의회 투표는 민주당이 다수여서 부결되었다. 클린턴은 대통령으로 살아남았다. 워터게이트 사건에서 닉슨은 공화당의 지지를 잃었으므로 사임하지 않으면 안 되었다. 1999년 민주당은 대통령이 도덕적으로 문제가 있다고 느꼈지만 정치적으로는 클린턴을 지지했다.

모니카 르윈스키의 대하드라마는 아직까지도 미국인의 생활에 잠재해 있는데, 특히 미디어에 널리 침투해 있는 여성에 대한 멸시를 부각시켰다.[3]

모니카는 벌을 받고 사회적으로 큰 상처를 입었지만 클린턴은 용서되고 전 대통령이라는 영광을 누리고 있다. 어쩐지 개운치 않은 느낌이다.

---

3 アンドリュー・モートン, 같은 책.

다이애너의 짧은 생애

20세기는 스스로 키운 공주를 마지막에는 죽이고 말았다. 탐욕스럽고 비열한 20세기다운 방식이었다. 너무나 아름다운 것은 상처를 입히거나 더럽히지 않으면 성에 차지 않는 것이다.

1981년 영국의 찰스 황태자는 다이애너 스펜서와 약혼했다. 마치 옛날이야기에 나오는 공주 이야기 같은 로맨스에 전 세계가 넋을 잃고 바라보았다.

그러나 걱정스러운 요소도 있었다. 찰스는 서른두 살, 다이애너는 열아홉 살이었던 것이다. 황태자는 독신생활을 즐기며 많은 여성과 사귀어왔다. 카밀라 파커볼스Camilla Rosemary Shand와는 상당히 깊은 관계로, 그녀가 결혼하고 나서도 그들의 관계는 계속되었다. 그래도 황태자로서 결혼을 하지 않으면 안 되기 때문에 다이애너가 선택된 것이다.

다이애너는 명문귀족 스펜서 가에서 태어났지만 양친이 이혼하고 각각 재혼했기 때문에 그다지 행복한 생활을 한 것은 아니었다. 결혼식이 화려하게 거행되었고 아름답고 화려한 공주 이미지가 세상에 유포되었다. 그녀는 세상에서 가장 행복한 여성으로 보였다.

하지만 영국 왕실의 중압은 너무나도 그녀를 옥죄었다. 게다가 찰스는 카밀라와의 밀회를 계속하고 있었으므로 그 스트레스 때문에 다이애너는 과식증에 시달리게 되었다. 다이어트에 사로잡혀 과식과 거식을 거듭하는 현대의 병에 시달린 것이다.

왕자 윌리엄과 해리가 태어났지만 다이애너와 찰스의 사이는 멀어졌다. 다이애너는 에이즈 환자 구제 등 자선활동이나 예술, 패션계 사람들과의 교제에 열중했다. 그녀는 세계적인 명사로서 사람들의 시선을 끌었다. 그녀는 어디를 가도 카메라의 플래시 세례를 받지 않으면 안 되었다.

1987년쯤부터 찰스와 다이애너는 자주 별거하게 되었다. 찰스는 카밀라와 다시 만나기 시작했고 다이애너는 외로움에서 남자친구와 친해졌다. 왕자들에게 승마를 가르친 제임스 휴잇 대위와의 사이가 스캔들이 되었다. 다이애너는 변변한 남자를 만나지 못했다. 그들은 대체로 다이애너와의 교제를 매스컴에 파는 것밖에 생각하지 않았던 것이다. 1992년부터 완전한 별거 상태로 들어갔고 1996년에는 이혼이 결정되었다.

다이애너는 점점 세상을 표류하게 되었다. 화려한 파티에 나타나는가 싶으면 아프리카의 굶주린 아이들을 찾아갔다. 그녀는 허영의 낭비와 자선활동이라는 양극을 왔다 갔다 했다. 그녀는 지아니 베르사체와 테레사 수녀 양쪽에 끌렸다. 어느 한 쪽을 선택할 수 없었던 것이다.

다이애너는 1991년에 〈하퍼스 바자〉지에 제공된 지아니 베르사체의 블루 드레스가 마음에 들어 베르사체의 단골이 되었다. 베르사체는 그녀를 최고의 광고탑으로 생각하여 아낌없이 드레스를 제공했다.

그런 만큼 1997년 베르사체가 마이애미에서 살해된 사건은 그녀에게
큰 충격을 주었다

　왕실을 떠난 다이애너는 이집트의 대부호 알 파예드와 친해져 영
국인의 빈축을 샀다. 알 파예드는 영국 백화점의 상징이라고도 할 수
있는 해러즈를 매수했다. 전 황태자비가 이집트 벼락부자의 산드로
페 별장에 초대되어 아들인 도디 알 파예드와 데이트를 한다는 이야
기는 영국인을 실망시켰던 것이다. 특히 왕실로서는 부끄러운 일이라
고 여겼다.

　다이애너는 알 파예드의 자가용 비행기로 런던으로 돌아왔다. 그
리고 이번에는 엘튼 존의 자가용 비행기로 밀라노로 날아가 베르사
체의 장례식에 참석했다. 그녀는 이제 왕실에 신경 쓰지 않고 자유롭
게 행동했다.

　그녀의 새로운 연인 도디 알 파예드는 할리우드 영화에 출자한다거
나 해러즈 백화점을 도우면서 플레이보이로서 미녀와 데이트를 즐기
고 있었다. 케네디의 부인 재클린이 오나시스와 재혼하여 미국인을 실
망하게 한 것처럼 다이애너도 그녀를 쫓아낸 영국 왕실에 보란 듯이
아랍의 부호와 사귀고 있었다.

　1997년 8월 30일 두 사람은 파리의 리츠 호텔에 도착했다. 그리고
밤중에 호텔에서 차를 타고 출발했다. 파파라치가 오토바이로 쫓아왔
다. 그것을 따돌리려고 콩코드 광장에서 센 강변의 알마 지하도로 들
어갔을 때 다른 자동차와 충돌했다. 운전수와 도디는 즉사했고 다이
애너는 빈사 상태였다.

　그렇게 20세기의 공주는 유성처럼 저편으로 날아가버렸다.

O·J 심슨의 무죄

1994년 6월 17일 미국 전역이 텔레비전에 열중했다. 화면에는 로스 앤젤레스의 고속도로가 비치고 자동차의 추격전이 펼쳐지고 있었다. 하얀색 포드 브론코가 몇 대의 순찰차에 쫓기고 있었다.

브론코를 타고 있는 사람은 미국 풋볼의 슈퍼스타, 전설의 러닝백 O. J 심슨Orenthal James Simpson이었다. 하지만 그는 볼을 안고 수비수를 피하려고 하는 것이 아니었다. 권총을 갖고 경찰의 추격을 뿌리치려 하고 있었다. 두 사람을 죽인 범인으로서 쫓기고 있었다. 텔레비전은 헬기를 띄워 이 추격전을 중계하느라 정신이 없었다.

드디어 추격당해 심슨은 체포되었다. 무슨 일이 있었던 것일까?

1994년 6월 12일 밤, 심슨의 헤어진 아내 니콜 브라운 심슨과 론 골드먼이 누군가에게 살해되어 발견되었다. 골드먼은 근처 레스토랑의 종업원으로, 니콜의 어머니가 가게에 잊어먹고 온 안경을 가져다주러 왔다가 범인이 니콜을 덮치는 현장에서 맞닥뜨려 살해된 것이다.

니콜은 심슨에게 가정 내 폭력을 당해왔고 그것 때문에 헤어졌다. 그런데 그 후에도 심슨은 니콜을 따라다녔다. 그날도 그녀의 집에 찾아왔다는 정보가 있어 유력한 용의자로 조사를 받았다.

6월 16일에는 니콜의 장례식이 있었고 심슨도 참석했다. 그 다음 날 범인으로 생각되었다는 것에 격노하여 자살하겠다며 권총을 들고 로스앤젤레스의 고속도로를 맹렬한 속도로 질주하여 순찰차와 추격전이 벌어진 것이다. 그런 일을 벌인 탓에 오히려 더 수상해보였고, 역시 범인이라고 생각되어 재판에 회부되었다. 심슨은 '드림팀'이라 불린 쟁쟁한 변호사를 고용했다. 폰 뷜로를 무죄로 이끈 앨런 더쇼비츠를 고문으로 하는 '드림팀'은 흑인 스포츠 영웅인 O. J. 심슨의 이미지라는 인종 카드를 최대한 이용했다. 로스앤젤레스 흑인폭동의 재발이 우려되었기 때문에 평결은 심슨에게 유리하게 작용하여 무죄 판결이 나왔다.

O. J. 심슨은 캘리포니아에서 자랐다. 남캘리포니아 대학에 스카우트되어 풋볼 스타가 되었고, 1969년 전미 드래프트 1순위로 버팔로 빌스에 입단했다. 유명인이 되어 사회의 상부에 들어가게 되었고, 동시에 흑인이라는 것을 강하게 의식하게 되었다. '무색'의 영웅 등으로 불렸던 그는 학생 시절에 결혼했던 마거릿과 헤어지고 하얀 피부의 금발 미인 니콜과 결혼했다.

심슨은 현역을 은퇴하고 나서도 유명인으로서 텔레비전 광고에도 등장하고 사업을 기획하거나 화려하게 즐기며 다녔다. 그 때문에 1994년 참극이 일어났을 때 제일 먼저 의심을 받았던 것이다.

로스앤젤레스 경찰은 처음부터 흑인 남편이 백인 아내를 질투하여 죽였다고 단정하고, 엉성하게도 다른 가능성은 조사하지도 않았다. 나중에 그것이 공격당해 무죄 판결로 이어졌던 것이다.

미디어는 재판 중에 다양한 소문과 극비 정보를 특종으로 내보냈다. 재판을 담당한 랜스 이토 판사는 격노하며 '미디어 서커스'라고 말했다. 그리고 1995년 1월에 시작된 로스앤젤레스 최고재판소의 심문 배심원은 여덟 명의 흑인, 한 명의 히스패닉, 두 명의 혼혈, 한 명의 백인으로 구성되었다.

이 재판은 전국에 텔레비전으로 중계되었다. 최고 시청률은 92퍼센트였다고 한다. 재판은 사건만이 아니라 쌍방의 중상모략전이 되어 로스앤젤레스 경찰의 부정 의혹 등도 거론되었다.

변호인 측은 열한 명의 변호사로 구성되고 검찰은 스물다섯 명의 스태프로 구성된 엄청난 비용이 드는 재판이 되었다. 5만 페이지의 서류, 150명의 증인 신문, 2천 명의 리포터들이 등장한 재판은 지루하게 이어졌다. 그리고 무죄 평결이 나왔다. 그러나 그것이 끝이 아니었다. 이어서 민사재판이 시작되었다. 여기서는 심슨이 유죄 판결을 받았다. 형사사건이 너무 인종차별을 고려하여 역차별이 되었다는 비판에 대한 반동이었는지도 모른다.

O. J. 심슨 사건은 재판이 진실을 밝히는 장이 아니라는 것을 강하게 느끼게 했다. 심슨이 아내를 죽였는가 하는 의혹은 아직 풀리지 않고 있다. 2008년에는 심슨의 스포츠 에이전트였던 마이크 길버트Mike Gilbert의 《나는 어떻게 심슨을 살인에서 벗어나게 했는가How I Helped O. J. get away with murder》(2008)가 나왔다. 이 책에 따르면 심슨은 아내를 죽인 듯하고 측근들이 그것을 은폐했다고 고발하고 있다. 이것이 최종 결론인지 어떤지는 알 수 없다. 진실은 역시 알 수 없는 것일까?

우디 앨런의 중죄와 경죄

마치 그의 영화 속 이야기인 것 같았다. 우디 앨런Woody Allen, 1935~ 이 스캔들에 발이 채였다.

우디 앨런은 1979년 미아 패로Mia Farrow를 만났다. 〈한여름 밤의 섹스 코미디A Midsummer Night's Sex Comedy〉(1982), 〈젤리그Zelig〉(1983), 〈카이로의 붉은 장미The Purple Rose of Cairo〉(1985), 〈한나와 그 자매들Hanna and Her Sisters〉(1985) 등 미아가 주연한 영화가 나왔다. 그리고 사생활에서도 두 사람은 동거를 하게 되었다.

그러나 1990년대에 들어 두 사람 사이가 틀어지기 시작했다. 앨런은 과거에 두 번 결혼했지만 아이는 없었다. 미아 패로도 두 번 결혼했다. 두 번째 남편인 지휘자 안드레 프레빈과의 사이에 세 명의 친자식과 세 명의 양자가 있었다. 프레빈과 헤어질 때 미아는 여섯 명의 아이를 떠맡았다. 미아는 아이들을 무척 좋아해서 또 한 명의 아이를 입양했는데 이름은 모제스였다.

미아는 앨런과 사귀기 시작하고 그의 아이를 바랐지만 생기지 않았으므로 1985년에 딜런을 입양했다. 그러나 1986년 미아는 앨런의 아이를 임신했고 사첼이 태어났다.

앨런은 아이를 싫어했으므로 아이들은 모두 미아가 키웠다. 그러나 앨런은 유아인 딜런에게 이상할 정도의 흥미를 보였고 동시에 패로의 전 남편 프레빈의 양자로 한국 태생의 양녀 순이를 귀여워했다. 순이는 사춘기에 달했고 대학생이 되었다.

1992년 미아는 앨런의 아파트에서 순이가 두 다리를 벌리고 성기를 보여주고 있는 누드사진을 발견했다. 그녀는 앨런과 절교하고 아이들과 만나지 못하게 했다.

이에 대해 앨런은 뉴욕 주 고등재판소에 일곱 살 딸 딜런, 다섯 살 아들 사첼, 열다섯 살 아들 모제스의 보호감찰권을 요구하는 소송을 제기했다. 이에 대해 미아는 앨런이 딜런에게 성적 학대를 했다고 고발했다. 이것으로 스캔들이 공공연하게 세상에 알려지게 되었다.

스캔들 저널리즘은 근친상간이라고 떠들어댔지만 앨런은 미아와 결혼은 하지 않았기 때문에 그가 순이의 양부는 아니었다. 하지만 법률적으로는 양부가 아니더라도 미아의 파트너로서 아버지와 같은 입장에 있었다고는 할 수 있다. 또한 딜런에 대한 성적 학대는 미아의 억측으로 생각되었지만, 역시 약간 이상했던 것 같다.

앨런에게 충격적이었던 것은 친구였던 앨런 더쇼비츠가 미아의 변호를 맡았다는 사실이었다. 그는 폰 뷜로 사건, O. J. 심슨 사건에서도 등장한 적이 있는, 유명해지고 싶어하는 변호사다. 그는 모니카 르윈스키의 변호에도 이름을 올렸다. 폰 뷜로 사건을 〈행운의 반전Reversal of fortune〉(바벳 슈로더 감독)으로 영화화할 때 더쇼비츠는 영화에 나오는 자신의 역할을 앨런에게 해주었으면 좋겠다고 부탁했다고 한다. 앨런은 거절했다.

앨런과 패로의 다툼은 미국 전역이 사건의 추이를 지켜보는 삼류드라마가 되어 〈뉴욕포스트〉를 비롯한 타블로이드 신문이 과장되게 떠들어댔다.[4]

이 사건으로 미디어는 우디 애런을 상당히 심하게 대했다. 스캔들에 대한 시대의 변화라는 설도 있다. 1970년대는 자기중심의 시대로, 섹스에 대해 상당히 자유로운 태도도 허용되었다. 하지만 1980년대부터 섹스는 코미디로서 장난스럽게 다룰 수 있는 태도에서 참회가 요구되는 시대가 되었으므로, 앨런은 성실하지 못하고 부도덕하다고 탄핵되었다는 것이다.

우디 앨런은 이러한 말썽에 침울해졌지만 끈질기게 다시 영화를 만들었고, 1998년에 순이와 결혼했다. 이해에 그는 현대사회에 대한 풍자라고 할 수 있는 〈셀러브리티Celebrity〉(1998)를 만들었다.

앨런은 〈셀러브리티〉의 여러 곳에서 실제 유명인들을 출연시키고 있다. 하지만 그의 인선(人選)은 부동산 왕 도널드 트럼프(Donald John Trump), 디자이너 아이작 미즈라히(Isaac Mizrahi), 세상을 깜짝 놀라게 했지만 이제 잊힌 살인미수 사건의 관계자 조이 부타푸오코(Joey Buttafuoco)와 메리 조 부타푸오코 부부(1992년 조이와 관계하고 있던 여고생이 메리를 권총으로 쏘아 중상을 입힌 사건), 작가 브루스 제이 프리드먼, 닉스의 스타 선수 앤서

---

4 ジョン・バクスター－, 田栗美奈子譯,《ウディ・アレン　バイオグラフィ》, 作品社, 2002.

니 메이슨이라는 면면이었다. 마치 〈피플〉지의 백넘버를 훌훌 넘기고 있는 것 같다.[5]

스스로가 휩쓸린 현대의 '셀러브리티=스캔들' 현상을 작품으로 만드는 것 등 역시 만만치가 않았다. 영화평론가 리처드 시켈은 〈타임〉지에 다음과 같이 썼다.

〈셀러브리티〉는 우리가 명성이라는 것에 대해 품은 모든 생각과 거기에서 생겨나는 불만을 다루고, 나아가서는 그러한 문제를 뭐든지 다 그려낸, 처음으로 일관되게 진지한(그리고 진지하게 우스운) 영화다.[6]

명성과 그 위험. 스캔들이 있으므로 역사는 재미있다.

---

5 ジョン・バクスター, 같은 책.
6 ジョン・バクスター, 같은 책.

스캔들은 사람이 뭔가에 걸려 넘어지는 진기한 일이다. 지위가 높은 사람, 권위 있는 사람, 유명한 사람이 넘어지면 우리는 웃는다. 긴장이 풀려 우리는 마음이 편해진다. 스캔들은, 사람은 다 같다는 평민주의에서 온 것인지도 모른다.

내가 스캔들에 흥미를 느끼게 된 계기는 케네스 앵거의 〈할리우드 바빌론〉을 만난 일이었다. 언더그라운드 영화감독 앵거가 편집한 이 할리우드 스타 스캔들집은 당시까지만 해도 금기였던 영화 스타의 약물이나 동성애 스캔들을 폭로했으므로 처음에는 지하 출판이었다.

이 책을 번역하는 일에 관여한 나는 스타의 스캔들 관련 서적들을 모으게 되었다. '바빌론'은 스캔들에 관한 대명사가 되어 다양한 분야의 바빌론 책이 나왔다.

나의 관심은 영화 스타에서 시작하여 롤링 스톤스 등 로큰롤 스타로 확대되었다. 시중에는 영국 왕실이나 미국 대통령 등의 스캔들집도 많았다. 최근에는 생존 인물에 대해서도 전기의 집필 방식이 달라져 유명인의 그림자 부분, 즉 스캔들에 대해서도 대담하게 이야기하는 전기가 두드러졌다. 스캔들의 금기가 해제되어 성생활에 대해서도 다루어지게 된 것이다.

나의 역사 시리즈도 그런 새로운 경향이 있었기에 가능했을 것이다. 스캔들에 대해서도 드디어 자료가 갖추어진 것이다.

지금까지 콜린 윌슨Colin Henry Wilson이나 브루스 폴링 등에 의해 스캔들집이 나왔다. 그것은 재미있는 스캔들을 모아놓은 것인데 역사로 쓰인 것은 아니다. 스캔들에 의해 세계 역사를 말할 수 있을까? 스캔들은 인간의 역사와 함께 존재한다고 해도 각 시대 안에서 역사적으로 변해가는 것으로 말할 수 있을까? 나는 그것을 해보고 싶었다.

역시 스캔들은 고대부터 있었다. 그러나 본격적인 스캔들은 근대, 대체로 18세기쯤부터 활발해진다. 왜냐하면 스캔들은 사건뿐만 아니라 그것을 보고 웃는 관객이 필요하기 때문이다.

근대 이전의 스캔들은 규모가 작다. 그것을 빠르고 널리 전하는 대중매체가 발달하지 않았기 때문이다. 우리에게 친숙한 스캔들 저널리즘은 근대 이후에 생겼다.

따라서 스캔들의 역사는 근대 이전과 이후로 양분된다. 나는 18세기까지를 스캔들의 전사(前史)로 보고 그 이후를 중심으로 쓸 예정이었다. 그러나 고대나 중세도 그 나름대로 흥미로워 넣다 보니 길어지고 말았다. 그 때문에 근대 이후의 좀더 다양한 스캔들을 다루고 싶었는데 아무래도 다 넣지 못하고 생략하지 않을 수 없었다.

그러나 고대나 중세에 대해 인간적인, 즉 잘못을 저지르고 어리석지만 재미있는 역사를 살펴볼 수 있었던 것은 헛되지 않았다고 생각한다.

이 책을 다 쓰고 나서 생각하는 것은, 사람이란 얼마나 어리석은가 하는 성찰과 바로 그렇기 때문에 한없이 친근함을 느끼지 않을 수 없다는 것이다. 나는 무엇을 쓰고 있는가. '음모', '스파이', '동성애', '스캔들'에 어떤 의미가 있는가. 그것들을 통해 나는 인간과 인간의 만남이 낳는 신기함에 매료되었고, 오직 그것에 사로잡혀 있을 뿐이다.

지도도 없는 기묘한 세계 역사 여행은 계속해서 헤매다가 어딘가에 빠져버릴 것 같지만, 출발점으로 돌아와 한참 있으면 다시 새로운 여행을 떠나고 싶은 마음을 일으키곤 한다. 인간의 어리석음과 고귀함을 살펴본 이 세계 역사를 즐겁게 읽어주었으면 한다.

참고문헌

Adut, Ari "On Scandal" Cambridge University Press 2008.
Aronson, Theo "Prince Eddy and the homosexual underworld" John Murray 1994.
Barrow, Andrew "Gossip : a history of high society from 1970 to 1970" Pan Book 1978.
Bernier, Oliver "Louis the Beloved : the life of Louis XV" Doubleday 1984.
Beg, Paul and Fid, Martin and Skinner, Keith "The Jack the Ripper A to Z" Headline 1994.
Bernier, Oliver "Fireworks at dusk : Paris in the Thirties" Little, Brown and Company 1993.
Bird, Kai and Sherwin, Martin J. "American Prometheus : the triumph and tragedy of J.Robert Op
    penheimer" A. A. Knopf 2005.
Blackett-Ord, Mark "Hell-fire Duke" Kensal Press 1982.
Bloch, Iwan "Sex Life in England" The Panurge Press 1934.
Blundell, Nigel "The World's Greatest Scandals of the 20th Century" Hamlyn 1994.
Budiansky, Stephen "Her Majesty's Spymaster" Plume 2006.
Ceplair, Larry, Englund, Steven "The Inquisition in Hollywood "University of California Press 1979.
Damore, Leo "Senatorial privilege : the Chappaquiddick cover-up" Regnery Gateway ; New York, NY
: Distributed by Kampmann 1988.
Davis, Lanny "Scandal : How "Gotcha" Politics is Destroying America" Palgrave Macmillan 2006.
Donald, Aida D, "Lion in The White House" Basic Books 2007.
Driver, Jim ed, "The Mammoth Book of Sex, Drugs & Rock'n'Roll" Robinson 2001.
Dunleavy, S. "Elvis : What happened?" Ballantine 1977.
Farwell, Beatrice "Manet and the Nude : A Study of Iconography in the Second Empire" Garland Pub
1981.
Fido, Martin " The chronicle of crime : the infamous felons of modern history and their hideous crimes"
Carlton 1993.
Garment, Suzanne "Scandal : The Culture of Mistrust in American Politics" Doubleday 1992.
Gilbert, Mike "How I Helped O. J. get away with murder" Regnery Publishing/Publishers Group
Canada (Raincoast) 2008.
Goldman, Albert "Elvis : the last 24 hours" Pan in association with Sidgwick & Jackson 1991.
Goldman, Albert "Elvis" McGraw-Hill 1981.
Hersh, Seymour M. "The Dark Side of Camelot" Little 1997.
Hershkowitz, Leo "Tweed's New York : another look" Anchor Press/Doubleday 1977.
Hickman, Tom "The Sexual Century" Carlton 1999.
Higham, Charles "Errol Flynn : the untold story" Doubleday 1980.
Hurwood, Bernherdt J. "The golden age of erotica" Sherbourne Press 1965.
Hutchinson, Robert "Elizabeth's Spy Master" A Phoenix Paperback 2006.
Johnson, Haynes "The Bay of Pigs" W. W. Norton & Co., 1964.
Kendrick, Walter M. "The secret museum : pornography in modern culture" Penguin 1988.
Kinsella, W. P. "Shoeless Joe Jackson comes to Iowa" Oberon Press 1980.
Kinsella, W. P. "Shoeless Joe" Houghton Mifflin 1988.
Kirkpatrick, Sidney D "A Cast of Killers" Onix 1992.
Kohn, George C. "Encyclopedia of American Scandal" Facts on File 1989.

Larson, Erik "Thunderstruck" Three Rivers Press 2006.

Lloyd, Alan "The wickedest age : the life and times of George Ⅲ" Newton Abbot : David and Charles 1971.

Mannix, Daniel Pratt "The Hell-Fire Club" Ballantine Books 1959.

Markun, Leo "Mrs. Grunday : A history of four centuries of morals in Gt. Britain and the United States intended to illuminate present problem" Appleton 1930.

Marquis, Alice Goldfarb "Marcel Duchamp : The Bachelor Stripped Bare" MFA 2002.

McCartney, Laton "The Teapot Dome Scandal : how big oil bought the Harding White House and tried to steal the country" Random House 2008.

McCormick, Donald "The Hell-Fire Club ; the story of the amorous Knights of Wycombe" Jarrolds 1958.

McMillan, Priscilla J. "The ruin of J. Robert Oppenheimer : and the birth of the modern arms race" Viking 2005.

O'connor, Barbara "Barefoot Dancer : The Story of Isadora Duncan" Carolrhoda Books 2001.

Orth, Maureen "Vulgar favors : Andrew Cunanan, Gianni Versace, and the largest failed manhunt in U.S. history" Delacorte Press 1999.

Partridge, Eric "ORIGINS" Routledge & Kegan Paul Ltd 1958.

Pearsall, Ronald "Edwardian life and leisure" David and Charles 1973.

Piereson, James "Camelot and the Cultural Revolution: How the Assassination of John F. Kennedy Shattered American Liberalism" Encounter Books 2007.

Sallust "Catiline's War, The Jugurthine War, Histories" Penguin Classics 2007.

Sealy, Shirley "The Celebrity Sex Register" A Fireside Book 1982.

Sherman, Allan "The Rape of the Ape : The Official History of the Sex Revolution 1945-1973 : The Obscening of America, an R.S.V.P." Putnam Publishing Group 1973.

Smart, Barry "The sport star : modern sport and the cultural economy of sporting celebrity" SAGE 2005.

Stambolian, George and Marks, Elaine eds. "Homosexualities and French Literature" Cornell University Press 1979.

Street-Porter, Janet "Scandal!" Allen Lane 1981.

Tanenhaus, Sam "Whittaker Chambers" Random House 1997.

Thomas, Tony "Errol Flynn : the spy who never was" Carol Pub. Group 1990.

Thompson Ⅱ, Charles C. and Cole, James P. "The death of Elvis : what really happened" Delacorte 1991.

Torgoff, Martin "Elvis, We Love You Tender" A Dell Book 1979.

Weir, Alison "The Princes in the Tower" Jonathan Cape 1992.

White, Reginald James "Europe in the eighteenth century" St. Martin's Press 1965.

White, Terence Hanbury "The age of scandal : an excursion through a minor period" Oxford University Press 1986.

Wright, William "The Von B?low affair" Arlington 1983.

Yallop, David A. "The day the laughter stopped : the true story of Fatty Arbuckle" St. Martin's Press 1976.

グレゴリー・アールグレン, スティーヴン・モニアー, 井上健譯,《リンドバーグの世紀の犯罪》朝日新聞社, 1996.

アイリアノス, 松平千秋・中武哲郎譯,《ギリシア奇談集》, 岩波文庫, 1989.

アインハルト, 國原吉之助譯,〈カール大帝〉世界文學大系66《中世文學集》, 筑摩書房, 1966.

エリオット・アジノフ, 名谷一郎譯,《エイトメン・アウト》, 文藝春秋, 1989.

サミュエル・ホプキンス・アダムス, 木下秀夫譯,〈都合よく死んだハーディング大統領〉, イザベル・レイトン編,《アスピリン・エイジ》, 岩波書店, 1951.

阿部知二,《バイロン詩集》解說, 小澤書店, 1996.

アリストテレス, 村川堅太郎譯,《アテナイ人の國制》, 岩波文庫, 1980.

アリストパネス, 高津春繁譯,〈平和〉世界古典文學全集第12卷《アリストパネス》, 筑摩書房, 1964.

ケネス・アンガー, 海野弘監譯,《ハリウッド・バビロン》, クイックフォックス社, 1978.

ピエール・アントネッティ, 中島昭和・渡部容子譯,《フィレンツェ史》, 白水社文庫クセジュ, 1986.

ノルベルト・ヴァレンティーニ, ミレーナ・バッチアーニ, 千種堅譯,《ベアトリーチェ・チェンチ 十六世紀ローマの悲劇》, 河出書房, 1986.

ゴーア・ヴィダル, 田中西二郎譯,《アーロン・バアの英雄的生涯》, 早川書房, 1981.

コリン・ウィルソン, ドナルド・シーマン, 關口篤譯,《世界醜聞劇場》, 青土社, 1993.

E・H・ウィルソン,《シンプソン夫人秘話 王冠を搖がす戀》, 東京日日新聞社, 大阪毎日新聞社, 1937.

ウェルギウス, 田中秀央・木村滿三譯,《アエネーイス》, 岩波文庫, 1940.

オーソン・ウェルズ, 河原畑寧譯,《オーソン・ウェルズ その半生を語る》, キネマ旬報社, 1995.

E・ヴェルナー, 瀬原義生譯,《中世の國家と教會》, 未來社, 1991.

アーヴィング・ウォーレス, 中井京子譯,《快樂の館》, 光文社文庫, 1994.

レイモン・エスコリエ, 幸田禮雅譯,《ドーミエとその世界》, 美術出版社, 1980.

ジェーン・オークレー, 和田廣譯,《ラスプーチン その虛像と實像》, 河出書房新社, 1992.

オウィディウス, 中村善也譯,《變身物語》, 岩波文庫, 1984.

大佛次郎,《パナマ事件》, 朝日新聞社, 1976.

ホッディング・カーター, 木下秀夫譯,〈アメリカ型の獨裁者 ヒューイ・ロング〉, イザベル・レイン編,《アスピリン・エイジ》, 岩波書店, 1951.

ロビン・ガーディナー, ダン・ヴァンダー・ヴァット, 內野儀譯,《タイニックは沈められた》, 集英社, 1996.

V・カウルズ, 大橋吉之輔譯,〈南海の泡沫〉,《世界ノンフィクション全集43》, 筑摩書房, 1963.

ジェリー・ギーズラー, 竹內澄夫譯,《ハリウッドの辯護士 － ギースラーの法廷生活》, 弘文堂, 1963.

モーリス・キーン, 橋本八男譯,《ヨーロッパ中世史》, 藝立出版, 1978.

キケロ, 小川正廣・谷榮一郎・山澤孝至,《キケロ－辯論集》, 岩波文庫, 2005.

ギボン, 村山勇三譯,《ローマ帝國衰亡史》, 岩波文庫, 1952.

G・P・グーチ, 林健太郎譯,《ルイ十伍世 － ブルボン王朝の衰亡》, 中央公論社, 1994.

エヴァ・C・クールズ, 中務哲郎・久保田忠利・下田立行譯,《ファロスの王國 － 古代ギリシアの性の政治學》, 岩波書店, 1989.

エンツォ・グアラッツィ, 秋本典子譯,《サヴォナローラ イタリア・ルネサンスの政治と宗教》, 中央公論社, 1987.

クセノフォーン, 佐－木理譯,《ソークラテースの思い出》, 岩波文庫, 1953.

リチャード・N・グッドウィン, 有澤善樹他譯,《クイズ・ショウ － 60年代アメリカ衝擊の眞實》, 扶桑社, 1995.

窪田般彌,《女裝の劍士シュヴァリエ・デオンの生涯》, 白水社, 1995.

ウェンズレー・クラークソン, 諸星裕譯,《ベルサーチを殺った男 愛憎が生んだ處刑逃避行》, KKベストセラーズ, 1998.

倉塚平,《ユートピアと性 － オナイダ・コミュニティの複合婚實驗》, 中央公論社, 1990.

ガイウス＝サッルスティウス＝クリスプス, 合阪學・鷲田睦郎譯,《カティリーナの陰謀》註解, 大阪大學出版會, 2008.

グレゴリウス, 杉本正俊譯,《フランク史 10巻の歴史》, 新評論, 2007.

ジョン・クレランド, 吉田健一譯,《ファニー・ヒル》, 河出書房新社, 1993.

エリク・ド・グロリエ, 大塚幸男譯,《書物の歴史》, 白水社文庫クセジュ, 1955.

トマス・ケイヒル, 森夏樹譯,《中世の秘跡 科學・女性・都市の興盛》, 青土社, 2007.

ルドヴィック・ケネディ, 野中邦子譯,《誰がリンドバーグの息子を殺したのか》, 文藝春秋, 1995.

パトリシア・コーンウェル, 相原眞理子譯,《切り裂きジャック》, 講談社, 2003.

古賀秀男,《キャロライン王妃事件 ―〈虐げられたイギリス王妃〉の生涯をとらえ直す》, 人文書院, 2006.

ジャン・コクトー, 佐藤朔譯,〈雄鶏とアルルカン 音樂をめぐるノート〉, 大浜甫譯,〈青春とスキャンダル〉,《ジャン・コクトー全集第四卷》, 東京創元社, 1980.

レン・コロドニー, ロバート・ゲトリン, 齊藤元一・柴田寛二譯,《靜かなるクーデタ〈ウォーターゲート事件〉20年後の眞實》, 新潮社, 1993.

エドモン・ド・ゴンクール, ジュール・ド・ゴンクール, 鈴木豊譯,《ゴンクール兄弟の見た18世紀の女性》, 平凡社, 1994.

A・サマーズ, T・マンゴールド, 高橋正譯,《ロマノフ家の最期》, パシフィカ, 1977.

マイケル・ジョン・サリバン, 井上一夫・飯田冊子譯,《大統領の情事》, JICC出版局, 1992.

ジョルジュ・サンド, 加藤節子譯,《我が生涯の記》, 水聲社, 2005.

清水純一,《ジョルダーノ・ブルーノ研究》, 創文社, 1970.

チャールズ・ジャクソン, 木下秀夫譯,〈火星人の襲來した夜〉, イザベル・レイン編,《アスピリン・エイジ》, 岩波書店, 1952.

ポール・ジョンソン, 別宮貞德譯,《アメリカ人の歴史Ⅱ》, 共同通信社, 2002.

マリオン・ジョンソン, 海保眞夫譯,《ボルジア家 惡德と策謀の一族》, 中央公論社, 1984.

ランディ・シルツ, 藤井留美譯,《ゲイの市長と呼ばれた男》, 草思社, 1995.

デズモンド・スアード, 石鍋眞澄・石鍋眞理子譯,《カラヴァッジョ 灼熱の生涯》, 白水社, 2000.

エストニウス, 國原吉之助譯,《ローマ皇帝傳》, 岩波文庫, 1986.

フィル・ストロングマン, アラン・パーカー, 小山景子譯,《ジョン・レノン暗殺 アメリカの狂氣の殺された男》, K&Bパブリッシャーズ, 2004.

J・G・テイラー・スピンク, 片岡義男譯,《裁かれた大リーグ》, ベースボール・マガジン社, 1981.

フランク・スペンサー, 山口敏譯,《ピルトダウン ―化石人類僞造事件》, みすず書房, 1996.

V・L・ソーニエ, 武島榮三・高田勇譯,《中世フランス文學》, 白水社文庫クセジュ, 1958.

A・M・ダーショウィッツ, 中川法江譯,《運命の逆轉》, 二見書房, 1991.

タイム・ライフ・ブックス編集部編, 青木日出夫譯,《赤狩りとプレスリー アメリカの世紀 1950-1960》, 西武タイム, 1985.

ゲイ・タリーズ, 山根和郎譯,《汝の隣人の妻》, 二見書房, 1980.

エレン・チェスラー, 早川敦子監譯,《マーガレット・サンガー 風を驅けぬけた女性》, 日本評論社, 2003.

ライヴズ・チャイルズ, 飯塚信雄譯,《カザノヴァ》, 理想社, 1968.

A・G・ディキンズ, 橋本八男譯,《ヨーロッパ近世史 ―ユマニスムと宗教改革の時代》, 藝立出版, 1979.

A・ティボーデ, 辰野隆・鈴木信太郎監譯,《フランス文學史》, 角川文庫, 1960.

バーナード・デンヴァー編, 末永照和譯,《素顔の印象派》, 美術出版社, 1991.

カルヴィン・トムキンズ, タイム ライフ ブックス編集部編 日本語版 監修 東野芳明,《デュシャン 1887-1968》, タイム ライフ インターナショナル, 1969.

ジョン・トレハーン, 河合修治譯,《ボニー＆クライド》, 中央アート出版社, 1993.

中田耕治,《ド・ブランヴィリエ孔雀夫人》, 薔薇十字社, 1972.

新關良三, －喜劇と諷刺－,《ギリシャ・ローマの演劇》, 東京堂出版, 1960.

ハンス＝ヨハヒム・ノイバウアー, 西村正身譯,《うわさの研究》, 青土社, 2000.

H・モンゴメリー・ハイド, 笹倉貞夫・島岡將・金井公平譯,《ポーノグラフィの歴史》, 新泉社, 1974.

ジョン・バクスター, 田栗美奈子譯,《ウディ・アレン　バイオグラフィ》, 作品社, 2002.

橋口倫介,《十字軍騎士團》, 講談社學術文庫, 1994.

H・R・ハルデマン, 大江舜譯,《權力の終焉》, サンリオ, 1978.

ロラン・バルト, 下澤和義譯,《小さな神話》, 青土社, 1996.

アルジャー・ヒス, 井上謙治譯,《汚名 ― アルジャー・ヒス回想録》, 晶文社, 1993.

ミシェル・フーコー, 阿部崇譯,《マネの繪畫》, 筑摩書房, 2006.

ハワード・ファスト, 藤川健夫譯,《死刑臺のメロディ ― サッコとヴァンゼッティの受難》, 角川文庫, 1972.

ジョン・フェザー, 箕輪成男譯,《イギリス出版史》, 玉川大學出版部, 1991.

ポール・フォル, 赤井影譯,《改譯 ルネサンス》, 白水社文庫 クセジュ, 1968.

藤永茂,《ロバート・オッペンハイマー　愚者としての科學者》, 朝日新聞社, 1996.

ジャン＝クリスティアン・プチフィス, 朝創剛・北山研二譯,《ルイ十四世宮廷毒殺事件》, 三省堂, 1985.

ジャン＝クリスティアン・プチフィス, 小倉孝誠監修,《ルイ十六世》, 中央公論新社, 2008.

エドアルト・フックス, 安田德太郎譯,《風俗の歴史7》, 光文社, 1958.

フランソワ・フュレ, マナ・オズーフ, 河野健二・阪上孝・富永茂樹監譯,《フランス革命事典3　人物Ⅱ》, みすず書房, 1999.

ネリー・ブライ, 桃井健司譯,《ケネディ家の惡夢　セックスとスキャンダルにまみれた3世代の男たち》, 扶桑社, 1996.

アナトオル・フランス, 堀口大學譯,《フランスの天才達　續》, 第一書房, 1944.

プリニウス, 中野定雄・中野里美・中野美代譯,《プリニウスの博物誌 第三卷》, 雄山閣出版, 1986.

ヤーコプ・ブルクハイト, 柴田治三郎譯,《イタリア・ルネサンスの文化》, 中公文庫, 1974.

河野與一譯,《プルターク英雄傳》, 岩波文庫, 1953.

アントーニア・フレイザ, 森野聰子・森野和一譯,《ヘンリー八世の六人の妃》, 創元社, 1999.

アベ・プレヴォ, 河盛好藏譯,《マノン・レスコー》, 岩波文庫, 1989.

フェントン・ブレスラー, 島田三藏譯,《誰がジョン・レノンを殺したか？》, 音樂之友社, 1990.

カネス・ベイカー, 桶口幸子譯,《英國王室スキャンダル史》, 河出書房新社, 1997.

プリードリヒ・ヘッベル, 吹田順助譯,《ギューゲスと彼の指輪》, 岩波文庫, 1953.

レジーヌ・ペルヌー, 高山一彦譯,《ジャンヌ・ダルクの實像》, 白水社文庫クセジュ, 1995.

レジーヌ・ペルヌー, マリ＝ヴェロニック・クラン, 福本直之譯,《ャンヌ・ダルク》, 東京書籍, 1992.

ヘロドトス, 松平千秋譯,《歴史》, 岩波文庫, 1971.

クリストファー・ホグウッド, 三澤壽喜譯,《ヘンデル》, 東京書籍, 1991.

M・ホジャート, 山田恒人譯,《諷刺の藝術》, 平凡社, 1970.

ジョン・ボッシー, 浜林正夫・鏡ますみ・葛山初音譯,《ジョルダーノ・ブルーノと大統領のミステリ》－, 影書房, 2003.

ブルース・ポリング, 仙名紀譯,《だからスキャンダルは面白い》, 文春文庫, 1997.

コリン・ホワイト, 山本史郎譯,《ホルソン提督大事典》, 原書房, 2005.

マリー＝ルイーズ・ボンシルヴァン＝フォンタナ, 持田明子譯,《ジョルジュ・サンド》, リブロ
ポート, 1981.

マーリヤ大公女, 平岡綠譯,《最後のロシア大公女マリーヤ》, 中公文庫, 1987.

ジョセフ・W・ミーカー, 越智道雄譯,《喜劇としての人間 ─ 文化的エコロジ─序説 ─》, 文化放
送, 1975.

ピエール・ミケル, 渡邊一民譯,《ドレーフュス事件》, 白水社文庫クセジュ, 1960.

ジョルジュ・ミノワ, 手塚リリ子・手塚喬介譯,《ジョージ王朝時代のイギリス》, 白水社文庫クセ
ジュ, 2004.

三宅昭良,《アメリカン・ファシズム ロングとローズヴェルト》, 講談社メチエ, 1997.

ミラボー, 松村喜雄譯,《フランス一の伊達男》, 現代文化社, 1955.

ユベール・メティヴィエ, 安齊和雄譯,《啓蒙時代 ルイ十伍世の世紀》, 白水社文庫クセジュ, 1968.

アンドリュー・モートン, 河合衿子譯,《クリントンとモニカ わたしが愛した大統領》, 德間文庫,
2004.

アンドレ・モロワ, 平岡昇他譯,《フランス史》, 新潮社, 1952.

アンドレ・モロワ, 鈴木福一譯,《アメリカ史》, 新潮文庫, 1953.

インドロ・モンタネッリ, 藤澤道郎譯,《ローマの歴史》, 中公文庫, 1978.

山澤孝至,《キケロ─辯論集》解說, 岩波文庫, 2005.

J・パトリック・ライト, 風間禎三郎譯,《晴れた日にはGMが見える ─ 世界最大企業の內幕》, 新潮
文庫, 1986.

ジェイムズ・B・ラヴェル, 廣瀨順廣譯,《アナスタシア ─ 消えた皇女》, 角川文庫, 1998.

メアリー・S・ラベル, 粟野眞紀子・大城光子譯,《ミットフォード家の娘たち ─ 英國貴族 美しき
六姉妹の物語》, 講談社, 2005.

S・リリー, 伊藤新一・小林秋男・鎭木恭夫譯,《人類と機械の歴史》, 岩波書店, 1986.

ジョルジュ・ルノートル, 大塚幸男譯,《ナポレオン秘話》, 白水社, 1988.

デビッド・レイ, 川岸近衛譯,《首相はスパイ？ 英秘密情報機關の陰謀》, 讀賣新聞社, 1990.

ヴァルター・レニッヒ, 飯塚信雄譯,《サド侯爵》, 理想社, 1972.

チャールズ・レマート, 中野惠津子譯,《モハメド・マリ アイロニーの時代のトリックスタ》─, 新
曜社, 2007.

アンドリュー・ローズ, 小西敦子譯,《サヴォイ・ホテル・スキャンダル》, 扶桑社, 1993.

R・H・ロービア, 宮地健次郎譯,《マッカーシズム》, 岩波文庫, 1984.

ワシントン・ポスト編, 齋田一路譯,《ウォーターゲートの遺産》, みすず書房, 1975.